IMAGINA

español sin barreras

CURSO INTERMEDIO DE LENGUA ESPAÑOLA

IMAGINA

español sin barreras

CURSO INTERMEDIO DE LENGUA ESPAÑOLA

José A. Blanco

VISTA
HIGHER LEARNING

Boston, Massachusetts

Publisher: José A. Blanco
Senior Vice President, General Manager: Janet Dracksdorf
Vice President & Editorial Director: Denise St. Jean
Director of Art & Design: Linda Jurras
Director of Production & Manufacturing: Lisa Flanagan Perrier
Project Manager: Kristen Chapron
Editors: María Cinta Aparisi, Brendeign Covell, Gabriela Ferland, María Isabel García, Martha Mesa
Contributing Writers: Pamela Mishkin, José A. Ramos, Francisco de la Rosa, Cecilia Tocaimaza-Hatch
Design Manager: Polo Barrera
Designers: Andrea Golden, Alwyn Velásquez
Photo Researchers & Art Buyers: Rachel Distler, Linde Gee
Production Team: Compset Inc.
Manufacturing Coordinator: Gustavo Cinci
Senior Vice President, Operations: Tom Delano
Executive Marketing Manager: Ben Rivera

Student Text ISBN-13: 978-1-59334-940-0
ISBN-10: 1-59334-940-8

Instructor's Annotated Edition ISBN-13: 978-1-59334-938-7
ISBN-10: 1-59334-938-6

Library of Congress Card Number: 2005937388

1 2 3 4 5 6 7 8 9 B 10 09 08 07 06

Table of Contents

The IMAGINA Story

Vista Higher Learning, the publisher of **IMAGINA**, was founded with one mission: to raise the teaching of Spanish to a higher level. Years of experience working with textbook publishers convinced us that more could be done to offer you superior tools and to give your students a more profound learning experience. Along the way, we questioned everything about the way textbooks support the teaching of introductory and intermediate Spanish.

In fall 2000, our focus was on introductory college Spanish. The result was **VISTAS: Introducción a la lengua española**, a textbook and coordinated package of ancillaries that looked different and were different. **PANORAMA**, a briefer text based on **VISTAS**, followed in fall 2001. In just three years, **VISTAS** and **PANORAMA** became the most successful textbooks to be published in the last decade. Building on this success, in January 2003 we published another introductory textbook program titled **AVENTURAS**. All three of these programs are now in their second editions.

We then decided to expand our offerings and published three highly successful intermediate Spanish programs: **VENTANAS**, a two-volume program; **FACETAS**, a one-volume brief program; and **ENFOQUES**, a one-volume program.

Following that success, we published **REVISTA**, a Spanish conversation book that has the look and feel of a magazine. One of the key features of **REVISTA** is the integration of provocative short films by contemporary Hispanic filmmakers. **REVISTA** achieved success in the marketplace, so much so that we decided to create an intermediate program with similar features. So now we present you with **IMAGINA**, a one-volume intermediate program that shares the hallmark user-friendly and video-integrated approach of Vista Higher Learning's other programs, yet offers its own content, design and coordinated print and technology components.

We hope that you and your students enjoy using the **IMAGINA** program. Please contact us with your questions, comments, and reactions.

Vista Higher Learning
31 St. James Avenue
Boston, MA 02116-4104
TOLLFREE: 800-618-7375
TELEPHONE: 617-426-4910
FAX: 617-426-5215

Getting to Know **IMAGINA**

IMAGINA is a new intermediate Spanish program designed to provide students with an active and rewarding learning experience as they strengthen their language skills and develop their cultural competency. **IMAGINA** takes an interactive, communicative approach. It focuses on real communication in meaningful contexts that develop and consolidate students' speaking, listening, reading, and writing skills.

IMAGINA features a fresh, magazine-like design that engages students while integrating thematic, cultural, and grammatical concepts within every section of the text:

- **Contenido** Dramatic, full-page photos and thought-provoking discussion questions introduce the theme and content of each lesson.

- **Para empezar** Real-life, practical vocabulary related to the lesson theme is presented in thematic lists. Directed and open-ended communicative activities practice the vocabulary in varied contexts.

- **Cortometraje** Authentic, short-subject films by award-winning Hispanic filmmakers serve as a springboard for exploring the themes and concepts in every lesson. A wide range of pre- and post-viewing activities develop listening skills and provoke analysis. Captioned film stills in the grammar section further integrate the film with key language functions.

- **Imagina** Innovative, engaging, and highly interactive, the **Imagina** section takes students on an unprecedented voyage throughout the Spanish-speaking world. Compelling documentaries, web-based resources, projects, and activities bring the cultural content to life. The **Galería de creadores** ties language learning to other disciplines and highlights important cultural figures, from movie stars to Nobel Prize winners.

- **Estructuras** Clear, comprehensive, and well-organized grammar explanations are designed with students in mind. Attention-grabbing sidebars, authentic film stills, and easy-to-read diagrams highlight key structures and concepts. Thematically and culturally relevant activities progress from directed **Práctica** exercises to open-ended **Comunicación** activities. **Síntesis** ties together all three grammar points with highly interactive group activities and debate.

- **Manual de gramática** Supplemental grammar explanations offer instructors the flexibility to tailor courses to the particular needs of students without compromising content or rigor. References in **Estructuras** direct students to related **Manual de gramática** topics at the back of the book, which can be used for review or enrichment.

- **Cultura** Cultural readings are carefully designed to promote cultural competency through integration with the thematic content of each lesson. Relevant, high-interest topics provide insight into the cultural regions presented in the **Imagina** section, while **Preparación** and **Análisis** activities increase reading comprehension and promote discussion.

- **Literatura** Authentic literary selections expose students to poems and short stories by writers from Spanish-speaking countries. **Preparación** and **Análisis** activities help students develop reading skills. Readings are carefully selected for their brevity, comprehensibility, and thematic relevance. Engaging writing topics allow students to synthesize and expand upon what they have learned in each lesson.

To get the most out of pages IAE-6–IAE-14 in your **IMAGINA** Instructor's Annotated Edition, you should familiarize yourself with the front matter to the **IMAGINA** Student Text, especially the Introduction (p. iii) and the Ancillaries (pp. xxvi–xxvii).

Getting to Know Your
Instructor's Annotated Edition

The Instructor's Annotated Edition (IAE) of **IMAGINA** includes various teaching resources. For your convenience, answers to all exercises with discrete answers have been overprinted on the student text pages. In addition, marginal annotations were created to complement and support varied teaching styles, to extend the rich contents of the student text, and to save you time in class preparation and course management. The annotations are suggestions; they are not meant to be prescriptive or limiting. Here are the principle types of annotations you will find in **IMAGINA**:

- **Numbered Annotations** Teaching suggestions, expansion activities, comprehension questions, and follow-up exercises that relate to the numbered activities in the student text

- ***Estructuras* Annotations** Teaching suggestions for presenting, manipulating, and clarifying the material in the grammar explanations

- **Teaching Option** Suggestions for supplemental activities, games, projects, additional resources, related cultural activities, and research or writing assignments

- **Variación léxica** Alternate words and expressions used in the Spanish-speaking world or additional information related to specific vocabulary items

- **Preview** Discussion questions, teaching suggestions, ideas, and activities to introduce the theme of each lesson and to prepare students for viewing the short-subject films

- **National Standards Icons** Special icons that indicate when a lesson section is specially related to one or more of the Five C's of the *Standards for Foreign Language Learning:* Communication, Cultures, Connections, Comparisons, and Communities

- **Instructional Resources** References to student and instructor ancillaries that may be used to reinforce or expand upon material in the Student Text. The following resources are included (see pp. xxvi–xxvii for complete descriptions of all student and instructor ancillaries):

WB	Workbook (in the Student Activities Manual)
LM	Lab Manual (in the Student Activities Manual)
SAM Answer Key	Student Activities Manual Answer Key
Lab MP3	Lab Audio Program
DVD	**IMAGINA** Film Collection
Website	**IMAGINA** supersite: **www.imagina.vhlcentral.com**
IRCD-ROM	Instructor's Resource CD-ROM: Instructor's Resource Manual (Lab Transcripts, Filmscripts, English translations of Filmscripts, Teaching Suggestions for the **Imagina** sections, Selected songs from **Sube el volumen** in MP3 format); Testing Program (PDF Test Files, RTF Test Files, Test Generator, Testing Program MP3s); SAM Answer Key

IMAGINA and the *Standards for Foreign Language Learning*

Since 1982, when the *ACTFL Proficiency Guidelines* were first published, that seminal document and its subsequent revisions have influenced the teaching of modern languages in the United States. **IMAGINA** was written with the concerns and philosophy of the *ACTFL Proficiency Guidelines* in mind. It emphasizes an interactive, proficiency-oriented approach to the teaching of language and culture.

The pedagogy behind **IMAGINA** was also informed from its inception by the *Standards for Foreign Language Learning in the 21st Century*. First published under the auspices of the *National Standards in Foreign Language Education Project,* the Standards are organized into five goal areas, often called the Five Cs: Communication, Cultures, Connections, Comparisons, and Communities. National Standards icons appear on the pages of your IAE to call out sections that have a particularly strong relationship with the Standards.

Since **IMAGINA** takes a communicative approach to the teaching of Spanish, the Communications goal is an integral part of the student text. Diverse formats (discussion topics, role-plays, interviews, oral presentations, and so forth) promote authentic communicative exchanges in which students provide, obtain, and interpret information, as well as express emotions or opinions. Interactive **Comunicación, Síntesis,** and **Análisis** activities allow students to synthesize grammatical, cultural, and thematic material to expand their communicative abilities. In addition to oral skills, written communicative skills are strengthened through a wide array of practical and creative tasks.

IMAGINA also stresses cultural competency and the ability to make connections as invaluable components of language learning. **Cortometraje, Imagina, Cultura,** and **Literatura** all provide students with the opportunity to acquire information, to expand cultural knowledge, and to recognize distinctive viewpoints. Through connections with multiple disciplines such as film, literature, and art, students are exposed to various cultural practices and perspectives of the Spanish-speaking world. **Nota cultural** sidebars provide additional opportunities for students to connect to language through culture.

Students develop further insight into the nature of language and culture through comparisons with their own. Compelling discussion topics throughout the text encourage students to compare new information with familiar concepts and ideas. In addition, the clear, comprehensive grammar explanations in **Estructuras** allow students to compare and contrast the grammatical structures of their own language with those presented in **IMAGINA**.

Finally, **IMAGINA** encourages students to expand their use of language beyond the classroom setting and participate in broader, richer Spanish-speaking communities. In the **Imagina** section of each lesson, outside projects, multimedia resources, and online information and activities provide access to a wealth of opportunities for students to expand their use of Spanish outside the classroom.

As you become familiar with the **IMAGINA** program, you will find many more connections to the *Standards for Foreign Language Learning*. We encourage you to keep its goals in mind and to make new connections as you work with the text and ancillaries.

General Teaching Considerations

Orienting Students to the Student Textbook

You may want to spend some time orienting students to the **IMAGINA** textbook on the first day. Have students flip through **Lección 1**. Explain that all lessons are organized in the same manner so they will always know "where they are" in the textbook. Emphasize that all sections are self-contained, occupying either a full page or spreads of two facing pages. Call students' attention to the use of color and/or boxes to highlight important information in charts, diagrams, word lists, and activities. Provide a brief overview of the main sections of each lesson: **Para empezar, Cortometraje, Imagina, Estructuras, Cultura, Literatura,** and **Vocabulario.** Then point out the **Atención, Taller de consulta,** and **Nota cultural** sidebars and explain that these boxes provide useful lexical, grammatical, and cultural information related to the material they are studying.

Flexible Lesson Organization

To meet the needs of diverse teaching styles, institutions and instructional objectives, **IMAGINA** has a very flexible lesson organization. You can begin with the lesson opening page and progress sequentially through the lesson or you may rearrange the material in each lesson to suit your teaching preferences and students' needs.

If you do not want to devote class time to teaching grammar, you can assign the **Estructuras** explanations for outside study, freeing up class time for working with the activities. The **Manual de gramática** at the end of the book provides additional flexibility in grammar instruction. Related grammar points for each lesson can be incorporated into classroom instruction, assigned for individual study, or used as needed for review and enrichment.

Identifying Active Vocabulary

The thematic vocabulary lists in **Para empezar** are considered active vocabulary, along with all words and expressions in the **Vocabulario** boxes of the **Cortometraje, Cultura,** and **Literatura** sections. Words in the charts, lists and sample sentences of **Estructuras** are also part of the active vocabulary load. At the end of each lesson, the **Vocabulario** section provides a convenient one-page summary of the items students should know and that may appear on quizzes and exams.

Note that regional variations presented in the **Imagina** section and marginal glosses from the readings and film captions are presented for recognition only. They are not included in testing materials, although you may wish to make them active vocabulary for your course, if you so choose. The additional terms and lexical variations provided in the annotations of the Instructor's Annotated Edition are considered optional, as well.

Suggestions for Using
Contenido and *Para empezar*

Lesson Theme and Vocabulary

- Use the title, photo, and text on the lesson opening page as a springboard to introduce the themes and vocabulary of the lesson. Use the discussion questions in the introductory paragraph and **Preview** annotation for partner, group, or class activities.
- Allow time for students to scan the table of contents and flip through the pages of each lesson, much as they would a real magazine. Have students point out sections that appeal to them and briefly describe the cultural and thematic content of each lesson.
- To prepare students for new material, have them review what they already know about each theme by brainstorming related vocabulary words they have already learned.
- Introduce the new vocabulary by providing comprehensible input in the form of a description, narration or short reading.
- Introduce the new vocabulary using Total Physical Response (TPR) or interactive class games such as Charades, Pictionary, and Hangman.
- Use the short film from **Cortometraje** to introduce the lesson theme and vocabulary.
- Use the lab materials in class to introduce vocabulary and develop listening skills or assign lab and workbook activities for extra practice outside of class.

Práctica

- The **Práctica** exercises can be done orally as class, pair, or group activities. They may also be assigned as written homework.
- Insist on the use of Spanish during partner and group activities. Encourage students to use the language creatively.
- Have students form pairs or groups quickly. Assign or rotate partners and group members as necessary to ensure a greater variety of communicative exchanges.
- Allow sufficient time for pair and group activities (between five and ten minutes depending on the activity), but do not give students too much time or they may lapse into English and socialize. Always give students a time limit for an activity before they begin.
- Circulate around the room and monitor students to make sure they are on task. Provide guidance as needed and note common errors for future review.
- Remind students to jot down information during pair and group discussion activities so they can report the results to the class.

Suggestions for Using *Cortometraje*

The **Cortometraje** section of the Student Text and the **IMAGINA** Film Collection were created as interlocking pieces. All photos in the **Cortometraje** section are actual video stills from authentic, award-winning films. These short-subject films highlight and integrate the key concepts, themes, and language functions of each lesson and provide comprehensible input at the discourse level. Every film is preceded by a brief video introduction in Spanish that provides context, increases comprehension, and connects the film to the theme of the lesson and to students' own lives. The films and corresponding activities offer rich and unique opportunities to build students' listening skills and cultural awareness.

Depending on your teaching preferences and school facilities, you might use the **IMAGINA** Film Collection on DVD to show the films in class, or you might assign them for viewing outside the classroom via the **IMAGINA** supersite. You could begin by showing the first film in class to teach students how to approach viewing a film and listening to natural speech. After that, you could work with the **Cortometraje** section and have students view the remaining films outside of class. No matter which approach you choose, students have the support they need to view the films independently and process them in a meaningful way. Here are some strategies for coordinating the film with the subsections of **Cortometraje**.

Preparación

- Preview the vocabulary in **Preparación** using the activities provided and the suggestions for teaching vocabulary on page IAE-9.
- Initiate group discussion of important themes and issues. Ask students to discuss recent films from the same genre or that touch on similar themes.
- Before viewing the film, play and discuss the corresponding video introduction.

Escenas

- The poster, photos, and text in **Escenas** may be used in a variety of ways. Before viewing the film, you might ask students to read or act out the dialogues, invent endings, or make predictions based on the photos and captions. You may also use the scenes while viewing, pausing for discussion at each of the scenes pictured. You may even choose to play the film first as a springboard into the lesson, returning to the scenes and text later for reinforcement.
- Use the **Nota cultural** sidebar to provide background information and cultural context before viewing the film, as a starting point for enrichment activities or projects, and to make connections to cultural information in other sections of the text.
- Use the film to introduce or reinforce the themes, vocabulary, and grammar points in each lesson, pausing and replaying examples of important words, structures or concepts.

Análisis

- Have students scan the comprehension questions before viewing the film, then pause after key scenes to ask related questions. Replay portions of the film as needed.
- Ask students to compare the plot, characters, and endings to their earlier predictions.
- Assign expansion and follow-up activities based on the film, such as film reviews, sequels, alternate endings, and comparisons with other **cortos** or recent movies.

Suggestions for Using *Imagina*

The **Imagina** section is designed to be visually stimulating and highly interactive. To fully maximize its features, use this section in conjunction with the multimedia and online resources available to students and instructors. At **www.imagina.vhlcentral.com** students can access documentaries, songs and lyrics, additional information and activities about each region, project resources, and information about each of the notable figures in the **Galería de creadores**. In addition to the general suggestions listed here, the Instructor's Resource CD-ROM contains specific teaching ideas and activities for all ten **Imagina** sections.

- Use the opening spread of **Imagina** to introduce the country or region and direct students to the **IMAGINA** supersite for additional information. The feature articles can be assigned for outside reading or you may use them in class to develop reading skills.

- Call students' attention to the **El español de...** feature. You may wish to bring in film or audio samples from the Film Collection, local TV and radio, or online resources to expose students to lexical variations and regional accents.

- Use the **¡Conozcamos...!/¡Visitemos…!, etc.** feature as you would a travel brochure to highlight "must-see" locations in each region. Encourage students to bring in photographs from their own travels or assign group projects to research important cities, parks, architecture, or museums, depending on the theme of each lesson.

- Show the documentary in class via the **IMAGINA** supersite or assign it for outside viewing. Activities related to each documentary are available at **www.imagina.vhlcentral.com** and in the workbook section of the **IMAGINA** Student Activities Manual.

- Additional resources and activities related to the musicians in **Sube el volumen** are available at **www.imagina.vhlcentral.com**. You may also incorporate other regional music genres and artists using local and online radio, your own music collection, or samples brought in by student volunteers.

- Check comprehension using the **¿Qué aprendiste?** feature.

- Depending on your teaching preferences and time constraints, you may wish to use all of the **Proyecto** features or you might select some for large oral projects. Through the website, student groups can access all the information they need to prepare projects outside class, freeing up time for oral presentations and discussion. You may choose to have all students complete each **Proyecto** or you may assign one or two small groups for each lesson.

- Direct students to the **IMAGINA** supersite for additional information about each of the cultural figures from the **Galería de creadores**. Print out additional examples of artists' work for use in class discussion. You may wish to incorporate additional readings from **Galería** authors into the **Literatura** section of the text, focusing on genre, theme, or specific literary techniques. The films of famous directors and actors can be assigned for outside viewing and integrated with the **Cortometraje** section. You may also have students select figures in the **Galería de creadores** section for oral and written projects, such as mock interviews and biographies.

Suggestions for Using *Estructuras* and *Manual de gramática*

Grammar Explanations

- Explain the grammar in Spanish and try to keep explanations to a minimum, about five to ten minutes for each point. Grammar explanations can be assigned for homework so that class time can be devoted to the **Práctica** and **Comunicación** activities.

- Introduce new grammar in context, using short narrations, guided discussions, brief readings, or realia. Call on students to share what they already know about each grammar point.

- Use other sections of the text to introduce or reinforce grammatical concepts. Pause the **Cortometraje** film to discuss uses of each grammatical structure or have students jot down examples as they watch. Have students underline key grammatical structures as they read the **Cultura** and **Literatura** selections.

Práctica, Comunicación, and *Síntesis*

- The **Práctica** exercises can be done orally as class, pair, or group activities. They may also be assigned as written homework.

- Insist on the use of Spanish for all pair and group activities.

- Have students form pairs or groups quickly or assign them yourself for variety. Allow sufficient time for **Comunicación** activities (between five and ten minutes), but do not give students too much time or they may lapse into English and socialize. Always give students a time limit for an activity before they begin.

- Circulate around the room to answer questions and keep students on task.

- Use **Síntesis** activities to review all three grammar points and to make connections with the theme, vocabulary, and culture of the lesson. Encourage debate and open discussion.

Manual de gramática

- Use the supplemental grammar points according to your own teaching preferences, students' needs, and time constraints. Assign topics for individual review or incorporate them into classroom instruction. The **Manual de gramática** topics may also be assigned as homework.

- Point out the references to related **Manual de gramática** topics in the **Taller de consulta** sidebars of the Student Text. The supplemental grammar points may be presented sequentially, in conjunction with the **Estructuras** section of each lesson, or you may pick and choose from the topics covered as individual and classroom needs arise.

- When grading writing assignments, refer students to **Manual de gramática** topics in response to common errors or individual concerns. Have students use the **Manual de gramática** as a tool for revision or when editing one another's work.

Suggestions for Using
Cultura and *Literatura*

Preparación

- Preview the vocabulary in **Preparación** using the activities provided and the suggestions for teaching vocabulary on page IAE-9.
- For **Cultura,** refer students to the **Imagina** section for background information and cultural context. For **Literatura,** read the background information about each author.
- Introduce important themes and literary techniques used in the reading and call attention to genre and style. Encourage students to think about other works they have read in Spanish or English from the same genre or that make use of similar themes and techniques.

Cultural and Literary Readings

- Talk to students about how to become effective readers in Spanish. Point out the importance of using reading strategies. Encourage them to read every selection more than once. Explain that they should read the entire text through first to gain a general understanding of the plot or main ideas and the theme(s) without stopping to look up words. Then, they should read the text again for a more in-depth understanding of the material.
- Discourage students from translating the readings into English and relying on a dictionary. Tell them that reading directly in the language will help them grasp the meaning better and improve their ability to discuss the reading in Spanish.
- Use the reading to reinforce the themes, vocabulary, grammar points, and/or regional focus of each lesson.

Análisis

- Have students scan the comprehension questions before reading, then pause after each paragraph to ask related questions. Ask students to summarize the reading orally or in writing.
- For the **Escribir** activities (and other writing assignments), have students maintain a writing portfolio so they can periodically review their progress. Have them create a running list of the most common grammatical or spelling errors they make when writing for reference when revising their work or for peer editing. Explain your grading system for writing assignments. The following rubric could be used or adapted to suit your needs.

Evaluation			
Criteria	**Scale**		**Scoring**
Appropriate details	1 2 3 4	Excellent	18–20 points
Organization	1 2 3 4	Good	14–17 points
Use of vocabulary	1 2 3 4	Satisfactory	10–13 points
Grammatical accuracy	1 2 3 4	Unsatisfactory	<10 points
Mechanics	1 2 3 4		

Course Planning

The **IMAGINA** program was developed keeping in mind the need for flexibility and manageability in a wide variety of academic situations. The following sample course plans illustrate how **IMAGINA** can be used in courses on semester or quarter systems. You should, of course, feel free to organize your courses in the way that best suits your students' needs and your instructional goals.

Two-Semester System

The following chart shows how **IMAGINA** can be completed in a two-semester course. Please see the Table of Contents (p. iv) for a breakdown of the material covered in each lesson.

Semester 1	**Semester 2**
Lecciones 1–5	Lecciones 6–10

Quarter System

This chart illustrates how **IMAGINA** can be used in the quarter system. If you wish to have more time for review at the end of the course, you may choose to teach four lessons in the first quarter instead. Keep in mind, however, that you will need to adjust testing materials accordingly with the **Testing Program** found on the **Instructor's Resource CD-ROM**.

Quarter 1	**Quarter 2**	**Quarter 3**
Lecciones 1–3	Lecciones 4–6	Lecciones 7–10

Please access the **IMAGINA** supersite at **www.imagina.vhlcentral.com** for program updates, lesson planning, and additional teaching support.

IMAGINA

español sin barreras

CURSO INTERMEDIO DE LENGUA ESPAÑOLA

José A. Blanco

VISTA
HIGHER LEARNING

Boston, Massachusetts

Publisher: José A. Blanco
Senior Vice President, General Manager: Janet Dracksdorf
Vice President & Editorial Director: Denise St. Jean
Director of Art & Design: Linda Jurras
Director of Production & Manufacturing: Lisa Flanagan Perrier
Project Manager: Kristen Chapron
Editors: María Cinta Aparisi, Brendeign Covell, Gabriela Ferland, María Isabel García, Martha Mesa
Contributing Writers: Pamela Mishkin, José A. Ramos, Francisco de la Rosa, Cecilia Tocaimaza-Hatch
Design Manager: Polo Barrera
Designers: Andrea Golden, Alwyn Velásquez
Photo Researchers & Art Buyers: Rachel Distler, Linde Gee
Production: Compset Inc.
Manufacturing Coordinator: Gustavo Cinci
Senior Vice President, Operations: Tom Delano
Executive Marketing Manager: Ben Rivera

Student Text ISBN - 13: 978-1-59334-940-0
          ISBN - 10: 1-59334-940-8
Instructor's Annotated Edition ISBN - 13: 978-1-59334-938-7
                  ISBN - 10: 1-59334-938-6
Library of Congress Card Number: 200593788

Every reasonable effort has been made to trace the owners of copyright materials in this book, but in some
instances this has proven impossible. The publisher will be happy to receive information leading to more
complete acknowledgments in subsequent printings of the book, and in the meantime extends its apologies
for any omissions.

1 2 3 4 5 6 7 8 9 B 10 09 08 07 06

Introduction

Bienvenidos a IMAGINA, a new intermediate Spanish program designed to provide you with an active and rewarding learning experience as you continue to strengthen your language skills and develop your cultural competency.

Here are some of the key features you will find in **IMAGINA**:

- A cultural focus integrated throughout the entire lesson

- Engaging short-subject dramatic films by contemporary Hispanic filmmakers that carefully tie in the lesson theme and grammar section

- A fresh, magazine-like design and lesson organization that both support and facilitate language learning

- A highly-structured easy-to-navigate design, based on spreads of two facing pages

- An abundance of illustrations, photos, charts, and graphs, all specifically chosen or created to help you learn

- An emphasis on authentic language and practical vocabulary for communicating in real-life situations

- Numerous guided and communicative activities

- Clear, comprehensive, and well-organized grammar explanations that highlight the most important concepts in intermediate Spanish

- A built-in **Manual de gramática** for reference, review, and additional practice

- Thought-provoking documentaries related to the featured country or region and lesson theme

- Short and comprehensible literary and cultural readings that recognize and celebrate the diversity of the Spanish-speaking world

- A complete set of print and technology ancillaries to equip you with the materials you need to make learning Spanish easier

CONTENIDO

CONTENIDO

	PARA EMPEZAR	CORTOMETRAJE	IMAGINA

ESTRUCTURAS	MANUAL DE GRAMÁTICA Optional Sequence	CULTURA	LITERATURA

CONTENIDO

outlines the content and features of each lesson

Lesson opener A two-page spread introduces you to the lesson theme with a dynamic photo and a theme-related introductory paragraph ideal for class discussion.

Destino Locator map highlights the country or region of study.

Lesson overview Brief paragraphs provide you with a synopsis of each section in the lesson.

PARA EMPEZAR

introduces the thematic lesson vocabulary with engaging activities

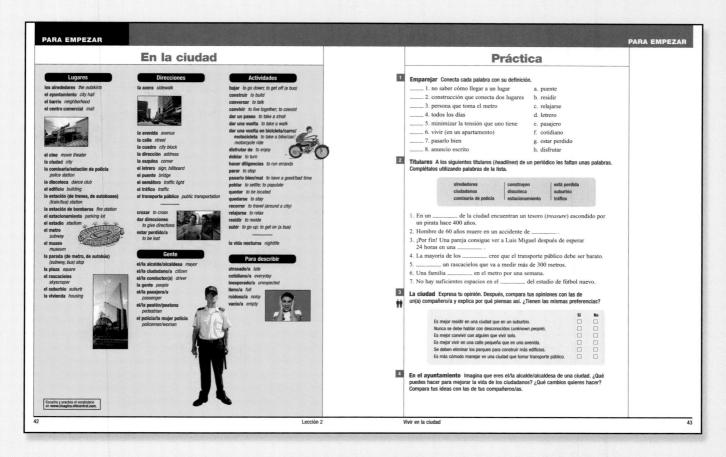

Photos and Illustrations
Dynamic, full-color photos and art visually illustrate selected vocabulary terms.

Vocabulary Easy-to-study thematic lists present useful vocabulary.

Práctica This set of exercises practices vocabulary in diverse formats and engaging contexts.

Icons These icons provide on-the-spot visual cues for both pair and small group activities.

CORTOMETRAJE

features an award-winning short-subject dramatic film by a contemporary Hispanic filmmaker

Poster Dynamic and eye-catching movie posters visually introduce the film.

Escenas A synopsis of the film's plot with captioned video stills prepares you visually for the film and introduces some of the expressions you will encounter.

Notas culturales These sidebars provide cultural information related to the **Cortometraje**.

PREPARACIÓN & ANÁLISIS

reinforce and expand upon the Cortometraje

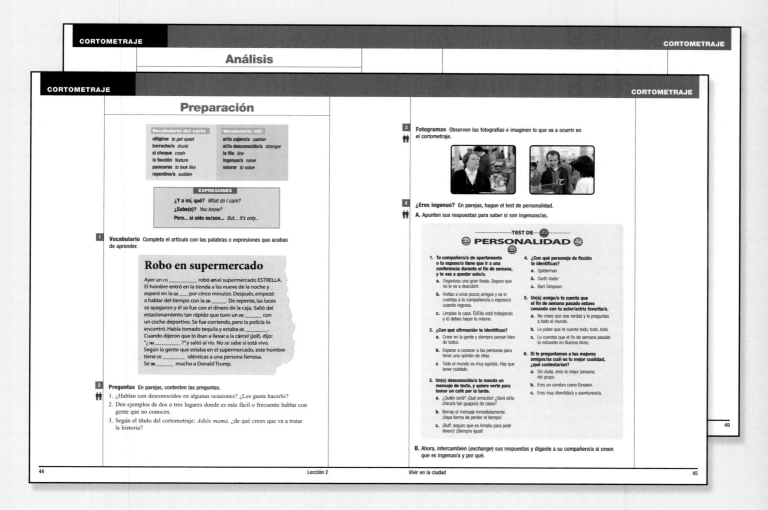

Preparación Pre-viewing exercises set the stage for the short-subject film and provide key background information, facilitating comprehension.

Vocabulario This section features the words that you will encounter and actively use within the **Cortometraje** section.

Expresiones This feature highlights phrases and expressions useful in understanding the film.

Análisis Post-viewing activities go beyond checking comprehension, allowing you to discover broader themes.

IMAGINA

simulates a voyage to the featured country or region

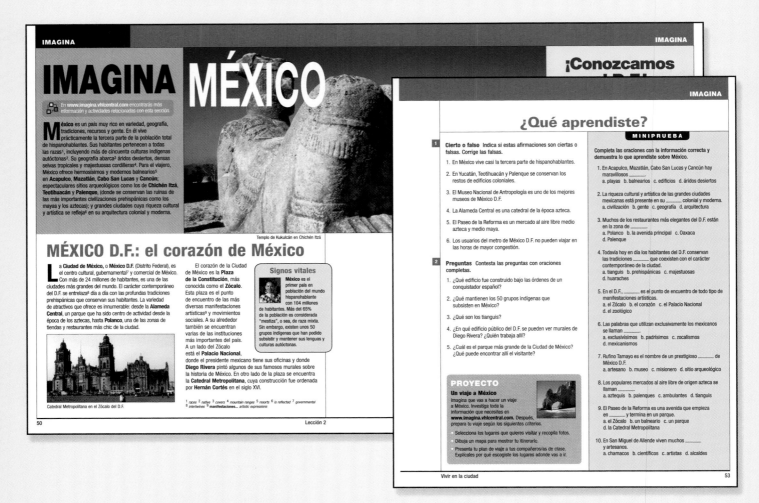

Magazine-like design
Each reading is presented in the attention-grabbing visual style you would expect from a magazine.

Country- and Region-specific readings Dynamic readings draw your attention to culturally-significant elements of the country or region.

Signos vitales These boxes provide information key to understanding the region's lifestyle and customs.

El español de... Terms and expressions specific to the country or region are highlighted in easy-to-reference lists.

¿Qué aprendiste? Post-reading exercises check your comprehension of the readings.

Proyecto Task-based projects encourage you to further investigate the country or region, connecting real-world learning to the classroom.

DOCUMENTAL & SUBE EL VOLUMEN

feature thought-provoking documentaries and contemporary musicians

IMAGINA

San Miguel de Allende

Un paraíso colonial en la Sierra Madre

📹 DOCUMENTAL
Mira el documental sobre San Miguel de Allende en www.imagina.vhlcentral.com.

Fundada en 1542 por misioneros franciscanos, **San Miguel de Allende** es una hermosa ciudad colonial ubicada° en las montañas al norte de la **Ciudad de México**. Sus construcciones arquitectónicas tienen un gran valor histórico. Desde los años 30, San Miguel ha atraído a muchísimos extranjeros° que van no sólo a visitarla, sino a quedarse a vivir. Hoy día, en San Miguel viven miles de norteamericanos y europeos, entre ellos muchos artistas y artesanos a quienes les encanta el clima siempre primaveral y soleado que se disfruta. Te invitamos a conocer esta interesante ciudad viendo el documental y leyendo más información en **www.imagina.vhlcentral.com**.

ubicada *located* **extranjeros** *foreigners*

Café Tacuba

El nuevo rock mexicano

🎵 SUBE EL VOLUMEN
Lee un poco más sobre Café Tacaba y su música en www.imagina.vhlcentral.com.

Rubén, **Quique**, **Joselo** y **Meme** son cuatro amigos que se conocieron en una escuela de un suburbio de la **Ciudad de México** y que crecieron escuchando a *The Cure*, *The Smiths*, *The Stone Roses*, *The Clash*. Un día decidieron formar un grupo de rock y comenzaron a practicar en el garaje de la casa de uno de ellos. A finales de los años 80 comenzaron a tocar en público. Lo peculiar de este grupo es que sus instrumentos no son generalmente los típicos de una banda de rock —batería°, bajo°, guitarra eléctrica—, sino otros más tradicionales que usan para mezclar el rock con diferentes ritmos folklóricos mexicanos. Esta fusión de géneros caracteriza su propio estilo. El resultado artístico de esta formación es la suma de las ideas y visiones de cada uno de sus integrantes°. Además de haber grabado más de siete álbumes hasta el momento, el cuarteto ha participado en la banda sonora° de películas como *Y tú mamá también*, *Vivir Mata* y *Amores Perros*.

Discografía selecta

1992	*Café Tacuba*	**2002**	*Valle Callampa*
1994	*Re*	**2003**	*Cuatro caminos* (Premio
1999	*Revés/Yo soy*		Grammy Latino 2004 al Mejor
2001	*Tiempo transcurrido*		Álbum de Rock Alternativo)

batería *drums* **bajo** *bass* **integrantes** *members* **banda sonora** *soundtrack*

Documental This section presents a documentary film related to the lesson theme from the Spanish-speaking country or region highlighted in the **Imagina** section.

Sube el volumen This feature highlights Hispanic singers and musical groups from the featured country or region.

GALERÍA DE CREADORES

highlights important cultural and artistic figures from the region

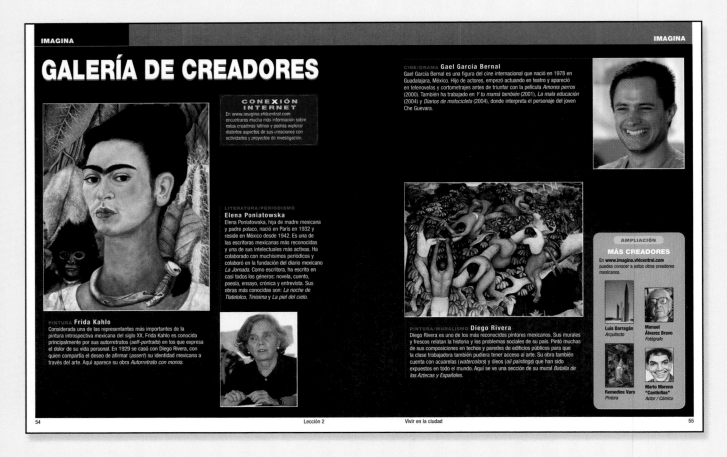

Profiles Brief paragraphs provide a synopsis of the featured person's life and cultural importance.

Conexión Internet This box directs you to Internet activities on the **IMAGINA** supersite for additional avenues of discovery.

Ampliación This feature invites you to visit the **IMAGINA** supersite and discover other culturally important figures listed in **Más creadores**.

ESTRUCTURAS

reviews and introduces grammar points key to intermediate Spanish in a graphic-intensive format

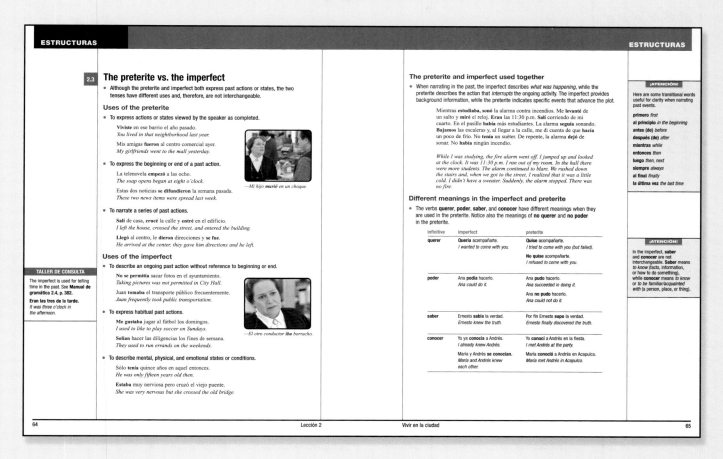

Integration of *Cortometraje* Photos with quotes or captions from the lesson's short film show the new grammar structures in meaningful and relevant contexts.

Charts and Diagrams Colorful, easy-to-understand charts and diagrams highlight key grammatical structures and related vocabulary.

Grammar explanations Explanations are written in clear, comprehensible language for ready understanding and easy reference both in and out of class.

***Atención* sidebars** This feature expands on the current grammar point and calls attention to similar grammatical structures.

Taller de consulta These sidebars reference relevant grammar points presented actively in **Estructuras**, and refer you to the supplemental **Manual de gramática** found at the end of the book.

ESTRUCTURAS

provides directed and communicative practice

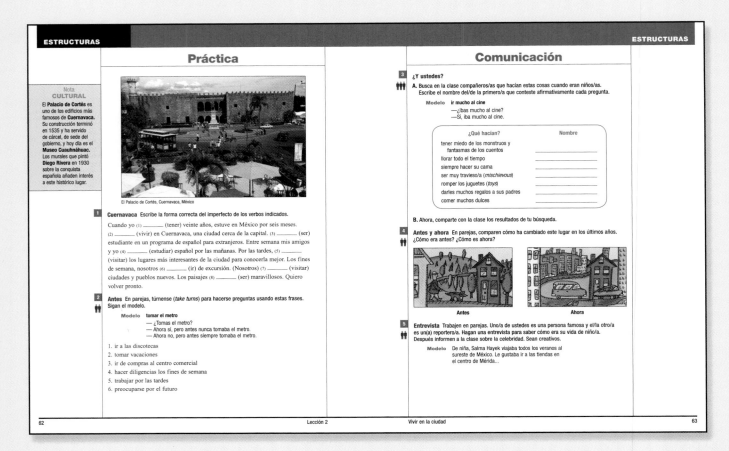

Práctica

Nota CULTURAL

El **Palacio de Cortés** es uno de los edificios más famosos de **Cuernavaca.** Su construcción terminó en 1535 y ha servido de cárcel, de sede del gobierno, y hoy día es el **Museo Cuauhnáhuac.** Los murales que pintó **Diego Rivera** en 1930 sobre la conquista española añaden interés a este histórico lugar.

El Palacio de Cortés, Cuernavaca, México

1 **Cuernavaca** Escribe la forma correcta del imperfecto de los verbos indicados.

Cuando yo (1) _____ (tener) veinte años, estuve en México por seis meses. (2) _____ (vivir) en Cuernavaca, una ciudad cerca de la capital. (3) _____ (ser) estudiante en un programa de español para extranjeros. Entre semana mis amigos y yo (4) _____ (estudiar) español por las mañanas. Por las tardes, (5) _____ (visitar) los lugares más interesantes de la ciudad para conocerla mejor. Los fines de semana, nosotros (6) _____ (ir) de excursión. (Nosotros) (7) _____ (visitar) ciudades y pueblos nuevos. Los paisajes (8) _____ (ser) maravillosos. Quiero volver pronto.

2 **Antes** En parejas, túrnense (*take turns*) para hacerse preguntas usando estas frases. Sigan el modelo.

Modelo **tomar el metro?**
— ¿Tomas el metro?
— Ahora sí, pero antes nunca tomaba el metro.
— Ahora no, pero antes siempre tomaba el metro.

1. ir a las discotecas
2. tomar vacaciones
3. ir de compras al centro comercial
4. hacer diligencias los fines de semana
5. trabajar por las tardes
6. preocuparse por el futuro

Comunicación

3 **¿Y ustedes?**

A. Busca en la clase compañeros/as que hacían estas cosas cuando eran niños/as. Escribe el nombre del/de la primero/a que conteste afirmativamente cada pregunta.

Modelo **ir mucho al cine**
—¿Ibas mucho al cine?
—Sí, iba mucho al cine.

¿Qué hacían?	Nombre
tener miedo de los monstruos y fantasmas de los cuentos	_____
llorar todo el tiempo	_____
siempre hacer su cama	_____
ser muy travieso/a (*mischievous*)	_____
romper los juguetes (*toys*)	_____
darles muchos regalos a sus padres	_____
comer muchos dulces	_____

B. Ahora, comparte con la clase los resultados de tu búsqueda.

4 **Antes y ahora** En parejas, comparen cómo ha cambiado este lugar en los últimos años. ¿Cómo era antes? ¿Cómo es ahora?

Antes   **Ahora**

5 **Entrevista** Trabajen en parejas. Uno/a de ustedes es una persona famosa y el/la otro/a es un(a) reportero/a. Hagan una entrevista para saber cómo era su vida de niño/a. Después informen a la clase sobre la celebridad. Sean creativos.

Modelo De niña, Salma Hayek viajaba todos los veranos al sureste de México. Le gustaba ir a las tiendas en el centro de Mérida...

Práctica Directed exercises support you as you begin working with the grammar structures.

Comunicación Open-ended, communicative activities help you internalize the grammar point in a range of contexts involving pair and group work.

Manual de gramática Additional grammar points related to those taught in **Estructuras** are included for review and/or enrichment at the end of the book.

Nota culturales These boxes expand coverage of the Spanish-speaking world with additional cultural information.

SÍNTESIS

brings together the vocabulary, grammar, and lesson theme in a variety of contexts

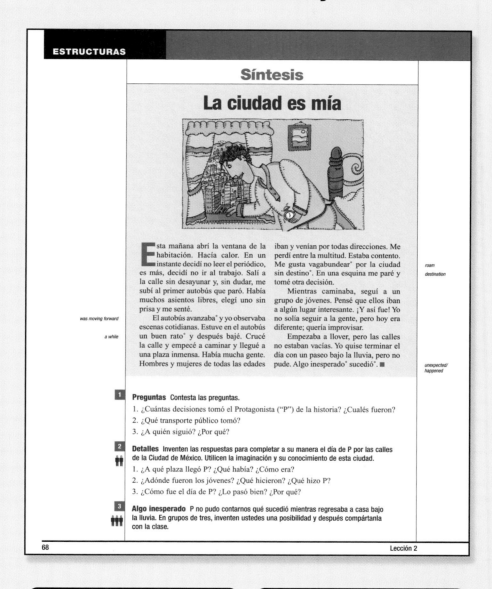

ESTRUCTURAS

Síntesis

La ciudad es mía

Esta mañana abrí la ventana de la habitación. Hacía calor. En un instante decidí no leer el periódico, es más, decidí no ir al trabajo. Salí a la calle sin desayunar y, sin dudar, me subí al primer autobús que paró. Había muchos asientos libres, elegí uno sin prisa y me senté.

El autobús avanzaba° y yo observaba escenas cotidianas. Estuve en el autobús un buen rato° y después bajé. Crucé la calle y empecé a caminar y llegué a una plaza inmensa. Había mucha gente. Hombres y mujeres de todas las edades iban y venían por todas direcciones. Me perdí entre la multitud. Estaba contento. Me gusta vagabundear° por la ciudad sin destino°. En una esquina me paré y tomé otra decisión.

Mientras caminaba, seguí a un grupo de jóvenes. Pensé que ellos iban a algún lugar interesante. ¡Y así fue! Yo no solía seguir a la gente, pero hoy era diferente; quería improvisar.

Empezaba a llover, pero las calles no estaban vacías. Yo quise terminar el día con un paseo bajo la lluvia, pero no pude. Algo inesperado° sucedió°. ■

was moving forward

a while

roam

destination

unexpected/ happened

1 **Preguntas** Contesta las preguntas.
1. ¿Cuántas decisiones tomó el Protagonista ("P") de la historia? ¿Cualés fueron?
2. ¿Qué transporte público tomó?
3. ¿A quién siguió? ¿Por qué?

2 **Detalles** Inventen las respuestas para completar a su manera el día de P por las calles de la Ciudad de México. Utilicen la imaginación y su conocimiento de esta ciudad.
1. ¿A qué plaza llegó P? ¿Qué había? ¿Cómo era?
2. ¿Adónde fueron los jóvenes? ¿Qué hicieron? ¿Qué hizo P?
3. ¿Cómo fue el día de P? ¿Lo pasó bien? ¿Por qué?

3 **Algo inesperado** P no pudo contarnos qué sucedió mientras regresaba a casa bajo la lluvia. En grupos de tres, inventen ustedes una posibilidad y después compártanla con la clase.

68   Lección 2

Lectura Theme related readings, realia, and charts reinforce the grammar structures and lesson vocabulary in a short, captivating format.

Actividades This section integrates the three grammar points of the lesson, providing built-in, consistent review and recycling as you progress though the text.

CULTURA

presents a cultural reading tied to the lesson theme

CULTURA   CULTURA

mainly

Famosa por sus mujeres, fuertes y decididas, Juchitán es una ciudad mexicana mayoritariamente° indígena cuyos mitos y costumbres se resisten a la influencia del exterior.

Está en una zona de México llamada Istmo de Tehuantepec, en el sur del estado de Oaxaca, muy cerca de la frontera con Guatemala. Sus habitantes son en su mayoría de la etnia zapoteca y, hasta hoy, todavía hablan su lengua ancestral°, el zapoteco.

ancient

matriarchy

Muchos afirman que en Juchitán existe un matriarcado° por la presencia tan trascendental que las mujeres tienen en la economía y la sociedad en general. Además, ellas son las que toman las decisiones importantes en la familia, por ejemplo, si un hombre quiere comprar algo o salir a divertirse tiene que pedirle dinero a la mujer de la casa.

carry themselves

Las mujeres juchitecas son grandes, extrovertidas y acostumbran llevar trajes de vibrantes colores, además, se desenvuelven° con dignidad y siempre son directas al hablar. Aun las mujeres de mayor edad visten con garbo°, confianza° y sin la intención de esconder su edad porque ser "viejo" no tiene una connotación negativa en su cultura.

poise/confidence

agricultural workers/ fishermen/ craftsmen

La estructura social de esta comunidad está claramente dividida. Los hombres trabajan en el sector de la producción: son campesinos°, pescadores°, artesanos° y también son los que toman las decisiones políticas. Por su parte, las mujeres manejan° la organización doméstica, la economía familiar, el comercio y el sistema festivo.

handle

Las fiestas son parte importante de la vida en Juchitán, ya que duran varios días

Frida y Juchitán

La pintora mexicana Frida Kahlo admiraba mucho a las mujeres juchitecas. Tenía muchos vestidos bordados (*embroidered*) en Juchitán que llevaba a diario y en varios de sus autorretratos (*self-portraits*) se pintó con estos vestidos.

y requieren de una compleja preparación. Las mujeres son las anfitrionas° y, a la hora del baile, hay más mujeres que hombres en la pista bailando al ritmo de la música tradicional.

hostesses

El mercado es un punto central en Juchitán, donde las mujeres venden los productos del campo o del mar que los hombres han traído a casa. Es también ahí donde las noticias se difunden entre todos y se arreglan° asuntos sociales y familiares.

settle

> **Las mujeres juchitecas son grandes, extrovertidas y acostumbran llevar trajes de vibrantes colores.**

Su capacidad económica le permite a la mujer juchiteca una gran autonomía en relación con el hombre. Ésta se refleja en una sólida autoestima°, en una presencia dominante dentro del sistema social de la comunidad y en una fuerte y aceptada autoridad en la familia.

self-esteem

Ningún hombre juchiteco se siente mal porque el sistema económico está dirigido por las mujeres. Aquí —al contrario del modelo neoliberal— las prioridades son la alimentación, el cuidado de niños y ancianos°, y los banquetes colectivos. Nadie se queda con hambre en Juchitán. ¿Cuántas ciudades de 150.000 habitantes pueden decir esto en el llamado "mundo desarrollado°"? ∎

elderly people

developed

Escucha el artículo y abre una investigación en www.imagina.vhlcentral.com.

Readings Brief, comprehensible readings present you with additional cultural information related to the lesson theme and country or region of focus.

Photos Vibrant, dynamic photos visually illustrate the reading.

Glosses Definitions of unfamiliar words aid in comprehension without interrupting the reading flow.

LITERATURA

provides literary readings by well-known writers from across the Spanish-speaking world

AQUERONTE

José Emilo Pacheco

Son las cinco de la tarde, la lluvia ha cesado°, bajo la húmeda luz el domingo parece vacío. La muchacha entra en el café. La observan dos parejas de edad madura°, un padre con cuatro niños pequeños. A una velocidad que demuestra su timidez, atraviesa° el salón, toma asiento a una mesa en el extremo izquierdo. Por un instante se aprecia nada más la silueta a contraluz° del brillo° solar en los ventanales°. Cuando se acerca el mesero la muchacha pide una limonada, saca un cuaderno y se pone a escribir algo en sus páginas. No lo haría si esperara a alguien que en cualquier momento puede llegar a interrumpirla. La música de fondo° está a bajo volumen. De momento no hay conversaciones.

El mesero sirve la limonada, ella le das gracias, echa azúcar en el vaso alargado y la disuelve con una cucharilla de peltre°. Prueba el líquido agridulce°, vuelve a concentrarse en lo que escribe con un bolígrafo de tinta° roja. ¿Un diario, una carta, una tarea escolar, un poema, un cuento? Imposible saberlo, imposible saber por qué está sola en la capital y no tiene adónde ir la tarde de un domingo en mayo de 1966. Es difícil calcular su edad: catorce, dieciocho, veinte años. La hacen muy atractiva la esbelta° armonía de su cuerpo, el largo pelo castaño, los ojos un poco rasgados°, un aire de inocencia y

stopped
middle-aged
crosses
against the light/ light, brightness / large windows
background music
pewter
bittersweet
ink
slender, graceful
almond-shaped

neglect, vulnerability/ grief, sorrow
isolated
halts, stops

desamparo°, la pesadumbre° de quien tiene un secreto.

Un joven de su misma edad o acaso un poco mayor se sienta en un lugar de la terraza, aislada° del salón por un ventanal. Llama al mesero y ordena un café. Observa el interior. Su mirada recorre sitios vacíos, grupos silenciosos, y se detiene° un instante en la muchacha. Al sentirse observada alza la vista.

Los gritos del mesero llaman la atención de todos los presentes. La muchacha enrojece y no sabe en dónde ocultarse.

semi-darkness
She stirs

En seguida baja los ojos y se concentra en su escritura. El salón ya no flota en la penumbra°: acaban de encender las luces fluorescentes.

Bajo la falsa claridad ella de nuevo levanta la cabeza y encuentra la mirada del joven. Agita° la cucharilla de peltre para disolver el azúcar asentada en el fondo. Él prueba su café y observa a la muchacha. Sonríe al ver que ella lo mira y luego se vuelve hacia la calle. Este mostrarse y

hide oneself
slight

ocultarse°, este juego que parece divertirlos o exaltarlos se repite con leves° variantes por espacio de un cuarto de hora o veinte minutos. Por fin él la mira de frente y sonríe una vez más. Ella aún trata de esconder el miedo o el misterio que impiden el natural acercamiento.

El ventanal la refleja, copia sus actos, los duplica sin relieve° ni hondura°. Recomienza la lluvia, el aire arroja° gotas de agua a la terraza. Cuando siente humedecerse su ropa da muestras de inquietud y ganas de marcharse. Entonces ella desprende una hoja del cuaderno, escribe unas líneas y da una mirada ansiosa al desconocido. Con la cuchara golpea° el vaso alargado. Se acerca el mesero, toma la hoja de papel, lee las primeras palabras, retrocede°, gesticula, contesta indignado, se retira como quien opone un gesto altivo° a la ofensa que acaba de recibir.

Los gritos del mesero llaman la atención de todos los presentes. La muchacha enrojece y no sabe en dónde ocultarse. El joven observa paralizado la escena inimaginable: el desenlace lógico era otro. Antes de que él pueda intervenir, vencer la timidez que lo agobia cuando se encuentra sin el apoyo°, el estímulo, la mirada crítica de sus amigos, la muchacha se levanta, deja unos billetes sobre la mesa y sale del café.

Él la ve pasar por la terraza sin mirarlo, se queda inmóvil un instante, luego reacciona y toca en el ventanal para que le traigan la cuenta. El mesero toma lo que dejó la muchacha, va hacia la caja y habla mucho tiempo con la encargada. El joven recibe la nota, paga, sale al mundo en que se oscurece° la lluvia. En una esquina donde las calles se bifurcan° mira hacia todas partes. No la encuentra. El domingo termina. Cae la noche en la ciudad que para siempre ocultará a la muchacha. ∎

emphasis/depth
throws

taps

steps back
haughty, arrogant

support

gets darker
fork

Literatura Thought-provoking, yet comprehensible readings present new avenues for using the lesson's grammar, vocabulary, and themes.

Design Each reading is presented in the attention-grabbing visual style you would expect from a magazine, along with glosses of unfamiliar words that aid in comprehension.

PREPARACIÓN & ANÁLISIS

activities provide in-depth pre-reading and post-reading support for each selection in Literatura and Cultura

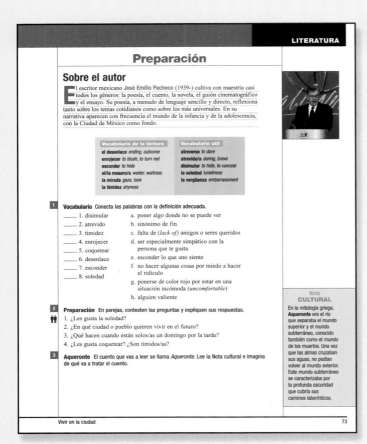

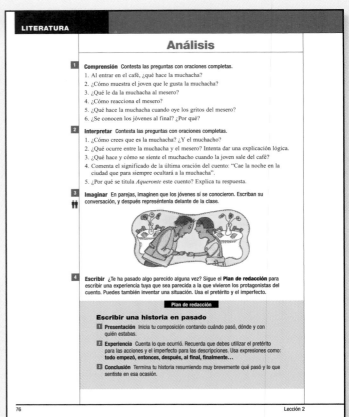

Preparación Helpful lists highlight active vocabulary that you will encounter in each reading, as well as other words that might prove useful for discussions. Diverse activities then allow you to practice the vocabulary.

Sobre el autor A brief description of the author gives you background information about the writer and the reading.

Análisis Post-reading exercises check your understanding and motivate you to discuss the topic of the reading, express your opinions, and explore how it relates to your own experiences.

Plan de redacción A guided writing assignment concludes every **Literatura** section.

VOCABULARIO

summarizes the active vocabulary in each lesson

En la ciudad

Lugares

los alrededores *the outskirts*
el ayuntamiento *city hall*
el barrio *neighborhood*
el centro comercial *mall*
el cine *movie theater*
la ciudad *city*
la comisaría/estación de policía
  police station
la discoteca *dance club*
el edificio *building*
la estación (de trenes, de autobuses)
  (train/bus) station
la estación de bomberos *fire station*
el estacionamiento *parking lot*
el estadio *stadium*
el metro *subway*
el museo *museum*
la parada (de metro, de autobús)
  (subway, bus) stop
la plaza *square*
el rascacielos *skyscraper*
el suburbio *suburb*
la vivienda *housing*

Direcciones

la acera *sidewalk*
la avenida *avenue*
la calle *street*
la cuadra *city block*
la dirección *address*
la esquina *corner*
el letrero *sign, billboard*
el puente *bridge*
el semáforo *traffic light*
el tráfico *traffic*
el transporte público *public*
  transportation

cruzar *to cross*
dar direcciones *to give directions*
estar perdido/a *to be lost*

Gente

el/la alcalde/alcaldesa *mayor*
el/la ciudadano/a *citizen*
el/la conductor(a) *driver*
la gente *people*
el/la pasajero/a *passenger*
el/la peatón/peatona *pedestrian*
el policía/la mujer policía
  policeman/woman

Actividades

bajar *to go down; to get off (a bus)*
construir *to build*
conversar *to talk*
convivir *to live together; to coexist*
dar un paseo *to take a stroll*
dar una vuelta *to take a walk*
dar una vuelta en bicicleta/carro/
  motocicleta *to take a bike/car/*
  motorcycle ride
disfrutar de *to enjoy*
doblar *to turn*
hacer diligencias *to run errands*
parar *to stop*
pasarlo bien/mal *to have a good/bad time*
poblar *to settle; to populate*
quedar *to be located*
quedarse *to stay*
recorrer *to travel (around a city)*
relajarse *to relax*
residir *to reside*
subir *to go up; to get on (a bus)*

la vida nocturna *nightlife*

Para describir

atrasado/a *late*
cotidiano/a *everyday*
inesperado/a *unexpected*
lleno/a *full*
ruidoso/a *noisy*
vacío/a *empty*

Cortometraje

el/la cajero/a *cashier*
el choque *crash*
el/la desconocido/a *stranger*
la facción *feature*
la fila *line*

afligirse *to get upset*
parecerse *to look like*
valorar *to value*

borracho/a *drunk*
ingenuo/a *naive*
repentino/a *sudden*

Cultura

el bienestar *well-being*
la característica *characteristic*
la costumbre *custom; habit*
el cuidado *care*
el/la habitante *inhabitant*
la influencia *influence*
el mito *myth*

acostumbrar *to be accustomed*
conservar *to preserve*
cooperar *to cooperate*
difundir (noticias) *to spread (news)*
permitir *to allow*
significar *to mean*

decidido/a *determined*
justo/a *just, fair*

Literatura

el desenlace *ending, outcome*
el/la mesero/a *waiter/waitress*
la mirada *gaze*
la soledad *loneliness*
la timidez *shyness*
la vergüenza *embarrassment*

atreverse *to dare*
disimular *to hide, to conceal*
enrojecer *to blush, to turn red*
esconder *to hide*

atrevido/a *daring, brave*

IMAGINA Film Collection

Fully integrated with your textbook, the **IMAGINA** film collection on DVD contains short-subject films by Hispanic filmmakers that are the basis for the pre-, while- and post-viewing activities in the **Cortometraje** section of each lesson. Every film is preceded by a brief video introduction in Spanish that provides context, increases comprehension, and connects the film to the lesson theme.

These films offer entertaining and thought-provoking opportunities to build your listening comprehension skills and your cultural knowledge of Spanish-speakers and the Spanish-speaking world.

Besides providing entertainment, the films serve as a useful learning tool. As you watch the films, you will observe characters interacting in various situations, using real-world language that reflects the lesson themes as well as the vocabulary and grammar you are studying.

Film Synopses

LECCIÓN 1
Momentos de estación
(Argentina; 8 minutes)

A commuter purchases his train ticket every day, never once telling the ticket window employee about his feelings for her. Find out what happens if he suddenly takes advantage of the moment and tells her… and the spiraling effects for those around him.

LECCIÓN 2
Adiós mamá
(México; 8 minutes)

In this award-winning short film, a man is grocery shopping alone on an ordinary day when a chance meeting makes him the focus of an elderly woman's existential conflict.

LECCIÓN 3
Encrucijada
(México; 10 minutes)

A desperate man, conquered by the pressures of life, asks for help from the Devil. He is willing to change his luck, but events unfold too quickly and spin out of control.

LECCIÓN 4
Raíz
(España; 17 minutes)

An older couple joyfully awaits the visit of the son they haven't seen in some time.

LECCIÓN 5
El día menos pensado
(México; 13 minutes)

A city ends up without water; many people have already left. Those that remain must make a choice to leave or stay and guard the little water that they have.

LECCIÓN 6
El ojo en la nuca
(Uruguay- México; 26 minutes)

This film is the story of Pablo, a young man who uses an obscure law to avenge a wrong he can no longer live with.

LECCIÓN 7
El hombre que volaba un poquito
(España; 20 minutes)

Four walls, no windows to the exterior, and a stern boss create the scene for a very trapped office worker. Escape comes in the form of a new employee.

LECCIÓN 8
Happy Cool
(Argentina; 13 minutes)

High unemployment in Argentina pushes a man to test out a new technology and await better times in this ironic story that parodies a real-life situation.

LECCIÓN 9
Espíritu deportivo
(México; 11 minutes)

At the funeral of a former Mexican soccer star, the deceased's teammates discuss the lineup of the team that defeated Brazil. The proof is on the soccer ball signed by the players.

LECCIÓN 10
Un pedazo de tierra
(Argentina; 24 minutes)

Two grandchildren drive 400 miles to fulfill the last wishes of their ailing grandfather: to be buried in Palos Verdes, California, next to his wife.

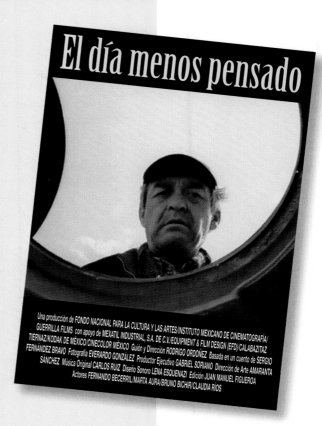

Student Ancillaries

Student Activities Manual (SAM)

The Student Activities Manual consists of two parts: the Workbook and the Lab Manual. The Workbook activities provide additional practice of the vocabulary and grammar for each textbook lesson. They also reinforce the content of the **Imagina** sections, including the main reading, the documentary, and the **Galería de creadores**. The Lab Manual activities focus on building your listening comprehension skills in Spanish. They provide additional practice of the vocabulary, grammar points, and literary reading in each textbook lesson.

Online SAM

The Online SAM provides 24-hour access to online workbook and laboratory activities with instant feedback and grading. The complete audio program is also included. Your instructor can view the results of your work, manage your class, and even customize the Online SAM by adjusting grading features, assigning specific exercises, and creating his or her own activities and quizzes. You can self-register for the course, so your instructor can create a course in less than ten minutes.

Lab Audio Program

The Lab Audio Program contains the recordings to be used in conjunction with the activities of the Lab Manual. It is available in compressed MP3 files that can be played in the CD-ROM drive of your computer or can be accessed on the **IMAGINA** supersite.

IMAGINA supersite (www.imagina.vhlcentral.com)

The **IMAGINA** supersite supports you and your instructor with a wide range of online resources—additional activities, cultural information and links, teaching suggestions, lesson plans, course syllabi, and more—that directly correlate to your textbook and go beyond it. All of the content of this site can be easily integrated with WebCT and Blackboard.

- **Short-subject films**
  The **IMAGINA** supersite contains the short-subject dramatic films by Hispanic filmmakers that are featured in the **Cortometraje** section of each lesson in **IMAGINA**. It also contains the **Filmoteca** introductions.

- Documental
  The authentic documentary films from the Spanish-speaking countries and regions covered in the textbook's **Imagina** sections are found on the **IMAGINA** supersite along with a variety of related activities.

- Sube el volumen
  Visit the **IMAGINA** supersite for more information and activities about the musicians featured in the **Imagina** sections of the textbook.

Instructor Ancillaries

Instructor's Annotated Edition

The Instructor's Annotated Edition (IAE) contains answers to exercises overprinted on the page, cultural information, suggestions for implementing and extending student activities, and cross-references to student and instructor ancillaries.

Instructor's Resource CD-ROM

The Instructor's Resource CD-ROM contains the following: Instructor's Resource Manual, SAM Answer Key, Testing Program in ready-to-print format, Testing Program in RTF word processing files, Test Generator, and the Testing Program MP3s.

- **Instructor's Resource Manual**
  This component offers the written transcript of the Lab Audio Program, the Spanish filmscripts of the **Cortometrajes** and **Filmoteca** introductions, English translations of the filmscripts and introductions, additional teaching suggestions for the **Imagina** section of the textbook, and MP3 files for several songs featured in **Sube el volumen**.

- **Student Activities Manual Answer Key**
  This component includes answer keys for all activities with discrete answers in the Workbook and Lab Manual.

- **Testing Program in Ready-to-Print Format**
  Available as PDF files, the Testing Program contains tests for each of the textbook's ten lessons, semester exams, and quarter exams. All tests and exams include sections on listening comprehension, vocabulary, grammar, and communication. Listening scripts, answer keys, and optional **Cortometraje** and **Imagina** testing sections are also included.

- **Testing Program in RTF Word Processing Files**
  The Testing Program is available as RTF word processing files so instructors can readily customize the tests and exams for their courses.

- **Test Generator**
  The test generator provides a test bank of the Testing Program and includes an online testing component. Instructors can modify tests, create tests, and randomly generate new tests. Test items with discrete answers are automatically scored, and all grades are easily exported to WebCT and Blackboard.

- **Testing Program MP3s**
  These audio files provide the recordings of the Testing Program's listening sections.

Film Collection DVD

This DVD contains the short-subject films by Hispanic filmmakers that are the basis for the pre-, while-, and post-video activities in the **Cortometraje** section of each lesson in **IMAGINA**. It also contains the **Filmoteca** introductions which present each film in Spanish and connect it to the lesson theme.

Reviewers

On behalf of its writers and editors, Vista Higher Learning expresses its sincere appreciation to the many college professors nationwide who reviewed **IMAGINA**. Their insights, ideas, and detailed comments were invaluable to the final product.

Jan Adams
Marshalltown Community College, IA

Eileen M. Angelini
Philadelphia University, PA

Teresa R. Arrington
Blue Mountain College, MS

Kim Azenara
Louisiana State University, LA

Antonio Baena
Louisiana State University, LA

Paul A. Bases
Martin Luther College, MN

Timothy Benson
Lake Superior College, WI

Michelle Bettencourt
University of North Carolina
   at Asheville, NC

Bruce A. Boggs
University of Oklahoma, OK

Isabel Z. Brown
University of South Alabama, AL

Maria Brucato
Merrimack College, MA

Carmela Bruni-Bossio
University of Alberta, Canada

Adolfo A. Carrillo Cabello
Gustavus Adolphus College, MN

Elizabeth Calvera
Virginia Tech, VA

Monica Cantero
Drew University, NJ

Thomas Capuano
Truman State University, MO

Beth Cardon
Georgia Perimeter College, GA

Carmen Chavez
Florida Atlantic University, FL

Chyi Chung
Northwestern University, IL

José Juan Colin
University of Oklahoma, OK

Anne Connor
Southern Oregon University, OR

José A. Cortes
Georgia Perimeter College, GA

Xuchitl N. Coso
Georgia Perimeter College, GA

Dale Crandall
Gainesville College, GA

Mayte De Lama
Elon University, NC

Rocio de la Rosa Duncan
Rockhurst University, MO

Aida Dean
University of Richmond, VA

Mark P. Del Mastro
The Citadel, SC

Barbara Beck Díaz
Coastal Carolina University, SC

Danion Doman
Truman State University, MO

Christine Esperson
Cape Cod Community College, MA

Celia Esplugas
West Chester University
   of Pennsylvania, PA

Janan Fallon
Georgia Perimeter College, GA

Alexandra Fitts
University of Alaska Fairbanks, AK

John L. Finan
William Rainey Harper College, IL

Leah Fonder-Solano
University of Southern Mississippi, MS

Laura Fox
Grand Valley State University, MI

Mary E. Frieden
Central Methodist University, MO

Maria C. Garriga
Thomas More College, KY

Judy Getty
California State University, CA

Serafima Gettys
Lewis University, IL

Dennis C. Harrod
Syracuse University, NY

Esther Holtermann
American University, Washington, DC

Joni Hurley
Clemson University, SC

Sara B. Landon
Nassau Community College, NY

Sara Lehman
Fordham University, NY

Sonja Livingston
Fayetteville State University, NC

Esteban Loustaunau
Augustana College, IL

Bernard Manker
Grand Rapids Community
   College, MI

Joyce I. Martin
University of Pennsylvania, PA

Delmarie Martínez
Nova Southeastern University, FL

Maríadelaluz Matus-Mendoza
Drexel University, PA

Sarah McCurry
Idaho State University, ID

Timothy McGovern
University of California,
Santa Barbara, CA

Leticia McGrath
Georgia Southern University, GA

Jerome Miner
Knox College, IL

Citlali Miranda-Aldaco
Johns Hopkins University, MD

José Luís Mireles
Coastal Carolina University, SC

Geoffrey Mitchell
University of Southern Mississippi, MS

Sharon Montano
Barton College, NC

Carrie Mulvihill
Des Moines Area Community
College, IA

Lisa Nalbone
University of Central Florida, FL

David L. Paulson
Kishwaukee College, IL

Teresa Perez-Gamboa
University of Georgia, GA

Kate Peters
Greensboro College, NC

Enrique J. Porrua
University of North Carolina at
Pembroke, NC

Rosalea Postma-Carttar
University of Kansas, KS

Marcie Rinka
University of San Diego, CA

Stanley L. Rose
University of Montana, MT

William Salazar
Morehead State University, KY

Kimberley Sallee
University of Missouri–St. Louis, MO

Nidia Schuhmacher
Brown University, RI

Waldir Sepulveda
Vanderbilt University, TN

Michele Shaul
Queens University of Charlotte, NC

Elizabeth Shumway
Lakeland College, WI

Beth Stapleton
Mississippi College, MS

Monica Stevens
Lawrence Technological University, MI

Dwight TenHuisen
Calvin College, MI

David R. Thompson
Luther College, IA

Matthew G. Tornatore
Truman State University, MO

Gretchen Trautmann
University of North Carolina–Asheville, NC

Maria Eugenia Trillo
Western New Mexico University, NM

Antonio Velásquez
McMaster University, Ontario, Canada

Barry L. Velleman
Marquette University, WI

Hilde Votaw
University of Oklahoma, OK

Rosario Pujals Vickery
Morehouse College, GA

Scott M. Vrooman
Monroe Community College, NY

Guillermina Walas
Eastern Washington University, WA

Joseph R. Weyers
College of Charleston, SC

Jonnie Wilhite
Kalamazoo Valley Community
College, MI

Serena Williams
Brescia University, KY

Jennifer Wood
Scripps College, CA

Theresa Zmurkewycz
St. Joseph's University, PA

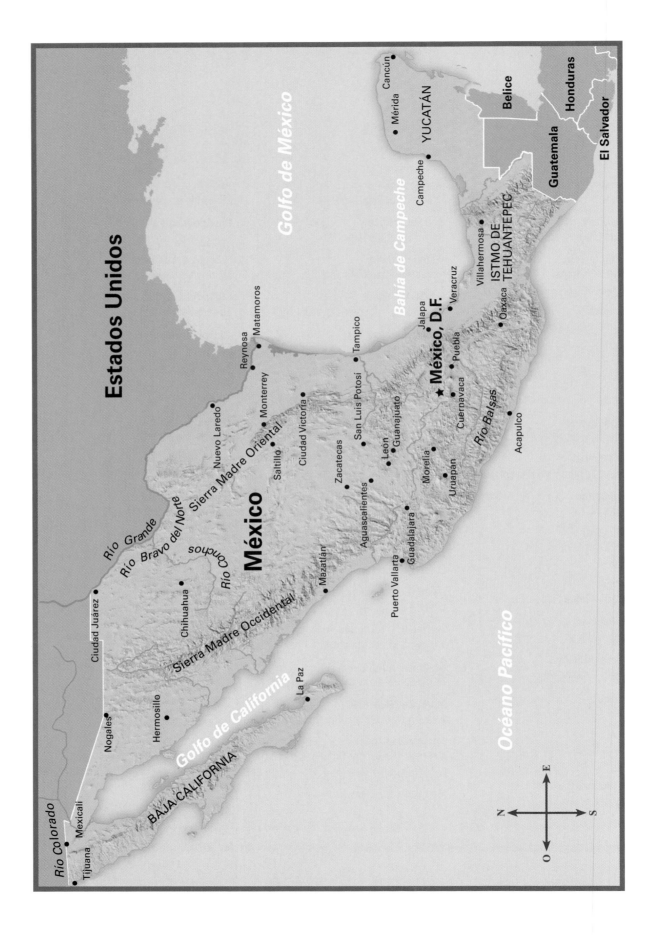

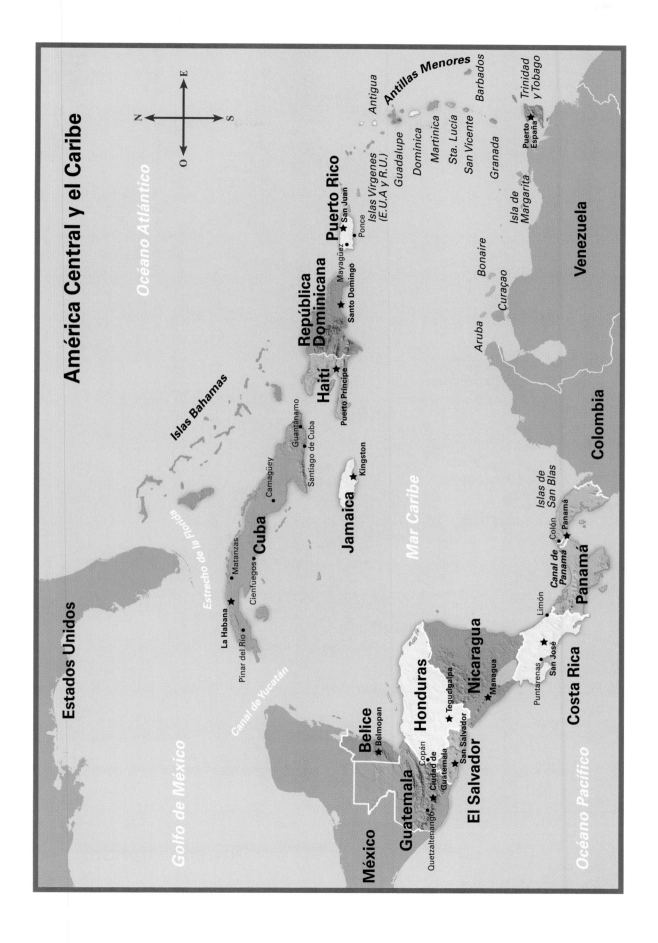

América Central y el Caribe

Mar Caribe

Barranquilla
Maracaibo
Caracas ★
Puerto España ★
Trinidad y
Tobago

Venezuela

Medellín
Colombia
Bogotá ★
Cali

Guyana ★
Georgetown ★
Paramaribo ★
Cayena ★

Guyana

Surinam

**Guayana
Francesa**

Pasto

Río Magdalena

Río Negro

Río Amazonas

Quito ★
Ecuador
Guayaquil

Iquitos

Manaus

• Belém

Perú

Río Madeira

Cordillera de los Andes

Lima ★
Cuzco

Recife

Lago Titicaca

Arequipa

La Paz ★
Bolivia

Arica
Iquique

Sucre ★

Brasil

Brasília ★

Salvador

Río Paraguay

• Belo Horizonte

Antofagasta

Paraguay

Río Paraná

São Paulo
Santos

• Río de Janeiro

Salta

Asunción ★

Córdoba

Chile

**Océano
Pacífico**

Río Paraná

Río Uruguay

Porto Alegre

Valparaíso
Mendoza

Rosario

Santiago ★

Buenos Aires ★

Uruguay
Montevideo

Concepción

Cordillera de los Andes

Argentina

Bahía Blanca

**Océano
Atlántico**

Puerto Montt

N

O ←→ E

Estrecho de
Magallanes

Islas Malvinas

S

Punta Arenas

Tierra
del Fuego

América del Sur

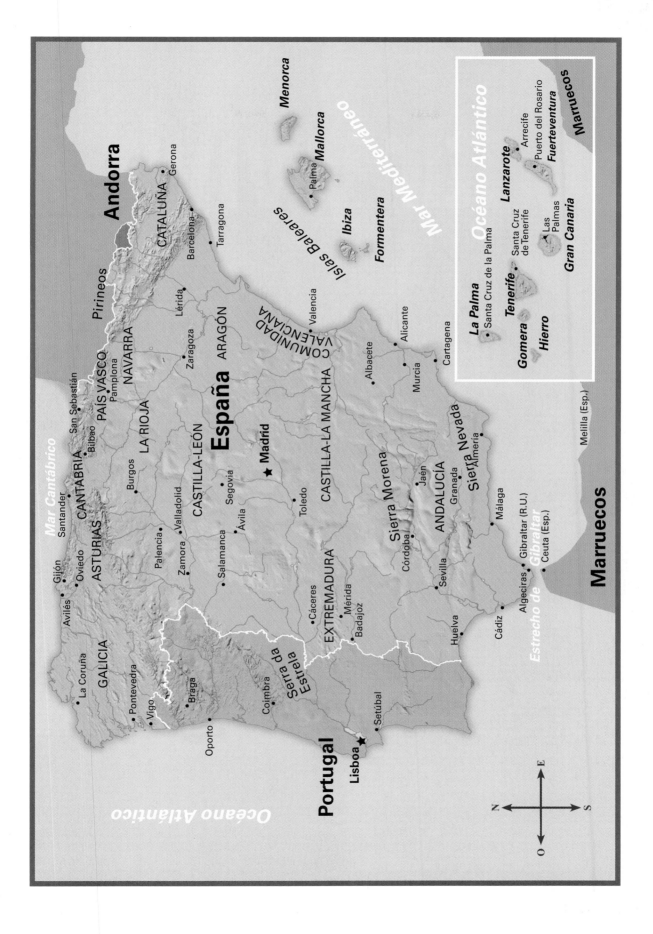

Sentir y vivir

El instinto para sobrevivir y el deseo de vivir son motivación suficiente para seguir siempre adelante. Ésta es una de las cualidades que compartimos los seres humanos independientemente de nuestras circunstancias, nuestros sueños, nuestros objetivos. Gracias a esa motivación, enamorados, desilusionados, indecisos, deciden lanzarse a vivir sin tenerle miedo ni al mundo ni al futuro.

Una pareja baila al ritmo de la salsa en una discoteca en Miami, Florida.

9

32

Destino:
ESTADOS UNIDOS

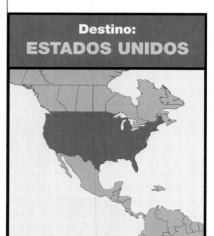

PREVIEW Invite students' responses to the photo and text. **¿Están de acuerdo con la premisa de que el instinto para sobrevivir y el deseo de vivir son motivación suficiente para seguir adelante? ¿Por qué?** In groups, ask students to come up with personal examples.

Las relaciones personales

Las relaciones

el alma gemela *soul mate, kindred spirit*
el ánimo *spirit*
la amistad *friendship*

el chisme *gossip*
la cita (a ciegas) *(blind) date*
el compromiso *commitment; responsibility*
el deseo *desire*
el divorcio *divorce*
la (in)fidelidad *(un)faithfulness*
el matrimonio *marriage*
la pareja *couple*
el riesgo *risk*

---

compartir *to share*
confiar (en) *to trust (in)*
contar (o:ue) con *to rely on, to count on*
coquetear *to flirt*
dejar a alguien *to leave someone*
dejar plantado/a *to stand (someone) up*
discutir *to argue*

ligar *to flirt; to try to "pick up"*
merecer *to deserve*
romper (con) *to break up (with)*
salir (con) *to go out (with)*

Los sentimientos

enamorarse (de) *to fall in love (with)*
enojarse *to get angry*
estar harto/a *to be fed up (with); to be sick (of)*
llevarse bien/mal/fatal *to get along well/badly/terribly*
odiar *to hate*
ponerse pesado/a *to become annoying*
querer (e:ie) *to love; to want*
sentirse *to feel*
soñar (o:ue) con *to dream about*

tener celos (de) *to be jealous (of)*
tener vergüenza (de) *to be ashamed (of)*

Los estados emocionales

agobiado/a *overwhelmed*
ansioso/a *anxious*
celoso/a *jealous*

deprimido/a *depressed*
disgustado/a *upset*
emocionado/a *excited*
enojado/a *angry, mad*
pasajero/a *fleeting*
preocupado/a (por) *worried (about)*

Los estados civiles

casarse con *to marry*
divorciarse (de) *to get a divorce (from)*

---

casado/a *married*
divorciado/a *divorced*

separado/a *separated*
soltero/a *single*
viudo/a *widowed*

Las personalidades

cariñoso/a *affectionate*

cuidadoso/a *careful*
falso/a *insincere*
genial *wonderful*
gracioso/a *funny, pleasant*
inolvidable *unforgettable*
inseguro/a *insecure*
maduro/a *mature*
mentiroso/a *lying*
orgulloso/a *proud*
seguro/a *secure; confident*
sensible *sensitive*
tacaño/a *cheap/stingy*
tempestuoso/a *stormy*
tímido/a *shy*
tranquilo/a *calm*

VARIACIÓN LÉXICA
enojarse ↔ enfadarse
enojado/a ↔ enfadado/a

Escucha y practica el vocabulario
en **www.imagina.vhlcentral.com**.

Práctica

INSTRUCTIONAL RESOURCES WB, LM, SAM Answer Key, Lab MP3, IRCD-ROM (scripts)

1 Additional examples:

7. Tiene un buen sentido de humor; es _gracioso_.

8. Aún no se ha casado; es _soltero_.

9. No quiere que su novia tenga amistades con otros hombres; es _celoso_.

1 **Definiciones** Indica qué adjetivo describe mejor cada definición.

1. se enoja con facilidad; es ___b___
2. murió su mujer y vive solo; es ___d___
3. no le gusta gastar su dinero; es ___a___
4. se siente mal y está triste; está ___c___
5. no vive con su esposa; está ___g___
6. tiene muchas ganas de ganar; está ___e___

a. tacaño
b. tempestuoso
c. deprimido
d. viudo
e. ansioso
f. gracioso
g. separado

2 **Identificar** Indica la palabra que no pertenece al grupo.

1. deprimido • tranquilo • preocupado • enojado   tranquilo
2. ligar • publicar • enamorarse • coquetear   publicar
3. pareja • compromiso • ánimo • matrimonio   ánimo
4. casado • disgustado • viudo • soltero   disgustado
5. inseguro • fabuloso • maravilloso • genial   inseguro
6. almas gemelas • pareja • chisme • matrimonio   chisme

2 To check comprehension, ask students to describe what the other three words in each list have in common. Ex: 1. **Son emociones negativas.**

2 In pairs, have students use the new vocabulary to add two more wordlists to the activity, then have volunteers find the words that do not belong.

3 **¿Cómo eres?** Trabaja con un(a) compañero/a.

A. Contesta las preguntas del test.

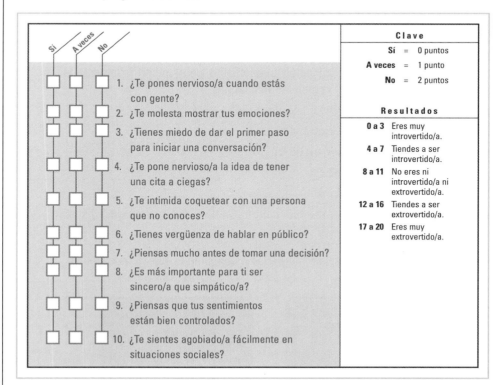

				Clave	
Sí	A veces	No		**Sí** = 0 puntos	
			1. ¿Te pones nervioso/a cuando estás con gente?	**A veces** = 1 punto	
			2. ¿Te molesta mostrar tus emociones?	**No** = 2 puntos	
			3. ¿Tienes miedo de dar el primer paso para iniciar una conversación?	**Resultados**	
			4. ¿Te pone nervioso/a la idea de tener una cita a ciegas?	**0 a 3** Eres muy introvertido/a.	
			5. ¿Te intimida coquetear con una persona que no conoces?	**4 a 7** Tiendes a ser introvertido/a.	
			6. ¿Tienes vergüenza de hablar en público?	**8 a 11** No eres ni introvertido/a ni extrovertido/a.	
			7. ¿Piensas mucho antes de tomar una decisión?	**12 a 16** Tiendes a ser extrovertido/a.	
			8. ¿Es más importante para ti ser sincero/a que simpático/a?	**17 a 20** Eres muy extrovertido/a.	
			9. ¿Piensas que tus sentimientos están bien controlados?		
			10. ¿Te sientes agobiado/a fácilmente en situaciones sociales?		

B. Ahora suma (*add up*) los puntos. ¿Cuál es el resultado del test? ¿Estás de acuerdo? Comenta tu resultado y tu opinión con tu compañero/a.

INSTRUCTIONAL
RESOURCES DVD, Website,
IRCD-ROM (scripts)

Preparación

<table>
<tr><td colspan="2">Vocabulario del corto</td></tr>
</table>

Vocabulario del corto

abrazarse *to hug*
averiguar *to find out*
el boleto *ticket*
la broma *joke*
meterse *to break in*
  (to a conversation)
el recuerdo *memento/souvenir*
suceder *to happen*

Vocabulario útil

la caja *box*
el cortometraje/corto *short film*
la escena *scene*
el guión *script*
la historia *story*
el/la protagonista *main character*
la ventanilla *ticket window*

EXPRESIONES

No, no puede ser. *No, it can't be.*
¡Cuánto hace que…! *How long has it been…!*

To review time expressions
with **hacer**, see **Manual de
gramática 7.5, p. 402.**

1

Definiciones Empareja cada definición con la palabra correcta.

1. algo que se dice para reír y divertirse f
2. objeto que guardamos para recordar un momento especial e
3. descubrir algo después de hacer una investigación a
4. personaje principal de una historia c
5. parte de una película b
6. objeto hueco (*hollow*) que sirve para guardar cosas d

a. averiguar
b. escena
c. protagonista
d. caja
e. recuerdo
f. broma

2

Vocabulario Eres un(a) actor/actriz y estás en un cásting para un corto. Contesta las preguntas que te hace el director y razona tus respuestas.

1. ¿Te gustan las películas? ¿Y los cortometrajes?
2. ¿Qué prefieres: el teatro o el cine? ¿Por qué?
3. ¿Has sido alguna vez protagonista de un corto?
4. ¿Has hecho teatro alguna vez?
5. ¿Qué tipo de historias te gustan?
6. ¿Qué personalidad crees que debe tener un buen director o directora? ¿Y un actor o actriz?

3 In pairs, have students
volunteer to continue the
casting call from **Actividad
2** by improvising a dialogue
based on the photographs
at right. Then have the
class vote on who to cast
for the roles.

3

Fotogramas En parejas, observen las fotografías e imaginen lo que va a ocurrir en el cortometraje.

4 **Comentar** Con un(a) compañero/a, intercambia opiniones sobre el título del corto: *Momentos de estación.*

1. La palabra "estación" tiene varios significados. ¿Los recuerdan? ¿Cuáles son las estaciones que conoces?

2. ¿Les gusta tomar el tren? ¿Por qué?

3. ¿Hablan con los pasajeros que están sentados al lado suyo cuando están en un tren o un avión? ¿Por qué?

4. ¿Qué les sugiere el título de este cortometraje?

5 **Amor a primera vista** En parejas, miren las ilustraciones y describan qué está pasando. Imaginen la conversación que tienen los personajes y cómo termina la historia. Después, compartan su historia con la clase.

5 Ask: ¿Creen ustedes en el amor a primera vista? ¿Por qué? ¿Alguna vez les ha pasado a ustedes? ¿Qué hicieron y cómo reaccionó la otra persona? ¿Harían lo mismo otra vez?

5 Ask volunteers to act out their dialogues for the class. **¿Cuál de los finales parece más verdadero? ¿Y cuál es el más chistoso?**

This film is available on the **Imagina** Film Collection DVD and at **www.imagina. vhlcentral.com**.

Momentos de Estación

1er Premio BA en Primer Plano, Festival Interuniversitario Cortos UDESA, Argentina

Nada que perder

Una producción del CENTRO DE INVESTIGACIÓN CINEMATOGRÁFICA Guión y Dirección GUSTAVO CABAÑA

Jefe de Producción GUSTAVO SAMMARTINO Dirección de fotografía GUSTAVO GÓMEZ OLIVERA

Cámara LUCAS CABALLERO Montaje FEDERICO CALDERÓN/GUSTAVO CABAÑA Edición MARTÍN BLASSI

Dirección de Arte NATALLIA OBATTA Sonido FEDERICO CALDERÓN

Actores SANDRA VILLANI/CLAUDIO TOLCACHIR/CARLOS DONIGIAN/ELENA CANEPA/LUCAS SANTA ANA/

CAROLINA PAINCEIRA/LUCRECIA OVIEDO/RODOLFO ROCA

ARGUMENTO *Un viajero va a comprar un boleto de tren a la ventanilla.*

VIAJERO Estoy enamorado de usted.
CAJERA ¿Cómo?

VIAJERO Tenía que decírselo hoy. Es mi último viaje.
CAJERA Esto es una broma.
VIAJERO No, no es ninguna broma, Ana.

(La señora del abanico¹ llama al hombre de la boina².)

SEÑORA Chist!, Juan, ¿qué pasa?
JUAN Él la ama; ella no le cree.

VIAJERO Hace más de un año que nos conocemos. Usted es la que me atiende siempre. Yo soy el que va a la capital.
CAJERA Todos van a la capital.
VIAJERO Exactamente 375 veces, sin contar la de hoy. Mira. . . aquí están todos: 375 boletos, uno por uno.

CAJERA ¿Qué quiere de mí?
VIAJERO Bailar.
CAJERA ¿Bailar?
VIAJERO Bailar, abrazarte, besarte. . .
CAJERA Ahora no, no puedo, estoy trabajando.

SEÑORA A veces, se le va la vida a uno sin que suceda algo tan maravilloso. Once años hace que murió mi marido. ¿Sabes, hijo?, ¡cuánto hace que no me dan un beso!

¹ *fan* ² *beret*

Nota CULTURAL

Viajar en tren a Buenos Aires

El tren es un medio de transporte conveniente para los habitantes de los suburbios que se trasladan° todos los días a Buenos Aires. De 1999 a 2001 Argentina sufrió una grave crisis económica y durante ese tiempo viajar en tren se volvió peligroso°. Mucha gente° buscó otras formas de llegar a sus trabajos. Por ejemplo, algunos tomaban autobuses especiales que pasaban a buscarlos cerca de sus casas y los llevaban a° la capital cada día por un pago° específico. Pero esto sólo lo podían hacer las personas con recursos° suficientes. Hoy día, viajar en tren a Buenos Aires es una manera° segura y fiable, aunque a veces el tren puede llevar tantos pasajeros° que algunos tienen que ir parados° hasta por más de una hora.

trasladan *commute* **peligroso** *dangerous* **gente** *people* **pago** *payment; fee* **recursos** *resources* **manera** *way* **pasajeros** *passengers* **parados** *standing*

PREVIEW Ask students to describe the personalities of the characters based on the dialogue and photos. Then have them offer predictions about the ending of the film.

TEACHING OPTION Play the first half of the film; ask the class to describe what they saw and predict what will happen in the second half. Then play the entire film; ask students to summarize the plot and analyze their predictions about the ending.

Análisis

1 **Comprensión** Contesta las preguntas.

1. ¿Qué le dice el viajero a la cajera? El viajero le dice: "Estoy enamorado de usted".
2. ¿Por qué el viajero habla con ella ese día? Porque es la última vez que va a tomar el tren.
3. ¿Cómo se llama la cajera? La cajera se llama Ana.
4. Según el joven, ¿cuánto tiempo hace que se conocen? Según el joven, hace más de un año que se conocen.
5. ¿Qué guarda el joven en la caja? El joven guarda los boletos de todos sus viajes a la capital.

2 Ask additional interpretation questions. Ex: **¿Cómo la declaración de amor afectó a la cajera? ¿A la señora? ¿A los demás personajes? ¿Cómo reaccionarías tú?**

2 Ask students to share a personal experience in which they have taken a risk or "seized the day."

3 Have students discuss these questions in small groups: **¿Cuál fue el momento más maravilloso de tu propia vida? ¿Cuáles fueron los efectos de ese momento?**

2 **Interpretar** En parejas, contesten las preguntas.

1. ¿Cuál es su interpretación del final de la historia?
2. ¿Cuál creen que es el tema del cortometraje?
3. ¿Creen que *Momentos de estación* puede relacionarse con la idea de *carpe diem (seize the day)*? ¿Conocen otras películas con esta idea?
4. ¿Creen que el corto defiende una mayor espontaneidad en nuestras relaciones cotidianas *(everyday)*? ¿Piensan que es mejor ser reservado/a o atrevido/a *(daring)*?

3 **Comentar** En grupos de tres, lean el párrafo y respondan a las preguntas.

Señora del abanico: "A veces, se le va la vida a uno sin que le suceda algo tan maravilloso. Once años hace que se murió mi marido. ¿Sabes, hijo?, ¡cuánto hace que no me dan un beso!"

1. ¿A qué se refiere la señora cuando habla de "algo tan maravilloso"?
2. ¿Qué le ocurre después a este personaje?
3. ¿Crees que el amor es diferente en distintas etapas de la vida? Explica tu respuesta.

4 **Actuar** En parejas, representen una escena en la que uno/a de ustedes tiene que declarársele a un(a) desconocido/a *(stranger)* y convencerlo/a de que está locamente enamorado/a de él/ella. Represéntenlo después ante la clase.

5 **Imaginar** A continuación tienes el diálogo inicial entre el viajero y la cajera de *Momentos de estación*. Escribe otra versión de este diálogo, dándole un final diferente al que has visto.

5 Have students work in pairs and then read or perform their dialogues for the class.

VIAJERO Estoy enamorado de usted.

CAJERA ¿Cómo?

VIAJERO ¡Que la amo!

CAJERA No, no puede ser.

VIAJERO Tenía que decírselo hoy. Es mi último viaje.

CAJERA Esto es una broma.

VIAJERO No, no es ninguna broma, Ana.

CAJERA ¿Cómo sabe mi nombre?

VIAJERO Lo averigüé; no fue difícil.

CAJERA Casi nunca me llaman por mi nombre.

VIAJERO Es un nombre hermoso.

6 **En breve** Resume la historia que acabas de ver en un párrafo de cuatro o cinco líneas. Utiliza el presente y los verbos **ser** y **estar**. Ten en cuenta:

- ¿Dónde sucede la historia?
- ¿Cuándo o en qué momento tiene lugar?
- ¿Quiénes son los personajes?
- ¿Qué es lo que sucede?
- ¿Cuál es el final de la historia?

7 **Encuesta** Primero, completa la tabla y, después, en parejas, intercambien sus opiniones explicando sus puntos de vista. Cuando terminen, compartan lo que han aprendido de su compañero/a con la clase.

7 See **1.2, p. 22** for the uses of **ser** and **estar**.

	Sí	No
Me gusta vivir en grandes ciudades.	☐	☐
Para ir al trabajo, prefiero manejar (*drive*) mi carro.	☐	☐
El tren es un buen lugar para conocer personas interesantes.	☐	☐
La comunicación es un arte.	☐	☐
A veces, las cosas más importantes se expresan a través del lenguaje (*language*) no verbal.	☐	☐
En la actualidad (*Nowadays*), las personas comparten sus sentimientos más abiertamente que hace décadas.	☐	☐

IMAGINA

INSTRUCTIONAL RESOURCES For teaching suggestions related to this section, see the Instructor's Resource CD-ROM.

En **www.imagina.vhlcentral.com** encontrarás más información y actividades relacionadas con esta sección.

Cuando se presentó como candidato para gobernador de **California**, **Arnold Schwarzenegger**, se despidió de los reporteros con una de sus famosas frases de la película *The Terminator*: *"¡Hasta la vista, baby!"*. Recientemente, el presidente **Bush** se despidió de un grupo de latinos diciendo: *"¡Adiós, amigos!"*, con un fuerte acento tejano. Pero no son sólo las personas famosas a quienes les gusta hablar el español. Hoy día, en todo el territorio de los **Estados Unidos**, personas de todas las edades, profesiones y razas utilizan frases en español; a veces sin saber que vienen de otro idioma. Seguramente tú también has escuchado con frecuencia frases como: *"Vamos. Mi casa es su casa. Hola."* y muchas otras de boca de personas que no hablan el español.

Estudiantes de Appleton, WI aprenden español en la escuela secundaria.

¡EL ESPAÑOL ESTÁ DE MODA!

¿A qué debemos la creciente popularidad del español? La respuesta es sencilla[1]: la influencia del idioma español en la cultura y en la vida diaria de los **Estados Unidos** es cada día mayor. Hoy día, cerca de 38 millones de hispanohablantes viven y utilizan el español en los Estados Unidos. Y se calcula que para el año 2010 esta población va a llegar a los 50 millones. Pero no es sólo el hecho[2] de que los latinos son más numerosos que antes; ahora la población latina está dispersa por todo el país. Y es así como podemos encontrar comunidades de hispanohablantes en lugares como **Rhode Island**, **Carolina del Sur** y hasta en **Alaska**. Donde antes sólo se escuchaba el idioma de **Shakespeare** y **Bob Dylan**, ahora escuchamos el de **Cervantes** y **Shakira**.

Los efectos del rápido crecimiento de la población latina son palpables en la vida diaria de todos los habitantes de los Estados Unidos. Cuando utilizas un cajero automático[3] para sacar dinero, puedes escoger entre un menú en inglés o uno en español. Al llamar a compañías, en muchas de ellas el contestador automático[4] te ofrece los servicios de una operadora en español. En aeropuertos, estaciones de tren y otros lugares públicos los avisos[5] se pueden leer tanto en inglés como en español.

Pero lo que es realmente significativo es el hecho de que millones de norteamericanos están aprendiendo el español en escuelas y universidades de todo el país. En la actualidad,[6] cuatro millones de estudiantes de secundaria y cerca de 800.000 estudiantes universitarios se matriculan[7] todos los años en cursos de español. No hay duda que el español es el idioma más solicitado[8] en los departamentos de lenguas extranjeras. Y, por extensión, es el idioma que tiene un mayor impacto en la cultura actual estadounidense, lo cual se refleja a diario en la calle, en el cine, en Internet y en los medios de comunicación en general.

Signos vitales

Los **Estados Unidos** ocupan actualmente la quinta posición en población entre los países hispanohablantes de todo el mundo. Pero debido al rápido crecimiento de la población latina, se calcula que para el año 2010 los Estados Unidos ocuparán el segundo lugar colocándose[9] detrás de **México**. Hoy por hoy[10], una de cada ocho personas en los Estados Unidos es de origen hispano.

1 *simple* 2 *fact* 3 *ATM* 4 *answering machine* 5 *notices* 6 *At present* 7 *enroll* 8 *in demand; popular* 9 *placing itself* 10 *For the time being*

Latinos en los EE.UU.

Jorge Ramos **Jorge Gilberto Ramos Ávalos** nació en la Ciudad de México el 16 de marzo de 1958. Desde noviembre de 1986, es el conductor titular[1] del **Noticiero Univisión** en los Estados Unidos. De hecho, es el personaje de la televisión en español en los Estados Unidos que más tiempo ha estado en el aire de manera ininterrumpida en un mismo programa o noticiero.

Antonia Novello nació el 23 de agosto de 1944 en **Fajardo, Puerto Rico**. Recibió el título de Doctora en Medicina de la **Universidad de Puerto Rico** en 1970, el mismo año en que se casó con el doctor **Joseph Novello**. Entre 1990 y 1993 fue nombrada Directora de Salud Pública[2] de los Estados Unidos, siendo la primera mujer y también la primera hispana en ocupar este importante cargo[3].

César Pelli Arquitecto argentino, graduado de la **Universidad de Tucumán** en 1949, estudió en el **Instituto Tecnológico de Illinois** y a los 26 años decidió quedarse en los Estados Unidos. En 1977 creó su propia firma, y ese mismo año fue nombrado decano[4] de la **Escuela de Arquitectura de Yale**, puesto que mantuvo hasta 1984. De su trabajo podemos mencionar el **World Financial Center** en **Nueva York**, las torres Petronas en **Kuala Lumpur**, **Malasia** y **la terminal norte del aeropuerto Ronald Reagan National** de Washington, D.C.

Jeff Bezos Este empresario[5] estadounidense, hijo de un inmigrante cubano, se graduó con honores de la **Universidad de Princeton** en Ciencias de la Computación. En 1994 fundó **Amazon.com**, negocio de venta de libros por Internet con el que ha acumulado una fortuna personal de muchos millones de dólares. Debido a su éxito empresarial, fue elegido "Hombre del año" en 1999 por la revista *Time*.

[1] anchor [2] Surgeon General [3] position [4] dean [5] businessman

El español en los Estados Unidos

Expresiones del español de uso común en inglés

Adiós, amigo.	*Goodbye, my friend.*
fiesta	*party, celebration, get-together*
gracias	*thank you*
gusto	*as in with gusto, with energy*
Hasta la vista.	*See you later.*
Mi casa es su casa.	*My house is your house.*
número uno	*the best, (lit. number one)*
plaza	*plaza; shopping mall*
pronto	*now; quick*
salsa	*sauce; latin music*
sombrero	*hat*
Vamos.	*Let's go.*

El *"spanglish"*

These terms are presented for recognition purposes only. They show the degree to which Spanish and English influence each other in every day use in the U.S.

chatear	charlar; *to chat (on line)*
chequear	comprobar; *to check*
lonche	almuerzo; *lunch*
mall	centro comercial; *shopping mall*
parquear	estacionar; *to park*
surfear	*to surf (the web)*

En contacto
A un "click" de distancia

¿Te mantienes en contacto con tus amigos y tu familia cuando estás lejos? ¿Cómo te comunicas con ellos? En nuestros días podemos disfrutar de nuevas tecnologías que aparecen casi a diario y nos podemos beneficiar de las nuevas formas de comunicación que cada vez son más eficientes y baratas°. Éste es también el caso de los hispanos que viven en los **Estados Unidos** y que ahora pueden mantener contacto constante con los familiares y amigos que dejaron en sus lugares° de origen. Te invitamos a conocer cuáles son las tecnologías de comunicación más populares entre los hispanos viendo el documental y leyendo más información en **www.imagina.vhlcentral.com**.

baratas *cheap* lugares *places*

Julissa
Una banda ecléctica

Canciones

Mariposas°   Venganza°
Dame tu amor   No puedo
Guerra°   Lágrimas°

Mariposas *Butterflies* **Guerra** *War* **Venganza** *Revenge* **Lágrimas** *Tears* **ganadora** *winning* **aprovecha** *takes advantage of* **oyentes** *listeners* **actuaciones** *performances* **en directo** *live*

En el barrio nuevayorquino de **Queens**, **Julissa Gómez** y **Mario Germán**, dos primos de descendencia dominicana, formaron en 2001 **Julissa**, una banda de rock alternativo y pop latino. Influenciados por el amplio espectro musical de **Nueva York** durante las décadas de los años 80 y 90, su estilo musical es una mezcla de rock, folk y diversos ritmos latinos y tropicales como reggae, reggetón, salsa, ska y flamenco. En 2003 la banda participó en el concurso musical "Talento Local" patrocinado por la emisora de radio latina **105.9 Latino Mix** y Julissa fue la banda ganadora° por votación popular. A partir de ese momento, muchos promotores de **Rock en español** han colaborado con esta banda para promocionar una variedad de eventos, a la vez que Julissa aprovecha° la oportunidad para conquistar nuevos oyentes°. Su intención es divertir y crear emociones en todas aquellas personas que escuchan su música o ven sus actuaciones° en directo°. En **www.imagina.vhlcentral.com** encontrarás más información sobre Julissa y podrás escuchar y leer la letra de *Dame tu amor*.

¿Qué aprendiste?

1 **Cierto o falso** Indica si estas afirmaciones son ciertas o falsas. Corrige las falsas.

1. La popularidad del español en los Estados Unidos de hoy es incuestionable. Cierto.

2. El francés es ahora la lengua extranjera preferida entre los estudiantes estadounidenses. Falso. Es el español.

3. Para el año 2010 los Estados Unidos ocuparán la quinta posición en población hispana de todo el mundo por delante de México. Falso. Los EE.UU. ocuparán la segunda posición en población hispana; detrás de México.

4. El *spanglish* es un fenómeno lingüístico que tiene como origen el contacto entre dos lenguas: el inglés y el español. Cierto.

2 **Preguntas** Contesta las preguntas con oraciones completas.

1. ¿Cómo y quién popularizó en los Estados Unidos la frase *¡Hasta la vista, baby!*? Arnold Schwarzenegger popularizó esta frase en la película The Terminator.

2. ¿Cuántos millones de hispanohablantes se calcula que habrá para el año 2010 en los Estados Unidos? Se calcula que habrá 50 millones de hispanohablantes.

3. ¿Es posible encontrar hoy día comunidades de hispanohablantes en Alaska? ¿Por qué? Sí es posible encontrar hoy día comunidades de hispanohablantes en Alaska, porque la población latina se está dispersando por todo el país.

4. Según el artículo, ¿dónde se refleja la popularidad del español en la cultura actual estadounidense? Menciona por lo menos tres ejemplos. Se refleja en los departamentos de lenguas extranjeras, en la calle, en el cine, en Internet y en los medios de comunicación en general.

5. ¿Cómo acumuló su fortuna Jeff Bezos? Jeff Bezos acumuló su fortuna con su negocio de venta de libros por Internet.

PROYECTO

En los EE.UU.

¿Qué sabes del mundo latino en los EE.UU.? Escoje un tema e investiga toda la información que necesites en **www.imagina.vhlcentral.com** para preparar un folleto promocional.

a. una comunidad latina
b. una celebración hispana
c. un lugar para el arte y la cultura latinoamericanos

- Escribe la información que consideras importante e incluye fotos.

- Presenta tu folleto a la clase. Explica por qué escogiste ese tema.

MINIPRUEBA

Completa las oraciones con la información correcta y demuestra lo que aprendiste sobre el español en los Estados Unidos.

1. Muchas personas que no hablan _____ utilizan a veces palabras, frases o expresiones en español.
   a. japonés (b.) español c. inglés d. spanglish

2. No es extraño encontrar comunidades de _____ en Rhode Island.
   a. habitantes b. arquitectos (c.) hispanohablantes d. estudiantes

3. La popularidad del español en los Estados Unidos es directamente proporcional al _____ de la población latina.
   (a.) crecimiento b. territorio c. idioma d. contestador automático

4. Los cajeros automáticos ofrecen el _____ en español.
   a. aviso b. lonche c. dinero (d.) menú

5. Actualmente, una de cada _____ personas en los Estados Unidos es de origen hispano.
   a. siete (b.) ocho c. cinco d. dos

6. En las escuelas secundarias de los Estados Unidos se matriculan cada año cuatro millones de estudiantes en _____.
   a. medios de comunicación b. lenguas extranjeras (c.) cursos de español d. cultura actual

7. _____ es la cara más conocida en la televisión en español de los Estados Unidos.
   a. El *spanglish* b. César Pelli c. Antonia Novello (d.) Jorge Ramos

8. *Please, come to my office,* ¡_____!
   (a.) pronto b. gusto c. salsa d. hasta la vista

9. Las torres Petronas en Malasia son obra del _____ César Pelli.
   a. empresario cubano (b.) arquitecto argentino c. hombre del año d. periodista mexicano

10. Los hispanos que residen en los Estados Unidos mantienen un contacto constante con sus familiares y amigos que están en sus países de origen utilizando la _____ más moderna.
    a. ideología b. arquitectura (c.) tecnología d. ciencia

GALERÍA DE CREADORE

LITERATURA Julia Álvarez

Julia Álvarez y su familia escaparon [de la] República Dominicana y se exiliaron e[n] Estados Unidos cuando ella tenía diez[.] Sus experiencias derivadas de la dicta[dura] en su país, su proceso de adaptación [a una] cultura desconocida y la importancia [de la] identidad son algunos de los temas d[e sus] libros. Es autora de *¡Yo!*, *A cafecito st[ory]*, *En el tiempo de las mariposas*, y *En el nombre de Salomé*, entre otras obras.

DISEÑO Y MODA Narciso Rodríguez

En 1996, Narciso Rodríguez causó sensación con el vestido de novia que diseñó (*designed*) especialmente para Carolyn Bessette, quien lo lució (*wore*) el día de su boda con John F. Kennedy, Jr. En el mundo de la moda (*fashion*), este elegante y sencillo (*simple*) traje fue uno de los diseños más comentados de la década. Desde entonces, el diseñador de descendencia cubana ha tenido por clientes a Salma Hayek, Sarah Jessica Parker y Charlize Theron. Las características más típicas de sus creaciones son la simplicidad, el uso de materiales ligeros (*lightweight*) y la influencia latina.

CARMEN LOMAS GARZA ©1981

PINTURA Carmen Lomas Garza

Carmen Lomas Garza es una artista chicana que pinta escenas de la vida cotidiana (*everyday*) mexicano-americana inspiradas en recuerdos (*memories*) y experiencias de su niñez en Kingsville, Texas. El objetivo de su arte es mostrar (*to show*) el valor y la humanidad de su cultura. Celebraciones, historias familiares, rituales, preparación de comidas, mitos, tradiciones, juegos (*games*), remedios caseros (*home remedies*) y sueños forman parte de ese paisaje cotidiano. *Earache Treatment* es el título de este cuadro (*painting*). Aquí vemos una práctica antigua, pero todavía muy común hoy día entre muchas familias mexicanas y chicanas para curar el dolor de oído (*earache*).

Robert Rodríguez

inte días y con sólo $7000, Robert Rodríguez filmó *El mariachi*, la ula que ganó el Premio (*Award*) del Público del Festival de Cine de nce de 1993. Las aventuras de *El mariachi* continuaron con *Desperado* ce *upon a time in México*, películas en las cuales actuaron sus amigos io Banderas, Quentin Tarantino y Johnny Depp. El joven tejano ahora parte del grupo de directores que han ganado más de $100 millones elícula, gracias al éxito (*success*) de su serie *Spy Kids*, y sigue recibiendo dones (*prizes*) por obras como *Sin City*. En la foto aparece Jaime King, de *Sin City*.

AMPLIACIÓN

MÁS CREADORES

En **www.imagina.vhlcentral.com** conocerás a estos otros creadores latinos que viven en los EE.UU.

Judy Baca
Muralista y escultora

Esmeralda Santiago
Escritora

Gary Soto
Escritor

Alisa Valdés Rodríguez
Escritora

vivir

INSTRUCTIONAL RESOURCES WB, LM, SAM Answer Key, Lab MP3, IRCD-ROM (scripts)

Point out that all active verbs from **Imagina** are listed on **pp. 432–433.**

1.1

The present tense

Regular –ar, –er, –ir verbs

- The present tense **(el presente)** of regular verbs is formed by dropping the infinitive ending **–ar, –er,** or **–ir** and adding personal endings.

The present tense of regular verbs			
	hablar	beber	vivir
yo	hablo	bebo	vivo
tú	hablas	bebes	vives
Ud./él/ella	habla	bebe	vive
nosotros/as	hablamos	bebemos	vivimos
vosotros/as	habláis	bebéis	vivís
Uds./ellos/ellas	hablan	beben	viven

TALLER DE CONSULTA

The following grammar topics are covered in the **Manual de gramática, Lección 1.**

1.4 Nouns and articles, p. 378
1.5 Adjectives, p. 380

For more stem-changing verbs, see **Apéndice B.**

Review the difference between verb stems and verb endings.

¡ATENCIÓN!

Subject pronouns are normally omitted in Spanish. They are used to emphasize or clarify the subject.

—**¿Viven en California?**
Do they live in California?

—**Sí, ella vive en Los Ángeles, y él vive en San Francisco.**
Yes, she lives in Los Angeles, and he lives in San Francisco.

- The present tense is used to express actions or situations that are going on at the present time and to express general truths.

¿Por qué **rompes** conmigo?
Why are you breaking up with me?

Porque no te **amo.**
Because I don't love you.

- The present tense is also used to express habitual actions or actions that will take place in the near future.

Mis padres me **escriben** con frecuencia.
My parents write to me often.

Mañana les **mando** una carta larga.
Tomorrow I'm sending them a long letter.

Stem-changing verbs

- Some verbs have stem changes in the present tense. In many **–ar** and **–er** verbs, **e** changes to **ie** and **o** changes to **ue**. In some **–ir** verbs, **e** changes to **i**. The **nosotros/as** and **vosotros/as** forms never have a stem change in the present tense.

Stem-changing verbs		
e → ie	o → ue	e → i
pensar *to think*	**poder** *to be able to, can*	**pedir** *to ask for*
pienso	puedo	pido
piensas	puedes	pides
piensa	puede	pide
pensamos	podemos	pedimos
pensáis	podéis	pedís
piensan	pueden	piden

¡ATENCIÓN!

Jugar changes its stem vowel from **u** to **ue**. **Construir, destruir, incluir,** and **influir** add a **y** before the personal endings. As with other stem-changing verbs, the **nosotros/as** and **vosotros/as** forms do not change.

jugar
juego, juegas, juega, jugamos, jugáis, juegan

incluir
incluyo, incluyes, incluye, incluimos, incluís, incluyen

Irregular *yo* forms

- Many **–er** and **–ir** verbs have irregular **yo** forms in the present tense. Verbs ending in **–cer** or **–cir** change to **–zco** in the **yo** form; those ending in **–ger** or **–gir** change to **–jo**. Several verbs have irregular **–go** endings, and a few have individual irregularities.

<table>
<tr><td colspan="2" align="center">**Ending in -go**</td><td colspan="2" align="center">**Ending in -zco**</td></tr>
<tr><td>**caer** *to fall*</td><td>yo cai**go**</td><td>**conducir** *to drive*</td><td>yo condu**zco**</td></tr>
<tr><td>**distinguir** *to distinguish*</td><td>yo distin**go**</td><td>**conocer** *to know*</td><td>yo cono**zco**</td></tr>
<tr><td>**hacer** *to do, to make*</td><td>yo ha**go**</td><td>**crecer** *to grow*</td><td>yo cre**zco**</td></tr>
<tr><td>**poner** *to put, to place*</td><td>yo pon**go**</td><td>**obedecer** *to obey*</td><td>yo obede**zco**</td></tr>
<tr><td>**salir** *to leave, to go out*</td><td>yo sal**go**</td><td>**parecer** *to seem*</td><td>yo pare**zco**</td></tr>
<tr><td>**traer** *to bring*</td><td>yo trai**go**</td><td>**producir** *to produce*</td><td>yo produ**zco**</td></tr>
<tr><td>**valer** *to be worth*</td><td>yo val**go**</td><td>**traducir** *to translate*</td><td>yo tradu**zco**</td></tr>
</table>

<table>
<tr><td colspan="2" align="center">**Ending in -jo**</td><td colspan="2" align="center">**Other verbs**</td></tr>
<tr><td>**dirigir** *to direct, manage*</td><td>yo diri**jo**</td><td>**caber** *to fit*</td><td>yo **quepo**</td></tr>
<tr><td>**escoger** *to choose*</td><td>yo esco**jo**</td><td>**saber** *to know*</td><td>yo **sé**</td></tr>
<tr><td>**exigir** *to demand*</td><td>yo exi**jo**</td><td>**ver** *to see*</td><td>yo **veo**</td></tr>
<tr><td>**proteger** *to protect*</td><td>yo prote**jo**</td><td></td><td></td></tr>
</table>

- When a prefix is attached to **conocer, hacer, parecer, poner,** and **traer**, these verbs also have irregular **yo** forms.

<table>
<tr><td>**reconocer** *to recognize*</td><td>yo recono**zco**</td><td>**oponer** *to oppose*</td><td>yo opon**go**</td></tr>
<tr><td>**deshacer** *to undo*</td><td>yo desha**go**</td><td>**proponer** *to propose*</td><td>yo propon**go**</td></tr>
<tr><td>**rehacer** *to re-make, re-do*</td><td>yo reha**go**</td><td>**suponer** *to suppose*</td><td>yo supon**go**</td></tr>
<tr><td>**aparecer** *to appear*</td><td>yo apare**zco**</td><td>**atraer** *to attract*</td><td>yo atrai**go**</td></tr>
<tr><td>**desaparecer** *to disappear*</td><td>yo desapare**zco**</td><td>**contraer** *to contract*</td><td>yo contrai**go**</td></tr>
<tr><td>**componer** *to make up*</td><td>yo compon**go**</td><td>**distraer** *to distract*</td><td>yo distrai**go**</td></tr>
</table>

Irregular verbs

- Other commonly used verbs in Spanish are irregular in the present tense.

dar *to give*	decir *to say*	estar *to be*	ir *to go*	oír *to hear*	ser *to be*	tener *to have*	venir *to come*
doy	digo	estoy	voy	oigo	soy	tengo	vengo
das	dices	estás	vas	oyes	eres	tienes	vienes
da	dice	está	va	oye	es	tiene	viene
damos	decimos	estamos	vamos	oímos	somos	tenemos	venimos
dais	decís	estáis	vais	oís	sois	tenéis	venís
dan	dicen	están	van	oyen	son	tienen	vienen

Some verbs with irregular **yo** forms have stem changes as well.

seguir (e:i) → si**go**
conseguir (e:i) → consi**go**
elegir (e:i) → eli**jo**
corregir (e:i) → corri**jo**
torcer (o:ue) → tuer**zo**

Explain that for verbs ending in **–ger** and **–gir**, the **yo** form ending changes to **–jo** in order to preserve the soft **g** sound of the infinitive.

Práctica

1 For item 2, remind students that reflexive pronouns precede the conjugated verb. For item 5, remind them that **quedarse** is not conjugated.

1

La verdad En parejas, túrnense (*take turns*) para hacerse las siguientes preguntas.

> Modelo   Marcelo: despertarse a las 6:30 de la mañana / dormir hasta las 9:00
> —¿Se despierta Marcelo a las 6:30 de la mañana?
> —¡Qué va! (*Are you kidding?*) Marcelo duerme hasta las 9:00.

1. Ana: jugar al tenis con Daniel / preferir pasar la tarde charlando con Sergio
2. Felipe: acostarse a las 3 de la mañana / tener clase de química a las 8 de la mañana
3. Jorge y Begoña: querer ir a la playa / pensar ver un documental sobre Ibiza
4. Dolores: probar la paella valenciana / no querer probar ningún plato con mariscos
5. Fermín y Ana: volver de España mañana / pensar quedarse una semana más

2 Model one or two sentences with the class.

2 In pairs, have students check each other's work.

2

¿Qué hacen los amigos? Escribe cinco oraciones completas usando los sujetos y los verbos de las columnas.

Sujetos	Verbos	
yo	compartir	exigir
tú	creer	pensar
un(a) buen(a) amigo/a	deber	poner
nosotros/as	desear	traducir
los/las malos/as amigos/as		

1._____
2._____
3._____
4._____
5._____

3 Ask students to describe their own apartments or dorm rooms.

3

Un apartamento infernal Beto tiene quejas (*complaints*) de su apartamento. Completa la descripción de su apartamento.

caber	estar	ir	ser
dar	hacer	oír	tener

Mi apartamento (1) __está__ en el quinto piso. El edificio no (2) __tiene__ ascensor y para llegar al apartamento, (3) __tengo__ que subir por la escalera. El apartamento es tan pequeño que mis cosas no (4) __caben__. Las paredes (*walls*) (5) __son__ muy delgadas. A todas horas (6) __oigo__ la radio o la televisión de algún vecino. El apartamento sólo (7) __tiene__ una ventana pequeña y, por eso, siempre (8) __está__ oscuro. ¡(9) __Voy__ a buscar otro apartamento!

Comunicación

4

¿Qué haces? En parejas, háganse preguntas basadas en las siguientes opciones y contesten con una explicación.

4 Encourage students to add at least one item.

> **Modelo** **vivir / en la residencia estudiantil**
> —¿Vives en la residencia estudiantil?
> —No, vivo en un apartamento con mis dos mejores amigos, Pablo y Julián.

1. salir / con amigos todas las noches
2. decir / mentiras
3. conducir / después de beber bebidas alcohólicas
4. tener / miedo de ser antipático/a con los amigos
5. dar / consejos sobre asuntos / que no conocer bien
6. venir / a clase tarde con frecuencia

5

En el café Carola está en el Nuyorican Poets Café con unos amigos. En parejas, escriban ocho frases donde Carola describe lo que hace cada persona. Usen algunos verbos de la lista.

beber	estar	oír	ser
decir	hablar	pedir	traer

Nota
CULTURAL

El **Nuyorican Poets Café,** fundado en 1973 por el profesor **Miguel Algarín,** es un espacio multicultural dedicado a presentar el trabajo de poetas, músicos y artistas visuales. También exhibe obras de teatro y películas. Este foro apoya y promueve el arte que no tiene presencia en los medios comerciales.

Ask: **¿Conocen algún bar o café parecido al Nuyorican Poets Café?** Encourage discussion about venues that promote local poets, artists, and musicians.

6

¿Qué sabes de tus compañeros? En parejas, háganse preguntas usando estos verbos. Pueden hablar de los temas sugeridos o de otros.

6 Call on students to share one of their partner's responses. Ask if anyone else's partner commented on the same thing and compare.
Ex: **¿Quién más se acuerda de su primer beso?**

> **Modelo** **sentirse: inseguro/a**
> —¿Hay alguna situación en la que siempre te sientes inseguro?
> —Sí, siempre me siento inseguro cuando tengo que hablar en público.
> —¿Por qué te sientes inseguro?
> —Soy un poco tímido.

1. sentirse: inseguro/a / solo/a / bien / feliz / deprimido/a / seguro/a
2. recomendar: una película / un grupo musical / un libro / un restaurante
3. proponer: un proyecto para el año nuevo / un viaje a alguien / más intercambios culturales
4. acordarse: de cuando aprendiste a nadar / de tu primer beso / de tus bisabuelos
5. soñar con: tener. . . / hacer. . . / evitar. . . / una persona / algo especial

INSTRUCTIONAL
RESOURCES WB, LM,
SAM Answer Key, Lab MP3,
IRCD-ROM (scripts)

1.2

Ser and *estar*

—**Estoy** enamorado de usted.

—No, no puede **ser**.

Ask if students remember the different uses of **ser** and **estar** before presenting the grammar explanation.

Have volunteers offer sentences using the two verbs, or ask questions that prompt the use of **ser** and **estar** in their responses. Use the students' examples to help them deduce the general uses of each verb.

Uses of *ser*

Nationality and place of origin	Mis padres **son** argentinos, pero yo **soy** de Florida.
Profession or occupation	El Sr. López **es** periodista.
Characteristics of people, animals, and things	El clima de Miami **es** caluroso.
Generalizations	Las relaciones personales **son** complejas.
Possession	La guitarra **es** del tío Guillermo.
Material of composition	El suéter **es** de pura lana.
Time, date, or season	**Son** las doce de la mañana.
Where or when an event takes place	La fiesta **es** en el apartamento de Carlos; **es** el sábado a las nueve de la noche.

Uses of *estar*

Location or spatial relationships	La clínica **está** en la próxima calle.
Health	Hoy **estoy** enfermo. ¿Cómo **estás** tú?
Physical states and conditions	Todas las ventanas **están** limpias.
Emotional states	¿Marisa **está** contenta con Javier?
Certain weather expressions	¿**Está** nublado o **está** despejado hoy en Miami?
Ongoing actions (progressive tenses)	Paula **está** escribiendo invitaciones para su boda.
Results of actions (past participles)	La tienda **está** cerrada.

Ser and *estar* with adjectives

- **Ser** is used with adjectives to describe inherent, expected qualities. **Estar** is used to describe temporary or variable qualities, or a change in appearance or condition.

  La casa **es** muy pequeña.
  The house is very small.

  ¡Están tan enojados!
  They're so angry!

- With most descriptive adjectives, either **ser** or **estar** can be used, but the meaning of each statement is different.

  Julio **es alto**.
  Julio is tall. (that is, a tall person)

  ¡Ay, qué **alta estás**, Adriana!
  How tall you're getting, Adriana!

  Dolores **es alegre**.
  Dolores is cheerful. (that is, a cheerful person)

  ¡Uf! El jefe **está alegre** hoy. ¿Qué le pasa?
  The boss is cheerful today. What's up?

  Juan Carlos **es** un hombre **guapo**.
  Juan Carlos is a handsome man.

  ¡Manuel, **estás** tan **guapo**!
  Manuel, you look so handsome!

- Some adjectives have two different meanings depending on whether they are used with **ser** or **estar**.

ser + [*adjectives*]	estar + [*adjectives*]
La clase de contabilidad **es aburrida**. *The accounting class is boring.*	**Estoy aburrida** con la clase. *I am bored with the class.*
Ese chico **es listo**. *That boy is smart.*	**Estoy listo** para todo. *I'm ready for anything.*
No **soy rico**, pero vivo bien. *I'm not rich, but I live well.*	¡El pan **está** tan **rico**! *The bread is delicious!*
La actriz **es mala**. *The actress is bad.*	La actriz **está mala**. *The actress is ill.*
El coche **es seguro**. *The car is safe.*	Juan no **está seguro** de la noticia. *Juan isn't sure of the news.*
Los aguacates **son verdes**. *Avocados are green.*	Esta banana **está verde**. *This banana is not ripe.*
Javier **es** muy **vivo**. *Javier is very lively.*	¿Todavía **está vivo** el autor? *Is the author still living?*
Pedro **es** un hombre **libre**. *Pedro is a free man.*	Esta noche no **estoy libre**. ¡Lo siento! *Tonight I am not available. Sorry!*

TALLER DE CONSULTA

Remember that adjectives must agree in gender and number with the person(s) or thing(s) that they modify. See **Manual de gramática, 1.4 p. 378**, and **1.5 p. 380**.

¡ATENCIÓN!

Estar, not **ser**, is used with **muerto/a**.

Bécquer, el autor de las *Rimas*, está muerto.

Bécquer, the author of Rimas, *is dead.*

To help students remember the different meanings of these adjectives, remind them that when used with **ser** they describe inherent qualities, while the meanings associated with **estar** describe temporary or variable qualities. Point out that **muerto/a** is an exception to this general rule.

Práctica

1

La boda de Emilio y Jimena Completa cada frase de la primera columna con la terminación más lógica de la segunda columna.

1. La boda es ___f___
2. La iglesia está ___c___
3. El cielo está ___h___
4. La madre de Emilio está ___e___
5. El padre de Jimena está ___b___
6. Todos los invitados están ___d___
7. El mariachi que toca en la boda es ___a___
8. En mi opinión, las bodas son ___g___

a. de San Antonio, Texas.
b. deprimido por los gastos.
c. en la calle Zarzamora.
d. esperando a que entren la novia (*bride*) y su padre.
e. contenta con la novia.
f. a las tres de la tarde.
g. muy divertidas.
h. totalmente despejado.

2

La luna de miel Completa el párrafo en el que se describe la luna de miel (*honeymoon*) que van a pasar Jimena y Emilio. Usa formas de **ser** y **estar**.

2 As a follow-up, have students write a different story about Emilio and Jimena using **ser** and **estar**.

Emilio y Jimena van a pasar su luna de miel en Miami, Florida. Miami (1) ___es___ una ciudad preciosa. (2) ___Está___ en la costa este de Florida y tiene playas muy bonitas. El clima (3) ___es___ tropical. Jimena y Emilio (4) ___están___ interesados en visitar la Pequeña Habana. Julia (5) ___es___ fanática de la música cubana. Y Emilio (6) ___está___ muy entusiasmado por conocer el parque Máximo Gómez donde las personas van a jugar dominó. Los dos (7) ___son___ aficionados a la comida caribeña. Quieren ir a todos los restaurantes que (8) ___están___ en la Calle Ocho. Cada día van a probar un plato diferente. Algunos de los platos que piensan probar (9) ___son___ el congrí, los tostones y el bistec palomilla. Después de pasar una semana en Miami, la pareja va a (10) ___estar___ cansada pero muy contenta.

Comunicación

3

Ellos y ellas

A. En parejas, miren las fotos de las cuatro personalidades latinas y lean las descripciones.

La actriz **Salma Hayek** nació en Coatzacoalcos, México, y actualmente vive en Los Ángeles. Sus abuelos paternos son del Líbano y su mamá es mexicana. Sus más recientes películas incluyen *Al caer la noche* (After the sunset), *Bandidas* y *Pregúntale al polvo* (Ask the dust).

Enrique Iglesias nació en Madrid, España, pero se crió en Miami. Aunque quería ser cantante desde los 16 años, nunca le confió su ambición a su padre, el cantante Julio Iglesias. Su primer disco tuvo un gran éxito y ha ganado varios premios. Canta tanto en inglés como en español.

El beisbolista dominicano **Sammy Sosa** se hizo famoso por competir en 1998 con Mark McGuire para superar el récord de bateo. Es uno de los mejores bateadores de las Grandes Ligas. La Fundación Sammy Sosa, establecida por él, ayuda a los niños pobres de la República Dominicana.

Jennifer López es una actriz y cantante de origen puertorriqueño. Actuó en la película *¿Bailamos?* y desempeñó el papel principal en la película musical *Selena*. Además de ser talentosa, tiene fama de ser ambiciosa y competitiva.

B. Ahora, preparen una entrevista imaginaria con una de las personalidades de la **actividad 3**. Escriban diez preguntas, usando los verbos **ser** y **estar** al menos cinco veces. Para la entrevista, pueden usar información que no está en las descripciones. Después de contestar todas las preguntas, presenten la entrevista a la clase, haciendo uno/a el papel de la personalidad y el/la otro/a el del/de la entrevistador(a).

3 Part B: Model the activity using a different Spanish-speaking artist such as Antonio Banderas or Penélope Cruz. Move from left to right as you assume the two roles for the interview.

**INSTRUCTIONAL
RESOURCES** WB, LM,
SAM Answer Key, Lab MP3,
IRCD-ROM (scripts)

1.3

To preview the material, ask
volunteers to give examples
of other verbs that follow
the pattern of **gustar**.

Briefly review indirect
object pronouns and remind
students that they describe
to whom or *for whom* an
action is performed. Indirect
object pronouns are covered
in detail in **3.3, p. 104.**

Gustar and similar verbs

*Al viajero le **encantan** los boleros.*

Using the verb *gustar*

- Though **gustar** is translated as *to like* in English, its literal meaning is *to please*. **Gustar** is preceded by an indirect object pronoun indicating *the person who is pleased*. It is followed by a noun indicating *the thing that pleases*.

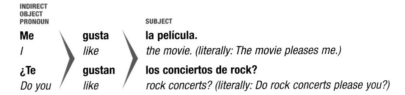

INDIRECT OBJECT PRONOUN		SUBJECT
Me	**gusta**	**la película.**
I	*like*	*the movie. (literally: The movie pleases me.)*
¿Te	**gustan**	**los conciertos de rock?**
Do you	*like*	*rock concerts? (literally: Do rock concerts please you?)*

- Because *the thing that pleases* is the subject, **gustar** agrees in person and number with it. Most commonly the subject is third person singular or plural.

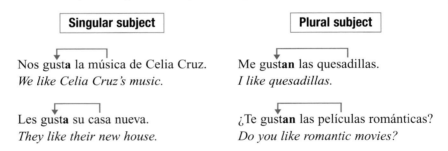

Singular subject	Plural subject
Nos gusta la música de Celia Cruz.	Me gustan las quesadillas.
We like Celia Cruz's music.	*I like quesadillas.*
Les gusta su casa nueva.	¿Te gustan las películas románticas?
They like their new house.	*Do you like romantic movies?*

- When **gustar** is followed by one or more verbs in the infinitive, the singular form of **gustar** is always used.

No nos **gusta** llegar tarde.
We don't like to arrive late.

Les **gusta** cantar y bailar.
They like to sing and dance.

- **Gustar** is often used in the conditional **(me gustaría)** to soften a request.

Me **gustaría** un refresco, por favor.
I would like a soda, please.

¿Te **gustaría** ir a una cita con mi amigo?
Would you like to go on a date with my friend?

Verbs like *gustar*

- Many verbs follow the same pattern as **gustar**.

aburrir *to bore*	**hacer falta** *to miss*
caer bien/mal *to (not) get along well with*	**importar** *to be important to; to matter*
disgustar *to upset*	**interesar** *to be interesting to; to interest*
doler *to hurt; to ache*	**molestar** *to bother; to annoy*
encantar *to like very much*	**preocupar** *to worry*
faltar *to lack; to need*	**quedar** *to be left over; to fit (clothing)*
fascinar *to fascinate*	**sorprender** *to surprise*

Me fascina el cine.
Movies fascinate me.

¿**Te molesta** si voy contigo?
Will it bother you if I come along?

A Sandra **le disgusta** esa situación.
That situation upsets Sandra.

Me duelen sus mentiras.
Her lies hurt me.

- The construction **a** + [*prepositional pronoun*] or **a** + [*noun*] can be used to emphasize who is pleased, bothered, etc.

See **3.3, p. 105** for a review of prepositional pronouns.

A ella no le gusta bailar, pero **a él** sí.
She doesn't like to dance, but he does.

A Felipe le molesta ir de compras.
Shopping bothers Felipe.

- **Faltar** and **quedar** express what someone lacks or has left. **Quedar** is also used to talk about how clothing fits or looks on someone.

Le falta dinero.
He's short of money.

Me faltan dos pesos.
I need two pesos.

Nos quedan cinco libros.
We have five books left.

Esa falda **te queda** bien.
That skirt fits you well.

¿Qué te hace falta en la vida?

Discoteca Paladio

Práctica

1 **Completar** Miguel y César son compañeros de cuarto y tienen algunos problemas. Hoy se han reunido para discutirlos. Completa su conversación con la forma correcta de los verbos entre paréntesis.

MIGUEL Mira, César, a mí (1) _me encanta_ (encantar) vivir contigo, pero la verdad es que (2) _me preocupan_ (preocupar) algunas cosas.

CÉSAR De acuerdo. A mí también (3) _me disgustan_ (disgustar) algunas cosas de ti.

MIGUEL Bueno, para empezar no (4) _me gusta_ (gustar) que pongas la música tan alta cuando vienen tus amigos. Tus amigos (5) _me caen_ (caer) muy bien pero, a veces, hacen mucho ruido y no me dejan dormir.

CÉSAR Sí, claro, lo entiendo. Pues mira, Miguel, a mí (6) _me molesta_ (molestar) que no laves los platos después de comer. Además, tampoco sacas la basura.

MIGUEL Es verdad. Pues. . . vamos a intentar cambiar estas cosas. ¿Te parece?

CÉSAR (7) _Me fascina_ (fascinar) la idea. Yo bajo la música cuando vengan mis amigos y tú lavas los platos y sacas la basura más a menudo. ¿De acuerdo?

2 Take a survey of the students' answers and write the results on the board.

2 **¿Qué te gusta?** En parejas, pregúntense si les gustan o no las siguientes personas y actividades. Utilicen verbos similares a **gustar** y contesten las preguntas.

Cameron Diaz	dormir los fines de semana
salir con tus amigos	hacer bromas
las películas de misterio	los discos de Christina Aguilera
practicar algún deporte	ir a discotecas
Benicio del Toro	las películas extranjeras

3 Remind students that the conditional is often used with verbs like **gustar** to soften a request. Ex: **¿Te interesaría ir al gimnasio?** *Would you be interested in going to the gym?*

3 Compare students' weekday activities with what they would like to do. Ex: **Los lunes tienes clase. ¿Qué te gustaría hacer en vez de ir a clase?**

3 **¿Qué te gustaría hacer el fin de semana?** En parejas, pregúntense si les gustaría hacer las actividades relacionadas con las fotos. Utilicen los verbos **aburrir, disgustar, encantar, fascinar, interesar** y **molestar**. Sigan el modelo:

Modelo —¿Te molestaría ir al parque de atracciones?
—No, me encantaría.

Comunicación

4 **¿Cómo son?** Elige un personaje. Escribe dos frases describiendo lo que crees que le gusta y dos sobre lo que piensas que no le gusta. Dile a tu compañero/a lo que escribiste sin decirle el nombre del personaje. Él/Ella tiene que adivinar de quién se trata. Túrnense hasta describir a todos los personajes. Usen los verbos de la lista; traten de no repetirlos.

aburrir	disgustar	fascinar	molestar
caer bien/mal	encantar	interesar	preocupar

4 For a related game, divide the class into small groups and give each member of the group a different photograph of famous people from current events, recent movies, or popular music. Have each group take turns trying to guess the name(s) of the person(s) from their teammates' descriptions.

Manny Ramírez

Shakira

Geraldo Rivera

Beyoncé

Benicio del Toro

Hillary Clinton

5 **Preguntar** En parejas, utilicen el modelo para hacerse preguntas, por turnos, sobre las siguientes personas.

> **Modelo** fascinar / a tu padre
> —¿Qué crees que le fascina a tu padre?
> —Pues, no sé. Creo que le fascina dormir.

1. preocupar / al presidente
2. encantar / a tu hermano/a
3. gustar hacer los fines de semana / a ti
4. importar / a tus padres
5. interesar / a tu profesor(a) de español
6. aburrir / a tus amigos/as
7. molestar / a tu novio/a
8. disgustar / a tu compañero/a de clase

5 Call on several students to share their partner's response to items 1 and 5. Encourage them to debate each other's opinions.

Síntesis

Un consejo sentimental

Doctora Corazones,

Tengo 30 años. Estoy casado y amo a mi esposa sobre todas las cosas. Le soy fiel°. Todo comenzó con un juego. Resulta° que me vine a San Antonio con la idea de quedarme a vivir aquí. Mi esposa está en Nueva York, mientras intenta vender nuestra casa. Nos encanta escribirnos mensajes electrónicos. Por eso, diariamente nos comunicamos por Internet por medio del chat.

Un día se me ocurrió pasarme por otro hombre,° para ver si la conquistaba. La verdad es que me costó bastante, pero lo logré°. Ahora mi esposa mantiene una relación con un hombre que no sabe que soy yo. Este juego me preocupa mucho y realmente no sé cómo manejarlo°. Yo la quiero mucho. Sé que ella me ama, pero esto para mí es como una traición°, un engaño°, y la verdad es que no sé qué hacer.

Estoy desesperado.
Gracias,
Carlos

faithful
It turns out
se me... I got the idea to pretend I was another man
I succeeded
handle it
betrayal
deception

---

1 **La carta** Trabajen en grupos pequeños. Lean la carta dirigida a la Dra. Corazones, consejera sentimental, y luego contesten las preguntas.

1. ¿Por qué se comunican por Internet Carlos y su esposa?
2. ¿Qué hizo Carlos?
3. ¿Cuál es el resultado?
4. ¿Cómo se siente él ahora?

2 **Comentar** Con el grupo, comenten el problema de Carlos y propongan una solución. Elijan a un miembro del grupo para presentar la solución a la clase.

3 **La solución** Con toda la clase, escuchen y comenten las soluciones propuestas por los grupos, pensando en las siguientes preguntas. Entre todos, deben proponer una solución al problema de Carlos.

1. ¿Cómo reaccionan los grupos ante el problema de Carlos?
2. ¿Propone cada grupo una solución distinta?
3. ¿Son algunas soluciones más viables que otras?

Preparación

Vocabulario de la lectura

ayudarse *to help one another*
calidad de vida *standard of living*
los familiares *relatives*
fortalecerse *to grow stronger*
por su cuenta *on his/her own*
la red de apoyo *support network*
la voluntad *will*

Vocabulario útil

abandonar *to leave*
cuidar *to take care*
emigrar *to emigrate*
el/la inmigrante *immigrant*
el lazo *tie*
la patria *home country*
mudarse *to move*

VARIACIÓN LÉXICA
familiares ↔ parientes
Point out that as a noun,
relativos is a false cognate.

1 **Vocabulario** Completa el diálogo utilizando palabras y expresiones de la lista.

abandonar	ciudad	por tu cuenta
ayudarse	familiares	red de apoyo
calidad de vida	lazo	voluntad

LUISA Mañana vamos a tener una gran fiesta y van a venir todos mis (1) __familiares__ : mis tíos, mis primos y mis abuelos.

CATI ¡Qué lástima! No puedo comer pastel de cumpleaños porque estoy a dieta.

LUISA Te admiro, a mí me falta la (2) __voluntad__ de ponerme a dieta.

CATI Para mí no es difícil hacerlo porque tengo una gran (3) __red de apoyo__ : mi madre y mis tías también están a dieta.

LUISA Es bueno (4) __ayudarse__ entre todos.

CATI Es cierto. ¿Por qué no vienes al gimnasio con nosotras? Es más fácil que hacer ejercicio (5) __por tu cuenta__ .

1 To practice new vocabulary, have students work in pairs to write sentences or definitions using words from the above list.

2 **La inmigración** En parejas, contesten las preguntas.

1. ¿Por qué la gente decide emigrar? Comenta por lo menos tres razones.

2. ¿Alguien de tu familia emigró a este u otro país? ¿Por qué decidió hacerlo?

3. De estar forzado a abandonar tu patria, ¿a dónde irías? ¿Por qué?

4. ¿Cómo crees que cambiaría tu vida al vivir en otro país?

3 **Encuesta** Indica si estás de acuerdo con las siguientes afirmaciones o no. Cuando termines, comparte tu opinión sobre cada afirmación con la clase.

	Sí	No
Es importante vivir siempre cerca de los familiares.	☐	☐
Es bueno mantener las tradiciones y costumbres de nuestras familias.	☐	☐
Es necesario ser económicamente independiente de los padres.	☐	☐
Es bueno que los familiares se ayuden mutuamente.	☐	☐
Se aprende mucho más de la vida cuando uno se muda a otra ciudad o a otro país para estudiar o trabajar.	☐	☐

3 Have students conduct a poll to determine the number of students who have moved out of their parents' homes or to another city to attend college. Then have them debate the pros and cons of living close to home.

Escucha el artículo y abre una investigación en **www.imagina.vhlcentral.com**.

CORRIENTE
Latina

Ceremonia de naturalización en Coral Gables, Florida

Las tendencias de la inmigración hispana han cambiado considerablemente en los últimos años. El perfil del inmigrante ha evolucionado y muchas veces llega con un nivel de estudios más alto y mejor preparado para ejercer° trabajos bien remunerados°. También está cambiando el destino que elige para empezar su nueva vida. Si antes se establecía en las grandes ciudades y en los estados del suroeste°, ahora busca oportunidades en pueblos y ciudades del centro y del norte del país.

El hecho° de que la inmigración se produzca en flujos° se debe a que los inmigrantes que llegan necesitan una red de apoyo. Muchos de ellos no pueden recurrir° a la ayuda que ofrecen los estados por su desconocimiento del inglés y de la cultura norteamericana. Los familiares y amigos son los responsables de ayudar a los miembros de su círculo y les facilitan casa y trabajo hasta que se pueden establecer por su cuenta. De esa forma, se han producido y se siguen produciendo grandes concentraciones de hispanos del mismo país de origen en áreas donde su presencia antes era escasa° o inexistente.

Un buen ejemplo es Central Falls, en el estado de Rhode Island. Hoy en día, más de la mitad de sus habitantes° es de origen colombiano, específicamente del departamento° de Antioquia. Todo empezó en 1964 cuando Pedro Cano, originario° de Colombia, llegó a Central Falls. Vino con la ilusión de tener una vida mejor y con la voluntad de trabajar duro° para conseguir sus ideales. Una vez establecido e integrado en la comunidad, fue acogiendo° a sus familiares y a personas conocidas que huían° de la difícil situación socioeconómica y política de su país. Allí iban encontrando el apoyo que necesitaban y podían, de esa forma, mejorar su calidad de vida a la vez que mantenían sus tradiciones y costumbres.

El nacimiento de estos microcosmos también está cambiando el paisaje urbano. Una visita a Central Falls lleva al viajero a un mundo nuevo: las tiendas especializadas en música hispana, los restaurantes de comida colombiana y los establecimientos para enviar dinero a otros países se alternan metafóricamente con los símbolos de la cultura norteamericana. ■

Vino con la ilusión de tener una vida mejor y con la voluntad de trabajar duro para conseguir sus ideales.

Marginal glosses:
- to practice, to carry out
- well paid
- southwest
- fact
- waves
- rely on
- scarce, limited
- inhabitants
- state, province
- native
- hard
- taking in
- were fleeing

Latino **USA**

1 de cada 8 habitantes en los Estados Unidos es de origen hispano.

25% Aumento en las ventas de música latina en los EE.UU. en 2004.

400% Crecimiento de la población hispana en Carolina del Norte en los últimos diez años.

70% Porcentaje de estudiantes latinos en las escuelas de Dodge City, Kansas.

4.123.424 Número de estudiantes de español en escuelas secundarias en todos los Estados Unidos en 2005.

Análisis

1 Have students check their answers with a partner.

1 **Comprensión** Contesta las preguntas.

1. ¿Cuál es el perfil del inmigrante en la actualidad? El inmigrante de hoy tiene un nivel de estudios más alto, lo que le permite tener empleos bien remunerados.

2. ¿Dónde se establecen los inmigrantes hoy en día en los Estados Unidos? Se establecen en pueblos y ciudades del centro y del norte del país.

3. ¿Por qué se produce la inmigración en flujos? Porque de esta manera tienen una red de apoyo formada por sus amigos y familiares.

4. ¿Qué tipo de ayuda reciben los inmigrantes de sus familiares y amigos? Les facilitan casa y trabajo.

5. ¿Central Falls es un buen ejemplo de qué? Central Falls es un buen ejemplo de una ciudad en donde hay una gran concentración de hispanos.

6. ¿Qué ilusión tenía Pedro Cano cuando llegó a Central Falls? Tenía la ilusión de tener una vida mejor.

7. ¿A qué se refiere la palabra *microcosmos* en el texto? Se refiere a concentraciones de hispanos en donde se mantienen las tradiciones y costumbres del país de origen, lo cual cambia la manera en que una ciudad se ve.

8. ¿Cómo ha cambiado el paisaje urbano en Central Falls? Ahora hay tiendas especializadas en música hispana, restaurantes de comida colombiana y establecimientos para enviar dinero al extranjero.

9. ¿Cuánto ha crecido la población hispana en Carolina del Norte en los últimos diez años? Ha crecido un 400%.

2 **Micrófono abierto** Trabajen en parejas para escribir una entrevista imaginaria a un(a) hispano/a que hace 20 años que vive en los Estados Unidos. Uno/a de ustedes es el/la periodista y el/la otro/a es el/la inmigrante. Consideren estas preguntas y añadan más información.

- ¿Por qué decidió venir a los Estados Unidos?
- ¿Cómo es su vida aquí?
- ¿Cómo era su vida antes de venir?
- ¿Cuántos años tenía cuando llegó aquí?
- ¿Dónde está su familia?
- ¿Piensa regresar algún día a su país de origen?

3 **Carta** En grupos de tres, imaginen que son inmigrantes y que acaban de llegar a los Estados Unidos o Canadá. Escriban una carta a su familia incluyendo la siguiente información. Cuando terminen, lean la carta delante de la clase.

- ¿Dónde están?
- ¿Cómo es la ciudad?
- ¿Qué les fascina de la ciudad? ¿Qué les molesta?
- ¿Estan emocionados/as o disgustados/as con el nuevo lugar?

> 6 de septiembre
>
> Queridos padres:
> ¡Estamos en . . . ! ¿Pueden creerlo? Es una
> ciudad interesante con . . .

2 As a follow-up project, have students interview a friend or family member who has emigrated from another country. If applicable, they may choose to describe their own immigrant experience.

3 Encourage students to refer back to grammar topics covered in **Estructuras, Lección 1.** Then use their letters to review the present tense, uses of **ser** and **estar,** and verbs like **gustar.**

TEACHING OPTION As a follow-up activity, have students discuss this question in groups: **¿Cuáles son las ventajas y desventajas que una persona tiene al irse a vivir a otro país?**

Preparación

Sobre el autor

El chileno **Pablo Neruda** (1904–1973) es uno de los poetas más célebres de Hispanoamérica. Empezó a escribir poesía siendo muy joven, alcanzando gran fama tras la publicación de *Veinte poemas de amor y una canción desesperada,* cuando tan sólo contaba veinte años de edad. Esto le dio la reputación de gran poeta romántico, aunque las obras que escribió en su madurez tienen un mayor valor literario. *Canto general* es una de las mejores y en ella el poeta recorre la historia de Latinoamérica desde sus orígenes precolombinos. Pablo Neruda recibió el Premio Nobel de Literatura en 1971.

Vocabulario de la lectura	Vocabulario útil
el alma *soul*	**el/la amado/a** *the loved one, sweetheart*
besar *to kiss*	**amar(se)** *to love (each other)*
contentarse *to be contented/satisfied with*	**los celos** *jealousy*
el corazón *heart*	**enamorado/a** *in love*
el olvido *forgetfulness, oblivion*	**el sentimiento** *feeling*

1 **Vocabulario** Imagina que vas a hablar de una película de amor que has visto recientemente. Forma oraciones lógicas combinando elementos de las columnas. Haz los cambios necesarios y añade los datos que creas convenientes. Después, delante de la clase, cuenta la historia que has creado.

Él	(no) amar(se)	a su amado/a
Ella	(no) estar	el corazón roto
Las familias	(no) poder	locamente
La madre de ella	(no) querer	muchos celos
El hermano de él	sentir que	muy enamorado(s)
Los dos enamorados	olvidar	romper con él/ella
Ellos	tener	verse en secreto

2 **Preparación** En parejas, hablen de los siguientes temas.

1. ¿Han estado enamorados/as alguna vez?

2. ¿Les gusta leer poesía?

3. ¿Han escrito alguna vez una carta o un poema de amor?

4. ¿Se consideran románticos/as?

5. ¿Qué es lo más romántico que han hecho o dicho?

6. ¿Creen que el romanticismo es necesario en el amor?

7. ¿Tuvieron algún amor que no han podido olvidar?

8. ¿Piensan que es bueno compartir los sentimientos con los demás?

POEMA 20

Pablo Neruda

Escucha la lectura y opina sobre el tema en www.imagina.vhlcentral.com.

Puedo escribir los versos más tristes esta noche.

Escribir, por ejemplo: "La noche está estrellada°,
y tiritan°, azules, los astros°, a lo lejos°".
El viento de la noche gira° en el cielo y canta.

5   Puedo escribir los versos más tristes esta noche.
Yo la quise, y a veces ella también me quiso.

En las noches como ésta la tuve entre mis brazos.
La besé tantas veces bajo el cielo infinito.

Ella me quiso, a veces yo también la quería.
10   Cómo no haber amado sus grandes ojos fijos°.

Puedo escribir los versos más tristes esta noche.
Pensar que no la tengo. Sentir que la he perdido.

Oír la noche inmensa, más inmensa sin ella.
Y el verso cae al alma como al pasto el rocío.°

15   Qué importa que mi amor no pudiera guardarla°.
La noche está estrellada y ella no está conmigo.

Eso es todo. A lo lejos alguien canta. A lo lejos.
Mi alma no se contenta con haberla perdido.

Como para acercarla° mi mirada la busca.
20   Mi corazón la busca, y ella no está conmigo.

La misma noche que hace blanquear° los mismos árboles.
Nosotros, los de entonces, ya no somos los mismos.

Ya no la quiero, es cierto, pero cuánto la quise.
Mi voz° buscaba el viento para tocar su oído.

25   De otro. Será de otro. Como antes de mis besos.
Su voz, su cuerpo claro. Sus ojos infinitos.

Ya no la quiero, es cierto, pero tal vez la quiero.
Es tan corto el amor, y es tan largo el olvido.

Porque en noches como ésta la tuve entre mis brazos,
30   mi alma no se contenta con haberla perdido.

Aunque éste sea el último dolor que ella me causa,
y éstos sean los últimos versos que yo le escribo. ■

blink, tremble

starry
stars/in the distance
turns

fixed

como al... like the dew on the grass
keep, protect

to bring closer

to whiten

voice

1 Have students write two more comprehension questions, then work in pairs to answer each other's questions.

2 Have students discuss their answers in small groups, then have them share their responses with the class.

4 You may wish to introduce additional terms of endearment or affectionate expressions. Ex: **Mi corazón, Mi cielo, Abrazos, Te extraño,** etc.

4 As an alternate writing assignment, have students write a love poem of their own or a letter/poem of response to Neruda's **Poema 20.**

TEACHING OPTION Ask a few volunteers to bring in the lyrics and music to a Spanish love song. Listen with the class and discuss how the theme of love is approached by each artist and how their attitudes compare with that of **Poema 20.**

Análisis

1

Comprensión Contesta las preguntas con oraciones completas.

1. ¿Quién habla en este poema? Un hombre enamorado / Un poeta habla en este poema.
2. ¿De quién habla el poeta? El poeta habla de su amada / de su antigua novia.
3. ¿Cuál es el tema del poema? El tema del poema es el amor.
4. ¿Qué momento del día es? Es de noche.
5. ¿Sigue el poeta enamorado? Pon un ejemplo del poema. El poeta no lo sabe. Ejemplo: "Ya no la quiero, es cierto, pero tal vez la quiero."

2

Interpretar Contesta las siguientes preguntas con oraciones completas.

1. ¿Cómo se siente el poeta? Pon algún ejemplo del poema.
2. ¿Es importante que sea de noche? Razona tu respuesta.
3. Explica con tus propias palabras el siguiente verso: "Es tan corto el amor, y es tan largo el olvido."
4. En un momento dado el poeta afirma: "Yo la quise, y a veces ella también me quiso" y, un poco más tarde, escribe: "Ella me quiso, a veces, yo también la quería". Explica el significado de estos versos y su importancia en el poema.
5. ¿Cómo crees que es la amada? Escribe una breve descripción.

3

Imaginar En parejas, imaginen la historia de amor del poeta y su amada, y preparen una conversación en la que se despiden para siempre. Deben inspirarse en algunos de los versos del poema.

4

Escribir Escribe una carta dirigida a un(a) amigo/a, a tu novio/a o a un desconocido/a (*stranger*) expresando lo que sientes por él o ella. Sigue el **Plan de redacción.**

Plan de redacción

Escribir una carta

1 **Encabezamiento** Piensa a quién quieres dirigirle la carta: ¿a un(a) amigo/a? ¿a tu pareja? ¿a alguien que no te conoce? ¿a una estrella de cine? Dependiendo de quién sea el/la destinatario/a, y del grado de afecto que quieras expresar, elegirás (*you will choose*) entre los siguientes saludos: **Estimado/a, Querido/a, Amado/a, Amor mío, Vida mía.**

2 **Contenido** Organiza las ideas que quieres expresar en un esquema (*outline*) y después escribe la carta. Aquí tienes unas preguntas para ayudarte a ordenar lo que quieres decir:

1. ¿Sabe esta persona lo que sientes? ¿Es la primera vez que se lo dices?
2. ¿Cómo te sientes?
3. ¿Por qué te gusta esta persona?
4. ¿Crees que tus sentimientos son correspondidos?
5. ¿Cómo quieres que sea tu relación en el futuro?

3 **Firma** Termina la carta con una frase de despedida (*farewell*) adecuada. Aquí tienes unos ejemplos con diferente intensidad: **Cariños, Besos, Te quiero, Te amo, Tu eterno/a enamorado/a.**

Las relaciones personales

Las relaciones

el alma gemela *soul mate, kindred spirit*
la amistad *friendship*
el ánimo *spirit*
el chisme *gossip*
la cita (a ciegas) *(blind) date*
el compromiso *commitment; responsibility*
el deseo *desire*
el divorcio *divorce*
la (in)fidelidad *(un)faithfulness*
el matrimonio *marriage*
la pareja *couple*
el riesgo *risk*

compartir *to share*
confiar (en) *to trust (in)*
contar (o:ue) con *to rely on, to count on*
coquetear *to flirt*
dejar a alguien *to leave someone*
dejar plantado/a *to stand (someone) up*
discutir *to argue*
ligar *to flirt; to try to "pick up"*
merecer *to deserve*
romper (con) *to break up (with)*
salir (con) *to go out (with)*

Los sentimientos

enamorarse (de) *to fall in love (with)*
enojarse *to get angry*
estar harto/a *to be fed up (with); to be sick (of)*
llevarse bien/mal/fatal *to get along well/badly/terribly*
odiar *to hate*
ponerse pesado/a *to become annoying*
querer(se) (e:ie) *to love (each other); to want*
sentirse (e:ie) *to feel*
soñar (o:ue) con *to dream about*
tener celos (de) *to be jealous (of)*
tener vergüenza (de) *to be ashamed (of)*

Los estados emocionales

agobiado/a *overwhelmed*
ansioso/a *anxious*
celoso/a *jealous*
deprimido/a *depressed*
disgustado/a *upset*
emocionado/a *excited*
enojado/a *angry, mad*
pasajero/a *fleeting*
preocupado/a (por) *worried (about)*

Los estados civiles

casarse con *to marry*
divorciarse (de) *to get a divorce (from)*

casado/a *married*
divorciado/a *divorced*
separado/a *separated*
soltero/a *single*
viudo/a *widowed*

Las personalidades

cariñoso/a *affectionate*
cuidadoso/a *careful*
falso/a *insincere*
genial *wonderful*
gracioso/a *funny, pleasant*
inolvidable *unforgettable*
inseguro/a *insecure*
maduro/a *mature*
mentiroso/a *lying*
orgulloso/a *proud*
seguro/a *secure; confident*
sensible *sensitive*
tacaño/a *cheap/stingy*
tempestuoso/a *stormy*
tímido/a *shy*
tranquilo/a *calm*

Cortometraje

la broma *joke*
la caja *box*
el cortometraje/corto *short film*

la escena *scene*
el guión *script*
la historia *story*
el/la protagonista *main character*
el recuerdo *memento/souvenir*
la ventanilla *ticket window*

abrazarse *to hug*
averiguar *to find out*
meterse *to break in (to a conversation)*
suceder *to happen*

Cultura

la calidad de vida *standard of living*
los familiares *relatives*
el/la inmigrante *immigrant*
el lazo *tie*
la patria *home country*
la red de apoyo *support network*
la voluntad *will*

abandonar *to leave*
ayudarse *to help one another*
cuidar *to take care*
emigrar *to emigrate*
fortalecerse *to grow stronger*
mudarse *to move*

por su cuenta *on his/her own*

Literatura

el alma *soul*
el/la amado/a *the loved one, sweetheart*
los celos *jelousy*
el corazón *heart*
el olvido *forgetfulness, oblivion*
el sentimiento *feeling*

amar(se) *to love (each other)*
besar *to kiss*
contentarse *to be contented/satisfied with*

enamorado/a *in love*

Vivir en la ciudad

Un paseo por cualquiera de las capitales del mundo hispano se convierte con facilidad en un viaje al pasado. Los edificios y plazas de **Madrid**, de **Buenos Aires**, de **Bogotá**, de **Lima**… nos cuentan la historia de sus culturas milenarias. De entre estas capitales, la **Ciudad de México**, una de las ciudades más grandes del mundo, es famosa por la riqueza cultural que se respira en sus calles. En esta lección te invitamos a conocerla.

El Ángel de la Independencia en el Paseo de la Reforma, una de las principales avenidas de la Ciudad de México.

47

70

Destino:
MÉXICO

PREVIEW Ask if students have visited any cities in Spanish-speaking countries. Have them share their impressions. In groups, ask them to describe their own favorite cities.

En la ciudad

Lugares

los alrededores *the outskirts*
el ayuntamiento *city hall*
el barrio *neighborhood*
el centro comercial *mall*

el cine *movie theater*
la ciudad *city*
la comisaría/estación de policía *police station*
la discoteca *dance club*
el edificio *building*
la estación (de trenes, de autobuses) *(train/bus) station*
la estación de bomberos *fire station*
el estacionamiento *parking lot*
el estadio *stadium*
el metro *subway*
el museo *museum*

la parada (de metro, de autobús) *(subway, bus) stop*
la plaza *square*
el rascacielos *skyscraper*
el suburbio *suburb*
la vivienda *housing*

Direcciones

la acera *sidewalk*

la avenida *avenue*
la calle *street*
la cuadra *city block*
la dirección *address*
la esquina *corner*
el letrero *sign, billboard*
el puente *bridge*
el semáforo *traffic light*
el tráfico *traffic*
el transporte público *public transportation*

———

cruzar *to cross*
dar direcciones *to give directions*
estar perdido/a *to be lost*

Gente

el/la alcalde/alcaldesa *mayor*
el/la ciudadano/a *citizen*
el/la conductor(a) *driver*
la gente *people*
el/la pasajero/a *passenger*
el/la peatón/peatona *pedestrian*
el policía/la mujer policía *policeman/woman*

Actividades

bajar *to go down; to get off (a bus)*
construir *to build*
conversar *to talk*
convivir *to live together; to coexist*
dar un paseo *to take a stroll*
dar una vuelta *to take a walk*
dar una vuelta en bicicleta/carro/ motocicleta *to take a bike/car/ motorcycle ride*

disfrutar de *to enjoy*
doblar *to turn*
hacer diligencias *to run errands*
parar *to stop*
pasarlo bien/mal *to have a good/bad time*
poblar *to settle; to populate*
quedar *to be located*
quedarse *to stay*
recorrer *to travel (around a city)*
relajarse *to relax*
residir *to reside*
subir *to go up; to get on (a bus)*

———

la vida nocturna *nightlife*

Para describir

atrasado/a *late*
cotidiano/a *everyday*
inesperado/a *unexpected*
lleno/a *full*
ruidoso/a *noisy*
vacío/a *empty*

VARIACIÓN LÉXICA
alrededores ↔ afueras
cuadra ↔ manzana
doblar ↔ virar, girar
hacer diligencias ↔ hacer mandados/trámites

Escucha y practica el vocabulario en www.imagina.vhlcentral.com.

Práctica

INSTRUCTIONAL RESOURCES WB, LM, SAM Answer Key, Lab MP3, IRCD-ROM (scripts)

1 **Emparejar** Conecta cada palabra con su definición.

___g___ 1. no saber cómo llegar a un lugar   a. puente

___a___ 2. construcción que conecta dos lugares   b. residir

___e___ 3. persona que toma el metro   c. relajarse

___f___ 4. todos los días   d. letrero

___c___ 5. minimizar la tensión que uno tiene   e. pasajero

___b___ 6. vivir (en un apartamento)   f. cotidiano

___h___ 7. pasarlo bien   g. estar perdido

___d___ 8. anuncio escrito   h. disfrutar

2 **Titulares** A los siguientes titulares (*headlines*) de un periódico les faltan unas palabras. Complétalos utilizando palabras de la lista.

2 In groups, have students invent their own headlines using vocabulary from **Para Empezar**. Then have the class vote to decide which headlines are the funniest, scariest, most/least believable, etc.

alrededores	construyen	está perdida
ciudadanos	discoteca	suburbio
comisaría de policía	estacionamiento	tráfico

1. En un ___suburbio___ de la ciudad encuentran un tesoro (*treasure*) escondido por un pirata hace 400 años.

2. Hombre de 60 años muere en un accidente de ___tráfico___ .

3. ¡Por fin! Una pareja consigue ver a Luis Miguel después de esperar 24 horas en una ___discoteca___ .

4. La mayoría de los ___ciudadanos___ cree que el transporte público debe ser barato.

5. ___Construyen___ un rascacielos que va a medir más de 300 metros.

6. Una familia ___está perdida___ en el metro por una semana.

7. No hay suficientes espacios en el ___estacionamiento___ del estadio de fútbol nuevo.

3 **La ciudad** Expresa tu opinión. Después, compara tus opiniones con las de un(a) compañero/a y explica por qué piensas así. ¿Tienen las mismas preferencias?

3 Based on their responses to the activity, divide class into two groups for a debate on the pros and cons of living in a city or a small town.

	Sí	No
Es mejor residir en una ciudad que en un suburbio.	☐	☐
Nunca se debe hablar con desconocidos (*unknown people*).	☐	☐
Es mejor convivir con alguien que vivir solo.	☐	☐
Es mejor vivir en una calle pequeña que en una avenida.	☐	☐
Se deben eliminar los parques para construir más edificios.	☐	☐
Es más cómodo manejar en una ciudad que tomar transporte público.	☐	☐

4 **En el ayuntamiento** Imagina que eres el/la alcalde/alcaldesa de una ciudad. ¿Qué puedes hacer para mejorar la vida de los ciudadanos? ¿Qué cambios quieres hacer? Compara tus ideas con las de tus compañeros/as.

INSTRUCTIONAL
RESOURCES DVD, Website,
IRCD-ROM (scripts)

Ask personalized questions
to practice new vocabulary.
Ex: ¿Alguna vez has
sufrido un choque?
¿Alguna vez has visto un
choque? ¿Quién tuvo la
culpa? ¿Qué pasó?

Preparación

Vocabulario del corto	**Vocabulario útil**
afligirse *to get upset*	**el/la cajero/a** *cashier*
borracho/a *drunk*	**el/la desconocido/a** *stranger*
el choque *crash*	**la fila** *line*
la facción *feature*	**ingenuo/a** *naive*
parecerse *to look like*	**valorar** *to value*
repentino/a *sudden*	

EXPRESIONES

¿Y a mí, qué? *What do I care?*

¿Sabe(s)? *You know?*

Pero... si sólo es/son... *But... it's only...*

1 **Vocabulario** Completa el artículo con las palabras o expresiones que acabas de aprender.

Robo en supermercado

Ayer un (1) __desconocido__ robó en el supermercado ESTRELLA.
El hombre entró en la tienda a las nueve de la noche y
esperó en la (2) __fila__ por cinco minutos. Después, empezó
a hablar del tiempo con la (3) __cajera__. De repente, las luces
se apagaron y él se fue con el dinero de la caja. Salió del
estacionamiento tan rápido que tuvo un (4) __choque__ con
un coche deportivo. Se fue corriendo, pero la policía lo
encontró. Había tomado tequila y estaba (5) __borracho__.
Cuando dijeron que lo iban a llevar a la cárcel (*jail*), dijo:
"¿ (6) __Y a mí, qué__ ?" y saltó al río. No se sabe si está vivo.
Según la gente que estaba en el supermercado, este hombre
tiene (7) __facciones__ idénticas a una persona famosa.
Se (8) __parece__ mucho a Donald Trump.

2 Have students share
their partners' predictions
about the film with
the class.

2 **Preguntas** En parejas, contesten las preguntas.

1. ¿Hablan con desconocidos en algunas ocasiones? ¿Les gusta hacerlo?

2. Den ejemplos de dos o tres lugares donde es más fácil o frecuente hablar con gente que no conocen.

3. Según el título del cortometraje: *Adiós mamá*, ¿de qué creen que va a tratar la historia?

3 **Fotogramas** Observen las fotografías e imaginen lo que va a ocurrir en el cortometraje.

3 Ask students: **¿Dónde están estas personas? ¿Cómo se siente la mujer? ¿Y el hombre?**

4 **¿Eres ingenuo?** En parejas, hagan el test de personalidad.

A. Apunten sus respuestas para saber si son ingenuos/as.

4 In pairs, have students describe a situation in which they were naïve.

TEST DE
PERSONALIDAD

1. **Tu compañero/a de apartamento o tu esposo/a tiene que ir a una conferencia durante el fin de semana, y te vas a quedar solo/a.**
   a. Organizas una gran fiesta. Seguro que no lo va a descubrir.
   b. Invitas a unos pocos amigos y se lo cuentas a tu compañero/a o esposo/a cuando regresa.
   c. Limpias la casa. Él/Ella está trabajando y tú debes hacer lo mismo.

2. **¿Con qué afirmación te identificas?**
   a. Creer en la gente y siempre pensar bien de todos.
   b. Esperar a conocer a las personas para tener una opinión de ellas.
   c. Todo el mundo es muy egoísta. Hay que tener cuidado.

3. **Un(a) desconocido/a te manda un mensaje de texto, y quiere verte para tomar un café por la tarde.**
   a. ¿Quién será? ¡Qué emoción! ¿Será el/la chico/a tan guapo/a de clase?
   b. Borras el mensaje inmediatamente. ¡Vaya forma de perder el tiempo!
   c. ¡Buff, seguro que es Amalia para pedir dinero! ¡Siempre igual!

4. **¿Con qué personaje de ficción te identificas?**
   a. Spiderman
   b. Darth Vader
   c. Bart Simpson

5. **Un(a) amigo/a te cuenta que el fin de semana pasado estuvo cenando con tu actor/actriz favorito/a.**
   a. No crees que sea verdad y le preguntas a todo el mundo.
   b. Le pides que te cuente todo, todo, todo.
   c. Le cuentas que el fin de semana pasado tú estuviste en Buenos Aires.

6. **Si le preguntamos a tus mejores amigos/as cuál es tu mejor cualidad, ¿qué contestarían?**
   a. Sin duda, eres la mejor persona del grupo.
   b. Eres un cerebro como Einstein.
   c. Eres muy divertido/a y aventurero/a.

B. Ahora, intercambien (*exchange*) sus respuestas y díganle a su compañero/a si creen que es ingenuo/a y por qué.

Mira el cortometraje en
www.imagina.vhlcentral.com.

This film is available on the **Imagina** film collection DVD and at **www.imagina. vhlcentral.com.**

Premio especial del Jurado, Semana Internacional de Cine Experimental de Valladolid 1997, España

Una producción de CONACULTA/INSTITUTO MEXICANO DE CINEMATOGRAFÍA Guión y Dirección ARIEL GORDON
Producción JAVIER BOURGES Producción ejecutiva PATRICIA RIGGEN
Fotografía SANTIAGO NAVARRETE Edición CARLOS SALCES Música GERARDO TAMEZ
Sonido SANTIAGO NUÑEZ/NERIO BARBERIS
Arte FERNANDO MERI/AARÓN NIÑO CÁMARA
Actores DANIEL GIMÉNEZ CACHO/DOLORES BERISTAIN/PATRICIA AGUIRRE/PACO MORAYTA

ARGUMENTO *Un hombre está en el supermercado. En la fila para pagar, la señora que está enfrente de él le habla.*

SEÑORA Se parece a mi hijo. Realmente es igual a él.
HOMBRE Ah pues no, no sé qué decir.

SEÑORA Murió en un choque. El otro conductor iba borracho. Si él viviera, tendría la misma edad que usted.
HOMBRE Por favor, no llore.

SEÑORA ¿Sabe? Usted es su doble. Bendito sea el Señor que me ha permitido ver de nuevo a mi hijo. ¿Le puedo pedir un favor?
HOMBRE Bueno.

SEÑORA Nunca tuve oportunidad de despedirme de él. Su muerte fue tan repentina. ¿Al menos podría llamarme mamá y decirme adiós cuando me vaya?

SEÑORA ¡Adiós hijo!
HOMBRE ¡Adiós mamá!
SEÑORA ¡Adiós querido!
HOMBRE ¡Adiós mamá!

CAJERA No sé lo que pasa, la máquina desconoce el artículo. Espere un segundo a que llegue el gerente.
El gerente llega y ayuda a la cajera.

PREVIEW Read and discuss the dialogue before viewing the film. Ask: **¿Por qué no termina el cortometraje en la quinta escena? ¿Cuál será el problema en la sexta escena?**

TEACHING OPTION While viewing the film, ask students to pay close attention to the characters' facial expressions and their own reactions to the characters' emotions.

Análisis

1 Ask students to write a brief summary of the film, based on their answers.

1 **Comprensión** Contesta las preguntas con oraciones completas.

1. ¿Dónde están los personajes? Están en un supermercado.

2. ¿Qué relación hay entre el hombre y la señora? Ninguna. Ellos no se conocen.

3. ¿A quién se parece físicamente el hombre? Se parece al hijo de la señora.

4. ¿Por qué no pudo despedirse la señora de su hijo? Porque murió en un accidente de tráfico.

5. ¿Qué favor le pide la señora al hombre? Le pide que le diga "adiós mamá" al salir.

6. ¿Cuánto dinero tiene que pagar el hombre? ¿Por qué? Tiene que pagar tres mil cuatrocientos ochenta pesos. Porque está pagando por lo que compró la señora.

2 In pairs, have students compare the results of the quiz on **p. 45** to their reactions to the woman in the film. **¿Dudaron de las intenciones de la mujer? ¿Son más ingenuos/as de lo que pensaban?**

2 **Ampliar** En parejas, háganse las preguntas.

1. ¿Les pasó a ustedes o a alguien que conocen algo similar alguna vez?

2. Si alguien se les acerca (*approach*) en el supermercado y les pide este tipo de favor, ¿qué hacen?

3 **Detective** El joven está contándole a un(a) detective lo que pasó en el supermercado. En parejas, uno/a de ustedes es el/la detective y el/la otro/a es el hombre. Preparen el interrogatorio (*interrogation*) y represéntenlo delante de la clase.

4 Encourage students to use active vocabulary from the film (**p. 44**).

4 **Notas** Ahora, imagina que eres el/la detective y escribe un informe (*report*) de lo que pasó. Tiene que ser un informe lo más completo posible. Puedes inventar los datos que tú quieras.

5 As a project, have students write their own **cortometraje** scripts. If time permits, they may perform or film them for class discussion.

5 **Directores** En parejas, imaginen que tienen que hacer su propio (*own*) cortometraje. ¿De qué trata? ¿Por qué les interesa ese tema? Compartan sus respuestas con la clase.

6 **Inventar** Primero, lean lo que dice la madre. Después, en parejas, imaginen que el hijo ficticio nunca tuvo un accidente, y por lo tanto no murió. ¿Qué pasó con él? ¿Cómo fue su vida? ¿Visitaba a su madre con frecuencia? Escriban un párrafo de unas diez líneas.

> Murió en un choque. El otro conductor iba borracho.
>
> Si él viviera, tendría la misma edad que usted.
>
> Se habría titulado y probablemente tendría una familia.
>
> Yo sería abuela.

6 Students may also write the paragraph individually, then compare and discuss their responses in pairs.

7 **Imaginar** En parejas, describan la vida de uno los personajes del corto. Escriban por lo menos cinco frases usando como base las preguntas.

- ¿Cómo es?
- ¿Dónde vive?
- ¿Con quién vive?
- ¿Qué le gusta? ¿Qué no le gusta?
- ¿Tiene dinero?

8 **Sociedad** Trabajen en grupos para discutir los siguientes temas. Después compartan sus ideas con la clase.

1. ¿Creen que el crimen es más común ahora que hace diez años? ¿Por qué?
2. ¿Es más frecuente en pueblos pequeños o en grandes ciudades? ¿Por qué?
3. ¿Creen que la televisión y el cine son malas influencias para los jóvenes?
4. ¿Cómo piensan que se puede eliminar este tipo de conducta criminal? ¿Con más justicia social? ¿Con castigos (*punishments*) más severos?

8 In groups, have students stage a mock political debate to discuss the issue of crime in their own community. Then have them vote for the candidate whose ideas were most convincing.

9 **¿Y tú?** En parejas, elijan una de las situaciones, e inspirándose en ella, escriban un diálogo. Cuando lo terminen, represéntenlo delante de la clase.

A

Imaginen que necesitan mucho dinero y están desesperados porque no saben dónde conseguirlo. ¿Qué hacen? ¿Por qué?

B

Su mejor amigo/a les pidió mucho dinero el mes pasado; les dijo que se lo iba a devolver en dos días. No se lo ha devuelto todavía y saben que está comprando muchas cosas.

INSTRUCTIONAL RESOURCES For teaching suggestions related to this section, see the Instructor's Resource CD-ROM.

IMAGINA MÉXICO

En **www.imagina.vhlcentral.com** encontrarás más información y actividades relacionadas con esta sección.

México es un país muy rico en variedad, geografía, tradiciones, recursos y gente. En él vive prácticamente la tercera parte de la población total de hispanohablantes. Sus habitantes pertenecen a todas las razas[1], incluyendo más de cincuenta culturas indígenas autóctonas[2]. Su geografía abarca[3] áridos desiertos, densas selvas tropicales y majestuosas cordilleras[4]. Para el viajero, México ofrece hermosísimos y modernos balnearios[5] en **Acapulco**, **Mazatlán**, **Cabo San Lucas** y **Cancún**; espectaculares sitios arqueológicos como los de **Chichén Itzá**, **Teotihuacán** y **Palenque**, (donde se conservan las ruinas de las más importantes civilizaciones prehispánicas como los mayas y los aztecas); y grandes ciudades cuya riqueza cultural y artística se refleja[6] en su arquitectura colonial y moderna.

Templo de Kukulcán en Chichén Itzá

MÉXICO D.F.: el corazón de México

La **Ciudad de México,** o **México D.F.** (Distrito Federal), es el centro cultural, gubernamental[7] y comercial de México. Con más de 24 millones de habitantes, es una de las ciudades más grandes del mundo. El carácter contemporáneo del D.F. se entrelaza[8] día a día con las profundas tradiciones prehispánicas que conservan sus habitantes. La variedad de atractivos que ofrece es innumerable: desde la **Alameda Central**, un parque que ha sido centro de actividad desde la época de los aztecas, hasta **Polanco**, una de las zonas de tiendas y restaurantes más chic de la ciudad.

Catedral Metropolitana en el Zócalo del D.F.

El corazón de la Ciudad de México es la **Plaza de la Constitución**, más conocida como el **Zócalo**. Esta plaza es el punto de encuentro de las más diversas manifestaciones artísticas[9] y movimientos sociales. A su alrededor también se encuentran varias de las instituciones más importantes del país. A un lado del Zócalo está el **Palacio Nacional**, donde el presidente mexicano tiene sus oficinas y donde **Diego Rivera** pintó algunos de sus famosos murales sobre la historia de México. En otro lado de la plaza se encuentra la **Catedral Metropolitana**, cuya construcción fue ordenada por **Hernán Cortés** en el siglo XVI.

Signos vitales

México es el primer país en población del mundo hispanohablante con 104 millones de habitantes. Más del 65% de la población es considerada "mestiza", o sea, de raza mixta. Sin embargo, existen unos 50 grupos indígenas que han podido subsistir y mantener sus lenguas y culturas autóctonas.

[1] *races* [2] *native* [3] *covers* [4] *mountain ranges* [5] *resorts* [6] *is reflected* [7] *governmental*
[8] *intertwines* [9] **manifestaciones...** *artistic expressions*

¡Conozcamos el D.F.!

Bosque de Chapultepec Es el parque más grande de la **Ciudad de México**, cubriendo un área de casi cinco kilómetros

cuadrados. Dentro de **Chapultepec** están algunos de los mejores museos de la ciudad, incluyendo el **Museo Nacional de Antropología**, el **Museo de Arte Moderno**, y el **Museo Rufino Tamayo**.

Tianguis Desde la época de los aztecas se organizan los llamados "tianguis" que eran mercados al aire libre. Allí se vendían e intercambiaban toda clase de productos, desde comida y animales, hasta canastas[1] y tapetes[2]. En la actualidad, los tianguis se pueden ver por toda la ciudad.

Paseo de la Reforma Es una de las principales avenidas de la ciudad que va desde la **Alameda Central** hasta el **Bosque de Chapultepec**. Aquí encontramos,

además de museos, importantes bancos, edificios históricos, así como también hoteles, almacenes y restaurantes. Cerca de la **Zona Rosa** encontramos el **Monumento a la Independencia** donde está la escultura de **El Ángel de la Victoria**.

El Metro **El Metro** es la manera más eficaz[3] y económica de moverse por todo el **D.F.** Con once líneas diferentes que cubren más de 200 kilómetros, cerca de cinco millones de personas lo utilizan todos los días. En las horas de mayor congestión, no

está permitido llevar maletas o equipaje[4] por encima de cierto tamaño[5] para facilitar el movimiento de los usuarios[6].

[1] baskets [2] rugs (Col.; Méx.) [3] efficient [4] baggage [5] size
[6] users (of public transportation)

El español de México

Mexicanismos

alberca	piscina; *pool*
aventarse	atreverse; *to dare*
boleto	billete; *ticket*
botana	tapas, aperitivos; *appetizers*
camión	autobús; *bus*
colonia	barrio; *neighborhood*
chamaco/a	niño/a, muchacho/a; *young boy/girl*
chavo/a	chico/a; *kid, boy/girl*
chacharear	comprar cosas pequeñas; *to shop for trinkets*

Palabras derivadas de lenguas indígenas

guajolote	pavo; *turkey*
jorongo	poncho
papalote	cometa; *kite*
huaraches	sandalias; *sandals*

Expresiones y coloquialismos

¡Órale, pues!	*Okay! Great! Let's do it!*
¡Ser/Estar padre/padrísimo!	Ser/Estar muy bueno; *It's great!, It's cool!*
¿Qué onda?	¿Qué pasa? ¿Qué tal?; *What's happening?*

San Miguel de Allende

Un paraíso colonial en la Sierra Madre

DOCUMENTAL

Mira el documental sobre San Miguel de Allende en **www.imagina.vhlcentral.com**.

Fundada en 1542 por misioneros franciscanos, **San Miguel de Allende** es una hermosa ciudad colonial ubicada° en las montañas al norte de la **Ciudad de México**. Sus construcciones arquitectónicas tienen un gran valor histórico. Desde los años 30, San Miguel ha atraído a muchísimos extranjeros° que van no sólo a visitarla, sino a quedarse a vivir. Hoy día, en San Miguel viven miles de norteamericanos y europeos, entre ellos muchos artistas y artesanos a quienes les encanta el clima siempre primaveral y soleado que se disfruta. Te invitamos a conocer esta interesante ciudad viendo el documental y leyendo más información en **www.imagina.vhlcentral.com**.

ubicada *located* **extranjeros** *foreigners*

Café Tacuba

El nuevo rock mexicano

SUBE EL VOLUMEN

Lee un poco más sobre Café Tacaba y su música en **www.imagina.vhlcentral.com**.

Discografía selecta

1992	*Café Tacuba*	**2002**	*Valle Callampa*
1994	*Re*	**2003**	*Cuatro caminos* (Premio
1999	*Revés/Yo soy*		Grammy Latino 2004 al Mejor
2001	*Tiempo transcurrido*		Álbum de Rock Alternativo)

Rubén, **Quique**, **Joselo** y **Meme** son cuatro amigos que se conocieron en una escuela de un suburbio de la **Ciudad de México** y que crecieron escuchando a *The Cure*, *The Smiths*, *The Stone Roses*, *The Clash*. Un día decidieron formar un grupo de rock y comenzaron a practicar en el garaje de la casa de uno de ellos. A finales de los años 80 comenzaron a tocar en público. Lo peculiar de este grupo es que sus instrumentos no son generalmente los típicos de una banda de rock —batería°, bajo°, guitarra eléctrica—, sino otros más tradicionales que usan para mezclar el rock con diferentes ritmos folklóricos mexicanos. Esta fusión de géneros caracteriza su propio estilo. El resultado artístico de esta formación es la suma de las ideas y visiones de cada uno de sus integrantes°. Además de haber grabado más de siete álbumes hasta el momento, el cuarteto ha participado en la banda sonora° de películas como *Y tú mamá también*, *Vivir Mata* y *Amores Perros*.

batería *drums* **bajo** *bass* **integrantes** *members* **banda sonora** *soundtrack*

¿Qué aprendiste?

1 **Cierto o falso** Indica si estas afirmaciones son ciertas o falsas. Corrige las falsas.

1. En México vive casi la tercera parte de hispanohablantes.
   Cierto.

2. En Yucatán, Teotihuacán y Palenque se conservan los restos de edificios coloniales. Falso. En Yucatán, Teotihuacán y Palenque se conservan restos de dos de las civilizaciones prehispánicas más importantes, los mayas y los aztecas.

3. El Museo Nacional de Antropología es uno de los mejores museos de México D.F. Cierto.

4. La Alameda Central es una catedral de la época azteca.
   Falso. La Alameda Central es un parque.

5. El Paseo de la Reforma es un mercado al aire libre medio azteca y medio maya. Falso. El Paseo de la Reforma es una de las principales avenidas de la Ciudad de México.

6. Los usuarios del metro de México D.F. no pueden viajar en las horas de mayor congestión. Falso. Los usuarios del metro de México D.F. no pueden llevar maletas o equipajes por encima de cierto tamaño en las horas de más congestión.

2 **Preguntas** Contesta las preguntas con oraciones completas.

1. ¿Qué edificio fue construido bajo las órdenes de un conquistador español? La Catedral Metropolitana fue construida bajo las órdenes de un conquistador.

2. ¿Qué mantienen los 50 grupos indígenas que subsisten en México? Los 50 grupos indígenas que subsisten en México mantienen sus lenguas y sus culturas autóctonas.

3. ¿Qué son los tianguis? Los tianguis son mercados al aire libre que empezaron a existir en la época de los aztecas y todavía existen hoy día.

4. ¿En qué edificio público del D.F. se pueden ver murales de Diego Rivera? ¿Quién trabaja allí? En el Palacio Nacional se pueden ver murales de Diego Rivera. Allí es donde trabaja el presidente mexicano.

5. ¿Cuál es el parque más grande de la Ciudad de México? ¿Qué puede encontrar allí el visitante? El parque más grande de la Ciudad de México es el Bosque de Chapultepec. Allí el visitante puede encontrar algunos de los mejores museos de la ciudad.

PROYECTO

Un viaje a México

Imagina que vas a hacer un viaje a México. Investiga toda la información que necesites en **www.imagina.vhlcentral.com.** Después, prepara tu viaje según los siguientes criterios.

- Selecciona los lugares que quieres visitar y recopila fotos.
- Dibuja un mapa para mostrar tu itinerario.
- Presenta tu plan de viaje a tus compañeros/as de clase. Explícales por qué escogiste los lugares adonde vas a ir.

MINIPRUEBA

Completa las oraciones con la información correcta y demuestra lo que aprendiste sobre México.

1. En Acapulco, Mazatlán, Cabo San Lucas y Cancún hay maravillosos _____.
   a. playas ⓑ.balnearios c. edificios d. áridos desiertos

2. La riqueza cultural y artística de las grandes ciudades mexicanas está presente en su _____ colonial y moderna.
   a. civilización b. gente c. geografía ⓓ.arquitectura

3. Muchos de los restaurantes más elegantes del D.F. están en la zona de _____.
   ⓐ.Polanco b. la avenida principal c. Oaxaca
   d. Palenque

4. Todavía hoy en día los habitantes del D.F. conservan las tradiciones _____ que coexisten con el carácter contemporáneo de la ciudad.
   a. tianguis ⓑ.prehispánicas c. majestuosas
   d. huaraches

5. En el D.F., _____ es el punto de encuentro de todo tipo de manifestaciones artísticas.
   ⓐ.el Zócalo b. el corazón c. el Palacio Nacional
   d. el zoológico

6. Las palabras que utilizan exclusivamente los mexicanos se llaman _____.
   a. exclusivísimos b. padrísimos c. zocalismos
   ⓓ.mexicanismos

7. Rufino Tamayo es el nombre de un prestigioso _____ de México D.F.
   a. artesano ⓑ.museo c. misionero d. sitio arqueológico

8. Los populares mercados al aire libre de origen azteca se llaman _____.
   a. aztequis b. palenques c. ambulantes ⓓ.tianguis

9. El Paseo de la Reforma es una avenida que empieza en _____ y termina en un parque.
   a. el Zócalo b. un balneario ⓒ.un parque
   d. la Catedral Metropolitana

10. En San Miguel de Allende viven muchos _____ y artesanos.
    a. chamacos b. científicos ⓒ.artistas d. alcaldes

GALERÍA DE CREADORES

CONEXIÓN INTERNET

En www.imagina.vhlcentral.com encontrarás mucha más información sobre estos creadores latinos y podrás explorar distintos aspectos de sus creaciones con actividades y proyectos de investigación.

LITERATURA/PERIODISMO
Elena Poniatowska

Elena Poniatowska, hija de madre mexicana y padre polaco, nació en París en 1932 y reside en México desde 1942. Es una de las escritoras mexicanas más reconocidas y una de sus intelectuales más activas. Ha colaborado con muchísimos periódicos y colaboró en la fundación del diario mexicano *La Jornada*. Como escritora, ha escrito en casi todos los géneros: novela, cuento, poesía, ensayo, crónica y entrevista. Sus obras más conocidas son: *La noche de Tlatelolco*, *Tinísima* y *La piel del cielo*.

PINTURA **Frida Kahlo**
Considerada una de las representantes más importantes de la pintura introspectiva mexicana del siglo XX, Frida Kahlo es conocida principalmente por sus autorretratos (*self-portraits*) en los que expresa el dolor de su vida personal. En 1929 se casó con Diego Rivera, con quien compartía el deseo de afirmar (*assert*) su identidad mexicana a través del arte. Aquí aparece su obra *Autorretrato con monos*.

CINE/DRAMA Gael García Bernal

Gael García Bernal es una figura del cine internacional que nació en 1978 en Guadalajara, México. Hijo de actores, empezó actuando en teatro y apareció en telenovelas y cortometrajes antes de triunfar con la película *Amores perros* (2000). También ha trabajado en *Y tu mamá también* (2001), *La mala educación* (2004) y *Diarios de motocicleta* (2004), donde interpreta el personaje del joven Che Guevara.

PINTURA/MURALISMO Diego Rivera

Diego Rivera es uno de los más reconocidos pintores mexicanos. Sus murales y frescos relatan la historia y los problemas sociales de su país. Pintó muchas de sus composiciones en techos y paredes de edificios públicos para que la clase trabajadora también pudiera tener acceso al arte. Su obra también cuenta con acuarelas (*watercolors*) y óleos (*oil paintings*) que han sido expuestos en todo el mundo. Aquí se ve una sección de su mural *Batalla de los Aztecas y Españoles*.

AMPLIACIÓN

MÁS CREADORES

En **www.imagina.vhlcentral.com** puedes conocer a estos otros creadores mexicanos.

Luis Barragán
Arquitecto

Manuel Álvarez Bravo
Fotógrafo

Remedios Varo
Pintora

Mario Moreno "Cantinflas"
Actor / Cómico

INSTRUCTIONAL RESOURCES WB, LM, SAM Answer Key, Lab MP3, IRCD-ROM (scripts)

2.1

TALLER DE CONSULTA

The following additional grammar topics are covered in the **Manual de gramática, Lección 2.**

2.4 Progressive forms, p. 382
2.5 Telling time, p. 384

Note the need for a written accent in the **yo** and **él/ella/Ud.** forms of the preterite.

Remind students that **c** and **g** change to **qu** and **gu** to maintain the hard consonant sounds.

Note the need for written accents in order to avoid diphthongs. Ask students how these verbs would be pronounced if the accent marks were missing.

Point out that **–uir** verbs require written accents only in the **yo** and **él/ella/Ud.** forms.

Práctica

The preterite

The preterite of regular -ar, -er, and -ir verbs		
comprar	**vender**	**abrir**
compré	vendí	abrí
compraste	vendiste	abriste
compró	vendió	abrió
compramos	vendimos	abrimos
comprasteis	vendisteis	abristeis
compraron	vendieron	abrieron

- Spanish has two simple tenses to indicate actions in the past: the preterite and the imperfect. The preterite is used to describe actions or states that began or were completed at a definite time in the past.

- The preterite tense of regular verbs is formed by dropping the infinitive ending (**-ar**, **-er**, **-ir**) and adding the preterite endings. Note that the endings of regular **-er** and **-ir** verbs are identical in the preterite tense.

- Verbs that end in **-car**, **-gar**, and **-zar** have a spelling change in the **yo** form of the preterite. All other forms are regular.

buscar	busc-	-qu-	yo busqué
llegar	lleg-	-gu-	yo llegué
empezar	empez-	-c-	yo empecé

- **Caer, creer, leer,** and **oír** change **-i-** to **-y-** in the **usted, él,** and **ella** forms and in the **ustedes, ellos,** and **ellas** forms of the preterite. They also require a written accent on the **-i-** in all other forms.

caer	caí, caíste, cayó, caímos, caísteis, cayeron
creer	creí, creíste, creyó, creímos, creísteis, creyeron
leer	leí, leíste, leyó, leímos, leísteis, leyeron
oír	oí, oíste, oyó, oímos, oísteis, oyeron

- Verbs with infinitives ending in **-uir** change **-i-** to **-y-** in the **usted, él,** and **ella** forms and in the **ustedes, ellos,** and **ellas** forms of the preterite.

construir	construí, construiste, construyó, construimos, construisteis, construyeron
incluir	incluí, incluiste, incluyó, incluimos, incluisteis, incluyeron

- Stem-changing **-ir** verbs also have a stem change in the **usted, él,** and **ella** form and in the **ustedes, ellos,** and **ellas** form of the preterite. Stem-changing **-ar** and **-er** verbs are regular.

Preterite of *-ir* stem-changing verbs			
pedir		dormir	
pedí	pedimos	dormí	dormimos
pediste	pedisteis	dormiste	dormisteis
pidió	pidieron	durmió	durmieron

¡ATENCIÓN!

Other **-ir** stem-changing verbs include:

conseguir	**repetir**
consentir	**seguir**
hervir	**sentir**
morir	**servir**
preferir	

- A number of **-er** and **-ir** verbs have irregular preterite stems. Note that none of these verbs takes a written accent on the preterite endings.

*—Nunca **tuve** oportunidad de despedirme de él.*

Preterite of irregular verbs

infinitive	u-stem	preterite forms
andar	anduv-	anduve, anduviste, anduvo, anduvimos, anduvisteis, anduvieron
estar	estuv-	estuve, estuviste, estuvo, estuvimos, estuvisteis, estuvieron
haber	hub-	hube, hubiste, hubo, hubimos, hubisteis, hubieron
poder	pud-	pude, pudiste, pudo, pudimos, pudisteis, pudieron
poner	pus-	puse, pusiste, puso, pusimos, pusisteis, pusieron
saber	sup-	supe, supiste, supo, supimos, supisteis, supieron
tener	tuv-	tuve, tuviste, tuvo, tuvimos, tuvisteis, tuvieron

infinitive	i-stem	preterite forms
hacer	hic-	hice, hiciste, hizo, hicimos, hicisteis, hicieron
querer	quis-	quise, quisiste, quiso, quisimos, quisisteis, quisieron
venir	vin-	vine, viniste, vino, vinimos, vinisteis, vinieron

infinitive	j-stem	preterite forms
conducir	conduj-	conduje, condujiste, condujo, condujimos, condujisteis, condujeron
decir	dij-	dije, dijiste, dijo, dijimos, dijisteis, dijeron
traducir	traduj-	traduje, tradujiste, tradujo, tradujimos, tradujisteis, tradujeron
traer	traj-	traje, trajiste, trajo, trajimos, trajisteis, trajeron

- Note that the stem of **decir (dij-)** not only ends in **j**, but the stem vowel **e** changes to **i**. In the **usted, él,** and **ella** form of **hacer (hizo)**, **c** changes to **z** to maintain the pronunciation. Most verbs that end in **-cir** have **j**-stems in the preterite.

¡ATENCIÓN!

Ser, **ver**, **ir**, and **dar** also have irregular preterites. The preterite forms of **ser** and **ir** are identical.

ser/ir
fui, fuiste, fue, fuimos, fuisteis, fueron

dar
di, diste, dio, dimos, disteis, dieron

ver
vi, viste, vio, vimos, visteis, vieron

Have students conjugate **deshacer, oponer,** and **atraer.** Note that all verbs ending in **hacer, poner,** and **traer** are also irregular in the preterite.

Ask a volunteer to conjugate **producir.**

ESTRUCTURAS

Práctica

1 **Acapulco** Escribe la forma correcta del pretérito de los verbos indicados.

1. El sábado pasado, mis compañeros de apartamento y yo __fuimos__ (ir) a Acapulco.

2. (Nosotros) __Nos quedamos__ (quedarse) en un edificio muy alto y bonito.

3. En la playa, yo __leí__ (leer) un libro y Carlos __tomó__ (tomar) el sol.

4. Mariela y Felisa __caminaron__ (caminar) mucho por la ciudad.

5. Una señora les __dio__ (dar) direcciones para ir a un restaurante muy conocido.

6. Por la noche, todos nosotros __cenamos__ (cenar) en el restaurante.

Playa de Acapulco

7. Después, en la discoteca, Carlos y Mariela __bailaron__ (bailar) toda la noche.

8. Y yo __vi__ (ver) a unos amigos de Monterrey. ¡Qué casualidad!

9. (Yo) __Hablé__ (hablar) con ellos un ratito.

10. Y (nosotros) __llegamos__ (llegar) al hotel a las tres de la mañana. ¡Qué tarde!

2 **La última vez** Indica cuándo hiciste por última vez las siguientes cosas. Utiliza algunas de las palabras y frases de la lista. Sigue el modelo. Answers will vary.

> **Modelo** llorar viendo una película
> La última vez que lloré viendo una película fue en 2005.
> La película fue *Mar adentro*.

1. hacer diligencias ...hice...
2. decir una mentira ...dije...
3. olvidar algo importante ...olvidé...
4. perderte en una ciudad ...me perdí...
5. dar direcciones ...di...

6. oír una buena/mala noticia ...oí...
7. hablar con un(a) desconocido/a ...hablé...
8. estar enfadado con un(a) amigo/a ...estuve...
9. ver tres programas de televisión seguidos ...vi...
10. tener que comer en un restaurante ...tuve...

3 **¿Qué hicieron?** Combina elementos de cada columna para narrar lo que hicieron las siguientes personas.

anoche	yo	conversar	?
anteayer	mi compañero/a de cuarto	dar	?
ayer		decir	?
la semana pasada	mis amigos/as	ir	?
	el/la profesor(a) de español	pasar	?
una vez		pedir	?
dos veces	mi novio/a	tener que	?

Nota CULTURAL

A principios de los años 30, los habitantes de clase media del **D.F.** escogieron **Acapulco** para escapar del ruido (*noise*) de la ciudad. En los años 60, se convirtió en un centro turístico de máxima prosperidad y en destino de ricos y famosos. Y, hoy día, todavía ofrece sus encantos básicos —playas, sol, naturaleza exótica y diversión de día y de noche—a los que buscan paraísos en la Tierra.

1 Have students use the preterite to describe beach vacations of their own.

3 Remind students that **tener que** is always followed by an infinitive.

TEACHING OPTION Assign groups to research other popular coastal cities in Mexico. Have them write postcards using the preterite to describe imaginary spring break vacations to these cities.

Comunicación

4 **La semana pasada** Averigua lo que hicieron tus compañeros/as de clase la semana pasada. Pasea por el salón de clases y hazles las siguientes preguntas. Anota el nombre del/de la primero/a que conteste que sí a las preguntas.

Modelo   **ir al cine**
—¿Fuiste al cine la semana pasada?
—Sí, fui al cine y vi una película muy buena.
—No, no fui al cine.

Actividades	Nombre
asistir a un partido de fútbol	_____
conducir tu carro a la universidad	_____
dar un consejo (*advice*) a un(a) amigo/a	_____
dormirse en clase o en el laboratorio	_____
estudiar toda la noche para un examen	_____
hablar con un policía	_____
hacer una tarea dos veces	_____
ir al centro comercial	_____
perder algo importante	_____
tomar un autobús	_____
viajar en transporte público	_____
visitar un museo	_____

5 **La ciudad** En parejas, túrnense para hablar de la última vez que visitaron una ciudad que no conocían.

Modelo   —¿Y qué hiciste en Taxco?
—Pues muchas cosas… Visité la Iglesia de Santa Prisca, una de las más bellas de México, disfruté de la arquitectura colonial, anduve y anduve, tomé miles de fotos,… ah, y…

- ¿Por qué fuiste?
- ¿Quién planeó el viaje?
- ¿Cuándo fue?
- ¿Qué hiciste allí?
- ¿Quiénes fueron y quiénes no pudieron ir?
- ¿Te gustó? ¿Por qué?

6 **¿Qué haces para divertirte?**

A. Haz una lista de diez actividades divertidas que hiciste el mes pasado.

B. En parejas, túrnense para preguntarse si hicieron lo mismo.

C. Describan a la clase lo que hizo su compañero/a. Luego, la clase decide quién es el/la más activo/a.

4 **VARIACIÓN LÉXICA**
conducir ↔ manejar
carro ↔ coche, auto/
automóvil

5 Have students share their partners' answers with the class. If any students described the same city, ask the class to compare and contrast the students' experiences.

Nota
CULTURAL

Taxco es un pintoresco laberinto de estrechas calles, plazas, terrazas y fuentes que complementan una riquísima arquitectura colonial. Fundada en 1529 en una zona llena de minas de plata (*silver mines*), también es conocida como la ciudad de plata. Sin embargo, su principal atractivo no es la plata, sino la emocionante posibilidad de retroceder (*go back*) cinco siglos en el tiempo.

Vista general de Taxco, México

INSTRUCTIONAL RESOURCES WB, LM, SAM Answer Key, Lab MP3, IRCD-ROM (scripts)

2.2

The imperfect

- The imperfect tense in Spanish is used to narrate past events without focusing on their beginning, end, or completion.

—Mi hijo **era** tímido y de pocas palabras como usted.

- The imperfect tense of regular verbs is formed by dropping the infinitive ending (**-ar, -er, -ir**) and adding personal endings. **-Ar** verbs take the endings **-aba, -abas, -aba, -ábamos, -abais, -aban**. **-Er** and **-ir** verbs take **-ía, -ías, -ía, -íamos, -íais, -ían**.

The imperfect of regular -ar, -er, and -ir verbs		
caminar	**deber**	**abrir**
caminaba	debía	abría
caminabas	debías	abrías
caminaba	debía	abría
caminábamos	debíamos	abríamos
caminabais	debíais	abríais
caminaban	debían	abrían

- **Ir, ser,** and **ver** are the only verbs that are irregular in the imperfect.

The imperfect of irregular verbs		
ir	**ser**	**ver**
iba	era	veía
ibas	eras	veías
iba	era	veía
íbamos	éramos	veíamos
ibais	erais	veíais
iban	eran	veían

- The imperfect tense narrates what was going on at a certain time in the past. It often indicates what was happening in the background.

> Cuando yo **era** joven, **vivía** en una ciudad muy grande. Cada semana, mis padres y yo **visitábamos** a mis abuelos.
> *When I was young, I lived in a big city. Each week, my parents and I visited my grandparents.*

Remind students that progressive forms are less common in Spanish than in English. Ex: *I am walking to the bank.* **Camino al banco.** *I was walking to the bank.* **Caminaba al banco.**

TALLER DE CONSULTA

To express past actions in progress, the imperfect or the past progressive may be used. See **Manual de gramática 2.4, p. 382.**

¿Qué hacías ayer cuando llamé? *What were you doing yesterday when I called?* **Estaba estudiando.** *I was studying.*

- The imperfect of **hay** is **había**. There is no plural form.

  Había tres cajeros en el supermercado.
  There were three cashiers in the supermarket.

  Sólo **había** un mesero en el café.
  There was only one waiter in the café.

- These words and expressions are often used with the imperfect because they express habitual or repeated actions: **de niño/a** (*as a child*), **todos los días** (*every day*), **mientras** (*while*).

  De niño vivía en un suburbio de la Ciudad de México.
  As a child, I lived in a suburb of Mexico City.

  Todos los días visitaba a mi abuela en un pueblo cercano.
  Every day I visited my grandmother in a nearby village.

Siempre dormía muy mal.
Nunca podía relajarme.
Estaba desesperado; no sabía qué hacer.
Ahora, mis problemas están
resueltos con mi nueva cama.

DORMALUX
LA CAMA DE TUS SUEÑOS

Práctica

El Palacio de Cortés, Cuernavaca, México

1️⃣ Point out that the imperfect is usually used to give someone's age in the past.

1️⃣ Ask students: ¿De niños/as, vivían en otra ciudad? ¿Cómo era su vida diaria allá?

2️⃣ Remind students that the imperfect is used with expressions that signal repetition, such as **los fines de semana** and **por las tardes.**

1 **Cuernavaca** Escribe la forma correcta del imperfecto de los verbos indicados.

Cuando yo (1) __tenía__ (tener) veinte años, estuve en México por seis meses. (2) __Vivía__ (vivir) en Cuernavaca, una ciudad cerca de la capital. (3) __Era__ (ser) estudiante en un programa de español para extranjeros. Entre semana mis amigos y yo (4) __estudiábamos__ (estudiar) español por las mañanas. Por las tardes, (5) __visitábamos__ (visitar) los lugares más interesantes de la ciudad para conocerla mejor. Los fines de semana, nosotros (6) __íbamos__ (ir) de excursión. (Nosotros) (7) __visitábamos__ (visitar) ciudades y pueblos nuevos. Los paisajes (8) __eran__ (ser) maravillosos. Quiero volver pronto.

2 **Antes** En parejas, túrnense (*take turns*) para hacerse preguntas usando estas frases. Sigan el modelo.

Modelo **tomar el metro**
— ¿Tomas el metro?
— Ahora sí, pero antes nunca tomaba el metro.
— Ahora no, pero antes siempre tomaba el metro.

1. ir a las discotecas   vas / iba
2. tomar vacaciones   tomas / tomaba
3. ir de compras al centro comercial   vas / iba
4. hacer diligencias los fines de semana   haces / hacía
5. trabajar por las tardes   trabajas / trabajaba
6. preocuparse por el futuro   te preocupas / me preocubaba

Comunicación

3 **¿Y ustedes?**

A. Busca en la clase compañeros/as que hacían estas cosas cuando eran niños/as. Escribe el nombre del/de la primero/a que conteste afirmativamente cada pregunta.

> **Modelo** **ir mucho al cine**
> —¿Ibas mucho al cine?
> —Sí, iba mucho al cine.

¿Qué hacían?	Nombre
tener miedo de los monstruos y fantasmas de los cuentos	_____
llorar todo el tiempo	_____
siempre hacer su cama	_____
ser muy travieso/a (*mischievous*)	_____
romper los juguetes (*toys*)	_____
darles muchos regalos a sus padres	_____
comer muchos dulces	_____

B. Ahora, comparte con la clase los resultados de tu búsqueda.

4 **Antes y ahora** En parejas, comparen cómo ha cambiado este lugar en los últimos años. ¿Cómo era antes? ¿Cómo es ahora?

Antes

Ahora

5 **Entrevista** Trabajen en parejas. Uno/a de ustedes es una persona famosa y el/la otro/a es un(a) reportero/a. Hagan una entrevista para saber cómo era su vida de niño/a. Después informen a la clase sobre la celebridad. Sean creativos.

> **Modelo** De niña, Salma Hayek viajaba todos los veranos al sureste de México. Le gustaba ir a las tiendas en el centro de Mérida...

3 Have students use the imperfect to write a paragraph about themselves as children. **¿Cómo eran?** **¿Qué hacían?** Then ask them to compare their answers with a partner. **¿Qué tenían en común?** **¿En qué eran distintos/as?**

4 Have students perform the same activity as a class, using old photographs of the college campus.

5 Ask students to read their summaries to the class, omitting the name of the celebrity. Classmates must try to guess who was described.

**INSTRUCTIONAL
RESOURCES** WB, LM,
SAM Answer Key,
Lab MP3, IRCD-ROM
(scripts)

2.3

The preterite vs. the imperfect

- Although the preterite and imperfect both express past actions or states, the two tenses have different uses and, therefore, are not interchangeable.

Uses of the preterite

- To express actions or states viewed by the speaker as completed.

> **Viviste** en ese barrio el año pasado.
> *You lived in that neighborhood last year.*

> Mis amigas **fueron** al centro comercial ayer.
> *My girlfriends went to the mall yesterday.*

- To express the beginning or end of a past action.

> La telenovela **empezó** a las ocho.
> *The soap opera began at eight o'clock.*

—Mi hijo **murió** en un choque.

> Estas dos noticias **se difundieron** la semana pasada.
> *These two news items were spread last week.*

- To narrate a series of past actions.

> **Salí** de casa, **crucé** la calle y **entré** en el edificio.
> *I left the house, crossed the street, and entered the building.*

> **Llegó** al centro, le **dieron** direcciones y **se fue**.
> *He arrived at the center, they gave him directions and he left.*

Uses of the imperfect

- To describe an ongoing past action without reference to beginning or end.

> **No se permitía** sacar fotos en el ayuntamiento.
> *Taking pictures was not permitted in City Hall.*

> Juan **tomaba** el transporte público frecuentemente.
> *Juan frequently took public transportation.*

- To express habitual past actions.

> **Me gustaba** jugar al fútbol los domingos.
> *I used to like to play soccer on Sundays.*

—El otro conductor **iba** borracho.

> **Solían** hacer las diligencias los fines de semana.
> *They used to run errands on the weekends.*

- To describe mental, physical, and emotional states or conditions.

> Sólo **tenía** quince años en aquel entonces.
> *He was only fifteen years old then.*

> **Estaba** muy nerviosa pero cruzó el viejo puente.
> *She was very nervous but she crossed the old bridge.*

TALLER DE CONSULTA

The imperfect is used for telling time in the past. See **Manual de gramática 2.5, p. 384.**

Eran las tres de la tarde.
It was three o'clock in the afternoon.

Remind student that **soler** means *to usually (do something).* Point out that **soler** is used in the imperfect because its meaning implies repetition. Ask personalized questions to practice the use of **soler** with infinitives.

The preterite and imperfect used together

- When narrating in the past, the imperfect describes *what was happening*, while the preterite describes the action that *interrupts* the ongoing activity. The imperfect provides background information, while the preterite indicates specific events that advance the plot.

> Mientras **estudiaba, sonó** la alarma contra incendios. Me **levanté** de un salto y **miré** el reloj. **Eran** las 11:30 p.m. **Salí** corriendo de mi cuarto. En el pasillo **había** más estudiantes. La alarma **seguía** sonando. **Bajamos** las escaleras y, al llegar a la calle, me di cuenta de que **hacía** un poco de frío. No **tenía** un suéter. De repente, la alarma **dejó** de sonar. No **había** ningún incendio.

> *While I was studying, the fire alarm went off. I jumped up and looked at the clock. It was 11:30 p.m. I ran out of my room. In the hall there were more students. The alarm continued to blare. We rushed down the stairs and, when we got to the street, I realized that it was a little cold. I didn't have a sweater. Suddenly, the alarm stopped. There was no fire.*

Different meanings in the imperfect and preterite

- The verbs **querer**, **poder**, **saber**, and **conocer** have different meanings when they are used in the preterite. Notice also the meanings of **no querer** and **no poder** in the preterite.

infinitive	imperfect	preterite
querer	**Quería** acompañarte. *I wanted to come with you.*	**Quise** acompañarte. *I tried to come with you (but failed).*
		No quise acompañarte. *I refused to come with you.*
poder	Ana **podía** hacerlo. *Ana could do it.*	Ana **pudo** hacerlo. *Ana succeeded in doing it.*
		Ana **no pudo** hacerlo. *Ana could not do it.*
saber	Ernesto **sabía** la verdad. *Ernesto knew the truth.*	Por fin Ernesto **supo** la verdad. *Ernesto finally discovered the truth.*
conocer	Yo ya **conocía** a Andrés. *I already knew Andrés.*	Yo **conocí** a Andrés en la fiesta. *I met Andrés at the party.*
	María y Andrés **se conocían.** *María and Andrés knew each other.*	María **conoció** a Andrés en Acapulco. *María met Andrés in Acapulco.*

¡ATENCIÓN!

Here are some transitional words useful for clarity when narrating past events.

primero *first*
al principio *in the beginning*
antes (de) *before*
después (de) *after*
mientras *while*
entonces *then*
luego *then, next*
siempre *always*
al final *finally*
la última vez *the last time*

Stress that the imperfect of **poder** describes what a person was *capable* of, whether or not he/she tried. The preterite of **poder** describes what someone did (not) *manage* or *succeed* to do.

¡ATENCIÓN!

In the imperfect, **saber** and **conocer** are not interchangeable. **Saber** means *to know* (facts, information, or how to do something), while **conocer** means *to know* or *to be familiar/acquainted with* (a person, place, or thing).

TEACHING OPTION Ask students to bring in Spanish newspaper or magazine articles that narrate past events. In pairs, have them highlight verbs in the preterite and imperfect, and match them to the uses described in **Estructuras 2.3, pp. 64–65.**

Práctica

1

El centro Elena y Francisca iban al centro. Completa las oraciones con el imperfecto o el pretérito de estos verbos. Some answers will vary.

conducir	desayunar	llamar
construir	estar	llegar
cruzar	haber	salir
dar	leer	ser
decir	levantarse	ver

1. ___Eran___ las ocho cuando Francisca y Elena _se levantaron_ para ir al centro.

2. Elena _desayunaba_ cuando Felipe la ___llamó___ para preguntar la hora de la cita.

3. Le ___dijo___ que ___era___ a las diez y media.

4. Ellas ___salieron___ a las nueve y media. Todavía ___era___ temprano.

5. Elena ___conducía___ mientras Francisca ___leía___ las direcciones para llegar.

6. ___Había___ mucho tráfico cuando ___cruzaron___ el puente.

7. No ___vieron___ el edificio porque ___estaban___ perdidas.

8. ___Dieron___ muchas vueltas y por fin ___llegaron___.

9. Ya ___eran___ las once menos cuarto. ¡Pero nadie ___estaba___ allí!

2

Interrupciones Combina palabras y frases de cada columna para contar lo que hicieron las siguientes personas. Usa el pretérito y el imperfecto.

> **Modelo**   Ustedes miraban la tele cuando el médico llamó.

yo	dormir		usted	llamar por
tú	comer	c	el médico	teléfono
Marta y Miguel	escuchar música	u	la policía	salir
nosotros	mirar la tele	a	el/la profesor(a)	sonar la alarma
Paco	conducir	n	los amigos	recibir el correo
ustedes	ir a...	d	Shakira	electrónico
		o		ver el accidente

3

Las fechas importantes

A. Escribe cuatro fechas importantes en tu vida y explica qué pasó.

Fecha	¿Qué pasó?	¿Con quién estabas?	¿Dónde estabas?	¿Qué tiempo hacía?
Modelo				
el 6 de agosto de 2005	**Conocí a Dave Navarro.**	**Estaba con un amigo.**	**Estábamos en el gimnasio Vida.**	**Llovía mucho.**

B. Intercambia tu información con tres compañeros/as. Ellos te van a hacer preguntas sobre lo que te pasó.

Comunicación

4 **Crónicas** En grupos, completen las frases de una manera lógica. Usen el pretérito o el imperfecto. Después, reordenen las oraciones y añadan otras para crear una historia.

1. Con frecuencia, mis amigos/as…

2. El sábado pasado,…

3. Regularmente, en la plaza de…

4. Anoche, un conductor…

5. Generalmente, los pasajeros…

6. Ayer en la ciudad…

5 **La mañana de Esperanza**

A. En parejas observen los dibujos. Sample answers.

1. Abrió la puerta. Salió a la calle. Estaba nublado. Eran las diez y media de la mañana.

2. Mientras caminaba por la calle, empezó a llover. Eran las once menos dieciséis.

3. Cuando llegó al supermercado, estaba lloviendo mucho. Eran las once.

4. Llegó a su casa a las once y media. Empezó a preparar el almuerzo.

B. Escriban lo que le pasó a Esperanza después de abrir la puerta de su casa. ¿Cómo fue su mañana? ¡Inventen! Utilicen el pretérito y el imperfecto en la narración.

C. Con dos parejas más, túrnense para presentar las historias que han escrito. Después, combinen sus historias para hacer una nueva.

---

4 Have each group share its story with the class. Then have students vote for the most interesting one.

5 Note that the imperfect is used to tell time in the past. Refer students to **Manual de gramática, 2.5, p. 384** to review telling time in Spanish.

TEACHING OPTION Using comic strips or series of photos, have students use the preterite and imperfect to describe what happened in the pictures.

NATIONAL communication STANDARDS

TEACHING OPTION In pairs, have students discuss the following questions: **¿Cuándo fue la última vez que hiciste algo espontáneo? ¿Qué hiciste? ¿Cuáles fueron las consecuencias?**

Síntesis

La ciudad es mía

Esta mañana abrí la ventana de la habitación. Hacía calor. En un instante decidí no leer el periódico, es más, decidí no ir al trabajo. Salí a la calle sin desayunar y, sin dudar, me subí al primer autobús que paró. Había muchos asientos libres, elegí uno sin prisa y me senté.

El autobús avanzaba° y yo observaba escenas cotidianas. Estuve en el autobús un buen rato° y después bajé. Crucé la calle y empecé a caminar y llegué a una plaza inmensa. Había mucha gente. Hombres y mujeres de todas las edades iban y venían por todas direcciones. Me perdí entre la multitud. Estaba contento. Me gusta vagabundear° por la ciudad sin destino°. En una esquina me paré y tomé otra decisión.

Mientras caminaba, seguí a un grupo de jóvenes. Pensé que ellos iban a algún lugar interesante. ¡Y así fue! Yo no solía seguir a la gente, pero hoy era diferente; quería improvisar.

Empezaba a llover, pero las calles no estaban vacías. Yo quise terminar el día con un paseo bajo la lluvia, pero no pude. Algo inesperado° sucedió°. ∎

was moving forward

a while

roam
destination

unexpected/ happened

1 Ask additional comprehension questions. Ex: **¿Qué tiempo hacía en la mañana? ¿Y en la tarde?**

1 Preguntas Contesta las preguntas.

1. ¿Cuántas decisiones tomó el Protagonista ("P") de la historia? ¿Cualés fueron?
   Tomó tres decisiones. Decidió no leer el periódico, no ir al trabajo y seguir a un grupo de jóvenes.
2. ¿Qué transporte público tomó? Tomó el autobús.

3. ¿A quién siguió? ¿Por qué? Siguió a un grupo de jóvenes porque pensó que iban a un lugar interesante.

2 Ask students to speculate about what happened the next day at work.

2 Detalles Inventen las respuestas para completar a su manera el día de P por las calles de la Ciudad de México. Utilicen la imaginación y su conocimiento de esta ciudad.

1. ¿A qué plaza llegó P? ¿Qué había? ¿Cómo era?

2. ¿Adónde fueron los jóvenes? ¿Qué hicieron? ¿Qué hizo P?

3. ¿Cómo fue el día de P? ¿Lo pasó bien? ¿Por qué?

3 Algo inesperado P no pudo contarnos qué sucedió mientras regresaba a casa bajo la lluvia. En grupos de tres, inventen ustedes una posibilidad y después compártanla con la clase.

Preparación

NATIONAL
connections
cultures
STANDARDS

Vocabulario de la lectura	**Vocabulario útil**
acostumbrar *to be accustomed*	**el bienestar** *well-being*
la costumbre *custom; habit*	**la característica** *characteristic*
el cuidado *care*	**conservar** *to preserve*
decidido/a *determined*	**cooperar** *to cooperate*
difundir (noticias) *to spread (news)*	**la influencia** *influence*
el/la habitante *inhabitant*	**justo/a** *just, fair*
el mito *myth*	**significar** *to mean*
permitir *to allow*	

1

Sopa de letras

A. Busca en el cuadro seis palabras del vocabulario que has aprendido.

C	X	U	B	O	N	J	C	V	X
P	O	Q	A	H	T	C	O	W	H
Z	A	S	I	F	N	L	O	F	A
W	N	K	T	G	E	Y	P	B	B
V	J	H	O	U	X	A	E	R	I
S	U	L	G	B	M	Z	R	Y	T
L	S	P	A	R	T	B	A	S	A
D	T	M	I	T	O	Q	R	A	N
N	O	C	T	K	W	D	J	E	T
I	C	U	I	D	A	D	O	B	E

B. Escribe cuatro frases usando las palabras escondidas.

2

Las mujeres de tu vida Contesta las preguntas y explica tus respuestas. También puedes añadir anécdotas y detalles.

1. ¿Qué mujeres ocupan un papel importante en tu vida personal?

2. ¿Qué mujeres tienen roles relevantes en tu comunidad?

3. ¿A qué mujer famosa admiras?

4. ¿Qué cualidades admiras más en la personalidad de una mujer? ¿Y en la de un hombre? ¿Son las mismas?

3

Hombres y mujeres En parejas, hagan dos listas. Una con cinco cosas que creen que tienen en común los hombres y las mujeres. Otra, con cinco cosas en las que piensan que son diferentes. Después, compartan sus listas con la clase. ¿Alguna conclusión?

1 Have students use verbs from the list to write sentences in the preterite or imperfect.

TEACHING OPTION
To preview the reading, ask groups to describe possible characteristics of a matriarchal society.

Juchitán:
La ciudad de las
mujeres

Escucha el artículo y abre una investigación en **www.imagina.vhlcentral.com**.

mainly

Famosa por sus mujeres, fuertes y decididas, Juchitán es una ciudad mexicana mayoritariamente° indígena cuyos mitos y
5 costumbres se resisten a la influencia del exterior.

Está en una zona de México llamada Istmo de Tehuantepec, en el sur del estado de Oaxaca, muy cerca de la frontera con
10 Guatemala. Sus habitantes son en su mayoría de la etnia zapoteca y, hasta hoy, todavía hablan su lengua ancestral°, el zapoteco.

ancient

matriarchy

Muchos afirman que en Juchitán existe un matriarcado° por la presencia tan
15 trascendental que las mujeres tienen en la economía y la sociedad en general. Además, ellas son las que toman las decisiones importantes en la familia, por ejemplo, si un hombre quiere comprar algo o salir a
20 divertirse tiene que pedirle dinero a la mujer de la casa.

Las mujeres juchitecas son grandes, extrovertidas y acostumbran llevar trajes de
carry themselves vibrantes colores, además, se desenvuelven°
25 con dignidad y siempre son directas al hablar. Aun las mujeres de mayor edad visten con
poise/confidence 30 garbo°, confianza° y sin la intención de esconder su edad porque ser "viejo" no tiene una
35 connotación negativa en su cultura.

La estructura social de esta comunidad está claramente dividida. Los hombres trabajan en el sector de la producción:
agricultural workers/ fishermen/ craftsmen 40 son campesinos°, pescadores°, artesanos° y también son los que toman las decisiones políticas. Por su parte, las mujeres
handle manejan° la organización doméstica, la economía familiar, el comercio y el sistema festivo.
45 Las fiestas son parte importante de la vida en Juchitán, ya que duran varios días

Frida y Juchitán

La pintora mexicana Frida Kahlo admiraba mucho a las mujeres juchitecas. Tenía muchos vestidos bordados (*embroidered*) en Juchitán que llevaba a diario y en varios de sus autorretratos (*self-portraits*) se pintó con estos vestidos.

y requieren de una compleja preparación. Las mujeres son las anfitrionas° y, a la hora *hostesses* del baile, hay más mujeres que hombres en la pista bailando al ritmo de la música 50 tradicional.

El mercado es un punto central en Juchitán, donde las mujeres venden los productos del campo o del mar que los hombres han traído a casa. Es también ahí 55 donde las noticias se difunden entre todos y se arreglan° asuntos sociales y familiares. *settle*

Su capacidad económica le permite a la mujer 60 juchiteca una gran autonomía en relación con el hombre. Ésta se refleja en una 65 sólida autoestima°, *self-esteem* en una presencia dominante dentro del sistema social de la comunidad y en una fuerte y aceptada autoridad en la familia. 70

Ningún hombre juchiteco se siente mal porque el sistema económico está dirigido por las mujeres. Aquí —al contrario del modelo neoliberal— las prioridades son la alimentación, el cuidado de niños y 75 ancianos°, y los banquetes colectivos. Nadie *elderly people* se queda con hambre en Juchitán. ¿Cuántas ciudades de 150.000 habitantes pueden decir esto en el llamado "mundo desarrollado°"? ■ *developed*

> ## Las mujeres juchitecas son grandes, extrovertidas y acostumbran llevar trajes de vibrantes colores.

Análisis

1 Have students check their answers with a partner.

1 **Comprensión** Contesta las preguntas con oraciones completas.

1. ¿Cómo son las mujeres juchitecas? Usa por lo menos cuatro adjetivos de la lectura. Las mujeres juchitecas son fuertes, decididas, grandes y extrovertidas.

2. ¿Cuáles son las principales ocupaciones de los hombres juchitecos? Los hombres son campesinos, pescadores, artesanos y políticos.

3. ¿En qué trabajan las mujeres de esta ciudad? Las mujeres trabajan en la organización doméstica, la economía familiar, el comercio y el sistema festivo.

4. ¿Cómo son las fiestas en Juchitán? Duran varios días y bailan mucho.

5. Si quieres saber lo que ha pasado últimamente (*lately*) en Juchitán, ¿adónde debes ir? Debes ir al mercado.

6. ¿Cuándo usaba Frida Kahlo sus vestidos bordados en Juchitán? Los usaba diariamente.

7. ¿A qué le da más importancia el sistema económico de Juchitán? A la alimentación, al cuidado de niños y ancianos, y a los banquetes colectivos.

8. ¿Cuántos habitantes tiene la ciudad? La ciudad tiene ciento cincuenta mil habitantes.

2 **Opiniones** En parejas, contesten las preguntas.

1. ¿Qué opinan del papel de las mujeres en Juchitán?

2. ¿Qué aspecto les pareció el más interesante de esta sociedad?

3. Hagan una lista de cosas que son diferentes entre Juchitán y la sociedad en la que ustedes viven.

3 Write student responses on the board in two columns: **Positivas** and **Negativas.** Were any qualities listed as both positive and negative? Encourage students to debate the pros and cons of their own community and defend their points of view.

3 **Tu comunidad** Escribe cuatro características positivas y cuatro negativas de la comunidad en donde vives. Compártelas con la clase.

Características

Positivas	Negativas

4 **Imaginar** En grupos de cinco, imaginen que forman parte de un nuevo modelo de sociedad. ¿Cómo es? Descríbanlo usando estas preguntas como referencia y añadan otros detalles. Después, compartan sus "sociedades" con la clase.

• ¿Cómo participan las mujeres? ¿Y los hombres?

• ¿Qué trabajo hace cada uno/a de ustedes?

• ¿Cuáles son las prioridades del gobierno?

• ¿Quién(es) encabeza(n) (*lead*) el gobierno?

TEACHING OPTION Ask students to compare the description of Juchitán to their previous ideas about what constitutes a matriarchal society. **¿Están de acuerdo en que existe un matriarcado en Juchitán? ¿Por qué?**

5 **La edad** En parejas, den al menos tres razones para explicar por qué es importante mantenerse joven en la cultura occidental. Después, compartan su opinión con la clase y digan si están de acuerdo con las opiniones de sus compañeros/as.

Preparación

Sobre el autor

El escritor mexicano **José Emilio Pacheco** (1939-) cultiva con maestría casi todos los géneros: la poesía, el cuento, la novela, el guión cinematográfico y el ensayo. Su poesía, a menudo de lenguaje sencillo y directo, reflexiona tanto sobre los temas cotidianos como sobre los más universales. En su narrativa aparecen con frecuencia el mundo de la infancia y de la adolescencia, con la Ciudad de México como fondo.

Vocabulario de la lectura	Vocabulario útil
el desenlace *ending, outcome*	**atreverse** *to dare*
enrojecer *to blush, to turn red*	**atrevido/a** *daring, brave*
esconder *to hide*	**disimular** *to hide, to conceal*
el/la mesero/a *waiter, waitress*	**la soledad** *loneliness*
la mirada *gaze, look*	**la vergüenza** *embarrassment*
la timidez *shyness*	

INSTRUCTIONAL RESOURCES LM, SAM Answer Key, Lab MP3, IRCD-ROM (scripts) Dramatic readings of the **Literatura** selections are recorded on the Lab MP3.

VARIACIÓN LÉXICA
mesero/a ↔ camarero/a

1 In pairs, have students use the active vocabulary to describe a recent moment of shyness, loneliness, or embarrassment.

1 **Vocabulario** Conecta las palabras con la definición adecuada.

___e___ 1. disimular

___h___ 2. atrevido

___f___ 3. timidez

___g___ 4. enrojecer

___d___ 5. coquetear

___b___ 6. desenlace

___a___ 7. esconder

___c___ 8. soledad

a. poner algo donde no se puede ver

b. sinónimo de fin

c. falta de (*lack of*) amigos o seres queridos

d. ser especialmente simpático con la persona que te gusta

e. esconder lo que uno siente

f. no hacer algunas cosas por miedo a hacer el ridículo

g. ponerse de color rojo por estar en una situación incómoda (*uncomfortable*)

h. alguien valiente

2 **Preparación** En parejas, contesten las preguntas y expliquen sus respuestas.

1. ¿Les gusta la soledad?

2. ¿En qué ciudad o pueblo quieren vivir en el futuro?

3. ¿Qué hacen cuando están solos/as un domingo por la tarde?

4. ¿Les gusta coquetear? ¿Son tímidos/as?

3 **Aqueronte** El cuento que vas a leer se llama *Aqueronte*. Lee la Nota cultural e imagina de qué va a tratar el cuento.

Nota CULTURAL

En la mitología griega, **Aqueronte** era el río que separaba el mundo superior y el mundo subterráneo, conocido también como el mundo de los muertos. Una vez que las almas cruzaban sus aguas, no podían volver al mundo exterior. Este mundo subterráneo se caracterizaba por la profunda oscuridad que cubría sus caminos laberínticos.

AQUERONTE

José Emilo Pacheco

stopped

Son las cinco de la tarde, la lluvia ha cesado°, bajo la húmeda luz el domingo parece vacío. La muchacha entra en el café. La observan dos parejas de edad madura°, un padre con cuatro niños pequeños. A una velocidad que demuestra su timidez, atraviesa° el salón, toma asiento a una mesa en el extremo izquierdo. Por un instante se aprecia nada más la silueta a contraluz° del brillo° solar en los ventanales°. Cuando se acerca el mesero la muchacha pide una limonada, saca un cuaderno y se pone a escribir algo en sus páginas. No lo haría si esperara a alguien que en cualquier momento puede llegar a interrumpirla. La música de fondo° está a bajo volumen. De momento no hay conversaciones.

El mesero sirve la limonada, ella da las gracias, echa azúcar en el vaso alargado y la disuelve con una cucharilla de peltre°. Prueba el líquido agridulce°, vuelve a concentrarse en lo que escribe con un bolígrafo de tinta° roja. ¿Un diario, una carta, una tarea escolar, un poema, un cuento? Imposible saberlo, imposible saber por qué está sola en la capital y no tiene adónde ir la tarde de un domingo en mayo de 1966. Es difícil calcular su edad: catorce, dieciocho, veinte años. La hacen muy atractiva la esbelta° armonía de su cuerpo, el largo pelo castaño, los ojos un poco rasgados°, un aire de inocencia y

middle-aged

crosses

against the light/ light, brightness / large windows

background music

pewter
bittersweet

ink

slender, graceful

almond-shaped

Los gritos del mesero llaman la atención de todos los presentes. La muchacha enrojece y no sabe en dónde ocultarse.

Escucha la lectura y opina sobre el tema en **www.imagina.vhlcentral.com**.

neglect, vulnerability/ grief, sorrow 35 desamparo°, la pesadumbre° de quien tiene un secreto.

Un joven de su misma edad o acaso un poco mayor se sienta en un lugar de la terraza, aislada° del salón por un *isolated* 40 ventanal. Llama al mesero y ordena un café. Observa el interior. Su mirada recorre sitios vacíos, grupos silenciosos, *halts, stops* y se detiene° un instante en la muchacha. Al sentirse observada alza la vista.

45 En seguida baja los ojos y se concentra en su escritura. El salón ya no flota en la *semi-darkness* penumbra°: acaban de encender las luces fluorescentes.

Bajo la falsa claridad ella de nuevo 50 levanta la cabeza y encuentra la mirada del *She stirs* joven. Agita° la cucharilla de peltre para disolver el azúcar asentada en el fondo. Él prueba su café y observa a la muchacha. Sonríe al ver que ella lo mira y luego se 55 vuelve hacia la calle. Este mostrarse y

ocultarse°, este juego que parece divertirlos *hide oneself* o exaltarlos se repite con leves° variantes *slight* por espacio de un cuarto de hora o veinte minutos. Por fin él la mira de frente y sonríe una vez más. Ella aún trata de esconder el 60 miedo o el misterio que impiden el natural acercamiento.

El ventanal la refleja, copia sus actos, los duplica sin relieve° ni hondura°. *emphasis/depth* Recomienza la lluvia, el aire arroja° 65 *throws* gotas de agua a la terraza. Cuando siente humedecerse su ropa el joven da muestras de inquietud y ganas de marcharse. Entonces ella desprende una hoja del cuaderno, escribe unas líneas y da una mirada ansiosa 70 al desconocido. Con la cuchara golpea° el *taps* vaso alargado. Se acerca el mesero, toma la hoja de papel, lee las primeras palabras, retrocede°, gesticula, contesta indignado, se *steps back* retira como quien opone un gesto altivo° a 75 *haughty, arrogant* la ofensa que acaba de recibir.

Los gritos del mesero llaman la atención de todos los presentes. La muchacha enrojece y no sabe en dónde ocultarse. El joven observa paralizado la 80 escena inimaginable: el desenlace lógico era otro. Antes de que él pueda intervenir, vencer la timidez que lo agobia cuando se encuentra sin el apoyo°, el estímulo, la *support* mirada crítica de sus amigos, la muchacha 85 se levanta, deja unos billetes sobre la mesa y sale del café.

Él la ve pasar por la terraza sin mirarlo, se queda inmóvil un instante, luego reacciona y toca en el ventanal para que le 90 traigan la cuenta. El mesero toma lo que dejó la muchacha, va hacia la caja y habla mucho tiempo con la encargada. El joven recibe la nota, paga, sale al mundo en que se oscurece° la lluvia. En una esquina 95 *gets darker* donde las calles se bifurcan° mira hacia *fork* todas partes. No la encuentra. El domingo termina. Cae la noche en la ciudad que para siempre ocultará a la muchacha. ■

Análisis

1

Comprensión Contesta las preguntas con oraciones completas.

1. Al entrar en el café, ¿qué hace la muchacha? Atraviesa el salón muy deprisa y se sienta en una mesa en el extremo izquierdo.

2. ¿Cómo muestra el joven que le gusta la muchacha? La mira y sonríe.

3. ¿Qué le da la muchacha al mesero? Le da una hoja de papel.

4. ¿Cómo reacciona el mesero? Se enfada.

5. ¿Qué hace la muchacha cuando oye los gritos del mesero? Enrojece, se levanta, paga y sale del café.

6. ¿Se conocen los jóvenes al final? ¿Por qué? No, porque cuando el muchacho sale a la calle, la chica no está.

2 In pairs, ask students to write their own best guess at the note given to the waiter. Then have them pass the notes around the class. Which ones seem most probable based on the story?

2

Interpretar Contesta las preguntas con oraciones completas.

1. ¿Cómo crees que es la muchacha? ¿Y el muchacho?

2. ¿Qué ocurre entre la muchacha y el mesero? Intenta dar una explicación lógica.

3. ¿Qué hace y cómo se siente el muchacho cuando la joven sale del café?

4. Comenta el significado de la última oración del cuento: "Cae la noche en la ciudad que para siempre ocultará a la muchacha".

5. ¿Por qué se titula *Aqueronte* este cuento? Explica tu respuesta.

2 Ask students: **En este cuento, ¿qué simboliza la ciudad? ¿el café? ¿el ventanal?**

3

Imaginar En parejas, imaginen que los jóvenes sí se conocieron. Escriban su conversación, y después represéntenla delante de la clase.

4 Before writing, assign sections of **"Aqueronte"** to groups and have them retell their portions of the story in the past tense to review the uses of the preterite and the imperfect in past narrations.

4 Encourage students to describe not just the events themselves, but also the mood and atmosphere. Is the setting important or symbolic?

4

Escribir ¿Te ha pasado algo parecido alguna vez? Sigue el **Plan de redacción** para escribir una experiencia tuya que sea parecida a la que vivieron los protagonistas del cuento. Puedes también inventar una situación. Usa el pretérito y el imperfecto.

Plan de redacción

Escribir una historia en pasado

1 Presentación Inicia tu composición contando cuándo pasó, dónde y con quién estabas.

2 Experiencia Cuenta lo que ocurrió. Recuerda que debes utilizar el pretérito para las acciones y el imperfecto para las descripciones. Usa expresiones como: **todo empezó, entonces, después, al final, finalmente...**

3 Conclusión Termina tu historia resumiendo muy brevemente qué pasó y lo que sentiste en esa ocasión.

En la ciudad

Lugares

los alrededores *the outskirts*
el ayuntamiento *city hall*
el barrio *neighborhood*
el centro comercial *mall*
el cine *movie theater*
la ciudad *city*
la comisaría/estación de policía
  police station
la discoteca *dance club*
el edificio *building*
la estación (de trenes, de autobuses)
  (train/bus) station
la estación de bomberos *fire station*
el estacionamiento *parking lot*
el estadio *stadium*
el metro *subway*
el museo *museum*
la parada (de metro, de autobús)
  (subway, bus) stop
la plaza *square*
el rascacielos *skyscraper*
el suburbio *suburb*
la vivienda *housing*

Direcciones

la acera *sidewalk*
la avenida *avenue*
la calle *street*
la cuadra *city block*
la dirección *address*
la esquina *corner*
el letrero *sign, billboard*
el puente *bridge*
el semáforo *traffic light*
el tráfico *traffic*
el transporte público *public
  transportation*

cruzar *to cross*
dar direcciones *to give directions*
estar perdido/a *to be lost*

Gente

el/la alcalde/alcaldesa *mayor*
el/la ciudadano/a *citizen*
el/la conductor(a) *driver*
la gente *people*
el/la pasajero/a *passenger*
el/la peatón/peatona *pedestrian*
el policía/la mujer policía
  policeman/woman

Actividades

bajar *to go down; to get off (a bus)*
construir *to build*
conversar *to talk*
convivir *to live together; to coexist*
dar un paseo *to take a stroll*
dar una vuelta *to take a walk*
dar una vuelta en bicicleta/carro/
  motocicleta *to take a bike/car/
  motorcycle ride*
disfrutar de *to enjoy*
doblar *to turn*
hacer diligencias *to run errands*
parar *to stop*
pasarlo bien/mal *to have a good/bad time*
poblar *to settle; to populate*
quedar *to be located*
quedarse *to stay*
recorrer *to travel (around a city)*
relajarse *to relax*
residir *to reside*
subir *to go up; to get on (a bus)*

la vida nocturna *nightlife*

Para describir

atrasado/a *late*
cotidiano/a *everyday*
inesperado/a *unexpected*
lleno/a *full*
ruidoso/a *noisy*
vacío/a *empty*

Cortometraje

el/la cajero/a *cashier*
el choque *crash*
el/la desconocido/a *stranger*
la facción *feature*
la fila *line*

afligirse *to get upset*
parecerse *to look like*
valorar *to value*

borracho/a *drunk*
ingenuo/a *naive*
repentino/a *sudden*

Cultura

el bienestar *well-being*
la característica *characteristic*
la costumbre *custom; habit*
el cuidado *care*
el/la habitante *inhabitant*
la influencia *influence*
el mito *myth*

acostumbrar *to be accustomed*
conservar *to preserve*
cooperar *to cooperate*
difundir (noticias) *to spread (news)*
permitir *to allow*
significar *to mean*

decidido/a *determined*
justo/a *just, fair*

Literatura

el desenlace *ending, outcome*
el/la mesero/a *waiter/waitress*
la mirada *gaze*
la soledad *loneliness*
la timidez *shyness*
la vergüenza *embarrassment*

atreverse *to dare*
disimular *to hide, to conceal*
enrojecer *to blush, to turn red*
esconder *to hide*

atrevido/a *daring, brave*

INSTRUCTIONAL RESOURCES
Testing Program on IRCD-ROM

La influencia de los medios

Hoy más que nunca el mundo de la comunicación se considera un gran poder, ya que no sólo informa, sino que influye en la opinión pública, en los comportamientos sociales y en la interpretación de la realidad. La prensa escrita, la radio, la televisión, Internet, están tan presentes en nuestras vidas que lo que no aparece en los medios, casi puede decirse que no existe. ¿Estamos informados o hipnotizados?

La avalancha de programas televisivos no intimida al televidente moderno.

Destino:
EL CARIBE

CUBA REPÚBLICA DOMINICANA
PUERTO RICO

PREVIEW Read the text together as a class and have students discuss the last question in small groups. Ask volunteers from each group to report back to the class, then encourage further debate about the proliferation of the media.

Los medios de comunicación

Los medios

el acontecimiento *event*
la actualidad *current events*
el anuncio *advertisement*
la censura *censorship*
Internet *Internet*
los medios de comunicación *media*
la parcialidad *bias*
la publicidad *advertising*
el radio *radio*
la radioemisora
   radio station
el reportaje
   news report
el sitio web *website*
la temporada *season*

enterarse (de) *to become informed (about)*
navegar la red *to search the web*

opinar *to think*
ser parcial *to be biased*
tener buena/mala fama *to have a*
   good/bad reputation

actualizado/a *up-to-date*
destacado/a *prominent*
en directo/vivo *live*
imparcial *impartial, unbiased*
influyente *influential*

Gente en los medios

el/la actor/actriz *actor/actress*
el/la cantante *singer*
el/la crítico/a de cine
   film critic
el/la director(a)
   director
la estrella (de cine)
   (movie) star (male
   or female)
el/la fotógrafo/a *photographer*
el/la locutor(a) de radio *radio announcer*

el/la oyente *listener*
el/la periodista *journalist*
el público *public*
el/la redactor(a) *editor*
el/la reportero/a *reporter*
el/la televidente *television viewer*

El cine y la televisión

la banda sonora *soundtrack*
la cadena *network*

UNIVISION

el documental *documentary*
los efectos especiales
   special effects
la emisión *broadcast*
el estreno *premiere,*
   new movie
la pantalla *screen*
la película *movie*
los subtítulos *subtitles*
la televisión *television*

la telenovela *soap opera*
el video musical *music video*

entretener *to entertain*
entrevistar *to interview*
filmar/rodar (o:ue)
   to film
grabar *to record*
trasmitir
   to broadcast

La prensa

la crónica de sociedad *lifestyle section*
la crónica deportiva *sports page/section*
el horóscopo *horoscope*
la libertad de prensa *freedom of the press*
las noticias locales/internacionales/
   nacionales *local/international/*
   national news
el periódico/el diario
   newspaper
la portada *front page, cover*
la prensa (sensacionalista)
   (sensationalist) press
la revista *magazine*
la tira cómica *comic strip*
el titular *headline*

investigar *to research;*
   to investigate
publicar *to publish*

El Mundo

| El presidente denuncia terrorismo | Ex líder se llevó fondos secretos |

VARIACIÓN LÉXICA
Point out that in many
regions, **el radio** refers to a
radio set, while **la radio** refers
to the medium.

Práctica

INSTRUCTIONAL RESOURCES WB, LM, SAM Answer Key, Lab MP3, IRCD-ROM (scripts)

1 Analogías Completa cada analogía con la palabra correcta.

actualidad	destacado	imparcial	radio
censura	entretener	periodista	sitio web

1. reportero : reportaje = <u>periodista</u> : periódico
2. noticia internacional : informar = telenovela : <u>entretener</u>
3. televidente : televisión = oyente : <u>radio</u>
4. mentiroso : sincero = parcial : <u>imparcial</u>
5. influyente : importante = <u>destacado</u> : prominente
6. escena : película = <u>sitio web</u> : Internet

1 In pairs, ask students to come up with two of their own analogies using the new vocabulary.

2 Completar Completa el texto con las palabras correctas de la lista.

acontecimiento	crítico de cine	mala fama	sociedad
anuncios	entrevistó	pantalla	tira cómica
cadena	estrella	sensacionalista	transmitieron

No quise perderme el (1) <u>acontecimiento</u> del año y al final me lo perdí. La (2) <u>estrella</u> de cine asistió al estreno de su última película y una periodista la (3) <u>entrevistó</u>. Fotógrafos de buena y (4) <u>mala fama</u> sacaban fotos para venderlas a las revistas de prensa (5) <u>sensacionalista</u>. Algunos reporteros entrevistaban a un destacado (6) <u>crítico de cine</u>. El público se entretenía viendo escenas de la película en una (7) <u>pantalla</u> gigante. Varios canales de televisión (8) <u>transmitieron</u> el acontecimiento en directo. Al final, no sé qué pasó. Cambié de canal durante los (9) <u>anuncios</u> y me dormí. Mañana voy a leer las crónicas de (10) <u>sociedad</u> para enterarme de todos los detalles.

2 Have students list a few recent media events, such as awards shows, season premieres, or important news coverage. Then have them poll each other to find out who viewed each event.

3 ¿Qué opinas tú? Di si estás de acuerdo o no con cada afirmación. Después, comparte tus opiniones con la clase.

	Sí	No
1. Hoy día es más fácil enterarse de lo que pasa en el mundo.	☐	☐
2. Gracias a la información que transmiten los medios de comunicación, la gente tiene menos prejuicios que antes.	☐	☐
3. La libertad de prensa es un mito.	☐	☐
4. La publicidad quiere entretener al público.	☐	☐
5. El único objetivo de la prensa sensacionalista es informar.	☐	☐
6. Gracias a Internet, ahora podemos encontrar más información imparcial.	☐	☐
7. La imagen tiene mucho poder en el mundo de la comunicación.	☐	☐
8. Hoy día los reporteros son vendedores de opiniones.	☐	☐
9. Tenemos demasiada información. Es imposible asimilarla.	☐	☐
10. El mundo es un sitio mejor gracias a los medios de comunicación.	☐	☐

3 Encourage students to support their opinions with specific examples.

INSTRUCTIONAL
RESOURCES DVD, Website,
IRCD-ROM (scripts)

Preparación

Vocabulario del corto	Vocabulario útil	
apenas *hardly; just*	**adivinar** *to guess*	**la fantasía** *fantasy*
el arma *gun*	**el alma** *soul*	**el fenómeno** *phenomenon*
el Diablo *the Devil*	**el ángel** *angel*	**los rasgos** *features*
el disparo *shot*	**arrepentirse** *to be sorry*	**robar** *to rob*
la encrucijada *crossroads*	**castigar** *to punish*	**el robo** *robbery*
firmar *to sign*	**cometer (un crimen)**	**la sangre** *blood*
el pasamontañas *ski mask*	*to commit (a crime)*	**el ser humano**
	convocar *to call*	*human being*
	engañar *to deceive, to trick*	**el suceso** *incident*

VARIACIÓN LÉXICA
¿No es cierto? ↔ ¿Verdad
que sí?

EXPRESIONES

¿Cómo que...? *What do you mean...?*

..., pero... *..., but..., ...so...*

¿no es cierto? *am I right?, isn't that right?, right?*

---

1 **Expresiones** Conecta cada oración con la oración que tiene el mismo significado.

1. ¿Cómo que te vas?
   (a.) ¿Te vas?   b. ¿Cómo te vas?

2. Porque tú me llamaste, ¿no es cierto?
   (a.) Me llamaste, ¿no?   b. No es verdad que me llamaste.

3. Un sitio donde hay mucho, pero mucho dinero.
   a. Un sitio donde no hay mucho dinero   (b.) Un sitio con mucho dinero

2 Divide the class into
two teams. Then have
students read their
descriptions to the class to
see which team can guess
the most movie titles.

2 **Vocabulario**

A. Escribe el argumento de una película que conoces bien y utiliza palabras de la lista.

arrepentirse	robar
castigar	robo
cometer un crimen	sangre
engañar	suceso

B. Ahora, lee tu argumento a tu compañero/a. Él/Ella tiene que adivinar (*guess*) el título de
la película. Puede hacerte preguntas para tener más información.

3 Call on students to
share their partners'
responses. Encourage
students to comment on
differences of opinion
and to defend their
personal beliefs.

3 **Preparación** En parejas, contesten las preguntas.

1. ¿Conocen alguna historia en la que alguien le vende su alma al Diablo?
   ¿Es una novela?, ¿una película?, ¿un programa de televisión?

2. ¿Les gusta ver películas con este tipo de argumento? ¿Por qué?

3. ¿Creen que en la vida real las personas que hacen una mala acción son
   castigadas de una forma o de otra?

4 **Fotogramas** Observa las fotografías e imagina lo que va a ocurrir en el cortometraje.

1.

2.

3.

4.

5 **Tres deseos** Imaginen que un ser fantástico se les presentó hace diez años y les dijo que podían pedir tres deseos. En parejas, pónganse de acuerdo para escribir los tres deseos que pidieron. Después, imaginen que ese ser fantástico se les presenta hoy. Escriban los tres deseos que le van a pedir. ¿Son los mismos? ¿Por qué? Compartan sus conclusiones con la clase.

	Hace 10 años	Hoy
Deseo 1		
Deseo 2		
Deseo 3		

6 **Y ahora, ¿qué?** Trabajen con la misma persona del ejercicio anterior. Imaginen ahora que el ser fantástico les concedió los tres deseos que le pidieron y contesten las preguntas.

1. ¿Cómo se sienten? ¿Son más felices? ¿Por qué?

2. ¿Cómo ha cambiado su vida?

3. ¿Ha cambiado su relación con su familia y amigos? ¿Cómo y por qué?

7 **Opiniones** En grupos pequeños, lean las frases y expresen sus opiniones. Escriban sus comentarios y después compártanlos con la clase.

1. "Quienes creen que el dinero lo hace todo, terminan haciendo todo por dinero." *Voltaire*

2. "La riqueza consiste mucho más en el disfrute (*enjoyment*) que en la posesión." *Aristóteles*

3. "La felicidad (*happiness*) es darse cuenta de (*realizing*) que nada es demasiado importante." *Antonio Gala*

Mira el cortometraje en **www.imagina.vhlcentral.com**.

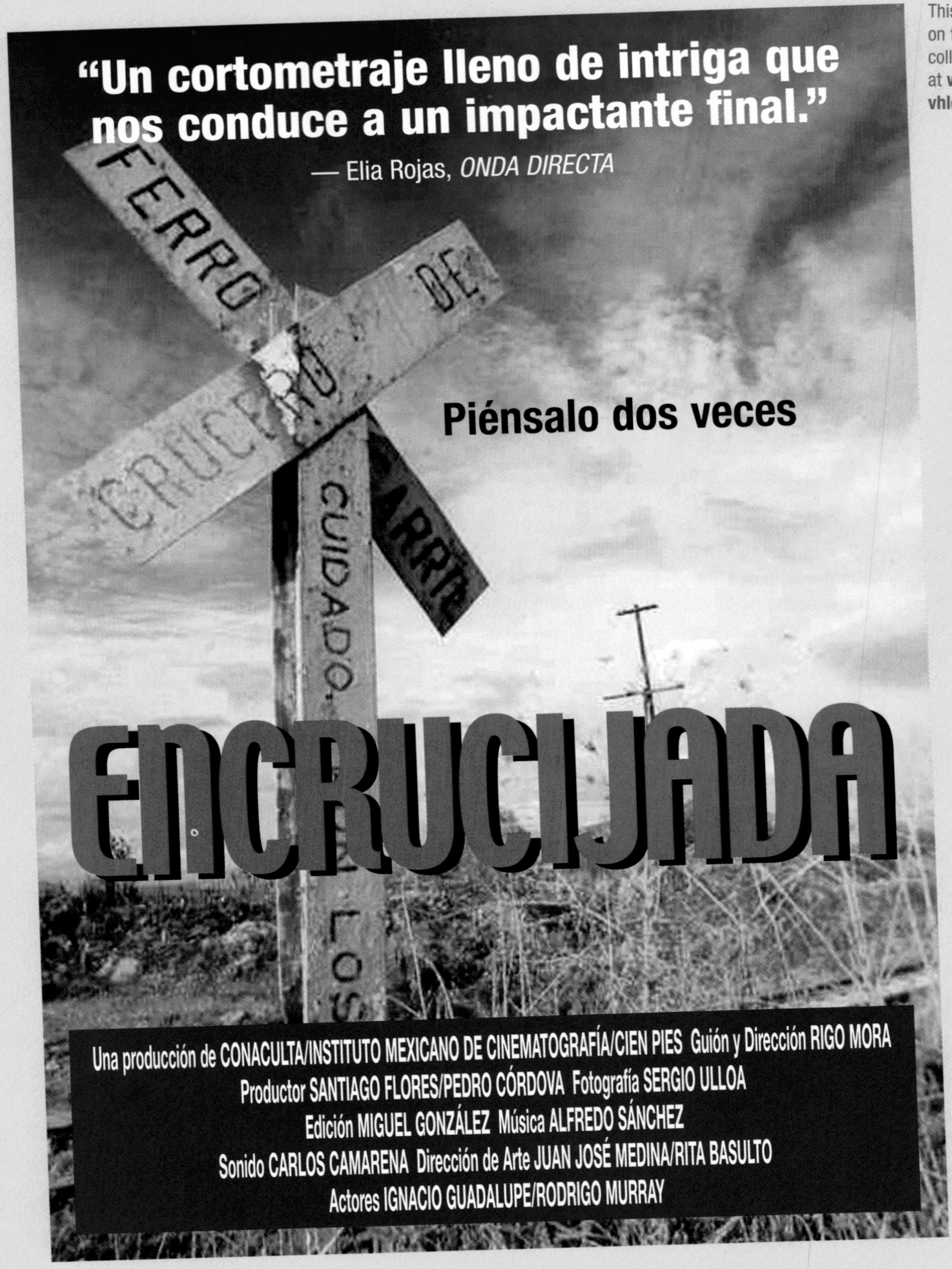
"Un cortometraje lleno de intriga que nos conduce a un impactante final."
— Elia Rojas, *ONDA DIRECTA*
FERRO
DE
CRUCERO
CUIDADO
LOS
Piénsalo dos veces
ENCRUCIJADA
Una producción de CONACULTA/INSTITUTO MEXICANO DE CINEMATOGRAFÍA/CIEN PIES Guión y Dirección RIGO MORA
Productor SANTIAGO FLORES/PEDRO CÓRDOVA Fotografía SERGIO ULLOA
Edición MIGUEL GONZÁLEZ Música ALFREDO SÁNCHEZ
Sonido CARLOS CAMARENA Dirección de Arte JUAN JOSÉ MEDINA/RITA BASULTO
Actores IGNACIO GUADALUPE/RODRIGO MURRAY

This film is available on the **Imagina** film collection DVD and at **www.imagina.vhlcentral.com**.

Argumento *Un hombre desesperado convoca al Diablo.*

(El hombre está convocando al Diablo.)

DIABLO ¿Cómo que te vas? Si apenas voy llegando. Yo sólo vine porque tú me llamaste. Porque tú me llamaste, ¿no es cierto? Necesitas dinero, ¿no?
HOMBRE Sí, creo que sí…

DIABLO *(señalando su carro)* Súbete. Voy a llevarte a un sitio donde hay mucho, pero mucho dinero.
(Se marchan en el carro. El Diablo estaciona en frente de un banco.)

DIABLO Ya llegamos.
HOMBRE ¿Aquí?
DIABLO *(suspirando con resignación)* ¡Ay! ¿Dónde más? Vamos. Toma, ponte esto.
(Le entrega un pasamontañas.) Toma.
(Le entrega un arma de fuego.)

HOMBRE ¿Qué vamos a hacer?
DIABLO ¿No quieres dinero?
HOMBRE ¿Tú no te cubres?
DIABLO ¿Por quién me tomas? Sígueme.
(Entran al banco. Se oyen unos disparos. Salen el hombre y el Diablo.)

DIABLO *(entregándole el dinero al hombre)* Ten, misión cumplida.

Nota CULTURAL

Cuenta la historia que, en diciembre de 1531, la Virgen de Guadalupe se apareció al indio Juan Diego en unas montañas situadas al norte de la Ciudad de México y pidió que se le construyera una basílica en ese lugar. Hoy día, dicha basílica es la iglesia católica más visitada del mundo, después del Vaticano. Esta Virgen de rasgos indígenas es un verdadero° icono mexicano. En muchas casas hay una imagen de la Virgen de Guadalupe, a la cual la familia le ofrece flores y le prende velas°.

verdadero *real* **prende velas** *lights candles*

PREVIEW Ask students to read the dialogue aloud with a partner. Then have them write down three questions they hope to answer while viewing the film. Write down several of their questions on the board.

TEACHING OPTION While viewing, pause the film at each of the scenes pictured in **Actividad 4, p. 83**. Have students compare their predictions with what happens in the film. **¿Quiénes adivinaron lo que iba a ocurrir en el cortometraje? ¿Están sorprendidos?**

TEACHING OPTION After viewing the film, have students work with their partner from the Preview activity to answer their list of questions, as well as the questions on the board. Discuss as a class.

Análisis

1

Comprensión Contesta las preguntas.

1. ¿Quién es el personaje que maneja el carro? El personaje que maneja el carro es el Diablo.
2. ¿Qué quiere el hombre desesperado? El hombre desesperado necesita dinero.
3. ¿Adónde lo lleva el Diablo para ayudarlo? El Diablo lo lleva al banco.
4. ¿Qué hacen dentro del banco? Roban todo el dinero.
5. ¿Qué tiene que firmar el hombre después del robo? Tiene que firmar un contrato.
6. ¿Cómo lo engañó el Diablo? En la imagen de la televisión el Diablo tiene la cara del hombre.

2 Ask students to study both the foreground and the background of the photo. Refer them to the **Nota cultural** on **p. 85** and ask them to comment on the significance of the portrait.

2

Interpretar Contesta las preguntas.

1. ¿Por qué se titula *Encrucijada* este cortometraje?
2. ¿Por qué el Diablo no se cubre la cara con un pasamontañas?
3. ¿Por qué el Diablo le hace firmar un contrato con su sangre?
4. ¿Qué obtiene el Diablo por ayudar al hombre?
5. ¿Por qué la familia del hombre está tan seria cuando él llega?
6. Mira la fotografía y explica su importancia en el desarrollo de la historia.

3

Antes y después En parejas, imaginen qué pasó en la vida del hombre antes y después de robar el banco.

- ¿Cuál es su situación al principio del corto?
- ¿Por qué decide pedir ayuda al Diablo?
- ¿Para qué necesita tanto dinero?
- ¿Qué le pasó después de robar el banco?
- ¿Lo atrapó la policía o consiguió escapar?
- ¿Cómo reaccionó su familia?
- ¿Qué hizo con el dinero?
- ¿Se arrepintió de su decisión?
- ¿Cómo fue su vida después del robo?

4

¿Qué harían? Trabajen en grupos para discutir los siguientes temas. Después compartan sus ideas con la clase.

1. Imaginen que están pasando por una situación desesperada. ¿Cómo la solucionan? ¿Consideran vender su alma al Diablo? ¿Por qué?
2. Imaginen que necesitan conseguir mucho dinero en 24 horas. ¿Qué opciones consideran? ¿Cuál escogen? ¿Por qué?

5 **Otro deseo** Imaginen que el hombre no desea pedirle dinero al Diablo, sino una de las cosas de la lista. En parejas, elijan una de ellas y escriban un diálogo haciendo todos los cambios necesarios.

- conseguir a la mujer amada
- ser más joven
- ser presidente del país
- ser un actor famoso
- otro deseo que se imaginen ustedes

5 As a variant, divide the class into five groups and assign each one a different scenario. Then have volunteers from each group perform their dialogues for the class. Encourage students to add new characters as needed.

6 **Diablo** Describe brevemente al Diablo del cortometraje. Después, contesta las preguntas.

1. ¿Es diferente del Diablo que tú te imaginabas? ¿Cuáles son las diferencias?
2. ¿Por qué crees que el director eligió presentarlo así?
3. ¿Cómo representarías tú al Diablo y por qué?

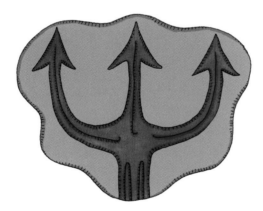

6 Encourage class discussion of images and beliefs about angelic and demonic creatures. **¿Cuáles son las diferencias acerca de estas creencias entre diferentes culturas y religiones? ¿Cómo han cambiado estas imagenes a través de la historia?**

7 **Diálogo** En parejas, elijan una de las situaciones y escriban un diálogo. Utilicen al menos seis palabras o expresiones de la lista. Cuando lo terminen, represéntenlo delante de la clase.

alma	disparo	robar
arma	engañar	robo
castigar	fantasía	sangre
cometer un crimen	firmar	ser humano
convocar	pasamontañas	suceso

A

Una persona que necesita mucho dinero va paseando por la calle, y se le aparece el Diablo para convencerla de que tiene que robar un banco.

B

Un(a) criminal va a robar el dinero de un banco y un ángel se le presenta y le tiene que convencer para que no lo robe.

TEACHING OPTION As a follow-up writing and/or discussion topic, have students respond to the following questions: **¿Te has encontrado en algún tipo de "encrucijada"? ¿Qué hiciste y por qué? ¿Harías lo mismo otra vez?**

INSTRUCTIONAL RESOURCES For teaching suggestions related to this section, see the Instructor's Resource CD-ROM.

IMAGINA

En **www.imagina.vhlcentral.com** encontrarás más información y actividades relacionadas con esta sección.

¡Ecos de piratas y bucaneros!

Castillo de San Cristóbal en San Juan, Puerto Rico

Septiembre de 1564. Unos pasos sigilosos[1], que provienen del acantilado[2], se dirigen al corazón de la ciudad amurallada[3]. Las sombras[4], apenas perceptibles en la oscuridad, se hacen señas[5] entre ellas: acaban de encontrar la casa que buscaban. Los habitantes de la gran mansión no van a saber lo que ocurre, pero se darán cuenta de que alguien les está apuntando con un arma. Los piratas han entrado de nuevo en **San Juan**.

Esta escena, que parece extraída de un libro de aventuras, era, sin embargo, la realidad para los habitantes de las islas caribeñas de la época. Desde principios del siglo XVI hasta bien entrado el siglo XVIII, el **Caribe** español sufrió continuos ataques piratas. Los barcos, llenos del oro[6] y la plata[7] que se extraían de las tierras colonizadas, seguían esta ruta. Esto convirtió la zona en gran atractivo para los que buscaban la riqueza rápida, sin preocuparse por los métodos que tenían que usar para conseguirla.

El **mar Caribe** era el escenario[8] donde se desarrollaba la política internacional de la época. **España** tenía bajo su dominio las **Indias Occidentales**, una hegemonía que países como **Francia** e **Inglaterra**

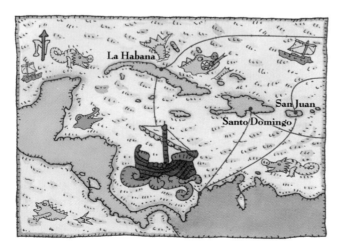

querían arrebatarle[9] a toda costa. Para ello, los gobiernos de estos países financiaban los ataques piratas a las ciudades y barcos españoles.

Los colonizadores españoles, con el fin de proteger las enormes riquezas en oro, plata y piedras[10] preciosas, construyeron fuertes a través de todo el Caribe: en **La Habana**, en **Santo Domingo**, en San Juan. Estas ciudades-fortaleza[11] fueron el centro neurálgico de las Indias Occidentales por casi cuatro siglos. Lucieron[12] iglesias y ayuntamientos[13] más de cien años antes de la llegada de los primeros colonos ingleses a tierras norteamericanas. Sus calles vieron pasar a todos los aventureros, conquistadores, bucaneros[14] y comerciantes de esclavos que en la época vivían.

Estas tres ciudades principales del Caribe son además los tres poblados más antiguos del continente americano. Los barrios coloniales de El **Distrito Colonial**, La **Habana Vieja** y El **Viejo San Juan** han sido declarados Patrimonio Mundial[15] de la Humanidad por la **UNESCO** por su valor histórico.

---

[1] stealthy [2] cliff [3] walled [4] shadows [5] gestures [6] gold [7] silver [8] scene [9] snatch [10] stones [11] fortified/protected cities [12] stood out [13] city halls [14] buccaneers [15] World Heritage

EL CARIBE

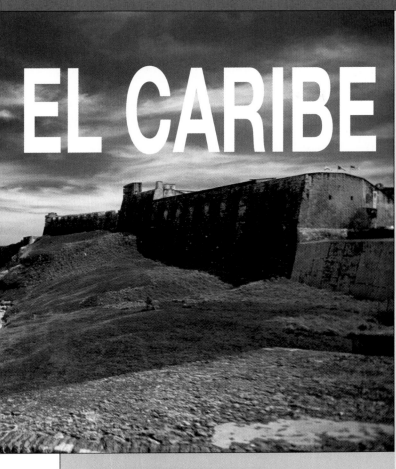

¡Visitemos las ciudades coloniales!

La Bodeguita del Medio Muy cerca de la **Catedral de la Habana**, en **La Habana Vieja**, está este famoso restaurante  frecuentado por muchos turistas de todo el mundo. Es célebre por su comida cubana típica y por sus mojitos, la bebida típica de la isla. Este lugar ha recibido a personalidades internacionales tales como **Pablo Neruda**, **Gabriela Mistral**, **Julio Cortázar**, **Nat King Cole** y **Gabriel García Márquez**, entre otros. También era el sitio favorito de **Ernest Hemingway**, quien pasaba horas allí bebiendo café y conversando con sus amigos.

Mercado Modelo En pleno **Distrito Colonial** de **Santo Domingo**, este tradicional mercado es conocido por la simpatía de sus vendedores, quienes ofrecen su mercadería[1] en voz muy alta. La variedad de sus productos convierten al **Mercado Modelo** en una muestra  viviente de la cultura dominicana. Aquí se pueden conseguir desde perfumes y flores hasta amuletos e imágenes de santos.

Calle San Sebastián El **Viejo San Juan** cobra vida durante la noche como pocos lugares en **Puerto Rico**, mostrando sus encantos culturales en una combinación de música en  vivo, excelentes restaurantes e innumerables sitios para bailar. La zona más famosa es la **calle San Sebastián**. Tiene tabernas y cantinas a ambos lados de sus aceras, adonde acuden personas de todas las edades hasta altas horas de la madrugada.

La Mallorquina es el restaurante más antiguo y famoso del **Viejo San Juan**. Fue fundado en 1848 y desde 1936 funciona como negocio familiar. Desde entonces hasta hoy, su menú sigue siendo básicamente el mismo. Entre sus múltiples platos típicos de  la cocina tradicional española, no faltan dos clásicos como la paella y el gazpacho. Conocidísimas personalidades del mundo de las artes, la cultura y la política han dejado sus comentarios en el libro de visitas.

[1] *merchandise*

El español del Caribe

Cubanismos

asere	amigo/a
juaniquiqui	dinero; *money*
larguirucho/a	alto y flaco; *lanky; gangling*
radiobemba	chismoso/a; *gossipy*
rufa	autobús; *bus*
¿Qué volá?	¿Qué pasa?; *What's up?*

Puertorriqueñismos

china	naranja; *orange*
guagua	autobús; *bus*
mahones	*blue jeans*
guiar	manejar; *to drive*
chavos	dinero; *money*
enfogonado/a	enojado/a; *angry*
boricua	puertorriqueño/a; *Puerto Rican*

Dominicanismos

amarillo	plátano maduro; *ripe banana*
ananá	piña; *pineapple*
cacata	araña; *spider*
guapo/a	valiente; *brave*

Ricky Martin
Simplemente Enrique Martin

DOCUMENTAL
Mira la entrevista con Ricky Martin en
www.imagina.vhlcentral.com.

Enrique Martin Morales nació en **Hato, Puerto Rico** en 1971. Ricky se hizo famoso cuando entró a formar parte del grupo juvenil **Menudo**, un fenómeno musical sin precedentes que lo lanzó° a la fama internacional. Cuando salió del grupo empezó su carrera como solista gozando° del reconocimiento del público no sólo en **América Latina**, sino en todo el mundo, con canciones como *Te extraño, te olvido, te amo* y *La copa de la vida*. En los últimos años, **Ricky Martin** se ha dedicado también a hacer obras benéficas°. Te invitamos a conocer a este talentoso cantante viendo la entrevista y leyendo más información en **www.imagina.vhlcentral.com**.

lanzó *launched* **gozando** *enjoying* **obras benéficas** *charity works*

Celia Cruz y Gloria Estefan
Instituciones de la música latina

SUBE EL VOLUMEN
Lee un poco más sobre estas artistas y su música en **www.imagina.vhlcentral.com**.

Discografía selecta
Celia Cruz
1989 *Ritmo en el corazón* (Premio Grammy Latino)
2000 *Siempre viviré* (Premio Grammy Latino al Mejor Álbum Tropical)
2001 *La negra tiene tumbao°* (Premio Grammy Latino al Mejor Álbum de Salsa)
2003 *Regalo del alma* (Premio Grammy Latino al Mejor Álbum de Salsa)

Gloria Estefan
1993 *Mi tierra* (Premio Grammy Latino)
1995 *Abriendo puertas* (Grammy al Mejor Álbum Latino)
1998 *Gloria* (Grammy al Mejor Álbum Latino)
2000 *Alma caribeña* (dos Premios Grammy Latinos)

Celia Cruz y **Gloria Estefan** son dos famosísimas cubanas cuya contribución al mundo° de la música latina es inmensa. Entre las dos han acumulado quince **Premios Grammy Latinos**, incontables reconocimientos internacionales, grabado casi una centena de álbumes y vendido millones de copias en todo el mundo a lo largo de sus carreras musicales. Celia Cruz, quien falleció° en 2003, siempre será recordada como la **"Reina de la Salsa"**, para quien la música era la mejor forma de compartir su cultura y mostrar que la felicidad se encuentra viviendo la vida. Por su parte, Gloria Estefan es la artista latina que más éxito ha logrado a nivel internacional cantando en español y en inglés. Para ella, la música es un medio de expresión personal a través del cual intenta no sólo entretener sino también inspirar a sus oyentes, y con su dedicación y talento le ha abierto las puertas a las siguientes generaciones de músicos hispanos.

tumbao *groove* **mundo** *world* **falleció** *died*

¿Qué aprendiste?

1 **Cierto o falso** Indica si estas afirmaciones son ciertas o falsas. Corrige las falsas.

1. Entre los siglos XIV y XIX, el Caribe vivió repetidos ataques piratas. Falso. Fue entre los siglos XVI y XVIII.

2. Durante esos turbulentos tres siglos, el Caribe fue el lugar donde tenía lugar la política caribeña. Falso. Fue donde tenía lugar la política internacional.

3. Cristóbal Colón no llegó a Puerto Rico durante su primer viaje. Cierto.

4. Célebres personalidades han visitado el restaurante La Bodeguita del Medio en La Habana Vieja. Cierto.

5. El grupo Los Chamos fue un fenómeno musical que lanzó a la fama a Ricky Martin. Falso. El grupo Menudo fue un fenómeno musical que lanzó a la fama a Ricky Martin.

2 **Preguntas** Contesta las preguntas con oraciones completas.

1. ¿Qué buscaban los piratas ingleses y franceses en el Caribe? El oro y la plata que los españoles extraían de los territorios colonizados.

2. ¿Qué hicieron los españoles para protegerse de los ataques piratas? Construyeron fuertes por todo el Caribe, creando las llamadas ciudades-fortaleza.

3. ¿Qué personajes eran habituales en las ciudades-fortaleza del Caribe en la época de Cristóbal Colón? Eran habituales los aventureros, los conquistadores, los bucaneros y los comerciantes de esclavos.

4. ¿Qué dos ingredientes convierten al Mercado Modelo en una muestra de la cultura dominicana? La simpatía de sus vendedores y la variedad de sus productos.

5. ¿De qué país son los platos típicos que ofrece el menú de La Mallorquina? ¿Cuáles son dos de los más conocidos? Son de España. La paella y el gazpacho son dos de los platos españoles más conocidos.

PROYECTO

Aventuras en el Caribe

Imagina que eres un(a) explorador(a) o un(a) pirata en el Caribe del siglo XVI. Investiga la información que necesites en **www.imagina.vhlcentral.com** para escribir una entrada en tu diario explicando lo que sucedió durante el pasado mes.

- Inventa tu aventura y añade todos los detalles: ¿qué lugares visitaste?, ¿qué problemas tuviste?, ¿qué personas/peligros encontraste?, etc.
- Dibuja un mapa con las rutas de ese mes.
- Escribe la entrada en tu diario y preséntala a la clase.

MINIPRUEBA

Completa las oraciones con la información correcta y demuestra lo que aprendiste sobre el Caribe.

1. Los piratas querían _____ fácilmente en el Caribe dominado por los conquistadores españoles.
   a. conquistar (b.)enriquecerse c. divertirse d. luchar

2. Los ataques piratas estaban _____ por los gobiernos de Inglaterra y Francia.
   a. enfogonados b. bloqueados c. colonizados (d.)financiados

3. Los colonizadores españoles construyeron _____ en las tres ciudades principales del Caribe para proteger sus riquezas de los ataques piratas. Por eso, estas ciudades se conocían como ciudades _____.
   a. murallas; amuralladas b. colonias; colonizadas
   c. fortalezas; fuerte (d.)fuertes; fortaleza

4. Cuando no quieren andar, los boricuas toman la _____.
   a. china b. ananá (c.)guagua d. rufa

5. El _____ es la bebida típica cubana.
   (a.)mojito b. mistral c. modelo d. amuleto

6. El Mercado Modelo de Santo Domingo está en el histórico _____.
   a. Patrimonio Colonial (b.)Distrito Colonial
   c. Distrito Provincial d. Patrimonio Mundial

7. La música, la comida, el baile y la gente convierten la calle San Sebastián en un centro _____ puertorriqueño.
   a. cubano b. dominicano c. histórico (d.)cultural

8. Las puertas de La Mallorquina están _____ al público desde 1848.
   a. cerradas (b.)abiertas c. amuralladas d. fortalecidas

9. Ricky Martin es un cantante de nacionalidad _____.
   a. dominicana b. española (c.)puertorriqueña d. cubana

10. Parte del dinero que Ricky Martin gana con sus discos, conciertos, publicidad y entrevistas, lo dedica a _____.
   (a.)donaciones para obras benéficas
   b. conservar el barrio histórico de San Juan
   c. construir bares en la calle San Sebastián
   d. mejorar su imagen pública y mantenerse en forma

GALERÍA DE CREADORE

LITERATURA Rosario Fer
Rosario Ferré es actualmente una
conocidas escritoras puertorriqueñ
escrito cuentos, novelas, poemas,
biografías y artículos periodísticos
temas centrales es la lucha de la
mundo dominado, y definido, por l
primer libro, la colección de cuent
de Pandora (1976), recibió premio
nacionales e internacionales. Ferré
tanto en español como en inglés.
es autora de *Maldito amor, The ho
the lagoon, Las dos Venecias* y *Ec
neighborhoods*, entre otras obras.

PINTURA Wifredo Lam

El cubano Wifredo Lam es uno de los artistas
latinoamericanos más influyentes del siglo XX.
Lam fue el resultado de una combinación
multicultural y étnica –su padre era chino y su
madre era de descendencia europea, africana e
india– y su arte lo fue también. El arte africano y
el arte primitivo fueron especialmente importantes
en sus creaciones surrealistas. Trabajó varios años
con Pablo Picasso en París y fue amigo de los
mexicanos Frida Kahlo y Diego Rivera. Aquí
vemos una pieza sin título de la serie *Para Jorn*
creada en 1975.

LITERATURA **Julia de Burgos**

Aunque vivió sólo 39 años, Julia de Burgos es una de las más ilustres poetas de Puerto Rico, y de Latinoamérica en general. Sus poemas incluyen elementos caribeños, apasionados temas amorosos y fuertes cuestionamientos feministas, algunos de sus libros son: *Poema en veinte surcos, Canción de la verdad sencilla y El mar y tú*, entre otros.

El mar y tú
otros poemas
julia de burgos

ediciones huracán

DISEÑO Y MODA **Oscar de la Renta**

Cuando las primeras damas de los Estados Unidos, como Nancy Reagan, Hillary Clinton y Laura Bush, necesitan un vestido para una ocasión especial, llaman a Oscar de la Renta. En Hollywood, actrices como Penélope Cruz y Sandra Bullock visten sus creaciones. Desde los años 60, este diseñador dominicano ha sido una verdadera institución en el mundo de la moda. Pero, aunque trabaja principalmente en su elegante estudio en Nueva York, de la Renta nunca ha olvidado sus orígenes; todavía tiene una casa en la República Dominicana y ha ayudado a crear una escuela y guardería para 1.200 niños en su país natal.

AMPLIACIÓN

MÁS CREADORES

En **www.imagina.vhlcentral.com** conocerás a estos creadores del Caribe.

María Montez
Actriz dominicana

José Martí
Escritor y activista cubano

Tomás Sánchez
Pintor cubano

José Ferrer
Actor/Director puertorriqueño

La influencia de los medios

TALLER DE CONSULTA

The following grammar topics are covered in the **Manual de gramática, Lección 3.**

3.4 Possessive adjectives and pronouns, p. 386
3.5 Demonstrative adjectives and pronouns, p. 388

The *indicative* is used to express actions, states, or facts the speaker considers to be certain. The *subjunctive* expresses the speaker's attitude toward events, as well as actions or states that the speaker views as uncertain.

INSTRUCTIONAL RESOURCES WB, LM, SAM Answer Key, IRCD-ROM (scripts)

3.1

The subjunctive in noun clauses

Forms of the present subjunctive

- The subjunctive (**el subjuntivo**) is used mainly in multiple clause sentences which express will, influence, emotion, doubt, or denial. The present subjunctive is formed by dropping the **–o** from the **yo** form of the present indicative and adding the subjunctive endings.

The present subjunctive		
hablar	comer	escribir
hable	coma	escriba
hables	comas	escribas
hable	coma	escriba
hablemos	comamos	escribamos
habléis	comáis	escribáis
hablen	coman	escriban

- Verbs with irregular **yo** forms show that same irregularity throughout the forms of the present subjunctive.

conocer	conozca	seguir	siga
decir	diga	tener	tenga
hacer	haga	traer	traiga
oír	oiga	venir	venga
poner	ponga	ver	vea

¡ATENCIÓN!

Verbs that end in **–car, -gar,** and **–zar** undergo spelling changes in the present subjunctive.

sacar: saque
jugar: juegue
almorzar: almuerce

To preview the material, write three sentences on the board that use the subjunctive. (Use regular **–ar, –er,** and **–ir** verbs.) Have volunteers identify the verb forms and ask how the endings differ from indicative endings (the final vowels are switched; the **yo** form is the same as the **Ud./él/ella** form).

- Verbs that have stem changes in the present indicative have the same changes in the present subjunctive. Remember that only **–ir** verbs undergo stem changes in the **nosotros/as** and **vosotros/as** forms.

pensar (e:ie)	piense, pienses, piense, pensemos, penséis, piensen
jugar (u:ue)	juegue, juegues, juegue, juguemos, juguéis, jueguen
mostrar (o:ue)	muestre, muestres, muestre, mostremos, mostréis, muestren
entender (e:ie)	entienda, entiendas, entienda, entendamos, entendáis, entiendan
resolver (o:ue)	resuelva, resuelvas, resuelva, resolvamos, resolváis, resuelvan
pedir (e:i)	pida, pidas, pida, pidamos, pidáis, pidan
sentir (e:ie)	sienta, sientas, sienta, sintamos, sintáis, sientan
dormir (o:ue)	duerma, duermas, duerma, durmamos, durmáis, duerman

- The following five verbs are irregular in the present subjunctive.

dar	dé, des, dé, demos, deis, den
estar	esté, estés, esté, estemos, estéis, estén
ir	vaya, vayas, vaya, vayamos, vayáis, vayan
saber	sepa, sepas, sepa, sepamos, sepáis, sepan
ser	sea, seas, sea, seamos, seáis, sean

Verbs of will and influence

- A clause is a group of words that contains both a conjugated verb and a subject (expressed or implied). In a subordinate (dependent) noun clause (**oración subordinada sustantiva**), a group of words function together as a noun.

*El hombre le pide al Diablo que le **ayude**.*

- When the subject of the main clause of a sentence exerts influence or will on the subject of the subordinate clause, the verb in the subordinate clause must be in the subjunctive.

MAIN CLAUSE	CONNECTOR	SUBORDINATE CLAUSE
Yo quiero	**que**	**tú** vayas **al cine conmigo.**

Verbs and expressions of will and influence

aconsejar *to advise*	**gustar** *to like*	**preferir** *to prefer*
desear *to desire, to wish*	**hacer** *to make*	**prohibir** *to prohibit*
es importante *it's important*	**importar** *to be important*	**proponer** *to propose*
	insistir (en) *to insist (on)*	**querer** *to want; to wish*
es necesario *it's necessary*	**mandar** *to order*	**recomendar** *to recommend*
	necesitar *to need*	
es urgente *it's urgent*	**oponerse a** *to oppose*	**rogar** *to beg; to plead*
exigir *to demand*	**pedir** *to ask for; to request*	**sugerir** *to suggest*

¡ATENCIÓN!

Pedir is used with the subjunctive to ask someone to do something. **Preguntar** is used to ask questions, and is not followed by the subjunctive.

Martín quiere que **grabemos** este anuncio para el viernes.
Martín wants us to record this ad by Friday.

Es necesario que **lleguen** al estreno antes de la una.
It's necessary that they arrive at the premiere before one o'clock.

El abogado recomienda que **lea** el contrato antes de firmar.
The lawyer recommends that I read the contract before signing.

Tus padres se oponen a que **salgas** tan tarde por la noche.
Your parents object to your going out so late at night.

- The infinitive, not the subjunctive, is used with verbs and expressions of will and influence if there is no change of subject in the sentence.

Infinitive	**Subjunctive**
Quiero ir al Caribe en enero.	**Prefiero que vayas en marzo.**
I want to go to the Caribbean in January.	*I prefer that you go in March.*

Remind students that impersonal expressions are followed by the infinitive unless a subject is introduced in the dependent clause. Ex: **Es importante sacar buenas notas./Es importante que tú saques buenas notas.**

Verbs of emotion

- When the main clause expresses an emotion like hope, fear, joy, pity, or surprise, the verb in the subordinate clause must be in the subjunctive if its subject is different from that of the main clause.

Espero que la película **tenga** subtítulos.
I hope the movie will have subtitles.

Es una lástima que no **puedas** ir a la fiesta.
It's a shame you can't go to the party.

Verbs and expressions of emotion

alegrarse (de) *to be happy (about)*	**es terrible** *it's terrible*	**molestar** *to bother*
es bueno *it's good*	**es una lástima** *it's a shame*	**sentir** *to be sorry; to regret*
es extraño *it's strange*	**es una pena** *it's a pity*	**sorprender** *to surprise*
es malo *it's bad*	**esperar** *to hope; to wish*	**temer** *to fear*
es mejor *it's better*	**gustar** *to like; to be pleasing*	**tener miedo (de)** *to be afraid (of)*
es ridículo *it's ridiculous*		

- The infinitive, not the subjunctive, is used with verbs and expressions of emotion if there is no change of subject in the sentence.

Infinitive	**Subjunctive**
No me gusta llegar tarde.	**Me molesta que la clase no termine a tiempo.**
I don't like to be late.	*It bothers me that the class doesn't end on time.*

Verbs of doubt or denial

- When the main clause implies doubt, uncertainty, or denial, the verb in the subordinate clause must be in the subjunctive if its subject is different from that of the main clause.

No creo que ella nos **quiera** engañar.
I don't think that she wants to deceive us.

Dudan que la novela **tenga** éxito.
They doubt that the novel will be successful.

Verbs and expressions of doubt and denial

dudar *to doubt*	**negar** *to deny*
es imposible *it's impossible*	**no creer** *not to believe*
es improbable *it's improbable*	**no es evidente** *it's not evident*
es poco seguro *it's uncertain*	**no es seguro** *it's not certain*
(no) es posible *it's (not) possible*	**no es verdad** *it's not true*
(no) es probable *it's (not) probable*	**no estar seguro (de)** *not to be sure*

- The infinitive, not the subjunctive, is used with verbs and expressions of doubt or denial if there is no change in the subject of the sentence.

Es imposible **salir** por ahí.
It's impossible to leave through there.

Es improbable que él **salga** por ahí.
It's unlikely that he would leave through there.

¡ATENCIÓN!

The subjunctive is also used with expressions of emotion that begin with **¡Qué...** (*What a...!/ It's so...!*)

¡Qué pena que él no vaya!
What a shame he's not going!

In idiomatic use, the subjunctive is occasionally used in sentences that begin with **que** when the main clause is inferred or implied. Ex: **(Espero) Que te vaya bien.**

Point out that the subjunctive exists in English, though only rarely does it differ in form from the indicative. Ex: *I wish I were in Dixie./If I had a million dollars.../If I were you...*

¡ATENCIÓN!

The expression **ojalá** (*I hope; I wish*) is always followed by the subjunctive. The use of **que** with **ojalá** is optional.

Ojalá (que) no llueva.
I hope it doesn't rain.

Ojalá (que) no te enfermes.
I hope you don't get sick.

The subjunctive is also used after **quizás** and **tal vez** (*maybe, perhaps*) when they signal uncertainty, even if there is no change of subject in the sentence.

Quizás vengan a la fiesta.
Maybe they'll come to the party.

Práctica

1 **Seleccionar** Escoge el infinitivo, el indicativo o el subjuntivo para completar las oraciones.

1. Me gusta (escuchar / escuche) merengue y salsa.
2. Quiero que me (compras / compres) un disco compacto de Milly Quesada.
3. Es una pena que no (hay / haya) más conciertos de merengue en nuestra ciudad.
4. No dudo que en el futuro (van / vayan) a tocar merengue en las discotecas locales.
5. Espero que mis amigos y yo (viajamos / viajemos) a Santo Domingo este verano.

2 **Terco** Mañana es el gran estreno de la película *Sin barreras* y Héctor Sánchez, uno de los actores, es muy terco (*stubborn*) y no quiere ir al estreno. El director de la película y Héctor hablan sobre el tema. Completa el diálogo con el subjuntivo o el indicativo.

DIRECTOR Mira, yo sé que (1) ___estás___ (estar) muy ocupado pero es muy importante que mañana (2) ___vayas___ (ir) al estreno de la película.

HÉCTOR Ya te he dicho que no quiero que (3) ___insistas___ (insistir). Prefiero que me (4) ___desees___ (desear) un buen viaje. Me voy de fin de semana a Santo Domingo.

DIRECTOR Pero Héctor, necesitamos que (5) ___hables___ (hablar) con los periodistas y que (6) ___saludes___ (saludar) al público.

HÉCTOR No creo que los periodistas (7) ___quieran___ (querer) entrevistarme.

DIRECTOR Pues sí. Ellos (8) ___quieren___ (querer) hablar contigo.

HÉCTOR No creo que (9) ___necesiten___ (necesitar) mi opinión.

3 **Opuestas** Escribe la oración que expresa lo opuesto en cada ocasión.

Modelo Dudo que este actor sepa actuar bien.
Estoy seguro/a de que este actor sabe actuar bien.

1. El director cree que los periodistas van a hablar con el presidente.
El director no cree que los periodistas vayan a hablar con el presidente.
2. No creo que el director les dé buenas instrucciones a sus actores.
Creo que el director les da buenas instrucciones a sus actores.
3. Estoy seguro de que la mayoría del público lee la noticia.
No estoy seguro de que la mayoría del público lea la noticia.
4. Es verdad que la banda sonora es de los años ochenta.
No es verdad que la banda sonora sea de los años ochenta.
5. Dudo que esa actriz escuche música en español.
No dudo que esa actriz escucha música en español.

Nota CULTURAL

Aunque el **merengue** se baila en la **República Dominicana** desde mediados del siglo XIX, su origen, es aún hoy día, un enigma. Una de las muchas versiones que existen dice que deriva de la **upa**, ritmo cubano con una parte llamada precisamente merengue, pero no es oficial. De lo que no hay duda es de sus raíces africanas y de su legendaria unión con la cultura de este país. Actualmente el merengue es muy popular en muchos países y **Juan Luis Guerra** es su máximo representante.

2 In pairs, have students decide if the actor went to the premiere. Then have them write either his interview with the press or a brief tabloid article speculating about his absence.

TEACHING OPTION Play the song *Ojalá que llueva café*, by Juan Luis Guerra (available on his CD **Grandes Éxitos**). Pass out lyrics with blank lines to fill in the subjunctive verb forms, or have them listen and jot down examples as they hear them.

4 Ask students to share their partners' opinions with the class. Write several on the board and ask who disagrees with each opinion.

4

Opiniones encontradas En parejas, combinen las expresiones de las columnas de manera lógica para formar opiniones. Hagan los cambios necesarios. Luego, escriban tres conversaciones breves.

Modelo —No creo que los futbolistas lean sólo la crónica deportiva. Seguramente, también leen las noticias locales y las internacionales porque es importante estar informado.

—No estoy de acuerdo. Es imposible que tengan tiempo para leer las noticias locales e internacionales porque pasan mucho tiempo practicando fútbol.

Creo		los medios de comunicación publican la verdad
No creo		los futbolistas lean sólo la crónica deportiva
Dudo		ese actor vive en una casa elegante
No dudo		se graben muchas telenovelas en México
No es cierto	que	se transmiten telenovelas españolas
Es evidente		la televisión sea entretenida (*entertaining*)
Es imposible		hay censura en los medios de comunicación
Me opongo a		los videos musicales se filmen en el extranjero

5 To preview the activity, have students write a personal ad as though they were Lucía or Roberto. Encourage them to be creative.

5

Roberto está enamorado Roberto invita a Lucía a cenar a su casa una noche. Ellos se acaban de conocer y son muy diferentes. Así que Roberto va a tener que cambiar muchas cosas para gustarle a Lucía. Un amigo común nos ha dado algunas pistas (*clues*) sobre cómo es Roberto y cómo es el hombre ideal de Lucía. Mira los dibujos y aconséjale a Roberto qué debe hacer esa noche. Dile cómo debe vestirse, qué comida debe preparar, la música que debe poner, la película que deben ver, etc. Utiliza las palabras de la lista.

Modelo Es importante que te peines bien esa noche.

aconsejar	es mejor	recomendar
es importante	es necesario	rogar
es malo	insistir en	sugerir

Roberto

Hombre ideal

Comunicación

6

¡Despedido! En parejas, usen las frases para escribir una conversación en la que un(a) actor/actriz de televisión es despedido/a (*fired*) por el/la director(a) del programa. Usen el indicativo y el subjuntivo.

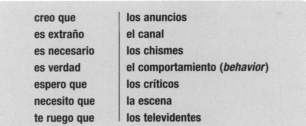

creo que	los anuncios
es extraño	el canal
es necesario	los chismes
es verdad	el comportamiento (*behavior*)
espero que	los críticos
necesito que	la escena
te ruego que	los televidentes

7

Hermanas Marcela y Julieta son hermanas. Marcela es una cantante de rock muy famosa y su hermana menor quiere seguir sus pasos. En parejas, lean el correo de Julieta. Luego escriban la respuesta de Marcela. Usen el subjuntivo y expresiones como **te aconsejo que, te recomiendo que, es necesario que, es importante que,** etc.

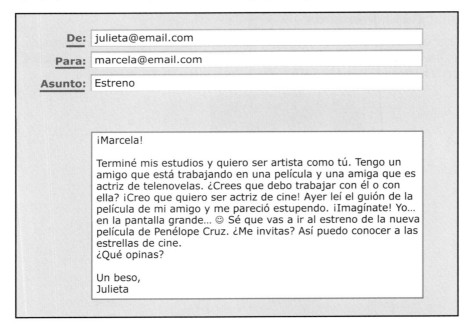

De: julieta@email.com
Para: marcela@email.com
Asunto: Estreno

¡Marcela!

Terminé mis estudios y quiero ser artista como tú. Tengo un amigo que está trabajando en una película y una amiga que es actriz de telenovelas. ¿Crees que debo trabajar con él o con ella? ¡Creo que quiero ser actriz de cine! Ayer leí el guión de la película de mi amigo y me pareció estupendo. ¡Imagínate! Yo... en la pantalla grande... ☺ Sé que vas a ir al estreno de la nueva película de Penélope Cruz. ¿Me invitas? Así puedo conocer a las estrellas de cine.
¿Qué opinas?

Un beso,
Julieta

8

¿Cómo son? ¿Qué hacen? En parejas, inventen e intercambien descripciones de estas personas utilizando el subjuntivo.

Modelo **La estrella de cine es tacaña.**
Dudo que gaste mucho dinero. Prefiere que sus amigos le compren todo.

1. La actriz es antipática.
2. El periodista es muy generoso.
3. El cantante es extraño.
4. La crítica de cine es insegura.

NATIONAL comparisons STANDARDS

INSTRUCTIONAL RESOURCES WB, LM, SAM Answer Key, IRCD-ROM (scripts)

Point out that while **usted** and **ustedes** may be omitted after polite commands, using them is more courteous.

3.2

Commands

Formal (**Ud.** and **Uds.**) commands

- Formal commands (**mandatos**) are used to give orders or advice to people you address as **usted** or **ustedes**. Their forms are identical to the present subjunctive forms for **usted** and **ustedes**.

Formal commands		
Infinitive	**Affirmative command**	**Negative command**
tomar	**tome** Ud.	**no tome** Ud.
	tomen Uds.	**no tomen** Uds.
volver	**vuelva** Ud.	**no vuelva** Ud.
	vuelvan Uds.	**no vuelvan** Uds.
salir	**salga** Ud.	**no salga** Ud.
	salgan Uds.	**no salgan** Uds.

Familiar (**tú**) commands

- Familar commands are used with people you address as **tú**. Affirmative **tú** commands have the same form as the **él, ella,** and **usted** form of the present indicative. Negative **tú** commands have the same form as the **tú** form of the present subjunctive.

—*Toma,* **ponte** *esto.*

Familiar commands		
Infinitive	**Affirmative command**	**Negative command**
viajar	viaja	no viajes
empezar	empieza	no empieces
pedir	pide	no pidas

- Eight verbs have irregular affirmative **tú** commands. Their negative forms are still the same as the **tú** form of the present subjunctive.

decir	di	salir	sal
hacer	haz	ser	sé
ir	ve	tener	ten
poner	pon	venir	ven

Nosotros/as commands

- **Nosotros/as** commands are used to give orders or suggestions that include yourself as well as other people. In Spanish, **nosotros/as** commands correspond to the English *let's* + [*verb*]. Affirmative and negative **nosotros/as** commands are generally identical to the **nosotros/as** forms of the present subjunctive.

<table>
<tr><td colspan="3" align="center">***Nosotros/as* commands**</td></tr>
<tr><th>Infinitive</th><th>Affirmative command</th><th>Negative command</th></tr>
<tr><td>bailar</td><td>bailemos</td><td>no bailemos</td></tr>
<tr><td>beber</td><td>bebamos</td><td>no bebamos</td></tr>
<tr><td>abrir</td><td>abramos</td><td>no abramos</td></tr>
</table>

- The **nosotros/as** commands for **ir** and **irse** are irregular: **vamos** and **vámonos**. The negative commands are regular: **No vayamos. No nos vayamos.**

Using pronouns with commands

- When object and reflexive pronouns are used with affirmative commands, they are always attached to the verb. When used with negative commands, the pronouns appear after **no** and before the verb.

Levántense temprano.	No **se** levanten temprano.
Wake up early.	*Don't wake up early.*
Dime todo.	No **me lo** digas.
Tell me everything.	*Don't tell it to me.*

- When the pronouns **nos** or **se** are attached to an affirmative **nosotros/as** command, the final **s** of the command form is dropped.

Sentémonos aquí.	No nos **sentemos** aquí.
Let's sit here.	*Let's not sit here.*
Démoselo mañana.	No se lo **demos** mañana.
Let's give it to him tomorrow.	*Let's not give it to him tomorrow.*

Indirect (**él, ella, ellos, ellas**) commands

- The construction **que** + [*verb*] in the third-person subjunctive can be used to express indirect commands that correspond to the English *let someone do something*. If the subject of the indirect command is expressed, it usually follows the verb.

Que pase el siguiente.	**Que** lo **haga** ella.
Let the next person pass.	*Let her do it.*

- As with other uses of the subjunctive, pronouns are never attached to the conjugated verb, regardless of whether the indirect command is affirmative or negative.

Que se lo den los otros.	**Que** no **se lo den.**
Que lo vuelvan a hacer.	**Que** no **lo vuelvan** a hacer.

Indicate that **nosotros/as** commands can also be expressed with **vamos**. Ex: **¡Vamos a comer!** *Let's eat!*

¡ATENCIÓN!

When one or more pronouns are attached to an affirmative command, an accent mark may be necessary to maintain the original stress. This usually happens when the combined verb form has three or more syllables. **decir:**

di, dile, dímelo

diga, dígale, dígaselo

digamos, digámosle, digámoselo

TALLER DE CONSULTA

See **3.3**, **page 104** for object pronouns.

See **4.2**, **page 138** for reflexive pronouns.

TEACHING OPTION The film from **Cortometraje, Lección 3** may be used to preview or reinforce regular and irregular command forms, as well as pronoun placement. Play the film and have students write down the commands they hear.

Práctica

1

Cambiar Cambia estas oraciones para que sean mandatos. Usa el imperativo.

1. Te conviene buscarlo en Internet. Búscalo en Internet.
2. ¿Por qué no leemos el horóscopo? Leamos el horóscopo.
3. Te pido que veas la película con subtítulos. Ve la película con subtítulos.
4. ¿Quiere hacer la entrevista? Haga la entrevista.
5. ¿Podrían ustedes grabar mi telenovela favorita hoy? Graben mi telenovela favorita hoy.
6. ¿Y si vamos al estreno? Vayamos al estreno.
7. Traten de darme el guión antes de las tres. Denme el guión antes de las tres.
8. Debes escuchar esta banda sonora. Es muy buena. Escucha esta banda sonora. Es muy buena.

2

Mateo Domínguez Un actor nuevo, Mateo Domínguez, va al estreno de su primera película. Dale consejos sobre lo que debe y no debe hacer en el estreno. Usa el imperativo informal.

besar a la gente	firmar (*to sign*) autógrafos
contar el final de la película	gritar al público
darle una entrevista a la prensa sensacionalista	hablar durante la película
	llegar tarde/temprano
explicar los efectos especiales	vestirse bien/mal

3

Un director difícil

A. Guillermo Luera es un director de teatro muy exigente (*demanding*). Escribe los consejos que le dio a un grupo de actores antes del estreno. Usa el imperativo formal de la segunda persona del plural.

1. No olvidar llegar temprano. No olviden llegar temprano.
2. Comer dos horas y media antes. Coman dos horas y media antes.
3. Venir con los diálogos memorizados. Vengan con los diálogos memorizados.
4. Evitar todos los medios de comunicación durante las 24 horas previas al estreno. Eviten todos los medios de comunicación durante las 24 horas previas al estreno.
5. Hacer ejercicios de respiración y de voz. Hagan ejercicios de respiración y de voz.
6. No fumar ni tomar bebidas frías. No fumen ni tomen bebidas frías.

B. La obra de teatro fue un éxito. Sin embargo, el señor Luera no estaba muy contento con el actor principal. En parejas, escriban los siete nuevos consejos que le dio utilizando el imperativo informal. Sean creativos.

Comunicación

4 **Internet** ¿Qué consejos le darías a un(a) amigo/a para que esté mejor informado/a sobre la actualidad? En parejas, hagan una lista de ocho recomendaciones utilizando mandatos informales afirmativos y negativos. Sean creativos.

Modelo Navega la red. Hay sitios web que ofrecen noticias de todo tipo.

enterarse	hacer	leer
escuchar	investigar	navegar
hablar	ir	ver

5 **Escenas** En parejas, escojan por lo menos dos de estos personajes y escriban una escena para una película. Usen mandatos afirmativos y negativos de las formas **tú**, **usted(es)** y **nosotros**. Sigan el modelo.

Modelo **SUSANA** ¡Sal de aquí! No quiero verte más. ¡Vete!

JORGE No quiero irme. ¡Quedémonos aquí! Hablemos del viaje a París. Hagamos planes. Seamos felices.

Jorge   Susana   José   Yolanda

6 **Anuncio** En grupos, elijan tres de estos productos y escriban un anuncio de televisión para promocionarlo. Utilicen los mandatos formales para convencer al público de que lo compre.

Modelo El nuevo perfume "Enamorar" de Carolina Ferrero le va a encantar. Cómprelo en cualquier perfumería de su ciudad. Pruébelo y. . .

> Perfume "Enamorar" de Carolina Ferrero
> Chocolate sin calorías "Deliz"
> Raqueta de tenis "Rayo"
> Pasta de dientes "Sonrisa Sana"
> Computadora portátil "Digitex"
> Crema hidratante "Suave"
> Todo terreno "4 × 4"
> Cámara fotográfica "Flimp"

4 Call on students to write one of their commands on the board.

4 As a variant, have them convert their sentences into **Uds.** commands for the entire class.

5 After writing the scenes, have each pair join another pair to compare and check each other's work. Then have volunteers perform their scenes for the class.

6 Ask groups to read their advertisements aloud, then have the class vote on whether or not they were convinced to buy the product.

INSTRUCTIONAL
RESOURCES WB, LM,
SAM Answer Key, IRCD-ROM
(scripts)

3.3

Object pronouns

- Pronouns are words that take the place of nouns. Direct object pronouns directly receive the action of the verb. Indirect object pronouns identify *to whom* or *for whom* an action is done.

*El Diablo **le** dio el dinero.*

Indirect object pronouns		Direct object pronouns	
me	nos	me	nos
te	os	te	os
le	les	lo/la	los/las

Position of object pronouns

- Direct and indirect object pronouns (**los pronombres de complemento directo e indirecto**) precede the conjugated verb.

Indirect object	Direct object
Carla siempre **me** da boletos para el cine. *Carla always gives me movie tickets.*	Ella **los** consigue gratis. *She gets them for free.*
No **le** guardé la crónica deportiva. *I didn't save the sports section for him.*	Nunca **la** quiere leer. *He never wants to read it.*

- When the verb is an infinitive construction, object pronouns may either be attached to the infinitive or placed before the conjugated verb.

Indirect object	Direct object
Debes pedir**le** el dinero de la apuesta. **Le** debes pedir el dinero de la apuesta.	Voy a hacer**lo** enseguida. **Lo** voy a hacer enseguida.
Tienes que presentar**me** a los actores. **Me** tienes que presentar a los actores.	Vamos a filmar**la** en Kenia. **La** vamos a filmar en Kenia.

- When the verb is progressive, object pronouns may either be attached to the present participle or placed before the conjugated verb.

Indirect object	Direct object
Está mandándo**les** el guión. **Les** está mandando el guión.	Está buscándo**las** por todos lados. **Las** está buscando por todos lados.

Double object pronouns

- The indirect object pronoun precedes the direct object pronoun when they are used together in a sentence.

Me **mandaron** los boletos **por correo.** 〉 Me los **mandaron por correo.**

Te **exijo** una respuesta **ahora mismo.** / Te la **exijo ahora mismo.**

- **Le** and **les** change to **se** when they are used with **lo, la, los,** or **las**.

Le **da** los periódicos **a Ricardo.** 〉 Se los **da.**

Le **enseña** las revistas **a Elena.** / Se las **enseña.**

Prepositional pronouns

Prepositional pronouns			
mí *me, myself*	**él** *him, it*	**nosotros/as** *us, ourselves*	**ellos** *them*
ti *you, yourself*	**ella** *her, it*		**ellas** *them*
Ud. *you, yourself*	**sí** *himself, herself, itself*	**vosotros/as** *you, yourselves*	**sí** *themselves*
		Uds. *you, yourselves*	

- Prepositional pronouns function as the objects of prepositions. Except for **mí, ti,** and **sí,** these pronouns are the same as the subject pronouns.

—¿Qué opinas de **ella**? —¿Lo compraron para **mí** o para Javier?

—Ay, mi amor, sólo pienso en **ti**. —Lo compramos para **él**.

- Prepositional pronouns are often used with **a** to provide clarity or emphasis.

—¿Te gusta aquel actor? —¿A quién se lo dieron?

—¡**A mí** me fascina! —Se lo dieron **a ella**.

- When a third person subject refers to himself, herself, or itself, the pronoun **sí** is used. In this case, the adjective **mismo(s)/a(s)** is usually added to clarify the object.

José se lo regaló a **él**. José se lo regaló a **sí mismo**.
José gave it to him (someone else). *José gave it to himself.*

- When **mí, ti,** and **sí** are used with **con,** they become **conmigo, contigo,** and **consigo**.

¿Quieres ir **conmigo** al museo?
Do you want to go to the museum with me?

Laura siempre lleva su computadora portátil **consigo**.
Laura always brings her laptop with her.

- The following prepositions are used with **tú** and **yo** instead of **mí** and **ti: entre, excepto, incluso, menos, salvo, según**.

Todos están de acuerdo **menos tú** y **yo**.

¡ATENCIÓN!

When object pronouns are attached to infinitives, participles, or commands, a written accent is often required to maintain proper word stress.

Infinitive
cantármela

Present participle
escribiéndole

Command
acompáñeme

For more information on using object pronouns with commands, see **3.2, p. 101**.

TALLER DE CONSULTA

See **Manual de gramática, 3.4, p. 386** and **3.5, p. 388** for information on possessive and demonstrative pronouns.

Stress that unlike in English, the construction **a** + [*prepositional pronoun*] does not take the place of the indirect object pronoun. Rather, it is added for clarity or emphasis.

Point out that **mismo(s)/a(s)** may be used with any prepositional pronouns, not just third person.
Ex: **Hablo de mí misma.**

Práctica

1

Dos buenas amigas Rosa y Karina están en un bar hablando de un cantante muy famoso llamado Chayanne. Selecciona las personas de la lista que corresponden con los pronombres subrayados (*underlined*).

a Claudia	a Chayanne	a mí
a Chayanne	y a la muchacha	a nosotras
	a la muchacha	a ti

ROSA Como (1) <u>te</u> digo. (2) <u>Lo</u> vi caminando por la calle junto a una muchacha.

KARINA ¿De verdad? ¿(3) <u>Los</u> viste tomados de la mano?

ROSA No. Creo que él sólo (4) <u>la</u> estaba ayudando a cargar algunas bolsas de la tienda.

KARINA ¿Será su esposa?

ROSA No creo. Iban juntos pero casi no hablaban. (5) <u>Me</u> parece que no son ni novios.

KARINA Y tú, ¿qué hiciste? ¿No (6) <u>le</u> dijiste que (7) <u>nos</u> parece el hombre más guapo del planeta y que (8) <u>lo</u> amamos?

ROSA No pude hacer nada, estaba paralizada por la emoción.

KARINA Voy a llamar a Claudia inmediatamente. ¡(9) <u>Le</u> tengo que contar todo!

1. ___a ti___
2. ___a Chayanne___
3. ___a Chayanne y a la muchacha___
4. ___a la muchacha___
5. ___a mí___
6. ___a Chayanne___
7. ___a nosotras___
8. ___a Chayanne___
9. ___a Claudia___

2

Un concierto Martín y Luisa han organizado un concierto. Un agente de policía les aconseja lo que deben hacer para evitar problemas. Reescribe los consejos cambiando las palabras subrayadas por los pronombres de complemento directo e indirecto correctos.

1. Traten amablemente <u>a la policía</u>. Trátenla amablemente.

2. No pueden contratar <u>al grupo musical</u> sin permiso.
No pueden contratarlo sin permiso./No lo pueden contratar sin permiso.

3. Hay que poner <u>la música</u> muy baja. Hay que ponerla muy baja.

4. Tienen que darme <u>la lista de periodistas y fotógrafos</u>. Tienen que dármela./Me la tienen que dar.

5. Deben respetar <u>a los vecinos</u>. Deben respetarlos./Los deben respetar.

6. Me dicen que van a transmitir <u>el concierto</u> por la radio.
Me dicen que van a transmitirlo por la radio./Me dicen que lo van a transmitir por la radio.

3

Entrevista Completa la entrevista con el pronombre correcto.

REPORTERO (1) __Te__ digo que pareces muy contento con el éxito de tu sitio web.

PABLO Sí, (2) __lo__ estoy. Este sitio es muy importante para (3) __mí__.

REPORTERO ¿Con quién trabajas?

PABLO Con mi hermano. (4) __Le__ doy la mitad del trabajo. (5) __Me__ ayuda mucho en los momentos de estrés.

REPORTERO ¿Cuáles son tus proyectos ahora?

PABLO (6) __Me__ gustaría presentar cortometrajes y documentales en el sitio web. A mi hermano y a mí (7) __nos__ encantan las películas.

REPORTERO ¿(8) __Te__ preocupa mucho la censura? Por ejemplo, ¿editas los guiones?

PABLO A veces, sí. Porque si (9) __los__ podemos editar, luego no tenemos problemas.

Comunicación

4 **¿En qué piensas?** Piensa en algunos de los objetos típicos que ves en la clase o en tu casa (un cuadro, una maleta, un mapa, etc.). Tu compañero/a debe adivinar el objeto que tienes en mente, haciéndote preguntas con pronombres.

> Modelo   **Tú piensas en: un libro**
> —Estoy pensando en algo que uso para estudiar.
> —¿Lo usas mucho?
> —Sí, lo uso para aprender español.
> —¿Lo compraste?
> —Sí, lo compré en la librería.

5 **A conversar** En parejas, túrnense para contestar las preguntas usando pronombres de objeto directo o indirecto según sea necesario.

1. ¿Te gusta organizar fiestas? ¿Cuándo fue la última vez que organizaste una? ¿Por qué la organizaste?
2. ¿Invitaste a muchas personas? ¿A quiénes invitaste?
3. ¿Qué actividades les sugeriste a los invitados?
4. ¿Qué les ofreciste de comer a los invitados en tu fiesta?

6 **Fama** María Estela Pérez es una actriz de cine que debe encontrarse con sus fans pero, como no sabe dónde dejó su agenda, no recuerda a qué hora es el encuentro. En grupos de cuatro, miren la ilustración e inventen una historia inspirándose en ella. Utilicen pronombres cuando sea necesario.

7 **Una persona famosa** En parejas, escriban una entrevista para una persona famosa. Utilicen estas cuatro preguntas y escriban cuatro más. Utilicen pronombres en las respuestas. Después, representen la entrevista delante de la clase.

> Modelo   —¿Quién prepara la comida en tu casa?
> —Mi cocinero la prepara.

1. ¿Visitas frecuentemente a tus amigos/as?
2. ¿Ves mucho la televisión?
3. ¿Quién conduce tu auto?
4. ¿Preparas tus maletas cuando viajas?

Síntesis

Noticias: ¿Mucho, poco o nada?

Los noticieros de la televisión tienen la misión de informar al público. Sin embargo, hay distintas opiniones sobre estos programas de noticias. Algunas personas están satisfechas con ver solamente un noticiero para informarse. Generalmente estas personas ven el mismo programa todos los días o todas las semanas. Otras personas creen que deben obtener información de diferentes fuentes°, por ejemplo de otros canales de televisión.

Estas personas generalmente ven más de un programa de noticias, en diferentes cadenas de televisión. Y hay incluso otro tipo de televidente que simplemente no cree en los programas de noticias y, por lo tanto, no ve las noticias. Estas personas buscan información en medios de comunicación alternativos, como Internet, o simplemente no buscan ninguna información y sólo ven la televisión para entretenerse y evadirse de la realidad. ■

sources

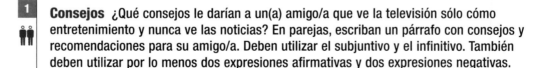

1 Consejos ¿Qué consejos le darían a un(a) amigo/a que ve la televisión sólo cómo entretenimiento y nunca ve las noticias? En parejas, escriban un párrafo con consejos y recomendaciones para su amigo/a. Deben utilizar el subjuntivo y el infinitivo. También deben utilizar por lo menos dos expresiones afirmativas y dos expresiones negativas.

2 Publicidad En grupos pequeños, imaginen que son un equipo de creativos de publicidad y deben escribir seis frases publicitarias. Usen el imperativo y la segunda persona del singular.

Modelo ¿Todavía no sabe qué tiempo va a hacer mañana? Vea "El clima en sus manos", en Mundovisión.

3 Debate En parejas, imaginen un diálogo entre una persona que no utiliza Internet y otra persona que está todo el día frente a la computadora. Representen el diálogo ante la clase, utilizando la mayor cantidad de pronombres posibles.

Preparación

Vocabulario de la lectura		Vocabulario útil
controvertido/a *controversial*	**golpear** *to beat (a drum)*	**el bajo** *bass*
el crecimiento *growth*	**la letra** *lyrics*	**la flauta** *flute*
desarrollar *to develop; to grow*	**la pista de baile** *dance floor*	**la guitarra** *guitar*
el estilo *style*	**el ritmo** *rhythm*	**el sintetizador** *synthesizer*
el éxito *success*	**salir a la venta** *to go on sale*	**el tambor** *drum*
la fama *fame*	**la trompeta** *trumpet*	**tocar** *to play (an instrument)*
el género *genre*	**el violonchelo** *cello*	

Point out that both **la letra** and **la lírica** act as false cognates in certain contexts. **la letra** → *letter (of the alphabet); song lyrics; **not** letter written to someone* **la lírica** → *lyric poem; lyric poetry; female lyric poet; **not** song lyrics*

1 **Vocabulario** Completa las oraciones con el vocabulario de la lista.

controvertido	fama	pista de baile
estilo	géneros	ritmo
éxito	golpear	salir a la venta

1. La nueva novela de Gabriel García Márquez va a _salir a la venta_ en mayo.
2. La diseñadora de moda (*fashion designer*) Carolina Herrera tiene un _estilo_ único.
3. Para tener _éxito_ en la vida, hay que trabajar y estudiar mucho.
4. El origen de la vida es un tema muy _controvertido_.
5. La salsa, la rumba y el tango son diferentes _géneros_ musicales.
6. Algunos actores que viven en Hollywood tienen dinero y mucha _fama_.
7. Dentro de un bar, se puede bailar en la _pista de baile_.

1 Point out that **salir a la venta** usually refers to the release of a new product for sale, whereas **estar en venta** refers to a reduction in price.

2 **La música** En parejas, contesten las siguientes preguntas y expliquen sus respuestas.

1. ¿Les gusta la música latina? ¿Por qué?
2. ¿Qué cantantes latinos conocen?
3. ¿De qué países son esos/as cantantes?
4. ¿En qué situaciones escuchan música en español?
5. ¿Les gusta bailar música latina?
6. ¿Toman clases de baile?

2 Have volunteers bring in music in Spanish from their personal collections or bring some of your own, if necessary. Listen to excerpts from several artists and discuss the genre of each song and the instruments used.

3 **Completar** En grupos de cuatro, completen las siguientes frases de acuerdo a sus opiniones.

1. Me siento identificado/a con la música de... porque...
2. La música (no) es importante en mi vida porque...
3. Me gusta que mi cantante favorito/a... porque...
4. Pienso que las bandas y los cantantes que tienen éxito son aquellos que... porque...
5. Saber bailar es importante/necesario... porque...
6. Las personas que saben bailar... porque...

Escucha el artículo y abre una investigación
en **www.imagina.vhlcentral.com**.

Ritmos del Caribe

Durante los últimos años, en los Estados Unidos se está viviendo una explosión en las ventas de discos en español. Las estaciones de radio especializadas en música latina son las de mayor crecimiento y los cantantes y grupos musicales hispanos programan conciertos por todo el territorio norteamericano. Este fenómeno tiene su causa en los cambios socioculturales que se están viviendo en el país. En primer lugar, se debe al crecimiento de la población latina que mantiene sus tradiciones y con ello el consumo de su música. En segundo, se debe al nuevo interés por la música en español por parte de un público que antes se limitaba a oírla en inglés.

Los estilos musicales en español que más proyección° internacional tienen son los que tienen su origen en las islas del Caribe. Mezcla de ritmos africanos, españoles e indígenas, algunos de los ritmos caribeños más populares en nuestros días son la salsa, el son cubano y el reggaetón.

distribution

La salsa

La salsa, que nació como una versión modernizada del son cubano, se extendió en el mercado latinoamericano en 1975. El ritmo salsero se hizo compañero indispensable en el día a día hispano. A partir de entonces, se empezó a oír en los comercios, en las oficinas, en los bares, en las fiestas, en el hogar° y en las calles. Sus letras hablan de los sufrimientos y las alegrías de la vida cotidiana°. El gran número de inmigrantes latinos que vivían en Nueva York hizo que esta ciudad se convirtiera en puerto de entrada° de los ritmos caribeños en los Estados Unidos. Entre sus representantes más famosos se cuentan El gran Combo de Puerto Rico y Óscar de León.

home

daily, everyday

entryway

El son cubano

El son cubano se apoderó° de las listas de los discos más vendidos en 1997, cuando salió a la venta el álbum titulado *Buena Vista Social Club,* interpretado por un grupo de importantes músicos de Cuba. Una película

moved to the top

Instrumentos del Caribe

El bongó y las maracas son algunos de los instrumentos más utilizados en la música caribeña. El bongó tiene forma de barril y posee una cubierta de cuero (*leather cover*) muy tensa que vibra al golpearla. Las maracas son de origen afrocubano y están hechas de un recipiente que tiene forma redondeada. En el interior de ellas se ponen pequeños objetos como semillas o piedrecillas que al moverse producen su sonido típico.

que documenta la grabación del disco fue un éxito en las taquillas de cine de todo el mundo. La fama del documental ayudó a que el son cubano llegara a un público que nunca antes había tenido interés en este género musical pues, durante décadas, la fama de estos músicos se limitaba sólo a la isla. Personas de todas las edades bailan al ritmo de la música de este fascinante grupo que se convirtió en un fenómeno mediático° internacional.

created by the media

El reggaetón

Un caso que se está desarrollando hoy en día es el reggaetón. Esta música bailable° nació en Puerto Rico en los años noventa. Se deriva del *reggae* jamaicano, del *hip-hop* norteamericano y de diferentes ritmos puertorriqueños. Recientemente se ha convertido en la música en español con más proyección internacional. El contenido de sus letras, en su mayoría controvertido, no es muy diferente al del hip-hop norteamericano y retrata° con frecuencia la violencia en las calles. Don Omar y Ivy Queen son dos de los creadores de reggaetón cuyas canciones dominan las pistas de baile.

danceable

depicts

Las melodías del Caribe están cada vez más presentes en el panorama musical del momento. Con la introducción en el mercado internacional de los ritmos caribeños, se está acostumbrando al público a escuchar con mayor atención lo que, en muchas ocasiones, es la bandera de esa cultura: su música. ■

NATIONAL communication STANDARDS

1 If time permits, watch *The Buena Vista Social Club* or assign it for viewing outside of class.

2 Ask students to listen for at least 30 minutes to local or online Spanish language radio. Have them write down: the name and location of the station; the genre(s) of music; the title and artist of a song they heard; their likes, dislikes, and general impressions. Discuss as a class.

TEACHING OPTION Choose from the artists mentioned in the reading and play excerpts from each of the three genres described. Students must try to guess the genre of each song based on the descriptions in the reading.

TEACHING OPTION Expand upon the reading by including Latin dance. Teach students the basic steps for salsa or have students volunteer to teach their classmates. Alternatively, help students come up with a list of popular movies that include Latin dance scenes or a list of local venues that play Latin music.

Análisis

1

Comprensión Contesta las preguntas.

1. ¿Cuál es el fenómeno que se describe en el primer párrafo?
   Se describe la popularidad de la música hispana en los EE.UU.
2. ¿Cuáles son los dos factores que causan este fenómeno?
   El crecimiento de la población latina y el interés de un público que antes sólo escuchaba música en inglés.
3. ¿Cuáles son los estilos musicales que tienen más proyección internacional?
   Estos estilos son la salsa, el son cubano y el reggaetón.
4. ¿De qué hablan las letras de la salsa? Hablan de los sufrimientos y las alegrías de la vida cotidiana.
5. Antes del álbum titulado *Buena Vista Social Club*, ¿dónde tenían fama los músicos del grupo del mismo nombre? Su fama se limitaba a la isla de Cuba.
6. ¿Qué es el reggaetón y de dónde proviene? Es una música bailable que nació en Puerto Rico. Proviene del *reggae* jamaicano, del *hip-hop* norteamericano y de diferentes ritmos puertorriqueños.

2

Ampliar En parejas, contesten las preguntas y expliquen sus respuestas.

1. ¿Por qué crees que la música es tan importante para los latinos de los Estados Unidos?
2. ¿Has visto el fenómeno de la música latina en donde tú vives?
3. ¿Sin qué tipo de música no puedes vivir?
4. Cuando viajas al extranjero, ¿escuchas la música local? ¿La compras?

3

Aviso Tú y tus compañeros/as de clase deciden formar un grupo de música caribeña, pero todavía están buscando un(a) pianista, un(a) cantante u otro miembro necesario del grupo. En grupos de cuatro, hagan un aviso buscando a alguien que tenga al menos tres características esenciales para formar parte de su grupo de música caribeña. Cuando terminen, presenten el aviso al resto de la clase.

> **Modelo** El grupo Los Salseros Boricuas busca persona entusiasta que sepa tocar el bongó. Si te encanta la música caribeña, hacer amigos y viajar, llama al 431-237-1003 y pregunta por Lucio.

4

Tu música En grupos de cuatro, piensen en la música típica de los Estados Unidos que ustedes escuchan y comparen sus características con las de la música latina de acuerdo al cuadro que sigue. Luego, comparen sus respuestas con las de otros grupos.

	Música latina	Música norteamericana
Instrumentos típicos		
Ocasiones en que se escucha o se baila		
Origen e influencias		
Público típico		
Tema de las letras		
Distintos estilos y sus intérpretes más internacionales		

Preparación

Sobre el autor

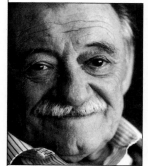

Mario Benedetti, nacido en Tacuarembó, Uruguay, en 1920, sufrió un largo exilio repartido entre Argentina, Perú, Cuba y España. Este hecho dejó una profunda huella (*mark*) tanto en su vida personal como en su obra literaria. Su volumen de cuentos (*short stories*) *Montevideanos,* de tono costumbrista, lo consagró (*established*) como escritor aunque ha cultivado todos los géneros (*genres*). Su estilo tiene diferentes matices (*nuances*): cotidiano y existencial en *Poemas de oficina* y político-social en varias de sus novelas como *La Tregua, Gracias por el fuego* y *Primavera con una esquina rota.* La ausencia, el retorno y el recuerdo son varias de las constantes en la temática del escritor. En 1999, ganó el Premio Reina Sofía de Poesía Iberoamericana.

INSTRUCTIONAL RESOURCES LM, SAM Answer Key, Lab MP3, IRCD-ROM (scripts) Dramatic readings of the **Literatura** selections are recorded on the Lab MP3.

TEACHING OPTION Have students write a dialogue using at least eight words from the vocabulary.

Vocabulario de la lectura	Vocabulario útil
colocar *to place (an object)*	**el canal** *channel*
hondo/a *deep*	**el programa** *program*
la imagen *image, picture*	**el televisor** *television set*
por primera/última vez *for the first/last time*	
redondo/a *round*	
señalar *to point to, to signal*	

1 **Vocabulario** Completa las oraciones con la opción correcta.

1. Voy a _____ la televisión sobre la mesa.
   a. señalar   (b.) colocar   c. transmitir

2. Miremos el _____ sobre la fauna en Latinoamérica.
   a. hondo   b. televisor   (c.) programa

3. Julio me _____ la calle que debo tomar, pero no quiso ir conmigo.
   (a.) señaló   b. colocó   c. grabó

4. ¿En qué _____ van a transmitir el partido?
   a. programa   (b.) canal   c. imagen

5. En lo más _____ de mi corazón guardo el recuerdo de mi primera película.
   a. redondo   (b.) hondo   c. destacado

6. Ayer salí _____ en la televisión. ¡Fue muy emocionante!
   a. después de   b. al principio   (c.) por primera vez

2 **Imaginar** En parejas, imaginen que unos padres se entrevistan con el/la director(a) responsable de la programación infantil de una cadena de televisión. ¿Qué tipo de programas prefieren los padres? ¿Y el/la director(a) de televisión? ¿Por qué? Hablen de los programas de la lista, y de otros que se les ocurran (*others that occur to you*).

deportes	documentales	programas educativos
dibujos animados	películas de acción	videos musicales

2 Ask students to comment on their own television viewing when they were children. **¿Con qué frecuencia veían la tele? ¿Cuáles eran sus programas favoritos? ¿Tenían sus padres algunas reglas sobre la televisión, y creen que hicieron buenas decisiones?**

IDILIO

Mario Benedetti

Escucha la lectura y opina sobre el tema en **www.imagina.vhlcentral.com**.

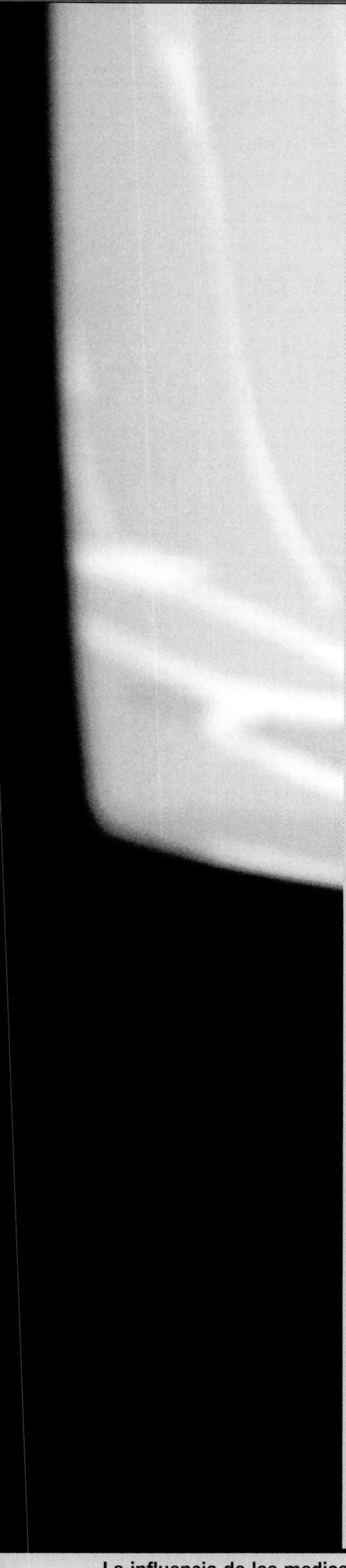

La noche en que colocan a Osvaldo (tres años recién cumplidos) por primera vez frente a un televisor (se exhibe un drama británico de hondas resonancias), queda hipnotizado, la boca entreabierta°, los ojos redondos de estupor.

La madre lo ve tan entregado al sortilegio° de las imágenes que se va tranquilamente a la cocina. Allí, mientras friega ollas y sartenes°, se olvida del niño. Horas más tarde se acuerda, pero piensa: "Se habrá dormido". Se seca las manos y va a buscarlo al living.

La pantalla está vacía°, pero Osvaldo se mantiene en la misma postura y con igual mirada extática.

—Vamos. A dormir —conmina° la madre.

—No —dice Osvaldo con determinación.

—¿Ah, no? ¿Se puede saber por qué?

—Estoy esperando.

—¿A quién?

—A ella.

Y señaló el televisor.

—Ah. ¿Quién es ella?

—Ella.

Y Osvaldo vuelve a señalar la pantalla. Luego sonríe, candoroso°, esperanzado, exultante.

—Me dijo: "querido".

half-opened

entregado... *surrendered to the magic*

friega... *washes pots and pans*

empty, blank

orders

innocent, naïve

Análisis

1 **Comprensión** Contesta las preguntas con oraciones completas.

1. ¿Cómo se llama el protagonista de esta historia? El protagonista se llama Osvaldo.

2. ¿Cómo se queda el niño cuando está por primera vez delante del televisor?
El niño se queda hipnotizado, con la boca entreabierta y los ojos redondos de estupor.

3. ¿Qué hace la madre mientras Osvaldo mira la televisión?
La madre va tranquilamente a la cocina y friega (lava) ollas y sartenes.

4. Cuando la madre va a buscarlo horas más tarde, ¿cómo está la pantalla?
Cuando la madre vuelve, la pantalla está vacía.

2 **Interpretar** Contesta las siguientes preguntas.

1. La madre se olvida durante unas horas del hijo, ¿qué importancia tiene este hecho en la historia?

2. Según Osvaldo, ¿quién le dijo "querido"? ¿Qué explicación lógica le puedes dar a esta situación?

3. ¿Crees que existen personas que establecen una relación de dependencia con la televisión? ¿Puedes dar algún ejemplo?

3 **Opinar** En parejas, lean las afirmaciones y digan si están de acuerdo o no, y por qué. Después, compartan su opinión con la clase.

- La televisión ayuda a los padres a educar a sus hijos.
- Gracias a los programas infantiles que ofrecen las distintas cadenas de televisión, los padres tienen más tiempo libre.
- La televisión hace compañía a los enfermos y a los ancianos.
- La televisión sólo es buena para los niños y los ancianos; para todas las demás personas es una pérdida de tiempo.

4 **Escribir** Escribe un correo electrónico a un(a) amigo/a y háblale de un programa de televisión que (no) te gusta. Explica cómo es y por qué tienes esa opinión.

Plan de redacción

Escribir un correo electrónico

1 **Un saludo informal** Elige uno de los siguientes saludos para encabezar tu correo: Hola, ¿Qué tal?, ¿Qué onda?, ¿Cómo te va?, ¿Cómo estás?...

2 **Contenido** Organiza tus ideas para que no se te olvide nada.

1. Escribe una breve introducción sobre el programa de televisión.
2. Describe el programa y expresa tu opinión sobre él. Utiliza el subjuntivo.
3. Termina el correo electrónico con un mandato, en el que le dices que vea o que no vea ese programa.

3 **Despedida** Elige una de estas despedidas: **Hasta luego**, **Chao/Chau**, **Adiós**...

Los medios de comunicación

Los medios

el acontecimiento *event*
la actualidad *current events*
el anuncio *advertisement*
la censura *censorship*
Internet *Internet*
los medios de comunicación *media*
la parcialidad *bias*
la publicidad *advertising*
el radio *radio*
la radioemisora *radio station*
el reportaje *news report*
el sitio web *website*
la temporada *season*

enterarse (de) *to become informed (about)*
navegar la red *to search the web*
opinar *to think*
ser parcial *to be biased*
tener buena/mala fama *to have a good/bad reputation*

actualizado/a *up-to-date*
destacado/a *prominent*
en directo/vivo *live*
imparcial *impartial, unbiased*
influyente *influential*

Gente en los medios

el/la actor/actriz *actor/actress*
el/la cantante *singer*
el/la crítico/a de cine *film critic*
el/la director(a) *director*
la estrella (de cine) *(movie) star*
el/la fotógrafo/a *photographer*
el/la locutor(a) de radio *radio announcer*
el/la oyente *listener*
el/la periodista *journalist*
el público *public*
el/la redactor(a) *editor*
el/la reportero/a *reporter*
el/la televidente *television viewer*

El cine y la televisión

la banda sonora *soundtrack*
la cadena *network*
el documental *documentary*
los efectos especiales *special effects*

la emisión *broadcast*
el estreno *premiere, new movie*
la pantalla *screen*
la película *movie*
los subtítulos *subtitles*
la telenovela *soap opera*
la televisión *television*
el video musical *music video*

entretener *to entertain*
entrevistar *to interview*
filmar/rodar (o:ue) *to film*
grabar *to record*
trasmitir *to broadcast*

La prensa

la crónica deportiva *sports page/section*
la crónica de sociedad *lifestyle section*
el horóscopo *horoscope*
la libertad de prensa *freedom of the press*
las noticias locales/internacionales/ nacionales *local/international/ national news*
el periódico/el diario *newspaper*
la portada *front page, cover*
la prensa (sensacionalista) *(sensationalist) press*
la revista *magazine*
la tira cómica *comic strip*
el titular *headline*

investigar *to research; to investigate*
publicar *to publish*

Cortometraje

el alma *soul*
el ángel *angel*
el arma *gun*
el Diablo *devil*
el disparo *shot*
la encrucijada *crossroads*
la fantasía *fantasy*
el fenómeno *phenomenon*
el pasamontañas *ski mask*
los rasgos *features*
el robo *robbery*
la sangre *blood*
el ser humano *human being*
el suceso *incident*

adivinar *to guess*
arrepentirse *to be sorry*
castigar *to punish*
cometer (un crimen) *to commit (a crime)*
convocar *to invoke*
engañar *to deceive, to trick*
firmar *to sign*
robar *to rob*

apenas *hardly; just*

Cultura

el bajo *bass*
el crecimiento *growth*
el estilo *style*
el éxito *success*
la fama *fame*
la flauta *flute*
el género *genre*
la guitarra *guitar*
la letra *lyrics*
la pista de baile *dance floor*
el ritmo *rhythm*
el sintetizador *synthesizer*
el tambor *drum*
la trompeta *trumpet*
el violonchelo *cello*

desarrollar *to develop; to grow*
golpear *to beat (a drum)*
salir a la venta *to go on sale*
tocar *to play (an instrument)*

controvertido/a *controversial*

Literatura

el canal *channel*
la imagen *image, picture*
el programa *program*
el televisor *television set*

colocar *to place (an object)*
señalar *to point to, to signal*

hondo/a *deep*
redondo/a *round*
por primera/última vez *for the first/last time*

Generaciones en *movimiento*

El paso del tiempo es una realidad incuestionable e inevitable que afecta a todo y a todos. Sin embargo, la evolución de las culturas y de las familias depende de ese constante pasar del tiempo y de las nuevas generaciones que trae. El tiempo pasa y la vida sigue, y en ese trayecto infinito es irremediable que surjan brechas generacionales y choques entre culturas.

Dos generaciones encuentran su propia manera de comunicarse.

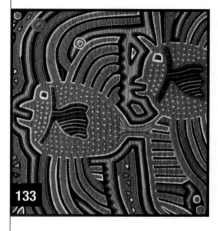

Destino:
CENTROAMÉRICA

HONDURAS
GUATEMALA
EL SALVADOR
NICARAGUA
COSTA RICA
PANAMÁ

PREVIEW Ask students to analyze both literal and figurative meanings of the lesson title. In pairs, have students trace the geographical movement of their families over several generations. Then discuss how beliefs, priorities, culture and traditions have evolved in their families over time. Ask: **¿Qué brechas generacionales y culturales han surgido dentro de tu familia? ¿Qué significa** *movimiento* **para tu generación?**

Entre familia

Los parientes

el antepasado *ancestor*
el/la bisabuelo/a *great-grandfather/ grandmother*
el/la cuñado/a *brother/ sister-in-law*
el/la esposo/a *husband/wife*
el/la gemelo/a *twin*
el/la hijo/a único/a *only child*
la madrastra *stepmother*
el/la medio/a hermano/a *half brother/sister*
la nuera *daughter-in-law*
el padrastro *stepfather*
el/la pariente/a *relative*
el/la primo/a *cousin*
el/la sobrino/a *nephew/niece*
el/la suegro/a *father/mother-in-law*
el/la tío/a (abuelo/a) *(great) uncle/aunt*
el yerno *son-in-law*

La vida familiar

agradecer *to thank*
apoyar(se) *to support (each other)*
criar *to raise (children)*
independizarse *to gain independence*
lamentar *to regret*
mimar *to spoil*
pelear(se) *to fight (one another)*
quejarse (de) *to complain (about)*
regañar *to scold*
respetar *to respect*
superar *to overcome*
trasladar *to move*

La personalidad

el carácter *character, personality*
————
bien educado/a *well-mannered*
egoísta *selfish*
estricto/a *strict*
exigente *demanding*
honrado/a *honest*
insoportable *unbearable*
mal educado/a *ill-mannered*
mandón/mandona *bossy*

rebelde *rebellious*
sumiso/a *submissive*
unido/a *close-knit*

Las etapas de la vida

la juventud *youth*
la madurez *maturity*
la muerte *death*
el nacimiento *birth*
la niñez *childhood*
la vejez *old age*

Las generaciones

el apodo *nickname*
la ascendencia *heritage*
la autoestima *self-esteem*
la brecha generacional *generation gap*
la comprensión *understanding*
el género *gender*

la patria *homeland*
el prejuicio social *social prejudice*
la raíz *root*
————
heredar *to inherit*
parecerse *to resemble, to look like*
realizarse *to become true*
sobrevivir *to survive*

VARIACIÓN LÉXICA
esposo ↔ marido
esposa ↔ mujer
yerno ↔ hijo político
nuera ↔ hija política

Point out that the adjective **político/a** may be used to describe *in-laws*.
Pasamos la Navidad con mi familia política. *We spent Christmas with my in-laws.*

Escucha y practica el vocabulario en **www.imagina.vhlcentral.com**.

Práctica

INSTRUCTIONAL RESOURCES WB, LM, SAM Answer Key, Lab MP3, IRCD-ROM (scripts)

1 **Completar** Completa las oraciones con la opción correcta.

1. ¡Es increíble! Mi hermana y mi madre se _____ mucho. Son casi idénticas.
   a. pelean   b. quejan   c. parecen

2. Yo, en cambio, soy igual que mi padre físicamente y también tenemos el mismo _____.
   a. niñez   b. carácter   c. tío

3. Durante su _____, mis padres estaban muy enamorados.
   a. nacimiento   b. vejez   c. juventud

4. Ellos se divorciaron el año pasado y yo lo _____ mucho.
   a. mimo   b. lamento   c. traslado

5. Estoy disgustada, sí, pero no me _____, porque nos quieren igual.
   a. quejo   b. lavo   c. realizo

6. Al fin y al cabo, seguimos siendo una familia _____. ¡Siempre lo fuimos!
   a. sumisa   b. unida   c. exigente

1 To check comprehension, have students compose their own sentences using the unused vocabulary words from each item. Ex: **Álex debe romper con su novia porque se pelean constantemente. Mis padres se quejan porque no les escribo cada semana.**

2 **Crucigrama** Completa el crucigrama.

Horizontales
1. el hijo de mi hermano
4. dar las gracias
6. que no se puede soportar; intolerable
8. última etapa de la vida
9. tratar a alguien con buenos modales, cortesía y atención
10. opinión que se tiene de algo antes de conocerlo

Verticales
2. irse de la casa de los padres para ser independiente
3. confianza en uno mismo
5. que no admite excepciones; riguroso
7. recibir los bienes (*possessions*) que deja alguien al morir

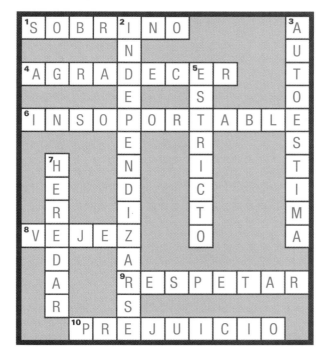

2 Have students work in pairs to complete the activity.

2 Write the Spanish words for various relatives on small pieces of paper and place them in a bag. Then have students take turns drawing from the bag and using circumlocution to get their teammates to guess the word. Ex: **Es la esposa de mi padre pero no es mi madre. (madrastra)**

3 For an oral project, have students prepare presentations about their own families, using photographs or other visual aids.

3 **La familia Rodríguez** En grupos de cuatro, hablen de los miembros de esta familia. Por turnos, cada uno elige una persona y dice quién es y cómo es. Inventen los detalles y utilicen palabras del vocabulario.

Modelo El abuelo, don Ramón, se crió en un pueblo de Costa Rica y se trasladó a San José cuando se casó. Ahora disfruta de su vejez con su esposa. Tiene un carácter muy agradable y se lleva muy bien con todos los miembros de su familia.

Preparación

INSTRUCTIONAL
RESOURCES DVD, Website,
IRCD-ROM (scripts)

VARIACIÓN LÉXICA
aparcar ↔ estacionar
aparcamiento ↔
estacionamiento
coche ↔ carro, auto,
automóvil
plantar ↔ sembrar

Vocabulario del corto

el aparcamiento *parking space* (Spain)
aparcar *to park*
el coche *car* (Spain)
el desinterés *lack of interest*
hacer falta *to need*
plantar *to plant*

podar *to prune*
quitar *to remove*
serrar *to saw*
soportar *to put up with*
el tronco *trunk*

Vocabulario útil

la decepción *disappointment*
la ilusión *hope*
olvidar *to forget*
raro/a *strange, odd*

EXPRESIONES

Siempre tan (liado) *Always so (busy)*
¡Vaya faena! *What a drag/pain!*
No me extraña. *It doesn't surprise me.*
No te pongas así. *Don't get like that.*
Vale, vale. *Ok, ok.*

1 **Frases** Completa cada oración con algunas de las palabras y expresiones que has aprendido.

1. Hoy voy a __aparcar__ mi __coche__ en el aparcamiento de la calle Buen Camino.
2. —No quiero ir solo a la fiesta.
   —¡__Siempre__ __tan__ tímido!
3. Este fin de semana trabajaré en mi jardín. Voy a __plantar__ unas flores que compré ayer.
4. Mi abuela tiene la __ilusión__ de que la visitemos este verano.

2 **Vocabulario** Escribe el argumento de una película que hayas visto usando al menos cuatro palabras de la lista. Después, léeselo a un(a) compañero/a para que adivine el título de la película.

coche	hacer falta
decepción	ilusión
desinterés	raro

3 For item 3, ask:
¿Cuál de los cuatro
adjetivos describe
mejor el estilo de
tus padres?

3 **Preparación** En parejas, contesten las preguntas.

1. ¿Se llevan bien con sus familias? ¿Las visitan con frecuencia? ¿Por qué?
2. ¿Creen que los hijos tienen la obligación de cuidar a sus padres cuando éstos son mayores? ¿Por qué?
3. ¿Cómo creen que deben ser los padres?
   - ¿Tradicionales?
   - ¿Comprensivos?
   - ¿Estrictos?
   - ¿Liberales?

4 **Fotograma** Observa la fotografía y contesta las preguntas.

- ¿Por qué crees que el hombre está cortando el árbol?
- ¿Piensas que, en ocasiones, está bien cortar un árbol? ¿En qué circunstancias?

5 **Cambios** En parejas, hablen sobre los cambios que se han producido en los últimos cincuenta años. ¿Cómo era la vida antes y cómo es ahora? Completen la tabla y compartan sus opiniones con la clase.

	Hace 50 años	Hoy día
trabajos		
ciudades		
hogares		
relaciones personales		
relaciones familiares		
escuelas		
medios de transporte		
medios de comunicación		

5 Remind students that the imperfect describes how things *used to be*.

5 As a follow-up activity, have students predict what changes will occur during the next fifty years. Ex: **En el futuro, todos vamos a escuchar la radio por satélite.**

6 **Familias** En parejas, háganse las preguntas y amplíen sus respuestas con anécdotas.

1. ¿Cómo es la forma de ser de tus padres?
2. ¿Qué rasgo de tu personalidad es parecido al de alguno de ellos?
3. ¿Qué importancia tienen tus padres en tu vida?

6 Call on students to summarize their partners' answers.

7 **Cuando tus padres tenían tu edad** Contesta las preguntas. Después, en parejas, expliquen sus respuestas.

1. ¿Tienes los mismos problemas que tuvieron tus padres cuando tenían tu edad?
2. ¿En qué aspectos tu vida es mejor que la de tus padres? ¿En qué aspectos es peor?
3. ¿Cómo se divertían tus padres? ¿Cómo te diviertes tú?
4. ¿Qué planes tenían para el futuro? ¿Qué planes tienes tú?
5. ¿Quieres ser como ellos cuando tú tengas su edad?

8 **Plantar un árbol** En grupos de tres, contesten las preguntas. Después, compartan sus respuestas y opiniones con la clase. ¡Abran un debate!

1. ¿Por qué creen que nos dicen que antes de decir adiós a la vida una persona debe haber hecho tres cosas: tener un hijo, escribir un libro y plantar un árbol?
2. ¿Creen que estas tres acciones son todavía válidas en la sociedad del siglo XXI?
3. ¿Qué otras tres acciones "más contemporáneas" podrían sustituir a las clásicas?

Mira el cortometraje en
www.imagina.vhlcentral.com.

This film is available
on the **Imagina** Film
Collection DVD and at
imagina.vhlcentral.co

Plantar un árbol
Escribir un libro
Tener un hijo

**Premio Majuel 2003 al Mejor Cortometraje,
Muestra Internacional de Cortometrajes
de Almuñécar, España**

Una producción de IMVAL/TAIKO/MATEO MATEO COMUNICACIÓN Director y Guión GAIZKA URRESTI
Productores GAIZKA URRESTI/LUIS ÁNGEL RAMÍREZ Productores Asociados PATRICIA MATEO/ÁNGEL ENFEDAQUE
Fotografía ESTEBAN RAMOS Música ÁNGEL ENFEDAQUE Montaje GAIZKA URRESTI Sonido SONORA ESTUDIOS
Directora Producción ALEJANDRA BALSA Dirección Artística YON GIJÓN Peluquería NEREA FRAILE Vestuario EVA URQUIZA
Maquillaje NURIA TEJEDOR Actores MANUEL DE BLAS/PETRA MARTÍNEZ/MIKEL ALBISU/JAVIER MAÑÓN/ROSA MARÍA
FERNÁNDEZ DE VALDERRAMA/VÍCTOR CLAVIJO

ARGUMENTO *Una pareja mayor espera con ilusión la visita de su hijo. Arcadio piensa en cortar un árbol para que su hijo pueda aparcar su coche.*

HIJO Este verano sí voy a poder ir a pasar unos días a casa.
CLARA Y, ¿cuándo te irás?
HIJO ¡Mamá, por favor, si todavía ni siquiera he ido!

ARCADIO Tu hijo siempre se ha movido por el interés. No le importa su familia, ni su pueblo, ni nada de nada.
CLARA Ya estamos como siempre. Él tiene que vivir su vida.
ARCADIO Su vida, su vida.

CLARA ¿Y qué se te ha perdido a ti en el aparcamiento?
ARCADIO Nada, pero si tu hijo va a venir con el coche le va a resultar un poco difícil aparcarlo.

VECINO Pues como le iba diciendo, el tronco tiene que estar seco[1] para que salga con más fuerza.
ARCADIO ¡Que no lo estoy podando, que lo estoy quitando! ¿No ve que le he dado un tajo[2] por la mitad?

ARCADIO El viernes viene mi hijo a pasar unos cuantos días con su madre y conmigo y le estaba haciendo un hueco[3] para que pueda aparcar su coche sin problema.

ARCADIO ¿Qué coche tiene ahora Pedro?
CLARA No lo sé.
ARCADIO Supongo que tendrá un coche alemán, ésos sí que son buenos, para toda la vida.

[1] **seco** *dry* [2] **tajo** *cut* [3] **hueco** *space*

PREVIEW In groups of five, have students read the scenes aloud, each student playing a different role. Ask: **Basándote en las fotos y en el texto, ¿cuál es el tono del cortometraje? ¿Trágico? ¿Chistoso? ¿Triste?** Write a list of film genres on the board and ask students to predict the genre of *Raíz*. Then ask one of the groups to read the scenes aloud for the class, keeping in mind their predictions about tone and genre.

Análisis

1 Have students work in pairs to answer the questions.

1

Comprensión Contesta las preguntas con oraciones completas.

1. ¿Quién llama por teléfono? Pedro/Su hijo llama por teléfono.
2. ¿Qué le dice a Clara? Le dice que va a ir a visitarlos.
3. ¿Cómo dice Clara que está su esposo? Clara dice que su esposo está muy mayor.
4. ¿Cuánto tiempo se va a quedar Pedro con sus padres? Pedro se va a quedar una semana.
5. ¿Para qué quiere quitar el árbol Arcadio? Quiere quitar el árbol para que su hijo pueda aparcar su coche.
6. Según el vecino de Arcadio, ¿cómo debe estar el tronco del árbol para poder usar la madera? El tronco debe estar seco para poder usar la madera.
7. ¿Qué le dice el capataz de obra (*foreman*) a Arcadio sobre los aparcamientos de los edificios que están construyendo? Le dice que tienen muchas plazas libres en los edificios que están construyendo y que su hijo puede aparcar su coche ahí.
8. ¿Qué coches le gustaban a Arcadio cuando era joven? A Arcadio le gustaban los Mercedes.
9. ¿Qué dice Pedro sobre su visita la segunda vez que llama por teléfono? Dice que todavía está en Milán y no podrá ir a verlos.

2 Ask these additional interpretation questions:
6. ¿Qué opina el vecino del proyecto de Arcadio? ¿Y el capataz de obra? 7. ¿Qué va a pasar la próxima vez que Pedro haga planes para visitarlos? 8. ¿Qué podemos deducir de la relación entre los miembros de esta familia?

2

Interpretar Contesta las preguntas.

1. ¿Crees que Pedro visita regularmente a sus padres? ¿Cómo lo sabes?
2. ¿Qué opinión tiene Arcadio de su hijo?
3. ¿Cómo piensas que es la vida diaria de Clara y Arcadio?
4. ¿Qué piensa Clara de la idea de Arcadio de quitar el árbol?
5. ¿Por qué Arcadio planta un nuevo árbol?

3 As a variant, have students write a brief sequel to *Raíz*, using the scenario from **Actividad 3** or inventing one of their own.

3

La visita En parejas, imaginen que Pedro va a visitar a sus padres para decirles algo muy importante. Escriban un párrafo contestando las preguntas de la lista. Añadan todos los detalles que crean necesarios.

- ¿Cuánto tiempo se queda?
- ¿Viene solo o con alguien?
- ¿Qué noticia les da?
- ¿Cómo reacciona Arcadio ante la noticia? ¿Y Clara?

4 Ask students to explain both literal and figurative meanings of the word **raíz**. Then ask them to think back to the theme and title of **Lección 4. ¿Cómo está relacionado con el cortometraje?**

4

Temas En parejas, escriban un párrafo explicando cuál es el tema principal del cortometraje. Después, sugieran al menos dos temas secundarios y expliquen por qué los han elegido. Compartan sus temas y opiniones con la clase. ¿Escogieron todos los mismos temas? ¿Están de acuerdo con sus compañeros?

5 **¡Qué bonita familia!** En grupos pequeños, comenten estas afirmaciones. ¿Son ciertas? Después compartan sus opiniones con la clase.

> "Los lazos de la amistad son más estrechos que los de la sangre y la familia." *Giovanni Boccaccio*

> "El que es bueno en la familia es también un buen ciudadano." *Sófocles*

> "Hasta pasados los treinta años no empiezan los hijos a querer de verdad a sus padres." *Enrique Jardiel Poncela*

> "Lo mejor que se le puede dar a los hijos, además de buenos hábitos, son buenos recuerdos." *Sydney Harris*

> "Dale a los niños pequeños la oportunidad de participar en las decisiones familiares. Sus ideas te sorprenderán (*will surprise you*)." *Jackson Brown*

6 **Generaciones** En parejas, elijan una de las situaciones y escriban una conversación basada en ella. Cuando la terminen, represéntenla delante de la clase.

A

Uno/a de ustedes tiene la oportunidad de trabajar en otro país por un año antes de terminar la universidad y debe hablar con su padre/madre sobre sus planes. El/La padre/madre quiere que termine sus estudios primero.

B

Uno/a de ustedes quiere volver a la universidad a terminar sus estudios y debe hablar con su hijo/a sobre sus planes. El/La hijo/a no cree que sea una buena idea.

5 Ask students to submit a quote that captures their own ideas about family, and have students comment on each other's quotes.

6 Have volunteers act out real-life disagreements they have had with their parents. Have the class offer opinions on how to solve the problems.

TEACHING OPTION Discuss tone and genre of film and compare them to predictions students made before viewing it.

INSTRUCTIONAL RESOURCES For teaching suggestions related to this section, see the Instructor's Resource CD-ROM.

IMAGINA

En **www.imagina.vhlcentral.com** encontrarás más información y actividades relacionadas con esta sección.

Odisea por Centroamérica

■ Imagina un viaje en automóvil por toda **Centroamérica**! Comenzarías en **Panamá** y terminarías en **Guatemala**, al sur de **México**. Al final de tu viaje habrás recorrido unos 2.500 kilómetros, visitado los seis países hispanohablantes, y conocido sus capitales: **Ciudad de Panamá**, **San José**, **Managua**, **San Salvador**, **Tegucigalpa** y **Ciudad de Guatemala**. También habrás admirado majestuosos volcanes humeantes[1] como el **Volcán Poas** en **Costa Rica** y las enigmáticas ruinas mayas de **Tikal** y **Copán** en **Guatemala** y **Honduras**, respectivamente.

La ruta ideal para realizar esta odisea es la **Carretera**[2] **Panamericana**, conocida simplemente como **la Panamericana**. En principio, la Panamericana conecta a todo el continente americano, desde la **Patagonia** en **Argentina**, hasta **Alaska** en los **Estados Unidos**. Sin embargo, existe un tramo[3] de esta carretera que aún no está construido. Entre **Panamá** y **Colombia**, en el **Tapón del Darién**, hay unos 90 km de densa selva montañosa que interrumpen la continuidad de la autopista[4] intercontinental.

Y es aquí donde comienza nuestra aventura. Nuestra primera parada es el **Canal de Panamá**, uno de los proyectos de transporte más ambiciosos del siglo XX. Se estima que más de 20.000 personas murieron durante la construcción del canal, el cual fue propiedad de los Estados

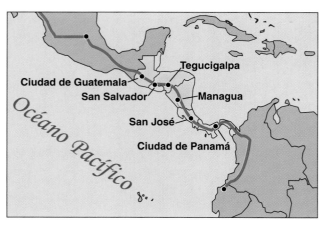

Unidos hasta 1999. Hoy día, más de 12.000 buques[5] pasan cada año de un océano a otro a través del canal.

De Panamá nos dirigimos a Costa Rica, a visitar el **Parque Nacional Chirripó**, establecido oficialmente en 1975. Subimos al cerro Chirripó (palabra indígena que significa "tierra de aguas eternas"), de unos 3.800 metros (aprox. 12.500 pies) de altura. En el camino[6] veremos una gran variedad de animales exóticos, como jaguares, tapires y quetzales.

Luego, antes de nuestra llegada a Managua, capital de **Nicaragua**, hacemos una excursión al enorme lago Nicaragua. Con cientos de islas, algunas volcánicas, es el único lago donde subsisten tiburones[7] de agua dulce[8]. Se especula que el lago era una bahía conectada al mar y una

CENTRO

El Canal de Panamá

Signos vitales

En **Centroamérica** no sólo se habla español. También se hablan unas 25 lenguas indígenas, en especial el maya. Algunas de las lenguas más habladas en Centroamérica son:

Cuna	**Panamá**
Garífuna	**Honduras, Guatemala**
Guaymí	**Panamá**
Inglés	**Belice, Costa Rica, Nicaragua, Panamá**
Lenca	**El Salvador**
Lenguas mayas	**Belice, Guatemala**

AMÉRICA

¡Celebremos las tradiciones!

Semana Santa La celebración de **Semana Santa** en **Antigua, Guatemala** es una tradición viva. Cientos de

personas participan en las procesiones y ayudan a llevar las carrozas[1] que pesan 3,5 toneladas[2]. La gente decora las ventanas y las iglesias para la procesión, pero lo más extraordinario de la celebración son las alfombras[3] que cada año se hacen a mano con serrín[4] teñido[5] de colores brillantes y con pétalos de flores.

Día de la independencia **Costa Rica** tiene una de las más antiguas democracias en las **Américas** y una política de neutralidad que le ha ganado al país dos nominaciones para el **Premio Nobel de la Paz**[6] y la reputación de ser la **"Suiza"** de las Américas. Costa Rica celebra

su día de independencia de **España**, el 15 de septiembre, con desfiles[7] patrióticos y música. Los niños traen linternas hechas a mano a estas fiestas llenas de color.

Carnavales La popularidad de los carnavales en **Panamá** es comparable con la de los famosos carnavales brasileños. Celebradas en **Panamá** desde principios del siglo XX, estas

grandiosas fiestas duran cuatro días y cinco noches. Los panameños disfrutan de desfiles magníficos, carrozas espectaculares, máscaras[8], disfraces[9] de todo tipo y comida variada. Las celebraciones más grandes tienen lugar en la **Ciudad de Panamá** y en **Las Tablas**.

serie de erupciones volcánicas cerraron el acceso al océano, atrapando a los tiburones.

Seguimos a **El Salvador**, donde probamos[9] las famosas **pupusas**, uno de los platos más típicos del país. Por todas partes encontrarás las *pupuserías*, donde se preparan estas delicias, similares a una tortilla gruesa[10] y blanda, rellenas de una variedad de ingredientes, como queso, pollo o cerdo.

Nuestra odisea continúa en el segundo arrecife[11] de coral más grande del mundo: las **Islas de la Bahía**, en la costa norte de Honduras. El 95% de las especies de coral del **Caribe** se encuentra en esta región. Las tres islas principales son **Roatán**, **Guanaja** y **Utila**, y hoy día son una de las atracciones turísticas más populares.

Finalmente en Guatemala visitamos las ruinas de Tikal, una de las ciudades más importantes de la civilización **maya**. Miles de turistas las visitan anualmente, pero también cientos de millones de personas las han visto porque aparecen como la base rebelde al final de la película original de *La guerra de las galaxias*[12].

San Jerónimo El pueblo de **Masaya** en **Nicaragua** es conocido por tener el festival más largo y popular que celebra al santo patrón, **San Jerónimo**. La fiesta, de unos 80 días, comienza el 20 de septiembre con **"el Día de la Bajada"**[10] de la imagen de San Jerónimo, y no terminan hasta la primera semana de diciembre. Con bailes folklóricos, música, flores y rica comida, es la fiesta más colorida que integra tradiciones indígenas con el catolicismo.

[1] *smouldering* [2] *Highway* [3] *stretch* [4] *expressway* [5] *ships* [6] **En el...** *On the way* [7] *sharks* [8] **agua...** *fresh water* [9] *we try* [10] *thick* [11] *reef* [12] *Star Wars*

[1] *floats* [2] *tons* [3] *carpets* [4] *sawdust* [5] *dyed* [6] **Premio...** *Nobel Peace Prize* [7] *parades* [8] *masks* [9] *costumes* [10] **Día de...** *(Day when the saint is brought down)*

Los mayas
Antiguos habitantes de la selva

DOCUMENTAL
Mira el documental sobre Guatemala en
www.imagina.vhlcentral.com.

La cultura maya ha estado presente en **Centroamérica** desde hace miles de años. En la selva de **Guatemala** aún pueden verse hoy día muestras de las impresionantes ciudades que construyeron los mayas. **Tikal,** en su tiempo, fue la ciudad más importante del mundo maya. Palacios, templos, plazas, calzadas° y espejos de agua formaban parte de esta magnífica metrópoli. En sus épocas de mayor esplendor, diez mil personas vivían ahí. La selva y los cultivos de maíz les proveían de alimento. Las alianzas con los reinos vecinos eran eficaces; de ellos el rey recibía tributos muy valiosos. Te invitamos a recorrer las ciudades mayas en la selva de Guatemala viendo el documental y leyendo más información en **www.imagina.vhlcentral.com.**

calzadas *roads*

Rubén Blades
Un poeta con ritmo

SUBE EL VOLUMEN
Lee un poco más sobre Rubén Blades y su música en **www.imagina.vhlcentral.com.**

Discografía selecta
1979 *Bohemio y poeta*
1985 *Escenas* (Premio Grammy Latino)
1988 *Antecedente* (Premio Grammy Latino)
1996 *La rosa de los vientos* (Premio Grammy Latino)
1999 *Tiempos* (Premio Grammy Latino)
2002 *Mundo* (Premio Grammy Latino)

Rubén Blades es uno de los vocalistas con más éxito° en la historia de la música panameña y uno de los más conocidos y versátiles artistas dentro del mundo° musical latino. En 1974 se graduó en Derecho° en la **Universidad Nacional de Panamá** y diez años más tarde realizó° un master de Derecho en la **Universidad de Harvard**. A partir de entonces° comenzó su carrera° profesional como cantante y también como actor. Este artista polifacético° ha grabado más de veinte álbumes y ha actuado en veintiséis películas. En sus canciones expresa su amor por la literatura y la política. A lo largo de° su trayectoria musical ha recibido muchos premios° y reconocimientos internacionales. En el año 2000 fue nombrado° embajador mundial contra° el racismo por las Naciones Unidas. Desde el año 2004 es ministro del Instituto Panameño de Turismo.

éxito *success* mundo *world* Derecho *Law* realizó *earned*
A partir de entonces *At that point in time* carrera *career* polifacético *versatile*
A lo largo de *In the course of* premios *awards* nombrado *named* contra *against*

¿Qué aprendiste?

1 **Cierto o falso** Indica si estas afirmaciones son ciertas o falsas. Corrige las falsas.

1. Guatemala está al norte de México. Falso. Guatemala está al sur de México.

2. En el lago Nicaragua hay tiburones de agua dulce. Cierto.

3. Cuna, Garífuna y Guaymí son las islas más importantes de Honduras. Falso. Roatán, Guanaja y Utila son las islas más importantes de Honduras.

4. El 28 de marzo se celebra la independencia de Costa Rica. Falso. El 15 de septiembre se celebra la independencia de Costa Rica.

5. El festival de San Jerónimo en Masaya, Nicaragua, dura aproximadamente ochenta días. Cierto.

6. La cultura maya ha estado presente en Centroamérica desde hace doscientos años. Falso. La cultura maya ha estado presente en Centroamérica desde hace miles de años.

2 **Preguntas** Contesta las preguntas con oraciones completas.

1. ¿Cuántos pies de altura tiene el cerro Chirripó? El cerro Chirripó tiene 12.500 pies de altura.

2. ¿Cómo son las pupusas? Las pupusas son similares a una tortilla gruesa y blanda, rellenas de queso, pollo o cerdo.

3. ¿En qué países de Centroamérica se habla garífuna? En Honduras y Guatemala se habla garífuna.

4. ¿De qué están hechas las alfombras en la celebración de Semana Santa en Antigua, Guatemala? Las alfombras están hechas de serrín teñido de colores brillantes y de flores.

5. ¿Cuáles son los carnavales más grandes de Panamá? Los carnavales más grandes de Panamá son los de Ciudad de Panamá y Las Tablas.

6. ¿Qué elementos formaban parte de la ciudad de Tikal? Palacios, templos, plazas, calzadas y espejos de agua formaban parte de la ciudad de Tikal.

PROYECTO

Odisea por Centroamérica

Organiza una travesía por las seis capitales centroamericanas siguiendo la Panamericana. Antes de empezar el viaje investiga toda la información que necesites en **www.imagina.vhlcentral.com.**

- Explora una atracción importante por su valor histórico, cultural o natural en cada capital.

- Escribe una entrada en tu diario para la atracción que explores en cada capital.

- Explica tu aventura a tus compañeros/as de clase. Cuéntales lo que viste y aprendiste, léeles tus impresiones y muéstrales fotos de los lugares que visitaste.

MINIPRUEBA

Completa las oraciones con la información correcta y demuestra lo que aprendiste sobre Centroamérica.

1. San José, Managua y Tegucigalpa son _____ de Centroamérica.
   a. pequeñas (b.)capitales c. guanacas d. abandonadas

2. La carretera Panamericana va desde _____ en Argentina, hasta Alaska en los Estados Unidos.
   a. San Salvador b. el Volcán Poas
   c. Copán (d.)la Patagonia

3. El _____ es un obstáculo para la continuidad de la Panamericana.
   a. Canal de Panamá b. Chirripó
   (c.)Tapón del Darién d. autopista

4. Chirripó es una palabra indígena que significa tierra de _____.
   (a.)aguas eternas b. sal y oro c. buseros d. jaguares

5. En Centroamérica se hablan unas _____ lenguas indígenas.
   a. 32 b. 8 (c.)25 d. 17

6. En el lago Nicaragua hay tiburones porque quedaron atrapados cuando varias erupciones volcánicas cerraron la bahía que conectaba al mar. Esto es _____.
   (a.)una teoría b. una pupusería
   c. un lago volcánico d. una odisea

7. La gente decora las ventanas y las iglesias para la _____ de Semana Santa en Antigua.
   a. carroza b. flor (c.)procesión d. alfombra

8. A Costa Rica se le conoce como la _____ de las Américas.
   (a.)"Suiza" b. "España" c. "Francia" d. "Alemania"

9. Los carnavales se celebran en Panamá desde _____ del siglo XX.
   a. finales b. mediados (c.)principios d. antes

10. En la _____ de Guatemala existen muestras de las antiguas ciudades mayas.
    a. costa (b.)selva c. capital d. montaña

11. _____ fue, en otro tiempo, la ciudad más importante del mundo maya.
    a. Masaya (b.)Tikal c. Antigua d. Chirripó

GALERÍA DE CREADORES

CONEXIÓN INTERNET

En www.imagina.vhlcentral.com encontrarás mucha más información sobre estos creadores latinos y podrás explorar distintos aspectos de sus creaciones con actividades y proyectos de investigación.

PINTURA Armando Morales

El nicaragüense Armando Morales, nacido en 1927, es uno de los grandes pintores contemporáneos de Hispanoamérica que disfruta de fama internacional. Sus creaciones artísticas incluyen desnudos femeninos, escenas cotidianas, naturalezas muertas (*still lives*) y representaciones de hechos históricos que nacen de las imágenes de sus recuerdos. *Desnudo sentado* (1971); *Bodegón, ciruela y peras* (1981); *Bañistas en la tarde y coche* (1984); *Adiós a Sandino* (1985) y *Selva* (1987) son cinco de sus obras más conocidas. Aquí vemos su cuadro titulado *Dos peras en un paisaje* (1973).

LITERATURA Gioconda Belli

El compromiso socio-político y la lucha por la liberación de la mujer a todos los niveles son las líneas temáticas que marcan la obra de la poeta y novelista nicaragüense Gioconda Belli. *Línea de fuego,* libro de poemas con el que obtuvo el prestigioso premio Casa de las Américas en 1978 y *La mujer habitada,* 1988, Premio a la Mejor Novela Política del Año, sobresalen (*stand out*) entre sus obras más leídas.

ARTESANÍA La mola

En las islas panameñas del Archipiélago San Blas viven los kunas, o cunas, una tribu indígena conocida por su creativa y muy peculiar expresión artística que realizan casi exclusivamente las mujeres y que se llama *mola*. En principio, la mola, es una especie (*kind of*) de bordado (*embroidery*) intrincado que adorna las blusas de las mujeres kuna y que forma parte de su vestido tradicional. Pero además de blusas, las molas pueden adornar cualquier cosa que la imaginación desee, e incluso pueden enmarcarse (*be framed*). Aunque los motivos (*motifs*) más populares son los diseños geométricos y variados elementos del mundo natural; también son frecuentes los diseños modernos. Las molas no son sólo atractivas para los turistas; muchas son auténticas (*real*) piezas de arte muy preciadas (*valued*) entre los coleccionistas.

PINTURA Mauricio Puente

Mauricio Puente nació en El Salvador en 1918. Pintor autodidacta, empezó a pintar a los siete años y ocho décadas después aún sigue explorando su pasión por la pintura. A lo largo de los años ha cultivado un estilo muy personal que podemos admirar en sus cuadros expuestos en museos y galerías de arte de todo el mundo. Su especialidad son las acuarelas (*watercolors*) y óleos; domina a la perfección la técnica de los cuchillos (*palette knives*) y su habilidad para dibujar es de una calidad extrema. La obra *Caserío/Country Houses* presenta un paisaje salvadoreño y es un buen ejemplo de su particular estilo. Reside en Massachusetts, EE.UU.

AMPLIACIÓN

MÁS CREADORES

En **www.imagina.vhlcentral.com** conocerás a estos otros creadores centroamericanos.

Rubén Darío
poeta nicaragüense

Claribel Alegría
poeta nicaragüense

Francisco Zúñiga
escultor costarricense

Héctor Perlera
pintor salvadoreño

4.1

The subjunctive in adjective clauses

- When the subordinate clause of a sentence refers to something (the antecedent) that is known to exist, the indicative is used. When the antecedent is uncertain or indefinite, the subjunctive is used.

MAIN CLAUSE	CONNECTOR	SUBORDINATE CLAUSE
Busco un trabajo	**que**	**pague bien.**

Antecedent certain → Indicative	Antecedent uncertain → Subjunctive
Necesito el libro que **tiene** información sobre los prejuicios sociales. *I need the book that has information about social prejudices.*	Necesito un libro que **tenga** información sobre los prejuicios sociales. *I need a book that has information about social prejudices.*
Buscamos los documentos que **describen** el patrimonio de nuestros antepasados. *We're looking for the documents that describe our ancestors' heritage.*	Buscamos documentos que **describan** el patrimonio de nuestros antepasados. *We're looking for (any) documents that (may) describe our ancestors' heritage.*
Tiene un esposo que la **trata** con respeto y comprensión. *She has a husband who treats her with respect and understanding.*	Quiere un esposo que la **trate** con respeto y comprensión. *She wants a husband who will treat her with respect and understanding.*

- When the antecedent of an adjective clause is a negative pronoun (**nadie, ninguno/a**), the subjunctive is used in the subordinate clause.

—*No hay ningún aparcamiento que **esté** cerca de la casa.*

Antecedent certain → Indicative	Antecedent uncertain → Subjunctive
Elena tiene tres parientes que **viven** en San José. *Elena has three relatives who live in San José.*	Elena no tiene **ningún** pariente que **viva** en Limón. *Elena doesn't have any relatives who live in Limón.*
De los cinco nietos, hay dos que **se parecen** a la abuela. *Of the five grandchildren, there are two who resemble their grandmother.*	De todos mis nietos, no hay **ninguno** que **se parezca** a mí. *Of all my grandchildren, there's not one who looks like me.*
En mi patria, hay muchos que **apoyan** al candidato conservador. *In my homeland, there are many who support the conservative candidate.*	En mi familia, no hay **nadie** que **apoye** al candidato conservador. *In my family, there is nobody who supports the conservative candidate.*

- The personal **a** is not used with direct objects that represent hypothetical persons.

Antecedent uncertain → Subjunctive	Antecedent certain → Indicative
—Busco un abogado que **sea** honrado. *I'm looking for a lawyer who is honest.*	—Conozco **a** un abogado que **es** honrado, justo e inteligente. *I know a lawyer who is honest, fair and smart.*

- The personal **a** is maintained before **nadie** and **alguien**, even when their existence is uncertain.

Antecedent uncertain → Subjunctive	Antecedent certain → Indicative
—No conozco **a nadie** que **se queje** tanto como mi suegra. —*I don't know anyone who complains as much as my mother-in-law.*	—Yo conozco **a alguien** que **se queja** aun más. . . ¡la mía! —*I know someone who complains even more. . . mine!*

Remind students that the personal **a** is not used after certain verbs, regardless of whether or not the person is hypothetical. Ex: **No hay nadie que.../Hay una mujer que.../Tengo un novio que.../No tengo ningún amigo que...**

- The subjunctive is commonly used in questions with adjective clauses when the speaker is trying to find out information about which he or she is uncertain. If the person who responds knows the information, the indicative is used.

Antecedent uncertain → Subjunctive	Antecedent certain → Indicative
—¿Me recomienda usted un buen restaurante que **esté** cerca de aquí? —*Can you recommend a good restaurant that is near here?*	—Sí, el restaurante de mi yerno **está** muy cerca, y **es** excelente. —*Yes, my son-in-law's restaurant is nearby, and it's excellent.*
—Oigan, ¿no me pueden poner algún apodo que me **quede** mejor? —*Hey guys, can't you give me a nickname that fits me better?*	—Bueno, si tú insistes, pero Flaco es el apodo que te **queda** mejor. —*Oh, if you insist, but Skinny is the nickname that suits you best.*

Gente

Si leyó en **Gente** algo con lo que no está de acuerdo, discútalo con alguien que le preste atención. Con **Gente**.

Nos gusta saber lo que piensa. Envíe sus cartas al buzón de **Gente**.

Revista **Gente**
Avenida Bucarelli 4-12
México, DF

Práctica

1

Combinar Combina las frases de las dos columnas para formar oraciones lógicas. Recuerda que a veces vas a necesitar el subjuntivo y a veces no.

__c__ 1. Luis tiene un hermano que   a. sea alta e inteligente.

__d__ 2. Tengo dos primos que   b. sean respetuosos y estudiosos.

__e__ 3. No conozco a nadie que   c. canta cuando se ducha.

__a__ 4. Jorge busca una novia que   d. hablan español.

__b__ 5. Quiero tener hijos que   e. hable más de cinco lenguas.

2

El agente de viajes Carmen va a ir de vacaciones a Montelimar, en Nicaragua, y le escribe un correo electrónico a su agente de viajes explicándole cuáles son sus planes. Completa el correo electrónico con el subjuntivo o el indicativo.

De: Carmen <Carmen@micorreo.com>
Para: Jorge <Jorge@micorreo.com>
Asunto: Viaje a Montelimar

Querido Jorge:

Estoy muy contenta porque el mes que viene voy a viajar a Montelimar para tomar unas vacaciones. He estado pensando en el viaje y quiero decirte qué me gustaría hacer. Quiero ir a un hotel que (1)__sea__ (ser) de cinco estrellas, que (2)__tenga__ (tener) vista al mar. Me gustaría hacer una excursión que (3)__dure__ (durar) varios días y que me (4)__permita__ (permitir) ver el famoso lago Nicaragua. ¿Qué te parece?

Mi hermano me dice que hay un guía turístico que (5)__conoce__ (conocer) algunos lugares exóticos y que me puede llevar a verlos. También dice que el guía es un hombre que (6)__tiene__ (tener) el pelo muy rubio y (7)__es__ (ser) muy alto. ¿Tú lo conoces? Creo que se llama Ernesto Montero.

Espero tu respuesta,
Carmen

3

Aniversario Enrique y Julia se preparan para celebrar su aniversario de bodas. Completa las frases con la opción más lógica de la lista. Haz los cambios necesarios.

gustarle a Enrique	tener arena blanca
hacer cortes de pelo modernos	tocar jazz
ser muy rápido	

1. Para la fiesta, Julia quiere contratar a la banda "Armonías" que __toca jazz__.

2. Enrique busca un peluquero que __haga cortes de pelo modernos__.

3. Julia prepara, para la fiesta, el platillo que __le gusta a Enrique__.

4. Enrique quiere comprarle a Julia un auto que __sea muy rápido__.

5. Después de la fiesta, Julia quiere hacer un viaje a una playa que __tenga arena blanca__.

Comunicación

4 **Sueños y realidad** En parejas, hagan comparaciones sobre lo que tienen y lo que sueñan tener estos personajes. Usen las palabras de la lista y sigan el modelo. Recuerden utilizar el indicativo o el subjuntivo según el caso.

> **Modelo** Carolina tiene un novio que enseña historia en la universidad y que es muy responsable. Pero ella sueña con tener un novio que toque la guitarra eléctrica y que sea muy rebelde.

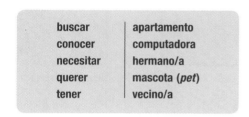

buscar	apartamento
conocer	computadora
necesitar	hermano/a
querer	mascota (*pet*)
tener	vecino/a

4 Have each pair add two more words to the list and create their own statements. Call on students to share their partners' responses.

5 **Anuncios** Tú y tus compañeros/as trabajan para el diario *El País* escribiendo anuncios. El jefe les ha dejado algunos mensajes indicándoles qué anuncios deben escribir. En grupos de cuatro, escriban anuncios detallados sobre lo que se busca usando el indicativo o el subjuntivo. Después inventen dos anuncios originales para enseñárselos a la clase.

La familia Pérez busca a su perro Tomás quien se perdió en el parque. Aquí tienen una foto de él.

Miguel y Carlos Solís buscan un guía turístico para su viaje a los volcanes de Nicaragua.

5 Ask students to bring in samples from the classifieds section of a Spanish newspaper. Read and discuss several examples as a class.

6 **El ideal** En parejas, imaginen cómo es el/la compañero/a ideal en cada una de estas situaciones. Si ya conocen a una persona que tiene las características ideales, también pueden hablar de él/ella. Utilicen el subjuntivo o el indicativo de acuerdo a la situación.

> **Modelo** Lo ideal es vivir con alguien que no se queje demasiado.

- Alguien con quien vivir
- Alguien con quien trabajar
- Alguien con quien ver películas de amor o de aventura
- Alguien con quien comprar ropa
- Alguien con quien estudiar
- Alguien con quien viajar por el desierto del Sahara

6 For each situation listed, call on students and ask specific questions. Ex: **¿Cómo es tu compañero/a de cuarto? ¿Qué buscas en un(a) buen(a) compañero/a?**

INSTRUCTIONAL RESOURCES

WB, LM, SAM Answer Key, Lab MP3, IRCD-ROM (scripts)

Remind students that most reflexive verbs in Spanish do not require reflexive pronouns (*myself, yourself,* etc.) in English. Ex: **Jaime se despertó.** *Jaime woke up.* However, English does make frequent use of possessive pronouns. Ex: **Me pongo los zapatos.** *I'm putting on my shoes.*

4.2

Reflexive verbs

- In a reflexive construction, the subject of the verb both performs and receives the action. Reflexive verbs (**verbos reflexivos**) always use reflexive pronouns (**me, te, se, nos, os, se**).

Reflexive verb

Elena **se lava** la cara.

Non-reflexive verb

Elena **lava** los platos.

Reflexive verbs	
lavarse *to wash (oneself)*	
yo	me lavo
tú	te lavas
Ud./él/ella	se lava
nosotros/as	nos lavamos
vosotros/as	os laváis
Uds./ellos/ellas	se lavan

- Many of the verbs used to describe daily routines and personal care are reflexive.

acostarse *to go to bed*	**ducharse** *to take a shower*	**peinarse** *to comb (one's hair)*
afeitarse *to shave*	**lavarse** *to wash (oneself)*	**ponerse** *to put on (clothing)*
bañarse *to take a bath*		
cepillarse *to brush (one's hair)*	**levantarse** *to get up*	**secarse** *to dry off*
despertarse *to wake up*	**maquillarse** *to put on makeup*	**quitarse** *to take off (clothing)*
dormirse *to go to sleep*		**vestirse** *to get dressed*

- In Spanish, most transitive verbs can also be used as reflexive verbs to indicate that the subject performs the action to or for himself or herself.

¡ATENCIÓN!

A transitive verb is one that takes a direct object.

Mariela compró dos boletos. *Mariela bought two tickets.*

Johnny heredó mucho dinero. *Johnny inherited a lot of money.*

Félix **divirtió** a los invitados con sus chistes.
Félix amused the guests with his jokes.

Félix **se divirtió** en la fiesta.
Félix had fun at the party.

Ana **acostó** a los gemelos antes de las nueve.
Ana put the twins to bed before nine.

Ana **se acostó** muy tarde.
Ana went to bed very late.

- Many verbs change meaning when they are used with a reflexive pronoun.

aburrir *to bore*	**aburrirse** *to be bored*
acordar *to agree*	**acordarse (de)** *to remember*
comer *to eat*	**comerse** *to eat up*
dormir *to sleep*	**dormirse** *to fall asleep*
ir *to go*	**irse (de)** *to go away (from)*
llevar *to carry*	**llevarse** *to carry away*
mudar *to change*	**mudarse** *to move (change residence)*
parecer *to seem*	**parecerse (a)** *to resemble, to look like*
poner *to put*	**ponerse** *to put on (clothing)*
quitar *to take away*	**quitarse** *to take off (clothing)*

- Some Spanish verbs and expressions are always reflexive, even though their English equivalents may not be. Many of these are followed by the prepositions **a, de,** and **en**.

acercarse (a) *to approach*	**fijarse (en)** *to take notice (of)*
arrepentirse (de) *to repent (of)*	**morirse (de)** *to die (of)*
atreverse (a) *to dare (to)*	**olvidarse (de)** *to forget (about)*
convertirse (en) *to become*	**preocuparse (por)** *to worry (about)*
darse cuenta (de) *to realize*	**quejarse (de)** *to complain (about)*
enterarse (de) *to find out (about)*	**sorprenderse (de)** *to be surprised (about)*

- *To get* or *become* is frequently expressed in Spanish by the reflexive verb **ponerse** + [*adjective*].

  Mi hijo **se pone feliz** cuando nos visitan los abuelos.
  My son gets so happy when the grandparents visit us.

  Si no duermo bien, **me pongo insoportable**.
  If I don't sleep well, I become unbearable.

- In the plural, reflexive verbs can express reciprocal actions done *to one another*.

  —¡Mi esposa y yo **nos peleamos** demasiado!
  —*My wife and I fight too much!*

  —¿Será porque ustedes no **se respetan**?
  —*Could it be because you don't respect each other?*

- The reflexive pronoun precedes the direct object pronoun when they are used together in a sentence.

  —¿Te comiste el pastel?   —Sí, **me lo** comí.
  —*Did you eat the whole cake?*   —*Yes, I ate it all up.*

Have the class play charades using the reflexive verbs listed on **pp. 138–139**. Then have them take turns giving each other commands to pantomime.

TALLER DE CONSULTA

Hacerse and **volverse** also mean *to become*. See **Manual de gramática, 4.4, p. 390**.

When used with infinitives and present participles, reflexive pronouns follow the same rules of placement as object pronouns. See **3.3, pp. 104-105**.

The use of **se** with indirect object pronouns to express unplanned events is covered in **7.3, p. 255**. Ex: **Se me perdieron las llaves.**

Práctica

1 As a warm-up, ask students about their own schedules. Ex: **¿A qué hora te levantas?**

1 In pairs, have students describe what they did last night and this morning.

1

Los lunes por la mañana Completa el párrafo sobre lo que hacen Carlos y Elena los lunes por la mañana. Utiliza la forma correcta de los verbos reflexivos correspondientes.

acostarse	despertarse	levantarse	quitarse
afeitarse	ducharse	maquillarse	romperse
cepillarse	irse	mudarse	secarse
comerse	lavarse	ponerse	vestirse

Los domingos por la noche, Carlos y Elena (1) <u>se acuestan</u> tarde y por la mañana tardan mucho en (2) <u>despertarse</u>. Carlos es el que (3) <u>se levanta</u> primero, (4) <u>se quita</u> el pijama y (5) <u>se ducha</u> con agua fría. Después de unos minutos, entra en el cuarto de baño Elena, y Carlos (6) <u>se afeita</u> la barba. Mientras Elena termina de ducharse, de (7) <u>secarse</u> el pelo y de (8) <u>maquillarse</u>, Carlos prepara el desayuno. Cuando Elena está lista, ella y Carlos (9) <u>se comen</u> el desayuno, luego (10) <u>se cepillan</u> los dientes y (11) <u>se lavan</u> las manos. Después los dos van a la habitación, (12) <u>se visten</u> con ropa elegante y (13) <u>se van</u> al trabajo. Carlos (14) <u>se pone</u> la corbata en el carro; Elena maneja.

2 Imagine that Sylvia's grandfather is 103 years old. Have students describe his Saturday schedule.

2

Todos los sábados

A. En parejas, describan la rutina que sigue Silvia todos los sábados, según los dibujos.

Se levanta/despierta a las nueve.

Se baña a las diez.

Se viste a las once menos cuarto.

Se maquilla/arregla a las doce menos diez.

B. ¿Qué hacen los sábados por la mañana cuatro amigos y/o familiares de Silvia? Imaginen sus rutinas. Utilicen verbos reflexivos y sean creativos.

Comunicación

3

¿Y tú? En parejas, túrnense para hacerse las siguientes preguntas. Contesten con oraciones completas y expliquen sus respuestas.

3 Call on students to report their partners' responses.

1. ¿A qué hora te despiertas normalmente los sábados por la mañana? ¿Por qué?
2. ¿Te duermes en las clases?
3. ¿A qué hora te acuestas normalmente los fines de semana?
4. ¿A qué hora te duchas durante la semana?
5. ¿Te levantas siempre a la misma hora que te despiertas? ¿Por qué?

6. ¿Qué te pones para salir los fines de semana? ¿Y tus amigos/as?
7. ¿Cuándo te vistes elegantemente?
8. ¿Te diviertes cuando vas a una discoteca? ¿Y cuando vas a una reunión familiar?
9. ¿Te fijas en la ropa que lleva la gente?
10. ¿Te preocupas por tu imagen?

11. ¿De qué se quejan tus amigos normalmente? ¿Y tus padres u otros miembros de la familia?
12. ¿Conoces a alguien que se preocupe constantemente por todo?
13. ¿Te arrepientes a menudo de las cosas que haces?
14. ¿Te peleas con tus amigos/as? ¿Y con tus familiares?
15. ¿Te sorprende(n) alguna(s) costumbre(s) o hábito(s) de alguna persona mayor que conoces?

4

En un café Imagina que estás en un café y que ves a tu antiguo/a novio/a besándose con alguien. ¿Qué haces? Trabajen en grupos para representar la escena. Utilicen por lo menos cinco verbos de la lista.

4 As a follow-up writing assignment, have students write an e-mail to send to their ex.

acercarse	atreverse	enterarse	preocuparse
acordarse	convertirse	irse	quejarse
arrepentirse	darse cuenta	olvidarse	sorprenderse

4.3

INSTRUCTIONAL RESOURCES WB, LM, SAM Answer Key, Lab MP3, IRCD-ROM (scripts)

Remind students that prepositions are often the most challenging part of learning a second language.

Explain that **para** is often used with adverbs to indicate *"in the direction of."*
Ex: **para arriba** *upwards*
para atrás *backwards*

VARIACIÓN LÉXICA Point out that in some regions, including the Caribbean, the second syllable of **para** is often dropped from spoken Spanish.
Ex: **pa'rriba, pa'bajo**

Additional expressions with **para**:
para que *so that*
¿para qué? *why? what for?*

Por and *para*

● **Por** and **para** are both translated as *for*, but they are not interchangeable.

—*¿No ve que le he dado un tajo **por** la mitad?*
—*Pues **para** aprovechar la madera es mejor cuando esté seca.*

Uses of *para*

Destination *(toward, in the direction of)*	Pedro sale **para** Italia pronto. *Pedro is leaving for Italy soon.*
Deadline or a specific time in the future *(by, for)*	El árbol debe estar derribado **para** mañana. *The tree should be taken down by tomorrow.*
Purpose or goal + [*infinitive*] *(in order to)*	Arcadio tiene varias herramientas **para** cortar el árbol. *Arcadio has several tools in order to chop down the tree.*
Purpose + [*noun*] *(for, used for)*	Clara compró la comida **para** la semana. *Clara bought food for the week.*
Recipient *(for)*	Clara preparó la habitación **para** Pedro. *Clara prepared the room for Pedro.*
Comparison with others or opinion *(for, considering)*	**Para** ser tan joven, Pedro ha viajado mucho. *For being so young, Pedro has traveled a lot.*
	Para Clara, quitar el árbol es una tontería. *For Clara, taking down the tree is foolish.*
Employment *(for)*	Pedro trabaja **para** una empresa internacional. *Pedro works for an international company.*

Expressions with *para*

no estar para bromas *to be in no mood for jokes*	**para colmo** *to top it all off*
no ser para tanto *to not be so important*	**para que sepas** *just so you know*
	para siempre *forever*

—***Por*** *unos días su hijo podía haber dejado su coche ahí.*
—*Tendré que seguir con la faena si quiero quitar toda esa raíz **para** mañana.*

Uses of *por*

Motion or a general location
(along, through, around, by)

El vecino pasó **por** la calle y lo saludó.
The neighbor passed by the street and greeted him.

Duration of an action
(for, during, in)

Pedro quiere quedarse **por** una semana.
Pedro wants to stay for a week.

Reason or motive for an action
(because of, on account of, on behalf of)

Quitó el árbol **por** su hijo.
He took the tree down because of his son.

Object of a search
(for, in search of)

Arcadio fue **por** el serrucho.
Arcadio went in search of the saw.

Means by which
(by, by way of, by means of)

Su hijo les llamó **por** teléfono.
Their son called them by phone.

Exchange or substitution
(for, in exchange for)

Cambió el árbol grande **por** uno pequeño.
He replaced the big tree for a smaller one.

Unit of measure
(per, by)

El coche de Pedro puede ir a 150 km **por** hora.
Pedro's car can get up to 150 km per hour.

Agent (passive voice)
(by)

Los parquímetros fueron puestos **por** el ayuntamiento.
The parking meters were placed by the local government.

Expressions with *por*

por allí/aquí *around there/here*	**por lo tanto** *therefore*
por casualidad *by chance/accident*	**por lo visto** *apparently*
por ejemplo *for example*	**por más/mucho que** *no matter how much*
por eso *therefore, for that reason*	**por otro lado/otra parte** *on the other hand*
por fin *finally*	**por primera vez** *for the first time*
por lo general *in general*	**por si acaso** *just in case*
por lo menos *at least*	**por supuesto** *of course*

¡ATENCIÓN!

In many cases it is grammatically correct to use either **por** or **para** in a sentence. The meaning of each sentence, however, is different.

Trabajó por su tío.
He worked for (in place of) his uncle.

Trabajó para su tío.
He worked for his uncle('s company).

TALLER DE CONSULTA

The passive voice is discussed in detail in **10.1, p. 352.**

Additional expressions with **por**:
por ahora *for the time being*
por cierto *of course*
¡por Dios! *for God's sake!*
por escrito *in writing*

Práctica

1 **Otra manera** Lee la primera oración y completa la segunda versión usando **por** o **para**.

1. Cuando voy a Costa Rica, siempre visito Puntarenas.
   Paso ___por___ Puntarenas cuando voy a Costa Rica.

2. El hotel era muy barato. Pagué sólo 100 dólares.
   Conseguí la habitación ___por___ sólo 100 dólares.

3. Fui allí porque quería visitar a mis suegros.
   Yo quería ir allí ___para___ visitar a mis suegros.

4. Mi familia les envió muchos regalos a ellos.
   Mi familia envió muchos regalos ___para___ ellos.

5. Mis suegros se alegraron mucho de nuestra visita.
   Mis suegros se pusieron muy felices ___por___ nuestra visita.

Playa de Puntarenas, Costa Rica

2 **Completar** Completa la carta con **por** y **para**.

> Querida abuela,
>
> (1) ___Por___ fin llegué a esta tierra. La Ciudad de Panamá es hermosa. Todavía no he pasado (2) ___por___ el Canal de Panamá porque debo ir con un guía. Puedo contratar uno (3) ___por___ pocos dólares. En los tres meses del viaje por Centroamérica pensé en ti y en el abuelo (4) ___por___ lo mucho que esta tierra representa para ustedes.
>
> Sé que (5) ___para___ poder conocer verdaderamente este país y su cultura tendré que quedarme (6) ___por___ lo menos un mes. (7) ___Por___ eso voy a volver a finales de mayo. (8) ___Para___ que sepas, voy a quedarme en el hotel llamado "Panameño". (9) ___Para___ mí es un hotel muy cómodo (10) ___por___ estar tan cerca del centro de la ciudad, así que me voy a quedar aquí todo el mes.
>
> ¡Muchos saludos al abuelo!
>
> José

3 **Oraciones** Primero, escribe oraciones lógicas utilizando una palabra de cada columna. Luego, en parejas, escriban un diálogo creativo que incluya las oraciones que escribieron.

Modelo Mi hermana preparó una cena especial para mi mamá.

caminar	hacer	por	el parque	la fiesta
jugar	comprar	para	él	su hermana
trabajar			su edad	

Comunicación

4

Soluciones Comenten en parejas cuáles son las mejores maneras de lograr los objetivos de la lista. Sigan el modelo y utilicen **por y para**.

> **Modelo** Para ser saludable, lo mejor es comer cinco frutas o verduras por día porque tienen muchas vitaminas.

concentrarse al estudiar	relajarse
divertirse	ser famoso
hacer muchos amigos	ser organizado/a
mantener tradiciones familiares	ser saludable (*healthy*)

4 Have students share their responses with the class. Refer students to **pp. 142–143** and have them identify the uses of **por** and **para** in each other's sentences.

5

Una familia Los miembros de una familia no siempre se llevan bien. Inventen una historia de una familia con problemas. En el relato deben usar por lo menos cinco de las siguientes expresiones.

> **Modelo** Para empezar, Marcos llegó a casa muy tarde y por eso. . .

no fue para tanto	por casualidad	por lo menos
para colmo	por eso	por lo tanto
para siempre	por fin	por supuesto

5 In groups, have students act out the argument. The rest of the class should offer solutions.

6

Conversación En parejas, elijan una de las situaciones y escriban una conversación. Utilicen **por y para** y algunas de las expresiones de la actividad 5.

A

Domingo, tu vecino el millonario, está escribiendo la versión final de su testamento (*will*). Él no tiene herederos y quiere dejar toda su fortuna a una sola persona. Está pensando en ti y en el alcalde del pueblo. Convence a Domingo de que te deje toda su fortuna a ti y no al alcalde.

B

Hace un año que trabajas en una librería y nunca has tenido vacaciones. Habla con tu jefe/a y dile que quieres tomarte unas vacaciones de dos semanas en el Caribe. Tu jefe/a dice que no necesitas tomarte vacaciones y te da algunas razones. Explícale tus razones y dile que si vas de vacaciones vas a ser un(a) empleado/a mejor al regresar.

Síntesis

> **Busco compañera de habitación** que sea responsable, limpia y ordenada para compartir apartamento céntrico con dos habitaciones. El apartamento es grande e iluminado, pero es muy caro para una sola persona. Llamar por la tarde a Luisa, al teléfono (555) 333-4455.

> ### ¡Perdido!
> Mi gato *Julio Enrique* se perdió el sábado pasado por la tarde en la Plaza de la Independencia. Es un gato blanco que tiene manchas negras en la cara. A la persona que lo encuentre le pagaré una recompensa de $50. Comunicarse con *Adriana* al (555) 123-4567.

> **Traductor de español** se ofrece para traducciones inglés-español. Hace poco tiempo me mudé al centro de la ciudad y trabajo desde mi casa. Soy honrado, profesional y estricto para trabajar. Escribir a Horacio a *horacio86@mail.org*

> ### CLASES DE NATACIÓN
> Busco nadador(a) olímpico/a para aprender a nadar. Interesados pasar por la biblioteca de la universidad por las tardes a cualquier hora para entrevista. Traigan todas las medallas y trofeos que tengan por si acaso se presentan muchos candidatos y hay competencia. Preguntar por Juancho.

1 To preview the activity, have students read the sample ads and underline examples of **por** and **para** and the subjunctive or indicative.

2 For listening comprehension, ask students to write down the reflexive verbs they hear as classmates perform each skit.

1 Avisos En parejas, inventen dos avisos para el periódico de la universidad como los ejemplos de arriba. Pueden escribir sobre cosas que hacen o sobre cosas que les gustaría hacer. Usen el indicativo o el subjuntivo, según sea necesario. También deben usar **por** y **para**. Después intercambien sus avisos con otra pareja y escriban un mensaje de correo electrónico para contestar los avisos de la otra pareja.

2 Escenas En parejas, trabajen para representar una de estas escenas. Usen la mayor cantidad posible de verbos reflexivos. También deben usar **por** y **para**.

Situación A: dos estudiantes se acaban de conocer; uno/a es nuevo/a en la ciudad, y el/la otro/a estudiante hace mucho que vive en esta ciudad.

Situación B: dos miembros de la misma familia hablan por teléfono. Uno de ellos le cuenta al otro cómo es su rutina diaria en la universidad.

Situación C: dos amigos/as se encuentran y uno/a le cuenta al/a la otro/a cómo fue el concierto de la noche anterior.

Preparación

NATIONAL STANDARDS
connections
cultures

Vocabulario de la lectura	
el cultivo *farming; cultivation*	
la desaparición *disappearance*	
la fe *faith*	
homenajear a los dioses *to pay homage to the gods*	
la lengua *language*	
el rito sagrado *sacred ritual*	
el sacerdote *priest*	

Vocabulario útil	
la creencia *belief*	
cultivar *to cultivate, to farm*	
la esperanza *hope*	
la etnia *ethnic group*	
el/la historiador(a) *historian*	
la receta *recipe*	

VARIACIÓN LÉXICA
lengua ↔ idioma
sacerdote ↔ cura, padre

Escoger Escoge la palabra que coincide con cada definición. Cuando termines, usa cinco de esas palabras y escribe oraciones con ellas.

1. Trabajar la tierra para que produzca trigo, maíz, alfalfa, etc.
   a. fe   b. etnia   c. cultivar

2. Los diversos códigos fonéticos que usan los seres humanos para comunicarse.
   a. historiadoras   b. lenguas   c. esperanzas

3. La creencia o esperanza que una persona tiene.
   a. fe   b. receta   c. etnia

4. Una ceremonia religiosa que se repite.
   a. rito   b. sacerdote   c. fe

5. Cuando algo existe pero luego deja de existir.
   a. yerno   b. cultivo   c. desaparición

1 Have students write their own definitions for the remaining vocabulary.

A pensar Contesta las preguntas. Después comparte tus respuestas con un(a) compañero/a.

1. ¿Quiénes son los mayas? ¿Qué sabes de ellos?

2. ¿Cuál crees que es el origen de la *tortilla*?

3. ¿Hay recetas en tu familia que han pasado de una generación a otra? ¿Cuáles son?

4. ¿Cómo era la vida de tus antepasados hace cien años?

5. Haz una lista de tradiciones o costumbres que tu familia ha repetido por más de dos generaciones.

6. Haz una lista de tradiciones o costumbres que quieres que tus descendientes hereden de ti.

2 For an oral project, have groups give short presentations on Mayan influence in the following areas: **la astronomía, la comida, la lengua española, la religión, la arquitectura.**

Opinar En grupos de tres, lean la frase. ¿Qué piensan sobre lo que dice? ¿Están de acuerdo? Intercambien sus opiniones. Luego, compartan sus ideas con la clase.

> "Un pueblo sin tradición es un pueblo sin porvenir." *Alberto Lleras Camargo*

El poder de los mayas

Escucha el artículo y abre una investigación en **www.imagina.vhlcentral.com**.

La cultura maya se originó en la península de Yucatán alrededor del 2600 AC y, con el tiempo, se extendió por toda Centroamérica. En esta región surgieron diferentes grupos étnicos, entre los que se cuentan los quichés, cakchiqueles, pokonchis, pokomanes y chortís. Cada uno de ellos habla una lengua diferente derivada de una lengua común.

Una de las más sofisticadas de su tiempo, la cultura maya llegó a su época de esplendor alrededor del año 250 DC. Su natural desarrollo se vio interrumpido en 1541 con la llegada de los conquistadores españoles. Éstos quemaron° muchos de sus libros e impusieron políticas que buscaban la desaparición de su cultura y su religión. A pesar de ello, muchas de sus tradiciones han sobrevivido el paso de los siglos pues han sabido preservarlas de la influencia de la cultura occidental.

Los mayas han vivido por siglos, y siguen haciéndolo hoy día, en pequeñas poblaciones dedicadas especialmente al cultivo del maíz y del frijol. La mayoría de los habitantes se dedica a las labores del campo, usando los mismos métodos para el cultivo de la tierra que crearon sus antepasados. Otras actividades que han resistido el paso de los siglos son la elaboración de tejidos° y de cerámicas que todavía tienen mucha importancia en la economía de las poblaciones mayas.

La religión que practican en la actualidad se basa en una mezcla de tradiciones antiguas, de animismo y de catolicismo. Los mayas creen en la influencia del cosmos en nuestras vidas. Los fenómenos naturales, tales como los terremotos°, tienen una explicación en los dioses, muchos de los cuales residen en las montañas. Los rituales que se realizan para homenajear a los dioses de la naturaleza son la perfecta expresión, hoy día, del sincretismo religioso que se ha producido entre la fe cristiana y la maya. Este aspecto es más evidente en algunas iglesias, donde se pueden ver mayas

burned 15

textiles

earthquakes

Las tortillas

Según la leyenda, la primera tortilla, una combinación de maíz fresco con granos secos, se preparó para satisfacer a un antiguo rey maya. A partir de ese momento, se convirtió en la base de la comida indígena. Al llegar a América, los españoles la llamaron "tortilla" por su parecido con la tortilla española, que también tiene forma circular. Hoy en día, se ha convertido en un alimento muy popular y se estima que 300 millones de tortillas se consumen diariamente alrededor del mundo.

católicos realizando las mismas ceremonias que los sacerdotes mayas hacen frente a sus ídolos. En su sistema de creencias°, el Sol representa a Jesucristo y la Virgen María se encuentra reflejada en la Luna.

Su vida diaria y sus celebraciones todavía se rigen° por el muy preciso calendario que crearon sus ancestros. Cada poblado tiene un sacerdote encargado de llevar la cuenta de los 260 días de su calendario tradicional, muy importante para saber cuándo se han de realizar los ritos sagrados. Este calendario, creado hace miles de años, relaciona la situación de los astros a los eventos que ocurren en la vida cotidiana.

Los avanzados conocimientos en astronomía y matemáticas de los antiguos mayas les sirvieron para construir, sin usar ningún instrumento metálico, observatorios, pirámides y plazas siempre siguiendo la orientación de los astros.

No le hace falta al visitante ir a museos o a sitios arqueológicos para apreciar la historia maya. Muchos pueblos centroamericanos nos hablan de esta compleja° y fascinante civilización que existe desde hace miles de años y que continúa presente hasta el día de hoy. ■

50 *beliefs*

are determined

55

60

65

70

complex

75

Análisis

1 For item 9, explain that a **tortilla española** is a round omelette, usually prepared with thinly sliced potatoes.

1

Comprensión Contesta las preguntas con oraciones completas.

1. ¿Qué tienen en común las lenguas de los quichés, cakchiqueles, pokonchis, pokomanes y chortís, entre otros? Provienen de una lengua común.

2. ¿Qué hicieron los conquistadores cuando se encontraron con la civilización maya?
   Quemaron muchos de sus libros e impusieron políticas que tenían el propósito de causar la desaparición de su cultura y religión.

3. ¿Cómo y de qué viven los mayas hoy en día? Viven en pequeñas poblaciones que se dedican al cultivo del maíz y del frijol.

4. ¿Qué actividades han resistido el paso del tiempo entre los mayas? La manera de cultivar, el tejido y la cerámica.

5. ¿Qué creencias religiosas tienen los mayas? Creen en la influencia del cosmos en la vida.

6. ¿Cuáles son algunas maneras en que la religión católica y la religión maya se mezclan? En las iglesias, se ven mayas católicos que realizan los mismos ritos que los sacerdotes mayas hacen frente a sus ídolos. El Sol representa a Jesucristo y la Luna a la Virgen María.

7. ¿Cuál ha sido la importancia de los astros en la cultura maya? Los astros marcan el desarrollo de la vida cotidiana. Conocer la orientación de los mismos les ha sido útil para construir observatorios, pirámides y plazas.

8. ¿Qué dice la leyenda sobre el origen de la tortilla? Dice que fue hecha de granos secos y maíz para satisfacer a un antiguo rey maya.

9. ¿Por qué se llama *tortilla*? Porque los conquistadores pensaban que era parecida a la tortilla española.

2 Have volunteers share their cultural knowledge with the class. Write their contributions on the board and have them compare and contrast them with their own culture.

2

Culturas ¿Qué otras culturas, aparte de la suya, conocen? En grupos de tres, escojan una cultura con la que estén familiarizados y hablen de ella. Compartan sus conocimientos sobre estos aspectos o sobre otros que ustedes quieran.

- alimentos
- lenguas
- religiones
- celebraciones
- cultivos
- ropa típica
- tradiciones
- artesanías

3

Imaginar Es el año 2500 y un historiador escribe un artículo sobre la sociedad y la cultura occidental del siglo XXI en una revista de investigación. En grupos de cuatro, escriban lo que creen que el historiador dirá sobre las actividades cotidianas, religión, alimentos típicos, costumbres, fiestas, etc. Compartan lo que han escrito con la clase.

CAPÍTULO 3

Hace cinco siglos la gente tenía vidas muy diferentes.

El pueblo llamado ...

TEACHING OPTION If your community has a restaurant or market specializing in Central American cuisine, organize a class outing. As an alternative, bring in a dish made with tortillas or assign groups to find and prepare typical recipes from Central America.

Preparación

Sobre el autor

El autor guatemalteco Augusto Monterroso (1921–2003) es uno de los escritores latinoamericanos más reconocidos y queridos. Considerado padre y maestro del cuento, su prosa destaca (*stands out*) por el humor inteligente con el que presenta su visión de la realidad. Entre sus obras publicadas se encuentran: *La oveja negra y demás fábulas* (1969), la novela *Lo demás es silencio* (1978) y la obra de textos misceláneos *La letra e* (1987). Recibió el Premio Príncipe de Asturias en 2000.

Vocabulario de la lectura		Vocabulario útil
aislado/a *isolated*	**poderoso/a** *powerful*	**la civilización** *civilization*
el conocimiento *knowledge*	**rodear** *to surround*	**la conquista** *conquest*
	sacrificar *to sacrifice*	**despreciar** *to look down on*
el desdén *disdain*	**salvar** *to save*	**el fraile (Fray)** *friar, monk*
digno/a *worthy*		**la opresión** *oppression*
		la religión *religion*
		sí mismo/a *himself/herself*

INSTRUCTIONAL RESOURCES LM, Sam Answer Key, Lab MP3, IRCD-ROM (scripts). Dramatic readings of the **Literatura** selections are recorded on the Lab MP3.

1 **Vocabulario** Marca la palabra que no corresponde al grupo.

1. (a.) esperanza   b. conquista   c. opresión
2. a. sobrevivir   b. salvar   (c.) despreciar
3. a. conocimiento   b. civilización   (c.) desdén
4. (a.) niñez   b. fraile   c. religión
5. (a.) antepasado   b. castigar   c. sacrificar

2 **Astros** Contesta las preguntas y comenta tus respuestas con un(a) compañero/a.

1. ¿Has visto alguna vez un eclipse?
2. ¿Qué porcentaje de tu personalidad crees que está marcado por el día en que naciste?
3. ¿Crees que la posición de los astros afecta nuestra vida personal?
4. ¿Tienes alguna superstición? Si tienes una, ¿cuál es?

2 Have students search online or in print media for Spanish horoscopes. Later, have them read and discuss the horoscopes in groups and whether or not they agree with the assertions.

3 **América** En parejas, hagan un pequeño resumen con todo lo que saben sobre la conquista de América.

¿En qué año llegaron los conquistadores?	
¿De qué país eran? ¿Quién financió la expedición?	
¿Qué religión practicaban?	
¿Conocen algunas culturas o etnias que se perdieron o fueron afectadas por la conquista?	
¿?	

TEACHING OPTION Have students describe the setting (**el ambiente**) of previous readings in **Imagina** and comment on its importance. Ask students to consider the following aspects of the setting as they read *El eclipse:* el lugar **geográfico**, la **época histórica**, la **estación del año** y la **hora del día**.

EL ECLIPSE

Augusto Monterroso

Escucha la lectura y opina sobre el tema en **www.imagina.vhlcentral.com**.

brother (title given to a monk)

Cuando fray° Bartolomé Arrazola se sintió perdido, aceptó que ya nada podría salvarlo. La selva poderosa de Guatemala lo había apresado°, implacable y definitiva. Ante su ignorancia topográfica se sentó con tranquilidad a esperar la muerte. Quiso morir allí, sin ninguna esperanza, aislado, con el pensamiento fijo en la España distante, particularmente en el

captured 5

10

Al despertar se encontró rodeado por un grupo de indígenas de rostro impasible que se disponían a sacrificarlo ante un altar...

convento de Los Abrojos, donde Carlos Quinto condescendiera una vez a bajar de su eminencia para decirle que confiaba en el celo° religioso de su labor redentora°.

zeal

redemptive 15

Al despertar se encontró rodeado por un grupo de indígenas de rostro° impasible que se disponían° a sacrificarlo ante un altar, un altar que a Bartolomé le pareció como el lecho° en que descansaría,

face

se... were preparing

bed 20

al fin, de sus temores°, de su destino, de sí mismo.

fears

Tres años en el país le habían conferido un mediano dominio° de las lenguas nativas. Intentó algo. Dijo algunas palabras que fueron comprendidas.

command (of a language)

25

Entonces floreció° en él una idea que tuvo por digna de su talento y de su cultura universal y de su arduo conocimiento de Aristóteles. Recordó que para ese día se esperaba un eclipse total de sol. Y dispuso, en lo más íntimo°, valerse de° aquel conocimiento para engañar a sus opresores y salvar la vida.

blossomed

30

*deepest recesses/**valerse...** to take advantage of*

—Si me matáis —les dijo— puedo hacer que el sol se oscurezca en su altura.

35

Los indígenas lo miraron fijamente y Bartolomé sorprendió la incredulidad en sus ojos. Vio que se produjo un pequeño consejo°, y esperó confiado, no sin cierto desdén.

counsel

40

Dos horas después el corazón de fray Bartolomé Arrazola chorreaba° su sangre vehemente sobre la piedra de los sacrificios (brillante bajo la opaca luz de un sol eclipsado), mientras uno de los indígenas recitaba sin ninguna inflexión de voz, sin prisa, una por una, las infinitas fechas en que se producirían eclipses solares y lunares, que los astrónomos de la comunidad maya habían previsto y anotado en sus códices sin la valiosa ayuda de Aristóteles. ■

was gushing

45

50

Análisis

1 **Comprensión** Contesta las siguientes preguntas con oraciones completas.

1. ¿Dónde estaba fray Bartolomé? — Fray Bartolomé estaba en la selva de Guatemala.

2. ¿Qué pensaba fray Bartolomé que le iba a ocurrir a él? — Pensaba que iba a morir.

3. ¿De dónde era fray Bartolomé? — Fray Bartolomé era de España.

4. ¿Por qué conocía el protagonista la lengua de los indígenas? — Porque hacía tres años que vivía en Guatemala.

5. ¿Qué querían hacer los indígenas con fray Bartolomé? — Querían sacrificarlo ante un altar.

6. ¿De qué se acordó el fraile? — Recordó que para ese día se esperaba un eclipse total de sol.

7. ¿Qué les dijo fray Bartolomé a los indígenas? — Les dijo que si lo mataban, haría oscurecer el sol.

8. ¿Qué hicieron los indígenas? — Los indígenas lo sacrificaron.

9. ¿Qué recitaba un indígena al final del cuento? — Recitaba todas las fechas en que se producirían eclipses solares y lunares.

2 **Interpretar** Contesta las preguntas.

1. ¿Cuál había sido la misión de fray Bartolomé en Guatemala?

2. ¿Quién le había enviado a esa misión?

3. A pesar de los conocimientos de Aristóteles, ¿por qué el protagonista no consiguió salvarse?

3 **Culturas** En parejas, expliquen qué ideología representa fray Bartolomé y comenten si conocen algún acontecimiento histórico en el que se haya infravalorado (*undervalued*) la cultura indígena. Compartan sus conclusiones con la clase.

4 **Escribir** Imagina que un periódico importante te ha pedido que escribas un artículo sobre alguna historia que le ocurrió a un(a) antepasado/a tuyo/a. Escribe el artículo y trata de incluir algunos verbos reflexivos y las preposiciones **por** y **para**.

Plan de redacción

Narrar una historia familiar

1 **Organización de los hechos** Piensa en un acontecimiento que haya ocurrido en tu familia que te interese especialmente. Sigue las preguntas para organizar tu artículo:

1. ¿Quién o quiénes fueron los protagonistas de la historia?

2. ¿Qué antecedentes puedes dar sobre lo que sucedió?

3. ¿Cómo y dónde ocurrieron los hechos?

4. ¿Cómo terminó?

5. ¿Cuál es la conclusión de la historia?

2 **Título** Después de saber con exactitud sobre qué vas a escribir, es muy importante darle al artículo un título atractivo y conciso que atraiga al lector. Ponle un título y comienza a escribir.

3 **Explicar y concluir** Una vez que hayas contado lo que ocurrió, explica por qué has escrito sobre esta historia y si ha tenido consecuencias en tu familia.

---

2 In groups, have students discuss their opinions about missionary ideology, both past and present. Have them present and defend their opinions in a class debate.

3 Encourage students to draw on examples from North American colonization.

4 As a pre-writing exercise, have students brainstorm ideas with a partner and give feedback about which titles are the most compelling. After they have written a draft of the article, have them check each other's work with the same partner.

TEACHING OPTION
In small groups, have students discuss the importance of various aspects of the setting in *El eclipse*, including: **el lugar geográfico, la época histórica, la estación del año y la hora del día.** Ask: **¿Cómo el ambiente afecta las acciones y decisiones de los personajes?**

Entre familia

Los parientes

el antepasado *ancestor*
el/la bisabuelo/a *great-grandfather/ grandmother*
el/la cuñado/a *brother/sister-in-law*
el/la esposo/a *husband/wife*
el/la gemelo/a *twin*
el/la hijo/a único/a *only child*
la madrastra *stepmother*
el/la medio/a hermano/a *half brother/sister*
la nuera *daughter-in-law*
el padrastro *stepfather*
el pariente *relative*
el/la primo/a *cousin*
el/la sobrino/a *nephew/niece*
el/la suegro/a *father/mother-in-law*
el/la tío/a (abuelo/a) *(great) uncle/aunt*
el yerno *son-in-law*

La vida familiar

agradecer *to thank*
apoyar(se) *to support (each other)*
criar *to raise (children)*
independizarse *to gain independence*
lamentar *to regret*
mimar *to spoil*
pelear(se) *to fight (one another)*
quejarse (de) *to complain (about)*
regañar *to scold*
respetar *to respect*
superar *to overcome*
trasladar *to move*

La personalidad

el carácter *character, personality*

bien educado/a *well-mannered*
egoísta *selfish*
estricto/a *strict*
exigente *demanding*
honrado/a *honest*

insoportable *unbearable*
mal educado/a *ill-mannered*
mandón/mandona *bossy*
rebelde *rebellious*
sumiso *submissive*
unido/a *close-knit*

Las etapas de la vida

la juventud *youth*
la madurez *maturity*
la muerte *death*
el nacimiento *birth*
la niñez *childhood*
la vejez *old age*

Las generaciones

el apodo *nickname*
la ascendencia *heritage*
la autoestima *self-esteem*
la brecha generacional *generation gap*
la comprensión *understanding*
el género *gender*
la patria *homeland*
el prejuicio social *social prejudice*
la raíz *root*

heredar *to inherit*
parecerse *to resemble, to look like*
realizarse *to become true*
sobrevivir *to survive*

Cortometraje

el aparcamiento *parking space*
el coche *car*
la decepción *disappointment*
el desinterés *lack of interest*
la ilusión *hope*
el tronco *trunk*

aparcar *to park*
hacer falta *to need*
olvidar *to forget*

plantar *to plant*
podar *to prune*
quitar *to remove*
serrar *to saw*
soportar *to put up with*

raro/a *strange, odd*

Cultura

la creencia *belief*
el cultivo *farming; cultivation*
la desaparición *disappearance*
la esperanza *hope*
la etnia *ethnic group*
la fe *faith*
el/la historiador(a) *historian*
la lengua *language*
la receta *recipe*
el rito sagrado *sacred ritual*
el sacerdote *priest*

cultivar *to cultivate, to farm*
homenajear a los dioses *to pay homage to the gods*

Literatura

la civilización *civilization*
el conocimiento *knowledge*
la conquista *conquest*
el desdén *disdain*
el fraile (Fray) *friar, monk (Brother)*
la opresión *oppression*
la religión *religion*

despreciar *to look down on*
rodear *to surround*
sacrificar *to sacrifice*
salvar *to save*

aislado/a *isolated*
digno/a *worthy*
poderoso/a *powerful*
sí mismo/a *himself/herself*

INSTRUCTIONAL RESOURCES
Testing Program on IRCD-ROM

Las riquezas naturales

En el planeta Tierra, la vida humana depende del buen funcionamiento de la naturaleza. Consecuentemente, la destrucción de los recursos naturales nos afecta a todos los humanos por igual, independientemente de nuestra situación geográfica, económica, política o social. ¿Es un error vivir al margen de esta realidad e ignorar las consecuencias? ¿Es cierto que la especie humana puede estar en peligro de extinción? Si es cierto, ¿podremos aceptar este reto los humanos?

La catarata Salto Ángel, situada en el sureste de Venezuela, es la más alta del mundo.

160

170

Destino:
COLOMBIA, ECUADOR Y VENEZUELA

PREVIEW Have students discuss the questions on **p. 156** in small groups and defend their opinions. Ask follow-up questions to preview the vocabulary on **p. 158**. Ex: **¿Cuál de los problemas medioambientales te preocupa más? ¿La deforestación? ¿La contaminación? ¿Qué hacemos para prevenir la destrucción de los recursos naturales? ¿Qué más podemos hacer?**

Nuestro mundo

La naturaleza

el árbol *tree*
el bosque (lluvioso) *(rain) forest*
la cordillera *mountain range*
la costa *coast*
el desierto *desert*
la luna *moon*
el mar *sea*
el paisaje *landscape, scenery*
el río *river*
el sol *sun*
la tierra *land*

———————

al aire libre *outdoors*
escaso/a *scant, scarce*
potable *drinkable*
protegido/a *protected*
puro/a *pure, clean*
seco/a *dry*

Los animales

el ave, el pájaro *bird*
el cerdo *pig*
el conejo *rabbit*
el león *lion*
el mono *monkey*

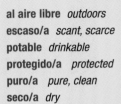

la oveja *sheep*
el pez *fish*
la rata *rat*
la serpiente *snake*
el tigre *tiger*
la vaca *cow*

Los fenómenos naturales

el calentamiento *warming*
la erosión *erosion*
el huracán *hurricane*
el incendio *fire*
la inundación *flood*
la lluvia ácida *acid rain*
la sequía *drought*
el terremoto *earthquake*

Usos y abusos

la basura *trash*
la capa de ozono *ozone layer*
el combustible *fuel*
el consumo de energía *energy consumption*
la contaminación *pollution*
la deforestación *deforestation*
el desarrollo *development*
la fuente de energía *energy source*
el medio ambiente *environment*
el peligro *danger*
el porvenir *future*
los recursos *resources*
el smog *smog*

———————

agotar *to use up*
aguantar *to put up with, to tolerate*
amenazar *to threaten*
cazar *to hunt*
conservar *to preserve*
contagiar *to infect, to be contagious*
contaminar *to pollute*
desaparecer *to disappear*
destruir *to destroy*
echar *to throw away*
empeorar *to get worse*

extinguirse *to become extinct*
malgastar *to waste*
mejorar *to get better*
prevenir (e:ie) *to prevent*
proteger *to protect*

resolver (o:ue) *to solve, to resolve*
respirar *to breathe*
urbanizar *to urbanize*

———————

dañino/a *harmful*
desechable *disposable*
renovable *renewable*
tóxico/a *toxic*

VARIACIÓN LÉXICA
echar ↔ tirar
resolver ↔ solucionar
serpiente ↔ culebra, víbora

Escucha y practica el vocabulario
en **www.imagina.vhlcentral.com**.

Práctica

INSTRUCTIONAL RESOURCES WB, LM, SAM Answer Key, Lab MP3, IRCD-ROM (scripts)

1 **Cierto o falso** Indica si las afirmaciones son ciertas o no. Corrige la información falsa.

1. Un paisaje es una extensión pequeña de terreno que se ve a lo lejos. Falso. Es grande.

2. Un recurso es escaso cuando es insuficiente; está a punto de agotarse. Cierto.

3. El porvenir es el tiempo pasado. Falso. Es el futuro.

4. Una planta, animal o persona desaparece cuando deja de existir. Cierto.

5. La sequía es un largo período de tiempo con lluvias. Falso. Es un largo período de tiempo sin lluvias.

6. Una situación empeora cuando pasa a un estado mejor. Falso. Pasa a un estado peor.

7. El agua potable es imbebible porque es dañina para la salud. Falso. El agua potable es bebible porque no es dañina para la salud.

8. Dicen que el conejo es el rey de la selva. Falso. El león es el rey de la selva.

1 Have students write two more true or false statements using the new vocabulary. Call on students to read their statements and have classmates answer **cierto** or **falso**.

2 **Saludos desde Venezuela** Completa la postal que Álvaro mandó a su amigo Carlos.

aire libre	desarrollo	medio ambiente	resolver
conservar	desechable	pájaros	río
contaminación	extinguirse	peligro	urbanizar

Estimado amigo Carlos:

¡Aquí estoy! Por fin realicé mi gran sueño de navegar por el (1) __río__ Orinoco. No hay nada como disfrutar del (2) __aire libre__ y aquí las vistas son espectaculares; pero también hay muchos problemas medioambientales. El guía nos explicó muchas cosas, por ejemplo, que más de trescientas especies de la fauna venezolana están en peligro de (3) __extinguirse__; que el ser humano es la especie que mejor se adapta a la (4) __contaminación__ del (5) __medio ambiente__; que el sector privado no puede (6) __urbanizar__ aquí para el turismo de alto nivel y debe respetar las estrictas restricciones medioambientales... Y es que el (7) __desarrollo__ no siempre implica progreso, ¿no? En fin, en todos los rincones del planeta hay problemas por (8) __resolver__. Yo espero que este país pueda (9) __conservar__ este bello lugar y que los (10) __pájaros__ no dejen de cantar.

Un fuerte abrazo,

Álvaro

Carlos Sierra

Plazuela Nutibara, 77

Medellín, Colombia

2 Have pairs write postcards similar to the one in the activity. Encourage them to use words from **Para empezar**.

3 **Asociaciones** En parejas, contesten: ¿Con cuáles de estos animales, elementos y/o fuerzas de la naturaleza te sientes asociado/a? ¿Con cuáles crees que está asociado/a tu compañero/a? ¿Por qué? Comparen sus respuestas. Utilicen el vocabulario.

árbol	desierto	luna	serpiente
bosque	fuente de energía	mar	sol
conejo	huracán	pájaro	terremoto
cordillera	león	río	tierra

3 Encourage students to use additional words from **Para empezar**. Have volunteers share their partners' responses.

3 Ask students to make these additional associations: **1. tu novio/a 2. tu mejor amigo/a 3. un pariente**

INSTRUCTIONAL RESOURCES DVD, Website, IRCD-ROM (scripts)

VARIACIÓN LÉXICA Point out that **de volada** comes from the verb **volar** (*to fly*). Additional **mexicanismos** derived from **volar** include: **¡A volar!** *Out!; Get out of here!* **echar un volado** *to toss a coin*

Preparación

Vocabulario del corto	
acabarse	*to run out (of something)*
de volada	*quickly (Méx.)*
disculparse	*to apologize*
resentido/a	*upset*
la salida	*exit*
sobre todo	*above all*
el tanque	*tank*
tratarse de	*to be about*
la tubería	*piping*

Vocabulario útil	
apuntar	*to aim*
disparar	*to shoot*
el petróleo	*oil*
preocuparse (por)	*to worry (about)*
proteger(se)	*to protect (oneself)*
el rifle	*rifle*
el sobrecalentamiento	*overheating*
el techo	*roof*
vigilar	*to watch*

EXPRESIONES	
Ándale...	*Come on...*
Déjalo...	*Don't worry...*
¡Se acabó!	*That's it!*

1 **Vocabulario** Indica la oración que expresa mejor la misma idea.

1. Luis y Sofía llegaron de volada al aeropuerto.
   a. Luis y Sofía no encontraron el aeropuerto.
   b. Luis llegó al aeropuerto antes que Sofía.
   c. Luis y Sofía llegaron rápido al aeropuerto.

2. La película se trata de las aventuras de una pareja de enamorados.
   a. Una pareja de enamorados compró la película.
   b. En la película se ve la historia de una pareja de enamorados.
   c. La película niega que haya una pareja de enamorados.

3. Déjalo, Héctor, yo limpio la cocina.
   a. Espera un momento, Héctor, voy a limpiar la cocina.
   b. Héctor, ayúdame a limpiar la cocina.
   c. No te preocupes, Héctor, yo voy a limpiar la cocina.

2 As a variant, have students discuss environmental issues on campus and write e-mails to the appropriate departments, such as Dining Services, Buildings and Grounds, etc.

2 **Una carta** En parejas, escriban un correo electrónico a una industria local que está contaminando la zona donde ustedes viven. Expresen su inquietud y den consejos para preservar la naturaleza del lugar.

> Estimados señores:
>
> Les escribimos porque estamos preocupados por la situación de su empresa. Creemos que están contaminando mucho el aire que respiramos...

3 Fotogramas En parejas, observen las fotografías e imaginen lo que va a ocurrir en el cortometraje.

3 Have each pair choose a photo and write a short dialogue between the two characters. Encourage them to use vocabulary from **p. 160.**

4 El parque En grupos pequeños, imaginen que están a cargo (*in charge*) de un parque ecológico. Llenen el folleto informativo invitando al público a visitarlo. Incluyan esta información y todos los detalles que crean necesarios.

- ¿Cuál es la filosofía del parque?
- ¿Dónde está?
- ¿Qué actividades ofrece?
- ¿Qué animales hay?

4 Have a member of each group share its brochure with the class. Then have the class decide which is the park they would most like to visit.

¡Visita el Parque Ecológico _____ !
NUESTRA FILOSOFÍA _____
ACTIVIDADES _____
FAUNA _____
LUGAR _____
HORARIO _____

5 Preguntas En parejas, contesten las preguntas.

1. ¿Hay contaminación en su comunidad?
2. ¿Qué hacen para proteger el medio ambiente?
3. ¿Qué opinan sobre el uso de fuentes de energía que no contaminen?
4. ¿Creen que el agua es un recurso renovable?
5. ¿Qué hacen para no malgastar el agua?
6. ¿Conocen alguna técnica o sistema para aprovechar el agua de la lluvia?
7. ¿Qué fenómenos naturales, medioambientales, socio-culturales y/o económicos pueden poner en peligro las reservas de agua de una comunidad?
8. ¿Es posible la vida sin agua? ¿Cómo afectaría su vida la falta de agua? Hagan una lista de actividades que no sería posible realizar sin agua.

5 Have students share their answers with the class.

TEACHING OPTION In groups, have students discuss films they have seen that involve an environmental crisis or a natural disaster. **¿Se resolvió el problema? ¿Cómo? ¿Fue realista la representación del problema? ¿Cómo afectó la situación a los personajes, al gobierno y a la sociedad?**

Mira el cortometraje en
www.imagina.vhlcentral.com.

El día menos pensado

Una producción de FONDO NACIONAL PARA LA CULTURA Y LAS ARTES/INSTITUTO MEXICANO DE CINEMATOGRAFÍA/ GUERRILLA FILMS con apoyo de MEXATIL INDUSTRIAL, S.A. DE C.V./EQUIPMENT & FILM DESIGN (EFD)/CALABAZITAZ TIERNAZ/KODAK DE MÉXICO/CINECOLOR MÉXICO Guión y Dirección RODRIGO ORDÓÑEZ Basada en un cuento de SERGIO FERNÁNDEZ BRAVO Fotografía EVERARDO GONZÁLEZ Productor Ejecutivo GABRIEL SORIANO Dirección de Arte AMARANTA SÁNCHEZ Música Original CARLOS RUIZ Diseño Sonoro LENA ESQUENAZI Edición JUAN MANUEL FIGUEROA Actores FERNANDO BECERRIL/MARTA AURA/BRUNO BICHIR/CLAUDIA RÍOS

ARGUMENTO *Una ciudad se ha quedado sin agua. Mucha gente se ha ido. Algunos se quedan vigilando la poca agua que les queda.*

JULIÁN Inés, nos tenemos que ir.
INÉS Dicen que todo se va a arreglar. Que si no, es cuestión de esperar hasta que lleguen las lluvias.
JULIÁN Sí, pero no podemos confiar en eso. No a estas alturas[1].

INÉS ¿Cómo vamos a salir de la ciudad?
JULIÁN No lo sé.
INÉS Pero dicen que en todas las salidas hay vándalos. Y que están muy resentidos porque ellos fueron los primeros que se quedaron sin agua.
JULIÁN Si no digo que no sea peligroso. Pero cuando se nos acabe el agua nos tenemos que ir de todos modos.

INÉS ¿Pasa algo?
JULIÁN Ya no tenemos agua.
INÉS En la tele dijeron que...
JULIÁN ¡Qué importa lo que hayan dicho! ¡Se acabó!

JULIÁN Aunque lograran[2] traer agua a la ciudad, no pueden distribuirla. Las tuberías están contaminadas desde el accidente. Ninguna ayuda llegará a tiempo, y menos aquí.
INÉS Pero no quiero dejar mi casa.

JULIÁN Y a ustedes, ¿cuándo se les acabó el agua?
RICARDO Antier[3] en la noche nos dimos cuenta.
JULIÁN Ricardo, ¿quieren venir con nosotros?

JULIÁN No nos va a pasar nada, Inés. ¿Qué nos pueden hacer? Todos estamos igual.

[1] *at this stage* [2] *managed to* [3] *the day before yesterday*

Nota CULTURAL

Escasez de agua

La situación que vemos presentada en *En día menos pensado* no está fuera de las probabilidades en la realidad actual de México. Recientemente el presidente de México advirtió a los ciudadanos que la escasez de agua es un asunto prioritario de seguridad nacional. Actualmente unas 12 millones de personas en México viven sin servicio de agua potable. Se estima que en los últimos 50 años las provisiones de agua han disminuido un 50% en todo el país.

PREVIEW Read the **Nota cultural** with the class. Ask: **¿Algunos de ustedes han vivido en un lugar donde haya riesgo de escasez o de contaminación del agua? ¿Toman ustedes el agua de la llave o grifo (*tap*)? ¿Cuáles son las responsabilidades del gobierno acerca del agua potable? ¿Y las de los ciudadanos?**

TEACHING OPTION Before viewing the film, ask students how they think the film will end. After viewing the film, ask if any had predicted the open ending. **¿Cuál es el efecto del final abierto? ¿Es la incertidumbre un aspecto importante del tema?**

Análisis

1 Go over the comprehension questions as a class. Replay scenes from the film if necessary.

1 Comprensión Contesta las preguntas con oraciones completas.

1. ¿Qué hace el hombre en el techo de su casa? ¿Por qué?
Está vigilando el tanque de agua porque no hay agua en la ciudad.

2. ¿Qué le dice el hombre a su esposa cuando está desayunando?
Le dice que se tienen que ir de la ciudad.

3. ¿Qué hay en las salidas de la ciudad? En las salidas de la ciudad hay vándalos.

4. ¿Qué pasa con las tuberías? Las tuberías están contaminadas.

5. ¿Por qué deciden irse de la ciudad? Deciden irse de la ciudad porque se han quedado sin agua.

6. ¿Quiénes van con ellos en el coche? Los vecinos/Ricardo, Esther y su bebé van con ellos en el coche.

2 For item 4, encourage students to think about the personalities of each character. **¿Con cuál de los personajes te identificas más? ¿Cómo reaccionas tú en una emergencia? Si estás en peligro, ¿piensas primero en ti mismo/a o en ayudar a los demás?**

2 Ampliar En parejas, háganse las preguntas.

1. ¿Qué creen que ocurre al final? ¿Es un final feliz? ¿Por qué?

2. ¿Por qué creen que el agua de la ciudad está envenenada?

3. ¿Por qué se titula *El día menos pensado*?

4. Imaginen que son los protagonistas de este corto, ¿qué harían ustedes en esa situación?

3 ¿Quién lo dijo? Lee estos dos breves diálogos tomados del corto y ponlos en contexto. ¿Quiénes están hablando? ¿Qué importancia tienen en la historia?

> —Esta mañana vi la cisterna. Está casi llena...
> —Está contaminada y tú lo sabes.

> —Don Julián, venía a disculparme por lo de esta mañana.
> —Déjalo, vecino. Con un niño pequeño yo hubiera hecho lo mismo.

4 Use this activity to preview the future and the conditional (presented in **5.1** and **5.2, pp. 172–179**).

4 Futuro Trabajen en parejas.

A. Digan qué harían para evitar estas catástrofes ecológicas. Usen el futuro y el condicional.

- explosión nuclear
- sobrecalentamiento del planeta
- deforestación de todos los bosques y selvas

B. ¿En manos de quién está el mundo? Reflexionen en parejas sobre esta cuestión y anoten sus ideas y opiniones. Después, compártanlas con la clase y abran un debate. Relacionen sus opiniones con los principales problemas ecológicos actuales.

5 **La naturaleza** En parejas, den su opinión sobre los temas de la lista. ¿Creen que son positivos para el medio ambiente? ¿Por qué? Luego compartan sus opiniones con la clase.

- Carros híbridos
- Búsqueda de petróleo en bosques protegidos
- Reciclar papel y vidrio
- Ser vegetariano
- Cazar

5 As a variant, divide the class into five groups and assign each group a different topic from the list. Half the members of each group must argue in favor of the topic, half against it. Have the class vote to determine the winners of each debate.

6 **Animales** Trabajen en grupos para contestar las preguntas. Después compartan sus respuestas con la clase.

1. ¿Están de acuerdo con los experimentos con animales? ¿Qué tienen de positivo? ¿Y de negativo? ¿Los prohibirían?

2. ¿Qué opinan de los zoológicos? ¿Creen que van a cambiar en el futuro? ¿Cómo piensan que van a ser?

7 Have students compare and contrast the movies they discussed in the **Teaching Option** on p. 161 to *El día menos pensado.* Write a few of the films on the board and ask: **¿Qué tienen en común con el corto? ¿En qué son distintas?**

7 **Películas** En parejas, escriban dos o tres títulos de películas que ustedes crean que tienen similitudes con este corto. ¿Les gustaron? ¿Qué ocurría en ellas?

7 Ask students to think beyond subject matter: **¿Qué películas tienen personajes parecidos a los protagonistas del corto? ¿Qué otras películas tienen finales abiertos?**

8 **¿Y ustedes?** En parejas, imaginen que son guionistas de cine y tienen que crear el argumento de una película de ciencia-ficción. Sigan las sugerencias y añadan cualquier información que consideren importante. Escriban la historia y, después, compartan su película con la clase.

8 This activity may also be assigned as an individual writing assignment or as an oral group project, in which students write and perform brief **cortos** for the class.

Protagonistas _____

Dónde ocurre _____

En qué año ocurre _____

Problema o suceso principal _____

Cómo termina la película _____

Título _____

Posibles actores _____

INSTRUCTIONAL RESOURCES For teaching suggestions related to this section, see the Instructor's Resouce CD-ROM.

IMAGINA

En **www.imagina.vhlcentral.com** encontrarás más información y actividades relacionadas con esta sección.

La cordillera de los Incas

Imagina una cadena[1] de montañas que se extiende por más de 7.500 kilómetros con picos nevados[2] que llegan a los 6.900 metros (22.800 pies), numerosos volcanes activos, enormes glaciares y lagunas escondidas en la niebla[3]. Esta es la **cordillera de los Andes** que atraviesa, entre otros países, **Ecuador**, **Colombia** y **Venezuela**, dándole a esta región su carácter distintivo y una geografía común.

Después del **Himalaya**, los Andes son la segunda cadena montañosa más extensa y de mayor altura[4] de todo el planeta. Hagamos un recorrido por la región para conocer algunas de las maravillas naturales que alberga[5].

Comencemos en Ecuador. ¿Sabías que este pequeño país —con una extensión casi igual a la del estado de **Colorado**— posee la mayor densidad de volcanes del mundo? Existen más de treinta volcanes en Ecuador, entre los cuales hay algunos que han hecho erupción en los últimos años, como el **Tungurahua** y el **Guagua Pichincha**, este último situado en las afueras de **Quito**, la capital.

Muy cerca de Quito, también encontramos el **Parque Nacional Cotopaxi**, cuya atracción principal es el **volcán Cotopaxi**, el segundo más alto de todo el país y tal vez el más popular entre los turistas. Cotopaxi asciende a 5.911 metros (19.388 pies) y su pico nevado puede verse a cientos de kilómetros de distancia. Su última erupción confirmada fue en 1904, pero desde entonces ha presentado emisiones de vapor y pequeños temblores[6], lo que indica que puede haber más erupciones en el futuro.

Ahora pasemos a Colombia. En la **cordillera Oriental**, una de las vertientes[7] de los Andes, encontramos el **Parque Nacional El Cocuy**, una de las reservas naturales más extensas de Colombia. El Cocuy se encuentra a unos 200 kilómetros al norte de **Bogotá** y es el escenario de un ecosistema típicamente andino. Aquí encontramos más de veinte picos nevados, como el **Pan de Azúcar** y el **Púlpito del Diablo**; también hay muchas lagunas de origen glaciar y páramos[8] con

Volcán Cotopaxi, Ecuador

flora y fauna característicos de los bosques andinos.

Finalmente vayamos a Venezuela. Aquí, en la montañas al sur de **Caracas**, está el **Parque Nacional Canaima**. Su principal atractivo es el **Salto Ángel**, la catarata[9] más alta del mundo. Tiene aproximadamente 1.000 metros (3.280 pies) de altura. Trata de imaginarla junto a las cataratas del **Niágara** que miden apenas un poco más de 50 metros; unos 170 pies.

Hay muchísimas excursiones que van desde **Caracas** hasta el salto. Ya sea en avión o en lancha[10] por el **río Churún** se puede disfrutar de la belleza de esta catarata. Imagínate la sensación de volar[11] en un avión pequeño sobre ese espectáculo vertiginoso.

Y bien, luego de unos cuantos días en esta región podemos regresar a casa con experiencias y fotos de nuestras aventuras en la cordillera de los Andes. Y eso que sólo visitamos una fracción de cada uno de nuestros tres países anfitriones[12]. ¿Te imaginas si quisiéramos explorarlos más ampliamente? ¡Necesitaríamos varios meses!

[1] chain [2] **picos**... snow-capped peaks [3] fog [4] height [5] hosts [6] tremors [7] slopes [8] high plateaus; moors [9] waterfall [10] raft; boat [11] flying [12] host

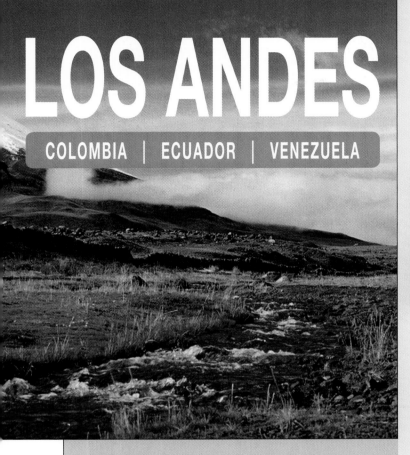

LOS ANDES

COLOMBIA | ECUADOR | VENEZUELA

Animales de los Andes

El cóndor Es el ave más grande de toda **Suramérica**. Con sus alas[1] abiertas puede llegar a medir hasta tres metros (unos diez pies) y tener un peso de hasta 30 libras. **Los cóndores** pueden

vivir hasta 50 años y por lo general forman parejas que duran toda la vida. Tanto las hembras[2] como los machos[3] comparten las responsabilidades en la crianza[4] de los polluelos[5]. El cóndor puede recorrer unas 200 millas y volar a una altura de 18.000 pies en busca de comida. En vez de matar a otros animales, el cóndor prefiere comer los restos[6] de animales muertos.

La alpaca Pertenece a la misma familia que los camellos y está relacionada también con la **llama** y la **vicuña** que también habitan en la cordillera andina. Las **alpacas** son muy valoradas por su lana[7], que puede tener hasta más de 20 matices[8] de color. Hoy día, muchísimos productos, como suéteres, gorros[9], chaquetas y alfombras[10], están hechos de lana de alpaca. Esta lana está considerada una de las más finas y suaves del mundo.

El puma Es natural de las **Américas** y es uno de los felinos más representativos de la región andina. Puede vivir en ecosistemas muy diversos, desde el nivel del mar hasta los

4.500 metros de altura. El **puma** es el más grande de los felinos. Los machos, que son más grandes que las hembras, miden de uno a dos metros de longitud. Puede trepar[11], saltar[12] y nadar con gran agilidad, aunque no se le ve en el agua con frecuencia. Se alimenta de mamíferos[13] de todos los tamaños, desde roedores[14] hasta venados[15] grandes. También ataca animales domésticos como caballos y ovejas, razón por la cual ha sido cazado hasta el punto de estar en peligro de extinción.

[1] *wings* [2] *females* [3] *males* [4] *rearing* [5] *chicks* [6] *remains* [7] *wool* [8] *shades* [9] *caps, hats* [10] *rugs* [11] *climb* [12] *jump* [13] *mammals* [14] *rodents* [15] *deer*

El español de Colombia, Ecuador y Venezuela

Colombianismos

bacano	algo que gusta, fabuloso; *great!*
pelado/a	niño/a; *kid*
sardino/a	adolescente; *teenager*
tinto	café; *coffee*
¡Pilas!	¡Atención!; *Careful!; Watch out!*
¡Qué bacanería!	¡Qué bien!; ¡Qué bonito!; *How nice!*

Ecuatorianismos

caleta	casa; *house*
chiva	bicicleta; *bicycle*
choclos	dientes; *teeth*
guagua	niño/a; hijo/a; *kid; son/daughter*
guambra	joven, muchacho/a; *youngster*

Venezolanismos

bonche	fiesta; *party*
burda	mucho/a; *a lot of*
cambur	plátano; *banana*
chamo/a	chico/a; *boy/girl; dude*
pana	amigo/a, compañero/a; *partner*

Mindo

Un encuentro con la naturaleza

DOCUMENTAL

Mira el documental sobre Mindo, Ecuador en
www.imagina.vhlcentral.com.

A menos de dos horas de Quito, Ecuador, se encuentra el majestuoso valle de Mindo. Es una zona boscosa que cuenta con más de 300 variedades de orquídeas° y más de 450 especies de aves. Entre éstas últimas hay aproximadamente 39 especies de colibríes°. En Mindo es posible practicar todo tipo de actividades, desde deportes de aventura hasta caminar tranquilamente por sus senderos° disfrutando del paisaje. A pesar de estar a una altura de 1.200 metros (3.937 pies) sobre el nivel del mar, la temperatura en esta zona es siempre templada, pues varía entre 14 y 23 °C (58 y 74 °F). Te invitamos a conocer este hermoso valle viendo el documental y leyendo más información en **www.imagina.vhlcentral.com**.

orquídea *orchids* **colibríes** *hummingbirds* **senderos** *paths*

Juanes

Millones siguen su éxito

SUBE EL VOLUMEN

Lee más sobre Juanes y su música en
www.imagina.vhlcentral.com.

Discografía
2000 *Fíjate bien* (3 Premios Grammy Latinos)
2002 *Un día normal* (5 Premios Grammy Latinos)
2004 *Mi sangre* (Mejor video de la MTV y álbum de platino)

La carrera° musical de **Juan Esteban Aristizábal**, más conocido como **Juanes**, empezó en **Medellín, Colombia**, cuando sólo tenía quince años. Allí formó el grupo de rock/metal **Ekhymosis** con el que grabó cinco álbumes, convirtiéndose en el grupo favorito de Colombia. Después de once años, en 1999, decide dejar el grupo para iniciar una carrera de solista como **Juanes** y en cuatro años y tres álbumes grabados, se convirtió en el artista latino con más discos vendidos en todo el mundo. Este artista colombiano es cantante, guitarrista y autor de la mayoría de las canciones que canta. En los últimos cuatro años ha ganado nueve Premios° Grammy Latinos, cinco Premios MTV y seis Premios Lo nuestro, entre otros muchos reconocimientos° internacionales. A pesar de° tener sólo tres álbumes en el mercado, Juanes es sin ninguna duda° un artista consumado°.

carrera *career* **Premios** *Awards* **reconocimientos** *recognitions* **A pesar de** *In spite of* **duda** *doubt* **consumado** *accomplished*

¿Qué aprendiste?

1 **Cierto o falso** Indica si estas afirmaciones son ciertas o falsas. Corrige las falsas.

1. La cordillera de los Andes recorre más de 7.500 kilómetros.
   Cierto.

2. Hay más de sesenta volcanes en el Ecuador.
   Falso. Hay más de treinta volcanes en el Ecuador.

3. El Salto Ángel es la catarata más alta del mundo.
   Cierto.

4. El cóndor puede vivir hasta 80 años.
   Falso. El cóndor puede vivir hasta 50 años.

5. El puma es el más pequeño de los felinos.
   Falso. El puma es el más grande de los felinos.

6. En Mindo, Ecuador, se pueden realizar diversas actividades, desde practicar deportes de aventura hasta relajarse.
   Cierto.

2 **Preguntas** Contesta las preguntas con oraciones completas.

1. ¿Cuáles son tres de los países que atraviesa la cordillera de los Andes? Ecuador, Colombia y Venezuela son tres de los países que atraviesa la cordillera de los Andes.

2. ¿Cuál es la atracción principal del Parque Nacional Cotopaxi? El volcán Cotopaxi es la atracción principal del Parque Nacional Cotopaxi.

3. ¿A cuántos metros sobre el nivel del mar está Caracas? Caracas está a 800 metros sobre el nivel del mar.

4. ¿Con qué animales está relacionada la alpaca? Con los camellos, las llamas y las vicuñas.

5. ¿Cuánto puede medir un puma macho? Un puma macho puede medir de uno a dos metros de longitud.

6. ¿Qué tipo de flora y de fauna se puede observar en el valle de Mindo, en Ecuador? En Mindo se pueden observar muchas especies de orquídeas y de aves, como los colibríes.

PROYECTO

Fotografías descriptivas

Imagina que eres fotógrafo/a y trabajas en una revista de geografía. Tu jefe te ha pedido sacar fotos para un reportaje sobre la cordillera de **los Andes** en **Colombia**, **Ecuador** y **Venezuela**.

Busca la información que necesites en **www.imagina.vhlcentral.com.**

- Investiga sobre tres maravillas naturales o animales de los Andes.
- Escoge fotografías que reflejen su magnitud y belleza.
- Describe cada foto a la clase y explica por qué la escogiste.

MINIPRUEBA

Completa las oraciones con la información correcta y demuestra lo que aprendiste sobre Colombia, Ecuador y Venezuela.

1. Los _____ son la cordillera más extensa y más alta del planeta, después del _____ .
   a. Andes; Inca (b.)Andes; Himalaya c. Himalaya; Andes d. Inca; Himalaya

2. Ecuador tiene un área _____ a la del estado de Colorado.
   a. menor b. mayor (c.)similar d. muy diferente

3. El Tungurahua, el Guagua Pichincha y el Cotopaxi son volcanes _____ en Ecuador.
   a. indecisos b. inactivos c. desechables (d.)activos

4. De entre los muchísimos volcanes que hay en Ecuador, el _____ es el más conocido por los turistas y el _____ más alto del país.
   a. Guagua Pichincha; primero b. Tungurahua; segundo (c.)Cotopaxi; segundo d. Cotopaxi; primero

5. El Parque Nacional El Cocuy está al _____ de Bogotá.
   (a.)norte b. sur c. este d. oeste

6. El Pan de Azúcar es un _____ nevado de Colombia.
   a. árbol (b.)pico c. bosque d. lago

7. El Salto Ángel tiene unos mil _____ de altura.
   a. centímetros b. pies c. milímetros (d.)metros

8. La catarata más alta del mundo está en _____ .
   a. Ecuador b. Quito (c.)Venezuela d. Colombia

9. El _____ se puede disfrutar desde el cielo en avión o desde el _____ en lancha.
   (a.)Salto Ángel; río b. Churum; río c. Parque Nacional Canaima; mar d. Púlpito del Diablo; paisaje

10. El cóndor es el ave más _____ de Suramérica.
    a. bonita b. pequeña (c.)grande d. blanca

11. La lana de la alpaca es una de las más _____ del mundo.
    a. gruesas b. baratas c. delgadas (d.)finas

12. El puma está en peligro de extinción debido a la _____ .
    (a.)caza b. lana c. comida d. elevación

GALERÍA DE CREADORES

LITERATURA
Gabriel García Márquez

Cien años de soledad y *El amor en los tiempos del cólera* no son sólo títulos; son expresiones familiares para cualquier hispanohablante. Las obras del colombiano Gabriel García Márquez (premio Nobel de Literatura, 1982) forman parte de una de las más importantes producciones literarias del siglo XX, en cualquier idioma. En sus cuentos y novelas más célebres, García Márquez nos ofrece el mundo del "realismo mágico", donde lo fantástico es totalmente normal y lo normal parece fantástico.

DISEÑO Y MODA Carolina Herrera

A los cuarenta años, después de tener su primer nieto, la venezolana Carolina Herrera decidió hacer algo nuevo en su vida y empezó a trabajar como diseñadora de moda. Desde entonces, ha sido una de las diseñadoras más influyentes del mundo y su nombre forma parte de la lista que se menciona regularmente en las galas de Hollywood. Fue incluso diseñadora exclusiva de Jaqueline Onassis y fue amiga y modelo de Andy Warhol.

ESCULTURA **Marisol Escobar**

Cuando Marisol Escobar era una joven adolescente en Venezuela, pasó por un período en el que quería imitar a santos, vírgenes y mártires. Por lo tanto, hacía varias penitencias, como caminar de rodillas hasta sangrar y permanecer en silencio por largos espacios de tiempo. Estas experiencias, y la influencia del catolicismo en general, le han dado a su arte un fuerte componente espiritual, lleno de elementos naturales y supernaturales. Lo natural es evidente en su uso común de la madera y la terracota, y lo supernatural se expresa en sus creaciones abstractas, hechas con diferentes combinaciones de pinturas, grabados, dibujos y esculturas. Aquí podemos ver su obra *Presidente Charles de Gaulle* (1967).

AMPLIACIÓN

MÁS CREADORES

En www.imagina.vhlcentral.com conocerás a estos otros creadores de Colombia, Ecuador y Venezuela.

Carlos Cruz Diez
Pintor venezolano

Jorge Icaza
Escritor ecuatoriano

Fernando Botero
Pintor colombiano

Laura Antillano
Escritora venezolana

PINTURA/MURALISMO
Oswaldo Guayasamín

Cuando un turista llega al aeropuerto de Barajas en Madrid o visita la UNESCO en París, puede admirar uno de los murales de Oswaldo Guayasamín. El pintor y muralista ecuatoriano, de fama mundial, colaboró con dos de los gigantes del muralismo mexicano, José Clemente Orozco y David Alfaro Siqueiros, y mantuvo fuertes amistades con Gabriel García Márquez y Pablo Neruda. Al morir, Guayasamín dejó toda su colección artística al pueblo de Ecuador, ya que en vida éste fue una de sus principales fuentes de inspiración. Aquí observamos su obra *Violinista* (1967).

NATIONAL STANDARDS comparisons

5.1

The future

Forms of the future tense

TALLER DE CONSULTA

The following grammar topics are covered in the **Manual de gramática, Lección 5**.

5.4 Qué vs. cuál, p. 392

5.5 The neuter lo, p. 394

INSTRUCTIONAL RESOURCES
WB, LM, SAM Answer Key, Lab MP3, IRCD-ROM (scripts)

¡ATENCIÓN!

Note that all of the future tense endings carry a written accent mark except the **nosotros** form.

—*Ninguna ayuda **llegará** a tiempo.*

- The future tense (**el futuro**) uses the same endings for all **–ar, –er,** and **–ir** verbs. For regular verbs, the endings are added to the infinitive.

The future tense		
hablar	**deber**	**abrir**
hablaré	**deberé**	**abriré**
hablarás	**deberás**	**abrirás**
hablará	**deberá**	**abrirá**
hablaremos	**deberemos**	**abriremos**
hablaréis	**deberéis**	**abriréis**
hablarán	**deberán**	**abrirán**

Point out that some irregular verbs drop the **–e** of the infinitive ending (**caber →**
cabr-), while others replace the **–e** or **–i** of the infinitive ending with **–d** (**poner →**
pondr-). **Decir** and **hacer** have individual irregularities. Emphasize that in the future, while some verb stems are irregular, the verb endings never change.

- For irregular verbs, the same future endings are added to the irregular stem.

infinitive	stem	future
caber	cabr–	**cabré, cabrás, cabrá, cabremos, cabréis, cabrán**
haber	habr–	**habré, habrás, habrá, habremos, habréis, habrán**
poder	podr–	**podré, podrás, podrá, podremos, podréis, podrán**
querer	querr–	**querré, querrás, querrá, querremos, querréis, querrán**
saber	sabr–	**sabré, sabrás, sabrá, sabremos, sabréis, sabrán**
poner	pondr–	**pondré, pondrás, pondrá, pondremos, pondréis, pondrán**
salir	saldr–	**saldré, saldrás, saldrá, saldremos, saldréis, saldrán**
tener	tendr–	**tendré, tendrás, tendrá, tendremos, tendréis, tendrán**
valer	valdr–	**valdré, valdrás, valdrá, valdremos, valdréis, valdrán**
venir	vendr–	**vendré, vendrás, vendrá, vendremos, vendréis, vendrán**
decir	dir–	**diré, dirás, dirá, diremos, diréis, dirán**
hacer	har–	**haré, harás, hará, haremos, haréis, harán**

Remind students that the impersonal form of **haber** is the same for singular and plural. Ex: **Habrá un examen al final del semestre. Habrá cinco exámenes en total.**

Uses of the future tense

- In Spanish, as in English, the future tense is one of many ways to express actions or conditions that will happen in the future.

Present indicative

Llegan a Caracas mañana.
They arrive in Caracas tomorrow.
(conveys a sense of certainty that the action will occur)

Present subjunctive

Prefiero que **lleguen** a Caracas mañana.
I prefer that they arrive in Caracas tomorrow.
(refers to an action that has yet to occur)

ir a + [*infinitive*]

Van a llegar a Caracas mañana.
They are going to arrive in Caracas tomorrow.
(expresses the near future; is commonly used in everyday speech)

Future tense

Llegarán a Caracas mañana.
They will arrive in Caracas tomorrow.
(expresses an action that will occur; often implies more certainty than ir a + [*infinitive*])

- The English word *will* can refer either to future time or to someone's willingness to do something. To express willingness, Spanish uses the verb **querer** + [*infinitive*], not the future tense.

¿**Quieres contribuir** a la protección del medio ambiente?
Will you contribute to the protection of the environment?

Quiero ayudar, pero no sé por dónde empezar.
I'm willing to help, but I don't know where to begin.

- In Spanish, the future tense may be used to express conjecture or probability, even about present events. English expresses this in various ways, such as *wonder, bet, must be, may, might,* and *probably*.

¿Qué hora **será**?
I wonder what time it is.

Ya **serán** las dos de la mañana.
It must be two a.m. by now.

¿**Irá** a llover mañana?
Do you think it's going to rain tomorrow?

Probablemente **tendremos** un poco de sol y un poco de viento.
It'll probably be sunny and windy.

- When the present subjunctive follows a conjunction of time like **cuando, después (de) que, en cuanto, hasta que,** and **tan pronto como**, the future tense is often used in the main clause of the sentence.

Nos **quedaremos** lejos de la costa **hasta que pase** el huracán.
We'll stay far from the coast until the hurricane passes.

En cuanto termine de llover, **regresaremos** a casa.
As soon as it stops raining, we'll go back home.

Tan pronto como salga el sol, **iré** a la playa a tomar fotos.
As soon as the sun comes up, I'll go to the beach to take photos.

Práctica

1 **Horóscopo chino** En el horóscopo chino cada signo es un animal. Lee las predicciones del horóscopo chino para la serpiente. Conjuga los verbos en paréntesis usando el futuro.

TRABAJO Esta semana (1) __tendrás__ (tener) que trabajar duro. (2) __Saldrás__ (salir) poco y no (3) __podrás__ (poder) divertirte. Pero (4) __valdrá__ (valer) la pena. Muy pronto (5) __conseguirás__ (conseguir) el puesto que estás esperando.

DINERO (6) __Vendrán__ (venir) tormentas económicas. No malgastes tus ahorros.

SALUD (7) __Resolverás__ (resolver) tus problemas respiratorios. Pero (8) __deberás__ (deber) cuidarte la garganta.

AMOR (9) __Recibirás__ (recibir) una noticia muy buena. Una persona especial te (10) __dirá__ (decir) que te ama. (11) __Vendrán__ (venir) días felices.

2 **Más horóscopo chino** En parejas, escriban el horóscopo de su compañero/a. Utilicen verbos en futuro y usen algunas frases de la lista. Luego compartan el horóscopo que escribieron con el resto de sus compañeros/as.

decir secretos	haber sorpresa	recibir una visita
empezar una relación	hacer daño	tener suerte
festejar	hacer un viaje	venir amigos
ganar/perder dinero	poder solucionar problemas	viajar al extranjero

Dragón:
1940-1952-1964-1976-1988

Serpiente:
1941-1953-1965-1977-1989

Caballo:
1942-1954-1966-1978-1990

Cabra:
1943-1955-1967-1979-1991

Mono:
1944-1956-1968-1980-1992

Gallo:
1945-1957-1969-1981-1993

Perro:
1946-1958-1970-1982-1994

Cerdo:
1947-1959-1971-1983-1995

Rata:
1948-1960-1972-1984-1996

Búfalo:
1949-1961-1973-1985-1997

Tigre:
1950-1962-1974-1986-1998

Gato:
1951-1963-1975-1987-1999

3 **Tus planes** En parejas, pregúntense qué planes tienen para el verano. Pueden hacerse preguntas que no están en la lista. Después compartan la información con la clase.

1. ¿Trabajarás? ¿En qué?
2. ¿Tomarás clases en la universidad?
3. ¿Irás de vacaciones? ¿Adónde?
4. ¿Saldrás por las noches?
5. ¿Harás algo extraordinario?
6. ¿Protegerás el medio ambiente?
7. ¿Malgastarás menos recursos naturales?
8. ¿Mejorarás tu vida?

Comunicación

4

Viajes de aventura Tú y tu compañero/a tienen que planear un viaje que va a durar dos semanas. Decidan a qué país irán, en qué fechas y qué harán allí. Usen el anuncio como guía y los verbos en futuro.

ECOTURISMO

Colombia	Ecuador	Venezuela
• acampar en la costa	• montar a caballo en las montañas	• explorar un tramo de los Andes
• hacer *rafting* por el río Tobia	• bucear en el mar	• ascender un Tepuy (*flat-topped mountain*)
• visitar la región amazónica colombiana	• ir en bicicleta de montaña	• hacer una expedición por un río
• disfrutar de la naturaleza y las playas en el Parque Nacional de Tayrona	• viajar en kayak por las islas Galápagos con las tortugas marinas, focas y delfines	• explorar las islas del Parque Nacional Mochima en kayak

5

¿Qué será de...? Todo cambia con el paso del tiempo. En parejas, conversen sobre lo que sucederá en el futuro en relación con los siguientes temas y lugares.

- las ballenas (*whales*) en 2200
- Venecia en 2035
- los libros tradicionales en 2105
- la televisión en 2056
- Internet en 2050
- las hamburguesas en 2020
- los polos norte y sur en 2300
- el Amazonas en 2100
- Los Ángeles en 2245
- el petróleo en 2025

6

¿Dónde estarán en 20 años? La fama es, en muchas ocasiones, pasajera (*fleeting*). En grupos de tres, hagan una lista de cinco personas famosas y anticipen lo que será de ellas dentro de veinte años.

7

Situaciones En parejas, seleccionen uno de estos temas e inventen un diálogo usando el tiempo futuro.

1. Dos jóvenes han terminado sus estudios universitarios y hablan sobre lo que harán para convertirse en millonarios.
2. Dos ladrones/as acaban de robar todo el dinero de un banco internacional. Tienen el dinero escondido en el congelador (*freezer*) de un(a) amigo/a. Piensa en lo que harán para escapar de la policía.
3. Los/as hermanos/as Rondón han decidido convertir su granja (*farm*) en un centro de ecoturismo. Deben planear algunas atracciones para los turistas.
4. Dos inventores/as se reúnen para participar en una sesión de lluvia de ideas (*brainstorming*). El objetivo es controlar, reducir e, idealmente, eliminar la contaminación del aire en las grandes ciudades. Cada uno/a dice lo que hará o inventará para conseguirlo.

INSTRUCTIONAL RESOURCES WB, LM, SAM Answer Key, Lab MP3, IRCD-ROM (scripts)

Point out that like *will*, the auxiliary *would* does not have a Spanish equivalent.
yo iría → *I would go*
ella hablaría → *she would speak*

¡ATENCIÓN!

Note that all of the conditional endings carry a written accent mark.

To help students remember the written accent, compare the pronunciation of **María** and **farmacia**.

5.2

The conditional

—***Sería*** *peligroso salir de la ciudad ahora.*

- The conditional tense (**el condicional**) uses the same endings for all **–ar, –er,** and **–ir** verbs. For regular verbs, the endings are added to the infinitive.

The conditional		
dar	**ser**	**vivir**
daría	**sería**	**viviría**
darías	**serías**	**vivirías**
daría	**sería**	**viviría**
daríamos	**seríamos**	**viviríamos**
daríais	**seríais**	**viviríais**
darían	**serían**	**vivirían**

- Verbs with irregular future stems have the same irregular stem in the conditional.

infinitive	stem	conditional
caber	cabr–	**cabría, cabrías, cabría, cabríamos, cabríais, cabrían**
haber	habr–	**habría, habrías, habría, habríamos, habríais, habrían**
poder	podr–	**podría, podrías, podría, podríamos, podríais, podrían**
querer	querr–	**querría, querrías, querría, querríamos, querríais, querrían**
saber	sabr–	**sabría, sabrías, sabría, sabríamos, sabríais, sabrían**
poner	pondr–	**pondría, pondrías, pondría, pondríamos, pondríais, pondrían**
salir	saldr–	**saldría, saldrías, saldría, saldríamos, saldríais, saldrían**
tener	tendr–	**tendría, tendrías, tendría, tendríamos, tendríais, tendrían**
valer	valdr–	**valdría, valdrías, valdría, valdríamos, valdríais, valdrían**
venir	vendr–	**vendría, vendrías, vendría, vendríamos, vendríais, vendrían**
decir	dir–	**diría, dirías, diría, diríamos, diríais, dirían**
hacer	har–	**haría, harías, haría, haríamos, haríais, harían**

Uses of the conditional

- The conditional is used to express what *would* occur under certain circumstances.

> En el Ecuador, ¿qué ciudad **visitarías** primero?
> *In Ecuador, which city would you visit first?*

> **Iría** primero a Quito y después a Guayaquil.
> *First I would go to Quito and then to Guayaquil.*

- The conditional is also used to make polite requests.

> ¿**Podrías** pasarme ese mapa, por favor?
> *Could you pass me that map, please?*

> ¿**Sería** usted tan amable de cuidar mis plantas?
> *Would you be so kind as to take care of my plants?*

- In subordinate clauses, the conditional is often used to express what *would* happen after another action *took place*. To express what *will* happen after another action *takes place*, the future tense is used instead.

Conditional	Future
Creía que hoy **haría** mucho viento.	**Creo** que mañana **hará** mucho viento.
I thought it would be very windy today.	*I think it will be very windy tomorrow.*

- In Spanish, the conditional may be used to express conjecture or probability about a past condition or event. English expresses this in various ways with the expressions *wondered, must have been,* and *was probably.*

> ¿Qué hora **sería** cuando regresó?
> *I wonder at what time he returned.*

> **Serían** las ocho.
> *It must have been eight o'clock.*

¡ATENCIÓN!

The English *would* is often used to express the conditional, but it can also express what *used to* happen. To express habitual past actions, Spanish uses the imperfect, not the conditional.

Cuando era pequeña, iba a la playa durante los veranos.
When I was young, I would go to the beach in the summer.

TALLER DE CONSULTA

The conditional is also used in contrary-to-fact sentences. See **9.3, p. 323**.

TEACHING OPTION
Discuss the use of the conditional in the ad at left. If time permits, have students search Spanish websites or magazines for advertisements that use the conditional, or have them use the conditional to create an Internet ad of their own.

¿No sería ahora el momento justo para ir de vacaciones a San Andrés?

Práctica

1 Have students change the dialogue into a narrative.

1 Completar Completa el diálogo con el condicional de los verbos entre paréntesis.

ALBERTO Si yo pudiera formar parte de esta organización (1) __estaría__ (estar) dispuesto (*ready*) a ayudar en todo lo posible.

ELENA Sí, lo sé, pero tú no (2) __podrías__ (poder) hacer mucho. No tienes la preparación necesaria. Tú (3) __necesitarías__ (necesitar) estudios de biología.

ALBERTO Bueno, yo (4) __ayudaría__ (ayudar) con las cosas menos difíciles. Por ejemplo, (5) __haría__ (hacer) el café para las reuniones.

ELENA Estoy segura de que todos (6) __agradecerían__ (agradecer) tu colaboración. Les preguntaré para ver si necesitan ayuda.

ALBERTO Eres muy amable, Elena. (7) __Daría__ (dar) cualquier cosa por trabajar con ustedes. Y (8) __consideraría__ (considerar) la posibilidad de volver a la universidad para estudiar biología. (9) __Tendría__ (tener) que trabajar duro, pero lo (10) __haría__ (hacer) porque no (11) __sabría__ (saber) qué hacer sin un trabajo significativo. Por eso sé que el esfuerzo (12) __valdría__ (valer) la pena (*would be worth it*).

2 Model these additional polite expressions: **¿Serías tan amable de...? / ¿Me harías el favor de...? / ¿Te importaría...?**

2 Cambiar Cambia los siguientes mandatos por mandatos indirectos que usen el condicional. Answers will vary.

Mandatos directos	Mandatos indirectos
Dale de comer al perro.	¿Podrías darle de comer al perro, por favor?
No malgastes el agua.	¿Te importaría no malgastar el agua?
Compra un carro ecológico.	¿Podrías comprar un carro ecológico?
Planta un árbol.	¿Serías tan amable de plantar un árbol?
Deja de molestar al gato.	¿Serías tan amable de dejar de molestar al gato?
Usa sólo papel reciclado.	¿Te importaría usar sólo papel reciclado?
No tires basura en la calle.	¿Podrías no tirar basura en la calle?

3 Students may also complete the activity with a partner. Have volunteers share their answers with the class.

3 Lo que hizo Juan Utilizamos el condicional para expresar el futuro en el contexto de una acción pasada. Explica lo que quiso hacer Juan y lo que al final pudo hacer, usando las claves dadas.

Modelo pensar / desayunar
Juan pensó que desayunaría con su amigo Javier, pero Javier no tenía hambre.

1. pensar / comer Juan pensó que comería...
2. decir / poner Juan dijo que pondría...
3. imaginar / tener Juan imaginó que tendría...
4. escribir / venir Juan escribió que vendría...
5. contarme / querer Juan me contó que querría...
6. suponer / hacer Juan supuso que haría...
7. explicar / salir Juan explicó que saldría...
8. calcular / valer Juan calculó que valdría...

Comunicación

4

De vacaciones Tu tío Ignacio y su familia van de vacaciones al lugar donde tú fuiste el año pasado, la ciudad de Bolívar en Venezuela. Te divertiste mucho allí, por eso tu tío te ha llamado para pedirte consejos sobre lo que ellos deben hacer. En grupos, usen estas sugerencias y otras para el tío y su familia de acuerdo a sus gustos y a la información de la Nota cultural. Usen el condicional en sus sugerencias.

Modelo Tía Rosa y Manuel podrían visitar el Ecomuseo.

deber	acampar en las montañas	nadar en la piscina del hotel
poder	almorzar en un restaurante caro	nadar en los ríos
tener	comer caracoles (*snails*)	pescar
	hacer una excursión por la selva	sacar fotografías
	ir al Museo de Arte Moderno Jesús Soto	salir a bailar
		visitar la biblioteca de Bolívar

Nota
CULTURAL

El estado de **Bolívar**, en el sur de **Venezuela**, limita al norte con el **río Orinoco** y al sur con el estado de **Amazonas** y **Brasil**. La capital del estado también se llama **Bolívar** y se distingue por sus casas de estilo colonial. También cuenta con dos importantes museos que presentan el lado moderno de la ciudad: el **Museo de Arte Moderno Jesús Soto** y el **Ecomuseo**. En la región también encontramos dos parques nacionales que ofrecen una abundante flora y fauna.

Tía Rosa: No le gusta estar al aire libre. Odia los mosquitos.

Tío Ignacio: Le encanta acampar.

4 Encourage students to use additional verbs (**le gustaría, le encantaría**, etc.) and to add their own ideas.

Karina: Le encantan los animales salvajes.

Manuel: Le gusta jugar con la computadora y leer.

5

¿Qué harías? Piensa en lo que harías en estas situaciones. Usa el condicional. Luego compártelo con tus compañeros/as.

5 Initiate a discussion about the pictures before assigning the activity. Ex: **¿Cómo se siente la mujer? ¿Qué quieren los pajaritos?**

5.3

Relative pronouns

El pronombre relativo *que*

—*Ellos fueron los primeros* ***que*** *se quedaron sin agua.*

TALLER DE CONSULTA

See **Manual de gramática 5.4, p. 392** to review the uses of **qué** and **cuál** in asking questions.

INSTRUCTIONAL RESOURCES WB, LM, SAM Answer Key, Lab MP3, IRCD-ROM (scripts)

¡ATENCIÓN!

Relative pronouns are used to connect short sentences or clauses to create longer, smoother sentences. Unlike the interrogative words **qué**, **quién(es)**, and **cuál(es)**, relative pronouns never have accent marks.

If necessary, briefly review the difference between *who* and *whom* before presenting relative pronouns in Spanish.

- **Que** (*that, which, who*) is the most frequently used relative pronoun (**pronombre relativo**). It can refer to people or things, subjects or objects, and can be used in restrictive clauses (no commas) or nonrestrictive clauses (with commas). Note that while some relative pronouns may be omitted in English, they must always be used in Spanish.

El incendio **que** vimos ayer destruyó la tercera parte del bosque.
The fire (that) we saw yesterday destroyed a third of the forest.

Las personas **que** van a la manifestación quieren impedir la urbanización.
The people who are going to the protest want to prevent urbanization.

La inundación fue causada por la lluvia, **que** ha durado más de dos semanas.
The flood was caused by the rain, which has lasted over two weeks.

El que/La que

- After prepositions, **que** is used with the definite article: **el que, la que, los que** or **las que**. The article must agree in gender and number with the thing or person it refers to (the antecedent). When referring to *things* (but not *people*), the article may be omitted after short prepositions, such as **en, de,** and **con**.

La mujer **para la que** trabajo llegará a las seis.
The woman for whom I work will arrive at six o'clock.

El edificio **en (el) que** viven es viejo.
The building they live in is old.

Ella podría contagiar a las personas **con las que** trabaja.
She could infect the people with whom she works.

- **El que, la que, los que,** and **las que** are also used for clarification in nonrestrictive clauses (with commas) when it might be unclear to what or whom the clause refers.

Hablé con los empleados de la compañía, **los que** están contaminando el río.
I spoke with the employees of the company, the ones who are polluting the river.

Hablé con los empleados de la compañía, **la que** está contaminando el río.
I spoke with the employees of the company, (the one) which is polluting the river.

El cual/La cual

- **El cual, la cual, los cuales,** and **las cuales** are generally interchangeable with **el que, la que, los que,** and **las que**. They are often used in more formal speech or writing. Note that when **el cual** and its forms are used, the definite article is never omitted.

  El edificio **en el cual** viven es viejo.
  The building in which they live is old.

  La mujer **para la cual** trabajo llegará a las seis.
  The woman for whom I work will arrive at six.

Quien/Quienes

- **Quien** (*singular*) and **quienes** (*plural*) are used to refer only to people, not to things. **Quien(es)** is generally interchangeable with forms of **el que** and **el cual**.

  Los investigadores, **quienes (los que/los cuales)** estudian la erosión, son de Ecuador.
  The researchers, who are studying erosion, are from Ecuador.

  El investigador **de quien (del que/del cual)** hablaron era mi profesor.
  The researcher (whom) they spoke about was my professor.

- Although **que** and **quien(es)** may both refer to people, their use depends on the structure of the sentence.

- In restrictive clauses (no commas) that refer to people, **que** is used if no preposition is present. If a preposition or the personal **a** is present, **quien** (or **el que/el cual**) is used instead. Below, **que** is equivalent to *who*, while **quien** expresses *whom*.

  La gente **que** vive en la capital está harta del smog.
  The people who live in the capital are tired of the smog.

  Esperamos la respuesta de los biólogos **a quienes (a los que/a los cuales)** llamamos.
  We're waiting for a response from the biologists to whom we called.

- In nonrestrictive clauses (with commas) that refer to people, **quien** (or **el que/el cual**) is generally used, not **que**.

  Juan y María, **quienes** viven conmigo, me regañan cuando dejo las luces prendidas.
  Juan and María, whom I live with, scold me if I leave the lights on.

The relative adjective *cuyo*

- The relative adjective **cuyo (cuya, cuyos, cuyas)** means *whose* and agrees in number and gender with the noun it precedes. Remember that **de quién(es)**, not **cuyo**, is used in questions to express *whose*.

  El equipo, **cuyo** proyecto aprobaron, viajará a las islas Galápagos en febrero.
  The team, whose project they approved, will travel to the Galapagos Islands in February.

  La colega, **cuyas** ideas mejoraron el plan, no tiene tiempo para realizar el proyecto.
  The colleague, whose ideas improved the plan, doesn't have time to do the project.

TALLER DE CONSULTA

The neuter forms **lo que** and **lo cual** are used when referring to a whole situation or idea. See **Manual de gramática 5.5, p. 394**.

¿Qué es lo que te molesta?
What is it that's bothering you?

Ella habla sin parar, lo cual me enoja mucho.
She won't stop talking, which is making me really angry.

¡ATENCIÓN!

When used with **a** or **de**, the contractions **al que/cual** and **del que/cual** are formed.

¡ATENCIÓN!

In everyday Spanish, as in English, the formal rules for using relative pronouns are not always followed.

Formal: Los estudiantes de los cuales hablamos...
The students about whom we spoke...

Informal: Los estudiantes de que hablamos...
The students who we talked about...

Formal: La mujer a quien conocí ayer...
The woman whom I met yesterday...

Informal: La mujer que conocí ayer...
The woman who I met yesterday...

Práctica

1

Seleccionar Selecciona la palabra o expresión adecuada para completar las oraciones.

1. El señor Laprida, _____ empresa se dedica al ecoturismo, está en una reunión.
   a. cuya b. cuyo c. cuyos

2. Hay muchos tóxicos _____ se contamina el agua.
   a. con la b. con los que c. con quien

3. El científico, _____ busca una solución para el consumo de energía, hace estudios en Chicaque.
   a. que b. quien c. quienes

4. Los amigos _____ me viste quieren visitar el Parque Natural Chicaque.
   a. en quien b. de quien c. con quienes

2 Remind students to pay attention to gender and number as they perform the activity.

2

El ozono Completa el siguiente artículo de una revista científica con los pronombres relativos de la lista. Algunos pronombres pueden repetirse.

LA CAPA DE OZONO

con quien
cuyas
cuyo
de las cuales
de que
del que
el cual
en que
las cuales
que
quien

La capa de ozono está formada por un gas, (1) _el cual_ se encuentra en la estratosfera. Este gas (2) _que_ nos protege de la radiación ultravioleta ha empezado a desaparecer en algunas regiones del planeta, (3) _de las cuales_ la Antártida es la zona (4) _que_ está en mayor peligro.

Los seres humanos y la naturaleza causan este daño a la capa de ozono. La gente lo hace con el uso de gases (5) _que_ se usan en aerosoles y refrigeradores. La naturaleza lo hace con erupciones volcánicas, (6) _las cuales_ emiten un gas llamado cloro (7) _cuyas_ propiedades dañan el ozono. Este problema del ozono, sobre (8) _el cual_ muchos científicos hablan, puede tener consecuencias negativas para la salud de las personas.

3 Note that some items have more than one correct answer.

3

Decirlo con otras palabras Combina las oraciones, usando el pronombre relativo apropiado.

> **Modelo** **El consumo de energía es un problema. El gobierno habla del consumo de energía.**
> El consumo de energía es un problema del cual el gobierno habla.

1. Los jóvenes son estudiantes universitarios. Los jóvenes luchan contra la deforestación. Los jóvenes, quienes luchan contra la deforestación, son estudiantes universitarios.

2. La manifestación será mañana en la plaza. Te hablé de la manifestación. La manifestación de la que te hablé será mañana en la plaza.

3. El gobierno aprobó una ley. El contenido de la ley apoya el reciclaje. El gobierno aprobó una ley cuyo contenido apoya el reciclaje.

4. La gente no puede bañarse en el río. Las aguas del río están contaminadas. La gente no puede bañarse en el río cuyas aguas están contaminadas.

5. La empresa tiene proyectos de urbanización. La empresa está en crisis. La empresa que está en crisis tiene proyectos de urbanización.

Comunicación

4 Have students explain the items in which they responded with **Depende**.

4 **Tus prioridades**

A. Piensa en tu personalidad y completa el recuadro sobre tus aptitudes, hábitos, puntos fuertes y débiles.

	Sí	No	Depende
No uso mi carro. Siempre viajo en autobús o en bicicleta.	☐	☐	☐
Como frutas y verduras orgánicas.	☐	☐	☐
Reciclo latas, productos de plástico y de papel.	☐	☐	☐
Apago las luces de los cuartos donde no hay nadie.	☐	☐	☐
En invierno me pongo un abrigo en casa en vez de subir la calefacción.	☐	☐	☐
En verano no uso el aire acondicionado, sólo abro las ventanas.	☐	☐	☐
Quiero tener una casa con paneles solares o una turbina de viento.	☐	☐	☐
Participo en organizaciones que protegen el medio ambiente.	☐	☐	☐
Sólo el gobierno debe preocuparse por el medio ambiente.	☐	☐	☐
El hecho de que yo conduzca mi carro, no cambia la situación ambiental.	☐	☐	☐
Sólo las grandes empresas son responsables de la contaminación.	☐	☐	☐

B. En parejas, compartan la información del recuadro. Informen a sus compañeros/as de clase lo que han aprendido usando pronombres relativos. Sigan el modelo.

> **Modelo** Miguel come verduras y frutas que son orgánicas. Es una persona a quien no le gusta la contaminación causada por pesticidas y herbicidas.

5 Write a list of relative pronouns on the board and tell students they must use a different relative pronoun for each of the three clues.

5 **¿Quién es quién?** La clase se divide en dos equipos. Uno de los integrantes del equipo A piensa en un(a) compañero/a y da tres pistas sobre éste/a sin mencionar su nombre. El equipo B tiene que adivinar de quién se trata. Si adivina con la primera pista, obtiene 3 puntos. Si adivina con la segunda pista, obtiene 2 puntos. Si adivina con la tercera pista obtiene 1 sólo punto.

> **Modelo** Estoy pensando en alguien con quien almorzamos.
> Estoy pensando en alguien cuyos ojos son marrones.
> Estoy pensando en alguien que lleva pantalones azules.

6 **Encuesta** Encuentra entre tus compañeros/as de clase, aquellos/as que tengan las siguientes características. Piensa en cómo formularías las preguntas para obtener esta información, antes de entrevistar a tus compañeros/as. Luego, presenta tus resultados a la clase.

- alguien que forma parte de un grupo ecologista
- alguien a quien le encantan los animales
- alguien que es vegetariano/a
- alguien que está ayudando a cuidar el medio ambiente
- alguien a quien le molesta la caza de animales
- alguien cuyos/as amigos/as practican el ecoturismo

Vocabulario útil

destruir *to destroy*
inundar *to flood*
mojar *to wet*
quemar *to burn*
soplar *to blow*
temblar *to tremble, to shake*

1 Briefly review weather expressions before assigning the activity.

3 Encourage students to draw from personal experience. Ask follow-up questions to incorporate vocabulary from **Lección 5**. Ex: **¿Cuáles de los parques están en el desierto? ¿Y en la costa? ¿Qué animales se pueden ver dentro del parque?**

Síntesis

Pronóstico del tiempo

	Hoy	Mañana	Pasado mañana
Buenos Aires	Máx. / Mín. 15º C / 9 ºC	Máx. / Mín. 19 ºC / 9 ºC	Máx. / Mín. 12 ºC / 8 ºC
Caracas	Máx. / Mín. 34 ºC / 26 ºC	Máx. / Mín. 34 ºC / 26 ºC	Máx. / Mín. 36 ºC / 25 ºC
México D.F.	Máx. / Mín. 24 ºC / 14 ºC	Máx. / Mín. 22 ºC / 13 ºC	Máx. / Mín. 22 ºC / 12 ºC
Quito	Máx. / Mín. 18 ºC / 10 ºC	Máx. / Mín. 22 ºC / 9 ºC	Máx. / Mín. 23 ºC / 10 ºC
Santo Domingo	Máx. / Mín. 32 ºC / 24 ºC	Máx. / Mín. 32 ºC / 23 ºC	Máx. / Mín. 32 ºC / 23 ºC

1 **El pronóstico** En parejas, seleccionen dos de las ciudades incluidas en el informe del tiempo y describan el pronóstico de esos lugares para los próximos tres días. Utilicen los usos del futuro presentados en la lección.

2 **La isla** Imagina que tú y tu compañero/a han naufragado (*shipwrecked*) en una isla desierta. Piensa en los problemas que podrían enfrentar (*face*). Coméntalos con tu compañero/a para ver qué haría él/ella en cada situación.

> **Modelo** —No hay agua potable.
> —Tomaría agua de coco.

3 **El parque** En grupos pequeños, imagínense que van de visita a un parque nacional. Escriban una breve descripción del parque y su medio ambiente usando algunos de los pronombres relativos que han aprendido.

Preparación

Vocabulario de la lectura

el/la curandero/a *folk healer*

el chamán *shaman (religious figure believed to have magical or supernatural powers)*

las especies en peligro de extinción *endangered species*

el medicamento *medicine*

el pulmón *lung*

el remedio *remedy*

la selva *jungle*

la semilla *seed*

la Tierra *Earth*

Vocabulario útil

el carro híbrido *hibrid car*

el efecto invernadero *greenhouse effect*

energía eólica *wind power*

el reciclaje *recycling*

reciclar *to recycle*

el reto *challenge*

1

Unir Une cada palabra con su definición. Luego, en parejas, escriban tres oraciones utilizando palabras de la actividad.

1. curandero __c__
2. medicamento __f__
3. pulmón __a__
4. selva __e__
5. semilla __d__
6. Tierra __b__

a. cada uno de los dos órganos que permiten respirar al ser humano

b. el planeta donde vivimos

c. persona que cura con remedios naturales

d. parte dura de una fruta o vegetal de la cual crecen nuevas frutas y vegetales

e. bosque muy grande con abundante vegetación y mucha humedad

f. sustancia que se consume para curar una enfermedad

1 Read each of the remaining words from the **Vocabulario** box aloud. Have pairs create sentences using a few of the words. Then have volunteers share their sentences with the class.

2

La madre naturaleza En parejas, túrnense para contestar las preguntas y expliquen sus respuestas.

1. ¿Es la naturaleza importante en tu vida? ¿Te gusta disfrutar de ella? Cuenta alguna experiencia al aire libre que recuerdes. ¿Guardas un buen/mal recuerdo?

2. ¿Alguna vez has estado en una selva o en un bosque muy grande? ¿Cómo te sentiste?

3. ¿Te preocupan los problemas que afectan al medio ambiente?

4. ¿Colaboras con la conservación del medio ambiente? ¿Cómo?

5. ¿Crees que la tecnología va a resolver todos los problemas medioambientales en el futuro? ¿O crees que todos debemos ayudar?

6. ¿Alguna vez has tomado un curso de educación ambiental? Si la respuesta es sí: ¿qué aprendiste? Si la respuesta es no: ¿te gustaría tener la posibilidad de tomar uno? ¿Qué crees que aprenderías?

3

Problemas ecológicos: ¡Hablar menos y hacer más! Trabajen en grupos de tres.

A. Escriban una lista de problemas ecológicos actuales que amenazan con romper el equilibrio establecido por las leyes naturales.

B. Escriban una lista de medidas concretas que ustedes pueden tomar a partir de ahora mismo para ayudar al medio ambiente y controlar su degradación.

C. Compartan sus listas con la clase y abran un debate.

TEACHING OPTION To preview the reading, ask students to share what they already know about the Amazon.

Escucha el artículo y abre una investigación
en **www.imagina.vhlcentral.com**.

El Amazonas:
pulmón del planeta

La selva amazónica es conocida popularmente como el pulmón de la Tierra porque purifica gran parte del oxígeno que respiramos.

5 Con una superficie de 7.000.000 de km², es el hábitat de millones de especies de plantas y animales. Esto la convierte en el ecosistema más diverso del planeta, hecho que se refleja especialmente en los
10 árboles, de los que se reconocen más de 60.000 especies diferentes.

La gran riqueza de su vegetación ha sido durante siglos de gran utilidad para los

basin habitantes de la cuenca° amazónica.
15 Frutas desconocidas en nuestras culturas occidentales, como el túpiro, el copoazú o el temare, les sirven de alimento. Los árboles, algunos de los cuales llegan a medir cien metros, les proveen de maderas
20 de gran calidad. Y sus bosques, aparte de
dwelling ser la morada° natural de los espíritus de sus religiones, también les regalan un
assortment enorme surtido° de plantas medicinales.

Este uso de las plantas como medicinas se
dates back 25 remonta° a épocas precolombinas en que las culturas indígenas descubrieron las propiedades curativas de la vegetación que los rodeaba. Los chamanes y curanderos eran, y todavía son, los encargados de
30 recoger las plantas y las muestras de los árboles. La tradición indica que tenían que adentrarse a las zonas más apartadas°
isolated e impenetrables de la selva para buscarlas, pues se creía que cuanto más difícil era el
35 acceso a los remedios, más poderosos eran sus efectos curativos.

Hoy en día, más del 25% de los medicamentos que se venden en las farmacias de todo el mundo tiene su origen
40 en las plantas. Muchas de ellas provienen
originate from de° la selva que rodea el río Amazonas. La mayor presencia en el mercado de este tipo de medicinas se debe al creciente interés de la industria farmacéutica por métodos

Desaparecen las culturas amazónicas

Se estima que hace más de quinientos años vivían cerca de 10 millones de indígenas en la región amazónica. Hoy día hay menos de 200.000. Tan sólo en Brasil unas 90 tribus indígenas han desaparecido desde comienzos del siglo XX. Y en países como Perú, Colombia, Ecuador y Venezuela cada año se reduce aún más la población indígena de la región amazónica.

de curación que han sido usados con éxito 45 durante miles de años.

En el noroeste del Amazonas, por ejemplo, los indígenas usan más de 1.300 plantas medicinales. Una de ellas es el curare, una sustancia que los indígenas suramericanos 50
tip/arrows ponían en la punta° de sus flechas° para paralizar a los animales que cazaban para comer. Actualmente, la turbocuranina, derivada del curare, se utiliza en todo el mundo como anestesia. Otro de los 55 remedios que se está haciendo muy popular es la semilla de guaraná, que favorece al corazón y a la memoria, y es más poderosa que el ginseng.

Desafortunadamente, la deforestación 60 de esta zona en los últimos años está
dangerously reduciendo su área peligrosamente.° Esto afecta a todos los seres que habitan allí, y pone en peligro de extinción a cientos de especies animales y vegetales. Es por 65 esto que tanto gobiernos locales como organizaciones de todo el mundo están
fighting luchando° para proteger sus extraordinarios recursos naturales y preservar la cultura de sus habitantes. ■ 70

1 Have students work in pairs to answer the questions, then go over the answers with the class. Ask students how their previous knowledge of the Amazon compared to the information in the article. **¿Han cambiado sus ideas sobre esta región después de leer el artículo? ¿Qué información ya sabían? ¿Qué datos les sorprendieron?**

Análisis

1 **Comprensión** Contesta las preguntas con oraciones completas.

1. ¿Por qué se dice que la selva amazónica es el pulmón de la Tierra? Porque purifica gran parte del oxígeno que respiramos.

2. ¿Por qué se dice que esta selva tiene el ecosistema más variado del planeta? Porque tiene millones de especies de plantas y animales.

3. ¿Qué tareas realizan los chamanes y los curanderos? Son los encargados de recoger las plantas o las muestras de los árboles.

4. ¿Por qué buscan las plantas o las muestras de los árboles en zonas muy apartadas para hacer medicinas? Porque creen que cuanto más difícil es el acceso a estas plantas, más poderosos serán sus efectos curativos.

5. ¿Qué porcentaje de los medicamentos que se venden en las farmacias proviene de las plantas? Un 25%.

6. ¿A qué se debe que se usen tantas medicinas de origen vegetal? Se debe al creciente interés de la industria farmacéutica en métodos de curación que han sido usados con éxito durante miles de años.

7. ¿Cuáles son las consecuencias de la deforestación del Amazonas? Pone en peligro de extinción a cientos de especies animales y vegetales.

8. Hace más de 500 años, ¿cuántos indígenas vivían en la región amazónica? ¿Y ahora? Antes, cerca de 10 millones vivían allí y ahora sólo 200.000.

2 **Informe** Tu compañero/a y tú participan en una campaña para salvar la selva amazónica. Escriban un informe sobre la deforestación para publicarlo en Internet. En el informe deben explicar cuáles son las causas del problema y cuáles son las posibles soluciones.

PROTEGER LA SELVA AMAZÓNICA

La selva amazónica es la selva más extensa del mundo. Los miles de seres vivos que la habitan están siendo afectados por la deforestación. Éste es un grave problema porque...

3 Encourage students to think back to the questions in the Lesson Opener on **p. 156**. Ask if their opinions have changed after reading the article.

3 **En peligro de extinción: ¿Sí o no?** En grupos de cuatro, hablen de las causas, los efectos y las posibles soluciones de estos problemas medioambientales. Después, dividan la clase en Optimistas y Pesimistas, y discutan sobre el porvenir del planeta: ¿Está en peligro de extinción?

- La lluvia ácida
- El efecto invernadero
- La contaminación del aire
- La destrucción de la capa de ozono
- La contaminación de océanos, ríos y mares

Preparación

Sobre el autor

Jaime Sabines (1926–1999) es uno de los más grandes poetas mexicanos. Licenciado en Lengua y Literatura Española por la Universidad Nacional Autónoma de México (UNAM), estuvo muy involucrado en la política de su país. Su poesía se distingue por su lenguaje coloquial que nos habla de la realidad de todos los días. En 1972, obtuvo el Premio Villaurrutia y, en 1983, le concedieron el Premio Nacional de Literatura.

Vocabulario de la lectura		Vocabulario útil
a cucharadas *in spoonfuls*	**la hoja** *leaf*	**bello/a** *beautiful*
ahogarse *to choke, to suffocate*	**intoxicar** *to poison*	**la rutina diaria** *daily routine*
aliviar *to relieve, to soothe*	**la pata de conejo** *rabbit's foot*	**simbolizar** *to symbolize*
el estimulante *stimulant*	**el pedazo** *piece*	**el símbolo** *symbol*
el frasquito *little bottle*	**el/la preso/a** *prisoner*	

1 **Vocabulario** Escoge la mejor opción para completar las oraciones.

1. Armando fue al médico porque por las noches sentía que se _____.
   a. ahogaba   b. aliviaba

2. El médico le dio _____ con medicina.
   a. un pedazo   b. un frasquito

3. Él le preguntó al médico cómo debía tomarse la medicina. Éste le dijo que dos _____ al día.
   a. cucharadas   b. patas

4. También quería saber cuándo iba a empezar a _____ sus síntomas.
   a. aliviar   b. intoxicar

5. El médico le dijo que necesitaba descansar más y simplificar su _____.
   a. pata de conejo   b. rutina diaria

2 **La felicidad** En este poema, Jaime Sabines habla de la esperanza e ilusión que hay que tener en la vida. En parejas, contesten las preguntas.

1. ¿Son felices, a pesar de los problemas cotidianos?

2. Cuando tienen problemas que no pueden solucionar, ¿qué hacen para sentirse mejor?

3. ¿Es posible ser feliz siempre?

4. Hagan una lista de cinco cosas bellas que piensan que tiene la vida. Compártanla después con la clase.

3 **La luna** En parejas, hagan una lista de ideas, situaciones y/o personas que relacionen con la luna. Sean creativos/as y compartan su lista con la clase.

2 For item 4, have students write down their classmates' responses and then organize them into categories. Ex: **la naturaleza, la familia, las emociones**, etc.

3 Write items from the students' lists on the board. After reading the poem, ask: **¿Cuáles de sus ideas se encuentran en el poema? ¿Qué ideas del poeta les sorprendieron?**

LA LUNA

Jaime Sabines

La luna se puede tomar a cucharadas
o como una cápsula cada dos horas.
Es buena como hipnótico y sedante
y tambien alivia
5 a los que se han intoxicado de filosofía.
Un pedazo de luna en el bolsillo°   *pocket*
charm, amulet es mejor amuleto° que la pata de conejo:
sirve para encontrar a quien se ama,
para ser rico sin que lo sepa nadie
keep away 10 y para alejar° a los médicos y a las clínicas.
Se puede dar de postre a los niños
cuando no se han dormido,
drops y unas gotas° de luna en los ojos de los ancianos
ayudan a bien morir.

15 Pon una hoja tierna° de la luna   *tender*
debajo de tu almohada°   *pillow*
y mirarás lo que quieras ver.
Lleva siempre un frasquito del aire de la luna
para cuando te ahogues,
20 y dale la llave de la luna
a los presos y a los desencantados°.   *disenchanted*
Para los condenados° a muerte   *condemned*
y para los condenados a vida
no hay mejor estimulante que la luna
25 en dosis precisas y controladas.

> Escucha la lectura y opina sobre el tema en **www.imagina.vhlcentral.com**.

Análisis

1 **Comprensión** Contesta las preguntas con oraciones completas.

1. ¿A quiénes recomienda la luna el poema? A los que se han intoxicado de filosofía, a los niños, a los ancianos, a los presos, a los desencantados, a los condenados a muerte, a los condenados a vida.
2. En el poema, ¿cuándo es buena la luna para los niños? Cuando los niños no se han dormido.
3. ¿Qué relación hay entre llave y presos? ¿Qué quiere decir el poeta con esa imagen? Answers will vary.
4. ¿Puedes enumerar qué situaciones le preocupan al poeta? Answers will vary.

2 **Interpretar** Contesta las preguntas y explica tus respuestas.

1. ¿Cuál es el tema principal del poema? ¿Hay temas secundarios?
2. ¿Por qué crees que el poeta recomienda la luna en "dosis precisas y controladas"?
3. Lee los siguientes versos. ¿Qué crees que quiere expresar el poeta?

> Un pedazo de luna en el bolsillo
> es mejor amuleto que la pata de conejo:
> sirve para encontrar a quien se ama,
> para ser rico sin que lo sepa nadie
> y para alejar a los médicos y a las clínicas.

4. Según tu opinión, ¿qué simboliza la luna? Sustituye la luna con otro símbolo que crees que representa las mismas ideas. ¿Funciona? ¿Por qué?

3 **Símbolos** Los símbolos están en nuestro día a día. En parejas, busquen cinco símbolos que sean conocidos por todos y expliquen qué es lo que simbolizan.

> **Modelo** Un corazón simboliza el amor.

4 **¿Y tú?** El poeta recomienda ciertas cosas para que todos seamos más felices. ¿Qué les dirías a estas personas si te preguntan qué hacer para solucionar sus problemas?

- Enamorado/a que no es correspondido
- Alguien que acaba de perder su empleo
- Un preso inocente
- Una pareja que está muy enamorada pero que se pelea constantemente

5 **Escribir** Escribe diez consejos para que todos seamos más felices siguiendo el **Plan de redacción**.

Plan de redacción

Consejos para ser feliz

1 **Esquema** Prepara un esquema con las diez actitudes hacia la vida que crees que son necesarias para ser feliz. Organiza tus ideas para que no repitas o se te olvide nada.

2 **Título** Elige un título simbólico para tu decálogo.

3 **Contenido** Escribe los diez consejos. Utiliza el subjuntivo, el imperativo y los pronombres relativos.

Nuestro mundo

La naturaleza

el árbol *tree*
el bosque (lluvioso) *(rain) forest*
la cordillera *mountain range*
la costa *coast*
el desierto *desert*
la luna *moon*
el mar *sea*
el paisaje *landscape, scenery*
el río *river*
el sol *sun*
la tierra *land*

al aire libre *outdoors*
escaso/a *scant, scarce*
potable *drinkable*
protegido/a *protected*
puro/a *pure, clean*
seco/a *dry*

Los animales

el ave, el pájaro *bird*
el cerdo *pig*
el conejo *rabbit*
el león *lion*
el mono *monkey*
la oveja *sheep*
el pez *fish*
la rata *rat*
la serpiente *snake*
el tigre *tiger*
la vaca *cow*

Los fenómenos naturales

el calentamiento *warming*
la erosión *erosion*
el huracán *hurricane*
el incendio *fire*
la inundación *flood*
la lluvia ácida *acid rain*
la sequía *drought*
el smog *smog*
el terremoto *earthquake*

INSTRUCTIONAL RESOURCES
Testing Program on IRCD-ROM

Usos y abusos

la basura *trash*
la capa de ozono *ozone layer*
el combustible *fuel*
el consumo de energía *energy consumption*
la contaminación *pollution*
la deforestación *deforestation*
el desarrollo *development*
la fuente de energía *energy source*
el medio ambiente *environment*
el peligro *danger*
el porvenir *future*
los recursos *resources*

agotar *to use up*
aguantar *to put up with, to tolerate*
amenazar *to threaten*
cazar *to hunt*
conservar *to preserve*
contagiar *to infect, to be contagious*
contaminar *to pollute*
desaparecer *to disappear*
destruir *to destroy*
echar *to throw away*
empeorar *to get worse*
extinguirse *to become extinct*
malgastar *to waste*
mejorar *to get better*
prevenir (e:ie) *to prevent*
proteger *to protect*
resolver (o:ue) *to solve, to resolve*
respirar *to breathe*
urbanizar *to urbanize*

dañino/a *harmful*
desechable *disposable*
renovable *renewable*
tóxico/a *toxic*

Cortometraje

el petróleo *oil*
el rifle *rifle*
la salida *exit*
el sobrecalentamiento *overheating*
el tanque *tank*
el techo *roof*
la tubería *piping*

acabarse *to run out (of something)*
apuntar *to aim*
disculparse *to apologize*
disparar *to shoot*
preocuparse (por) *to worry (about)*
proteger(se) *to protect (oneself)*
tratarse de *to be about*
vigilar *to watch*

de volada *quickly (Méx.)*
resentido/a *upset*
sobre todo *above all*

Cultura

el carro híbrido *hybrid car*
el chamán *shaman*
el/la curandero/a *folk healer*
el efecto invernadero *greenhouse effect*
la energía eólica *wind power*
las especies en peligro de extinción *endangered species*
el medicamento *medicine*
el pulmón *lung*
el reciclaje *recycling*
el remedio *remedy*
el reto *challenge*
la selva *jungle*
la semilla *seed*
la Tierra *Earth*

reciclar *to recycle*

Literatura

el estimulante *stimulant*
el frasquito *little bottle*
la hoja *leaf*
la pata de conejo *rabbit's foot*
el pedazo *piece*
el/la preso/a *prisoner*
la rutina diaria *daily routine*
el símbolo *symbol*

ahogarse *to choke, to suffocate*
aliviar *to relieve, to soothe*
intoxicar *to poison*
simbolizar *to symbolize*

a cucharadas *in spoonfuls*
bello/a *beautiful*

El valor de las ideas

Paradójicamente, las épocas más difíciles de la historia, como son las guerras y las dictaduras, muestran lo peor de los seres humanos, pero también lo mejor. La solidaridad humana, la denuncia de la opresión, de la intolerancia, de la falta de libertad y la urgencia de proteger los derechos humanos caracterizan la literatura hispanoamericana del siglo XX. Pero, ¿qué nos enseña realmente la historia? ¿Existe hoy día algún gobierno en el mundo que respete todos los derechos humanos?

Las mujeres chilenas salen a la calle en marzo de 2003 para protestar contra la guerra en Irak.

198

209

Destino: CHILE

PREVIEW Discuss the questions and assertions on **p. 194** as a class. Then divide the class into small groups to debate current international conflicts and political controversies. Ask: **¿Cuáles son las causas del conflicto? ¿Quién tiene la razón? ¿Cómo se puede resolver el problema?**

Creencias e ideologías

Las leyes y los derechos

el delito *crime*
los derechos humanos *human rights*
la (des)igualdad *(in)equality*
la (in)justicia *(in)justice*
la libertad *freedom*
la lucha *struggle, fight*
el tribunal *court*

———————

abusar *to abuse*
aprobar (o:ue) una ley
  to pass a law
defender (e:ie) *to defend*
encarcelar *to imprison*
juzgar *to judge*

———————

analfabeto/a *illiterate*
(des)igual *(un)equal*
(in)justo/a *(un)fair*
oprimido/a *oppressed*

La política

el abuso de poder *abuse of power*
la bandera *flag*

la creencia *belief*
la crueldad *cruelty*
la democracia *democracy*

la dictadura *dictatorship*
el ejército *army*

el gobierno *government*
la guerra (civil) *(civil) war*
el partido político *political party*
la paz *peace*
el poder *power*
la política *politics*
la victoria *victory*

———————

dedicarse a *to dedicate onself to*
elegir *to elect*
ganar/perder (e:ie) las elecciones *to win/*
  to lose elections
gobernar *to govern*
influir *to influence*
votar *to vote*

———————

conservador(a)
  conservative
liberal *liberal*
pacífico/a *peaceful*
victorioso/a *victorious*

La gente

el/la abogado/a *lawyer*
el/la activista *activist*
el/la ladrón/ladrona *thief*

el/la político/a *politician*

el/la presidente/a *president*
el/la terrorista *terrorist*
la víctima *victim*

La seguridad y la amenaza

la amenaza *threat*
el arma *weapon*
el escándalo *scandal*
la seguridad *security, safety*
el temor *fear*
el terrorismo *terrorism*
la violencia *violence*

———————

chantajear *to blackmail*
destrozar *to destroy*
espiar *to spy*
huir *to flee*
pelear *to fight*
secuestrar *to kidnap*

Escucha y practica el vocabulario
en **www.imagina.vhlcentral.com**.

VARIACIÓN LÉXICA
abogado/a ⟷ licenciado/a
Point out: **el arma** → **las armas**

Práctica

INSTRUCTIONAL RESOURCES WB, LM, SAM Answer Key, Lab MP3, IRCD-ROM (scripts)

1 Sinónimos y antónimos Identifica un **sinónimo** para cada palabra de la columna **A** y un **antónimo** para cada palabra de la columna **B**.

1 Point out that **crimen** refers to *crime* in general, while **delito** usually refers to a specific offense.

| ayudar | crimen | duda | escoger | paz |
| convicción | criticar | escapar | liberal | violento |

A

1. creencia _____convicción_____
2. elegir _____escoger_____
3. delito _____crimen_____
4. huir _____escapar_____

B

5. defender _____criticar_____
6. pacífico _____violento_____
7. guerra _____paz_____
8. conservador _____liberal_____

2 ¿Quién es? Identifica a qué personaje se refieren estas situaciones.

2 Have students draw additional vocabulary words from a bag, and then come up with descriptions like the ones in **Actividad 2**. Have classmates try to guess each word.

> **1. una víctima   2. un abogado   3. un activista   4. un ladrón   5. un político**

___4___ a. Antes de empezar cualquier proyecto, le gusta espiar a sus víctimas, quienes son siempre personas muy poderosas. No le gusta abusar de las personas que no tienen dinero. Trabaja solo, no necesita armas y su especialidad son las joyas.

___3___ b. Él y un grupo de amigos se manifestaron delante del ayuntamiento todos los lunes del pasado año para pedir amnistía para los encarcelados por razones políticas. ¡Qué escándalos organizan!, pero aparentemente no les ayudan a conseguir su objetivo.

___5___ c. Tiene fama de corrupto y mentiroso, pero él cree que esas opiniones son parte de su trabajo y las acepta con valor. Cree firmemente que la política soluciona problemas y él no quiere renunciar por unas críticas baratas. ¡Quiere mejorar el mundo!

___1___ d. En un instante, pasó de ser un hombre libre a no serlo. No sabía por qué un desconocido le obligaba a hacer lo que le decía. Hasta ese momento nunca supo lo que realmente significaba la libertad. Él era un hombre pacífico, pero ahora quería luchar.

___2___ e. No le interesa la política, sólo la justicia. Su trabajo es defender a las víctimas de la injusticia. Su lucha va más allá de hacer respetar la ley; él se considera un defensor de los derechos humanos y está orgulloso de su trabajo. Y sus clientes también.

3 Definir e inventar En grupos de cuatro, definan las palabras. Después, improvisen una historia utilizando al menos siete de ellas.

3 Ask a volunteer from each group to read the stories to the class.

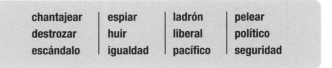

chantajear	espiar	ladrón	pelear
destrozar	huir	liberal	político
escándalo	igualdad	pacífico	seguridad

INSTRUCTIONAL RESOURCES DVD, Website, IRCD-ROM (scripts)

VARIACIÓN LÉXICA
juzgado ↔ tribunal
Point out that **la herencia** also means *inheritance*.

Preparación

Vocabulario del corto

acusado/a *accused*
la declaración *statement*
derogar (una ley) *to abolish (a law)*
el/la desaparecido/a *missing person*
el duelo *duel*
el enfrentamiento *confrontation*
la herencia *legacy*

la impunidad *impunity*
juzgado/a *tried (legally)*
llevar a cabo *to carry out*
merecer(se) *to deserve*
la nuca *nape of the neck*
otorgar *to grant*
el rencor *resentment*
requisar *to confiscate*

Vocabulario útil

la azotea *flat roof*
batirse en duelo *to fight a duel*
el castigo *punishment*
el/la culpable *culprit*
exiliado/a *exiled*
el exilio *exile*

el juzgado *court house*
perdonar *to forgive*
presenciar *to witness*
la rabia *anger*
la venganza *revenge*
vengarse *to take revenge*

EXPRESIONES

duelo a muerte *duel to death*
estar terminantemente prohibido *to be strictly forbidden*
Estoy en mi derecho. *I am entitled to it.*

1 In pairs, have students use words from the crossword and from the **Expresiones** box to write a brief dialogue.

1 **Vocabulario** Completa el crucigrama. Después, escribe un párrafo de cuatro líneas usando cuatro palabras que hayas encontrado.

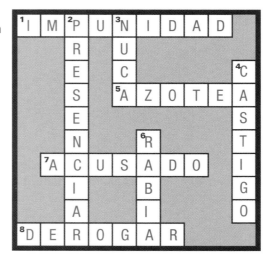

Horizontales
1. no recibir sanción por un crimen cometido
5. parte superior de un edificio sobre la que se puede caminar
7. alguien a quien se le atribuye un crimen y todavía no se sabe si es culpable
8. eliminar una ley

Verticales
2. ver un suceso en persona
3. parte posterior del cuello
4. sanción que se cumple por cometer un crimen
6. molestia, enojo

TEACHING OPTION Have students scan the new vocabulary for cognates. Point out that even when the translation listed is not a cognate, other synonyms that are close in meaning can help students remember the word. Ex: **perdonar** (*pardon*); **presenciar** (*presence*); **rabia** (*rabid*); **requisar** (*requisition*); **venganza** (*vengeance*).

2 **Preparación** En parejas, contesten las siguientes preguntas.
1. ¿Han sentido alguna vez mucho rencor? ¿Cuándo?
2. ¿Qué pasó?
3. Dentro de diez años, ¿reaccionarían de la misma forma? ¿Por qué?

3 **Fotograma** En parejas, miren el fotograma e imaginen lo que va a ocurrir en el cortometraje.

3 Have volunteers share their predictions with the class.

4 **Un mundo justo** En parejas, contesten las preguntas.

1. ¿Han sido ustedes alguna vez víctimas de una injusticia o conocen a alguien que lo haya sido (*has been*)? ¿Qué ocurrió? ¿Intentaron luchar?

2. Imaginen que la ley no les hace justicia en alguna ocasión, ¿se tomarían la justicia por su propia mano?

3. ¿Creen que, en general, vivimos en un mundo justo? ¿Por qué?

4. ¿Darían su vida por hacer justicia?

5. ¿Creen que la venganza puede ser justa? ¿Satisfactoria? ¿Necesaria?

4 Create a class debate based on one of the topics in the activity.

5 **Citas** En grupos pequeños, lean las citas y digan si están de acuerdo. Razonen sus respuestas. Después, intercambien sus opiniones, conclusiones y/o dudas con la clase.

5 As a follow-up activity, have students find and submit their own quotes about justice, forgiveness, and revenge. Write several on the board and encourage students to debate and defend each other's opinions.

> "Yo no hablo de venganzas ni perdones, el olvido es la única venganza y el único perdón."
> **Jorge Luis Borges**

> "La venganza no soluciona nada. La gente debe sacar el odio, y la mejor forma es a través del amor."
> **Laura Esquivel**

> "Permitir una injusticia significa abrir el camino a todas las que siguen."
> **Willy Brandt**

> "Donde hay poca justicia es grave tener razón."
> **Francisco de Quevedo**

Mira el cortometraje en **www.imagina.vhlcentral.com**.

This film is available on the **Imagina** Film Collection DVD an at **www.imagina vhlcentral.com**.

CUANDO EL ODIO ES MÁS FUERTE QUE EL AMOR

Mejor Cortometraje de Ficción, Festival Internacional de Cine de Valdivia, Chile

El ojo en la nuca

Una producción de CENTRO DE CAPACITACIÓN CINEMATOGRÁFICA Guión y Dirección RODRIGO PLÁ Productores asociados DIARIO LA REPÚBLICA/ESTUDIOS CHURUBUSCO-AZTECA, CONACULTA Productores ÁNGELES CASTRO/HUGO RODRÍGUEZ Fotografía SERGUEI SALDÍVAR TANAKA Edición MIGUEL LAVANDEIRA Música LEONARDO HEIBLUM/JACOBO LIEBERMAN Sonido MARIO MARTÍNEZ/ ROGELIO VILLANUEVA/DAVID BAKSHT Dirección de Arte MIGUEL ÁNGEL ÁLVAREZ Actores GAEL GARCÍA BERNAL/EVANGELINA SOSA/DANIEL HENDLER/WALTER REYNO/ELENA ZUASSTI

ARGUMENTO *Un joven quiere vengar la muerte de su padre.*

LAURA Los desaparecidos están muertos, no vuelven...
PABLO (*detrás de la puerta*) Ya bonita, por favor, esto es algo que tengo que hacer. Ándale[1], ábreme... Déjame que te dé un beso...
LAURA Si te vas ya no regreses...

DIEGO Ésta no es la manera, primo. ¿A qué vas? Tenés[2] que darte cuenta de que esto tampoco es justicia... ¡por más bronca[3] que tengas! (*Pablo sale del carro; Diego lo sigue.*) ¡Pará, Pablo! Yo también quería mucho a tu viejo[4].

JUEZA ¿Se da cuenta? En plena democracia dos hombres haciéndose justicia por su propia mano, es una locura.
PABLO Tiene que dejarme acabar el duelo, estoy en mi derecho.
JUEZA La ley de duelo existe, sí, pero es anacrónica.

CONDUCTORA DE TV Nos encontramos frente al Ministerio de Defensa Nacional aguardando las declaraciones del General Díaz, quien fuera señalado como uno de los responsables de delitos y abusos cometidos durante el gobierno de facto[5].

REPORTERA General Díaz, ¿qué va a pasar a partir del duelo? ¿Cree que habrá nuevos actos de violencia?
GENERAL DÍAZ No hay que seguir viviendo con un ojo en la nuca, hay que mirar hacia delante y olvidar rencores.

PABLO ¿A qué viniste?
LAURA Tu padre ya está muerto, Pablo, tienes que dejarlo ir. Ni siquiera estás seguro de que fue Díaz.
PABLO ¡Cállate! De esto tú nunca entendiste nada.

[1] *Come on* [2] *Equivalente de la segunda persona del singular del verbo "tener". Se utiliza en lugar de "tienes".* [3] *anger* [4] *father*
[5] *the ruling government at the time*

PREVIEW Read through the scenes as a class. Then write the following list of characters on the board and ask students to make guesses about each character's role:

Diego
director de duelo
General Díaz
jueza
Laura
Pablo
policías
reportera

TEACHING OPTION While viewing the film, have students arrange the characters by order of appearance. After viewing the film, have them work in pairs to summarize the role of each character.

Análisis

1

Compresión Contesta las preguntas con oraciones completas. Answers will vary.

1. ¿Qué ocurre en la primera escena del cortometraje? Un niño ve cómo unos militares están golpeando a un hombre/su padre.

2. ¿En qué país y durante qué período pasaron los hechos que se ven en esa escena? En Uruguay durante la dictadura militar, de 1973 a 1984.

3. ¿Dónde vive exiliado Pablo? Pablo vive exiliado en México.

4. ¿Cuándo decide regresar a Uruguay? ¿Con qué intención? Después del referéndum que dio impunidad a los militares. Quiere vengarse de la muerte de su padre.

5. ¿Qué pasa durante el duelo? Unos policías interrumpen el duelo y no dejan que Pablo dispare.

6. ¿Adónde llevan los policías a Pablo? Los policías llevan a Pablo a un juzgado.

7. ¿Qué prohíbe la jueza? La jueza prohíbe la Ley de Duelo.

8. ¿Cómo sabe Pablo que fue el General Díaz quien mató a su padre? Pablo recuerda que vio al General Díaz apuntar con una pistola a su padre y llevárselo.

2

Interpretar En parejas, contesten las preguntas.

1. ¿Qué piensa Laura del viaje de Pablo a Uruguay?

2. ¿Por qué interrumpe el duelo la policía?

3. ¿Cuándo le pide Pablo a Diego que le consiga un arma? ¿Por qué?

4. ¿Por qué regresa Pablo a la casa donde vivía cuando era niño?

5. ¿Por qué tira Pablo los lentes de su padre al mar?

6. Pablo decide regresar a México y olvidar. ¿Por qué cambia de opinión?

7. La opinión de Diego sobre el duelo, ¿es la misma a lo largo del corto? Explica tu respuesta.

8. Al final, ¿por qué creen que Pablo mata al General Díaz?

9. ¿Por qué se llama este cortometraje *El ojo en la nuca*?

3

Pasado y presente En grupos pequeños, comenten la importancia que tiene el momento que muestra el fotograma en el desenlace del corto. Después, relacionen la imagen con la afirmación de Pablo.

Pablo: "Sólo sé que odio, que tengo que odiar, ésa es mi herencia."

4

Cara a cara Imaginen que Pablo regresa del exilio con la única intención de hablar con el asesino de su padre. En parejas, escriban un diálogo entre ambos. Después, represéntenlo delante de la clase.

5 **¿Qué opinan?** En grupos pequeños, contesten las preguntas. Después compartan sus respuestas con la clase.

1. ¿Creen que Pablo tenía derecho a continuar el duelo? ¿Por qué?

2. ¿Por qué creen que los militares culpables de violar los derechos humanos durante las dictaduras no están en la cárcel (*jail*)?

3. ¿Es justo que la ley les perdone? Propongan soluciones alternativas.

6 **La noticia** En grupos pequeños, imaginen que son periodistas y han presenciado lo ocurrido en el juzgado. Escriban la noticia. Después, una persona de cada grupo la comparte con la clase como si estuviera delante de las cámaras. No olviden que la noticia debe ser breve y clara, y que debe contestar las preguntas: ¿Qué?, ¿Quién?, ¿Cuándo?, ¿Dónde?, ¿Cómo? y ¿Por qué?

7 **Tú** Contesta las preguntas. Después, comparte tus respuestas con la clase.

● Imagina que eres juez(a), ¿tu decisión sería la misma que la de la jueza del corto? ¿Por qué?

● ¿Conoces alguna historia, real o de ficción, que sea similar o parecida (*like*) a la de *El ojo en la nuca*? ¿Qué pasó?

8 **Personajes** En parejas, imaginen un final diferente para el corto. Escriban qué pasó con cada personaje. Después compartan sus ideas con la clase.

¿Qué pasó?	
Pablo	
General Díaz	
Laura	
Diego	

5 Ask these additional discussion questions: 4. **¿Conoces alguna ley en tu propio país (estado, universidad, etc.) que sea anacrónica?** 5. **¿Existen leyes que sean injustas?**

7 In pairs, have students discuss a situation from their own lives in which they suffered some form of injustice. Ask: **¿Qué pasó y cómo reaccionaste? ¿Querías vengarte? ¿Lograste perdonar? ¿Quieres olvidar lo que pasó?**

TEACHING OPTION As an optional writing or discussion topic, assign *La muerte y la doncella*, by Chilean author Ariel Dorfman, for outside reading. Refer students to **Cultura, pp. 223–226,** for background information about Pinochet's regime, then have students use the comparative structures presented in **Estructuras 6.3, p. 218,** to compare/ contrast the characters of the play with those of the **cortometraje**. Ask them to: **Escribir una lista de semejanzas y diferencias entre: Pablo y Paulina; Laura y Gerardo; el General Díaz y el Doctor Miranda. ¿Cuál es la actitud de cada personaje hacia los temas de la justicia, la venganza, la memoria y el olvido?**

El valor de las ideas

INSTRUCTIONAL RESOURCES For teaching suggestions related to this section, see the Instructor's Resource CD-ROM.

IMAGINA CHILE

En **www.imagina.vhlcentral.com** encontrarás más información y actividades relacionadas con esta sección.

Un viaje por el "Cometa Marino"

La fuerte presencia del mar en la vida diaria de **Chile** llevó al poeta **Pablo Neruda** a llamarlo el **Cometa Marino**. Sus dimensiones son excepcionales: tiene 2.700 millas de longitud y tan sólo llega a las 150 millas en las zonas más anchas. Tantos kilómetros de costa hacen que su economía, su tiempo libre y su gastronomía giren irremediablemente en torno[1] al mar.

Chile cuenta con dos de las islas más famosas y míticas: la **isla de Pascua** y la **isla de Robinson Crusoe**. **Daniel Defoe** se inspiró en las aventuras de **Alexander Selkirk** para escribir *Robinson Crusoe*. Selkirk, un marinero escocés, fue abandonado por su capitán en una isla desierta del **Pacífico**, hoy llamada el náufrago[2] de ficción. La isla, que forma parte del archipiélago **Juan Fernández**, es un parque nacional y posee una flora y fauna únicas. Un paseo por las playas, o por los rincones[3] citados en el libro nos acercan un poco a ese mundo de aventuras.

Esta isla no es la única con pasado legendario que forma parte del estado chileno. Otra de las joyas[4] que nos aguardan en las aguas del Pacífico es la isla de Pascua. Ubicada entre Chile y **Tahití**, es uno de los territorios más remotos y misteriosos del planeta. La fama de la isla viene sobre todo por los **moai**, grandes monolitos esculpidos que representan torsos masculinos. Pueden llegar a pesar unas cuarenta toneladas[5]

Los moai

y se hallan[6] repartidos por todo el paisaje. Uno de los secretos que guarda la isla está relacionado con estas enormes esculturas: ¿cómo pudieron ser desplazadas[7] desde donde se realizaron hasta donde se colocaron[8]?

También hay un Chile fascinante para los amantes de tierra firme[9]. Chile es mar, montaña, volcán y desierto. Gracias a la extravagante configuración del país, que se alarga[10] como una espada[11] entre la costa del Pacífico y la

Formación rocosa *La Portada* en una playa cerca de Antofagasta, Chile

cordillera andina, la diversidad geográfica es inmensa. En el extremo sur del continente se halla la **Tierra de Fuego** que pertenece a la región llamada **Magallanes** y la **Antártica** chilena. Si ascendemos un poco podremos ver los glaciares del **Parque Nacional del Paine**. Más al norte está el desierto de **Atacama**, que se considera una de las zonas más secas del planeta. Y al este del país, la presencia constante de los **Andes**.

La complejidad[12] topográfica hace de Chile un paraíso para los amantes de la naturaleza, pero los urbanistas también disfrutarán de ciudades como **Santiago**, **Valparaíso** y **Viña del Mar**.

Signos vitales

Los **mapuches**, también conocidos como **araucanos**, son indígenas amerindios procedentes de **Chile** y **Argentina**. Son famosos por haber luchado contra la conquista desde el siglo XVI hasta el siglo XIX. Tras la independencia de Chile, los mapuches también quisieron mantener su autonomía del nuevo gobierno chileno. Tras muchos enfrentamientos[13], fueron sometidos, perdiendo sus tierras y siendo confinados en pequeñas reservas. Hoy, viven unos 900.000 en Chile y están reorganizándose para recuperar[14] sus tierras.

[1] **giren ...en torno** *revolve around* [2] *shipwreck* [3] *corners* [4] *jewels* [5] *tons* [6] *are found* [7] *moved, displaced* [8] *were placed* [9] *solid* [10] *extends* [11] *sword* [12] *complexity* [13] *confrontations* [14] *recover*

¡Visitemos Chile!

Estaciones de esquí Gracias a los picos de los **Andes**, en **Chile** se encuentran las mejores estaciones de esquí de  **Latinoamérica**. Preparadas para acoger[1] a los que practican cualquier deporte de invierno, se reparten a través de la geografía chilena. Los habitantes de **Santiago** se escapan los fines de semana a **Valle Nevado**, a 50 km de la ciudad. También son famosas las **Termas de Chillán**, a 450 km al sur de Santiago, que ofrecen la pista de esquí más larga del país.

Región de los Valles Volcanes nevados[2] y lagos forman el paisaje de esta región chilena. Conforme se viaja hacia el sur aparecen los fiordos que se forman en las laderas[3] abruptas de las montañas. Esta región con espíritu cosmopolita tiene en su territorio  algunos de los mejores parques y centros turísticos.

Mariscos No se puede hablar de **Chile** sin mencionar sus mariscos[4]. Los muchos kilómetros de costa y las frías aguas del **océano Antártico** facilitan la  producción de los mariscos más sabrosos y, a veces, más exóticos del planeta. Se pueden disfrutar en los pueblecitos pesqueros[5] de la costa y en Santiago en los pequeños restaurantes de los mercados cercanos al río **Mapocho**.

Valparaíso Esta ciudad portuaria[6] es la segunda ciudad más grande de **Chile** y es el centro del movimiento naval del país. En 2003 **Valparaíso** fue declarada por la **UNESCO Patrimonio Mundial de la Humanidad** por su importancia histórica, su belleza  natural y su original entramado[7] arquitectónico, único en el mundo. El centro antiguo está ubicado en cerros[8] y parece que las casas penden al vacío.

[1] *to take in* [2] *snow-capped* [3] *mountainside, slopes* [4] *seafood; shellfish* [5] *fishing villages* [6] *port* [7] *layout* [8] *hills*

El español de Chile

Chilenismos

billullo	dinero; *money*
cacho	problema, situación difícil; *problem*
capear	no ir a clase; *to play hookie*
caperuzo/a	inteligente, astuto; *smart, clever*
carrete	fiesta; *party*
fome	aburrido/a; *boring, dull*
polera	camiseta; *T-shirt*
pololo/a	novio/a; *boyfriend/girlfriend*

Expresiones

Al tiro.	ahora mismo, inmediatamente; *right now, immediately*
andar pato	no tener nada de dinero; *don't have two nickels to rub together*
¿Cachai?	¿Entendiste?; *Do you understand?*
caldo de cabeza	estar demasiado preocupado/a por algo; *to be too worried about something*
Estoy piola.	Estoy muy bien.; *I'm great.*
tener cancha	tener experiencia; *to have experience*

Mysty-K

El poder femenino del hip-hop

DOCUMENTAL
Mira el documental sobre Mysty-K en **www.imagina.vhlcentral.com**.

La música es un medio muy importante para la comunicación de las ideas. **Mysty-K** es una mujer valiente y muy talentosa que tiene un sueño y que día a día trabaja duro° para lograrlo. Este sueño es ayudar a la creación de una sociedad más igualitaria y justa. A través de sus composiciones en el género hip-hop, ella transmite sus ideas y sus ilusiones. Y también lo hace participando voluntariamente en talleres° de integración social. Mysty-K forma parte del grupo **Mamma Soul** cuyo disco *Fe* fue nominado en 2002 al **Grammy Latino** Mejor Álbum Vocal Pop de Dúo o Grupo. Te invitamos a conocer a Mysty-K viendo el documental y leyendo más información en **www.imagina.vhlcentral.com**.

duro *hard* **talleres** *workshops*

Inti Illimani

La magia de la música andina

SUBE EL VOLUMEN
Lee un poco más sobre Inti Illimani y su música en **www.imagina.vhlcentral.com**.

Discografía selecta
1987 *Fragments of a Dream*
1990 *Leyenda*
1993 *Andadas°*
1996 *Arriesgaré la piel°*
1999 *La Rosa de los Vientos*
2003 *Lugares comunes*

En 1966 empezaron a reunirse° en **Santiago de Chile** varios estudiantes de la ex-Universidad del Estado para escuchar la música de varios grupos universitarios. De ahí surgió° el grupo **Inti Illimani** (Inti: *sol* en aymará; Illimani: montaña cerca de **La Paz**, **Bolivia**). Desde entonces, el grupo chileno, que ha tenido varios integrantes diferentes, ha viajado extensamente° ofreciendo sus interpretaciones de la música andina° a audiencias de todo el mundo. En 1973, cuando el presidente chileno **Salvador Allende** fue asesinado, Inti Illimani estaba de gira° en **Europa** y durante los catorce años siguientes **Italia** se convirtió en su hogar. En 1988, tras la dictadura de **Pinochet**, regresaron a **Chile**. Los integrantes° de esta formación tocan más de treinta instrumentos de viento, cuerda° y percusión. La combinación de instrumentos y voces° crea un sonido° único lleno de pasión y poesía que invita a la paz individual y a la paz mundial.

Andadas *Wanderings* **Arriesgaré...** *I'll risk everything I have* **reunirse** *to meet* **surgió** *emerged* **extensamente** *extensively* **andina** *from the Andes* **gira** *tour* **integrantes** *members* **cuerda** *string* **voces** *voices* **sonido** *sound*

¿Qué aprendiste?

1 Cierto o falso
Indica si estas afirmaciones son ciertas o falsas. Corrige las falsas.

1. Chile tiene aproximadamente 2.700 millas de longitud.
Cierto.

2. La isla de Pascua se encuentra entre Chile y la Antártica.
Falso. La isla de Pascua se encuentra entre Chile y Tahití.

3. A los mapuches también se les conoce como carepalos.
Falso. A los mapuches también se les conoce como araucanos.

4. Las montañas de Chile cuentan con las mejores estaciones de esquí de Latinoamérica. Cierto.

5. En las frías aguas del océano Atlántico se pueden encontrar, a veces, mariscos exóticos. Cierto.

6. El disco *Fe* de Mamma Soul fue nominado al Grammy Latino en 2000.
Falso. El disco Fe de Mamma Soul fue nominado al Grammy Latino en 2002.

2 Preguntas
Contesta las preguntas con oraciones completas.

1. ¿En qué se inspiró Daniel Defoe para escribir *Robinson Crusoe*? Daniel Defoe se inspiró en las aventuras de Alexander Selkirk.

2. ¿En qué región de Chile podemos encontrar volcanes nevados, lagos, parques y centros turísticos?
En la Región de los Valles.

3. En la ciudad de Santiago, ¿dónde se pueden probar los mariscos?
En los pequeños restaurantes que hay en los mercados cercanos al río Mapocho.

4. ¿Por qué Valparaíso fue declarada Patrimonio Mundial de la Humanidad por la UNESCO en 2003?
Por su importancia histórica, su belleza natural y su arquitectura.

5. ¿Cuál es el sueño que Mysty-K quiere lograr a través de su trabajo diario?
Mysty-K quiere ayudar a la creación de una sociedad más igualitaria y justa.

PROYECTO

De norte a sur

Crea un itinerario de quince días de vacaciones en Chile. Investiga la información que necesites en **www.imagina.vhlcentral.com**.

- Empieza en el norte del país y termina en el sur.
- Selecciona los lugares que quieres visitar, combinando las montañas, el mar y las ciudades.
- Menciona cuál es la ropa más adecuada para cada tramo.
- Presenta tu itinerario a la clase con fotografías y un mapa.

MINIPRUEBA

Completa las oraciones con la información correcta y demuestra lo que aprendiste sobre Chile.

1. La isla de Robinson Crusoe posee flora y fauna _____ .
a. escasas b. gigantes c. únicas d. pequeñas

2. Los _____, que representan torsos masculinos, han hecho famosa la isla de Pascua.
a. cactus b. moais c. volcanes d. lagos

3. El desierto de Atacama es considerado uno de los más _____ del mundo.
a. salados b. grandes c. secos d. montañosos

4. Chile es un paraíso para los amantes de la naturaleza, pero quienes disfrutan visitando _____ pueden ir a Santiago, Valparaíso y Viña del mar.
a. ciudades b. caperuzas c. geografías d. montañas

5. Los mapuches proceden de Chile y _____ .
a. Bolivia b. Argentina c. Ecuador d. Perú

6. Hoy en día, los mapuches están recuperando sus _____ .
a. pololas b. canarias c. cabritas d. tierras

7. Valle Nevado se encuentra a _____ km de Santiago.
a. 50 b. 40 c. 30 d. 20

8. En las laderas de algunas montañas de la Región de los Valles se han formado _____ .
a. volcanes b. cerros c. desiertos d. fiordos

9. Por su amplia costa, se consumen muchos _____ en Chile.
a. mariscos b. billullos c. cachos d. mercados

10. Valparaíso es la _____ ciudad más grande de Chile y el centro del movimiento naval del país.
a. quinta b. segunda c. tercera d. décima

11. Mysty-K es una mujer _____ .
a. muy alta b. rubia y simpática c. valiente y talentosa d. graciosa y pelirroja

12. Mysty-K escribe música del género _____ .
a. merengue b. hip-hop c. reggae d. salsa

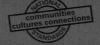

GALERÍA DE CREADORES

BESTSELLER INTERNACIONAL

"Una extravagante historia, escrita por una cuentista de talento que revive, como por arte de magia, el mundo del siglo XIX."
—LOS ANGELES TIMES BOOK REVIEW

hija de la fortuna
isabel allende
autora de RETRATO EN SEPIA y EVA LUNA

CONEXIÓN INTERNET

En www.imagina.vhlcentral.com encontrarás mucha más información sobre estos creadores latinos y podrás explorar distintos aspectos de sus creaciones con actividades y proyectos de investigación.

MÚSICA Y ARTE Violeta Parra

Violeta Parra, considerada la iniciadora de la Nueva Canción Chilena, fue una artista de extraordinaria riqueza creativa quien logró recuperar la cultura popular de Chile. Es conocida por sus grabaciones y recitales de canciones tradicionales y propias, como *Gracias a la vida* que fue popularizada en los Estados Unidos por Joan Baez. También se dedicó a la pintura, la escultura, la cerámica y el arte de bordado (*embroidery*) de arpilleras. Hoy día la Fundación Violeta Parra preserva el patrimonio de esta artista universal quien murió trágicamente en 1967.

LITERATURA Isabel Allende

En 1973 Isabel Allende escapó de su país después de que su tío, el presidente chileno, Salvador Allende fue asesinado. En 1982 publicó en el exilio su primera novela *La casa de los espíritus*, la cual fue muy bien recibida por el público y la crítica. También obtuvo gran popularidad en Estados Unidos al ser publicada en inglés y sobretodo al aparecer la versión cinematográfica. La familia, el amor y el poder son temas recurrentes en su obra. Algunas de sus novelas más aclamadas son *De amor y de sombra, El plan infinito, Eva Luna y Paula*.

CINE **Miguel Littín**

En 1942 nació en Chile el director de cine Miguel Littín. En 1970, cuando Salvador Allende fue elegido presidente del país, se hizo cargo de la productora estatal Chile Films, período durante el cual dirigió películas de gran calidad, como *El chacal de Nahueltoro*. Los hechos reales que narra esta película causaron una gran conmoción, sin embargo, fue un éxito de crítica y público. Después de muchas otras películas de carácter político, en 1982 con *Alsino y el cóndor* llegó la nominación al Oscar a la mejor película extranjera, momento a partir del cual fue conocido internacionalmente.

PINTURA/ESCULTURA **Roberto Matta**

El pintor y escultor Roberto Matta está considerado mundialmente como el artista plástico chileno más importante del siglo XX. En 1937 conoció en París a André Breton y se unió al movimiento surrealista. Marcel Duchamp, Salvador Dalí e Yves Tanguy son algunos de los artistas que influyeron en su obra. Sobre sus lienzos (*canvases*) crea mundos imaginarios en los que intenta representar su peculiar visión de las múltiples fuerzas invisibles del universo que influyen sobre la vida y la cultura del hombre contemporáneo. Aquí vemos el óleo *La otra latitud de la vida*.

AMPLIACIÓN

MÁS CREADORES

En **www.imagina.vhlcentral.com** conocerás a estos otros creadores chilenos.

Gabriela Mistral
escritora

Claudio Arrau
pianista

María Angélica Baeza
pintora

Mario Toral
pintor

INSTRUCTIONAL **6.1**
RESOURCES WB, LM,
SAM Answer Key, Lab MP3,
IRCD-ROM (scripts)

TALLER DE CONSULTA

The following grammar topics are covered in the **Manual de gramática, Lección 6**.

6.4 Adverbs, p.396

6.5 Diminutives and augmentatives, p.398

¡ATENCIÓN!

An adverbial clause (**oración adverbial**) is one that modifies or describes verbs, adjectives, or other adverbs. It describes how, why, when, or where an action takes place.

The subjunctive in adverbial clauses

- In Spanish, adverbial clauses are commonly introduced by conjunctions. Certain conjunctions require the subjunctive, while others can be followed by the subjunctive or the indicative, depending on the context in which they are used.

—*Declaro la ley de duelo suspendida hasta que **haya** una próxima revisión.*

Conjunctions that require the subjunctive

- Certain conjunctions are always followed by the subjunctive because they introduce actions or states that are uncertain or have not yet happened. These conjunctions commonly express purpose, condition, or intent.

MAIN CLAUSE	CONNECTOR	SUBORDINATE CLAUSE
No habrá justicia para las víctimas	**a menos que**	**encarcelen a los criminales.**

Conjunctions that require the subjunctive	
a menos que *unless*	**en caso (de) que** *in case*
antes (de) que *before*	**para que** *so that*
con tal (de) que *provided that*	**sin que** *without, unless*

El ejército siempre debe estar preparado **en caso de que haya** un ataque.
The army must always be prepared, in case there is an attack.

El presidente ganará las elecciones otra vez **a menos que cometa** algún error.
The president will win the election again, unless he commits an error.

El candidato debe explicar mejor su programa **antes de que yo vote** por él.
The candidate should explain his platform better before I vote for him.

- If there is no change of subject in the sentence, there is no subordinate clause. Instead the prepositions **antes de, con tal de, en caso de, para,** and **sin** are used, followed by the infinitive. Note that the connector **que** is not used.

Un buen abogado investiga todos los detalles del delito **para defender** mejor a su cliente.
A good lawyer investigates every detail of the crime in order to better defend his client.

Los miembros del jurado no deben hablar del juicio con el público **antes de darle** su decisión al juez.
The members of the jury should not talk about the trial to the public before giving the judge their verdict.

Point out that while English often uses subordinate clauses when there is no change of subject, Spanish uses the infinitive instead. Ex: *I took the medicine so that I would get better.* **Tomé la medicina para curarme.**

Conjunctions followed by the subjunctive or the indicative

- If the action in the main clause has not yet occurred, then the subjunctive is used after conjunctions of time or concession. Note that adverbial clauses often come at the beginning of a sentence.

Conjunctions of time or concession

a pesar de que *despite*	**hasta que** *until*
aunque *although; even if*	**luego que** *as soon as*
cuando *when*	**mientras que** *while*
después (de) que *after*	**siempre que** *as long as*
en cuanto *as soon as*	**tan pronto como** *as soon as*

El gobierno promete trabajar duro **hasta que** no **haya** más abusos de poder.
The government promises to work hard until there are no more abuses of power.

El señor Fernández les mandará el dinero a los secuestradores **en cuanto** le **den** prueba de la seguridad de su hijo.
Mr. Fernández will send the money to the kidnappers as soon as they provide proof of his son's safety.

Aunque mejoren los sistemas de seguridad, todavía tendrá miedo de viajar en avión.
Even if they improve security systems, she will still be afraid to travel by plane.

Cuando hablen con la prensa, van a exigir la libertad para los prisioneros.
When they speak with the press, they are going to demand freedom for the prisoners.

- If the action in the main clause has already happened, or happens habitually, then the indicative is used in the adverbial clause.

Tan pronto como se supieron los resultados de las elecciones, el partido conservador anunció su victoria.
As soon as the results of the election were known, the conservative party announced their victory.

Mi padre y yo siempre nos peleamos **cuando hablamos** de la corrupción política de nuestro país.
My father and I always fight when we talk about the corrupt politics of our country.

Clarify that when possible, Spanish uses [*preposition*] + [*infinitive*] instead of [*conjunction*] + [*subjunctive*] when there is no change of subject.
Ex: **Voy a acostarme después de ver las noticias.**
For many conjunctions of time, however, a corresponding preposition does not exist. In these cases, [*conjunction*] + [*subjunctive*] is used even when there is no change of subject.
Ex: **Lo haré en cuanto tenga una oportunidad.**

Práctica

1 In pairs, have students use the conjunctions listed on **pp. 210–211** to write three sentences with the subjunctive and three with the indicative.

1

Completar Completa las oraciones usando el indicativo o el subjuntivo.

1. El candidato no va a viajar a menos que su esposa lo __acompañe__ (acompañar).
2. El abogado va a hablar con el presidente antes de que __lleguen__ (llegar) los activistas.
3. Los miembros del partido se fueron tan pronto como __supieron__ (saber) que habían perdido las elecciones.
4. La gente recuerda las promesas de los políticos cuando __vota__ (votar).
5. El alcalde olvidó sus promesas después de que __ganó__ (ganar) las elecciones.
6. Los periodistas van a estar con los candidatos hasta que __terminen__ (terminar) las elecciones.

2 Remind students that when **que** is omitted, the infinitive is used instead of the subjunctive.

2

¿Infinitivo o subjuntivo? Completa las oraciones con los verbos en infinitivo o en subjuntivo.

1. a. Los liberales y los conservadores hacen todo lo necesario con tal de que la gente __vote__ (votar) por ellos.

   b. Los liberales y los conservadores hacen todo lo necesario con tal de __ganar__ (ganar) las elecciones.

2. a. Los políticos deben viajar por el país para __conocer__ (conocer) a la gente.

   b. Los políticos deben viajar por el país para que la gente los __conozca__ (conocer).

3. a. La gente votará por la candidata con tal de que ella __defienda__ (defender) la igualdad y la justicia.

   b. La gente votará por la candidata con tal de no __tener__ (tener) al otro candidato como presidente del país.

4. a. El tribunal no podrá continuar sin __juzgar__ (juzgar) al acusado.

   b. El tribunal no podrá continuar con el juicio sin que el acusado __se presente__ (presentarse).

3 Have students check their work with a partner.

3

Declaraciones Elige la conjunción adecuada para completar la conversación entre un periodista y la señora Duhalde, una gobernadora.

PERIODISTA Señora Duhalde, ¿qué le parecieron las declaraciones del presidente?

SRA. DUHALDE (1) (Aunque / Cuando) yo generalmente no pienso igual que él, en este caso creo que todos debemos trabajar juntos (2) (a pesar de que / para que) la situación económica mejore. (3) (Hasta que / Tan pronto como) el presidente vuelva de su viaje por Asia, voy a hablar con él sobre mis ideas (4) (mientras que / sin que) él me lo pida.

PERIODISTA ¿Cuándo me dijo que va hablar con él?

SRA. DUHALDE (5) (En cuanto / Aunque) regrese. Quiero hablar con él (6) (sin que / para que) sepa que todos los miembros del partido estamos dispuestos (*willing*) a trabajar muy duro (7) (con tal de que / luego que) la situación de este país mejore.

Comunicación

4

Actividad La primera dama va a salir de viaje por el país, así que le ha dejado una lista de tareas a su secretario. En parejas, túrnense para explicar las tareas usando oraciones adverbiales con subjuntivo y las conjunciones de la lista.

Modelo   **Si viene el juez; decir que venga la semana que viene, pero sólo si puede.**
Tengo que decirle al juez que venga la semana que viene en caso de que pueda.

a menos que
a pesar de que
con tal de que
cuando
en caso de que
en cuanto
para que
siempre que
siempre y cuando
tan pronto como

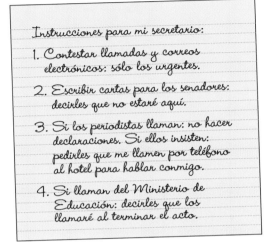

Instrucciones para mi secretario:

1. *Contestar llamadas y correos electrónicos: sólo los urgentes.*

2. *Escribir cartas para los senadores: decirles que no estaré aquí.*

3. *Si los periodistas llaman: no hacer declaraciones. Si ellos insisten: pedirles que me llamen por teléfono al hotel para hablar conmigo.*

4. *Si llaman del Ministerio de Educación: decirles que los llamaré al terminar el acto.*

5

Situaciones En parejas, túrnense para completar las siguientes oraciones.

1. Terminaré mis estudios a tiempo, a menos que…

2. Me iré a vivir a otro país en caso de que…

3. Ahorraré mucho dinero para que…

4. Yo cambiaré de carrera en cuanto…

5. Me retiraré cuando…

6

Programa En grupos de cuatro imaginen que son los asesores (*advisors*) de un político, real o imaginario. Para explicar qué hará el candidato en diferentes situaciones hipotéticas o futuras usen el subjuntivo y las conjunciones.

Modelo   Para que los ecologistas estén contentos, el alcalde dará más dinero para limpiar el río y así vuelva a ser una parte importante en la vida de los ciudadanos.

4 Sample answers.
1. **Tengo que contestar llamadas y correos electrónicos siempre que sean urgentes.**
2. **Tengo que escribir cartas a los senadores para que sepan que no estaré aquí.**
3. **En caso de que los periodistas llamen, no tengo que hacer declaraciones.**
4. **Tengo que decirles a los del Ministerio de Educación que los llamaré tan pronto como termine el acto.**

4 As a variant, have students use the information listed to create a phone conversation between the First Lady and her secretary.

5 Call on students to share their partners' responses.

6 Model one or two sentences of the candidate's speech on the board. Ex: **No descansaré hasta que hayamos encarcelado a todos los terroristas./ Bajaré los impuestos para que la economía se desarrolle.**

NATIONAL STANDARDS
comparisons

6.2

The past subjunctive

Forms of the past subjunctive

TALLER DE CONSULTA

See **2.1, pp. 56–57** for the preterite forms of regular, irregular, and stem-changing verbs.

- The past subjunctive of all verbs is formed by dropping the **–ron** ending from the **ustedes/ellos/ellas** form of the preterite and adding the past subjunctive endings.

The past subjunctive		
caminar	perder	vivir
caminara	perdiera	viviera
caminaras	perdieras	vivieras
caminara	perdiera	viviera
camináramos	perdiéramos	viviéramos
caminarais	perdierais	vivierais
caminaran	perdieran	vivieran

¡ATENCIÓN!

The past subjunctive is also referred to as the imperfect subjunctive (**el imperfecto del subjuntivo**).

The **nosotros/as** form of the past subjunctive always has a written accent.

Queríamos que el gobierno **respetara** los derechos humanos.
We wished that the government would respect human rights.

Me pareció increíble que los liberales **perdieran** las elecciones.
I thought it was unbelievable for the liberals to lose the election.

Nos sorprendió que el abogado no **supiera** cómo reaccionar ante la amenaza.
We were surprised that the lawyer did not know how to react to the threat.

INSTRUCTIONAL RESOURCES WB, LM, SAM Answer Key, Lab MP3, IRCD-ROM (scripts)

- Verbs that have stem changes or irregularities in the **ustedes/ellos/ellas** form of the preterite have those same irregularities in all forms of the past subjunctive.

infinitive	preterite form	past subjunctive forms
pedir	pidieron	pidiera, pidieras, pidiera, pidiéramos, pidierais, pidieran
sentir	sintieron	sintiera, sintieras, sintiera, sintiéramos, sintierais, sintieran
dormir	durmieron	durmiera, durmieras, durmiera, durmiéramos, durmierais, durmieran
influir	influyeron	influyera, influyeras, influyera, influyéramos, influyerais, influyeran
saber	supieron	supiera, supieras, supiera, supiéramos, supierais, supieran
ir/ser	fueron	fuera, fueras, fuera, fuéramos, fuerais, fueran

From the verbs listed at right, have students identify which ones have stem changes, spelling changes, and irregular conjugations. Have volunteers add more verbs of each type to a list on the board.

Point out that both conjugations for the **nosotros/as** form have a written accent.
Ex: **fuéramos, fuésemos**

- In Spain and some other parts of the Spanish-speaking world, the past subjunctive is used with another set of endings (**–se, –ses, –se, –semos, –seis, –sen**). You will also see these forms in literary selections.

Mariano me pidió que **fuese** con él al tribunal.
Mariano asked me to go with him to court.

Mariano me pidió que **fuera** con él al tribunal.
Mariano asked me to go with him to court.

These alternate endings are presented for recognition only; their forms are not included in the Testing Program.

Uses of the past subjunctive

- The past subjunctive is required in the same situations as the present subjunctive, except that the point of reference is always in the past. When the verb in the main clause is in the past, the verb in the subordinate clause is in the past subjunctive.

*Pedro le rogó a la jueza que le **dejara** acabar el duelo.*

Present time	**Past time**
Ellos sugieren que **vayamos** a la reunión.	Ellos sugirieron que **fuéramos** a la reunión.
They suggest that we go to the meeting.	*They suggested that we go to the meeting.*
Espero que no **tengan** problemas con la política.	Esperaba que no **tuvieran** problemas con la política.
I hope they won't have any problems with the politics.	*I was hoping they wouldn't have any problems with the politics.*
Necesitamos un presidente que **apoye** nuestra causa.	Necesitábamos un presidente que **apoyara** nuestra causa.
We need a president who will support our cause.	*We needed a president who would support our cause.*
Ella la defiende aunque **sea** culpable.	Ella la defendió aunque **fuera** culpable.
She will defend her even if she is guilty.	*She defended her despite her possibly being guilty.*

To review uses of the subjunctive, ask students to identify the noun clauses, adjective clauses, and adverbial clauses in the sample sentences.

- The expression **como si** (*as if*) is always followed by the past subjunctive.

  Habla de la guerra **como si** no le **importara**.
  He talks about the war as if he didn't care.

  ¿Por qué siempre me andas espiando **como si fuera** un ladrón?
  Why do you always go around spying on me, as if I were a thief?

  Ella rechazó mi opinión **como si** no **importara**.
  She rejected my opinion as if it didn't matter.

  Me saludó **como si** no me **conociera**.
  She greeted me as if she didn't know me.

- The past subjunctive is commonly used with **querer** to make polite requests or to soften statements.

  Quisiera que me llames hoy.　　**Quisiera** hablar con usted.
  I would like you to call me today.　*I would like to speak with you.*

TALLER DE CONSULTA

The past subjunctive is also frequently used in **si** clauses. See **9.3, p. 322–323.**

Si pudiera, haría más para conservar nuestros recursos.
If I could, I would do more to conserve our resources.

Práctica

1

Viñas de Chile Cuando fuiste a visitar las viñas de Chile, Marcelo, un viticultor (*vine-grower*) te dio algunos consejos sobre cómo guardar el vino en tu casa. Cuéntale a tu padre cuáles fueron esos consejos. Completa las oraciones usando el imperfecto del subjuntivo.

Mira, me dijo que era importante que nosotros (1) _____pusiéramos_____ (poner) el vino en un lugar oscuro y sin corrientes de aire. Me sugirió que lo (2) _____guardáramos_____ (guardar) en el sótano (*basement*) de la casa, donde hay una temperatura baja y constante. También me recomendó que (3) _____mantuviéramos_____ (mantener) el sótano con un nivel de humedad de un 70%, como si (4) _____fuera_____ (es) fácil controlar el nivel de la humedad. Y claro, me dijo que sólo (5) _____compráramos_____ (comprar) vinos de calidad, como los vinos chilenos o argentinos. A mí me pareció curioso que me (6) _____aconsejara_____ (aconsejar) comprar vinos argentinos porque otros chilenos con los que hablé me pidieron que yo nunca (7) _____comprara_____ (comprar) vinos argentinos. ¿Qué te parecen estos consejos? Marcelo me dijo que no (8) _____dudaras_____ (dudar) en llamarlo si tienes alguna pregunta.

La viña Errazuriz

2

¿Qué le pidieron? María Laura Santillán es presidenta de una universidad. En parejas, usen la tabla y preparen un diálogo donde ella le cuenta a un amigo todo lo que le pidieron que hiciera el primer día de clases.

Modelo — ¿Qué te pidió tu secretaria?
— Mi secretaria me pidió que le diera menos trabajo.

Personajes	Verbo	Actividad
los profesores los estudiantes el club que protege el medio ambiente los vecinos de la universidad el entrenador del equipo de fútbol	me pidió que me pidieron que	construir un estadio nuevo hacer menos ruido plantar más árboles dar más días de vacaciones comprar más computadoras

3

Dueño El dueño del apartamento donde vivían era muy estricto. En parejas, túrnense para comentar las reglas que tenían que seguir usando el imperfecto del subjuntivo.

Modelo El dueño de mi apartamento me dijo/pidió/ordenó que no cocinara comidas aromáticas.

1. No usar la calefacción en abril. … no usara …
2. Limpiar los pisos dos veces al día. … limpiara …
3. No tener visitas en el apartamento después de las 10 de la noche. … no hubiera …
4. Hacer la cama todos los días. … hiciera …
5. Sacar la basura todos los días. … sacara …
6. No encender las luces antes de las 8 de la noche. … no encendiera …

Comunicación

4

De niño En parejas, háganse estas preguntas sobre su infancia. Sean creativos en sus respuestas.

Modelo —¿Esperabas que tus padres fueran perfectos?
—Sí, esperaba que mis padres fueran mejores que los padres de mis amigos.

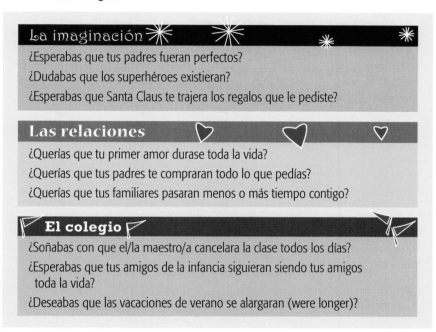

La imaginación

¿Esperabas que tus padres fueran perfectos?

¿Dudabas que los superhéroes existieran?

¿Esperabas que Santa Claus te trajera los regalos que le pediste?

Las relaciones

¿Querías que tu primer amor durase toda la vida?

¿Querías que tus padres te compraran todo lo que pedías?

¿Querías que tus familiares pasaran menos o más tiempo contigo?

El colegio

¿Soñabas con que el/la maestro/a cancelara la clase todos los días?

¿Esperabas que tus amigos de la infancia siguieran siendo tus amigos toda la vida?

¿Deseabas que las vacaciones de verano se alargaran (were longer)?

5

¿Qué sucedió? En parejas, preparen una conversación inspirada en la siguiente situación utilizando el imperfecto de subjuntivo. Después, represéntenla en la clase.

Paola y Marcos fueron de viaje a Chile. Paola está enojada con Marcos porque ayer él se quedó en el hotel y no quiso acompañarla a esquiar. A ella le encanta el esquí, pero a Marcos no le gusta y por eso no quiso acompañarla. Ahora están discutiendo e intentan planear un viaje que les guste a los dos.

4 For a related game, divide the class into small groups and have students use the past subjunctive to describe one of the strangest notions they had as a child. Then have each group select one story to present to the class. Give the other groups two minutes to ask questions and decide whose story it is. Each group that guesses correctly scores a point. If a group can fool the class, they get two points.

5 Ask the class questions about each dialogue to check comprehension and to practice third person forms of the past subjunctive.

6.3

Comparisons and superlatives

Comparisons of inequality

- With adjectives, adverbs, nouns, and verbs, the following constructions are used to make comparisons of inequality (*more than/less than*).

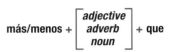

TALLER DE CONSULTA

The use of diminutives and augmentatives is common in comparative and superlative statements. See **Manual de gramática, 6.5, p.398.**

INSTRUCTIONAL RESOURCES WB, LM, SAM Answer Key, Lab MP3, IRCD-ROM (scripts)

To review adverbs, refer students to the **Manual de gramática, 6.4**, p. 396.

$$\text{más/menos} + \begin{bmatrix} \textit{adjective} \\ \textit{adverb} \\ \textit{noun} \end{bmatrix} + \text{que} \qquad \begin{bmatrix} \textit{verb} \end{bmatrix} + \text{más/menos que}$$

Adjective

Sus creencias son **menos liberales que** las mías.
His beliefs are less liberal than mine.

Noun

El problema fue que el presidente tenía **menos poder que** el ejército.
The problem was that the president had less power than the army.

Adverb

¡Llegaste **más tarde que** yo!
You arrived later than I did!

Verb

¡**Nos peleamos más que** los niños!
We fight more than the kids do!

- Before a number (or equivalent expression), *more/less than* is expressed with **más/menos de**.

Necesito un vuelo a Santiago, pero no puedo pagar **más de** quinientos dólares.
I need a flight to Santiago, but I can't pay more than five hundred dollars.

Será difícil, señor. Déjeme buscar y le aviso en **menos de** una hora.
That will be difficult, sir. Let me look, and I'll let you know in less than an hour.

Comparisons of equality

- The following constructions are used to make comparisons of equality.

$$\text{tan} + \begin{bmatrix} \textit{adjective} \\ \textit{adverb} \end{bmatrix} + \text{como} \qquad \text{tanto/a(s)} + \begin{bmatrix} \textit{singular noun} \\ \textit{plural noun} \end{bmatrix} + \text{como}$$

$$\begin{bmatrix} \textit{verb} \end{bmatrix} + \text{tanto como}$$

¡ATENCIÓN!

Tan and **tanto** can also be used for emphasis, rather than to compare:

tan *so*

tanto *so much*

tantos/as *so many*

¡Tus ideas son tan anticuadas!
Your ideas are so outdated!

¿Por qué te enojas tanto?
Why do you get so angry?

Lo hemos hablado tantas veces y nunca logro convencerte. *We've talked about it so many times, and I never can convince you.*

Remind students that **tanto/a(s)** must agree in gender and number when used to modify nouns.

Adjective

El debate de anoche fue **tan aburrido como** el de la semana pasada.

Last night's debate was as boring as last week's.

Noun

La señora Pacheco habló **con tanta convicción como** el señor Quesada.
Ms. Pacheco spoke with as much conviction as Mr. Quesada.

Adverb

Nosotros discutimos **tan acaloradamente como** los candidatos.
We argued as heatedly as the candidates.

Verb

Ambos candidatos son insoportables. Ella miente **tanto como** él.
Both candidates are unbearable. She lies as much as he does.

Superlatives

- The following construction is used to form superlatives (**superlativos**). The noun is preceded by a definite article, and **de** is the equivalent of *in* or *of*.

$$el/la/los/las + \boxed{noun} + más/menos + \boxed{adjective} + de$$

> Ésta es **la playa más bonita de** la costa chilena.
> *This is the prettiest beach on the coast of Chile.*

> Es **el hotel menos caro del** pueblo.
> *It is the least expensive hotel in town.*

- The noun may also be omitted from a superlative construction.

> Me gustaría comer en un buen restaurante.
> *I would like to eat at a good restaurant.*

> Las Dos Palmas es **el más elegante de** la ciudad.
> *Las Dos Palmas is the most elegant one in the city.*

Irregular comparatives and superlatives

Adjective	Comparative form	Superlative form
bueno/a *good*	**mejor** *better*	**el/la mejor** *best*
malo/a *bad*	**peor** *worse*	**el/la peor** *worst*
grande *big*	**mayor** *bigger*	**el/la mayor** *biggest*
pequeño/a *small*	**menor** *smaller*	**el/la menor** *smallest*
joven *young*	**menor** *younger*	**el/la menor** *youngest*
viejo/a *old*	**mayor** *older*	**el/la mayor** *oldest*

- When **grande** and **pequeño** refer to size and not age or quality, the regular comparative and superlative forms are used.

> Ernesto es **mayor** que yo.　Ese edificio es **el más grande** de todos.
> *Ernesto is older than I am.*　*That building is the biggest one of all.*

- When **mayor** and **menor** refer to age, they follow the noun they modify.

> Lucía es mi hermana **menor**.　Hubo un **menor** número de candidatos.
> *Lucía is my younger sister.*　*There was a smaller number of candidates.*

- The adverbs **bien** and **mal** also have irregular comparatives.

bien *well*	**mejor** *better*
mal *badly*	**peor** *worse*

> Ayúdame, que **tú** lo haces **mejor que yo**.
> *Give me a hand; you do it better than I do.*

Práctica

1 To preview the activity, ask students to compare famous politicians using comparatives and superlatives.

1

El mejor Úrsula y Verónica son de diferentes partidos políticos. Completa su diálogo utilizando las palabras de la lista.

como	más	mejor	peor
malísimo	mayor	muchísimos	que

VERÓNICA Mi candidato está tan preparado para ser presidente de este país (1) ___como___ tu candidato. Ha estudiado en la (2) ___mejor___ universidad del país y ha sido uno de los abogados (3) ___más___ reconocidos de los últimos cinco años. Además, habla (4) ___muchísimos___ idiomas.

ÚRSULA ¡Sólo habla español! Mi hermana (5) ___mayor___ trabaja en la oficina de tu candidato y dice que es el (6) ___peor___ abogado de la ciudad.

VERÓNICA No te creo. Es verdad que no ha tenido mucha suerte últimamente, pero ha perdido menos casos (7) ___que___ tu candidato, que es un abogado (8) ___malísimo___.

2 Call on students to add more categories to the list (**país, deporte, clase,** etc.). Have students make up their own comparative or superlative sentences and compare results as a class.

2

Oraciones

A. Escribe oraciones con superlativos usando la información del cuadro. Sigue el modelo.

Modelo *Harry Potter* es el libro más popular del momento.

Harry Potter	libro	popular
Jennifer López	cantante	famosa
Donald Trump	hombre de negocios	rico
El Nilo	río	largo
Disneylandia	lugar	feliz

B. Ahora, vuelve a escribir oraciones, pero esta vez usando comparativos.

Modelo *Harry Potter* es más popular que *El señor de los anillos.*

3 Generate a class account of the best or worst date ever. Have one person begin, then go around the class to extend the story. Remind students to use comparatives and superlatives.

3

Cita Anoche tuviste una cita a ciegas (*blind date*). En parejas, hablen sobre la cita usando comparativos y superlativos. Utilicen las ideas de la lista.

Modelo La cita de anoche fue la peor cita de mi vida porque fue muy aburrida.

auto	conversación	pelo
carne	ensalada	restaurante
chistes	película	ropa

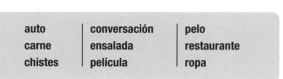

Comunicación

4 **¿Punta Arenas o Miami?** Gabriel y Carmen están planeando unas vacaciones. Gabriel quiere ir a Miami, pero Carmen prefiere visitar Punta Arenas.

A. En parejas, decidan qué frases de la lista corresponden a cada lugar y completen la tabla.

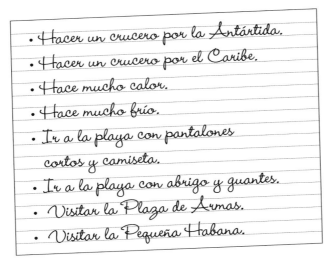

- Hacer un crucero por la Antártida.
- Hacer un crucero por el Caribe.
- Hace mucho calor.
- Hace mucho frío.
- Ir a la playa con pantalones cortos y camiseta.
- Ir a la playa con abrigo y guantes.
- Visitar la Plaza de Armas.
- Visitar la Pequeña Habana.

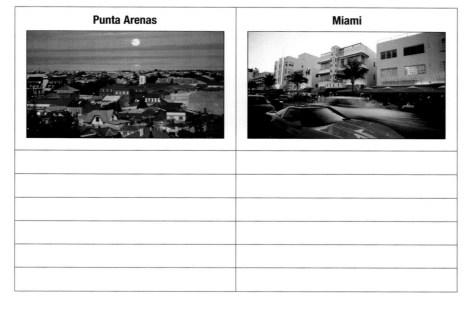

Punta Arenas	Miami

B. Ahora, dramaticen un diálogo entre Carmen y Gabriel. Cada uno tiene que explicar las razones por las cuales prefieren ir a esos lugares. Utilicen comparativos y superlativos.

5 **Debate presidencial** Pronto serán las elecciones y los candidatos a la presidencia participarán en un debate. En grupos de tres, imaginen que dos de ustedes son los/las candidatos/as y que la tercera persona es un(a) periodista. El/La periodista hace preguntas y los/las candidatos/as responden. Usen oraciones con superlativos y comparativos.

Nota CULTURAL

Punta Arenas es una ciudad cosmopolita en el corazón de la **Patagonia** chilena, la zona más austral (*southern*) de **Suramérica**. La arquitectura del centro de la ciudad es similar a las de algunas urbes europeas, y sus calles son amplias y arboladas. Alrededor de la **Plaza de Armas** hay edificios de gobierno, mansiones, y jardines poblados de inmensas araucarias (*Chilean pines*).

4 For an optional writing assignment, have students research the Chilean Patagonia and write e-mails to their friends from school about an imaginary vacation there. In their messages, they should compare and contrast Patagonia and the area where they live.

5 Have a few groups volunteer to perform the debates for the class. Allow time for classmates to ask the candidates questions, and then have them vote for a winning candidate from each group.

TEACHING OPTION To provide cultural context, have students research Temuco or bring in a few regional newspaper articles that highlight recent events and issues.

Síntesis

¡Luchemos unidos contra la corrupción!

Porque Temuco lo merece. . .
Vote por Marcelo Rojas para gobernador
Partido Conservador

Para que haya más trabajo en Temuco
Vote por Patricia Salazar para gobernar con decisión
Partido Liberal

Para una sociedad más justa
Antonio Morales es la solución.
Por un Temuco mejor. . .
Vote Partido Ecologista

Por un Temuco cosmopolita,
Celeste Ortega es tu mejor opción.
Para encaminarnos a un futuro mejor
vota por el **Partido Avance Democrático**

---

1 Make use of any current or recent election campaigns by having students play the roles of real candidates from opposing parties.

1 **Entrevista** En la ciudad de Temuco, en Chile, hay elecciones para elegir gobernador. Aquí tienen algunos carteles publicitarios de tres partidos políticos imaginarios. En parejas, seleccionen uno de ellos y escriban una entrevista al/a la candidato/a realizada por un(a) periodista local. Deben usar oraciones adverbiales con subjuntivo y las conjunciones aprendidas en esta lección.

2 As a variant, have one member of the group play the role of Student Council President, while the other students represent campus clubs or organizations.

2 **Pedidos** Los políticos reciben muchos pedidos durante sus campañas electorales. En grupos pequeños, imaginen que tuvieron una audiencia con uno/a de los/las candidatos/as para gobernador. Describan cinco cosas que le pidieron. Deben usar el imperfecto de subjuntivo.

> **Modelo** Le pedimos que bajara los impuestos.

3 **Sistema electoral** Usando oraciones con comparativos y superlativos, escriban su opinión sobre el sistema electoral. ¿Les gusta? ¿Creen que es justo? ¿Cambiarían algo? ¿Por qué? Después compartan con la clase sus opiniones en un debate abierto.

Preparación

NATIONAL STANDARDS
connections
cultures

Vocabulario de la lectura		**Vocabulario útil**
derrocar *to overthrow*	**el golpe de estado** *coup d'état*	**el derecho** *right*
derrotar *to defeat*	**la huelga** *strike*	**encabezar** *to lead*
la ejecución *execution*	**el informe** *report*	**el juicio** *judgment*
ejercer (el poder) *to exercise/ exert (power)*	**el orgullo** *pride*	**la ley** *law*
fortalecer *to strengthen*	**el secuestro** *kidnapping*	**promulgar** *to enact (a law)*
el fracaso *failure*	**la trampa** *trap*	**rescatado/a** *rescued*
la fuerza *force*		**tener derecho a** *to have the right to*

1 **Palabras** Descubre cuál es la palabra que se forma con cada grupo de letras y que responde a la pista. Cuando termines, escribe dos oraciones. Cada una debe tener tres palabras del vocabulario que has aprendido.

1. Y L E — l e y
2. A R Z F E U — f u e r z a
3. T S C U O E E S R — s e c u e s t r o
4. C F R A A S O — f r a c a s o
5. R O D T E R R A — d e r r o t a r
6. E N I M O R F — i n f o r m e
7. A G H E L U — h u e l g a
8. C R O L R A E F E T — f o r t a l e c e r

Pistas:

1. regla o norma
2. poder, fortaleza, vigor
3. retener a una persona y no dejarla libre
4. opuesto de éxito
5. vencer, ganar
6. exposición oral o escrita que describe una situación
7. forma de protesta en la que la gente decide no trabajar
8. hacer que algo o alguien sea más fuerte

2 **Los gobiernos** En parejas, contesten las preguntas y expliquen sus respuestas.

1. ¿Cuántas formas de gobierno conocen?
2. ¿Cuáles son las diferencias entre estos gobiernos?
3. ¿Qué tipo de gobierno tiene su país? ¿De qué beneficios disfrutan gracias al tipo de gobierno de su país?
4. ¿Cómo participan en la vida política de su país?

1 To teach students how to expand their Spanish vocabulary, draw three columns on the board, labeled **verbos, sustantivos,** and **adjetivos**. One by one, have volunteers place new vocabulary words in the appropriate columns, then challenge students to come up with other forms of the word. Discuss any changes in meaning.
Ex: **informar, informe, informado**
fortalecer, fortaleza, fortalecido
rescatar, rescate, rescatado

Remind students that *to exercise* translates as **hacer ejercicio**, not **ejercer**, when it refers to athletic activity.

2 Useful vocabulary for item 1: **el comunismo, la democracia, la dictadura, el fascismo, la monarquía, el socialismo, el totalitarismo**

2 For item 2, have students list **beneficios** and **desventajas** in two columns, then exchange their lists with another pair to discuss. List responses on the board and ask if students would move any of the items from one column to the other.

Chile: dictadura y democracia

Escucha el artículo y abre una investigación en www.imagina.vhlcentral.com.

El 11 de septiembre de 1973, Chile, considerado por décadas como el país con mayor tradición democrática de Hispanoamérica, sufrió un golpe militar liderado por Augusto Pinochet que derrocó al presidente electo Salvador Allende. El gobierno de orientación socialista que caía por la fuerza había durado tan sólo tres años. Este breve período se había visto marcado por las grandes dificultades económicas, las huelgas y la violencia en las calles. La oposición, con la ayuda de los servicios secretos norteamericanos, había impuesto grandes obstáculos para desequilibrar la economía chilena.

Esta crisis social e institucional culminó con el golpe de estado. Desde ese día, el general Augusto Pinochet ejerció el poder de forma dictatorial. La prioridad de su gobierno fue la de eliminar a la oposición política tomando como primera medida° la prohibición de todos los partidos políticos. Este objetivo no se persiguió° sólo con las leyes, sino que se violaron de forma sistemática los derechos humanos. Se detenía a los miembros de partidos políticos y sindicatos° y se les llevaba a centros preparados para la tortura. De muchos de ellos no se supo nunca nada; de otros, se tiene la certeza° de que fueron ejecutados°.

El gobierno militar estableció una política económica neoliberal que mejoró la economía chilena, reduciendo con éxito la inflación y aumentando la producción. Este éxito económico ha sido en muchas ocasiones la tarjeta de presentación de la dictadura de Pinochet. Sus críticos, sin embargo, afirman que estas medidas económicas aumentaron las desigualdades sociales porque privilegiaban a los más ricos.

Confiado en su victoria, el general se presentó como candidato presidencial en un plebiscito que él mismo propuso. Éste se celebró en 1988, y para sorpresa de muchos, fue derrotado. Pinochet había caído en su propia trampa° y su fracaso abrió las puertas a elecciones libres al año siguiente, las primeras en más de veinte años. Augusto Pinochet salió del poder en 1989. A partir de esa fecha, Chile empezó el proceso de transición democrática.

Hoy, la sociedad chilena todavía sigue dividida a la hora de juzgar los muchos años de dictadura. Una parte de la población chilena ve a Pinochet como un cruel dictador que impuso un estado dictatorial manchado por la sangre° de sus enemigos políticos. Otros ven en Pinochet a un héroe que intervino en la historia del país para salvarlo del comunismo. Hasta hace poco, todavía había quienes negaban la existencia de secuestros y ejecuciones, tantas veces denunciados° por los familiares de los desaparecidos. La aparición de pruebas° y la publicación de informes, promovidos y elaborados por distintas instituciones, han confirmado la existencia de estos crímenes.

Uno de ellos, el informe Valech (conocido oficialmente como Informe de la Comisión Nacional sobre Prisión Política y Tortura) fue publicado el 29 de noviembre de 2004. Su misión era ofrecer un reconocimiento público y oficial de los abusos a los derechos humanos cometidos por el gobierno militar de Augusto Pinochet en Chile entre los años 1973 y 1990. El presidente chileno Ricardo Lagos, electo en las elecciones del año 2000, formó una comisión para ello. Con el testimonio de más de treinta y cinco mil personas, se constataron° los crímenes y se ofreció ayuda económica compensatoria y cobertura sanitaria° a las víctimas de la represión militar.

En un día histórico de enero de 2005, el ejército chileno aceptó su responsabilidad institucional en los abusos del pasado. En palabras de Ricardo Lagos, la mirada a la historia reciente ha servido para fortalecer la convivencia° y la unidad de todos los chilenos, que ya pueden mirar con orgullo hacia un futuro mejor. ■

measure
was pursued
labor unions
certainty/executed
trap
stained by the blood
reported
proof
verified
health coverage
coexistence

1 Ask students to read the comprehension questions before reading the text on **pp. 224–225**. Have them take turns reading the text aloud. Pause after each paragraph to ask the corresponding comprehension questions.

Análisis

1

Comprensión Contesta las preguntas con oraciones completas.

1. ¿Qué sucedió con el gobierno de Salvador Allende? Fue derrocado por el golpe militar encabezado por Augusto Pinochet.

2. ¿Qué ocurrió con la economía chilena durante el gobierno de Allende? Las huelgas, la violencia en las calles y la oposición, con la ayuda de los servicios secretos norteamericanos, empeoraron la situación económica.

3. ¿Qué tipo de gobierno estableció Pinochet? Estableció una dictadura.

4. ¿Qué prioridades tuvo el gobierno de Pinochet? ¿Cómo consiguió estos objetivos? Quiso eliminar la oposición política prohibiendo los partidos políticos. Lo consiguió con medidas contrarias a los derechos humanos.

5. ¿Qué ocurrió en el plebiscito de 1988? ¿Cuáles fueron las consecuencias? Pinochet perdió como candidato presidencial, lo cual dio lugar a que se organizaran elecciones libres y se desplazara a Pinochet del poder.

6. ¿Qué piensan los chilenos hoy en día sobre el gobierno de Pinochet? Las opiniones están divididas: algunos chilenos creen que Pinochet fue un héroe que los salvó del comunismo y otros creen que fue un cruel dictador.

7. ¿Cuál fue el propósito del informe Valech? Su propósito fue reconocer pública y oficialmente los abusos a los derechos humanos del gobierno de Pinochet.

8. ¿Qué ocurrió en enero de 2005? El ejército chileno aceptó su responsabilidad institucional en los abusos del pasado.

2

Completar En parejas, completen las oraciones con sus propias opiniones.

1. Un buen líder es una persona que...

2. El gobierno de cada país debe garantizar...

3. El abuso de poder en el gobierno ocurre cuando...

4. El abuso de poder también ocurre en la vida cuando...

5. Las leyes y los derechos nos ayudan a...

3 Have students pass their lists from one group to another. Then ask the class questions to elicit comparatives and superlatives. Ex: **¿Cuál es el derecho más/menos popular? ¿Cuál es el más esencial?**

3

Utopía Tú y tus amigos están perdidos en una remota isla del pacífico y no tienen esperanzas de ser rescatados. Deciden formar una sociedad ideal. En grupos de cuatro, escriban los 10 derechos principales de esta sociedad utópica.

4

El juicio En grupos de tres, elijan uno de los casos y preparen un pequeño juicio. Uno/a de ustedes será el/la juez(a) y los/las otros/as representarán las posturas opuestas en cada tema. El/La juez(a) hará preguntas y al final dará su veredicto.

- Licencias de conducir a los 16 años de edad

- No fumar en lugares públicos

- Servicio militar obligatorio (*draft*) en tiempos de guerra

Preparación

Sobre el autor

El poeta peruano **César Vallejo** (1892–1938) es una figura crucial en la poesía hispanoamericana del siglo XX. Su universo poético se caracteriza por el dolor, el nihilismo y por la fe en la solidaridad social. Su obra pasó por diferentes etapas: en sus comienzos tuvo influencias del modernismo y más tarde de la vanguardia, para finalmente ser influida por el indigenismo y la poesía social. Su libro *Trilce* está considerado como una obra clave en la renovación de la poesía hispanoamericana.

Vocabulario de la lectura	Vocabulario útil
acercarse *to approach*	**la alegoría** *allegory*
acudir *to come*	**el/la compañero/a** *fellow*
la batalla *battle*	**el espíritu** *spirit*
el/la combatiente *combatant*	**la solidaridad** *solidarity*
incorporarse *to sit up*	
el valor *courage*	

1 **Vocabulario** Escribe cuatro oraciones lógicas combinando todas las palabras.

acercarse	defender
acudir	justicia
batalla	pelear
combatiente	valor

2 **Preparación** En parejas, piensen en el concepto de **solidaridad**. Háganse estas preguntas.

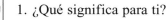

1. ¿Qué significa para ti?
2. ¿Con qué lo asocias?
3. ¿Conoces algún ejemplo de solidaridad? Descríbelo.

3 **La repetición** En grupos pequeños, lean el párrafo. Coméntenlo entre ustedes y contesten las preguntas.

> ### Análisis literario
>
> La repetición es un elemento que se usa frecuentemente en poesía. Muchos escritores usan la repetición —de un sonido, una palabra, una frase, una estructura gramatical— para resaltar ideas y crear memorables efectos de sonido.
>
> 1. ¿Han leído poemas que presenten repetición? ¿Cuál(es) recuerdan?
> 2. ¿Qué reacción les provocó el uso de esta técnica literaria en cada caso?
> 3. ¿En qué otras áreas de la creatividad han percibido ustedes el uso de la repetición?

INSTRUCTIONAL RESOURCES LM, SAM Answer Key, Lab MP3, IRCD-ROM (scripts) Dramatic readings of the **Literatura** selections are recorded on the Lab MP3.

2 Write the following list on the board and ask students to come up with examples of solidarity for each:
En mi vida personal
En la universidad
En mi país
En el mundo

3 Before reading *Masa*, discuss repetition as a tool used by poets to stress ideas and create memorable sound effects. As students read the poem aloud, note how the repetition of the last line of the first stanza builds to a climax. In pairs, ask students to find other examples of repetition.

TEACHING OPTION If time permits, provide a brief historical background of the Spanish Civil War and its strong influence in the work of poets from both Spain and Latin America. Follow up the reading of *Masa* with examples from Chilean poets Gabriela Mistral and Pablo Neruda.

El **Guernica** es un enorme lienzo de unos ocho metros de largo
por tres y medio de ancho. Es una abstracción de la guerra. En negros,
grises y blancos, y con símbolos tradicionales como el toro, el caballo y
la mujer caída con el niño en brazos, Pablo Picasso pinta lo que siente
ante la brutalidad humana del bombardeo nazi que exterminó a más de
mil quinientos habitantes de Guernica, ciudad española cerca de Bilbao.

MASA

César Vallejo

Al fin de la batalla,
y muerto el combatiente, vino hacia él un hombre
y le dijo: "¡No mueras, te amo tanto!"
Pero el cadáver ¡ay! siguió muriendo.

5 Se le acercaron dos y repitiéronle:°   *le repitieron*
"¡No nos dejes! ¡Valor! ¡Vuelve a la vida!"
Pero el cadáver ¡ay! siguió muriendo.

Acudieron a él veinte, cien, mil, quinientos mil,
clamando:° "¡Tanto amor y no poder nada contra la muerte!"   *crying out*
10 Pero el cadáver ¡ay! siguió muriendo.

Le rodearon millones de individuos,
con un ruego° común: "¡Quédate hermano!"   *request*
Pero el cadáver ¡ay! siguió muriendo.

Entonces, todos los hombres de la tierra
15 le rodearon; les vio el cadáver triste, emocionado;
incorporóse° lentamente,   **se incorporó**
abrazó al primer hombre; echóse a andar°...   *set off walking*

Escucha la lectura y opina sobre el
tema en www.imagina.vhlcentral.com.

Análisis

1 **Comprensión** Contesta las preguntas con oraciones completas. <small>Answers will vary.</small>

1. ¿En qué momento se acercó el hombre al combatiente muerto? <small>Cuando terminó la batalla.</small>

2. ¿Qué cuenta la primera estrofa del poema? <small>Un hombre le pide a un combatiente muerto que no se muera.</small>

3. ¿Qué verso se repite en todas las estrofas del poema, a excepción de la última estrofa? <small>Pero el cadáver ¡ay! siguió muriendo.</small>

4. ¿Qué le piden dos hombres al combatiente? <small>Le piden que no los deje, que vuelva a la vida.</small>

5. ¿Qué le rogaron millones de hombres al combatiente? <small>Le pidieron que se quedara.</small>

6. ¿Qué hizo el combatiente al final? <small>Despertó, abrazó al primer hombre y echó a andar.</small>

2 **Interpretar** Contesta las preguntas con oraciones completas.

1. ¿Por qué crees que no conocemos el nombre del combatiente ni el lugar de la batalla? Razona tu respuesta.

2. Al final del poema, ¿por qué crees que el cadáver se incorpora y echa a andar?

3. ¿Qué relación existe entre lo que sucedió al final del poema y su título?

4. ¿Crees que una persona puede cambiar el curso de la historia?

5. ¿Qué efecto crea el uso de la repetición en el poema?

3 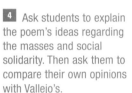 **Imaginar** En parejas, imaginen cuál es la relación entre el combatiente y el primer hombre que le pide que no muera. Preparen una conversación entre ellos después de que el combatiente se ha levantado. Escriban su conversación y represéntenla delante de la clase.

4 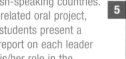 **La solidaridad** En grupos pequeños, contesten las preguntas. Razonen sus respuestas.

1. ¿Es la solidaridad un factor social importante?

2. En el mundo occidental del siglo XXI, ¿somos solidarios o individualistas?

3. ¿En qué casos creen que es mejor ser solidarios? ¿En qué casos es bueno ser individualista?

5 **Escribir** Sigue el plan de redacción para escribir un artículo de opinión sobre un(a) político/a actual o del pasado. Usa comparativos y superlativos y, al menos, un verbo en subjuntivo con oraciones adverbiales.

Plan de redacción

Escribir un artículo de opinión

1 **Presentación** Inicia tu artículo presentando a la figura que has elegido. ¿De dónde es? ¿Cómo es? ¿Por qué lo/la conoces?

2 **Opinión** Explica por qué te interesa hablar de esta persona. ¿Qué ideas relacionas con ella? ¿Te gustan o te molestan sus ideas? ¿Es alguien popular? ¿Por qué crees que (no) lo es?

3 **Conclusión** Resume tu opinión. Explica brevemente por qué estás de acuerdo o no con las ideas que representa.

---

4 Ask students to explain the poem's ideas regarding the masses and social solidarity. Then ask them to compare their own opinions with Vallejo's.

5 Encourage students to read editorials from online Spanish newspapers and follow their model.

5 As a variant, assign present or past leaders from Spanish-speaking countries. For a related oral project, have students present a brief report on each leader and his/her role in the history and politics of that country.

TEACHING OPTION If time permits, have students find and recite another poem in Spanish. You may wish to have them focus on poems that make use of repetition, or on poems with political themes. Offer suggestions or refer them to the **Galería de creadores** section of each lesson.

Creencias e ideologías

Las leyes y los derechos

el delito *crime*
los derechos humanos *human rights*
la (des)igualdad *(in)equality*
la (in)justicia *(in)justice*
la libertad *freedom*
la lucha *struggle, fight*
el tribunal *court*

abusar *to abuse*
aprobar (o:ue) una ley *to pass a law*
defender (e:ie) *to defend*
encarcelar *to imprison*
juzgar *to judge*

analfabeto/a *illiterate*
(des)igual *(un)equal*
(in)justo/a *(un)fair*
oprimido/a *oppressed*

La política

el abuso de poder *abuse of power*
la bandera *flag*
la creencia *belief*
la crueldad *cruelty*
la democracia *democracy*
la dictadura *dictatorship*
el ejército *army*
el gobierno *government*
la guerra (civil) *(civil) war*
el partido político *political party*
la paz *peace*
el poder *power*
la política *politics*
la victoria *victory*

dedicarse a *to dedicate onself to*
elegir *to elect*
ganar/perder (e:ie) las elecciones
    to win/lose elections
gobernar *to govern*
influir *to influence*
votar *to vote*

conservador(a) *conservative*
liberal *liberal*

pacífico/a *peaceful*
victorioso/a *victorious*

Gente

el/la abogado/a *lawyer*
el/la activista *activist*
el/la ladrón/ladrona *thief*
el/la político/a *politician*
el/la presidente/a *president*
el/la terrorista *terrorist*
la víctima *victim*

La seguridad y la amenaza

la amenaza *threat*
el arma *weapon*
el escándalo *scandal*
la seguridad *security; safety*
el temor *fear*
el terrorismo *terrorism*
la violencia *violence*

chantajear *to blackmail*
destrozar *to destroy*
espiar *to spy*
huir *to flee*
pelear *to fight*
secuestrar *to kidnap*

Cortometraje

la azotea *flat roof*
el castigo *punishment*
el/la culpable *culprit*
la declaración *statement*
el/la desaparecido/a *missing person*
el duelo *duel*
el enfrentamiento *confrontation*
el exilio *exile*
la herencia *legacy*
la impunidad *impunity*
el juzgado *court house*
la nuca *nape of the neck*
la rabia *anger*
el rencor *resentment*
la venganza *revenge*

batirse en duelo *to fight a duel*
derogar (una ley) *to abolish (a law)*

llevar a cabo *to carry out*
merecer(se) *to deserve*
otorgar *to grant*
perdonar *to forgive*
presenciar *to witness*
requisar *to confiscate*
vengarse *to take revenge*

acusado/a *accused*
exiliado/a *exiled, in exile*
juzgado/a *tried (legally)*

Cultura

el derecho *right*
la ejecución *execution*
el fracaso *failure*
la fuerza *force*
el golpe de estado *coup d'état*
la huelga *strike*
el informe *report*
el juicio *judgment*
la ley *law*
el orgullo *pride*
el secuestro *kidnapping*
la trampa *trap*

derrocar *to overthrow*
derrotar *to defeat*
ejercer (el poder) *to exercise/
    exert (power)*
encabezar *to lead*
fortalecer *to strengthen*
promulgar *to enact (a law)*
tener (e:ie) derecho a *to have the right to*

rescatado/a *rescued*

Literatura

la alegoría *allegory*
la batalla *battle*
el/la combatiente *combatant*
el/la compañero/a *fellow*
el espíritu *spirit*
la solidaridad *solidarity*
el valor *courage*

acercarse *to approach*
acudir *to come*
incorporarse *to sit up*

Perspectivas laborales

Pasamos casi un tercio de nuestra vida educándonos y trabajando durante los dos tercios restantes. Esto significa que en nuestra juventud hacemos planes y alimentamos ilusiones para disfrutar del futuro. Pero, ¿es el mundo tal y como te lo imaginaste? ¿Cuál es el panorama del mercado laboral actual a nivel global? ¿Qué situaciones favorables y/o retos anticipas?

Universitaria graduada cara a cara frente a la realidad laboral.

236

247

Destino:
BOLIVIA Y PARAGUAY

PREVIEW Discuss the text and photo on **p. 232**. Follow up with additional questions about students' personal career goals. Ex: **¿Qué carreras están considerando? ¿Qué tendrán que hacer antes y después de graduarse para lograr sus metas? ¿Creen que tienen más o menos oportunidades que sus padres?**

El trabajo y las finanzas

El mundo laboral

el almacén *department store; warehouse*
el aumento de sueldo *raise in salary*

la compañía *company*
el desempleo *unemployment*
la empresa multinacional
 multinational company
el horario de trabajo *work schedule*
el impuesto *tax*
el mercado *market*
el presupuesto *budget*
el puesto *position, job*
la reunión *meeting*
el sindicato *labor union*
el sueldo (mínimo) *(minimum) wage*

---

administrar *to manage, to run*
ascender *to rise, to be promoted*
contratar *to hire*
despedir (e:i) *to fire*
estar a la venta *to be on sale*
estar bajo presión *to be under pressure*

¡En venta!

exigir *to demand*
ganarse la vida *to earn a living*
jubilarse *to retire*
renunciar *to quit*
solicitar *to apply for*
tener conexiones *to have connections;*
 to have influence

---

acosado/a *harrassed*
(in)capaz *(in)competent, (in)capable*
desempleado/a *unemployed*
perezoso/a *lazy*

Escucha y practica el vocabulario
en www.imagina.vhlcentral.com.

Las finanzas

el ahorro *savings*
la bancarrota *bankrupt*
la bolsa de valores *stock market*
el cajero automático *ATM*

la crisis económica *economic crisis*
la cuenta corriente *checking account*
la cuenta de ahorros *savings account*
la deuda *debt*
la pobreza *poverty*
la riqueza *wealth*
la tarjeta de crédito *credit card*
la tarjeta de débito *debit card*

ahorrar *to save*
aprovechar *to take advantage of*
cobrar *to charge, to receive*
depositar *to deposit*
gastar *to spend*
invertir (e:ie) *to invest*
pedir (e:i) prestado *to borrow*
prestar *to lend*

---

a corto/largo plazo *short/long-term*
agotado/a *exhausted*

dispuesto/a a *willing to*
exitoso/a *successful*
financiero/a *financial*

La gente en el trabajo

el/la asesor(a) *consultant, advisor*
el/la contador(a) *accountant*
el/la dueño/a *owner*
el/la ejecutivo/a *executive*
el/la empleado/a *employee*
el/la gerente *manager*
el hombre/la mujer de negocios
 businessman/woman

el/la socio/a *partner; member*
el/la vendedor(a) *salesman/woman*

VARIACIÓN LÉXICA
compañía ↔ empresa
contador(a) ↔ contable
estar a la venta ↔ estar en venta
perezoso/a ↔ holgazán/holgazana;
vago/a

Point out that in the US, many
Spanish speakers use **retirarse**
instead of **jubilarse**.

Práctica

INSTRUCTIONAL RESOURCES WB, LM, SAM Answer Key, Lab MP3, IRCD-ROM (scripts)

1 **Completar** Elige el mejor final para cada oración.

1. Yo soy el dueño de esta compañía, pero por fin me jubilé y ahora la compañía ___c___

2. Mi nieta es una empleada de una empresa multinacional extranjera y ___d___

3. Estoy harto. Si no me suben el sueldo inmediatamente, ___a___

4. Los centros comerciales, los restaurantes, los cines, los taxis, están llenos a todas horas; en los cajeros automáticos hay siempre cola (*a line*). No lo entiendo, ___e___

5. Estoy desempleado y no encuentro trabajo. Mi cuenta de ahorros está en números rojos y sólo tengo dinero para pagar el alquiler. Son motivos suficientes para ___b___

a. renuncio y punto.

b. estar bajo presión.

c. está en venta.

d. se gana muy bien la vida.

e. ¿hay crisis económica o no?

1 Explain the idiomatic use of **punto** in item 3. **Renuncio y punto.** *I'll quit and be done with it./I'm quitting, period.*

2 **Sopa de letras** Busca las palabras que corresponden con las definiciones.

1. Pasar a una categoría o puesto superior. ascender

2. Cantidad de dinero que una persona está obligada a devolver a otra. deuda

3. Cálculo de ingresos y gastos necesarios para realizar un proyecto. presupuesto

4. Falta de empleo. desempleo

5. Abandonar un proyecto o puesto de trabajo. renunciar

6. Pedir algo respetuosamente siguiendo los pasos adecuados. solicitar

7. Preparado para hacer algo. dispuesto

8. Utilizar una cantidad de dinero en algo para ganar más. invertir

9. Obtener el máximo provecho de algo. aprovechar

10. Sin fuerzas o energías a causa del cansancio. agotado

3 **Soluciones** En grupos de tres, encuentren soluciones a las difíciles situaciones de estas personas. Cada uno de ustedes debe dar al menos dos consejos para cada caso. Utilicen la imaginación y tantas palabras del vocabulario como puedan.

a. No tengo trabajo pero sí tengo muchas deudas. Soy muy joven para tener tantos problemas. Estoy dispuesto a aceptar cualquier trabajo. ¿Necesito conexiones o qué?

b. Mi trabajo consiste en vender un producto defectuoso. Odio tener que mentir a los clientes. Quiero renunciar, pero temo no poder ganarme la vida en otro trabajo.

c. Estoy cansado de trabajar más horas que un reloj y cobrar el sueldo mínimo. Tengo tres hijos pequeños. Mi mujer es una ejecutiva y gana mucho dinero, pero siempre está fuera de casa. Estoy agotado, física y espiritualmente.

3 As a variant, have pairs act out dialogues for each situation, taking turns playing the role of career counselor.

TEACHING OPTION Write these statements on the board and have students debate them in small groups. Then have students write sentences of their own to sum up their opinions about work.
• **Trabajar es de tontos.**
• **El trabajo nos dignifica y nos hace libres.**
• **Cuanto más difícil es un trabajo, más gratificante es.**
• **La gente le da más importancia al trabajo de la que realmente tiene.**

Remind students that
ponerse also means *to
become* and *to put on*. See
Estructuras 4.2, p. 138 and
**Manual de gramática 4.4,
p. 390**.

1 Have students write five
more sentences using the
new vocabulary and
expressions.
Ex: **No me gusta volar
cuando hay tormenta.**

2 Encourage students to
incorporate vocabulary from
Para empezar as well.

2 Call on volunteers to
read their sentences aloud.

Preparación

Vocabulario del corto

la beca de investigación
   research grant
el botón *button*
el cargo *position*
la culpa *fault*
expulsar *to expel,
   to dismiss*
inaudito/a *beyond belief*
intentar *to try*

el/la jefe/a *boss*
marcharse *to leave*
partirse de risa *to split
   one's sides laughing*
perder el tiempo *to waste
   time*
portarse *to behave*
sellar *to stamp*

Vocabulario útil

alto/a *high*
bajo/a *low*
comprensivo/a *understanding*
destacar *to stand out*
flotar *to float*
el/la oficinista *office worker*
el sello *stamp*
el/la soñador(a) *dreamer*
volar *to fly*

EXPRESIONES

Dentro de lo que cabe. *All things considered.*

Me toca. *It's my turn.*

No tiene que ver con... *It has nothing to do with...*

¡Qué fuerte! *Wow!; Unbelievable!*

¡Qué gracia! *How funny!*

Qué va, es ponerse, como en todos los trabajos. *Nonsense, it's
   just a matter of making an effort, as in all jobs.*

---

1 **Vocabulario** Completa las oraciones con la opción correcta.

1. El señor Martínez es el nuevo _____.
   a. botón   b. cargo   ⓒ jefe

2. No me gusta _____ cuando estoy trabajando.
   a. intentar   ⓑ perder el tiempo   c. volar

3. Mi _____ en esta compañía es el de gerente.
   a. culpa   b. beca de investigación   ⓒ cargo

4. Su trabajo _____ entre los demás.
   ⓐ destaca   b. se marcha   c. intenta

5. Mi primo es _____.
   ⓐ oficinista   b. sello   c. culpa

6. _____, nuestro jefe es comprensivo.
   a. Me toca   ⓑ Dentro de lo que cabe   c. La beca de investigación

2 **Escribir** En parejas, escriban seis oraciones lógicas combinando todas las palabras.

ascender	destacar	intentar
cargo	exigir	jefe
compañía	expulsar	marcharse
culpa	gerente	reunión

3 **Fotogramas** Observen los fotogramas e imaginen lo que va a ocurrir en el cortometraje.

3 Encourage students to describe the office setting. **¿Qué tipo de oficina será? ¿Cómo es el ambiente? ¿Alegre? ¿Deprimente? ¿Cómo te sentirías si trabajaras en esta oficina? ¿Cómo se sienten los personajes que trabajan en este ambiente?**

4 **¿Eres optimista?** Primero, completa la tabla y, después, en parejas, intercambien sus opiniones explicando sus puntos de vista. Cuando terminen, compartan con la clase lo que han aprendido de su compañero/a.

	Sí	No
Algún día voy a alcanzar (*reach*) mis sueños.	☐	☐
La vida es demasiado dura.	☐	☐
Todas las personas tienen un lado bueno.	☐	☐
No creo que los problemas del mundo se puedan resolver.	☐	☐
Cuando termine la universidad voy a encontrar un trabajo muy bueno.	☐	☐
Hay mucha competencia (*competition*). No voy a encontrar un trabajo que me guste.	☐	☐
Voy a ayudar a que el mundo sea mejor.	☐	☐
Con mis ahorros voy a comprar una casa en las montañas y una casa en la playa.	☐	☐
Nunca voy a tener un(a) jefe/a que comparta mis ideales.	☐	☐

5 **Preguntas** En parejas, contesten las preguntas y expliquen sus respuestas.

1. ¿Creen que se debe obedecer a un(a) jefe/a aunque se piense que está equivocado/a?
2. ¿Qué piensan de las personas que siempre actúan de acuerdo a sus ideales sin importarles las consecuencias?
3. ¿Qué es más importante: los valores personales o la presión social?
4. ¿Por qué creen que la sociedad señala a la gente que es "diferente"?
5. ¿Es buena o mala idea tener un romance en la oficina?

5 Encourage students to support their opinions with anecdotes from their personal lives. Ask volunteers to share their examples with the class. Ex: **¿Quién ha trabajado en una oficina en la cual hubo un romance? ¿Cómo les fue a los dos empleados?**

6 **¿Estudias o trabajas?** En grupos de tres, hablen primero de las ventajas y las desventajas de estudiar y no trabajar, y después de las ventajas y las desventajas de trabajar y no estudiar. Cuando estén listos, compartan sus opiniones con la clase y, luego, entre todos, contesten estas preguntas y expliquen sus respuestas.

1. ¿Es el mundo laboral un callejón sin salida (*dead end*)?
2. ¿Cuál es el trabajo de sus sueños?

TEACHING OPTION To preview the film, have students describe the most boring job they have had. Ask: **¿Qué aspectos del trabajo te aburrieron más? ¿El ambiente? ¿Las tareas diarias? ¿Los compañeros de trabajo? ¿Las reglas de la empresa?**

Mira el cortometraje en
www.imagina.vhlcentral.com.

This film is available
on the **Imagina** Film
Collection DVD and
at **www.imagina.
vhlcentral.com**.

El hombre que volaba un poquito

Premio de la
Crítica en Curt
Ficcions 2002
España

Una producción de CATÁ PRODUCCIONES Dirección y Guión SERGIO CATÁ
Diseño y Directora de Producción ISABEL GUERRERO Dirección de Fotografía IGNACIO GIMÉNEZ-RICO
Cámara JERÓNIMO MOLERO Música COKE RIOBÓO
Dirección Artística CARMEN FERNÁNDEZ LASQUETTY Diseño de Sonido GOLDSTEIN & STEINBERG
Actores ANTONIO MUÑOZ DE MESA/DIANA LÁZARO/JUAN MARGALLO/JOSÉ RAMÓN PARDO DEL RÍO/
ELEAZAR ORTÍZ/JORGE GERÓNIMO/DAVID GARCÍA VÁZQUEZ

ARGUMENTO *Un día cualquiera en una oficina de registro todo parece normal.*

SUSANA Hola, buenos días. Soy la nueva. Me han dicho que empiezo hoy.
ANSELMO Mucho gusto, señorita nueva. Disculpe nuestra reacción pero es que esperábamos a un hombre, que es lo normal.
SUSO Hola, mucho gusto, señorita.

SUSANA Me aburro un poco. Yo, es que quiero ser actriz.
SUSO ¿Sí? Debe ser muy difícil decir eso de: "Ser o no ser".
SUSANA Qué va, es ponerse, como en todos los trabajos. Ser o no ser.

(Susana está cantando y bailando.)
ANSELMO Suso, di algo hombre, que tú eres el jefe del departamento.
(Suso se cae de su silla.)
ANSELMO ¿Estás bien, Susito?
SUSO Es que me he caído.

(Suso está flotando en el aire y ha llegado al techo[1].)
SUSANA Suso, ¿qué sientes?
SUSO Es que, no sé explicarlo.
SUSANA Qué divertido. ¿Y es la primera vez que te pasa?

JEFE Esto, francamente, no es normal. Y las cosas que no son normales no hay que hacerlas, y mucho menos permitirlas.
SUSANA ¿Qué es lo normal? ¿Ser como usted que va por ahí insultando a la gente?

JEFE Señorita, queda[2] desde este preciso instante expulsada de su cargo, recoja sus pertenencias[3], rápido, tiene diez minutos para marcharse...
SUSANA Señor, es un...
JEFE ¡Y cállese!

[1] *ceiling* [2] *you are/you remain* [3] **recoja...** *gather your belongings*

PREVIEW In pairs, ask students to cover the captions and look at just the photos. Have them invent their own captions, based on the visual clues.

TEACHING OPTION Play the film twice, the first time without sound, and discuss both visual and verbal comedic effects.

TEACHING OPTION If time permits, assign *Bienvenido, Mr. Marshall* for viewing outside of class. Have students compare and contrast the themes, characters, setting, and techniques used in the film with this **cortometraje**.

Análisis

1 Ask additional comprehension questions. Ex: 11. **¿Qué le dice el médico a Suso? (Le dice que tiene las pulsaciones muy altas, pero el resto de sus constantes están bien.)** 12. **¿Qué pasa cuando Suso y Susana se abrazan? (Empiezan a volar.)**

1 Comprensión Contesta las preguntas con oraciones completas.

1. ¿Qué hacen los empleados de esa oficina? Los empleados de esa oficina sellan documentos oficiales.
2. ¿Cuál es el cargo de Suso? Suso es el jefe del departamento.
3. ¿Quién es Susana y por qué llega a la oficina? Susana es la nueva empleada. Llega a la oficina de registro para reemplazar el empleado que se murió.
4. ¿Cuáles son las profesiones que le gustan a Susana? Las profesiones que le gustan a Susana son: actriz y bailarina.
5. ¿Qué le pasa a Suso cuando él y Susana están sellando los papeles del hombre que tiene prisa? Suso flota en la oficina y llega hasta el techo.
6. ¿Cuántas veces le ha pasado esto antes? Nunca le ha pasado esto antes.
7. ¿Qué piensa el jefe de lo que le pasa a Suso? Piensa que es inaudito y que no es normal.
8. ¿Por qué el jefe despide a Susana? Porque no le gustó la manera en que le respondió.
9. ¿Qué le dice Susana a Suso antes de irse? Le dice que no haga caso a nada de lo que le digan.
10. ¿Por qué Suso sale de la oficina corriendo? Porque Susana olvidó su bufanda y se la quiere devolver.

2 Profesiones En grupos de tres, piensen en tres trabajos o profesiones alternativas para cada personaje. ¿Qué ambiente laboral encaja (*fits*) mejor con su personalidad? Después, presenten sus opciones a la clase y expliquen sus ideas.

3 Ask students to examine the importance of humor in the film. Ex: **¿Qué cosas te hicieron reír? ¿Qué efecto tiene nuestra risa? ¿Por qué es imporante el humor en el género del absurdo?**

3 Interpretar En parejas, contesten las preguntas y expliquen sus respuestas.

1. ¿Por qué piensan que Suso empieza a volar? ¿Qué creen que simboliza?
2. ¿Por qué creen que al jefe no le gustan las cosas que no son normales?
3. ¿Piensan que Susana tiene razón cuando le responde al jefe?
4. ¿Qué harían ustedes si estuvieran en el lugar de Susana?
5. ¿Por qué vuelan Suso y Susana al final del corto?

4 Actuar En parejas, escriban un diálogo en el que una persona descubre que tiene un poder extraordinario y su amigo/a trata de ayudarla a aceptar que es algo bueno. Represéntenlo después ante la clase. Pueden elegir una de las opciones de la lista o cualquier otra.

- Volar
- Ser inmortal
- Ver el futuro
- Hacerse invisible
- Viajar en el tiempo
- Ser insensible al dolor
- Leer la mente (*mind*) de otras personas

5 **Analizar** En grupos de tres, analicen las citas y pónganlas en contexto: ¿quién las dice, a quién y en qué momento? Después, compartan sus opiniones con el resto de la clase.

5 For each of the quotes, ask groups to come up with a list of two or three famous people who would agree with it. Have them share their answers and discuss as a class.

Todo se supera con trabajo.

Las cosas que no son normales, algunas son del bien.

Lo importante es hacer cosas bonitas.

6 **Antes y ahora** En parejas, imaginen que las condiciones laborales en las oficinas de registro han cambiado drásticamente con los años. Escriban cómo creen que eran antes y lo que se ha hecho para mejorarlas. Usen el imperfecto de subjuntivo. Pueden usar los verbos de la lista para iniciar sus oraciones.

Vocabulario útil

(no) dudar
esperar
no creer
sentir
ser (im)posible

Modelo **plan de jubilación** (*retirement*)
Antes: No creía que el plan de jubilación fuera bueno.
Ahora: Me alegró que los jefes cambiaran el plan de jubilación.

6 To review the past subjunctive, see **6.2, p. 214**.

	Antes	Ahora
jefe/a		
sueldos		
beneficios		
horario		
reglas de conducta		
actividades fuera de la oficina		

7 **Escribir** Imagina que ha pasado un año desde que despidieron a Susana de la oficina de registro. Escribe lo que hicieron los dos personajes principales en ese tiempo.

TEACHING OPTION Refer students back to **Actividad 4** on **p. 237** and have them determine whether each of the characters is an optimist or a pessimist.

TEACHING OPTION For an oral project, have small groups write and perform a brief, one-act play in which something absurd occurs within an ordinary setting or to ordinary people.

INSTRUCTIONAL RESOURCES For teaching suggestions related to this section, see the Instructor's Resource CD-ROM.

IMAGINA

En **www.imagina.vhlcentral.com** encontrarás más información y actividades relacionadas con esta sección.

Historia y modernidad

Bolivia y Paraguay son los únicos países suramericanos que no tienen acceso directo al mar y que, además de **Perú**, tienen más de una lengua oficial. Además del **español**, el **quechua** y el **aymará** son lenguas oficiales en Bolivia, mientras que el **guaraní** es el otro idioma oficial en Paraguay. Sin embargo, nadie habla ni español puro ni guaraní puro. Las personas que sólo hablan español, normalmente en las zonas urbanas, lo hablan mezclando frases en guaraní. Las personas que sólo hablan guaraní, normalmente en las zonas rurales, lo mezclan con palabras y frases del español. Aproximadamente el 90% de los paraguayos habla guaraní, esto representa más de cinco millones y medio de personas en una población total de más de seis millones.

Las similitudes[1] entre los dos países terminan ahí y viajar por Bolivia y Paraguay es ver dos mundos totalmente diferentes, con historias y paisajes contrastantes, pero igualmente fascinantes.

Los contrastes entre el presente y el pasado aparecen constantemente en Bolivia y Paraguay. A poca distancia de la moderna capital boliviana de **La Paz**, la ciudad más alta del mundo (3.640 metros – 12.000 pies), están las ruinas de **Tiahuanaco**, construidas hace miles de años por una civilización preincaica muy avanzada. Algunos de los templos y monumentos fueron construidos con rocas durísimas[2] y enormes (¡algunas pesan[3] hasta 175 toneladas[4]!), cortadas con una precisión inexplicable. Todavía no se sabe claramente quién construyó estas estructuras ni cómo fueron construidas, pero hoy en día son el ejemplo más importante de la riqueza arqueológica de Bolivia.

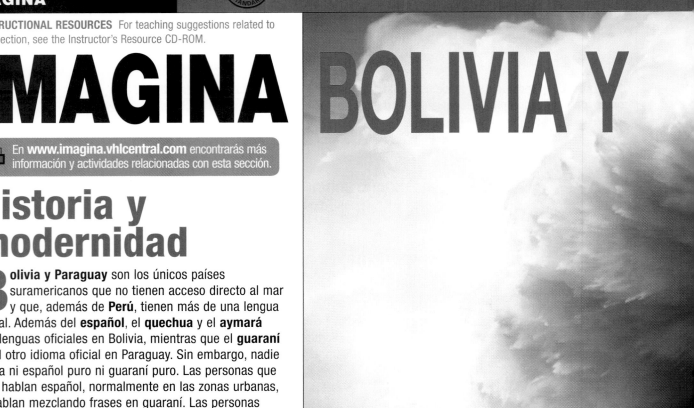

Central hidroeléctrica de Itaipú, Paraguay/Brasil

Vista aérea del Pantanal, Paraguay

Desde la capital andina de Bolivia se puede descender hasta Paraguay, un país con una altura máxima de apenas 842 metros (2.762 pies), donde el agua juega un papel[5] singular, tanto en la vida moderna como en la herencia ecológica del país. Por ejemplo, la represa[6] paraguaya **Itaipú** tiene la mayor capacidad de producción eléctrica del mundo, 12.600 MW. Por otra parte, el **Pantanal** es una región donde domina la naturaleza y no hay rasgos de la civilización. Este humedal[7], el más extenso del mundo, es parte de **Paraguay**, **Bolivia** y **Brasil**, y oscila entre los 140.000 y los 200.000 km[2] (54.000 mi[2] y 77.000 mi[2]) de superficie. En esta región existe una inmensa variedad de peces, aves y mamíferos[8]. Es como regresar a tiempos prehistóricos y observar un paraíso terrenal[9] interminable.

1 *similarities* 2 *very hard* 3 *weigh* 4 *tons* 5 *role* 6 *dam* 7 *wetland* 8 *mammals* 9 *earthly*

Signos vitales

La composición étnica es otro aspecto contrastante entre **Bolivia** y **Paraguay**. En Bolivia, la distribución general es: quechua 30%, mestizo 30%, aymará 25% y blanco/europeo 15%. En Paraguay, el 95% de la población es mestiza y el 5% está formado por otras razas.

PARAGUAY

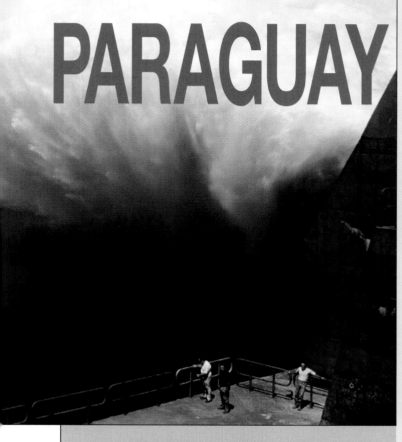

Viaje por Bolivia y Paraguay

El lago Titicaca Es el lago navegable más alto del mundo y la atracción turística más popular de **Bolivia**. Varias de las  islas que se encuentran en el lago, como la **isla del Sol** y la **isla de la Luna**, tienen ruinas importantes. En general, las personas que viven alrededor del lago son indígenas y todavía hacen botes[1] tradicionales de totora[2] para navegar y pescar.

Potosí Esta ciudad boliviana fue escenario[3] de la frenética búsqueda de metales preciosos durante el período de la colonización española. En el siglo XVII fue una de las ciudades más grandes y ricas del mundo gracias a la gran producción de plata. En  esa época fue un importante centro comercial y cultural. Hoy en día es un pintoresco ejemplo de la arquitectura colonial.

El río Paraná Es el único acceso que tiene **Paraguay** al mar y por lo tanto[4] ha sido vital para la historia y economía del país. La zona donde desemboca en el **río de la Plata** se caracteriza por el cultivo de cítricos, la industria maderera y  la actividad turística. El **Paraná** forma parte de la cuenca[5] del **Plata**, uno de los sistemas hidrográficos más importantes de **Suramérica**. Esta cuenca posee una rica biodiversidad que incluye cientos de especies de peces y aves.

El español de Bolivia y Paraguay

Bolivianismos

camba	persona oriunda del sur del país (Santa Cruz, Beni y Pando)
colla	persona oriunda del noreste del país (Cochabamba, La Paz, Sucre, Potosí y Oruro)
–ingo/a	diminutivo usado en vez del más común **–ito/a** (común en el sur del país); por ejemplo, **chiquitingo/a** en vez de **chiquitito/a**; *very small*
chango/a	persona; *person*
chaski	persona muy rápida (originalmente mensajero incaico); *a very fast person*
chapar	besar; *to kiss*
¿Cómo es?	*(forma común de saludar entre jóvenes)* ¿Qué tal?; *What's up?*

Paraguayismos

argel	(para personas y cosas) antipático/a; desagradable; *unpleasant; horrible*
ingueroviable	increíble; *incredible*
julepe	susto muy grande; *big scare*
perro/a	amigo/a; *friend*

Las misiones jesuitas Por un período de 150 años, en los siglos XVII y XVIII, los misioneros jesuitas fundaron y administraron varias comunidades, llamadas *reducciones*, en las que los  indígenas coexistían con los religiosos europeos. En ellas se gozaba de una casi total autonomía respecto a las autoridades civiles y religiosas locales. En 1768 el rey **Carlos III** expulsó a los jesuitas y hoy existen varias ruinas de las reducciones, como las de la **Santísima Trinidad de Paraná**, en **Itapúa**, **Paraguay**.

[1] *boats* [2] *reed* [3] *scene* [4] **por**... *therefore* [5] *basin*

Bolivia

El gran carnaval de Oruro

DOCUMENTAL
Mira el documental sobre el carnaval de Oruro
en **www.imagina.vhlcentral.com**.

Cada año, durante el mes de febrero, más de un millón de personas vienen a **Oruro**, **Bolivia**, para celebrar la fiesta religiosa más impresionante del altiplano andino. La música y las danzas rituales de este carnaval tienen su origen en las épocas prehispánicas. Las nuevas creencias de los conquistadores no pudieron erradicar la influencia de visiones ancestrales. Así, el hombre andino hizo parte de su ritual al nuevo dios° y a su catolicismo integrando la fuerza de cinco mil años de historia. La obra de los artesanos locales protagoniza la fiesta por sus variados colores e intrincados detalles. Te invitamos a conocer esta celebración viendo el documental y leyendo más información en **www.imagina.vhlcentral.com**.

dios *god*

Los Ojheda

Con la polca en el alma

SUBE EL VOLUMEN
Escucha una canción de los Ojheda y lee la letra
en **www.imagina.vhlcentral.com**.

Discografía selecta
1996 *Confraternidad*
1997 *Amor y paz*
1997 *Si alguna vez*
1998 *Un canto para mi pueblo*
2001 *Pensamiento*
2002 *Por el mismo camino*

Los tres hermanos **Ojheda** (**Pedro**, **Mateo** y **Mino**) son la parte central de este exitoso grupo paraguayo formado en 1996. Han realizado giras° por diferentes países, entre ellos **Argentina** y **Uruguay**, y ganado reconocimientos por sus ventas de discos en toda Suramérica. Nacidos en la frontera° entre **Brasil** y **Paraguay**, cantan tanto en español como en portugués. Los Ojheda también tocan dos instrumentos indispensables en la interpretación de las polcas paraguayas: el arpa° y la guitarra.

Actualmente alternan su trabajo entre Paraguay y **São Paulo**, Brasil, realizando presentaciones en diferentes tipos de eventos, desde programas de televisión hasta presentaciones privadas. En **www.imagina.vhlcentral.com** encontrarás más información sobre Los Ojheda, escucharás una de sus canciones más populares, *Me gusta tu mirar* y también podrás leer la letra completa de este tema.

giras *tours* **frontera** *border* **arpa** *harp*

¿Qué aprendiste?

1 **Cierto o falso** Indica si estas afirmaciones son ciertas o falsas. Corrige las falsas.

1. Bolivia y Paraguay tienen sólo una lengua oficial.
   Falso. Bolivia y Paraguay tienen más de una lengua oficial.
2. La Paz es la capital más alta del mundo. Cierto.
3. Aproximadamente el 90% de la población paraguaya habla guaraní. Cierto.
4. La isla del Sol está en el lago Titicaca. Cierto.
5. El río Paraná es parte de la cuenca del Amazonas. Falso.
   El río Paraná es parte de la cuenca del Plata.
6. El carnaval de Oruro en Bolivia, se celebra cada año en el mes de noviembre. Falso. El carnaval de Oruro en Bolivia, se celebra en febrero.

2 **Preguntas** Contesta las preguntas con oraciones completas.

1. ¿Cuándo fueron construidas las ruinas de Tiahuanaco?
   Las ruinas de Tiahuanaco fueron construidas hace miles de años.
2. ¿Qué represa proporciona electricidad a los habitantes de Paraguay? La represa Itaipú es la que se la proporciona.
3. ¿Qué países comparten el Pantanal?
   Paraguay, Bolivia y Brasil comparten el Pantanal.
4. ¿En qué siglo Potosí fue una de las ciudades más ricas del mundo? En el siglo XVII Potosí fue una de las ciudades más ricas del mundo.
5. ¿Quiénes vivían en las misiones, o reducciones, jesuitas en Paraguay? Los indígenas y los religiosos europeos vivían en las misiones, o reducciones, jesuitas.
6. ¿Cuántas personas asisten cada año al carnaval de Oruro, Bolivia? Más de un millón de personas asisten cada año al carnaval de Oruro.

PROYECTO

Un final entre ruinas

Imagina que quieres filmar las últimas escenas de una película de aventuras en Bolivia o Paraguay. Elige un lugar donde haya ruinas interesantes. Investiga toda la información que necesites en **www.imagina.vhlcentral.com**. Después organiza tu investigación de la siguiente manera:

* Busca fotos y datos históricos de las ruinas.
* Prepara una lista de: (a) posibles actores y (b) escenas en las ruinas.
* Presenta esta información a tus compañeros/as de clase y decidan quiénes serán los protagonistas y qué pasará en las ruinas.

MINIPRUEBA

Completa las oraciones con la información correcta y demuestra lo que aprendiste sobre Bolivia y Paraguay.

1. El _____ es uno de los idiomas oficiales de Bolivia.
   a. guaraní b. inglés c. quechua d. portugués
2. Los dos únicos países _____ de Latinoamérica son Bolivia y Paraguay.
   a. oficiales b. interiores c. costeros d. fascinantes
3. Bolivia, Paraguay y Perú tienen más de una _____ oficial.
   a. capital b. represa c. historia d. lengua
4. Además del español, el guaraní es la otra lengua oficial de _____ . El 90% de los _____ habla guaraní.
   a. Paraguay; paraguayos b. Bolivia; bolivianos c. Perú; peruanos d. Brasil; brasileños
5. Itaipú es la _____ más poderosa del mundo.
   a. región ecológica b. civilización preincaica c. central hidroeléctrica d. zona urbana
6. El Pantanal es el _____ más extenso del mundo.
   a. desierto b. humedal c. río d. lago
7. En Paraguay, el _____ de la población es mestiza.
   a. 30% b. 25% c. 15% d. 95%
8. En Bolivia, _____ a una persona significa besarla.
   a. chapar b. tocar c. callar d. dejar
9. Los botes tradicionales en el lago Titicaca están hechos de _____ .
   a. piedra b. totora c. bambú d. papel
10. Potosí fue escenario de la búsqueda de _____ en los tiempos de la colonización española.
    a. metales preciosos b. indígenas c. ruinas d. islas
11. Los humedales paraguayos tienen una gran _____ .
    a. civilización b. altura c. biodiversidad d. prehistoria
12. El río Paraná es el único acceso que tiene Paraguay al _____ .
    a. río Amazonas b. lago Titicaca c. sur de Bolivia d. mar
13. El rey Carlos III expulsó a los _____ de Paraguay.
    a. indígenas b. norteamericanos c. jesuitas d. mestizos
14. Las artesanías de Oruro se caracterizan por sus variados _____ e intrincados detalles.
    a. bailes b. colores c. ritmos d. rituales

GALERÍA DE CREADORES

CONEXIÓN INTERNET

En www.imagina.vhlcentral.com encontrarás mucha más información sobre estos creadores latinos y podrás explorar distintos aspectos de sus creaciones con actividades y proyectos de investigación.

LITERATURA Augusto Roa Bast

El más distinguido hombre de letras de Paraguay, Augusto Roa Bastos nació y mur en su querida ciudad de Asunción, aunque estuvo exiliado en otros países por muchos años. Uno de los temas principales de sus novelas fue el abuso del poder y su defens de la democracia resultó en innumerables premios — como el Premio Cervantes, el mayor premio literario de España — y la gran admiración y respeto de su país y de todo el mundo hispanohablante. Algunos d sus libros más leídos son *Hijo de hombre*, *La muerte y otras sorpresas*, *Yo, el supren* y *El trueno entre las hojas*.

PINTURA Arturo Reque Meruvia

El pintor boliviano Arturo Reque Meruvia siempre tuvo un espíritu creativo y aventurero. Cuando estudiaba arte por sí solo y quiso aprender más de lo que le ofrecía su país, organizó un viaje en bicicleta con otros cinco muchachos y juntos viajaron unos 3.600 kilómetros desde Cochabamba hasta Buenos Aires. Realizó sus estudios y trabajos en Argentina, España, Francia y su amada Bolivia. La energía y creatividad de Reque Meruvia son evidentes en todas sus obras, creadas con colores vibrantes y técnicas audaces. Aquí vemos el cuadro titulado *Familia quechua*.

PINTURA Graciela Rodo Boulanger

La boliviana Graciela Rodo Boulanger, quien reside principalmente en París, es la mujer artista en vida mejor pagada del mundo, según las galerías que exhiben sus pinturas. Empezó a estudiar arte a los 11 años y, cuando tenía 17 años, ya había tenido exhibiciones y recitales de piano en Argentina, Austria y Suiza. Muchas de sus obras tienen temas e imágenes infantiles y, en 1979, la UNICEF la seleccionó para ser la artista oficial del Año Internacional del Niño. Aquí se ve su obra *Altamar*.

POESÍA Josefina Plá

"Doctora Honoris Causa" de la Universidad Nacional de Paraguay, "Dama de la Orden de Isabel la Católica" (España) y "Medalla del Ministerio de Cultura de San Pablo" (Brasil), son sólo tres ejemplos de los incontables e internacionales honores que ha recibido la escritora Josefina Plá. Aunque nació en las islas Canarias, España, llegó a Paraguay siendo muy joven y ahí realizó su intensa carrera literaria. Se distinguió por su poesía y dramaturgia, aunque trabajó en todos los géneros literarios y publicó más de 50 libros. Tres de sus obras más importantes son *Aquí no ha pasado nada*, *El polvo enamorado* y *La muralla robada*.

AMPLIACIÓN

MÁS CREADORES

En **www.imagina.vhlcentral.com** conocerás a estos otros creadores de Bolivia y Paraguay.

Alcides Arguedas
escritor boliviano

Blanca Wiethüchter
poeta boliviana

Agustín Barrios Mangoré
músico/ compositor paraguayo

María Luisa Pacheco
pintora boliviana

7.1 The present perfect

—*Tiene mucho mérito
lo que te **ha pasado**.*

- In Spanish, as in English, the present perfect tense (**el pretérito perfecto**) expresses what *has happened*. It generally refers to recently completed actions or to a past that still bears relevance in the present.

> La gerente **ha cambiado** mi horario de trabajo dos veces este mes.
> *The manager has changed my work schedule two times this month.*

> Josefina **se ha jubilado**, pero aún no **ha decidido** qué va a hacer a partir de ahora.
> *Josefina has retired, but she still hasn't decided what she wants to do from now on.*

- The present perfect is formed with the present tense of the verb **haber** and a past participle. Regular past participles are formed by adding **–ado** to the stem of **–ar** verbs and **–ido** to the stem of **–er** and **–ir** verbs.

The present perfect		
comprar	**beber**	**recibir**
he comprado	he bebido	he recibido
has comprado	has bebido	has recibido
ha comprado	ha bebido	ha recibido
hemos comprado	hemos bebido	hemos recibido
habéis comprado	habéis bebido	habéis recibido
han comprado	han bebido	han recibido

- Note that past participles do not change form in the present perfect tense.

> Todavía no **he recibido** la tarjeta de débito. ¿Habrá algún problema?
> *I still haven't received the debit card. Could there be a problem?*

> Perdone el retraso, señora, pero le aseguro que ya se la **hemos mandado**.
> *Please excuse the delay, ma'am. I assure you we have already sent it.*

- To express that something has *just* happened, **acabar de** + [*infinitive*], not the present perfect, is used.

> Le **acabamos de ofrecer** el puesto.
> *We have just offered him the position.*

- When the stem of an **–er** or **–ir** verb ends in **a, e,** or **o,** the past participle requires a written accent (**ído**) to maintain the correct stress. No accent mark is needed for stems ending in **u**.

ca-er → caído   le-er → leído

o-ír → oído   constru-ir → construido

—*Es que me **he caído**.*

- Several verbs have irregular past participles.

abrir	abierto	morir	muerto
cubrir	cubierto	poner	puesto
decir	dicho	resolver	resuelto
descubrir	descubierto	romper	roto
escribir	escrito	ver	visto
hacer	hecho	volver	vuelto

Perdón, es que le **he escrito** varias veces al jefe del departamento.
¿Por qué no me **ha abierto** la cuenta?
Excuse me, but I have written several times to the head of the department.
Why hasn't he opened the account for me?

No se preocupe, señor. Hablé con el gerente y ya **hemos resuelto** el problema.
Don't worry, sir. I spoke with the manager, and we have already resolved the problem.

- In the present perfect, pronouns and the word **no** always precede the verb **haber**, which cannot be separated from the past participle by any other word.

¿Por qué **no has depositado** más dinero en tu cuenta de ahorros?
Why haven't you deposited more money in your savings account?

Porque ya **lo** he invertido en la bolsa de valores.
Because I have already invested it in the stock market.

—*Jefe, Suso **no lo ha hecho**
queriendo, no volverá a pasar.*

Note that while in English adverbs are frequently used in between the helping verb and the past participle, in Spanish they are placed either before **haber** or after the **participle**. Ex:
She has already arrived.
Ya ha llegado./
Ha llegado ya.

Práctica

1 Ask volunteers to identify the irregular participles.

1 **Participios** La directora de una empresa habla con su secretario. Completa el diálogo con las formas del pretérito perfecto de los verbos entre paréntesis.

DIRECTORA ¿Dónde (1) has estado (estar) tú toda la mañana y qué (2) has hecho (hacer) con mi computadora portátil?

SECRETARIO Ay, (yo) (3) he tenido (tener) la peor mañana de mi vida... Resulta que ayer fui a cinco bancos y llevé su computadora portátil conmigo y creo que me la olvidé en alguna parte.

DIRECTORA Me estás mintiendo, en realidad la (4) has roto (romper), ¿no?

SECRETARIO No, no la (5) he roto (romper); la (6) he perdido (perder). Por eso esta mañana (7) he vuelto (volver) a todos los bancos y le (8) he preguntado (preguntar) a todo el mundo si la (9) ha visto (ver).

DIRECTORA ¿Y?

SECRETARIO Todos los gerentes me (10) han dicho (decir) que vuelva mañana.

2 Ask students to add three items to the list, then have students circulate around the classroom, performing the activity as a survey. Remind them to use complete sentences in their responses. Call on volunteers to share their results with the class.

2 Have students survey each other again, asking: **¿Qué has hecho hoy?** Model the response by describing things you have done and writing them on the board. Ex: **He tomado tres tazas de café. He corregido los exámenes de ayer.**

2 **¿Qué has hecho?** Indica si has hecho o experimentado lo siguiente.

Modelo **Conocer Bolivia**
No he ido a Bolivia pero he viajado a otros lugares de Latinoamérica.

1. Viajar a la luna
2. Ganar la lotería
3. Estar bajo presión
4. Estar en la bancarrota
5. Comer caracoles (*snails*)
6. Ahorrar diez mil dólares
7. Conocer al presidente del país
8. Estar despierto/a por más de dos días
9. Tener una entrevista de trabajo inolvidable

3 **Empleo** Juan Carlos le explica a su amigo Marcos qué ha hecho para conseguir su empleo como ingeniero de computación. En parejas, pongan en orden cronológico lo que ha hecho Juan Carlos y luego representen la conversación delante de la clase.

Modelo **Juan Carlos ha leído los anuncios del diario.**

3, 2	a. Leer los anuncios del diario
6	b. Entrevistarse con el gerente
2, 3	c. Escribir un currículum vitae (*résumé*)
4	d. Enviar el currículum vitae
5	e. Planear una entrevista con el gerente
1	f. Estudiar programas de computación en la universidad

Comunicación

4

Preguntas personales Busca un(a) compañero/a de clase a quien no conozcas bien y hazle algunas preguntas sobre su vida usando el presente perfecto. Utiliza los temas de la lista. También puedes crear tus propias preguntas.

Modelo   **Visitar el Parque Nacional Madidi**
—¿Has visitado el Parque Nacional Madidi?
—No, no he visitado el Parque Nacional Madidi.

> **¿Qué has hecho?**
> 1. vivir en el extranjero
> 2. practicar deportes
> 3. aprender otros idiomas
> 4. visitar un país hispano
> 5. conocer a una persona famosa

5

Celebridades En grupos de tres, cada miembro del grupo piensa en una persona famosa, sin decir quién es. Túrnense para hacer preguntas y dar respuestas con el presente perfecto con el fin de adivinar quién es la celebridad de cada uno.

6

Carta En grupos de tres, imaginen que han estado en Bolivia por algunos días por razones de trabajo. Escriban una carta explicándole a un(a) amigo/a qué actividades han realizado de acuerdo a las fotos. Usen el presente perfecto y sean creativos.

en el banco

en el lago Titicaca

en el restaurante La Paz

en las ruinas

Nota CULTURAL

El **Parque Nacional Madidi**, ubicado en la cordillera de **los Andes**, cuenta con uno de los ecosistemas mejor preservados de **Sudamérica**. En sus 1.8 millones de hectáreas viven más especies protegidas que en cualquier otro parque en el mundo.

5 Choose a Hispanic celebrity and model the activity by having volunteers ask you questions until someone in the class guesses correctly. Remind students to use the present perfect in their questions and answers.

6 Refer students to **Para Empezar, p. 234,** for vocabulary related to banking and finance. Then refer them to **Imagina, p. 243,** for more information on Lake Titicaca.

TEACHING OPTION Have students research Madidi National Park and write e-mails to friends describing what they have seen and done at the park.

The present perfect subjunctive

—*Siento mucho que la **hayan despedido** por mi culpa, señorita Susana.*

TALLER DE CONSULTA

The past perfect subjunctive is covered in **8.2, p. 286**. To review the present and past subjunctive, see **3.1, pp. 94-96**; **4.1, pp. 134-135**; **6.1, pp. 210-211**; and **6.2, pp. 214-215**.

INSTRUCTIONAL RESOURCES WB, LM, SAM Answer Key, Lab MP3, IRCD-ROM (scripts)

Point out that all *perfect* tenses are formed with the verb **haber** (*to have*) and a past participle.

Review uses of the subjunctive and verbs that convey will, emotion, doubt, or uncertainty. Ex: **querer, alegrarse, dudar**.

- The present perfect subjunctive (**el pretérito perfecto de subjuntivo**) is formed with the present subjunctive of **haber** and a past participle.

The present perfect subjunctive		
cerrar	**perder**	**asistir**
haya cerrado	haya perdido	haya asistido
hayas cerrado	hayas perdido	hayas asistido
haya cerrado	haya perdido	haya asistido
hayamos cerrado	hayamos perdido	hayamos asistido
hayáis cerrado	hayáis perdido	hayáis asistido
hayan cerrado	hayan perdido	hayan asistido

- Like the present perfect indicative, the present perfect subjunctive is used to refer to recently completed actions or past actions that still bear relevance in the present. The present perfect subjunctive, however, is used mainly in multiple-clause sentences that express will, emotion, doubt, or uncertainty.

Present perfect indicative	**Present perfect subjunctive**
Luis **ha dejado** de usar su tarjeta de crédito.	No creo que Luis **haya dejado** de usar su tarjeta de crédito.
Luis has stopped using his credit card.	*I don't believe Luis has stopped using his credit card.*

- Note the difference in meaning between the three subjunctive tenses you have learned so far.

Present subjunctive	**Present perfect subjunctive**	**Past subjunctive**
Las empresas multinacionales **buscan** empleados que **hablen** varios idiomas.	**Prefieren** contratar a los que **hayan viajado** al extranjero.	Antes, casi todas **insistían** en que los solicitantes **tuvieran** cinco años de experiencia.
Multinational companies are looking for employees who speak several languages.	*They prefer to hire those who have traveled abroad.*	*In the past, almost all of them insisted that applicants have five years experience.*

¡ATENCIÓN!

In a multiple-clause sentence, the choice of tense for the verb in the subjunctive depends on *when* the action takes place in each clause. The present perfect subjunctive is used primarily when the action of the main clause is in the present tense, but the action in the subordinate clause is in the past.

Práctica y comunicación

1 **Seleccionar** Elige entre el pretérito perfecto de indicativo o de subjuntivo para completar las oraciones.

1. Es imposible que el nivel de desempleo (ha/**haya**) subido en Paraguay.
2. Prefieren contratar a un empleado que (ha/**haya**) trabajado en una empresa multinacional.
3. No dudamos que el nuevo gerente (**ha**/haya) aprendido todos nuestros nombres.
4. Busco al joven que (**ha**/haya) solicitado empleo en el Museo del Barro.
5. No creo que la bancarrota (ha/**haya**) sido la mejor opción.

2 **Mentirosa** Tu amiga Isabel, a quien le gusta mucho mentir, te ha llamado para contarte todos sus éxitos en España. Contéstale diciéndole que no crees nada de lo que te dice. Usa el pretérito perfecto de subjuntivo y los verbos y expresiones de la lista.

Isabel	Tú
1. He ido de compras con Leticia Ortiz, la futura reina de España.	1. _____
2. Mi jefe me ha dado un aumento de sueldo del 100 %.	2. _____
3. Mi compañía me ha declarado la mejor empleada del año.	3. _____
4. El rey Juan Carlos ha visitado la oficina donde trabajo.	4. _____
5. El gerente me ha pedido que me quede en España para siempre.	5. _____

No creo	Es improbable
Dudo	No es cierto
Es imposible	No es probable

3 **Competencia profesional** En parejas, imaginen que los/las dos son candidatos/as para ser elegidos/as como el/la mejor empleado/a del año. Uno/a de ustedes ha ganado el premio y, cuando salen de la empresa, se encuentran y discuten. Dramaticen la situación usando el pretérito perfecto de subjuntivo.

Modelo —¿Quieres saber la verdad? Me sorprende que te hayan elegido a ti.
—¿Por qué? ¿Dudas que yo haya hecho un buen trabajo este año?

Nota CULTURAL

El **Centro de Artes Visuales**, en **Asunción, Paraguay**, es el resultado de la unión de tres museos: el **Museo del Barro**, que presenta colecciones de arte popular; el **Museo de Arte Indígena**, que muestra colecciones de arte de las diferentes etnias, y el **Museo Paraguayo de Arte Contemporáneo**, que exhibe obras de arte urbano iberoamericano.

2 As a follow-up activity, have students use the present perfect to write a similar list about themselves. At least two of the items on the list should be untrue. Have them exchange lists with a partner and repeat the activity, trying to guess which statements are true and false. Remind students to use the present perfect indicative if they believe the statement and the present perfect subjunctive if they do not. Ex: **Estoy seguro que has ido a Nueva York, pero no creo que hayas viajado al Polo Norte.**

3 Have a few groups volunteer to perform their dialogues for the class.

NATIONAL comparisons STANDARDS

INSTRUCTIONAL RESOURCES WB, LM, SAM Answer Key, Lab MP3, IRCD-ROM (scripts)

TALLER DE CONSULTA

In passive constructions, the object of a verb becomes the subject of the sentence.

Active: **La compañía necesita más fondos.** *The company needs more funds.*
Passive: **Se necesitan más fondos.** *More funds are needed.*

For more on the passive voice, see **10.1, p. 352.**

Use the quote from the filmgrab to point out the difference between passive constructions (**se compulsan, se sellan**) and reflexive verbs (**se van**).

Demonstrate the prolific use of the impersonal **se** in everyday life. Ex: **Se habla español. Se dan clases de español.**

7.3 Uses of *se*

The passive *se*

- In Spanish, the reflexive pronoun **se** is often used as a substitute for the passive voice when the person performing the action is not stated. The third person singular verb form is used with singular nouns, and the third person plural form is used with plural nouns.

  Se subirán los impuestos a final de año.
  Taxes will be raised at the end of the year.

  Se necesita un cajero automático en este edificio.
  An ATM is needed in this building.

—*Aquí no **se compulsan** los documentos, **se sellan**, y las personas se van siempre muy contentas.*

- When the passive **se** refers to a specific person or persons, the personal **a** is used and the verb is always singular.

  Se despidió al vendedor por llegar tarde.
  The salesperson was fired for being late.

  Se informó a los dueños de los cambios en el presupuesto.
  The owners were informed of the budget changes.

The impersonal *se*

- **Se** is also used with third person singular verbs in impersonal constructions where the subject of the sentence is indefinite. In English, the words *one, people, you,* or *they* are often used instead.

  Se **habla** mucho de la crisis.
  They're talking about the crisis a lot.

  ¿**Se puede** vivir sin dinero?
  Can one live without money?

  Se **dice** que es mejor prestar que pedir prestado.
  They say it is better to lend than to borrow.

  No **se debe** invertir todo en la bolsa de valores.
  You shouldn't invest everything in the stock market.

- Constructions with the impersonal **se** are often used on signs and warnings.

  Se prohíbe fumar.
  Smoking prohibited.

  No se puede entrar.
  Entrance forbidden.

Se to express unexpected events

—*Tome,* **se le ha olvidado** *la bufanda.*

- **Se** is also used in statements that describe accidental or unplanned incidents. In this construction, the person who performs the action is de-emphasized, so as to imply that the incident is not his or her direct responsibility.

I. OBJECT PRONOUN	VERB	SUBJECT
Se **me**	**perdió**	**el reloj.**

- In this construction the person *to whom the event happened* is expressed as an indirect object. The thing that would normally be the direct object of the sentence becomes the subject.

	I. OBJECT PRONOUN	VERB	SUBJECT
	me	**acabó**	**el dinero.**
	te	**cayeron**	**las gafas.**
	le	**lastimó**	**la pierna.**
Se	**nos**	**dañó**	**el radio.**
	os	**olvidaron**	**las llaves.**
	les	**perdió**	**el documento.**

- The following verbs are frequently used with **se** to describe unplanned events.

caer *to fall, to drop*	**perder** (e:ie) *to lose*
dañar *to damage, to break*	**quedar** *to be left behind*
olvidar *to forget*	**romper** *to break*

Se me quedó la tarjeta de crédito en el almacén.
I left behind my credit card at the store.

Se nos dañó la computadora en la reunión con los ejecutivos.
Our computer broke at the meeting with the executives.

- To clarify or emphasize the person to whom the unexpected occurrence happened, the construction commonly begins with **a** + [*noun*] or **a** + [*prepositional pronoun*].

A María siempre se le olvida pagar los impuestos.
María always forgets to pay her taxes.

A mí se me cayeron todos los documentos en medio de la calle.
I dropped all the documents in the middle of the street.

Note that while **caer** means *to fall*, Spanish has no exact translation for *to drop*. Ex: *I dropped it*. **Se me cayó./Lo dejé caer.**

Práctica

1 Point out that one of the items in Column B will not be used.

1

Unir Une las frases de la columna A con las frases correspondientes de la columna B.

A

1. A la empresa d
2. A los empleados a
3. A mí f
4. A nosotros c
5. A ti e

B

a. se les pagó un sueldo mínimo.
b. se le dio un aumento.
c. se nos depositó el sueldo en la cuenta.
d. se le exigió pagar más impuestos.
e. se te olvidó pagar la tarjeta de crédito.
f. se me despidió.

2

Completar La empresa para la que trabajas ha cambiado algunas reglas. Complétalas con frases impersonales.

Las nuevas reglas de la oficina son:

1. Se ___trabaja___ (trabajar) de ocho a seis.
2. No se ___debe___ (deber) comer en las oficinas.
3. Se ___prohíben___ (prohibir) los teléfonos celulares.
4. Se ___tienen___ (tener) sólo veinte minutos para almorzar.
5. No se ___permiten___ (permitir) las llamadas telefónicas personales.
6. Se ___prohíbe___ (prohibir) escuchar la radio en la oficina.

3 For Part B, have students write a brief paragraph entitled **Un día terrible**. Remind them to use sentences like the ones in Part A and encourage them to be creative.

3

Oraciones

A. Selecciona la opción que completa correctamente cada oración.

1. A Marta se le dio…
   a. la reunión   b. las cuentas de ahorro   c. el puesto
2. Se nos olvidó…
   a. el presupuesto   b. los sindicatos   c. los cajeros automáticos
3. A mí se me cayeron…
   a. los almacenes   b. el teléfono   c. las tarjetas de débito
4. Se me olvidaron…
   a. el depósito   b. la llave   c. las deudas
5. Se te cayó…
   a. la computadora   b. los teléfonos   c. la bancarrota
6. Se me perdieron…
   a. las deudas   b. las llaves   c. el depósito
7. Se me dio…
   a. un sindicato   b. unos impuestos   c. un préstamo
8. A los jóvenes se les olvidó…
   a. los mercados   b. la reunión   c. las empresas

B. Escribe tres oraciones originales usando las que acabas de completar como modelo.

Comunicación

4 **Oraciones** En parejas, imaginen que son dueños de una empresa y van a hablar con sus empleados sobre algunas decisiones que se han tomado. Formen oraciones con los elementos de la lista y añadan algunos inventados. Después, compartan su trabajo con la clase.

se decidió	se me acabó	tres estudiantes	no se puede
se entrevistaron	contratar	nuevos empleados	para el puesto
el dinero	dos ingenieros/as	mientras usan la	perezosos/as
se despidieron	exigir	computadora	para los sueldos

5 **La escuela** Marcos y Marta son nuevos estudiantes en una escuela de Paraguay. Al terminar su primer día de clases, vuelven a su casa y les cuentan a sus padres qué se hace en la escuela. En parejas, describan lo que se hace usando el **se** impersonal y las notas de Marcos y Marta.

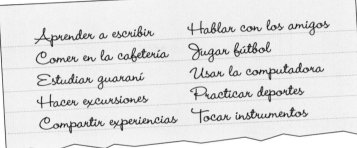

Aprender a escribir Hablar con los amigos

Comer en la cafetería Jugar fútbol

Estudiar guaraní Usar la computadora

Hacer excursiones Practicar deportes

Compartir experiencias Tocar instrumentos

6 **Carteles** En parejas, lean los carteles e imaginen una historia para cada uno. Utilicen el pronombre **se** en sus historias. Después, presenten su mejor historia frente a la clase.

Se necesitan estudiantes de español.

Se prohíbe hablar.

Se venden insectos.

Se leen las manos.

Sólo se habla guaraní.

4 Model the activity by asking volunteers to form some sentences as examples.

5 Bring in a map of your school campus and ask: **¿Qué se hace en...?**, pointing to different buildings or areas. Ex: **¿Qué se hace en Weston Hall? Se estudian lenguas romances.**

6 Ask students to identify people, places, and circumstances connected with each poster before writing their stories.

6 Pass out note cards and have each student write down an impersonal expression using **se** that might appear on a sign. Ex: **Se prohíbe fumar.** Place the cards face down in a pile and divide the class into two teams for a game of Pictionary. During each team's turn, a teammate takes a card from the pile and draws signs or clues for his/her teammates. They have one minute to guess the correct impersonal expression.

Síntesis

Entrevista de trabajo	
Experiencia	Nombre de la compañía, tipo de trabajo, tiempo en la compañía
Educación	Lugar de estudio (universidad, escuela secundaria, etc.), título(s)
Otras habilidades	Pasatiempos, entrenamiento en computadoras, idiomas
Expectativas económicas	Sueldo, beneficios
Expectativas de trabajo	Responsabilidades

1 Before assigning the activity, ask students to describe a job interview they have had.

1

En parejas, tienen que representar una entrevista de trabajo entre el/la gerente de recursos humanos y el/la candidato/a a un puesto en la compañía. Utilicen el pretérito perfecto cinco veces como mínimo. Primero decidan cuál es el puesto de trabajo que se ofrece. Usen la tabla como guía.

2 Have each group exchange letters with another and correct each other's work.

2

En grupos pequeños, imaginen que un(a) compañero/a de trabajo ha sido despedido/a injustamente. Escriban una carta para el/la dueño/a de la compañía, en la que expresen su asombro (*astonishment*) por lo sucedido. Recuerden que ustedes todavía trabajan allí, de modo que la carta no debe ser ofensiva, ¡porque los pueden despedir a ustedes también! Deben usar el presente de subjuntivo y el pretérito perfecto de subjuntivo.

3 For an expansion activity, have each pair write a brief newspaper article about one of the events, using both the present perfect and constructions with **se**.

3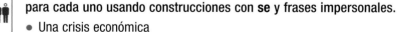

En parejas, escojan tres acontecimientos (*events*) y escriban dos consecuencias lógicas para cada uno usando construcciones con **se** y frases impersonales.

- Una crisis económica
- La bancarrota de su compañía
- Una huelga (*strike*) de trabajadores
- La pérdida de los ahorros de toda su vida
- Un aumento de sueldo
- El aumento en las horas de trabajo

Preparación

Vocabulario de la lectura

la cadena comercial
business chain
el comercio *trade, commerce*
exportar *to export*
la fábrica *factory*
la globalización *globalization*

los ingresos *income*
intercambiar *to exchange*
la mano de obra *labor*
los mercados mundiales *world markets*
poner en marcha *to set in motion*
promover *to promote*

Vocabulario útil

el alimento *food*
la bomba *pump (oil)*
consumir *to consume*
el diamante *diamond*
la gasolinera *gas station*
la granja *farm*
la mina *mine*
el/la niñero/a *babysitter*

1 **Sílabas** Combina las sílabas del cuadro para formar cinco palabras de acuerdo a las pistas. Después, escribe cinco oraciones usando esas palabras. ¡Atención! Hay dos sílabas que no vas a usar.

ca	ni	in	bom
fá	gre	ba	bri
o	tar	por	ex
bra	ñe	sos	ro

1. Lugar donde se produce un producto. fábrica
2. Dinero que una persona recibe por su trabajo. ingresos
3. Acción de vender productos a otro país. exportar
4. Máquina que se usa para levantar un líquido. bomba
5. Persona cuyo empleo es cuidar niños. niñero

2 **Comercio** En parejas, describan de dónde son estos productos, dónde se compran y qué precio tienen.

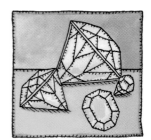

Internet ayuda a la agricultura indígena

witnesses

Todos somos testigos° de los cambios que la globalización está causando en nuestra sociedad. Esto no sólo se percibe en los desplazamientos de las fábricas a
5 otros países con mano de obra más barata o en la omnipresencia de las cadenas comerciales en todos los países, desde Japón hasta Canadá. Los cambios también se perciben en las economías de las zonas pobres del planeta. Se esté a favor o
10 en contra de la globalización, no se puede negar *increase* que está ayudando al aumento° de ingresos en áreas remotas que hasta ahora han tenido que luchar para sobrevivir.

15 Muchos pueblos bolivianos, de mayoría indígena, están *to develop, evolve* empezando a evolucionar° por la globalización y a mantenerse al día en el uso
20 de computadoras y teléfonos satelitales. Ahora, gracias a los avances en los sistemas de información, algunos pueblos *rural* campesinos° de Bolivia son capaces de
25 exportar sus productos a cualquier parte del mundo.

Se han puesto en marcha varios proyectos en los que varias poblaciones agrícolas de Bolivia tienen acceso a los mercados mundiales.
30 Uno de ellos es el proyecto TIC (Tecnologías de Información y Comunicación) Agrícola, que *yield* busca mejorar el rendimiento° de la producción agrícola, el pilar económico de estos pueblos. Gracias a ello, coordinan su trabajo con otras
35 poblaciones indígenas y, además, promueven sus productos y trabajos a través de estas *networks* redes°. También tienen acceso a Internet y a la información sobre precios de sus productos en *farming* otros mercados y las distintas formas de cultivo°
40 que se utilizan en otras regiones.

Gracias a los avances en los sistemas de información, algunos pueblos campesinos de Bolivia son capaces de exportar sus productos a cualquier parte del mundo.

Uno de los objetivos de estos proyectos es crear lo que llaman telecentros comunitarios, que sirven como centros de comunicación, formación y apoyo. Estos centros también sirven para la organización de actividades agrícolas y 45 sociales, mejorando la calidad de vida de las comunidades agrícolas.

Asimismo, existe un proyecto llamado "Red de Centros de Información Agroecológicos" que busca la capacitación° sobre el uso de 50 *training* computadoras portátiles, cámaras digitales y otras tecnologías para documentar e intercambiar experiencias sobre agricultura ecológica. También 55 se planea usar este proyecto para abrir nuevos mercados a productos ecológicos procesados como el amaranto,° la castaña° *amaranth (an herb) / chestnut* y el café, entre otros. Hasta 60 ahora, no todas las comunidades bolivianas tienen acceso a estas herramientas° tecnológicas y *tools* de comunicación. No obstante,° con su uso se *Nevertheless* pretende ayudar a todos los campesinos bolivianos 65 a participar en el comercio mundial y a tener mejores oportunidades de desarrollo local.

Sin embargo, el contrapunto de esta vertiginosa° evolución es la pérdida de las *dizzy, vertiginous* costumbres y lenguas que se han practicado 70 durante siglos. Los jóvenes bolivianos de hoy ya no quieren vestir los huipiles° y la ropa *traditional embroidered dress / embroidered / outfit* bordada° que llevaban sus antepasados. Ahora los bluejeans y las camisetas son el atuendo° más popular. Tampoco quieren hablar las 75 lenguas heredadas de generación en generación como el quechua o el aimará. ¿Hasta dónde va a llegar la influencia del exterior en estos pueblos? ¿Hay una esperanza de supervivencia° para sus *survival* tradiciones ancestrales? ■ 80

1 Have students check their answers with a partner.

2 In two columns on the board, have volunteers list the positive and negative effects of technology and globalization on Bolivian farming communities. Encourage a class debate on the pros and cons of globalization in areas that previously had little exposure to the outside world.

3 Part B: As students perform their commercials, write the company names on the board. Have the class vote for the most convincing commercial, the best slogan, and the most inventive company name.

Análisis

1

Comprensión Contesta las preguntas con oraciones completas.

1. ¿Cuáles son algunos cambios que se ven a causa de la globalización?
   Los desplazamientos de las fábricas a otros países, el aumento de cadenas comerciales y de ingresos.
2. ¿Qué cambios han tenido que hacer los pueblos bolivianos, en particular los que son indígenas? Se mantienen al día en el uso de computadoras y teléfonos satelitales.
3. ¿Cómo se benefician los bolivianos con estos cambios? Pueden exportar sus productos a cualquier parte del mundo.
4. ¿Cuál es el propósito del proyecto TIC? El proyecto TIC busca mejorar el rendimiento de la producción agrícola para que tengan acceso y presencia en los mercados mundiales.
5. ¿Qué son los telecentros y para qué sirven? Son centros de información, comunicación y apoyo que sirven para la organización de actividades agrícolas y sociales.
6. ¿Qué objetivos tiene el proyecto llamado "Red de Centros de Información Agroecológicos"? Busca la capacitación sobre el uso de computadoras portátiles, cámaras digitales y otras tecnologías. También se usará el proyecto para abrir nuevos mercados.
7. ¿Cuál es el contrapunto de esta evolución? La pérdida de costumbres y lenguas tradicionales.

2

Preguntas En parejas, contesten las preguntas y expliquen sus respuestas.

1. ¿Cómo se ven los efectos de la globalización en la ropa que usan, los alimentos que consumen y la música que escuchan?
2. ¿Cuáles son los efectos positivos y negativos que la globalización tiene en sus vidas?
3. ¿Han visitado otros países en donde la globalización es visible?

3

Empresa original

A. En grupos de cuatro, decidan qué tipo de empresa original deben formar para ayudar a uno de estos consumidores (*consumers*). Deben pensar en los elementos de la tabla:

Nombre de la empresa	
Servicios que ofrece	
Mercado (nacional, internacional)	
Eslogan	
Formas de pago	
Función de cada miembro del grupo	
Misión	

B. En grupos de cuatro, planeen un anuncio de televisión para la empresa que crearon. Actúen el anuncio frente a la clase.

Preparación

Sobre el autor

Juan Madrid (1947–) nació en Málaga, España. Trabajó en varios oficios (*trades*) hasta desembocar (*ending up*) en el periodismo en 1973. Se dedica además a la literatura y es reconocido desde hace mucho tiempo como uno de los máximos exponentes de la llamada "nueva novela negra". También ha escrito cuentos, novelas juveniles, guiones de cine y de televisión. Entre sus obras destacan las novelas: *Cuentas pendientes* (1995), *Tánger* (1997) y *Gente bastante extraña* (2001).

INSTRUCTIONAL RESOURCES LM, SAM Answer Key, Lab MP3, IRCD-ROM (scripts) Dramatic readings of the **Literatura** selections are recorded on the Lab MP3.

Vocabulario de la lectura	
Comercio	*Business Administration*
dar para vivir	*to yield enough to live on*
darse cuenta de	*to realize*
el juego	*game*
el juguete	*toy*
el lío	*mess*
matar(se)	*to kill (oneself)*
la pistola	*gun, pistol*
sospechar	*to suspect*

Vocabulario útil	
desesperado/a	*desperate*
la deuda	*debt*
dirigirse a	*to speak/talk to*
el hambre	*hunger*
la indiferencia	*indifference*
la inflación	*inflation*
el/la tendero/a	*storekeeper*
voltear	*to turn back*

1 **Laberinto** En parejas, busquen la salida del laberinto y túrnense para hacer oraciones con las palabras y expresiones que encuentren en su camino.

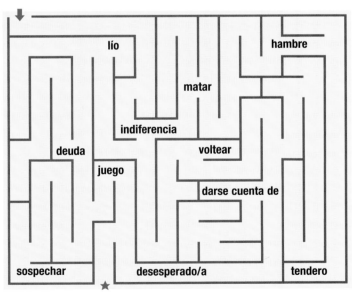

1 For each word in the maze, call on a different pair to read its sentence aloud.

2 **Cambiar el pasado** En parejas, contesten las preguntas. Expliquen sus respuestas.

1. Si pudieran viajar al pasado, ¿qué cambiarían de su vida?

2. ¿Han hecho alguna vez algo de lo que se arrepientan?

3. ¿Tiene algún valor el arrepentirse o es mejor no mirar atrás?

2 For item 3, have students debate the topic in small groups.

LA MIRADA

Juan Madrid

Mire usted, yo no soy mala persona. Yo me dedico a mis cosas, la tienda, y ya ve usted, no es muy grande y mis hijos, que antes estaban aquí conmigo, pero la juventud, ya lo sabe usted. La juventud tira para° otras cosas, pasan de° la tienda, como ellos dicen. ¿Usted tiene hijos? Dios se los conserve. Mientras sean pequeños, no le darán más que alegrías, pero en cuanto se hacen mayores la cosa cambia, se lo digo porque lo sé, sí señor. Mire, mi Arturo, con veinte años, aún no ha hecho nada. Empezó Comercio y luego dijo de hacer° Filosofía, no sé si la empezó, y ahora va diciendo que lo suyo° es el teatro. ¡El teatro, fíjese usted! Pero para qué cansarle.

Usted va a lo suyo, a su trabajo y yo al mío. No, no señor, no voy a cerrar la tienda. ¿Para qué? No es que no pueda, es que no quiero. Aquí no ha pasado nada.

¿Cómo dice usted, señor inspector? Bueno, Arturo y Carmina, sí señor. Carmina está con su madre, sí señor, y viene menos por aquí. Antes, como ya le he dicho, venían más. Claro, también estaba su madre. Trabajábamos Carmina y yo y los niños ayudaban. Esas cosas, liar° paquetes, llevar recados°, nada. Para mí que la juventud tiene que saber lo que es la vida. ¿Cómo dice? No señor, yo solo. Llevo ya muchos años yo solo en la tienda. Da para vivir pero nada más. Si le pregunta a mi mujer le dirá

---

tira... prefiere/
pasan... no les interesa

dijo... habló de estudiar
lo... his "thing"

to tie/mensa

mentiras. Le dirá que soy rico. Pero es mentira, no señor. Y ella lo sabe porque ha estado aquí conmigo toda la vida. O sea desde que nos casamos, hace... hace más de veinte años. ¡Si no lo sabrá ella, señor inspector!

Yo no soy violento. Yo soy normal, ya se lo he dicho. Soy un español decente, normal, que se mata a trabajar y paga sus impuestos. Y si no puedo defenderme pues usted me dirá.

¿Cómo dice? Oiga, yo no quiero hablar de política. Yo la única política que entiendo es la del trabajo. ¿Sabe usted a qué hora salgo yo de la tienda? No lo sabe, claro que no lo sabe. Pues salgo a las diez de la noche. Bueno, mejor dicho, echo el cierre° a las diez y me quedo con la luz encendida haciendo el balance, porque yo hago el balance diario. En cualquier momento, sé lo que falta, lo que tengo que comprar... Si la política de este país se llevara como mi tienda... Pero, bueno, no quiero hablar de política.

Sí señor, se lo cuento, los maté porque les miré a los ojos. Esa cara descarada°, chulesca°, del que no trabaja, el pelo largo y sucio... y la chica, para qué hablar de la chica. Una... una cualquiera°. Se cruzó de brazos° y me llamó viejo de mierda°. Eso es, apunte, viejo de mierda.

No, no me estoy haciendo un lío, lo que pasa es que no hablo mucho con la gente y menos con la policía... disculpe, le cuento, sí señor. Entraron como a las nueve y media. Yo, nada más verlos, sospeché. Algunas veces vienen jóvenes a comprar saladitos°, galletitas°, cosas, refrescos, patatas... para los guateques°, ¿sabe usted? Bueno, nada más verlos supe que no venían a ningún guateque. El chico fue el que sacó la pistola y me la puso en la garganta. Me quedé sin habla°. Yo creo

que estaba más nervioso que yo, temblaba y sudaba°.

"El dinero, venga, el dinero", me dijo. Y la chica dijo eso de viejo de mierda. Pero fue al mirarle a los ojos. Yo he estado en la guerra,[1] ¿sabe? Sé los ojos que tienen los que quieren matar y ese chico me quería matar. Yo tengo licencia de armas, sí señor, aquí la tiene y aquí está la Magnum 357. ¿Qué? Pues nada, que me gusta ¿a usted no? Es un arma preciosa, segura, ella me ha salvado la vida. Con licencia yo puedo tener lo que quiera. No se enfade, sigo.

Bueno, pues eso. ¿Por dónde iba?... ¡Ah, sí! Pues que veo que me pone en la garganta la pistola y le digo que sí, que le doy el dinero. Hay que decir eso, para disimular, para que confíen. Igual hacíamos en la guerra.

Y ahí está... ¿Cómo? No señor, no me di cuenta de que la pistola era de juguete. ¿Cómo habría de° saberlo? Lo único que supe es que me iba a matar y entonces abrí el cajón...° Mire, de esta forma... y el revólver lo tenía ahí, tapado° bajo los papeles. Le seguí mirando a los ojos y saqué el revólver. Disparé de cerca y me salpicó° el delantal° y la camisa. Es muy potente el Magnum, es un buen revólver. Ya lo ha visto. Le abrí un boquete° en el pecho° que...

En fin, era su vida o la mía... ¿La chica? ¡Qué sabía yo! Podría tener un arma escondida° entre las ropas, esas golfas° lo hacen... nada, a ella fue en la cabeza. Es más seguro, usted sabe, que es un defensor del orden.

Pues no, no señor. No supe que el revólver era de juguete, ni que tenían doce años. A mí me parecieron de la edad de mi Arturo, ya se lo he dicho. Me parecieron como de veinte años. Y no jugaban. No era juego. Les miré a los ojos y supe que querían matarme. Por eso los maté yo. A los dos, sí señor. ∎

[1]Se refiere a la Guerra Civil Española (1936–1939).

Yo he estado en la guerra, ¿sabe? Sé los ojos que tienen los que quieren matar y ese chico me quería matar.

Margin glosses:

echo... *I lock up*

shameless/cocky

a floozy/
Se... *She crossed her arms/*
viejo... *lousy old man*

snacks
cookies
fiestas

sin... *speechless*

temblaba... *he was shaking and sweating*

habría... podría

drawer

covered

spattered/apron

hole

chest

hidden

street walkers

Análisis

1

Comprensión Contesta las preguntas con oraciones completas.

1. ¿Quién está hablando de lo que pasó en la tienda? El tendero está hablando.

2. ¿A quién se dirige? Se dirige a un inspector de la policía.

3. ¿Cuántos hijos tiene el tendero? El tendero tiene dos hijos.

4. ¿Quién estaba con el tendero cuando llegaron los dos chicos?
   Nadie estaba con el tendero cuando llegaron los chicos.

5. ¿Cómo se describe a sí mismo (*himself*)? Dice que no es violento, que es normal, decente y
   que trabaja mucho.

6. ¿Cómo es el arma del tendero? ¿Y la de los chicos?
   El arma del tendero es un revólver Magnum y la pistola de los chicos es de juguete.

7. ¿Cuántos años tenían los chicos? Los chicos tenían doce años.

2

Interpretar Contesta las preguntas y explica tus respuestas.

1. ¿Cómo piensas que es la relación del tendero con su familia?

2. ¿Crees que el tendero se arrepiente de lo que hizo?

3. ¿Cuál es tu opinión sobre estas frases?

   a. "Mientras [los hijos] sean pequeños, no le darán más que alegrías, pero en cuanto se hacen mayores la cosa cambia."

   b. "La juventud tiene que saber lo que es la vida."

3

¿Qué pasó? En grupos, tienen que preparar un diálogo representando lo que ocurrió el día del robo en la tienda. En su representación, tienen que responder a las preguntas de la lista. Luego léanlo delante de la clase.

- ¿Por qué entraron los chicos en la tienda?
- ¿Por qué llevaban un arma de juguete?
- ¿Es verdad que los chicos amenazaron al tendero?
- ¿Por qué les disparó?

4

Soluciones La violencia y la pobreza van unidas muchas veces. En parejas, mencionen los cinco problemas económicos que consideran más importantes y propongan una solución para cada uno.

5

Escribir Imagina que eres un(a) reportero/a de un periódico y has escuchado las declaraciones del tendero. Escribe la noticia sobre lo que sucedió en la tienda. Agrega todos los detalles que creas necesarios. Usa el pretérito perfecto de indicativo y el pretérito perfecto de subjuntivo.

Plan de redacción

Escribir una noticia

1 **Organización** Organiza la información que tienes empezando por lo más importante.

2 **Conclusión** Termina hablando de la parte más general de la noticia a manera de conclusión.

3 **Título** Escoje un título que sea corto y llamativo para tu noticia.

El trabajo y las finanzas

El mundo laboral

el almacén *department store; warehouse*
el aumento de sueldo *raise in salary*
la compañía *company*
el desempleo *unemployment*
la empresa multinacional *multinational company*
el horario de trabajo *work schedule*
el impuesto *tax*
el mercado *market*
el presupuesto *budget*
el puesto *position, job*
la reunión *meeting*
el sindicato *labor union*
el sueldo (mínimo) *(minimum) wage*

administrar *to manage, to run*
ascender *to rise, to be promoted*
contratar *to hire*
despedir (e:i) *to fire*
estar a la venta *to be on sale*
estar bajo presión *to be under pressure*
exigir *to demand*
ganarse la vida *to earn a living*
jubilarse *to retire*
renunciar *to quit*
solicitar *to apply for*
tener conexiones *to have connections; to have influence*

acosado/a *harrassed*
desempleado/a *unemployed*
(in)capaz *(in)competent, (in)capable*
perezoso/a *lazy*

Las finanzas

el ahorro *savings*
la bancarrota *bankrupt*
la bolsa de valores *stock market*
el cajero automático *ATM*
la crisis económica *economic crisis*
la cuenta corriente *checking account*
la cuenta de ahorros *savings account*
la deuda *debt*
la pobreza *poverty*
la riqueza *wealth*
la tarjeta de crédito *credit card*
la tarjeta de débito *debit card*

ahorrar *to save*
aprovechar *to take advantage of*
cobrar *to charge, to receive*
depositar *to deposit*
gastar *to spend*
invertir (e:ie) *to invest*
pedir (e:i) prestado *to borrow*
prestar *to lend*

a corto/largo plazo *short/long-term*
agotado/a *exhausted*
dispuesto/a *willing (to)*
exitoso/a *successful*
financiero/a *financial*

La gente en el trabajo

el/la asesor(a) *consultant, advisor*
el/la contador(a) *accountant*
el/la dueño/a *owner*
el/la ejecutivo/a *executive*
el/la empleado/a *employee*
el/la gerente *manager*
el hombre/la mujer de negocios *businessman/woman*
el/la socio/a *partner; member*
el/la vendedor(a) *salesman/woman*

Cortometraje

la beca de investigación *research grant*
el botón *button*
el cargo *position*
la culpa *fault*
el/la jefe/a *boss*
el/la oficinista *office worker*
el sello *stamp*
el/la soñador(a) *dreamer*

destacar *to stand out*
expulsar *to expel, to dismiss*
flotar *to float*
intentar *to try*
marcharse *to leave*
partirse de risa *to split one's sides laughing*
perder(e:ie) el tiempo *to waste time*
portarse *to behave*
sellar *to stamp*
volar (o:ue) *to fly*

alto/a *high*
bajo/a *low*
comprensivo/a *understanding*
inaudito/a *beyond belief*

Cultura

el alimento *food*
la bomba *pump (oil)*
la cadena comercial *business chain*
el comercio *trade, commerce*
el diamante *diamond*
la fábrica *factory*
la gasolinera *gas station*
la globalización *globalization*
la granja *farm*
los ingresos *income*
la mano de obra *labor*
los mercados mundiales *world markets*
la mina *mine*
el/la niñero/a *babysitter*

consumir *to consume*
exportar *to export*
intercambiar *to exchange*
poner en marcha *to set in motion*
promover (o:ue) *to promote*

Literatura

Comercio *Business Administration*
la deuda *debt*
el hambre *hunger*
la indiferencia *indifference*
la inflación *inflation*
el juego *game*
el juguete *toy*
el lío *mess*
la pistola *gun, pistol*
el/la tendero/a *storekeeper*

dar para vivir *to yield enough to live on*
darse cuenta de *to realize*
dirigirse a *to speak/talk to*
matar(se) *to kill (oneself)*
sospechar *to suspect*
voltear *to turn back*

desesperado/a *desperate*

INSTRUCTIONAL RESOURCES Testing Program on IRCD-ROM

Ciencia y tecnología

La ciencia y la tecnología de la actualidad avanzan a pasos agigantados en relación a otras épocas. Mucho camino ha recorrido la Humanidad desde que, hace más de cinco mil años, se inventara la rueda, un proceso que duró miles de años. Hoy, sumas astronómicas de dinero se invierten en experimentos tecnológicos y científicos que parecen de ciencia-ficción. ¿Crees que los avances científicos y tecnológicos pueden poner en peligro a la civilización humana?

En el Observatorio Las Campanas, en Chile, un espectógrafo es conectado a un telescopio para ver 112 galaxias.

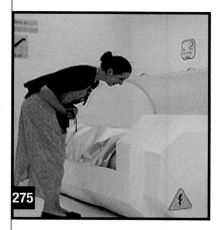

275

279

Destino:
PERÚ

PREVIEW Have students work in small groups to make a timeline of the past 100 years, charting the most important advances in science and technology. Have them exchange timelines with another group to compare and discuss. Ask the class: **¿Qué avance científico o tecnológico ha sido el mejor para la Humanidad? ¿Y el peor? ¿Por qué?** Introduce new vocabulario from **Para Empezar, p. 270**, as needed.

La tecnología y la ciencia

La tecnología

el **buscador** *search engine*
la **cámara digital** *digital camera*
el **cederrón** *CD-ROM*
el **ciberespacio** *cyber space*
la **computadora portátil** *laptop*

la **contraseña** *password*
el **corrector ortográfico** *spell checker*
la **dirección electrónica** *e-mail address*
la **herramienta** *tool*
la **informática** *computer science*
la **red** *the web*
el **reproductor de DVD**
   DVD player
el **teléfono celular** *cell phone*

———

borrar *to erase*
descargar *to download*
guardar *to save*
quemar (un CD) *to burn (a CD)*

———

avanzado/a *advanced*
innovador(a) *innovative*
intrigante *intriguing*
revolucionario/a *revolutionary*

Los inventos y la ciencia

el **ADN** *DNA*
el **avance** *advance, breakthrough*
la **célula** *cell*

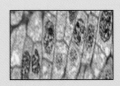

el **desafío** *challenge*
el **descubrimiento** *discovery*
el **experimento** *experiment*
el **gen** *gene*
la **genética** *genetics*
el **invento** *invention*
la **novedad** *new development*
la **patente** *patent*
la **teoría** *theory*

———

alcanzar *to reach, to attain*
clonar *to clone*
comprobar (o:ue) *to prove*
contribuir *to contribute*
crear *to create*
curar *to cure*
inventar *to invent*

———

bioquímico/a *biochemical*
especializado/a *specialized*
(poco) ético/a *(un)ethical*

El universo y la astronomía

el **espacio** *space*

la **estrella (fugaz)** *(shooting) star*
el **extraterrestre** *alien*
la **gravedad** *gravity*
el **ovni** *U.F.O.*
la **supervivencia**
   survival
el **telescopio** *telescope*

———

aterrizar *to land*
explorar *to explore*

Gente en las ciencias

el/la **astronauta** *astronaut*
el/la **astrónomo/a** *astronomer*
el/la **biólogo/a** *biologist*
el/la **científico/a** *scientist*

el/la **ingeniero/a** *engineer*
el/la **investigador(a)** *researcher*
el/la **matemático/a** *mathematician*
el/la **químico/a** *chemist*

VARIACIÓN LÉXICA
computadora portátil ↔ **ordenador portátil**
teléfono celular ↔ **móvil**
Point out that **el celular** is often used instead
of **teléfono celular**.

Práctica

INSTRUCTIONAL RESOURCES WB, LM, SAM Answer Key, Lab MP3, IRCD-ROM (scripts)

1 **No pertenece** Identifica la palabra que no pertenece al grupo.

1. ADN→célula→(contraseña)→gen
2. astronauta→(red)→luna→aterrizar
3. descargar→(curar)→navegar→guardar
4. (sequía)→extraterrestre→espacio→ovni
5. científico→biólogo→(extraterrestre)→químico
6. novedad→descubrimiento→(gravedad)→avance

1 Check comprehension by asking volunteers to explain their answers.

2 **Para... se necesita...** ¿Qué se necesita para materializar lo siguiente? Añade el artículo correcto *un* o *una*.

2 In pairs, have students write sentences like those in the activity for the four unused words in the list.

cámara digital	corrector ortográfico	estrella fugaz	reproductor
computadora portátil	desafío	experimento	teléfono celular
contraseña	dirección electrónica	patente	telescopio

1. Para pedir un deseo se necesita ver ___una estrella fugaz___.
2. Para recibir correo electrónico se necesita ___una dirección electrónica___.
3. Para navegar la red en la playa se necesita ___una computadora portátil___.
4. Para hacer una llamada en un autobús se necesita ___un teléfono celular___.
5. Para escribir sin errores en la computadora se necesita ___un corrector ortográfico___.
6. Para proteger la información de la computadora se necesita ___una contraseña___.
7. Para obtener el derecho de comercializar un invento se necesita ___una patente___.
8. Para observar la Luna y las estrellas desde la Tierra se necesita ___un telescopio___.

3 **Actualidad científica** Parece que la biotecnología no tiene límites. ¿Qué opinas tú sobre el tema?

A. Marca las afirmaciones con las que estás de acuerdo.

☐ 1. La clonación de seres humanos es una herramienta importante para luchar contra las enfermedades genéticas.

☐ 2. La genética ha ido demasiado lejos. El hombre no puede jugar a alterar la naturaleza humana. No es ético y sólo producirá sufrimiento.

☐ 3. Es injusto gastar dinero en experimentos genéticos cuando hay gente que muere de hambre y de enfermedades que se pueden curar fácilmente.

☐ 4. La clonación es una respuesta al problema de la infertilidad.

☐ 5. La clonación de seres humanos disminuirá (*will diminish*) nuestro respeto por la vida humana.

☐ 6. Clonar seres humanos en un mundo superpoblado (*overpopulated*) no tiene sentido.

B. Ahora comparte tus opiniones con un(a) compañero/a. ¿Cuáles son los aspectos positivos y negativos de la manipulación genética?

3 Divide the class into groups and assign a different statement from the activity to each group. Half the members must argue in favor of the statement, half against it. Give each group ten minutes to prepare, then have them present their arguments to the class. Follow up with a class discussion.

TEACHING OPTION Survey the class about science courses they have taken. Ask students about their interests and future plans, encouraging them to use as many vocabulary words as possible. Ex: **¿Quieres dedicarte a las ciencias? ¿Cuál?**

INSTRUCTIONAL RESOURCES DVD, Website, IRCD-ROM (scripts)

VARIACIÓN LÉXICA
al final de cuentas ⟷ al fin y al cabo

Preparación

Vocabulario del corto

alimentar *to feed*
congelar(se) *to freeze (oneself)*
descongelar(se) *to defrost (oneself)*
duro/a *hard, difficult*

la guita *cash, dough (Arg.)*
la locura *craziness*
la plata *money (Am. L.)*
soñar *to dream*
el/la vago/a *slacker*

Vocabulario útil

la calidad *quality*
el clon *clone*
computarizado/a *computerized*
en línea *online*
interactivo/a *interactive*

la nave espacial *spacecraft*
práctico/a *useful; practical*
el regreso *return*
virtual *virtual*

EXPRESIONES

al alcance de la mano *within reach*
al final de cuentas *after all*
cuanto antes *as soon as possible*
menos mal que. . . *It's a good thing. . .*
¡Qué bárbaro! *Amazing!*

1 As a variant, perform the activity as a class game. Have a volunteer choose any word from the vocabulary box above and give clues to the class. The first student to guess correctly takes the next turn.

1

Vocabulario Trabajen en grupos de tres. Por turnos, elijan una palabra de la lista y con pistas o definiciones deben conseguir que sus compañeros/as la adivinen. Quien la adivine, elige otra palabra y hace lo mismo. Sigan así hasta que las adivinen todas.

> **Modelo** Sacar algo del congelador y dejarlo afuera es... **descongelar**.

alimentar	nave espacial
clon	plata
duro/a	práctico/a
engañar	soñar
locura	vago/a

2 Have students share their partners' responses with the class.

2

Avances En parejas, contesten las preguntas y expliquen sus respuestas.

1. ¿Creen que la vida en el futuro va a ser mejor?

2. Hagan una lista con cinco avances tecnológicos que creen que habrá para el año 2030.

3. Hoy en día se están preparando viajes turísticos a la Luna. Éstos estarán en funcionamiento dentro de unos años. ¿Creen que es una buena idea? ¿Les gustaría ir de vacaciones a la Luna?

4. ¿Cuáles creen que son los principales objetivos de la ciencia y la tecnología en cualquier época de la Humanidad?

5. ¿Creen que hoy en día la ciencia y la tecnología actuales están bajo presión?

6. ¿Creen que la ciencia y la tecnología pueden, o deben, resolver problemas sociales? ¿Cuáles?

3 **Fotograma** En parejas, miren el fotograma e imaginen lo que va a ocurrir en el cortometraje.

3 Have each pair write or act out a brief dialogue based on their predictions.

4 **¿Te gusta la tecnología?** Contesta las preguntas y explica tus respuestas. Si respondes afirmativamente a las cuatro, te puedes considerar un(a) fan de la tecnología.

1. ¿Tienes en casa muchos aparatos tecnológicos? ¿Son necesarios?
2. ¿Estás siempre informado/a de los últimos avances tecnológicos?
3. Si te dieran a escoger entre comprar un producto en una tienda o en Internet, ¿escogerías la compra en línea?
4. ¿Te gustaría tener un robot? ¿Qué te gustaría que hiciera?

4 As a follow-up, ask for a show of hands: **¿Cuántos son aficionados a la tecnología? ¿Cuántos tienen tecnofobia?** Ask personal questions of each group. Ex: **¿Qué aparatos tecnológicos tienen en sus casas? ¿Por qué no les gustan los robots?**

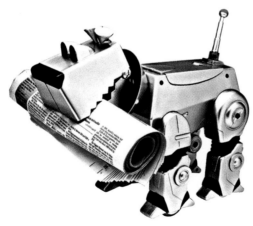

5 **¿Qué opinan?** En parejas, escriban las ventajas y desventajas de cada uno de estos medios tecnológicos. Luego, compártanlas con la clase.

5 Have students share their lists with the class and write several of their responses on the board. Encourage class discussion.

	ventajas	desventajas
Internet		
teléfono celular		
organizador personal		
video-teléfono		
reproductor de mp3		
?		

TEACHING OPTION To preview the film, divide the class into small groups. Ask them to think about science fiction films they have seen and have each member describe which scenarios or predictions about the future were the most and least believable.

Mira el cortometraje en
www.imagina.vhlcentral.com.

This film is available on the **Imagina** Film Collection DVD and at **www.imagina. vhlcentral.com**.

Happy Cool

Mención Especial del Jurado, Festival Internacional de Cine de Cartagena, Colombia

Una producción del INSTITUTO NACIONAL DE CINE Y ARTES AUDIOVISUALES Guión y Dirección GABRIEL DODERO
Producción Ejecutiva ANDRÉS "Gato" MARTÍNEZ CANTÓ Dirección de Fotografía LEANDRO MARTÍNEZ
Dirección de Arte PATRICIA IBARRA Montaje LEANDRO PATRONELLI Dirección de Sonido FERNANDO VEGA
Actores CARLOS BERRAYMUNDO/CECILIA ROCHE/JORGE OCHOA/NORBERTO ARCUSÍN/GONZALO SAN MARTÍN/
NORBERTO FERNÁNDEZ/GISELLE CHEWELLE

ARGUMENTO *En Buenos Aires, el desempleo ha obligado a la gente a buscar un futuro mejor en la tecnología.*

JULIO Yo vengo de buscar trabajo y no consigo nada, y encima tengo que ver esto. El chico me pierde el respeto a mí, yo ya no sé qué decirle a tu papá que nos está bancando[1] acá en su casa.

LOCUTOR No hay trabajo, pero hay una empresa que piensa en usted. *Happy Cool*, la tecnología que lo ayuda a esperar los buenos tiempos. [...] ¡Congélese!, y viva el resto de su vida en el momento oportuno.

JULIO Mirá[2], Mabel, yo quizá me tenga que congelar. Un tiempito nomás. Yo creo que esto en uno o dos años se soluciona.
MABEL Pero, Julio, ¿qué decís[3]? ¿Cómo podés[4] pensar en una cosa así?

DANIEL ¿Vos[5] te acordás[6] cuando éramos pibes[7] que pensábamos que en el 2000 la tecnología iba a ser tan poderosa que no iba a hacer falta laborar[8]?

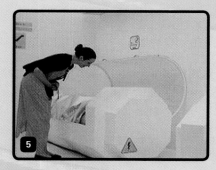

MABEL Ay, Julio, ¡qué tecnología!
JULIO Sí, sí... se ve que es gente seria... hay mucha plata invertida aquí.
MABEL Ah... no sé qué voy a hacer. No sé si traerte flores como si estuvieras en un cementerio o qué.

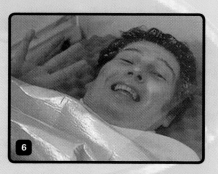

MABEL Volvé[9] pronto.
JULIO Ojalá que la situación económica mejore...
MABEL Ojalá...
JULIO Sí, así me descongelan cuanto antes.
MABEL Cuidate[10]... te voy a extrañar.

[1] **nos...** *he is putting us up* [2] **mira** (en el *voseo**) [3] **dices** (en el *voseo*) [4] **puedes** (en el *voseo*) [5] **Tú** (en el *voseo*)
[6] **acuerdas** (en el *voseo*) [7] *kids* [8] *work* [9] **Vuelve** (en el *voseo*) [10] **Cuídate** (en el *voseo*)

* La palabra *voseo* se refiere al uso de "vos" en lugar de "tú" y se utiliza en la zona del río de la Plata y otras partes de América Central.

1 Have students work with a partner to write a brief summary of the film.

3 Ask students to compare/contrast their own answers with their partners' opinions.

4 Ask students to compare the film's ending with their earlier predictions. Ask: **¿Cuántos habían creído que el experimento sería un éxito? ¿Algunos habían pensado que todo sería peor para Julio? ¿Qué final les gusta más? ¿Cuál les parece más realista?**

5 As a variant, have students select three famous people from the past or three important moments in history to visit.

Análisis

1

Comprensión Contesta las preguntas con oraciones completas.

1. ¿De quién es la casa donde viven Julio y su familia? La casa es del suegro de Julio.
2. ¿Cuánto tiempo lleva desempleado Julio? Julio lleva dos años y medio desempleado.
3. ¿Qué opina al principio Julio sobre la congelación? Al principio Julio no está de acuerdo con la congelación.
4. ¿Qué promete la empresa *Happy Cool*? La empresa promete congelar a las personas hasta que la situación económica mejore.
5. ¿Quién paga por la congelación de Julio? El suegro de Julio paga por su congelación.
6. ¿En qué año se descongela Julio? Julio se descongela en el año 2001.
7. ¿Qué pasó en su familia mientras él estaba congelado? Su esposa se casó con otro hombre.
8. ¿Cómo soluciona Mabel la situación al final? Mabel pone a Julio en el congelador de su casa.

2

Interpretar En parejas, contesten las preguntas y expliquen sus respuestas.

1. ¿Para quiénes se destinan los servicios de *Happy Cool*? ¿Por qué?
2. ¿Por qué creen que Julio decide finalmente que sí quiere ser congelado? ¿Cuáles son sus razones?
3. ¿Es el regreso de Julio como él lo imaginaba?

3

Ampliar En parejas, contesten las preguntas.

1. ¿Por qué piensan que la gente cree en la publicidad de *Happy Cool*?
2. ¿Ustedes se congelarían si estuvieran en la situación de Julio?
3. ¿Piensan que sería positivo o negativo que no fuera necesario trabajar para vivir? ¿Por qué?

4

El regreso En parejas, imaginen que la congelación ha sido un éxito y Julio despierta en un futuro mejor. Escriban un párrafo explicando qué es lo que ocurre.

- ¿Cómo ha sido la vida de su esposa?
- ¿Cómo es su hijo y qué hace?
- ¿Cómo está su suegro? ¿Qué piensa ahora de su yerno?
- ¿Cómo es la situación económica de Argentina?
- ¿Qué tipo de trabajo consigue Julio?
- ¿Son ahora todos más felices?
- ¿Fue una buena idea congelarse?

5

Viajeros En el sueño de Julio hay una máquina para viajar en el tiempo. En grupos de tres, imaginen que ustedes pueden usarla tres veces. Escriban lo que hicieron en cada viaje y luego compartan sus viajes con la clase.

Fecha	Lugar	Actividades

6 **¿Cómo serán?** En parejas, describan cómo creen que van a ser lo que muestran las imágenes dentro de cincuenta años. Añadan toda la información que crean necesaria. Luego, compartan sus ideas con la clase.

7 **El invento** En grupos pequeños, imaginen que son científicos. Ustedes han construido un aparato tecnológico revolucionario. Dibujen (*Draw*) su invento y descríbanlo contestando las preguntas. Añadan todos los detalles que crean necesarios. Luego compártanlo con la clase.

¿Para qué se usa?
¿Cómo es?
¿Para qué público está dirigido?
¿Cuánto cuesta?
¿Tiene éxito?

8 **A debate** En grupos, hablen de la tecnología. ¿Creen que siempre tiene consecuencias positivas? ¿Qué ocurriría si la tecnología se pusiera al servicio de los problemas sociales?

6 To incorporate more vocabulary from this lesson, assign different themes to each group, such as space travel, computer science, and biotechnology. Refer students to the vocabulary from **Para Empezar, p. 270,** for ideas.

TEACHING OPTION As an optional writing assignment, ask students to discuss the use of irony in both *El hombre que volaba un poquito* (**Cortometraje, Lección 7**) and *Happy Cool*. Ask: **¿Cómo se utiliza la ironía en los dos cortos y con qué fin?**

INSTRUCTIONAL RESOURCES For teaching suggestions related to this section, see the Instructor's Resource CD-ROM.

IMAGINA

PERÚ

En **www.imagina.vhlcentral.com** encontrarás más información y actividades relacionadas con esta sección.

Lima: el encanto de la historia

Entre los siglos XVI y XVIII, **Lima** era una metrópoli con tanta riqueza y poder que no había muchas ciudades ni en el **Nuevo** ni en el **Viejo Mundo** que pudieran competir con ella. Fue fundada en 1535 por el conquistador español **Francisco Pizarro**. La necesidad de tener puerto[1] de mar lo llevó a establecer la capital en la costa del **Pacífico**. La llamó la **Ciudad de los Reyes** pero el nombre quechua, que significa *hablador por el río*, prevaleció[2].

Los conquistadores pisaron[3] estas tierras en busca de plata y oro y la llenaron de historias de ambición, de fe y de venganza[4]. El corazón de la ciudad sigue en el mismo sitio desde los años coloniales. **La Plaza de Armas**, incrustada entre monumentos, es espejo de las complejas[5] relaciones sociales y políticas de aquella época. Hoy día, todavía se encuentra allí el **Palacio de Gobierno**, construido bajo las órdenes de Francisco Pizarro.

Los conventos, palacios y mansiones nos cuentan la fascinante historia de la ciudad. Las familias adineradas[6] que querían construir una mansión tenían que seguir ciertas normas que cambiaban según su posición social. La distancia entre la mansión y la Plaza de Armas dependía de ello, estando más cerca de la plaza los de mayor rango[7] de nobleza. Pero no sólo los privilegiados pisaban el suelo de la famosa plaza. El **tribunal de la Santa Inquisición**, que llegó a **Perú** en 1569, celebraba allí sus juicios, y en su centro mismo se levantaba la hoguera[8] en la que se castigaba a los condenados.

Los balcones de las casas coloniales, famosos por su omnipresencia y por su variedad, reflejan el estilo arquitectónico mudéjar[9], resultado de la mezcla de culturas musulmanas, judías y cristianas de la **España** de la época. Los balcones de Lima hacen uso de enrejados[10] que no dejan pasar la luz, perfectos para las temperaturas del norte de **Marruecos**[11] y ciertas zonas de España y que se adaptaron perfectamente a las temperaturas cálidas[12] de Lima. Su conveniencia no era exclusivamente climática pues a través de los pequeños orificios se ocultaban los rostros[13] de las

Lima vista de noche

mujeres nobles que querían ver lo que ocurría en las calles, sin necesidad de salir a ellas.

No sólo se halla[14] en Lima la grandiosidad arquitectónica de su pasado colonial. En el barrio de **Miraflores** se encuentra un santuario en el que se veneraba[15] al dios **Pachacamac** que data del siglo III, anterior a la llegada inca a estas tierras. Una visita a Miraflores también nos presenta a la Lima contemporánea. Sus edificios se alternan con parques, centros comerciales, teatros y galerías de arte y es la zona de paseo por excelencia.

Aunque Lima fue casi destruida en su totalidad por un terremoto en 1746, los limeños la reconstruyeron por completo y hoy día es una de las ciudades más pobladas del planeta que vive inmersa en el presente.

Signos vitales

Lima tiene más de ocho millones de habitantes y más del 90% de ellos es mestizo, es decir que tienen una mezcla de orígenes europeos e indígenas. El gran crecimiento en su población se inició en los años sesenta, cuando muchos abandonaron las zonas rurales para vivir en la capital.

1 *port* 2 *prevailed* 3 *walked on* 4 *revenge* 5 *complex* 6 *wealthy* 7 *rank* 8 *bonfire* 9 *Mudejar (related to the Spanish moors)* 10 *railings* 11 *Morocco* 12 *hot* 13 *faces* 14 *is found* 15 *worshipped*

¡Conozcamos Perú!

Las líneas de Nazca Si sobrevuelas[1] la pampa de **Socos**, vas a tener la fortuna de ver las famosas **líneas de Nazca**. Estos

trazos[2], descifrables desde el aire, representan figuras geométricas, humanas y animales, entre otras. Hace más de dos mil años, la civilización nazca las grabó en el desierto. Los antropólogos, intentando descifrar el misterio que encierran estos dibujos[3], han considerado varias teorías, pero la verdad absoluta sobre estas líneas continúa siendo un enigma.

Cuzco La ciudad de **Cuzco** era la ciudad más importante de los **Andes** durante el imperio incaico. Fue la capital y sede[4] de gobierno de esta civilización, lo que la convirtió en centro cultural y religioso. En la actualidad, es la ciudad precolombina

más importante del continente y por ello es visita inevitable para quien quiera conocer un poco más sobre la historia y costumbres de los incas.

Parque Nacional del Manu Para aquéllos que disfrutan del turismo ecológico, el **Parque Nacional del Manu** ofrece todo

lo que pueden desear. Por siglos, conservó su biodiversidad gracias a lo difícil que es su acceso. En tan sólo una hectárea de su terreno se han encontrado hasta 250 variedades de árboles y una totalidad de 15.000 tipos de plantas diferentes. El Parque del Manu también es el hábitat de algunas especies animales poco comunes como son los armadillos y las nutrias[5] gigantes.

Iquitos La ciudad más grande de la selva de **Perú**, **Iquitos** es también una de las ciudades más importantes en la orilla[6] del **Amazonas** y una puerta de ingreso para navegar por el río. Fue fundada por el jesuita **José Bahamonde** en 1747, y durante

la primera parte del siglo XX vivió un boom económico con el cultivo de goma[7]. Hoy día se conoce como una ciudad muy viva, segura e ideal para aventuras y oportunidades de conocer la cultura indígena de la región. Todavía es sólo accesible por barco o avión.

[1] *fly over* [2] *lines* [3] *drawings* [4] *seat* [5] *otters* [6] *bank* [7] *rubber*

El español de Perú

Peruanismos

arruga	deuda; *debt*
asado/a	enojado/a, molesto/a; *upset*
bobo	corazón; *heart*
café	regaño; *scolding*
cofla	flaco/a, delgado/a; *skinny, thin*
duro/a	tacaño/a; *stingy*
encamotado/a	enamorado/a; *in love*
pata	amigo/a; individuo; *friend; guy, dude*
quincearse	equivocarse; *to be wrong/mistaken*
regio	bueno; *nice*
tono	fiesta; *party*

Expresiones

al polo	muy frío (bebidas); *very cold (drinks)*
¡Como cancha!	¡Mucho!; *A lot!*
estar muñequeado/a	estar nervioso/a; *to be nervous*
tirar caña	manejar un auto; *to drive*
tirar lenteja	mirar; curiosear; *to look at; to browse*

Piratas en el Callao

Animación 100% peruana

DOCUMENTAL

Mira el documental sobre la grabación de *Piratas en el Callao* en **www.imagina.vhlcentral.com**.

La fortaleza **Real Felipe** se construyó en **Perú** en el siglo XVIII para proteger el puerto peruano de **El Callao** de piratas y corsarios°. Esta impresionante construcción es la base de la trama de la película hecha totalmente en Perú. Aventura, historia y un poco de drama se entrelazan° en esta emocionante odisea. La animación por computadora va acompañada en esta ocasión por el talento de artistas peruanos quienes prestaron sus voces para dar vida a los personajes de esta película. Te invitamos a conocer cómo se grabó el sonido° de esta película peruana viendo el documental y leyendo más información en **www.imagina.vhlcentral.com**.

corsarios *government-commissioned pirates* **entrelazan** *interweave* **sonido** *sound*

Susana Baca

La música afroperuana de hoy

SUBE EL VOLUMEN

Escucha una canción de Susana Baca y lee la letra completa en **www.imagina.vhlcentral.com**.

Discografía selecta

1997	*Susana Baca*
1997	*Vestida de vida: Canto negro de las Américas*
1999	*Del Fuego y del Agua*
2000	*Eco de sombras*
2001	*Lamento negro*
2002	*Espíritu vivo*
2002	*Poesía y cantos negros* (Premio Grammy Latino)

dotada *gifted* **giro** *turn* **recopilación** *compilation* **giras** *tours*
Negrocontinuo *Black Continuum*

Susana Baca es una de las principales figuras de la tradición musical afroperuana. Esta respetada e internacionalmente conocida artista peruana está dotada° de una extraordinaria voz y excelentes habilidades interpretativas. Cuando aún era estudiante comenzó a cantar de manera experimental combinando música y poesía. En 1995 su carrera dio un giro° importantísimo cuando su versión de la canción *María Lando* se incluyó en el álbum recopilatorio de **David Byrne**, *The Soul of Black Peru*. Después de la salida al mercado de esta recopilación°, Baca realizó varias giras° por los **Estados Unidos** y grabó varios álbumes. En 1992 junto a su esposo y manager **Ricardo Pereira** fundó el **Instituto Negrocontinuo°** con el objetivo de recuperar, preservar y celebrar la cultura afroperuana. Está orgullosa de haber contribuido a que muchos jóvenes músicos peruanos se sientan orgullosos de sus orígenes. En **www.imagina.vhlcentral.com** encontrarás más información sobre Susana Baca y podrás escuchar y leer la letra de una de sus conocidas canciones, *La noche y el día*.

¿Qué aprendiste?

1

Cierto o falso Indica si estas afirmaciones son ciertas o falsas. Corrige las falsas.

1. Lima fue una ciudad muy rica y poderosa. Cierto.

2. La Santa Inquisición llegó a Perú en 1628. Falso. La Santa Inquisición llegó a Perú en 1569.

3. En el barrio de Vistahermosa hay un santuario donde se veneraba al dios Pachacamac. Falso. En el barrio de Miraflores hay un santuario donde se veneraba al dios Pachacamac.

4. Las líneas de Nazca están en la pampa de Socos. Cierto.

5. Cuzco es, hoy día, la ciudad precolombina más importante del continente. Cierto.

6. La fortaleza Real Felipe se construyó en Perú en el siglo XIII. Falso. La fortaleza Real Felipe se construyó en Perú en el siglo XVIII.

2

Preguntas Contesta las preguntas con oraciones completas.

1. ¿Cuándo fue fundada la ciudad de Lima? Lima fue fundada en 1535.

2. ¿Quién ordenó la construcción del Palacio de Gobierno? Francisco Pizarro ordenó la construcción del Palacio de Gobierno.

3. ¿Cuántos habitantes tiene la ciudad de Lima? Lima tiene más de ocho millones de habitantes.

4. ¿Cuándo fueron grabadas las líneas de Nazca? Las líneas de Nazca fueron grabadas hace más de dos mil años.

5. ¿Por qué se pudo conservar la biodiversidad del Parque Nacional del Manu? Se pudo conservar gracias a lo difícil que era su acceso.

6. ¿Qué cosas se entrelazan en la trama de la película *Piratas en el Callao*? Aventura, historia y un poco de drama se entrelazan en la trama.

PROYECTO

El misterio de las líneas de Nazca

Imagina que eres antropólogo/a y vas a hacer una presentación sobre las líneas de Nazca. Investiga la información que necesites en **www.imagina.vhlcentral.com**.

- Recopila fotos de las líneas de Nazca.

- Escribe un resumen de la historia de las líneas de Nazca.

- Describe las teorías que encuentres e inventa tu propia teoría.

- Haz tu presentación frente a la clase. Explícales tu teoría del origen de las líneas.

Completa las oraciones con la información correcta y demuestra lo que aprendiste sobre Perú.

1. El nombre Lima en quechua significa _____ por el río.
   (a.)hablador b. asado c. perdido d. regio

2. Las familias con _____ poder social vivían cerca de la Plaza de Armas.
   a. poco b. menor c. ningún (d.)mayor

3. Los balcones de las casas coloniales son famosos por su omnipresencia y su _____.
   a. colorido b. amplitud c. simpleza (d.)variedad

4. Lima fue destruida casi totalmente por un _____ en 1746.
   a. gigante (b.)terremoto c. encamotado d. huracán

5. El _____ por ciento de la población de Lima es mestiza.
   (a.)90 b. 80 c. 70 d. 60

6. Cuando una persona comete un error o se equivoca en Perú, se dice que se ha _____ .
   (a.)quinceado b. encamotado c. asado d. arrugado

7. Algunas de las líneas de Nazca forman figuras geométricas, _____ y animales.
   a. pequeñas b. de colores (c.)humanas d. invisibles

8. Cuzco fue la _____ del imperio incaico.
   a. playa (b.)capital c. región d. montaña

9. En el Parque Nacional del Manu hay más de 15.000 tipos de _____ .
   a. peces b. mamíferos c. cactus (d.)plantas

10. Iquitos es una de las ciudades más importantes en la orilla del río _____ .
    a. Nazca (b.)Amazonas c. Perú d. Manu

11. La fortaleza Real Felipe protegió El Callao de _____ .
    (a.)piratas b. aventuras c. puertos d. odiseas

12. La _____ *Piratas en el Callao* fue hecha totalmente en Perú.
    a. novela b. pintura (c.)película d. canción

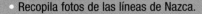

GALERÍA DE CREADORES

MÚSICA **Tania Libertad**

La cantante peruana Tania Libertad ha sid[o] acreditada por la UNESCO "Artista por la [P]az" en varias ocasiones y está considerada co[mo] la embajadora artística de Latinoamérica en el mundo. Su discografía incluye más d[e] treinta álbumes que reflejan su versatilida[d]. Esta artista sin fronteras interpreta todo tipo de géneros —música africana, músic[a] folclórica, rancheras, boleros, salsa, rumb[a,] rock— con la misma pasión y autenticida[d] que cautiva a todo áquel que la escucha. [Los] que la han visto cantar en vivo describen [la] experiencia como conmovedora (*moving*), mágica, casi espiritual.

LITERATURA **Mario Vargas Llosa**

Perú y su realidad enmarcan el escenario de la mayoría de las novelas de Mario Vargas Llosa, una de las prestigiosas figuras del panorama literario hispanoamericano de la segunda mitad del siglo XX. Fue conocido internacionalmente en 1962 con la publicación de *La ciudad y los perros*. Después de muchas más novelas y numerosos premios literarios internacionales, fue galardonado en 1994 con el Premio Cervantes. En 1993 publicó sus memorias *El pez en el agua*, donde habla de su fracaso en las elecciones presidenciales de su país en 1990. Es, además de novelista, crítico literario y columnista de prensa, uno de los intelectuales más activos de la actualidad.

Los Hermanos Santa Cruz

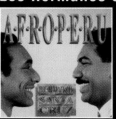

Nicomedes y Victoria Santa Cruz formaron en 1988 el grupo musical *Hermanos Santa Cruz*. Son la primera formación de músicos profesionales que se dedica a mantener viva la música negra peruana y sus temas. Aunque la base de su música es afroperuana, ellos la combinan con otros elementos contemporáneos y el resultado es un sonido (*sound*) musical muy interesante cuyo éxito ha sido abrumador (*overwhelming*) en Perú y en el extranjero. Su estilo es alegre, enérgico, y está lleno de calor y color.

AMPLIACIÓN

MÁS CREADORES

En **www.imagina.vhlcentral.com** conocerás a estos otros creadores peruanos.

Álex Acuña
baterista/ percusionista

Martín Chambi
fotógrafo

Carmen Ollé
poeta

Laura Riesco
escritora

PINTURA **Fernando de Szyszlo**

Fernando de Szyszlo es el pintor peruano más conocido y apreciado dentro y fuera de su país. En su trayectoria artística ha explorado diferentes estilos pictóricos, entre ellos el cubismo, el surrealismo y el abstractismo, convirtiéndose en los años 50 en el pintor clave del arte abstracto latinoamericano. Su estilo, rico en recursos, se caracteriza por el uso del color y las texturas que de él nacen, y por un excepcional dominio de la luz creando un ambiente (*environment*) lírico en cada uno de sus cuadros. Su arte va más allá de la mera representación literal; cada obra es una aventura en busca de conocimiento. El óleo que vemos aquí, *Cajamarca 1959*, forma parte de la serie *Cajamarca* que está inspirada en un poema indígena sobre la captura y ejecución del jefe inca por el conquistador Francisco Pizarro en la ciudad inca de Cajamarca.

8.1

The past perfect

- The past perfect tense (**el pluscuamperfecto**) is formed with the imperfect of **haber** and a past participle. As with other perfect tenses, the past participle does not change form.

TALLER DE CONSULTA

The following grammar topics are covered in the **Manual de gramática, Lección 8**.

8.4 Prepositions: *a, hacia,* and *con,* p. 404

8.5 Prepositions: *de, desde, en, entre, hasta,* and *sin,* p. 406

To review irregular past participles, see **7.1, p. 249.**

INSTRUCTIONAL RESOURCES WB, LM, SAM Answer Key, Lab MP3, IRCD-ROM (scripts)

Draw a time line on the board to compare and contrast preterite, present perfect, and past perfect tenses.

The past perfect		
viajar	**perder**	**incluir**
había viajado	había perdido	había incluido
habías viajado	habías perdido	habías incluido
había viajado	había perdido	había incluido
habíamos viajado	habíamos perdido	habíamos incluido
habíais viajado	habíais perdido	habíais incluido
habían viajado	habían perdido	habían incluido

- In Spanish, as in English, the past perfect expresses what someone *had done* or what *had occurred* before another action or condition in the past.

Decidí comprar una cámara digital nueva porque la vieja se me **había roto** varias veces.
I decided to buy a new digital camera because the old one had broken several times.

Cuando por fin les dieron la patente, otros ingenieros ya **habían inventado** una tecnología mejor.
When they were finally given the patent, other engineers had already invented a better technology.

- **Antes, nunca, todavía,** and **ya** are often used with the past perfect to indicate that one action occurred before another. Note that adverbs, pronouns, and the word **no** may not separate **haber** from the past participle.

*Cuando Julio volvió a la casa, Mabel **ya se había casado** otra vez.*

Cuando apagué la computadora, **aún no había guardado** el documento; ¡lo perdí!
When I shut off the computer, I hadn't yet saved the document; I lost it!

Ya me **había explicado** la teoría, pero no la entendí hasta que vi el experimento.
He had already explained the theory to me, but I didn't understand it until I saw the experiment.

Nunca había visto una estrella fugaz tan luminosa antes.
I had never seen such a bright shooting star before.

Los ovnis **todavía** no **habían aterrizado,** pero los terrícolas ya **estaban** corriendo.
The UFOs hadn't yet landed but the earthlings were already running.

Práctica y comunicación

1 **Completar** Jorge Báez, un médico dedicado a la genética, ha recibido un premio por su trabajo. Completa su discurso de agradecimiento con el pluscuamperfecto.

Muchas gracias por este premio. Recuerdo que antes de cumplir 12 años ya
(1) _había decidido_ (decidir) ser médico. Desde pequeño, mi madre siempre me
(2) _había llevado_ (llevar) al hospital donde ella trabajaba y recuerdo que la primera vez
me (3) _habían fascinado_ (fascinar) esos médicos vestidos de blanco. Luego, al cumplir 26
años, ya me (4) _había pasado_ (pasar) tres años estudiando las propiedades de los genes
humanos, en especial desde que (5) _había visto_ (ver) un programa en la televisión
sobre la clonación. Cuando terminé mis estudios de postgrado, ya se (6) _habían hecho_
(hacer) grandes adelantos científicos…

2 **Explicación** Reescribe las oraciones usando el pluscuamperfecto. Sigue el modelo.

> **Modelo** **Me duché a las 7:00. Antes de ducharme hablé con mi hermano.**
> **Ya había hablado con mi hermano antes de ducharme.**

1. Yo salí de casa a las 8:00. Antes de salir de casa miré mi correo electrónico.
   Ya había mirado mi correo electrónico antes de salir de casa.
2. Llegué a la oficina a las 8:30. Antes de llegar a la oficina tomé un café.
   Ya había tomado un café antes de llegar a la oficina.
3. Se apagó la computadora a las 10:00. Yo guardé los documentos a las 9:55.
   Ya había guardado los documentos cuando se apagó la computadora.
4. Fui a tomar un café. Antes, comprobé que todo estaba bien.
   Ya había comprobado que todo estaba bien cuando fui a tomar un café.

3 **Informe** En grupos de tres, imaginen que son policías y deben preparar un informe sobre un accidente entre tres autos. Inventen una historia de lo que ha ocurrido de acuerdo al dibujo. Usen el pluscuamperfecto cuando sea necesario.

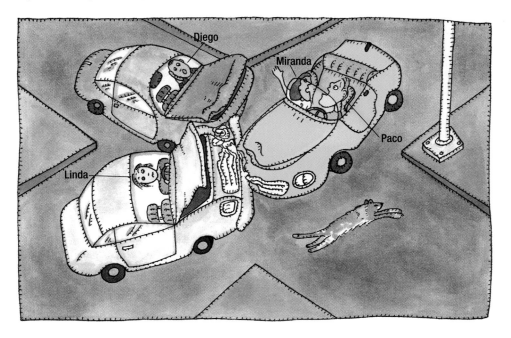

3 To reinforce the difference between present perfect and past perfect, ask students to use at least two examples of each in their reports. Ex: **Hemos concluido las investigaciones del accidente…/La mujer ya había doblado cuando…**

3 After students complete the activity, call on volunteers to act out the scene. Involve the entire class by having everyone play a role: drivers, police officers, and witnesses. Remind students to use the past perfect in their questions and answers.

INSTRUCTIONAL RESOURCES WB, LM, SAM Answer Key, Lab MP3, IRCD-ROM (scripts)

8.2

The past perfect subjunctive

- The past perfect subjunctive (**el pluscuamperfecto de subjuntivo**) is formed with the past subjunctive of **haber** and a past participle.

*A Julio le sorprendió que lo **hubieran descongelado** después de tan pocos años.*

TALLER DE CONSULTA

The alternative past subjunctive forms of **haber** may also be used with the past participle to form the past perfect subjunctive. See **6.2, p. 214.**

Ojalá hubieras/hubieses participado más en el proyecto.
I wish you had participated more in the project.

The past perfect subjunctive is also frequently used in **si** clauses. See **9.3, p. 323.**

Si hubieras tenido el celular, te habríamos llamado antes.
If you had had your cell phone with you, we would have called you sooner.

To review the subjunctive, write several trigger expressions on the board and ask volunteers to complete each sentence. Ex: **Fue imposible que...**

The past perfect subjunctive		
cambiar	**poder**	**sentir**
hubiera cambiado	hubiera podido	hubiera sentido
hubieras cambiado	hubieras podido	hubieras sentido
hubiera cambiado	hubiera podido	hubiera sentido
hubiéramos cambiado	hubiéramos podido	hubiéramos sentido
hubierais cambiado	hubierais podido	hubierais sentido
hubieran cambiado	hubieran podido	hubieran sentido

- The past perfect subjunctive is used in subordinate clauses under the same conditions for other subjunctive forms, and in the same way the past perfect is used in English (*I had talked, you had spoken, etc.*). It refers to actions or conditions that had taken place before another past occurence.

Le molestó que los otros investigadores no **hubieran asistido** a su conferencia.
It annoyed her that the other researchers hadn't attended her lecture.

A pesar de que nos mostró fotos, dudábamos que el científico **hubiera visto** un ovni.
Despite the pictures that he showed us, we doubted that the scientist had seen a U.F.O.

- When the action in the main clause is in the past, both the past subjunctive and the past perfect subjunctive can be used in the subordinate clause. However, the meaning of each sentence may be different.

Past subjunctive	Past perfect subjunctive
Esperaba que me **llamaras**. ¡Qué bueno oír tu voz!	Esperaba que me **hubieras llamado**. ¿Qué pasó?
I was hoping you would call me. It's great to hear your voice!	*I wished that you had called me. What happened?*
Deseaba que me **ayudaras**.	Deseaba que me **hubieras ayudado**.
I wished that you would help me.	*I wished that you had helped me.*

Práctica y comunicación

1

Seleccionar Combina las expresiones de la segunda columna con las de la primera para formar oraciones completas con el pluscuamperfecto de subjuntivo.

1. Esperaba que tú e

2. Dudaba que los estudiantes de la clase de química b

3. Le molestó que el laboratorio no lo d

4. Ojalá ellos te a

5. Fue una lástima que ella no c

a. hubieran dado la patente.

b. hubieran apagado sus teléfonos celulares.

c. hubiera podido venir a la conferencia.

d. hubiera contratado para trabajar en el proyecto.

e. hubieras encontrado algo en la red, pero no tuviste suerte.

1 To reinforce the difference between present perfect subjunctive and past perfect subjunctive, have students rewrite each sentence using the present perfect subjunctive.
Ex: **1. Espero que tú hayas encontrado algo en la red.**

2

Tarjeta Ayer preparaste un plato peruano llamado *Papas rellenas* para tu mejor amigo/a. Él/Ella tuvo una reacción alérgica y le tienes que escribir una tarjeta pidiendo disculpas. Usa el pluscuamperfecto de subjuntivo y las expresiones de la lista.

Querido/a...:
Me siento muy mal por
lo que pasó anoche.
Esperaba que tú...

> Dudaba que
>
> Esperaba
>
> Me sorprendió que
>
> Ojalá

Nota CULTURAL

Los ingredientes más utilizados en la comida peruana son la **papa**, el **maíz** y el **ají** (*pepper*). La papa se ha adaptado a los diversos climas del país y cuenta con 4.000 variedades distintas. Por otra parte, la gastronomía peruana tiene por lo menos 35 formas diferentes de preparar el maíz: tostado, molido (*ground*), hervido (*boiled*), etc. Mientras que en algunos platos típicos se pueden saborear variedades de ají como los llamados ají amarillo y rocoto.

2 If time permits, assign the following expansion activity and have students share their recipes with the class: **Tú quieres disculparte con tu amigo/a cocinándole otra cena. Busca la receta de otra especialidad peruana, pero esta vez, mándale un correo electrónico para informarle de la lista de ingredientes.**

3

Historia En parejas, imaginen que son periodistas y que están investigando la vida de un famoso y excéntrico científico venezolano llamado Astor Gómez. Sólo han encontrado una nota que dice: "Ojalá hubiera sido un extraterrestre". Inventen una historia que complete la frase encontrada. Usen el pluscuamperfecto de subjuntivo.

INSTRUCTIONAL RESOURCES WB, LM, SAM Answer Key, Lab MP3, IRCD-ROM (scripts)

8.3

Uses of the infinitive

—*Yo quisiera **ver** a Mabel y a Pablito, ¿se puede **hacer** eso?*
—*No se preocupe, en estos tiempos la tecnología le permite **hacer** lo que desee.*

¡ATENCIÓN!

An infinitive is the unconjugated form of a verb and ends in **-ar, -er,** or **-ir.**

- The infinitive (**el infinitivo**) is commonly used after other conjugated verbs, especially when there is no change of subject. **Deber, decidir, desear, necesitar, pensar, poder, preferir, querer,** and **saber** are all frequently followed by infinitives.

  Mis primos **han decidido comprarle** una computadora a mi abuela.
  My cousins have decided to buy a computer for my grandmother.

  ¡Qué buena idea! No sabía que ella **quería tener** una.
  What a good idea! I didn't know that she wanted to have one.

- When the person or thing performing an action changes, the second verb is usually conjugated as part of a subordinate clause. Verbs of perception, however, such as **escuchar, mirar, oír, sentir,** and **ver,** are followed by the infinitive.

  Te oigo hablar, ¡pero no entiendo nada!
  I hear you speaking, but I don't understand anything!

  Si la **ven salir,** avísenme enseguida.
  If you see her leave, let me know immediately.

- Many verbs of influence, such as **dejar, hacer, mandar, permitir,** and **prohibir,** may also be followed by the infinitive. Often, an indirect object pronoun is used to show a change in subject.

  La profesora **nos hizo leer** artículos sobre el ADN.
  The teacher made us read articles about DNA.

  El comité **me ha dejado continuar** con los experimentos.
  The committee has allowed me to continue with the experiments.

Remind students that impersonal expressions may be expressed in any tense. Ex: **Fue necesario repetir el experimento. Sería mejor comprar un reproductor de DVD que arreglar el VHS.**

- The infinitive may be used with impersonal expressions, such as **es importante, es fácil,** and **es bueno.** It is required after **hay que** and **tener que.**

  Es importante utilizar el corrector ortográfico.
  It is important to use the spell checker.

  ¿**Es ético clonar** a un ser humano?
  Is it ethical to clone a human being?

—¿*Dónde **hay que firmar**?*

TALLER DE CONSULTA

See **Manual de gramática, 8.4, p. 404** and **8.5, p. 406** to learn more about prepositions.

- In Spanish, unlike in English, the gerund form of a verb (*talking, working, etc.*) may not be used as a noun or in giving instructions. The infinitive form is used instead.

Ver es creer.
Seeing is believing.

No **fumar**.
No smoking.

El arte de **mirar**.
The art of seeing.

- After prepositions, the infinitive is used.

—*¿Y **para ir** al 2001 cómo hago?*

El Dr. Pérez necesitó veinte años **para demostrar** sus teorías.
Dr. Pérez needed twenty years in order to prove his theories.

Él no podrá abrir el documento **sin instalar** el programa.
He won't be able to open the document without installing the program.

- Many Spanish verbs follow the pattern of [*conjugated* verb] + [*preposition*] + [*infinitive*]. The prepositions for this pattern are **de, a,** or **en**.

acabar de *to have just (done something)*	**enseñar a** *to teach (to)*
tratar de *to try (to)*	**quedar en** *to agree (to)*
aprender a *to learn (to)*	**tardar en** *to take time (to)*

Me **enseñó a quemar** un CD.
She taught me how to burn a CD.
Trato de estudiar todos los días.
I try to study every day.

Su computadora **tarda en encenderse**.
His computer takes a while to start.
Quedamos en hacerlo.
We agreed to do it.

- **Deber** + **de** + [*infinitive*] suggests probability.

La actriz debe de ser famosa.
The actress is probably famous.

La actriz debe ser famosa.
The actress needs to be famous.

TEACHING OPTION Use the **cortometraje** to present and discuss uses of the infinitive. While viewing the film, have students jot down verbs they hear in the infinitive. Play the film a second time, pausing to discuss each use of the infinitive.

Práctica

1

Oraciones Forma oraciones usando los elementos dados. Sigue el modelo y añade preposiciones cuando sea necesario.

> **Modelo** el científico / querer / encontrar / una vacuna
> El científico quiere encontrar una vacuna.

1. nosotros / desear / encontrar / una cura Nosotros deseamos encontrar una cura.
2. Luis / pensar / ser / bioquímico Luis piensa ser bioquímico.
3. mi madre / querer / comprar / un reproductor de DVD Mi madre quiere comprar un reproductor de DVD.
4. Marisa / me / enseñar / usar / el telescopio Marisa me enseña a usar el telescopio.
5. el profesor / tratar / explicar / el problema El profesor trata de explicar el problema.
6. yo / acabar / romper / mi cámara digital Yo acabo de romper mi cámara digital.
7. ustedes / deber / observar / el experimento Ustedes deben observar el experimento.
8. tú / poder / contratar / al ingeniero Tú puedes contratar al ingeniero.

2

La Luna Completa la noticia con los verbos adecuados de la lista.

conseguir	piensan hacer
convencer	quieren hablar
desean investigar	seguir

Científicos de la NASA (1) _desean investigar_ la superficie de la Luna. Para (2) _conseguir_ el dinero necesario para el proyecto, primero necesitan (3) _convencer_ a la opinión pública de que es importante (4) _seguir_ invirtiendo dinero público en estas aventuras espaciales. (5) _Quieren hablar_ en todos los medios de comunicación posibles para explicar sus objetivos. (6) _Piensan hacer_ mucha publicidad en los próximos meses.

3

Recomendaciones Luis quiere ser astronauta. En parejas, háganle recomendaciones usando las frases y verbos de la lista.

es bueno	estudiar
es fácil	explorar
es importante	investigar
hay que	leer
tienes que	viajar

Comunicación

4

Entrevista Imaginen que son miembros de un grupo que defiende los derechos de los animales. A ustedes les preocupa cómo viven los delfines que están en cautiverio y van a tener una entrevista con un representante de un parque acuático. En parejas, escriban cinco preguntas utilizando los verbos que siguen y las posibles respuestas del representante del parque. Y después, representen la entrevista delante de la clase.

aprender a: _____

enseñar a: _____

quedar en: _____

tratar de: _____

tardan en: _____

4 Have students follow up the interview with an editorial in which they either support or decry the practices of the marine park. Instruct them to use the infinitive at least five times in their article.

5

Anuncio Tú y tus compañeros/as son científicos/as y han creado una nave que puede transportar pasajeros al espacio por sólo $500 por persona. Ahora deben prepararse para anunciar este invento a la prensa. En grupos de cuatro, preparen un anuncio que incluya las frases del cuadro.

acabar de	quedar en
aprender a	querer
es fácil	tardar en
es importante	tratar de

6

Viaje espacial Trabajen en grupos pequeños. Imaginen que hacen un viaje al espacio en la nave que describieron en la actividad anterior. Usen el infinitivo para escribir frases sobre las cosas que hicieron y vieron en su viaje.

En el planeta _____	Los habitantes de este planeta...
aprendimos a _____	acaban de _____
es fácil _____	tienen que _____
es importante _____	tratan de _____

6 To synthesize the grammatical structures presented in this lesson, assign the following expansion activity: **Tú has comprado un pasaje al espacio. Escribe un correo electrónico desde el espacio, en el cual le describes a tus amigos/as lo que has hecho y les dices si el viaje es como lo habías imaginado.**

Síntesis

¡Invasión marciana!

Te levantas de la cama y, como todas las mañanas, enciendes la radio. Allí se oye la voz agitada del locutor anunciando que unos extraterrestres están atacando la ciudad. Se oyen ruidos extraños, gente gritando y, de repente, una gran explosión. Algo asustado°, sales a la calle y ves a tus vecinos empacando sus cosas en el carro a toda velocidad. En todo tu barrio la gente está asustada y parece no saber qué hacer. Tú también sientes pánico y no sabes si lo que está ocurriendo es verdad, o si es una pesadilla.

Algo así ocurrió el 30 de octubre de 1938, cuando el cineasta estadounidense Orson Welles transmitió° una adaptación de *La guerra de los mundos*, del escritor H.G. Wells, en su programa de radio. Pero la adaptación que hizo Welles no era una simple lectura del texto. La historia estaba disfrazada° de efectos especiales y era interrumpida por partes informativos° de unos astrónomos que acababan de ver unas extrañas° explosiones en Marte°. Se oían gritos, el reportero lloraba. La atmósfera de la transmisión era de un realismo total. Los que no oyeron el principio del programa pensaron que un ejército marciano estaba invadiendo la Tierra.

El programa de Orson Welles produjo reacciones de histeria en cadena. Algunos se encerraron en los sótanos° de sus casas con pistolas. Otros se pusieron toallas mojadas° en la cara para protegerse del gas venenoso de los marcianos. El programa fue motivo de escándalo e indignación cuando se reveló la verdad. También demostró el poder de una narración bien hecha. Fue uno de los momentos más gloriosos (y terribles) de la historia de la radio. ■

disguized
reports

strange/Mars

basements

wet

frightened

broadcasted

1 Model one or two sentences on the board before students complete the activity. Ex: **Cuando por fin descubrimos que la invasión era pura ficción, ya habíamos puesto todos los muebles contra la puerta.**

2 Call on volunteers to share their statements with the class. List their ideas on the board and discuss.

3 If groups offer differing suggestions, encourage them to defend and debate their opinions.

1

Relato En parejas, imaginen que son unos/as amigos/as que están en 1938 y forman parte del público que creyó en la invasión de extraterrestres. Preparen un párrafo explicando los detalles sobre lo que pasó el 30 de octubre en su barrio y qué hicieron ustedes. Usen el pluscuamperfecto de indicativo (y de subjuntivo cuando sea necesario) y el pretérito.

2

Productores En parejas, imaginen que son los productores del programa de radio de Orson Welles. Utilizando el pluscuamperfecto de subjuntivo, escriban tres cosas que hubieran hecho para evitar el pánico entre el público.

3

Situaciones En grupos pequeños, escojan una situación y discutan qué se debe hacer en caso de que ocurriera. Deben utilizar el infinitivo. Compartan sus ideas con la clase.

- Una invasión extraterrestre real
- El impacto de una estrella contra la Tierra
- La clonación de seres humanos
- El descubrimiento de una vacuna para curar todas las enfermedades

Preparación

Vocabulario de la lectura

el barro *mud; clay*
guiar *to guide*
el ladrillo *brick*
la maqueta *model*
el martillo *hammer*
la pared *wall*

la piedra (esculpida) *(sculpted) stone*
planificar *to plan*
realizar *to carry out*
el tamaño *size*
el terreno *terrain*
ubicado/a *located*

Vocabulario útil

descubrir *to discover*
el modo *means, manner*
el planeta *planet*
el plano *blueprint, plan*
remodelar *to remodel*
el universo *universe*

Point out the difference between **realizar** and **darse cuenta**, **el plano** and **el plan**.

1 **Crucigrama** Completa el crucigrama. Después, forma cuatro oraciones con esas palabras.

Horizontales
2. se forma mezclando tierra y agua
3. sirve para dividir los cuartos de una casa
5. manera, forma
6. instrumento que se usa para golpear algo

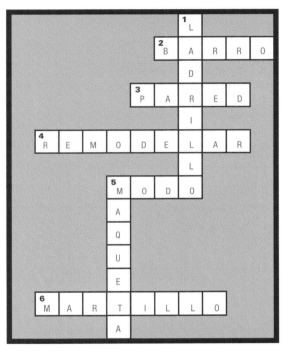

Verticales
1. objeto cuadrado que se usa en la construcción de casas
4. cambiar la estructura o el estilo de una casa o un cuarto
5. modelo pequeño usado para construir algo en tamaño real

1 In pairs, have students take turns giving crossword-style clues for the remaining new vocabulary.

2 **Preferencias** Completa la siguiente encuesta según tus preferencias. Luego explícale a tu compañero/a por qué has elegido cada opción.

Cuando viajo prefiero…	
a. hacer viajes tranquilos	b. tener aventuras como Indiana Jones
c. estar en mi propia cultura	d. descubrir culturas nuevas
Cuando tengo tiempo libre me gusta…	
a. hacer trabajos que no sean manuales	b. hacer trabajos manuales
Si necesito algo, prefiero…	
a. comprarlo en el supermercado	b. crearlo yo mismo

2 Use this activity to review the uses of the infinitive (**8.3, pp. 288–291**).

TEACHING OPTION To preview the reading, ask students: **¿Alguna vez han visitado unas ruinas? ¿Dónde? ¿De que siglo eran y de qué cultura? ¿Qué aprendieron sobre la gente, la geografía y la civilización de aquella época?**

Machu Picchu,

La ciudad perdida

Escucha el artículo y abre una investigación en **www.imagina.vhlcentral.com**.

En 1911, como si se tratara de una película de Indiana Jones, el estadounidense Hiram Bingham, profesor de la universidad de Yale, guió una expedición por los Andes que llevó al redescubrimiento de la maravillosa Ciudad Perdida, Machu Picchu. Gracias a que los conquistadores españoles nunca la encontraron, la majestuosa ciudad estaba intacta. Claro está que nunca fue olvidada totalmente: los pocos privilegiados que conocían su existencia vivían totalmente alejados° del mundo. Después de la visita de Bingham, Machu Picchu se convirtió en uno de los atractivos turísticos más importantes del continente.

Esta ciudad es el ejemplo más famoso de la arquitectura inca que muestra su habilidad para adaptarse a los cambios del terreno. Está ubicada en una zona montañosa y cubre unos trece kilómetros cuadrados. En los desniveles° naturales, se construyeron terrazas que, conectadas por escaleras, llevaban a una plaza central, donde se encontraban los templos y los edificios del gobierno de la ciudad.

Pero no sólo construyeron Machu Picchu. Los quechuas, uno de los pueblos más importantes que formaban parte del Imperio inca, planificaban muy cuidadosamente la construcción de edificios, como templos y palacios, y también de ciudades enteras. Normalmente, las paredes de los edificios importantes eran de piedra. Utilizaban martillos para darle forma adecuada a las piedras, y con ellos hacían un trabajo muy fino. Realizaban planos cuidadosos sobre la ubicación de cada uno de los componentes de la ciudad y construían maquetas. Se piensa, incluso, que cuando tenían que construir un edificio importante, especialmente si era religioso, construían una maqueta a tamaño real. Ésta, que era una reproducción perfecta de lo que iban a construir, se hacía supuestamente con adobe, ladrillos hechos de barro secado° al sol. De esta forma se podía anticipar la

far away

disparities

dried

¿Bingham e Indiana Jones?

Según un artículo del *Los Angeles Times* el famoso protagonista de la serie de películas de Indiana Jones estaba inspirado en Hiram Bingham, el descubridor de Machu Picchu. Aunque no es la única hipótesis que se maneja, las coincidencias son muchas. Las obvias son que los dos eran norteamericanos, profesores universitarios e iban siempre a la búsqueda de tesoros y ciudades perdidas.

distribución correcta de las piedras. Así explican los expertos el nivel de perfección que se consiguió con la arquitectura de piedra.

La construcción de las viviendas se realizaba sobre todo con adobe. Los techos los hacían de paja° y de hierba°, llamada *ichu*, y se tenían que renovar cada tres o cuatro años. Las paredes estaban inclinadas hacia el interior para proteger los edificios de los terremotos. Se llegaron a construir ciudades enteras de adobe, como Pachacamaq, una población cercana a Lima. Todavía en nuestros días, se prefiere este tipo de construcción en la zona andina, por lo fácil de conseguir los materiales y también porque se adaptan muy bien al clima de la zona.

Si sorprende la gran sofisticación de los edificios, también es admirable la planificación de infraestructuras: construyeron canales para el regadío° y puentes. De estos últimos, destacan los puentes colgantes°, hechos con sogas°, que a veces llegaban a medir° hasta cien metros de longitud.

Todavía se pueden admirar muchas de estas maravillas, pero si realmente se desea apreciar el esplendor y la riqueza del Imperio Inca, el destino es Machu Picchu. ∎

straw/grass

irrigation

hanging/ropes

to measure

1 Have volunteers read paragraphs of the text aloud. Pause after each paragraph to ask related comprehension questions.

2 Ask students to use at least three words from the vocabulary on **p. 293** in their descriptions.

TEACHING OPTION Ask students to compare what they have learned about Machu Picchu to the ancient places they described in the **Teaching Option** on **p. 293**. **¿Qué similitudes hay entre Machu Picchu y los otros lugares que han conocido? ¿Por qué es única esta ciudad antigua del imperio incaico?**

TEACHING OPTION To integrate both thematic and regional components of **Lección 8**, ask students to prepare an oral presentation on the scientific and technological advances of the Incan civilization. Remind students to pay particular attention to the importance of astronomy.

Análisis

1

Comprensión Contesta las preguntas con oraciones completas.

1. ¿Quién fue Hiram Bingham y por qué es conocido? Fue el profesor que guió la expedición que llevó al redescubrimiento de Machu Picchu.

2. ¿Cómo estaba Machu Picchu cuando la encontró Bingham? ¿Por qué? Estaba intacta porque los españoles nunca la encontraron.

3. ¿Por qué es importante Machu Picchu? Porque es el ejemplo más famoso de la arquitectura inca.

4. ¿De qué tamaño construían los incas las maquetas cuando tenían un proyecto muy importante? Los incas construían las maquetas de tamaño real.

5. ¿Cómo construían las viviendas? Las construían con adobe y los techos eran de paja y de hierba.

6. ¿Qué otro tipo de infraestructura fue construida por los incas? Las paredes estaban inclinadas hacia el interior para proteger los edificios de los terremotos. También construyeron canales para el regadío y puentes.

7. ¿En quién se cree que estuvo inspirado el personaje de Indiana Jones y por qué? Estuvo inspirado en Hiram Bingham porque los dos eran norteamericanos, profesores universitarios y siempre buscaban los tesoros y las ciudades perdidas.

2

Ciudad En parejas, imaginen que son astronautas y que han descubierto una ciudad desconocida que está en otro planeta. Ahora deben enviar un informe a la NASA sobre esta ciudad incluyendo esta información.

Nombre del planeta

Nombre de la ciudad

Descripción de la ciudad

Descripción de los seres del planeta

Modo de construcción de la ciudad

Características más impresionantes

3

Cambios En la televisión están de moda los programas en los que se remodelan casas. En grupos de cuatro, imaginen que son parte de uno de estos programas y que se les ha pedido remodelar el edificio donde estudian (universidad, escuela, etc.) para que los estudiantes estén más cómodos. Hagan un plano con los cambios que harán en el edificio y luego preséntenlo a la clase explicando cómo será.

Preparación

Sobre el autor

El escritor argentino **Pedro Orgambide** (1929–2003), ya desde su juventud, mostró interés por la literatura social. Publicó sus primeros poemas en 1942, y con tan sólo 19 años publicó su primer libro, *Mitología de la adolescencia* (1948). Tras el golpe de Estado en Argentina, se exilió en México, donde su trayectoria literaria continuó sumando títulos. De vuelta en Argentina, trabajó como creativo de publicidad y guionista de televisión. Durante la década de los noventa fue especialmente prolífico: novelas, ensayos, biografías, cuentos y prólogos se suman a la lista, casi interminable (*endless*), de sus publicaciones.

INSTRUCTIONAL RESOURCES LM, SAM Answer Key, Lab MP3, IRCD-ROM (scripts) Dramatic readings of the **Literatura** selections are recorded on the Lab MP3.

VARIACIÓN LÉXICA
envidioso/a ↔ celoso/a

Vocabulario de la lectura	Vocabulario útil
arruinar *to ruin*	**capacitar** *to prepare*
el/la intruso/a *intruder*	**envidioso/a** *envious, jealous*
el/la juez(a) *judge*	**la multa** *fine*
la máquina *machine*	**reemplazar** *to replace*
el pedazo de lata *piece of junk*	**sustituir** *to substitute*
pegar *to hit*	**la vanguardia** *vanguard*
sospechoso/a *suspicious*	

---

1 **Vocabulario** Completa cada oración con la palabra correspondiente. Después, en parejas, elijan una de las oraciones y escriban una breve historia inspirándose en ella. Cuando terminen, compartan su historia con la clase.

arruinado	máquina
envidiosa	multa
jueza	sustituir

1. La ___jueza___ mandó encarcelar al hombre de 92 años.
2. A Teresa no le gusta compartir sus cosas. Es muy ___envidiosa___.
3. Fue muy duro para ella saber que la iban a ___sustituir___ por otra persona.
4. No pudo hacer otra cosa más que llorar cuando supo que estaba ___arruinado___.
5. Estacioné mi carro en la esquina y me dieron una ___multa___.

2 **Preguntas** En parejas, túrnense para contestar las preguntas. Expliquen sus respuestas.

1. ¿Alguna vez has tenido miedo de que otra persona te sustituya en el puesto de trabajo u ocupe tu lugar?

2. Al llegar a un lugar nuevo, ¿has sentido que tu presencia amenaza la posición de alguien más? ¿Cómo resolviste la situación?

3. ¿Te consideras envidioso/a o piensas que eres generoso/a?

2 Encourage students to draw examples from various situations such as school, work, family, and relationships.

TEACHING OPTION To preview the reading, ask students to consider the title before reading the text. **¿Qué tipo de historia esperan al leer el título?**

LA INTRUSA

Pedro Orgambide

Sí, confieso que la insulté, Señor Juez, y que le pegué con todas mis fuerzas. Fui yo quien le dio con el fierro. Le gritaba y estaba como loco.

Escucha la lectura y opina sobre el
tema en **www.imagina.vhlcentral.com**.

Ella tuvo la culpa, Señor Juez. Hasta entonces, hasta el día que llegó, nadie se quejó de mi conducta. Puedo decirlo con la frente bien alta.° Yo era el primero en llegar a la oficina y el último en irme. Mi escritorio era el más limpio de todos. Jamás me olvidé de cubrir la máquina de calcular, por ejemplo, o de planchar° con mis propias manos el papel carbónico.°

°con... with my head held high

°5 smooth out/**papel...** carbon paper

El año pasado, sin ir muy lejos, recibí una medalla del mismo gerente. En cuanto a ésa, me pareció sospechosa desde el primer momento. Vino con tantas ínfulas° a la oficina. Además ¡qué exageración! recibirla con un discurso, como si fuera una princesa. Yo seguí trabajando como si nada pasara. Los otros se deshacían en elogios°. Alguno deslumbrado°, se atrevía a rozarla° con la mano. ¿Cree usted que yo me inmuté° por eso, Señor Juez? No. Tengo mis principios° y no los voy a cambiar de un día para el otro. Pero hay cosas que colman la medida.° La intrusa, poco a poco, me fue invadiendo. Comencé a perder el apetito. Mi mujer me compró un tónico, pero sin resultado. ¡Si hasta se me caía el pelo, señor, y soñaba con ella! Todo lo soporté, todo. Menos lo de ayer. "González —me dijo el gerente— lamento° decirle que la empresa ha decidido prescindir° de sus servicios."

°arrogance

°10

°praises

°dazzled/**tocarla**

°**me preocupé**

°15 principles

°**colman...** are too much

°I am sorry

°25 do without

Veinte años, Señor Juez, veinte años tirados a la basura. Supe que ella fue con la alcahuetería°. Y yo, que nunca dije una mala palabra, la insulté. Sí, confieso que la insulté, Señor Juez, y que le pegué con todas mis fuerzas. Fui yo quien le dio° con el fierro°. Le gritaba y estaba como loco. Ella tuvo la culpa. Arruinó mi carrera, la vida de un hombre honrado°, señor. Me perdí por una extranjera, por una miserable computadora, por un pedazo de lata, como quien dice.° ∎

°gossip

°30 hit

°metal bar

°honesto

°35

°**como...** so to speak

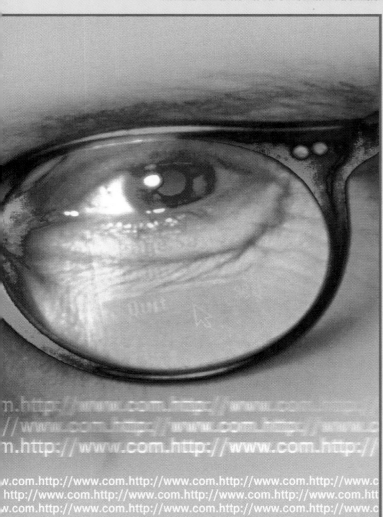

1 Ask students at what point in the story they discovered the "intruder" was not a person, but a machine. Point out how the author takes advantage of the ambiguity of subject and object pronouns in Spanish (**ella**, **la**) and compare with Benedetti's use of this technique in *Idilio* (**Lección 3, pp. 113–116**).

2 In pairs, have students describe a personal experience in which they or someone they know had a negative reaction to new technology.

2 Ask students to compare the "confessions" and the crimes in *La intrusa* and *La mirada* (**Lección 7, pp. 263–266**).

3 As a variant, have students discuss the impact of new forms of technology on the college campus.

4 Model a few sentences on the board using the past perfect and infinitives.

TEACHING OPTION As an alternate writing assignment, ask students to write a one-page story with a surprise ending. Consider passing out one or two additional short stories for students to use as models, such as *Primer encuentro*, by Álvaro Menen Desleal, and *Continuidad de los parques*, by Julio Cortázar. Read the students' best stories aloud and discuss which techniques made the surprises effective.

Análisis

1

Comprensión Contesta las preguntas con oraciones completas.

1. ¿Quién es la intrusa? La intrusa es una computadora.
2. ¿Quién está contando la historia? Un oficinista está contando la historia.
3. ¿Qué cosas hacía el hombre para ser considerado como un buen empleado?
   Llegaba temprano, se iba tarde, era muy limpio y ordenado.
4. ¿Cómo fue recibida la intrusa en la oficina? Hubo un discurso y todos estaban muy contentos de tenerla allí.
5. ¿Cómo afectó al hombre su llegada? El hombre perdió el apetito, se le cayó el pelo y soñaba con ella.
6. ¿Qué hizo su esposa para ayudarlo? Su esposa le compró un tónico.
7. ¿Cuántos años trabajó el hombre en la empresa? El hombre trabajó veinte años en la empresa.
8. ¿Por qué le está dando explicaciones a un juez? Está hablando con un juez porque dañó la computadora.

2

Interpretar Contesta las siguientes preguntas y explica tus respuestas.

1. ¿Crees que el enojo del hombre es justificado?
2. ¿Qué hubieras hecho tú en su lugar?
3. ¿Piensas que la actitud del gerente fue correcta?
4. ¿Cuál crees que va a ser la sentencia del juez?
5. ¿Qué técnicas usa Orgambide para engañar (*fool*) al lector?
6. ¿Por qué escoge sorprendernos al final, en lugar de decir desde el principio que la intrusa es una computadora?

3

Tecnologías Hagan una lista con los efectos positivos y los negativos del uso de aparatos tecnológicos en el proceso laboral de las empresas. Escriban un diálogo donde cada uno/a de ustedes defienda una posición opuesta. Luego represéntenlo frente a la clase.

4

Escribir Imagina que eres un(a) publicista y tienes que escribir un folleto para una campaña publicitaria. Elige el invento que tú consideres el más importante de los últimos tiempos. Escribe todos los detalles que creas necesarios. Usa el infinitivo y el pluscuamperfecto.

Plan de redacción

Campaña publicitaria

1 **Presentación** Presenta el objeto describiendo sus características y usos.

2 **Exposición** Explica por qué piensas que es tan importante y cómo ha afectado la vida de las personas.

3 **Conclusión** Expresa tus ideas sobre cómo va a evolucionar este invento en el futuro.

La tecnología y la ciencia

La tecnología

el buscador *search engine*
la cámara digital *digital camera*
el cederrón *CD-ROM*
el ciberespacio *cyber space*
la computadora portátil *laptop*
la contraseña *password*
el corrector ortográfico *spell checker*
la dirección electrónica *e-mail address*
la herramienta *tool*
la informática *computer science*
la red *the web*
el reproductor de DVD *DVD player*
el teléfono celular *cell phone*

borrar *to erase*
descargar *to download*
guardar *to save*
quemar *to burn (a CD)*

avanzado/a *advanced*
innovador(a) *innovative*
intrigante *intriguing*
revolucionario/a *revolutionary*

Los inventos y la ciencia

el ADN *DNA*
el avance *advance, breakthrough*
la célula *cell*
el desafío *challenge*
el descubrimiento *discovery*
el experimento *experiment*
el gen *gene*
la genética *genetics*
el invento *invention*
la novedad *new development*
la patente *patent*
la teoría *theory*

alcanzar *to reach, to attain*
clonar *to clone*
comprobar (o:ue) *to prove*
contribuir *to contribute*
crear *to create*
curar *to cure*
inventar *to invent*

bioquímico/a *biochemical*
especializado/a *specialized*
(poco) ético/a *(un)ethical*

El universo y la astronomía

el espacio *space*
la estrella (fugaz) *(shooting) star*
el extraterrestre *alien*
la gravedad *gravity*
el ovni *U.F.O.*
la supervivencia *survival*
el telescopio *telescope*

aterrizar *to land*
explorar *to explore*

Gente en las ciencias

el/la astronauta *astronaut*
el/la astrónomo/a *astronomer*
el/la biólogo/a *biologist*
el/la científico/a *scientist*
el/la ingeniero/a *engineer*
el/la investigador(a) *researcher*
el/la matemático/a *mathematician*
el/la químico/a *chemist*

Cortometraje

la calidad *quality*
el clon *clone*
la guita *cash, dough (Arg.)*
la locura *craziness*
la nave espacial *spacecraft*
la plata *money (Am. L.)*
el regreso *return*
el/la vago/a *slacker*

alimentar *to feed*
congelar(se) *to freeze (oneself)*
descongelar(se) *to defrost (oneself)*
soñar *to dream*

computarizado/a *computerized*
duro/a *hard, difficult*
en línea *online*
interactivo/a *interactive*

práctico/a *useful; practical*
virtual *virtual*

Cultura

el barro *mud; clay*
el ladrillo *brick*
la maqueta *model*
el martillo *hammer*
el modo *means, manner*
la pared *wall*
la piedra (esculpida) *(sculpted) stone*
el planeta *planet*
el plano *blueprint, plan*
el tamaño *size*
el terreno *terrain*
el universo *universe*

descubrir *to discover*
guiar *to guide*
planificar *to plan*
realizar *to carry out*
remodelar *to remodel*

ubicado/a *located*

Literatura

el/la intruso/a *intruder*
el/la juez(a) *judge*
la máquina *machine*
la multa *fine*
el pedazo de lata *piece of junk*
la vanguardia *vanguard*

arruinar *to ruin*
capacitar *to prepare*
pegar *to hit*
reemplazar *to replace*
sustituir *to substitute*

envidioso/a *envious, jealous*
sospechoso/a *suspicious*

Escapar y divertirse

Hay personas para quienes la vida no tiene sentido sin rutina, y hay personas para quienes la rutina destruye la esencia de la vida. Sin gravitar en ningún extremo, sí podemos afirmar que salir de la rutina y del trabajo "productivo" es una necesidad básica del ser humano. Y aquí es donde entra en juego el ocio, ese tiempo libre que dedicamos a actividades diversas para encontrarle a la vida plenitud e inspiración.

Lejos del ruido, las obligaciones y las preocupaciones cotidianas, unos amigos disfrutan de dos clásicos del ocio: el agua y el sol.

309

316

Destino:

ARGENTINA Y URUGUAY

URUGUAY

ARGENTINA

PREVIEW Discuss the photo and text on **p. 302** as a class. Then have students discuss these questions in pairs: **¿Qué hacen para divertirse si tienen dos horas libres? ¿Si tienen dos días? ¿Si tienen dos semanas?** Have students share their partners' answers with the class, then ask specific questions to preview the new vocabulary on **p. 304.** Ex: **¿A quiénes les gusta ir a conciertos? ¿Cuántos son miembros de algún club deportivo?**

Las diversiones

Los deportes

el alpinismo *mountain climbing*

la apuesta *bet*
el/la atleta *athlete*
el boliche *bowling*
la carrera *race*
el club deportivo
  sports club
los deportes extremos *extreme sports*
el equipo *team*
el esquí alpino/de fondo *downhill/cross country skiing*

apostar (o:ue) *to bet*
empatar *to tie (a game)*
ganar/perder (e:ie) un partido *to win/lose a game*
gritar *to shout*

lastimar(se) *to injure (oneself)*
marcar (un gol/un punto) *to score (a goal/a point)*
silbar (a) *to whistle (at)*
vencer *to defeat*

———

aficionado/a (a) *a fan (of); fond of*
animado/a *lively*

———

Escucha y practica el vocabulario en **www.imagina.vhlcentral.com**.

El tiempo libre

el/la aguafiestas *party pooper*
el/la anfitrión/anfitriona *host/hostess*
el billar *pool*

el boleto/la entrada *ticket*
las cartas/los naipes *(playing) cards*
la comedia *comedy*
el concierto *concert*
el conjunto/grupo musical *musical group, band*
los dardos *darts*
el espectáculo
  show, performance
el/la espectador(a)
  spectator
la feria *fair*
el juego de mesa
  board game
la lotería *lottery*
el/la músico/a *musician*
la obra de teatro *theater play*
el ocio *leisure*
el parque de atracciones
  amusement park
los ratos libres *free time*
el recreo *recreation*
el teatro *theater*
el videojuego *video game*

———

actuar *to act*
aplaudir *to applaud*
brindar *to drink a toast*
celebrar *to celebrate*
charlar *to chat*
coleccionar *to collect*
conseguir (e:i) (entradas) *to get (tickets)*
correr la voz *to spread the word*
divertirse (e:ie) *to have a good time*
entretenerse (e:ie) *to amuse oneself*
estrenar (una película) *to release (a movie)*
festejar *to celebrate*
hacer cola *to wait in line*
ir de copas *to go have a drink*

poner un disco compacto
  to play a CD
reunirse (con) *to get together*
salir (a comer) *to go out (to eat)*

tomar (una copa) *to have (a drink)*
valer la pena *to be worth it*

———

aburrido/a *boring*
agotado/a *sold out*
entretenido/a *entertaining*

VARIACIÓN LÉXICA
charlar ↔ platicar
hacer cola ↔ hacer fila
silbar ↔ chiflar; pitar
vencer ↔ derrotar

Práctica

INSTRUCTIONAL RESOURCES WB, LM, SAM Answer Key, Lab MP3, IRCD-ROM (scripts)

1 **¿Dónde están?** Indica en qué lugar están estas personas.

1. Llegamos muy temprano, pero había una cola larguísima. ¿Y si no conseguíamos entradas? ¿Y si estaban agotadas las localidades (*seats*)?

    a. zoológico   (b.) teatro   c. supermercado   d. gimnasio

2. Había máquinas que subían, bajaban, daban vueltas hacia la derecha y hacia la izquierda. La más espectacular dibujaba un laberinto de líneas en el aire.

    a. oficina   b. rascacielos   (c.) parque de atracciones   d. partido de fútbol

3. Yo no sabía que cuatro personas podían hacer tanto ruido en un campo de fútbol lleno de gente. Mi novio se divertía, pero yo no entendía nada de lo que decían.

    a. playa   b. restaurante   c. ópera   (d.) concierto

4. Aquí la gente suda, pero a mí no me gusta sudar cuando hago ejercicio, por eso me gusta nadar. Mi hermano es el dueño y no tengo que pagar.

    (a.) club deportivo   b. video club   c. cine   d. bar

2 **Goles y copas** Completa la conversación entre Mario y Pedro.

aburridos	apostado	equipo	ir de copas
aficionado	brindando	espectáculo	perder
aguafiestas	empató	festejar	silbando
animadas	entretenida	gritando	valió la pena

PEDRO Mario, ¿vamos o qué? ¿Estás listo? Venga que llegamos tarde.

MARIO Lo siento, pero no puedo ir a la fiesta de tu novia. Hay partido de fútbol.

PEDRO ¿Qué partido de fútbol? Venga vamos. No seas (1) _aguafiestas_ .

MARIO No, es que soy muy (2) _aficionado_ al fútbol, eso es todo.

PEDRO Las fiestas de mi novia son más (3) _animadas_ y más entretenidas que los (4) _aburridos_ partidos de fútbol. Todos son iguales…Veintidós tontos corriendo detrás de una pelota, la gente (5) _gritando_ histérica y el árbitro (*referee*) (6) _silbando_ .

MARIO Es la final de la Copa Mundial. Argentina juega contra Brasil. Es el (7) _espectáculo_ del año. He invitado a todos mis amigos. Y cuando termine el partido vamos a (8) _ir de copas_ para (9) _festejar_ la victoria.

PEDRO Estás muy seguro de la victoria de tu (10) _equipo_ .

MARIO Estoy más que seguro, estoy segurísimo. No puede (11) _perder_ . Tiene que ganar, he (12) _apostado_ todos mis ahorros. ¡Tiene que ganar!

PEDRO Disfruta de la pantalla gigante. ¡Espero que no tengas que venderla!

3 **Un fin de semana extraordinario** Dos amigas con personalidades muy diferentes tienen que pasar un fin de semana juntas en una ciudad que nunca han visitado. Hacen muchas sugerencias interesantes, pero todo lo que una propone, la otra lo rechaza con alguna explicación absurda, y viceversa. En parejas, improvisen una conversación utilizando las palabras del vocabulario.

2 In pairs, have students use the vocabulary from **p. 304** to write down five activities they think their partners enjoy. Then have them exchange lists to see how well they know each other.

3 Ask volunteers to list some weekend events on campus. In pairs, have students write a dialogue in which they try to decide on one or two activities from the list to do together that weekend.

TEACHING OPTION Bring in photos of recreational activities from the vocabulary on **p. 304**. Pass the pictures out to small groups and give them two minutes to discuss each photo, encouraging them to use as many new vocabulary words as possible. Then have a member from each group describe one of the photos to the class. Ask personalized questions about each activity to increase student output.

Preparación

Vocabulario del corto

anotar un gol *to score a goal*
el ataúd *casket*
el balón *ball*
el campeonato *championship*
la cancha *field*
deber (dinero) *to owe (money)*
el empate *tie*

enterrado/a *buried*
la misa *mass*
mujeriego *womanizer*
el Mundial *World Cup*
patear *to kick*
la prueba *proof*
la señal *sign*
subir *to raise*

Vocabulario útil

el/la delantero/a *forward (sport position)*
el/la deportista *athlete; sportsman/ sportswoman*
desafiar *to challenge*
dominar *to dominate*
enterrar *to bury*
el fantasma *ghost*
invisible *invisible*
pasar *to pass*
saltar *to jump*
el/la viudo/a *widower; widow*

EXPRESIONES

¡Aguas! *Watch out! (Mex.)*
¿Cómo ves/ven? *How about that?*
estar deshecho/a *to be devastated*
ni siquiera *not even*
ser un(a) hablador(a) *to be a liar (Mex.)*
Ya qué más da. *It doesn't matter any more.*

---

1 **Vocabulario** Busca las palabras que corresponden con las definiciones.

1. lugar donde se juega al fútbol cancha
2. golpear algo con el pie patear
3. las primeras horas del día madrugada
4. su esposa ha muerto viudo
5. lo que se muestra para comprobar algo prueba

A	N	E	O	B	I	C	P	C	T
M	A	D	R	U	G	A	D	A	W
E	F	U	K	A	T	N	I	N	V
R	Q	Z	I	E	B	O	X	C	J
V	O	P	A	C	M	I	D	H	E
N	I	R	Y	O	P	E	H	A	L
A	K	U	M	Y	A	F	T	C	A
G	R	E	D	U	P	S	V	I	T
D	E	B	E	O	I	L	L	U	H
A	J	A	N	G	R	U	Q	T	N

2 **Escribir** En parejas, escriban seis oraciones lógicas usando todas las palabras y expresiones.

campeonato	empate	invisible
deber	estar deshecho	ni siquiera
desafiar	fantasma	saltar

3 Fotogramas Observen los fotogramas e imaginen lo que va a ocurrir en el cortometraje.

3 Have students write a brief paragraph for each photo and call on volunteers to read their paragraphs to the class.

4 ¿Y tú? Primero, completa la encuesta y, después, en parejas, intercambien sus opiniones explicando sus puntos de vista. Cuando terminen, compartan lo que han aprendido de su compañero/a con la clase.

	Sí	No
Sigo los deportes en televisión.	☐	☐
Prefiero la música a los deportes.	☐	☐
Conozco la historia de algunos deportistas famosos del pasado.	☐	☐
Me gusta oír historias de las personas mayores. Me interesa saber cómo fueron sus vidas.	☐	☐
Cuando tenga ochenta años me acordaré de todo lo que ha pasado en mi vida.	☐	☐
Creo que nunca voy a cambiar. Siempre voy a ser la misma persona año tras año.	☐	☐
Cuando yo sea una persona mayor, nunca criticaré las modas (*fashion*) y las costumbres de los jóvenes.	☐	☐

5 Preguntas En parejas, túrnense para hacerse las preguntas. Expliquen sus respuestas.

1. ¿Qué papel juega el deporte en tu vida?
2. ¿Qué deporte o deportes practicabas cuando eras niño?
3. ¿Qué deporte o deportes practicas ahora?
4. ¿Qué deportes te gusta mirar por televisión?
5. ¿A qué deportista o deportistas admiras?
6. ¿Qué cualidades positivas y qué cualidades negativas asocias con los deportistas profesionales actuales?
7. ¿Crees que esas cualidades varían con las épocas?
8. ¿Crees que los deportistas profesionales ganan demasiado dinero?
9. ¿Qué ventajas y desventajas relacionas con la vida de los grandes deportistas?
10. ¿Qué semejanzas y diferencias hay entre los deportes individuales y los de equipo?

5 To preview the film, have students research the history of the World Cup. To incorpote the regional focus of **Lección 9**, have students research a famous soccer player from either Argentina or Uruguay, and the history of each country's participation and performance in the World Cup.

6 El deporte y sus funciones En grupos de tres, hablen sobre algunos de estos aspectos que el deporte desempeña (*plays*) en la sociedad actual. Después, compartan sus opiniones con la clase y decidan por qué algunos deportistas son considerados "héroes".

- lúdico (*fun*)
- social
- político
- económico

Mira el cortometraje en
www.imagina.vhlcentral.com.

This film is available on th
Imagina Film Collection
DVD and at **www.imagin**
vhlcentral.com.

GANADOR DEL 3ER. CONCURSO NACIONAL DE PROYECTOS DE CORTOMETRAJE, MÉXICO 2004

espíritu deportivo

Una producción de CONACULTA/INSTITUTO MEXICANO DE CINEMATOGRAFÍA Guión y Dirección JAVIER BOURGES
Fotografía SERGEI SALDÍVAR TANAKA Edición JAVIER BOURGES Diseño Sonoro AURORA OJEDA
Música EDUARDO GAMBOA Dirección de Arte ÁLVARO CHÁVEZ
Actores MAX KERLOW/MA. ELENA OLIVARES/PEPE URCELAY/FAMESIO DE BERNAL/JOSÉ L. AVENDAÑO/
RAFAEL G. MIYAGUI/VÍCTOR H. ARANA/JOSÉ L. HUERTA/BALTIMORE BELTRÁN/LUIS ÁVILA/RENÉ CAMPERO/
GEORGINA GONZÁLEZ/MA. FERNANDA GARCÍA

ARGUMENTO *El futbolista Efrén "El Corsario" Moreno ha muerto de un ataque al corazón. Su familia y amigos lo están velando.*[1]

REPORTERA Sin duda, extrañaremos al autor de aquel gran gol de chilena[2] con el que eliminamos a Brasil del Mundial de Honduras de 1957.

REPORTERA Don Tacho, ¿es cierto que usted dio el pase para aquel famoso gol?
TACHO Claro que sí, yo le mandé como veinte pases al área penal, pero él nada más anotó esa sola vez.

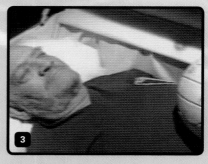

JUANITA Quiso ser enterrado [...] con el balón de futbol con las firmas de todos los que jugaron con él en aquel partido con Uru... con... con Brasil. [...] Se irá a la tumba[3] con sus trofeos[4] y con su uniforme, como un gran héroe.

MARACA Tacho, eres un hablador. Estás mal. Tú ni siquiera fuiste a ese Mundial. Es más, cien pesos a que te lo compruebo.
TACHO Y cien pesos más que suben el juego.

MARACA A ver, ¿dónde está tu firma?
TACHO Aquí debe estar...¡Ya la borraron!
(Molesto porque no encuentra su firma, patea el balón.)

(El balón cae sobre la guitarra de un grupo de jóvenes y la rompe.)
HUGO Si no le pagan la guitarra aquí a mi carnal[5], no les regresamos[6] su balón. ¿Cómo ven?

---

[1] *holding a wake* [2] *scissors kick* [3] *grave* [4] *trophies* [5] *buddy* [6] *give back*

Nota
CULTURAL

La Copa Mundial de Fútbol

Cada cuatro años la fiebre del fútbol inunda México como una epidemia. Este deporte, siendo el más popular en el país, cobra una importancia sin precedentes cuando la selección nacional consigue un lugar en la Copa Mundial de Fútbol. Aficionados en todo el país, e incluso personas que normalmente no siguen este deporte, observan muy de cerca el desarrollo de su equipo en el Mundial. Los televisores se mantienen prendidos° en casas, restaurantes, bares, tiendas y hasta en oficinas y escuelas, para que todos puedan celebrar cada gol, cada partido, cada pase a la siguiente ronda°, con la pasión única que este deporte provoca.

se... *remain on* **ronda** *round*

PREVIEW Divide the class into groups of five and assign a role to each student. Have students read the dialogue aloud, then ask them to characterize "El Tacho." Ask: **¿Creen que es un hablador, como dice Juanita, o que realmente jugó en el famoso partido contra Brasil?** Keep a tally of students' opinions on the board, both before and after viewing the film.

Análisis

1

Comprensión Contesta las preguntas con oraciones completas.

1. ¿Quién es Efrén "El Corsario" Moreno? Es un jugador famoso del fútbol mexicano de los años 50.

2. ¿Cuándo y de qué murió "El Corsario" Moreno? Murió en la madrugada de un ataque al corazón.

3. ¿Cómo ganó México su partido contra Brasil en el Mundial de 1957?
Ganó con un gol que metió El Corsario Moreno.

4. Según "El Tacho" Taboada, ¿cómo anotó "El Corsario" el gol de la victoria?
El Tacho dice que le mandó varios pases al Corsario, pero él sólo anotó una vez.

5. ¿Qué hay en el balón del Corsario? El balón tiene las firmas de todos los que jugaron en el partido contra Brasil.

6. ¿Cuánto apuestan los amigos sobre la firma de "El Tacho"? Apostaron doscientos pesos.

7. ¿Cuánto le cuesta la misa a Juanita? ¿Por qué? No le costó nada porque viene con el paquete.

8. ¿Qué pasa cuando "El Tacho" patea el balón? El balón cae en la guitarra de unos jóvenes y la rompe.

9. ¿Qué posición jugaba "El Tacho" en la selección nacional? El Tacho jugaba como delantero en la selección.

10. ¿Quiénes ganan el partido en el parque? El Tacho y sus amigos ganan el partido.

11. ¿Quién les ayuda a ganar? El Corsario Moreno les ayuda a ganar el partido.

2

Interpretar Contesta las preguntas y explica tus respuestas.

1. ¿Crees que "El Tacho" jugó en el partido contra Brasil?

2. ¿Piensas que el sacerdote admira a "El Corsario" Moreno? ¿Cómo lo sabes?

3. ¿Piensas que "El Corsario" era mujeriego?

4. ¿Quién se queda con el balón al final?

5. ¿Por qué crees que "El Corsario" regresa voluntariamente al ataúd?

6. ¿Crees que el cortometraje tiene un final feliz?

3

Analizar En grupos de tres, analicen las citas. Después, compartan sus opiniones con el resto de la clase.

> **"La muerte es una vida vivida. La vida es una muerte que viene."** *Jorge Luis Borges*

> **"Así como una jornada (*day*) bien empleada produce un dulce sueño, así una vida bien usada causa una dulce muerte."** *Leonardo da Vinci*

> **"La muerte es algo que no debemos temer porque, mientras somos, la muerte no es y cuando la muerte es, nosotros no somos."** *Antonio Machado*

> **"El día de tu muerte sucederá que lo que tú posees en este mundo pasará a manos de otra persona. Pero lo que tú eres será tuyo por siempre."** *Henry van Dyke*

4 **Fantasmas** En parejas, túrnense para hacerse las siguientes preguntas.

1. ¿Recuerdas alguna película donde aparezca un fantasma? ¿Cuál?
2. ¿Te gustó? ¿Por qué?
3. ¿Crees en los fantasmas? Explica.
4. Si existieran los fantasmas, ¿cómo crees que serían?
5. Si pudieras hablar con uno, ¿qué le preguntarías?

5 **Eres médium** En parejas, imaginen que uno/a de ustedes es médium. Él/La otro/a es uno de estos personajes. Escriban una entrevista. Luego, compártanla con la clase.

Abraham Lincoln

Frida Kahlo

Martin Luther King, Jr.

Eva Perón

Gandhi

6 **Televisión** En parejas, imaginen que son periodistas. Tienen que preparar un reportaje para la televisión sobre el partido de fútbol entre "El Tacho y sus amigos" y los jóvenes en el parque. Túrnense para hacer las observaciones que crean oportunas. Describan las acciones y las reacciones de los personajes. Recuerden que miles de personas los van a ver, tengan sentido del humor e... ¡intenten que no cambien de canal!

5 Model the activity by selecting a well-known Hispanic figure from the past and moving back and forth as you act out both roles. **Ex1: Sr. Diego Rivera, si no hubiera sido pintor, ¿cómo le hubiera gustado ganarse la vida? DR: Si no hubiera sido pintor, creo que me hubiera gustado ser presidente de México. Ex2: Sr. Miguel de Cervantes, ¿cómo se le ocurrió la idea de Don Quijote? MC: Era un personaje que aparecía constantemente en mis sueños y un día decidí escribir sobre él. Así es como conseguí no soñar nunca más con él. Ex3: Sr. Miguel de Cervantes, ¿quién es más sabio, Don Quijote o Sancho Panza? MC: Los dos son sabios a su manera. Sancho Panza es iletrado y no tiene muy buenos modales, pero dice verdades universales y ve la realidad tal como es; Don Quijote ha leído muchos libros y posee muchos conocimientos de los sabios, pero en la vida diaria vive en las nubes.**

6 Before completing the activity, have students help make a list on the board of useful words and expressions. If you have access to Spanish sports coverage, record and play several minutes of sports commentary for students to use as a model.

INSTRUCTIONAL RESOURCES For teaching suggestions related to this section, see the Instructor's Resource CD-ROM.

IMAGINA ARGENTINA

En **www.imagina.vhlcentral.com** encontrarás más información y actividades relacionadas con esta sección.

Cuando viajas, ¿prefieres explorar la naturaleza, esquiar en las montañas, disfrutar de las atracciones de una ciudad o relajarte en una hermosa playa? ¿Por qué no hacerlo todo? Si viajas por **Argentina** y **Uruguay** tendrás la oportunidad de admirar desde variados espectáculos naturales hasta ciudades cosmopolitas. En Argentina, por ejemplo, existen diversos territorios con montañas entre las que se encuentran los **Andes**, donde hay muchos campamentos de esquí en sus laderas[1] nevadas; la **Pampa** es una zona famosa por sus extensas llanuras[2] en las que montar a caballo es una de las actividades más populares; la **Patagonia**, por su parte, te brinda mesetas y valles por los que puedes pasear y relajarte. Uruguay, te ofrece también paisajes inigualables, desde pastizales[3] y marismas[4] hasta impresionantes montañas. Este país cuenta también con ciudades cosmopolitas y de activa vida cultural y turística como **Montevideo** y **Punta del Este**.

Lago Falkner, Patagonia

La Patagonia y Montevideo

Si te interesa la variedad, la **Patagonia**, en **Argentina**, es el destino perfecto. El extremo sur de esta región, **Tierra del Fuego**, es un área de mares turbulentos e impresionantes glaciares azules. En el noreste de la Patagonia está la **Península Valdés** donde podrás ver ballenas[5], focas[6], pingüinos, armadillos, guanacos (similares a las llamas) y otros muchísimos tipos de animales. Después de quedar boquiabierto[7] con tantos tesoros naturales puedes completar un triángulo viajando al oeste para esquiar en las montañas cerca de la ciudad de **Bariloche**, una de las atracciones de invierno más populares del país.

Barrio Reus, Montevideo

Para regresar a la modernidad de una gran ciudad puedes dirigirte al norte y pasar a **Uruguay** para disfrutar de la cosmopolita, pero tranquila ciudad de **Montevideo**. Esta capital ofrece una gran diversidad cultural y sus edificios son una combinación interesante de estilos coloniales, italianos y modernos, con toques[8] de Art Decó. En el verano, es decir, alrededor del mes de diciembre, muchos turistas, especialmente argentinos, van a Montevideo para descansar. En enero, febrero y marzo es posible disfrutar del carnaval, el cual se celebra en toda la ciudad. Y si quieres relajarte todavía más, puedes visitar las bellas playas de Montevideo y, en especial, la exclusiva y no muy distante **Punta del Este**, con su juguetona[9] escultura de una mano que sale de la arena[10] en la playa.

Signos vitales

La **Murga** es uno de los fenómenos típicos del **carnaval de Montevideo**. Es un conjunto de personas que se reúnen para cantar y hacer teatro. Las Murgas con frecuencia se burlan de los políticos y de las personalidades famosas.

[1] slopes [2] plains [3] pastures [4] marshes [5] whales [6] seals [7] speechless [8] touches [9] playful [10] sand

Y URUGUAY

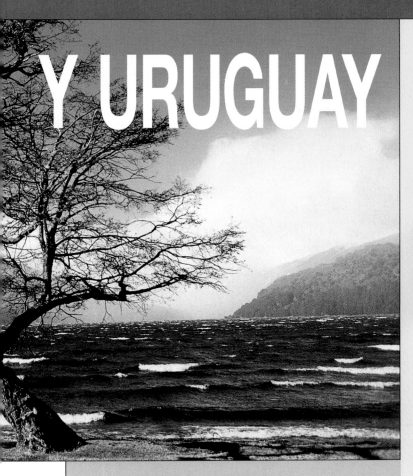

El español de Argentina y Uruguay

Argentinismos

buzo	suéter; *sweater*
campera	abrigo; *coat*
¡Che!	*to get people's attention; Hey!*
copado/a	contento/a; muy de moda; *happy; very cool*
feriado	día festivo; *holiday*
micro	autobús; *bus*
pibe	muchacho; *guy*
remera	camiseta; *T-shirt*
valija	maleta; *suitcase*

Uruguayismos

apolar	dormir; *to sleep*
botija	niño/a; *kid*
buque	autobús; *bus*
busarda	barriga; *belly*
caber	gustar; *to like*
gamba	favor, ayuda; *favor, help*
meter lomo	esforzarse; *to make an effort*
teca	dinero; *money*

¡Exploremos Montevideo y Buenos Aires!

El Río de la Plata Es uno de los ríos más anchos[1] del mundo y separa las ciudades de **Buenos Aires** y **Montevideo**. Su

anchura[2] oscila entre los 48 y 220 kilómetros (30 y 136 millas). Es tan grande que es visible desde el espacio, desde donde se pueden ver los sedimentos que arrastran[3] los ríos **Uruguay** y **Paraná**.

Puerto Madero En una época los grandes almacenes[4] de ladrillo al lado del **Río de la Plata** estaban abandonados y llenos de ratones. Ahora, los mismos edificios se convirtieron en oficinas, restaurantes, apartamentos, y hasta en una universidad. Esta elegante zona de Buenos Aires, conocida como **Puerto Madero**, está otra vez viva y llena de gente.

El Mercado de Abasto y el Mercado del Puerto Son dos mercados históricos de ambas ciudades. El área del **Mercado de Abasto**, fundado en 1934, es el barrio donde se crió el icono del tango argentino, **Carlos Gardel**. El **Mercado del Puerto** es, desde 1868, un centro de actividad constante en **Montevideo**. Actualmente es un área de restaurantes de mariscos y carnes.

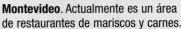

El carnaval de Montevideo Con una duración de 40 días, se dice que es el carnaval más largo del mundo. Aunque se celebra en todo el país, los eventos más conocidos ocurren en la capital. El desfile[5] de *Llamadas* es especialmente famoso y celebra las tradiciones y la herencia africanas de **Uruguay**.

[1] **más…** *widest* [2] *width* [3] *sweep along* [4] *warehouses* [5] *parade*

La historia de Juan Cabandié

 **DOCUMENTAL**
Mira el documental sobre Juan Cabandié en **www.imagina.vhlcentral.com**.

El rescate de la identidad

Las **Madres de la Plaza de Mayo** son un grupo de mujeres que tienen hijos o familiares que desaparecieron durante la dictadura militar en **Argentina**. Ellas se reúnen todos los jueves en la Plaza de Mayo en **Buenos Aires** y realizan intensos trabajos de investigación para descubrir el paradero° de sus hijos y nietos. Este valiente grupo fue una pieza clave° en el encuentro de **Juan Cabandié** y su abuela. Después de saber que había sido adoptado de muy pequeño, Juan se dedicó a buscar a su familia, y descubrió los secretos de su identidad. Te invitamos a conocer un poco más sobre Juan Cabandié viendo el documental y leyendo más información en **www.imagina.vhlcentral.com**.

paradero *whereabouts* **clave** *key*

Los Fabulosos Cadillacs

SUBE EL VOLUMEN
Lee un poco más sobre Los Fabulosos Cadillacs y su música en **www.imagina.vhlcentral.com**.

El rock hispano en evolución

Discografía selecta
1986 *Bares y fondas°*
1987 *Yo te avisé* (álbum de oro)
1988 *El ritmo mundial*
1992 *El león*
1993 *Vasos vacíos* (quinto álbum de platino)
1997 *Fabulosos Calavera°* (Premio Grammy Latino)

fondas *guest houses* **Calavera** *Skull* **giras** *tours* **voz principal** *lead singer*

Los Fabulosos Cadillacs es un grupo de rock argentino que empezó en el año 1985 y actualmente está considerado como el mejor grupo de rock hispano. Sus creaciones musicales empezaron imitando el ska de bandas inglesas. Pero con la intención de encontrar su propio estilo y crecer musicalmente, sus composiciones se caracterizan por combinar ska, reggae, calipso, rap, jazz, salsa y otros ritmos latinos. En los años 90, después de sobrevivir a la crisis económica de su país, realizaron importantes giras° internacionales llenando teatros y estadios. Han colaborado con diversas estrellas de la música latina, como **Celia Cruz**, y su música se puede oír en películas de **John Cusack** y **Quentin Tarantino**. **Vicentico Fernández**, el fundador del grupo, la voz principal° y el compositor de la mayoría de las canciones, es junto a **Flavio Cianciarullo** el alma del grupo.

¿Qué aprendiste?

1 **Cierto o falso** Indica si estas afirmaciones son ciertas o falsas. Corrige las falsas.

1. Se puede esquiar en los Andes. Cierto.

2. Tierra del Fuego está en el este de la Patagonia.
   Falso. Tierra del Fuego está en el sur de la Patagonia.

3. En Punta del Este hay una escultura de una mano saliendo de la arena. Cierto.

4. El Río de la Plata separa Buenos Aires de La Patagonia.
   Falso. El Río de la Plata separa Buenos Aires de Montevideo.

5. El carnaval de Montevideo dura aproximadamente setenta y cinco días. Falso. El carnaval de Montevideo dura aproximadamente cuarenta días.

6. Las Madres de la Plaza de Mayo se reúnen todos los jueves.
   Cierto.

2 **Preguntas** Contesta las preguntas con oraciones completas.

1. ¿Qué animales se pueden ver en la Península Valdés?
   En la Península Valdés se pueden ver ballenas, focas, pingüinos, armadillos y guanacos.

2. ¿En qué estación del año es Bariloche muy visitada?
   Bariloche es muy visitada en invierno.

3. ¿Cuándo fue fundada la ciudad de Montevideo?
   Montevideo fue fundada en 1726.

4. ¿Qué son las murgas? Las murgas son conjuntos de personas que se reúnen para cantar y hacer teatro durante el carnaval de Montevideo.

5. ¿Qué es el Mercado del Puerto hoy en día? Hoy en día, el Mercado del Puerto es un área de restaurantes de mariscos y carnes.

6. ¿Qué celebra el desfile de las Llamadas? Celebra las tradiciones y la herencia africanas en Uruguay.

7. ¿Qué grupo de mujeres fue pieza clave en el encuentro de Juan Cabandié y su abuela? Las Madres de la Plaza de Mayo fueron pieza clave en el encuentro.

PROYECTO

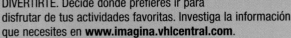

Misión: Inmersión y diversión

Imagina que este verano vas de intercambio a Argentina o Uruguay. Tu objetivo principal es mejorar tu español y sumergirte en la cultura argentina o uruguaya, pero también: DIVERTIRTE. Decide dónde prefieres ir para disfrutar de tus actividades favoritas. Investiga la información que necesites en **www.imagina.vhlcentral.com**.

- Escoge entre una ciudad, una playa, el campo o las montañas.
- Busca fotos e información sobre las actividades que ofrece ese lugar.
- Explica a la clase dónde harás tu intercambio y por qué.

MINIPRUEBA

Completa las oraciones con la información correcta y demuestra lo que aprendiste sobre Argentina y Uruguay.

1. Buenos Aires y _____ son las capitales de Argentina y Uruguay respectivamente.
   a. La Murga b. Patagonia c. Montevideo d. Bariloche

2. Para montar a caballo en Argentina, la _____ es la zona más adecuada.
   a. Andes b. Península Valdés c. Plaza de Mayo d. Pampa

3. Tierra del Fuego tiene impresionantes _____ azules.
   a. glaciares b. focas c. montañas d. gaviotas

4. Los aficionado al esquí pueden practicarlo en Argentina cerca de la ciudad de _____.
   a. Bariloche b. Buenos Aires c. Punta del Este
   d. La Pampa

5. Montevideo es una ciudad cosmopolita, pero también _____.
   a. antigua b. pequeña c. escondida d. tranquila

6. En enero, febrero y marzo se lleva a cabo el _____ de Montevideo.
   a. carnaval b. puerto c. fuego d. ecosistema

7. En Argentina, llaman _____ a los abrigos.
   a. buzos b. micros c. remeras d. camperas

8. En Uruguay, al dinero le dicen _____.
   a. gamba b. teca c. botija d. busarda

9. El Río de la Plata es tan grande que es visible desde el _____.
   a. mar b. desierto c. espacio d. Amazonas

10. Los edificios que ahora se usan para oficinas, restaurantes y apartamentos en Puerto Madero antes eran _____.
    a. tiendas b. teatros c. cines d. almacenes

11. Carlos Gardel se crió en el _____ del Mercado de Abasto.
    a. área b. interior c. segundo piso d. sótano

12. Las Madres de la Plaza de Mayo son mujeres que _____ a sus familiares desaparecidos.
    a. no extrañan b. buscan c. renunciaron d. no quieren

GALERÍA DE CREADORES

LITERATURA Jorge Luis Borges

"Siempre imaginé el Paraíso como una especie de biblioteca." Jorge Luis Borges, el genio literario argentino, es un elemento central de la cultura argentina moderna. La literatura fue su pasión y su creatividad e imaginación se anticipan por décadas a temas como la "realidad virtual". Leer a Borges es entrar al mundo de un hombre con conocimientos enciclopédicos, un auto que puede escribir sobre un crimen en Par un sueño en Persia o un paseo por la ciuda de Buenos Aires. Algunas de sus obras más conocidas son *Cuentos marinos*, *El Aleph*, *Ficciones* e *Historia de la eternidad*, entre otras.

DANZA Julio Bocca

Cuando Mikhail Barychnikov necesitaba un primer bailarín para el *American Ballet Theatre*, buscó al argentino Julio Bocca. Bocca, quien desde 1990 tiene su propia compañía de ballet, es la figura principal del baile en su país, y uno de los principales bailarines y coreógrafos del mundo. Empezó a bailar a los cuatro años, ganó la Medalla de Oro en el Concurso Internacional de la Danza de Moscú a los dieciocho y hoy en día viaja por todo el mundo con sus espectáculos y como invitado especial de las más importantes compañías de baile.

POESÍA **Cristina Peri Rossi**

Cristina Peri Rossi es una de las escritoras contemporáneas más conocidas. En su literatura expresa dudas, emociones y deseos comunes en todos los seres humanos. A veces sus textos pueden ser irónicos o satíricos pero siempre, aún detrás de algo cómico, existe un tema muy serio y básico de la existencia humana. Algunas de sus obras son *Cosmoagonías, Cuando fumar era un placer, Inmovilidad de los barcos* y *Solitario de amor.*

HUMOR **Maitena Burundarena**

La caricaturista y humorista argentina Maitena Burundarena se inspira en la mujer moderna: sus relaciones, alegrías, penas y dilemas. Es única porque, aunque muchas escritoras se dedican a defender la condición de la mujer, Maitena lo hace con humor —y con mucho éxito. Ha publicado sus viñetas en varios países de Latinoamérica y en Alemania, España, Francia, Grecia, Holanda e Italia. Sus trabajos han sido recopilados en los volúmenes *Mujeres alteradas 1, 2, 3, 4 y 5.*

AMPLIACIÓN

MÁS CREADORES

En **www.imagina.vhlcentral.com** conocerás a estos otros creadores de Argentina y Uruguay.

Federico Luppi
actor argentino

Juan José Campanella
director argentino

Delmira Agustini
poeta uruguaya

Julio Cortázar
escritor argentino

9.1

The future perfect

- The future perfect tense (**el futuro perfecto**) is formed with the future of **haber** and a past participle.

TALLER DE CONSULTA

The following grammar topic is covered in the **Manual de gramática, Lección 9.**

9.4 Transitional expressions, p. 408.

To review irregular past participles, see **7.1, p. 249**.

INSTRUCTIONAL RESOURCES

WB, LM, SAM Answer Key, Lab MP3, IRCD-ROM (scripts)

Review the present perfect and past perfect before introducing the future perfect. Remind students that the past participle does not change form in any *perfect* tense.

TALLER DE CONSULTA

To review the subjunctive after conjunctions of time or concession see **6.1, p. 210**.

To express probability regarding present or future occurrences, use the future tense, see **5.1, pp. 172-173**.

To illustrate the future of probability, draw a timeline on the board, labeled *past, present,* and *future*. Write these three sentences under the appropriate heads.
¿A qué hora habrán llegado?
I wonder what time they arrived.
¿Qué hora será?
I wonder what time it is.
¿A qué hora llegarán?
I wonder when they will arrive.

The future perfect		
ganar	perder	salir
habré ganado	habré perdido	habré salido
habrás ganado	habrás perdido	habrás salido
habrá ganado	habrá perdido	habrá salido
habremos ganado	habremos perdido	habremos salido
habréis ganado	habréis perdido	habréis salido
habrán ganado	habrán perdido	habrán salido

- The future perfect is used to express what *will have happened* at a certain point. The phrase **para** + [*time expression*] is often used with the future perfect.

    Para el mes que viene, ya **se habrá estrenado** la película.
    By next month, the movie will have already been released.

    El partido de fútbol **habrá terminado** para las diez de la noche; media hora antes del concierto.
    The game will be over by ten p.m.; a half-hour before the concert.

- **Antes de (que), cuando, dentro de,** and **hasta (que)** are also used with time expressions or other verb forms to indicate *when* the action in the future perfect will have happened.

    Cuando lleguemos al estadio, ya **habrá empezado** el partido.
    When we get to the stadium, the game will have already started.

    Lo **habré terminado dentro de** dos horas.
    I will have finished it within two hours.

- The future perfect may also express supposition or probability regarding a past action.

*¿**Habrá jugado** el "Tacho" Taboada en el partido de México contra Brasil?*

¿**Habrán ganado** el partido?
I wonder if they've won the game.

Carlos **habrá marcado** dos goles, por lo menos.
I'm sure Carlos will have scored at least two goals.

Práctica y comunicación

1 **Completar** Completa el diálogo entre el jugador de fútbol Diego Sarazona y un aficionado. Usa el futuro perfecto.

AFICIONADO Diego, seguramente tú (1) _habrás comprado_ (comprar) entradas para ir a ver el partido del domingo entre Boca Juniors y River Plate.

SARAZONA No, pero antes de que comience el partido ya las (2) _habré conseguido_ (conseguir).

AFICIONADO ¿Crees que va a ser un partido complicado?

SARAZONA No, para el medio tiempo ya se (3) _habrá definido_ (definir) quién será el ganador. Es más, para ese entonces todos nosotros, los aficionados del Boca Juniors, (4) _habremos festejado_ (festejar) la victoria.

AFICIONADO ¿Y los aficionados del River Plate?

SARAZONA Ellos ya (5) _habrán comprendido_ (comprender) que no vale la pena ir a este tipo de partido porque siempre pierden.

2 **Planes** Tú y tus amigos habían planeado encontrarse a las seis de la tarde para ir a ver una película, pero nadie ha venido y tú no sabes por qué. Escribe suposiciones con la información del cuadro. Sigue el modelo.

Modelo **Mi amigos pensaron que soy aburrido/a.**

Mis amigos habrán pensado que soy aburrido/a.

Entendí mal los planes.	Habré entendido mal los planes.
Me dejaron un mensaje telefónico.	Me habrán dejado un mensaje telefónico.
No consiguieron entradas para el cine.	No habrán conseguido entradas para el cine.
No escuché el timbre (*doorbell*).	No habré escuchado el timbre.
Uno de mis amigos tuvo un accidente.	Uno de mis amigos habrá tenido un accidente.
Llegaron antes de las seis.	Habrán llegado antes de las seis.
Me equivoqué de día.	Me habré equivocado de día.
Me engañaron.	Me habrán engañado.
Fue una broma.	Habrá sido una broma.
Lo soñé.	Lo habré soñado.

3 **El futuro** Hazles estas preguntas a tres de tus compañeros/as.

- Cuando terminen las próximas vacaciones de verano, ¿qué habrás hecho?
- Antes de terminar tus estudios universitarios, ¿qué aventuras habrás tenido?
- Dentro de diez años, ¿dónde habrás estado y a quién habrás conocido?
- Cuando tengas cuarenta años, ¿qué decisiones importantes habrás tomado?
- Para el año 2035, ¿qué altibajos (*ups and downs*) habrás experimentado?
- Cuando seas abuelo/a, ¿qué lecciones habrás aprendido de la vida?

1 Have students read the dialogue aloud with a partner to check their answers.

1 On the board, list the infinitive of several verbs with irregular past participles (see **Estructuras 7.1, pp. 248–249**). Have students work with a partner to write a new dialogue, using the future perfect and five verbs from the list.

3 Ask groups to make anonymous lists of each person's responses, using complete sentences. Then have each group exchange lists with another, trying to guess the identity of each student based on the responses.

INSTRUCTIONAL RESOURCES WB, LM, SAM Answer Key, Lab MP3, IRCD-ROM (scripts)

9.2

The conditional perfect

- The conditional perfect tense (**el condicional perfecto**) is formed with the conditional of **haber** and a past participle.

—*Triangulen, eso nos **habría dicho** el Corsario.*

The conditional perfect		
tomar	**correr**	**subir**
habría tomado	habría corrido	habría subido
habrías tomado	habrías corrido	habrías subido
habría tomado	habría corrido	habría subido
habríamos tomado	habríamos corrido	habríamos subido
habríais tomado	habríais corrido	habríais subido
habrían tomado	habrían corrido	habrían subido

TALLER DE CONSULTA

To review irregular past participles, see **7.1, p. 249**.

The conditional perfect is frequently used after **si** clauses that contain the past perfect subjunctive. See **9.3, p. 323**.

Remind students that the past participle does not change form in any *perfect* tense.

- The conditional perfect tense is used to express what *would have occurred* but did not.

  Juan y Lidia **habrían ido** al partido, pero ya tenían otros planes.
  Juan and Lidia would have gone to the game, but they already had other plans.

  Habrías ganado la apuesta.
  You would have won the bet.

  Alda **habría jugado** mejor que Lourdes.
  Alda would have played better than Lourdes.

  Creo que Andrés **habría sido** un gran atleta.
  I think Andrés would have been a great athlete.

TEACHING OPTION Write several sentences on the board and ask volunteers to conjugate the verbs, choosing the correct *perfect* tense. Ex:

1. Julián _____ (hacer) los quehaceres, pero llegó Luisa y lo invitó al cine. (habría hecho)
2. Cuando lleguen mis amigos, yo ya _____ (terminar) el trabajo para mi clase de español. (habré terminado)
3. Me molesta que mis primas no me _____ (invitar) a su fiesta. (hayan invitado)

—*En nuestros tiempos, los **habríamos barrido**, pero ahorita, estamos velando al Corsario Moreno, ¡comprendan muchachos!*

- The conditional perfect may also express probability or conjecture about the past.

  Era imposible que ganaran el partido. ¿No **habrían comprado** el árbitro?
  It was impossible that they could have won the game. Don't you think they had paid off the referee?

Práctica y comunicación

1 **Completar** Completa las oraciones con el condicional perfecto.

1. No me gustó la película. Otro director _habría imaginado_ (imaginar) un final más interesante.

2. Nosotros _habríamos salido_ (salir) a comer, pero no encontré mi tarjeta de crédito.

3. Ellos _habrían estrenado_ (estrenar) la película la semana pasada, pero la estrella no pudo asistir y tuvieron que aplazar el estreno.

4. Al espectador le _habría gustado_ (gustar) el espectáculo si no hubiera sido tan largo.

5. Agustín y Pedro _habrían jugado_ (jugar) al tenis, pero estaba lloviendo.

2 **Excusas** Manuel estuvo de viaje en Uruguay. Su familia le hace muchas preguntas sobre lo que hizo allí, pero Manuel sólo contesta con evasivas. Imagina que tú eres Manuel y contesta las preguntas siguiendo el modelo. Sé creativo.

> **Modelo** ¿Nadaste en el Río de la Plata?
> Habría nadado en el Río de la Plata, pero era muy peligroso.

1. ¿Tomaste mate? Habría tomado mate, pero...

2. ¿Hablaste mucho español? Habría hablado mucho español, pero...

3. ¿Nos trajiste regalos de la feria? Les habría traído regalos de la feria, pero...

4. ¿Visitaste algunos museos? Habría visitado algunos museos, pero...

5. ¿Hiciste nuevos amigos? Habría hecho nuevos amigos, pero...

6. ¿Fuiste al carnaval? Habría ido al carnaval, pero...

3 **¿Qué habrían hecho?** En parejas, miren los dibujos y túrnense para decir lo que habrían hecho en cada situación usando al menos seis palabras de la lista.

comprar	golpearse	llamar
enojarse	gritar	médico
ensuciar (*to get dirty*)	helado	traje (*suit*)

2 If you have access to an Argentinian or Uruguayan market (or an online specialty store), bring in a thermos of brewed **mate** for students to sample. Point out that **el mate** is one of many cultural traditions shared by Uruguayans and Argentinians.

Nota CULTURAL

El **mate** es una bebida a base de hojas de hierba mate y agua muy caliente. Se toma en un pequeño recipiente con una bombilla (*straw*) y su consumo está tan arraigado (*deeply-rooted*) entre los uruguayos y los argentinos que lo toman en todas partes y a todas horas.

2 Refer students to **Imagina, pp. 312-313,** for more information on Uruguay.

3 Have students tell their partners about a situation that did not go as planned and what they would have done differently. Then ask volunteers to share their partners' stories with the class. Ask: **¿Qué habrían hecho ustedes en esa situación?**

TEACHING OPTION
Working in small groups, have students list famous movies or stories that have an ending they do not like. Then have them describe what would have happened if they had written the story. Ex: **En nuestra historia, Romeo y Julieta no se habrían suicidado. Julieta se habría despertado antes de que él la encontrara.**

9.3

TALLER DE CONSULTA

For other transitional expressions that express cause and effect, see **Manual de gramática, 9.4, p. 408**.

INSTRUCTIONAL RESOURCES WB, LM, SAM Answer Key, Lab MP3, IRCD-ROM (scripts)

Si clauses

- **Si** (*if*) clauses express a condition or event upon which another condition or event depends. Sentences with **si** clauses are often hypothetical statements. They contain a subordinate clause (**si** clause) and a main clause (result clause).

—*Si no le pagan la guitarra, no les regresamos su balón.*

- The **si** clause may be the first or second clause in a sentence. Note that a comma is used only when the **si** clause comes first.

    Si tienes tiempo, ven con nosotros al parque de atracciones.
    If you have time, come with us to the amusement park.

    Iré con ustedes **si** no tengo que trabajar.
    I'll go with you if I don't have to work.

Hypothetical statements about the future

- In hypothetical statements about possible or probable *future* events, the **si** clause uses the present indicative. The result clause may use the present indicative, the future indicative, **ir a** + [*infinitive*], or a command.

Si clause: Present indicative		Main clause
Si usted no **juega** a la lotería, *If you don't play the lottery,*	PRESENT TENSE	no **puede** ganar. *you can't win.*
Si Gisela **está** dispuesta a hacer cola, *If Gisela is willing to wait in line,*	FUTURE TENSE	**conseguirá** entradas, seguro. *she'll definitely get tickets.*
Si marcan un solo gol más, *If they score just one more goal,*	IR A + [INFINITIVE]	**van a ganar** el partido. *they are going to win the game.*
Si sales temprano del trabajo, *If you finish work early,*	COMMAND	**vámonos** de copas. *let's go have a drink.*

Hypothetical statements about the present

- In hypothetical statements about improbable or contrary-to-fact *present* situations, the **si** clause uses the past subjunctive. The result clause uses the conditional.

| *Si* clause: Past subjunctive | Main clause: Conditional |

Si tuviéramos boletos,
If we had tickets,

iríamos al concierto.
we would go to the concert.

Si no **estuviera** tan cansada,
If I weren't so tired,

saldría a cenar contigo.
I'd go out to dinner with you.

¡ATENCIÓN!

A contrary-to-fact situation is one that is possible, but will probably not happen and/or has not occurred.

Hypothetical statements about the past

- In hypothetical statements about contrary-to-fact situations in the *past*, the **si** clause describes what *would have happened* if another event or condition *had occurred*. The **si** clause uses the past perfect subjunctive. The result clause uses the conditional perfect.

| *Si* clause: Past perfect subjunctive | Main clause: Conditional perfect |

Si no me **hubiera lastimado** el pie,
If I hadn't injured my foot,

habría ganado la carrera.
I would have won the race.

Si me **hubieras llamado** antes,
If you had called me sooner,

habríamos podido reunirnos.
we would have been able to get together.

Habitual conditions and actions in the past

- In statements that express habitual *past* actions that are not contrary-to-fact, both the **si** clause and the result clause use the imperfect.

| *Si* clause: Imperfect | Main clause: Imperfect |

Si Milena **tenía** tiempo libre,
If Milena had free time,

siempre **iba** a la playa.
she would always go to the beach.

De niño, **si iba** a la feria,
As a child, if I'd go to the fair,

siempre **me montaba** en la montaña rusa.
I would always ride the roller coaster.

Begin several sentences with **si** clauses and call on volunteers to finish each sentence.
Ex: **Si tengo tiempo hoy...**
Si tuviera un par de horas libres...
Si hubiera tenido más tiempo ayer...
De niño/a, si tenía ratos libres...

—*Mi viejo nunca **quería** ir a la cancha **si** no **llevaba** bajo el uniforme el calzón de seda que yo le bordé con nuestras iniciales.*

Práctica

1 **Situaciones** Completa las oraciones.

A. Situaciones probables o futuras.

1. Si mi amiga Teresa no ___viene___ (venir) pronto, tendremos que hacer cola.

2. Si tú no ___trabajas___ (trabajar) hoy, nos vamos de copas.

B. Situaciones hipotéticas sobre el presente.

1. Si mis padres estuvieran aquí, yo no ___podría___ (poder) salir con mis amigos todas las noches.

2. Si mi novia tuviera más tiempo libre, ella ___pasaría___ (pasar) todo el día jugando al tenis.

C. Situaciones hipotéticas sobre el pasado.

1. Si mi tía la aguafiestas no hubiera venido a pasar las vacaciones conmigo, yo ___me habría divertido___ (divertirse) mucho más.

2. Si el anfitrión ___hubiera sido___ (ser) más simpático, la fiesta habría sido más divertida.

2 **Si trabajara menos** Carolina y Leticia trabajan cuarenta horas por semana y se imaginan qué harían si trabajaran menos horas. Completa el diálogo con el tiempo verbal adecuado.

CAROLINA Estoy todo el día en la oficina, pero si (1) ___trabajara___ (trabajar) menos tendría más tiempo para divertirme. Si sólo viniera a la oficina algunas horas por semana, (2) ___practicaría___ (practicar) el alpinismo más a menudo.

LETICIA ¿Alpinismo? ¡Qué aburrido! Si yo tuviera más tiempo libre, (3) ___haría___ (hacer) todas las noches lo mismo: (4) ___iría___ (ir) al teatro, luego (5) ___tomaría___ (tomar) una copa y, para terminar la noche, (6) ___haría___ (hacer) una fiesta para celebrar que ya no tengo que ir a trabajar por la mañana. Si nosotras (7) ___tuviéramos___ (tener) la suerte de no tener que trabajar nunca más, nos (8) ___pasaríamos___ (pasar) todo el día haciendo absolutamente nada.

CAROLINA ¿Te imaginas? Si la vida (9) ___fuera___ (ser) así, seríamos mucho más felices, ¿no crees?

3 **Si yo hubiera sido** En parejas, imaginen cómo habrían sido sus vidas si hubieran sido uno de estos personajes.

Modelo **uno de los Beatles**
Si yo hubiera sido uno de los Beatles, habría tenido millones de aficionados a mi música y habría viajado por todo el mundo.

- Marilyn Monroe
- Benjamin Franklin
- Elvis Presley
- Neil Armstrong
- Juana de Arco
- Jorge Luis Borges
- ¿?

Comunicación

4

¿Qué harías? En parejas, miren los dibujos y túrnense para preguntarse qué harían si les ocurriera lo que muestra cada dibujo. Sigan el modelo y sean creativos. Answers will vary. Sample answers.

Modelo —¿Qué harías si alguien te invitara a bailar tango?
—Si alguien me invitara a bailar tango, seguramente yo me pondría muy nervioso/a y saldría corriendo.

1. Si mi suegro viniera a verme, yo lo recibiría con mucho gusto y lo invitaría a comer.

2. Si alguien me invitara a bailar tango, inventaría algunos movimientos y trataría de aprender otros.

3. Si mi carro se descompusiera en el desierto, yo llamaría a mi padre con mi teléfono celular.

4. Si me quedara atrapado en un elevador, me pondría muy nervioso y apretaría todos los botones hasta que alguno funcionara.

5

¿Qué pasaría? En parejas, pregúntense qué harían en las siguientes situaciones.

Modelo **Si fueras un(a) atleta famoso/a**
Si fuera un(a) atleta famoso/a donaría parte de mi sueldo para construir más escuelas.

1. Si fueras un(a) cantante famoso/a
2. Si ganaras la lotería
3. Si suspendieran las clases durante una semana
4. Si encontraras una maleta con mucho dinero
5. Si descubrieras que tienes el poder de ser invisible

6

¡Qué desilusión! Imagina que vas a un concurso de la televisión en donde se elige al/a la artista que va a ser el nuevo ídolo de la música. Tú crees que actuaste bien pero perdiste la competencia. En parejas, hablen de todo lo que habrían hecho de forma diferente si hubieran tenido una segunda oportunidad, y qué habrían hecho si hubieran ganado.

Modelo Si hubiera tenido una segunda oportunidad, habría contratado a Paula Abdul para que me enseñara a bailar y habría... Y si hubiera ganado, habría invitado a todos mis amigos a celebrarlo en el club de moda y habría...

Nota CULTURAL

El **tango** nació en **Buenos Aires** a mediados del siglo XIX. Este género musical, de aire triste y nostálgico, es el resultado de la mezcla de culturas nativas de **Argentina** con otras venidas de países como **España** e **Italia**. En un principio, escuchar o bailar tango estaba mal visto en la sociedad argentina, pero poco a poco fue ganando prestigio hasta hacerse popular en todo el mundo.

5 Call on volunteers to guess what their partners would do in these situations: **ser presidente/a soprender a su novio/a con otro/a tener ocho hijos**

6 Have students complete the activity by writing a dialogue in which the host of the TV show interviews the losing contestant. Encourage students to be dramatic and have several pairs perform their interviews for the class.

TEACHING OPTION If time permits, play a CD of tango music, such as one of Carlos Cardel's, or a film that shows people dancing the tango. Teach students the basic steps or ask volunteers to demonstrate.

Síntesis

¿Qué pasará?

La clase se divide en cuatro grupos. Primero, cada grupo tiene que leer y tomar notas de las opiniones que tienen sus miembros sobre estos cuatro temas. Después, hagan las actividades.

1 La industria de los videojuegos es cada vez más grande y popular. Muchas personas están preocupadas por el impacto psicológico y social que este tipo de juegos, cada vez más violentos, puede tener en niños, e incluso en adultos. Las compañías que los fabrican se defienden diciendo que estos juegos no incrementan la violencia del consumidor.

2 A pesar de que apostar dinero en el béisbol es ilegal, es un negocio millonario difícil de detener. En muchos casos, incluso los mismos directivos de los equipos están involucrados en el asunto. Hubo casos de jugadores que apuestan a favor de sus propios equipos, ¡y también contra sus equipos!

3 En los Estados Unidos se puede consumir alcohol legalmente cuando se tienen veintiún años de edad. Sin embargo, en muchos otros países la edad legal es a los dieciocho años. Algunos opinan que la edad legal en los Estados Unidos debería ser reducida, mientras otros creen que el límite de veintiún años es correcto.

4 La industria de discos compactos y DVDs se ha visto afectada en los últimos años por la copia ilegal que millones de personas hacen a diario en sus computadoras. Mientras unos sostienen que el aumento de la copia ilegal se debe a que los productos originales son muy caros, otros dicen que la piratería es inevitable simplemente porque "cualquiera puede copiar música o películas en la comodidad de su casa y sin arriesgarse a ser castigado".

TEACHING OPTION Ask follow-up questions about each topic to encourage the use of the conditional perfect with **si** clauses. Ex: **¿De niño/a, habrías tenido más videojuegos si hubieran sido menos violentos? ¿Por qué? ¿Qué habría pasado si hubieran encarcelado a los piratas desde el principio?**

1 Have students write a brief paragraph about one of the topics, describing their own viewpoint.

2 Remind students to use **si** clauses when discussing the possible consequences of their predictions.

1 **Predicciones** ¿Qué creen que habrá pasado dentro de cinco años con respecto a las dos posturas opuestas que presenta cada tema? Escriban dos predicciones de lo que creen que va a ocurrir en cada caso. Recuerden que deben usar el futuro perfecto.

2 **Intercambiar** Intercambien sus predicciones con otro grupo de la clase. Discutan lo siguiente:

● ¿Qué podría ocurrir si se cumplieran los pronósticos del otro grupo?

3 **Compartir** Después, compartan todas las predicciones con la clase y analicen sus posibles consecuencias.

Preparación

| Vocabulario de la lectura | | Vocabulario útil |

Vocabulario de la lectura

el amanecer *dawn*
la capilla *chapel*
el diseño *design*
la madrugada *early morning*

la milonga *type of dance music from the Río de la Plata area in Argentina*
el recorrido *route, trip*
la rivalidad *rivalry*
rodeado/a *surrounded*

Vocabulario útil

el buceo *scuba-diving*
el clima *climate*
el crucero *cruise ship*
el destino *destination*

1 **Descubir** Descubre cuál es la palabra que no pertenece a cada lista. Luego, escribe un pequeño diálogo con tres palabras del vocabulario que has encontrado en esta actividad.

1. tango   milonga   mambo   (rodeado)
2. iglesia   edificio   (diseño)   capilla
3. madrugada   amanecer   tarde   (rivalidad)
4. (boleto)   gráfico   diseño   dibujo
5. camino   ruta   (concierto)   recorrido

2 **Encuesta de turismo** Te ha llegado en el correo una encuesta de turismo. Contéstala y luego habla con tu compañero/a sobre tus respuestas.

Encuesta de turismo

Indique con números del 1 (menos importante) al 5 (más importante) cuál es el orden de importancia que estas características tienen para usted como turista cuando piensa visitar una ciudad.

Clima	1 2 3 4 5
Historia	1 2 3 4 5
Distancia de su casa	1 2 3 4 5
Hoteles	1 2 3 4 5
Lugares de compras	1 2 3 4 5
Museos	1 2 3 4 5
Precios	1 2 3 4 5
Restaurantes	1 2 3 4 5
Transporte público	1 2 3 4 5
Vida nocturna (teatros, discotecas, etc.)	1 2 3 4 5
Seguridad ciudadana	1 2 3 4 5

¿Cuál es su ciudad preferida en el mundo? ¿Por qué?

1 Have students act out their dialogues with a partner.

2 For a follow-up activity, refer students back to this survey after reading the article on **pp. 328–329**. Have them rank Buenos Aires for each of the categories listed in the survey and determine whether or not it would be an ideal city for each of them to visit.

TEACHING OPTION To preview the reading, ask if anyone has visited Buenos Aires. If so, have volunteers describe their impressions. Then refer students to **Imagina, p. 313,** and ask them to share information, ideas, or questions they have about the city. Show photographs of the buildings and places described on **pp. 328–329** and ask students to make guesses about the history and importance of each place.

Fin de semana en Buenos Aires

Escucha el artículo y abre una investigación en **www.imagina.vhlcentral.com**.

charming, seductive

Esta enérgica y seductora° ciudad se expande de norte a sur por el Río de la Plata. Los porteños, como son conocidos los habitantes de Buenos Aires, poseen una elaborada y rica identidad cultural. En la ciudad hay 129 museos, 86 casas de tango y milongas y más de 190 teatros. Así que una visita de tres días es apenas tiempo suficiente para recorrer los puntos más conocidos.

La Avenida 9 de Julio es un indiscutible punto de referencia. Esta vía de dieciséis carriles° va del barrio San Telmo, en el sur, a El Retiro, en el norte. En el centro de esta vía podemos encontrar el Obelisco, símbolo de la ciudad, que mide más de 67 metros de altura.

(traffic) lanes

Comenzando nuestro recorrido por San Telmo, podemos pasear por la Plaza Dorrego, popular por su mercado de antigüedades° y sus variadas presentaciones artísticas. También en el sur está el barrio La Boca, cuya calle-museo Caminito es famosa por el colorido de sus casas, sus exposiciones permanentes de arte y la presencia de músicos y bailarines de tango.

antiques

En Buenos Aires existe una tradicional rivalidad entre los dos equipos locales de fútbol, el Boca Juniors y el River Plate. Asistir a un partido entre ellos es una experiencia llena de pasión y drama que comienza mucho antes del silbatazo inicial°. El estadio de Boca, conocido popularmente como La Bombonera, tiene capacidad para sesenta mil espectadores y se encuentra en el sur de la ciudad.

starting whistle

Cerca del centro de la ciudad, en la punta este de la Avenida de Mayo se encuentra la Plaza de Mayo, el corazón político del país, rodeada por la Casa de la Cultura y la Casa de Gobierno o Casa Rosada. Estos dos edificios fueron construidos a fines del siglo XIX y su arquitectura e historia son impresionantes.

Cerca de ahí está la llamada Manzana de las Luces, cuya historia comienza en 1633. Aquí se desarrollan actividades culturales y todos los días hay una feria artesanal. Este conjunto de edificios cuenta con una serie de galerías subterráneas que conectan éstos y otros edificios de los alrededores. Parte de ellas puede ser recorrida por los visitantes.

Otro sitio histórico interesante es el Teatro Colón, uno de los más famosos del mundo, el cual fue inaugurado en 1908 después de un proceso de construcción que duró 20 años. Su impresionante arquitectura y diseño pueden ser admirados todos los días durante las visitas guiadas.

Hacia el noroeste de la ciudad encontramos uno de los barrios más elegantes de Buenos Aires, Recoleta. En esta moderna y distinguida zona de la ciudad abundan los cafés, las boutiques y las galerías de arte. También aquí podemos dar una vuelta por el Cementerio de la Recoleta, un elaborado laberinto donde algunos mausoleos son réplicas de capillas, pirámides y templos griegos. Los más célebres personajes de la historia argentina, incluyendo a Eva Perón, se encuentran sepultados° aquí.

buried

En nuestro recorrido no podemos olvidar las paradas para comer. En la Avenida de Mayo, está el Café Tortoni, el más antiguo de la ciudad. Su historia y tradición lo convierten en un punto infaltable° en cualquier viaje a Buenos Aires. Otros restaurantes, especializados en carnes a la parrilla y altamente recomendados por locales y visitantes, son La Cabaña, La Bistecca y Parrilla 1880.

must-see

Parte esencial de un viaje a Buenos Aires es la vida nocturna. En esta ciudad los clubes abren a partir de las dos de la madrugada y sus puertas no se cierran hasta las seis de la mañana. Algunos de los más populares son El Living, con su mobiliario° de estilo rococó, Asia de Cuba, con variados ritmos para bailar, y Kika, que atrae° multitudes dispuestas a bailar hasta el amanecer. ■

furniture

attracts

NATIONAL communication STANDARDS

Análisis

1 Have students check their answers with a partner.

1 Comprensión Contesta las preguntas con oraciones completas.

1. ¿Cómo se les llama a los habitantes de Buenos Aires? Se les llama porteños.

2. ¿Por qué se dice que los porteños tienen una rica identidad cultural?
Porque en Buenos Aires hay 129 museos, 86 casas de tango y milongas y más de 190 teatros.

3. ¿Por qué es la Avenida 9 de Julio un importante punto de referencia?
Porque en una zona central de la avenida se encuentra el Obelisco.

4. ¿Por qué es famosa la calle-museo Caminito? Por el colorido de sus casas, sus exposiciones
de arte y la presencia de músicos y bailarines de tango.

5. ¿Cuáles son los equipos de fútbol que tienen una tradicional rivalidad?
Son Boca Juniors y River Plate.

6. ¿Por qué es importante la Plaza de Mayo? Porque es el corazón político del país.

7. ¿Cómo se llama la Casa de Gobierno de Argentina? Se llama la Casa Rosada.

8. ¿Qué importancia tiene la Manzana de las Luces? Es importante porque ahí se encuentran
actividades culturales y una feria artesanal.

9. ¿Cuándo fue inaugurado el Teatro Colón y cuál es su importancia?
Fue inaugurado en 1908. Tiene una impresionante estructura y diseño.

10. ¿Cómo es el Cementerio de la Recoleta? ¿Quiénes están sepultados allí?
Tiene mausoleos, pirámides y templos griegos. Los personajes más célebres de la historia argentina se encuentran sepultados allí.

11. ¿Por qué tipo de comida son conocidos los restaurantes de Buenos Aires?
Los restaurantes se especializan en carne a la parrilla.

12. ¿Qué horario tienen los clubes de Buenos Aires? Los clubes abren a partir de las dos de la
madrugada y no cierran hasta las seis de la mañana.

2 To prepare students for the activity, have them read each paragraph of the text on **pp. 328–329**, labeling the activities or places that would appeal to each group of tourists. Follow up by having volunteers act out the three situations.

2 Consejos Tú eres un(a) porteño/a que has vivido toda tu vida en Buenos Aires y te encuentras con algunos turistas que no saben adónde ir. Dales consejos de acuerdo a sus personalidades e intereses.

Mis amigas y yo somos estudiantes y tenemos 20 años. ¡Queremos divertirnos!

Mi esposo y yo somos profesores de historia. Nos encanta aprender cosas nuevas.

Mariano y yo somos maestros de baile. Nos encanta salir a bailar.

3 Dos tipos de viajeros En grupos pequeños, háganse estas preguntas y descubran qué tipo de viajeros son. Después, con la clase hablen sobre las distintas formas de viajar que conocen y decidan cuál proporciona la experiencia más auténtica y satisfactoria para regresar triunfante.

A. Cuanto más (*The more*) sepa de la ciudad mejor (*the better*).

● ¿Antes de viajar a una ciudad te gusta conocer su historia? ¿Sus costumbres culinarias?

● ¿Compras un manual del idioma que se habla allí e intentas memorizarlo?

● ¿Miras películas y lees novelas relacionadas con la ciudad?

● ¿Compras mapas y memorizas calles, barrios y atracciones básicas?

B. Prefiero que la vida me sorprenda.

● ¿Te gusta llegar a una ciudad sin saber nada de ella y a ver qué pasa?

● ¿Evitas las zonas turísticas y prefieres perderte entre la gente de allí?

TEACHING OPTION For a related project, assign groups to research other cities in Argentina and Uruguay, then write a travel article entitled **Fin de semana en...** If time permits, have students create a visual and oral presentation.

Preparación

Sobre el autor

Wilfredo Machado nació en Barquisimeto, Venezuela, en 1956. Ha publicado ensayos, cuentos y novelas y, además, ha trabajado en la administración de empresas editoriales. Varios de sus cuentos han sido premiados, entre ellos "Contracuerpo", que en 1986 ganó el Concurso de Cuentos del diario *El Nacional*. En 1995 obtuvo el Premio Municipal de Narrativa con la obra *Libro de animales* (1994). Ha publicado también *Fábula y muerte del ángel* (1991) y *Manuscrito* (1994).

Vocabulario de la lectura		Vocabulario útil
acariciar *to caress*	**detenerse** *to stop*	**fantástico/a** *imaginary*
el ala/las alas *wing(s)*	**diminuto/a** *tiny*	**la inocencia** *innocence*
	el fuego *fire*	**la mente** *mind*
alejarse *to move away*	**la garra** *claw*	**el ruido** *noise*
	el olor *smell*	**la telepatía** *telepathy*
el balcón *balcony*		

---

1 **Vocabulario** Combina las sílabas del cuadro para formar cuatro palabras que acabas de aprender. Después, escribe cinco oraciones usando esas palabras y el **si** condicional.

a	jar	cen	ciar
no	mi	ca	to
se	cia	a	le
i	nu	ri	di

acariciar, alejarse, diminuto, inocencia

---

2 **Preguntas** En parejas, túrnense para contestar las preguntas. Expliquen sus respuestas.

1. ¿Es bueno que los niños lean cuentos?
2. ¿Cuando eras niño/a, tenías un cuento favorito? ¿Cuál era?
3. ¿Crees que los niños tienen la imaginación más desarrollada que los adultos?
4. Cuando eras niño/a, ¿te gustaba imaginar mundos o seres fantásticos?
5. ¿Te consideras una persona con mucha imaginación?
6. Menciona tres personas que admiras por su creatividad.

---

3 **¿Realidad?**

A. Trabajen en grupos pequeños. Elijan una película o novela en la que es difícil distinguir entre la realidad y la ficción.

- ¿Les gustó? ¿Por qué?
- ¿Han tenido alguna vez dificultad para distinguir entre la realidad y la ficción en su propia vida? ¿Cuándo?

B. Escriban el argumento de la historia sin decir el título. La clase va a tener que adivinar de qué novela o película se trata.

INSTRUCTIONAL RESOURCES LM, SAM Answer Key, Lab MP3, IRCD-ROM (scripts) Dramatic readings of the **Literatura** selections are recorded on the Lab MP3.

1 Refer students to **Estructuras 9.3, pp. 322–323,** for information on **si** clauses.

2 For item 4, have students write a brief paragraph describing one of the people or places they listed.

3 List the titles on the board as students guess them. Then follow up the activity by asking the class to compare and contrast the portrayal of fiction and reality in the books and movies described. **¿Es la fantasía que se revela más bonita que la realidad de los personajes? ¿Más espantosa?** Remind students of the title and themes of **Lección 9** and ask: **¿Qué vínculo hay entre la ficción y el deseo de escaparse de la realidad y sus rutinas?**

EL BESO DE LOS DRAGONES

Wilfredo Machado

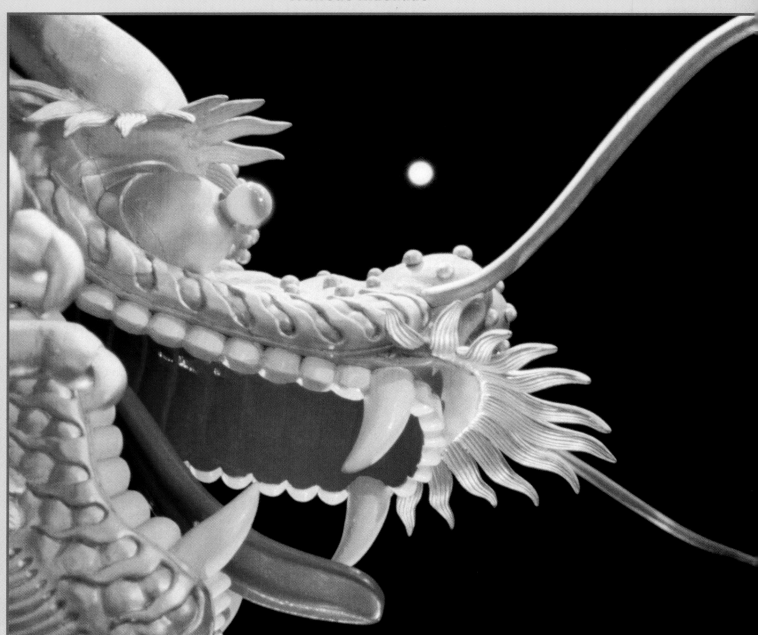

El dragón baja desde un cielo oscuro cubierto de niebla hacia una ciudad desconocida. Recorre lentamente las calles, que están solas a esta hora, el arco del puente por donde se desliza° un río en silencio, una gasolinera abandonada, un parque solitario donde se detiene. Ahora siente el olor mezclado al aire frío de la noche como un rastro° dejado entre los árboles por otro animal desconocido. El olor lo conduce a un viejo edificio gris y sucio. De los balcones cuelgan macetas° abandonadas y polvorientas°. El dragón sube y se detiene en una ventana. Dentro de la habitación, un niño lo sueña tal cual es° en ese instante. El dragón entra y se posa° en la cama suavemente. El olor es cada vez más fuerte. Acaricia con sus garras la cabellera° del niño. Luego levanta con cuidado las sábanas° y mira con curiosidad y cierto orgullo las pequeñas alas de suaves escamas° que comienzan a despuntar° en la espalda. Entonces el dragón lo besa con ternura.° El niño dentro del sueño arroja° un fuego diminuto como el del amor. El dragón quisiera despertarlo, pero sabe que él es sólo la proyección de un sueño y un deseo como todas las cosas del mundo. Se aleja en silencio y regresa a la noche de donde vino. El niño nunca pudo explicar cómo comenzó el incendio dentro de su habitación. ∎

se... flows (5)

trail

flowerpots (10)

dusty

tal... just as he is (15)

se... lands

hair

sheets

scales (20)

sprout

tenderness

spews

(25)

(30)

Análisis

1 Discuss students' responses as a class, encouraging them to debate and defend their opinions about the story. Ask students to analyze the importance of the setting. **¿Qué adjetivos utiliza Machado para describir el ambiente? ¿Qué tipo de ciudad es? ¿Por qué es importante que el niño viva en un edificio gris y sucio?**

3 Ask students: **¿Qué simboliza el dragón dentro del mundo del niño? ¿Qué simboliza el niño dentro del mundo del dragón? ¿Cuál será el animal imaginario?**

5 Refer students to the novels and movies discussed in **Actividad 3, p. 331**, for ideas. Refer students to **Estructuras 9.2, p. 320**, for information on the conditional perfect.

TEACHING OPTION
A **microcuento** is a brief text that aims to trap the reader. It usually has an open ending, giving the impression that it's not over, and may challenge the distinction between reality and fiction. Have students write a **microcuento** of their own and ask volunteers to share their stories with the class.

1 **Comprensión** Contesta las preguntas con oraciones completas.

1. ¿En qué momento del día se desarrolla la historia? La historia se desarrolla por la noche.
2. ¿Qué cosas observa el dragón durante su recorrido? El dragón observa un puente, un río, una gasolinera y un parque.
3. ¿Cómo es el edificio donde entra el dragón? El edificio es gris y sucio con macetas polvorientas en los balcones.
4. ¿Dónde entra el dragón? El dragón entra en la habitación de un niño.
5. ¿Qué hace el dragón después de posarse sobre la cama? El dragón acaricia la cabellera del niño.

2 **Interpretar** En parejas, contesten las preguntas.

1. ¿Por qué crees que el dragón observa con ternura y orgullo al niño?
2. ¿Por qué no despierta el dragón al niño?
3. ¿Cómo crees que se inicia el incendio?

3 **¿Cómo sigue?** En grupos de tres, desarrollen un final nuevo para el microcuento. Compartan su historia con la clase.

4 **Un animal imaginario** En parejas, tienen que inventar un animal imaginario. Tienen que contestar las preguntas y deben estar preparados para dibujarlo para la clase en el pizarrón.

1. ¿Dónde viven estos animales?
2. ¿Qué comen?
3. ¿Cómo se mueven?
4. ¿Cómo se comunican entre ellos?
5. ¿Qué habilidades especiales tienen?
6. ¿Cambia su rutina en distintas épocas del año?
7. ¿Qué hacen durante el día? ¿Y durante la noche?

5 **Escribir** Elige una película o novela que te guste. Piensa qué cosas habrían sido diferentes si tú la hubieras escrito. Usa el condicional perfecto. Haz por lo menos ocho cambios.

Plan de redacción

Reescribir una historia

1 **Personajes** Describe a los protagonistas de tu historia.

2 **Lugar** Explica si cambiarías el lugar donde se desarrolla.

3 **Tiempo** Menciona en qué época la habrías situado.

4 **Final** Relata cómo habría sido el final de tu historia.

Las diversiones

Los deportes

el alpinismo *mountain climbing*
la apuesta *bet*
el/la atleta *athlete*
el boliche *bowling*
la carrera *race*
el club deportivo *sports club*
los deportes extremos *extreme sports*
el equipo *team*
el esquí alpino/de fondo *downhill/cross country skiing*

apostar (o:ue) *to bet*
empatar *to tie (a game)*
ganar/perder (e:ie) un partido *to win/lose a game*
gritar *to shout*
lastimar(se) *to injure (oneself)*
marcar (un gol/un punto) *to score (a goal/a point)*
silbar (a) *to whistle (at)*
vencer *to defeat*

aficionado/a (a) *a fan (of); fond of*
animado/a *lively*

El tiempo libre

el/la aguafiestas *party pooper*
el/la anfitrión/anfitriona *host/hostess*
el billar *pool*
el boleto/la entrada *ticket*
las cartas/los naipes *(playing) cards*
la comedia *comedy*
el concierto *concert*
el conjunto/grupo musical *musical group, band*
los dardos *darts*
el espectáculo *show, performance*
el/la espectador(a) *spectator*
la feria *fair*
el juego de mesa *board game*
la lotería *lottery*
el/la músico/a *musician*
la obra de teatro *theater play*
el ocio *leisure*
el parque de atracciones *amusement park*
los ratos libres *free time*

el recreo *recreation*
el teatro *theater*
el videojuego *video game*

actuar *to act*
aplaudir *to applaud*
brindar *to drink a toast*
celebrar *to celebrate*
charlar *to chat*
coleccionar *to collect*
conseguir (e:i) (entradas) *to get (tickets)*
correr la voz *to spread the word*
divertirse (e:ie) *to have a good time*
entretenerse (e:ie) *to amuse oneself*
estrenar (una película) *to release (a movie)*
festejar *to celebrate*
hacer cola *to wait in line*
ir de copas *to go have a drink*
poner un disco compacto *to play a CD*
reunirse (con) *to get together*
salir (a comer) *to go out (to eat)*
tomar (una copa) *to have (a drink)*
valer la pena *to be worth it*

aburrido/a *boring*
agotado/a *sold out*
entretenido/a *entertaining*

Cortometraje

el ataúd *casket*
el balón *ball*
el campeonato *championship*
la cancha *field*
el/la delantero/a *forward (sport position)*
el/la deportista *athlete; sportsman/ sportswoman*
el empate *tie*
el fantasma *ghost*
la misa *mass*
el Mundial *World Cup*
la prueba *proof*
la señal *sign*
el/la viudo/a *widower; widow*

anotar un gol *to score a goal*
deber (dinero) *to owe (money)*
desafiar *to challenge*
dominar *to dominate*
enterrar (e:ie) *to bury*
pasar *to pass*
patear *to kick*
saltar *to jump*
subir *to raise*

enterrado/a *buried*
invisible *invisible*
mujeriego *womanizer*

Cultura

el amanecer *dawn*
el buceo *scuba-diving*
la capilla *chapel*
el clima *climate*
el crucero *cruise ship*
el destino *destination*
el diseño *design*
la madrugada *early morning*
la milonga *type of dance music from the Río de la Plata area in Argentina*
el recorrido *route, trip*
la rivalidad *rivalry*

rodeado/a *surrounded*

Literatura

el ala/las alas *wing(s)*
el balcón *balcony*
el fuego *fire*
la garra *claw*
la inocencia *innocence*
la mente *mind*
el olor *smell*
el ruido *noise*
la telepatía *telepathy*

acariciar *to caress*
alejarse *to move away*
detenerse (e:ie) *to stop*

diminuto/a *tiny*
fantástico/a *imaginary*

Destino y diversidad

En un mundo donde las sociedades ya son multiculturales, ¿cómo podemos evitar los conflictos derivados de las diferentes formas de pensar, de actuar y de interpretar el mundo? ¿Puede ser el *diálogo* una solución? Si convivir en armonía en un mundo plural es un reto del nuevo siglo, ¿cómo lo podemos superar? ¿Es la diversidad una amenaza a la identidad de individuos y grupos o una fuente de nuevas perspectivas? ¿En qué tipo de mundo queremos vivir?

Las manos, uno de los símbolos más utilizados desde el origen de la Humanidad, sigue estando aún hoy día abierto a la interpretación.

340

350

Destino:
ESPAÑA

PREVIEW Have students discuss the questions on **p. 336** in small groups. Then ask them to describe the benefits and challenges of multiculturalism and diversity on campus. List their responses on the board in two columns: **beneficios** and **retos**. Have each group discuss the lists and come up with a solution to at least one of the challenges.

Nuestro futuro

Las tendencias

la asimilación *assimilation*
la causa *cause*
la diversidad *diversity*
el/la emigrante *emigrant*
la frontera *border*

la herencia cultural *cultural heritage*
la humanidad *humankind*
los ideales *principles; ideals*
el idioma oficial *official language*
la inmigración *immigration*
la integración *integration*
la lengua materna *mother tongue*
el lujo *luxury*
la meta *goal*
la natalidad *birthrate*
la población *population*

———

adivinar *to guess*
anticipar *to anticipate; to expect*
asimilarse *to assimilate*
atraer *to attract*
aumentar *to grow*

disminuir *to decrease, to reduce, to diminish*
predecir (e:i) *to predict*
superarse *to better oneself*

———

bilingüe *bilingual*
excluido/a *excluded*
(in)conformista *(non)conformist*
monolingüe *monolingual*
previsto/a *foreseen*
solo/a *alone*

Problemas y soluciones

la añoranza *homesickness*
el caos *chaos*
el coraje *courage*
el daño *harm*
el diálogo *dialogue*

el entendimiento *understanding*
la incertidumbre *uncertainty*
la inestabilidad *instability*
el maltrato *abuse, mistreatment*
el nivel de vida *standard of living*
la polémica *controversy*
la sobrepoblación *overpopulation*

———

hacer un esfuerzo *to make an effort*
luchar *to fight*
prescindir *to do without*
protestar *to protest*

———

debido a *due to*
masificado/a *overcrowded*

Los cambios

adaptarse *to adapt*
alcanzar (un sueño/una meta) *to fulfill (a dream); to reach (a goal)*
dejar *to leave behind*
despedirse (e:i) *to say goodbye*

enriquecerse *to become enriched*
establecerse *to establish oneself*
extrañar *to miss*
integrarse (a) *to become part (of); to fit in*
lograr *to attain, to achieve*
pertenecer *to belong*
rechazar *to reject*

VARIACIÓN LÉXICA
alcanzar ↔ lograr, realizar
coraje ↔ valentía, valor
maltrato ↔ abuso
polémica ↔ controversia
Point out: **solo** *alone;* **sólo** *only*

Escucha y practica el vocabulario en **www.imagina.vhlcentral.com**.

Práctica

INSTRUCTIONAL RESOURCES LM, WB, SAM Answer Key, Lab MP3, IRCD-ROM (scripts)

1 **Contexto** Escoge la palabra que mejor se ajuste al contexto de cada oración.

adaptarse	autómata	emigrante	prescindir
añoranza	dejar	monolingüe	rechazar

1. Sabe vivir bajo cualquier tipo de circunstancias. adaptarse
2. No me dieron el puesto de trabajo porque sólo hablaba una lengua. monolingüe
3. Dijo "no" a catorce proposiciones buenísimas; no le convenció ninguna. rechazar
4. "Me fui de mi país para encontrar trabajo, no por razones políticas." emigrante
5. Con las necesidades básicas cubiertas tiene suficiente: es feliz sin lujos. prescindir
6. En esta época del año siempre se pone melancólica. ¡Vive tan lejos de casa! añoranza

1 In pairs, have students add three sentences of their own to the activity, using vocabulary from **Para empezar**. Ask volunteers to read their sentences aloud and have classmates find the correct word.

2 **No pertenece** Indica cuál de las cuatro opciones no está relacionada con la palabra principal.

1. **predecir**
   a. anticipar   (b.) equivocarse   c. adivinar   d. prever
2. **meta**
   (a.) salida   b. fin   c. propósito   d. objetivo
3. **población**
   a. habitantes   b. ciudadanos   (c.) turistas   d. vecinos
4. **polémica**
   (a.) entendimiento   b. controversia   c. debate   d. discusión
5. **humanidad**
   a. mundo   b. gente   c. seres humanos   (d.) maltrato
6. **despedirse**
   a. decir adiós   (b.) saludarse   c. marcharse   d. separarse
7. **coraje**
   a. héroe   b. valentía   c. valor   (d.) cobardía

2 For a related game, divide the class into groups and play **Opuestos**. Give them three minutes to list words from **Para empezar**, along with their opposites. Ex: **la causa/el efecto; solo/acompañado; aumentar/disminuir** Collect the lists and go over them on the board. The group to find the most opposites wins the game.

3 **¿Dónde y cómo te ves en diez años?**

A. Haz un esfuerzo e imagínate con diez años más. Utiliza las preguntas como guía y añade todos los detalles que quieras. ¡Es tu futuro!

- ¿Has alcanzado tus metas? ¿Qué has logrado? ¿Lo anticipaste?
- ¿Tuviste que prescindir de algo para alcanzar tus sueños?
- ¿Vives en el país donde naciste o en un país extranjero?
- ¿Vives adaptado/a a tus circunstancias o te sientes excluido/a? ¿Por qué?
- ¿Rechazaste algo importante? ¿Dejaste algo atrás?
- ¿Te has enriquecido? ¿Cuál es tu nivel de vida?
- ¿Extrañas algo? ¿Eres feliz o quieres volver atrás?

B. Ahora, compártelo con un(a) compañero/a y responde a sus preguntas.

3 As a variant, have students select a famous person and make predictions about how his/her life will change in ten years.

TEACHING OPTION Have students take turns picking vocabulary words from a bag. Each student must improvise a one-minute speech about the word he/she has drawn. Model the activity by taking the first turn. Encourage students to be creative.

INSTRUCTIONAL RESOURCES DVD, Website, IRCD-ROM (scripts)

VARIACIÓN LÉXICA
cura ↔ padre, sacerdote
jurar ↔ prometer

Point out the difference between **crecer** (*to grow up, develop*) and **aumentar** (*to increase, rise*) (**p. 338**). Point out that **embarazada** is a false cognate. *To be embarrassed* → **tener vergüenza**.

Preparación

Vocabulario del corto

la aduana *customs*	**el mantenimiento** *maintenance*
arreglar *to fix*	**la paciencia** *patience*
crecer *to grow*	**el progreso** *progress*
el cura *priest*	**el rancho** *ranch*
desconfiar *to be suspicious, to not trust*	**reconocer** *to recognize*
la facha *look*	**el territorio** *territory*
el jardín *garden*	**tomar el pelo** *to pull someone's leg*
jurar *to promise*	

Vocabulario útil

la actitud *attitude*
estar embarazada *to be pregnant*
mezclar *to mix*
la nostalgia *nostalgia*

EXPRESIONES

aquí mismo *right here*
a ver, a ver *let's see*
Qué curioso. *How funny.*
Ya era hora. *It was about time.*

---

1 **Vocabulario** Elige la palabra que no pertenece al grupo. Después, escribe cuatro frases usando las palabras que elegiste.

1. a. aduana   (b.) embarazada   c. frontera
2. a. jardín   b. plantar   (c.) actitud
3. (a.) cura   b. rancho   c. casa de campo
4. a. emigrar   b. aduana   (c.) facha
5. a. territorio   b. área   (c.) progreso

2 As a variant, perform the activity as a class using the entire list of **Vocabulario** and **Expresiones**. Students should not take more than one turn providing clues.

2 **Adivinar** Trabajen en grupos de tres. Por turnos, elijan una palabra de la lista y con pistas o definiciones deben conseguir que sus compañeros/as la adivinen. Quien la adivine, elige otra palabra y hace lo mismo. Sigan así hasta que las adivinen todas.

Modelo La persona que trabaja en la iglesia y da misa es. . . **el cura**

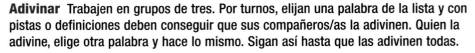

arreglar	progreso
crecer	rancho
desconfiar	reconocer
jardín	territorio
nostalgia	tomar el pelo

3 Call on volunteers to share their responses with the class.

3 **¿Y tú?** Contesta las preguntas y explica tus respuestas.

1. ¿Dónde creciste? ¿Te hubiera gustado crecer en otro sitio?
2. ¿Qué es para ti el progreso? ¿Crees que es algo positivo?
3. ¿Qué aspectos positivos crees que tiene la vejez?

4 **Personajes** Observen los fotogramas e imaginen cómo son los personajes y qué relación existe entre ellos.

4 Calling on volunteers, make a list on the board of the adjectives students used to describe each character. After viewing the film, have students revise their descriptions.

1.

2.

3.

4.

5 **Antepasados** ¿Conoces la historia de tus antepasados? Escribe un párrafo sobre ellos. Responde a las preguntas y añade todos los datos que creas necesarios.

- ¿De dónde eran?
- Si cambiaron de país, ¿por qué crees que lo hicieron?
- ¿Sabes en qué trabajaban? ¿Cómo vivían?
- ¿Crees que tienes algo en común con ellos?
- ¿Habrías tomado las mismas decisiones? ¿Por qué?

6 **Otros países** En parejas, imaginen que tienen que ir a vivir a otro país. Hagan una lista de tres países en los que creen que les gustaría vivir. Expliquen por qué han elegido esos países y digan qué aspectos positivos y negativos tiene vivir allí. Compartan su lista con la clase.

6 Have students repeat the activity, selecting any three Spanish-speaking countries. Encourage them to review the **Imagina** sections of all ten lessons. Have each group provide a brief presentation about the Spanish-speaking countries that appeal to them most.

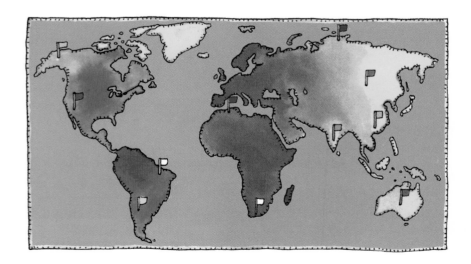

Mira el cortometraje en
www.imagina.vhlcentral.com.

This film is available
on the **Imagina** Film
Collection DVD and
at **www.imagina.
vhlcentral.com.**

UN PEDAZO DE TIERRA

PRIMER PREMIO: *Academy of Television Arts & Sciences College Television Awards*
MEJOR CORTO: *Festival Internacional de Cortometrajes de Bilbao*
PREMIO AL MEJOR CORTOMETRAJE: *San Francisco Latino Film Fest*

Una producción de KOO KOO PRODUCTIONS Guión y Dirección JORGE GAGGERO Fotografía HILDA MERCADO
Montaje JOSÉ PULIDO Música XAVIER ASALI/MARCELO BERESTOVOY
Actores RUBÉN MORENO/ROBERTO ENTIQUE/ERICK CARRILLO/ART BONILLA

ARGUMENTO *Don Aurelio, muy enfermo, le pide a su familia que lo entierren en el mismo lugar donde está enterrada su esposa.*

DON AURELIO Palos Verdes...
IRENE Sí.
DON AURELIO ...quiero que me entierren en Palos Verdes.
IRENE Se lo juramos. Tranquilo, tranquilo, abuelo. Ya viene el cura.

RAMIRO Oye, ¿tú crees que llegue? Son como 400 kilómetros.
AGUSTÍN Sí, le cambié las bujías[1], los cables, tapa del distribuidor. Sí, quedó como nuevo.
RAMIRO ¿Y el abuelo?
AGUSTÍN Sólo Dios sabe.

DON AURELIO Esto no es Palos Verdes, no. Ustedes me quieren engañar.
RAMIRO Sí es Palos Verdes, abuelo.
DON AURELIO No hay ranchos. Aquí no hay ranchos.

DON AURELIO Aquí mismo me casé con tu tatarabuela[2]. Fue una linda ceremonia. Merceditas bajó del carro con su largo vestido blanco. Dos meses tardaron con las puntillas[3] y esas bobadas[4].

PEDRO Palos Verdes. No reconozco ningún lugar.
AGUSTÍN ¿No?
PEDRO No, nada. A ver, a ver, a ver, espérenme tantito... ¡este lugar yo lo conozco! Digo, conozco el árbol. Sí, es de los más viejos de acá.
RAMIRO Ahí nació el abuelo y está sepultada la abuela Mercedes.

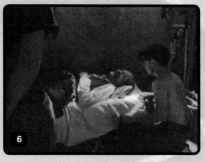

(Ramiro se acerca por el pasillo[5] al cuarto que está con la puerta abierta. Puede ver a su hermano de espaldas[6]. Al entrar, encuentra al abuelo recostado[7] con los ojos entreabiertos[8] y una sonrisa.)
AGUSTÍN Está muerto.

---

[1] *spark plugs* [2] *great-great grandmother* [3] *lace trim* [4] *silly things* [5] *hallway* [6] **de...** *from behind* [7] *lying down* [8] *half-open*

PREVIEW Read the captions and discuss the visuals as a class. Then ask students to write a one-paragraph summary of what they think happens in the film. Ask: **¿Cómo termina el corto?**

TEACHING OPTION After viewing the film, have students revise their summaries.

TEACHING OPTION Read and discuss the **Nota cultural**. Tally the number of students who have lived in regions that once belonged to Mexico, then ask volunteers for examples of Mexican culture and heritage in places they have lived.

1 Have students read the comprehension questions before viewing the film. Then have them answer the questions in pairs.

2 Ask this additional question for class discussion: **¿Sería más preciso decir que Ramiro se ha ido o que ha regresado? ¿Por qué?**

3 Before completing the activity, replay the portions of the film that contain the quotes shown. After discussing their importance, ask students: **¿Cuál es la actitud de cada uno de los personajes hacia el pasado? ¿Y hacia el futuro?**

Análisis

Comprensión Contesta las preguntas con oraciones completas.

1. ¿Por qué está en la cama don Aurelio? Don Aurelio está en la cama porque se está muriendo.
2. ¿Adónde van en el carro? Van a Palos Verdes, California.
3. ¿Por qué llevan un ataúd? Porque don Aurelio quiere que lo entierren allí.
4. ¿Quién es Merceditas? Merceditas era la esposa de don Aurelio.
5. ¿Dónde está enterrada Merceditas? Está enterrada en Palos Verdes.
6. ¿En qué trabaja Pedro? Trabaja en el mantenimiento de jardines.
7. ¿Qué le ocurre al abuelo mientras duerme? El abuelo muere mientras duerme.
8. ¿Dónde lo entierran? Lo entierran debajo de un árbol, junto a su esposa.
9. ¿Qué decide Ramiro después del entierro? Decide quedarse a vivir en Palos Verdes.

Interpretar Contesta las preguntas y explica tus respuestas. Answers will vary.

1. ¿Por qué quiere ir el abuelo a Palos Verdes? Quiere ser enterrado allí.
2. ¿Dónde está Palos Verdes? Está en California.
3. ¿Cambia la actitud de los jóvenes hacia su abuelo al final del viaje?
4. ¿Crees que es clara la relación entre don Aurelio y los dos jóvenes?
5. ¿Por qué creen que Ramiro se quiere quedar en Palos Verdes?
6. En tu opinión, ¿por qué se titula el corto *Un pedazo de tierra*?

Contextos En parejas, hablen de las citas. Expliquen la importancia que tienen dentro de la historia.

> " Ándele, don Aurelio, déjese ir... déjese ir... "
>
> **IRENE**

> " Si se nos va antes, pues lo dejamos acá y con la platita que nos dieron pues disfrutamos de las playas de California. "
>
> **RAMIRO**

> " Mire, don Aurelio, Palos Verdes cambió. Ya no es territorio mexicano y su rancho ya no existe. Mírese usted en las fotos, no es igual. Ya nada es igual. "
>
> **AGUSTÍN**

> " Quién hubiera dicho que le arreglaría la tumba en cada cambio de estación. "
>
> **RAMIRO**

4 **Futuro** Expliquen qué ocurre al final del cortometraje y relaciónenlo con este fotograma. Después, imaginen cómo va a ser la vida de Ramiro y Julieta en el futuro.

5 **Su país**

A. En parejas, hablen sobre su país y anoten sus opiniones. Contesten las preguntas y agreguen todos los detalles que crean necesarios. Hablen también sobre otros aspectos que sean de su interés.

> - ¿Qué características hacen que su país sea único en el mundo?
> - ¿Qué es lo positivo?
> - ¿Qué es lo negativo?
> - ¿Hay diferencias culturales dentro del país?
> - ¿Cómo arreglarían los problemas?
> - ¿Qué cosas piensan que son buenas en una sociedad culturalmente diversa?
> - ¿ ?

B. Ahora, compartan sus ideas con la clase. Inicien un debate.

6 **Multiculturalismo** En parejas, imaginen que son dos amigos/as que están hablando de la importancia de la diversidad cultural. Elijan una de las propuestas y defiéndanla. Escriban sus argumentos y después compartan su opinión con la clase.

A	**B**
Es bueno separar los países y las culturas. Si se mezclan las culturas, terminan desapareciendo.	Lo mejor es la mezcla de culturas. Siempre enriquece a todo el mundo.

4 Ask students these personal questions: **¿Quieren quedarse en el lugar donde crecieron o prefieren conocer otros lugares y culturas? ¿Les interesa volver a la tierra de sus antepasados? ¿Por qué?**

6 Organize a class debate about the pros and cons of both positions. Encourage students to support their opinions with examples from history and current world affairs.

TEACHING OPTION Have students research the history of their own home towns. How have they changed over the past 100 years?

INSTRUCTIONAL RESOURCES For teaching suggestions related to this section, see the Instructor's Resource CD-ROM.

IMAGINA ESPAÑA

En **www.imagina.vhlcentral.com** encontrarás más información y actividades relacionadas con esta sección.

Confluencia de civilizaciones

A través de los siglos, la ubicación estratégica de **España** la convirtió en territorio atractivo para todas las civilizaciones que buscaban ampliar sus dominios. Sus muchos kilómetros de costa están bañados por el **océano Atlántico** y el **mar Mediterráneo**. Su superficie ocupa la mayor parte de la **península ibérica**, las **islas Baleares**, las **islas Canarias**, **Ceuta** y **Melilla**, ciudades que están en la costa africana. A estas tierras llegaron los celtas, los íberos, los romanos, los visigodos, los judíos y los musulmanes del norte de **África**, entre otros, y todos ellos han dejado su huella[1] en la cultura española. Su legado[2] se encuentra en la arquitectura, el paisaje, las costumbres, las comidas y las fiestas.

Un recorrido por sus ciudades y pueblos nos ofrece toda la magia de su patrimonio[3] histórico. De los romanos quedan acueductos, puentes[4] y teatros. De los visigodos quedan los arcos con forma de herradura[5] que desde la península pasaron a **Oriente**. De los ocho siglos que los musulmanes estuvieron en la península quedan monumentos arquitectónicos como la **Alhambra** de **Granada** y la **Mezquita** de **Córdoba**. Los musulmanes crearon además una nueva cultura a caballo[6] entre **Oriente** y **Occidente**, dejando una riquísima herencia no sólo en las artes —imposible negar la influencia árabe en el flamenco—, sino también en las ciencias. El álgebra y sus conocimientos cartográficos, geográficos y astronómicos pasaron, a través de España, a formar parte de la cultura occidental.

Hoy día, el turismo es una de las bases principales de la economía del país. La gran oferta cultural y turística hace de España un país de gran atractivo para muchos. Una media de 45 millones de turistas lo visita al año. Hay quienes siguen los pasos de **Hemingway**, que vio una España de toreros y de historias de amor y muerte. Otros buscan la diversión, fácil de encontrar en las fiestas que se ofrecen en toda la geografía y, claro está, en los bares que cierran a altas horas de la madrugada[7]. Hay quienes quieren

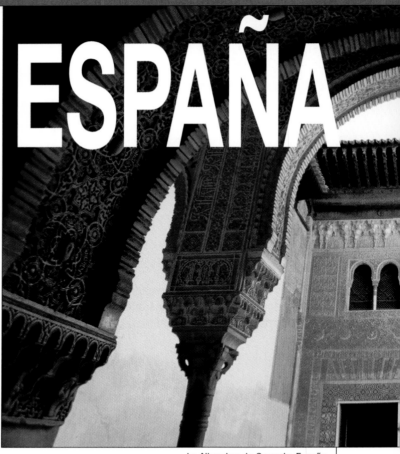

La Alhambra de Granada, España

relajarse en la playa bajo el perenne sol de la costa mediterránea. Y no hay que olvidar a los que disfrutan de los extraordinarios museos que se encuentran en muchas ciudades, especialmente en **Barcelona** y **Madrid**.

España es el tercer país del mundo en número de monumentos declarados **Patrimonio de la Humanidad** y en los últimos años se han aumentado las medidas para preservarlos. Los organismos oficiales están intentando[8] promover[9] una oferta más cultural que enseñe a los visitantes la realidad histórica del país. Pero independientemente de lo que busque el visitante, es imposible que no disfrute de la gran diversidad cultural de un país que ha sido por milenios uno de los centros culturales de **Europa**.

Signos vitales

En **España** se hablan cuatro idiomas: **el español**, que es la lengua oficial en todo el país; **el euskera**, de origen desconocido y que se habla en el **País Vasco**; **el gallego**, que se habla en el noroeste del país, al norte de **Portugal**; y **el catalán**, que se habla en el noreste del país, con variantes a lo largo del Mediterráneo.

[1] mark [2] legacy [3] heritage [4] bridges [5] horseshoe [6] horseback [7] dawn [8] trying [9] to promote

¡Visitemos España!

Antoni Gaudí Mezclados[1], a veces escondidos[2], a veces dominando la ciudad, en el corazón de **Barcelona** se hallan los edificios más bellos del modernismo europeo. Enamoran por igual a los expertos en arquitectura y al paseante[3] menos entendido en la materia. Su creador fue el arquitecto **Antoni Gaudí** (1852–1926), quien fue enterrado con grandes honores entre los muros[4] de su obra maestra: **la Sagrada Familia**.

Las cuevas de Sacromonte Hay en **Granada**, ciudad del sur español, una montaña llena de cuevas[5] en las que los gitanos, siglo tras siglo, establecieron sus viviendas. Allí pervivió[6] la tradición de las **zambras**, que en árabe *samar* significa *celebración*

espontánea de música y baile. Hoy en día, **las cuevas de Sacromonte** ofrecen espectáculos gitanos de flamenco que los amantes de este estilo musical y los curiosos no pueden perderse.

Ibiza Ubicada[7] en el **Mediterráneo**, **Ibiza** es una de las cinco **islas Baleares**. Antiguo paraíso *hippy*, es uno de los

sitios donde todavía persiste la costumbre de la vida relajada. La capital, también llamada **Ibiza**, está construida en una montaña y sus barrios de la **Penya** y de la **Bomba** no decepcionan a nadie que busque un poco de color en su vida nocturna.

Museo del Prado Conocido como uno de los mejores museos de arte del mundo, el **Museo del Prado** en **Madrid** es también uno de los más grandes. Tiene fama mundial por su amplia colección de pinturas que contiene alrededor de 8.600 obras. El museo aloja[8] obras de artistas como **El Greco**, **Goya** y **Rembrandt**, pero sin duda la obra más famosa del museo es *Las Meninas* de **Velázquez**.

[1] *Mixed* [2] *hidden* [3] *visitor* [4] *walls* [5] *caves* [6] *survived* [7] *Located* [8] *houses*

El español de España

chaval/a	niño/a; *kid*
coche	carro; *car*
colega	amigo/a; *buddy, pal*
conducir	manejar; *to drive*
jersey	suéter; *sweater*
majo/a	guapo/a; simpático/a; *good-looking; friendly*
móvil	teléfono celular; *cell phone*
ordenador	computadora; *computer*
piso	apartamento; *apartment*
tío/a	chico/a; *guy*
vaqueros	*blue jeans*

Expresiones

¡Vale!	¡De acuerdo!; *OK!*
¡Venga!	¡Vamos!; ¡De acuerdo!; *Come on!; OK!*
¡Ole/é!	¡Eso es!, ¡Muy bien!; *That's it!, Very good!*

Palabras españolas de origen árabe

aceite *cooking oil;* **aceituna** *olive;* **ajedrez** *chess;* **albañil** *mason;* **albaricoque** *apricot;* **alcachofa** *artichoke;* **alcalde** *mayor;* **alcoba** *bedroom;* **alfombra** *carpet;* **almacén** *store;* **almohada** *pillow;* **alquiler** *rent;* **limón** *lemon;* **naranja** *orange*

DOCUMENTAL

Mira las entrevistas con Montse y Elena en
www.imagina.vhlcentral.com.

Montse y Elena

Madrileñas por el mundo

El amor, el trabajo, la economía, los estudios, la búsqueda de un futuro mejor o simplemente diferente, la curiosidad y la aventura son algunas de las motivaciones que empujan° a los españoles a emigrar a otros países. Y aunque las motivaciones puedan ser a veces las mismas, las historias son invariablemente diferentes y únicas. En las dos entrevistas que te presentamos aquí vas a conocer a dos chicas de **Madrid** que un día decidieron salir de **España** y aventurarse° a empezar una nueva vida lejos de su país, su cultura, su idioma, su familia y sus amigos. Montse vive en **Polonia**; Elena en **Portugal**. Te invitamos a conocerlas viendo las entrevistas y leyendo más información en **www.imagina.vhlcentral.com**.

empujan *push* **aventurarse** *venture*

Amparanoia

La paranoia de Amparo es la música

Discografía selecta
1997	*El poder de Machín*	2003	*Enchilao*
1999	*Feria furiosa*	2004	*Rebeldía con alegría*
2002	*Somos viento*		

fuerza motriz *moving force* **a la venta** *on sale* **se ha convertido** *has become*

SUBE EL VOLUMEN

Escucha una canción de Amparanoia y lee la letra en **www.imagina.vhlcentral.com**.

Amparo Sánchez es la fuerza motriz° causante del nacimiento, desarrollo y evolución de **Amparanoia**. Esta cantante andaluza inició su carrera musical en **Granada** y después de experimentar con varias formaciones se trasladó a **Madrid** donde comienza su viaje por las músicas del mundo. Su primer álbum, mezcla de rumba, ranchera, ska y bolero, salió a la venta° en 1997. A partir de ese momento su música la lleva a conocer otros países, otras culturas, otras formas de pensar y, sobre todo, otros músicos con quienes comparte una misma ideología y una atracción por los ritmos de distintas culturas. Su crecimiento personal y su constante observación de lo que pasa en el mundo son la base de otros trabajos musicales en los que expresa su realidad y participa en la lucha por un mundo más justo. Amparanoia se ha convertido° en un punto de referencia para entender la nueva mentalidad de la música española actual. En **www.imagina.vhlcentral. com** encontrarás más información sobre este grupo y podrás escuchar y leer la letra completa de *La vida te da,* una de sus más recientes canciones.

¿Qué aprendiste?

1 **Cierto o falso** Indica si estas afirmaciones son ciertas o falsas. Corrige las falsas.

1. Ceuta y Melilla están en la costa española. Falso. Ceuta y Melilla están en la costa africana.

2. Los visigodos estuvieron en la península ibérica por ocho siglos. Falso. Los musulmanes estuvieron en la península por ocho siglos.

3. A parte del español, en el territorio español se hablan otras tres lenguas. Cierto.

4. El arquitecto Antoni Gaudí está enterrado en la Sagrada Familia. Cierto.

5. Ibiza es una isla mediterránea. Cierto.

6. El Museo del Prado está en Barcelona. Falso. Está en Madrid.

2 **Preguntas** Contesta las preguntas con oraciones completas.

1. ¿Qué construyeron los romanos en España? Los romanos construyeron acueductos, puentes y teatros.

2. ¿Qué lenguas se hablan en España? En España se habla el español, el euskera, el gallego y el catalán.

3. ¿En qué ciudad está enterrado Antoni Gaudí? Antoni Gaudí está enterrado en Barcelona.

4. ¿Quiénes establecieron sus viviendas en las cuevas de Sacromonte? Los gitanos establecieron sus viviendas en las cuevas de Sacromonte.

5. ¿Qué pintor español pintó la obra más famosa del Museo del Prado? Velázquez es el pintor español que pintó la obra más famosa del Museo del Prado.

PROYECTO

Explorando la arquitectura de España

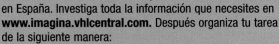

Imagina que eres un(a) arquitecto/a famoso/a y tienes un contrato para construir un edificio nuevo e importante en España. Investiga toda la información que necesites en **www.imagina.vhlcentral.com**. Después organiza tu tarea de la siguiente manera:

- Recopila fotos de diferentes edificios y estructuras importantes en varios lugares de España.

- Busca un mapa de España, o dibuja uno, e indica dónde están estas estructuras.

- Presenta esta información a tus compañeros de clase y prepara un bosquejo de tu propio edificio, incorporando varias características de las estructuras que has encontrado.

MINIPRUEBA

Completa las oraciones con la información correcta y demuestra lo que aprendiste sobre España.

1. Las estructuras de arcos en forma de herradura fueron introducidas en España por los _____.
   a. romanos (b.) visigodos c. musulmanes d. íberos

2. La Alhambra y la Mezquita son dos perfectos ejemplos de la _____ musulmana.
   a. astronomía b. pintura (c.) arquitectura d. geografía

3. Los árabes contribuyeron con el _____ a las ciencias de la cultura occidental.
   a. alcalde b. albaricoque (c.) álgebra d. alquiler

4. El _____ es un estilo de música con influencias árabes.
   (a.) flamenco b. euskera c. ajedrez d. gitano

5. España es el país número _____ en el mundo en número de monumentos que forman parte del Patrimonio de la Humanidad.
   a. uno b. dos (c.) tres d. trece

6. El _____ se habla en la región noroeste de España.
   (a.) gallego b. catalán c. euskera d. portugués

7. La ciudad de _____ tiene edificios que son magníficos ejemplos del modernismo europeo.
   a. Madrid b. Granada c. Ceuta (d.) Barcelona

8. _____ es una palabra árabe que significa fiesta.
   a. Ajedrez (b.) Zambra c. Naranja d. Alacena

9. Los españoles conducen _____ y viven en _____.
   a. albaricoques; pisos b. pisos; ordenadores
   c. coches; móviles (d.) coches; pisos

10. La obra maestra del arquitecto Antoni Gaudí es _____.
    a. la Alhambra (b.) la Sagrada Familia
    c. la Mezquita de Córdoba
    d. el barrio de la Penya

11. La capital de Ibiza se llama _____.
    a. Madrid b. Baleares (c.) Ibiza d. Penya

12. Las islas _____ se encuentran en el Mediterráneo y son parte del territorio español.
    (a.) Baleares b. Sacromonte c. Canarias d. Goya

13. Los españoles _____ otros países por razones de trabajo y estudios, entre otras.
    a. regresan de (b.) emigran a c. se relajan en
    d. buscan diversión en

GALERÍA DE CREADORES

ARQUITECTURA **Santiago Calatrava**

Santiago Calatrava es el arquitecto español más reconocido actualmente a nivel internacional. Nació en Valencia, donde terminó la carrera de arquitectura y en 1981 se doctoró en ingeniería civil en Zurich. Allí estableció su estudio y empezó a trabajar por toda Europa en proyectos que combinan la arquitectura y la ingeniería. El color blanco está presente en todas sus creaciones, las cuales imitan no sólo el ojo humano, un par de manos, un árbol, una columna vertebral, sino también sus movimientos. Algunas de sus grandes obras incluyen el Puente James Joyce en Dublín, Irlanda; el Auditorio de Tenerife, España; y el Estadio Olímpico de Atenas, Grecia. En la imagen podemos apreciar el Hemisférico (izquierda) y el Palacio de las Artes y las Ciencias (derecha), en Valencia, España.

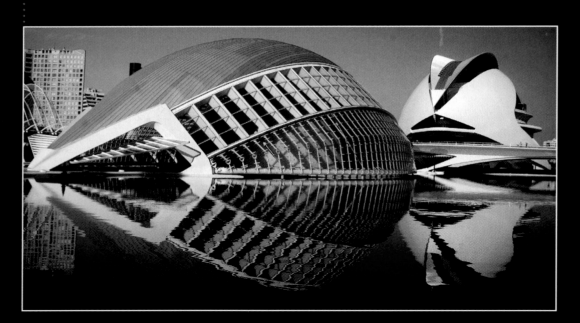

CINE **Isabel Coixet**

Isabel Coixet es una directora de cine española quien afirma ganarse la vida no con el cine, sino con la publicidad. Nació en Barcelona en 1960, pero a pesar de su nacionalidad, prefiere escribir sus guiones en inglés y rodar fuera de España. Sus películas incluyen *Demasiado viejo para morir joven* (1988), *Cosas que nunca te dije* (1995), *A los que aman* (1998), *Mi vida sin mí* (2002) y *La vida secreta de las palabras* (2005). Pedro Almodóvar es uno de los productores de su éxito *Mi vida sin mí*, producción española-canadiense que fue nominada al Goya a la mejor película.

GASTRONOMÍA **Ferrán Adrià**

Ferrán Adrià es el dueño y jefe de cocina del famoso restaurante de Girona, El Bulli, y el máximo responsable de su abrumador (*overwhelming*) éxito dentro y fuera de España. *El País, Le Monde, The Times* y *The New York Times* dedican portadas y extensos artículos a este pionero de un nuevo arte. Comer en El Bulli es una experiencia lujosa, sofisticada y memorable que para vivirla es necesario hacer una reserva con seis meses de antelación. Los once platos de los que consta un menú son una combinación de texturas, temperaturas y sabores. Sin duda, la creatividad de este innovador supera la imaginación de las mentes más desbocadas (*unbridled*). Los expertos coinciden en llamarle el Dalí de la cocina española.

LITERATURA **Ana María Matute**

Ana María Matute tenía diez años cuando estalló (*broke out*) la Guerra Civil Española en 1936 y para escapar de la realidad creó *La Revista de Shibyl*. Desde entonces, ha escrito muchas novelas, cuentos y obras juveniles, en los que están presentes los problemas de la infancia y la adolescencia. A pesar de escribir durante el franquismo, no dudó en criticar, sutilmente, la violencia y la hipocresía de la España de la época. Con la colección de cuentos *Los hijos muertos* (1958) ganó el Premio Cervantes. En 1964, su novela *Los soldados lloran de noche* tuvo un gran éxito. En los años setenta publicó su *Obra completa,* una antología de cinco volúmenes.

AMPLIACIÓN

MÁS CREADORES

En **www.imagina.vhlcentral.com** conocerás a estos otros creadores españoles.

Paco de Lucía
guitarrista de flamenco

Javier Bardem
actor

Lluís Llongueras
peluquero/ estilista

Joan Miró
pintor

10.1

The passive voice

*El abuelo había nacido en Palos Verdes donde, según él, **fue llevado por el mismísimo Pancho Villa** a pelear por la revolución.*

TALLER DE CONSULTA

The following grammar topic is covered in the **Manual de gramática, Lección 10.**
10.4 *Pero* vs. *sino*, **p. 410**

Passive statements may also be expressed with the passive **se**. See **7.3, p. 254.**

To review irregular past participles, see **7.1, p. 248.**

INSTRUCTIONAL RESOURCES WB, LM, SAM Answer Key, Lab MP3, IRCD-ROM (scripts)

Remind students that in Spanish, the subject may be placed after the verb. Ex: **Carlos lo hizo./Lo hizo Carlos.** Both variations use the active voice and should not be confused with passive constructions. Ex: **Fue hecho por Carlos.**

Clarify that while **ser** may be used in any tense, the passive voice is most commonly used to refer to past actions.

- In the active voice, a person or thing (agent) performs an action on an object (recipient). The agent is emphasized as the subject of the sentence. Statements in the active voice usually follow the pattern [*agent*] + [*verb*] + [*recipient*].

AGENT = SUBJECT	VERB	RECIPIENT
El policía	**vigila**	**la frontera.**
The police officer	*guards*	*the border.*
El departamento de inmigración	**ha detenido**	**a diez personas.**
The department of immigration	*has detained*	*ten people.*

- In the passive voice (**la voz pasiva**), the recipient of the action becomes the subject of the sentence. Passive statements emphasize the thing that was done or the person that was acted upon. They follow the pattern [*recipient*] + **ser** + [*past participle*] + **por** + [*agent*].

RECIPIENT = SUBJECT	SER + PAST PARTICIPLE	POR + AGENT
La frontera	**es vigilada**	**por el policía.**
The border	*is guarded*	*by the police officer.*
Diez personas	**han sido detenidas**	**por el departamento de inmigración.**
Ten people	*have been detained*	*by the department of immigration.*

- Note that singular forms of **ser** (**es, ha sido, fue,** etc.) are used with singular recipients and plural forms (**son, han sido, fueron,** etc.) are used with plural recipients.

La manifestación **es organizada** por un grupo que defiende los derechos humanos.
The demonstration is organized by a group that defends human rights.

Los dos **candidatos fueron** rechazados por el comité.
The two candidates were rejected by the committee.

- In addition, the past participle must agree in number and gender with the recipient(s).

La **disminución** de empleos fue **prevista** por el Secretario de Economía.
The decline in jobs was predicted by the Treasury Secretary.

Las nuevas **leyes** fueron **aprobadas** por el gobierno.
The new laws were passed by the government.

Los **problemas** han sido **resueltos** por el jefe.
The problems have been resolved by the boss.

Práctica y comunicación

1 **Cambio de país** Completa las oraciones en voz pasiva con la forma adecuada del participio pasado.

1. Una fiesta fue _organizada_ (organizar) por sus familiares para despedir a la familia Villar.

2. En el aeropuerto, sus pasaportes y visas fueron _revisados_ (revisar) por los agentes de seguridad.

3. Su equipaje fue _examinado_ (examinar) antes de subir al avión.

4. Ya en los Estados Unidos, los jóvenes de la familia fueron _admitidos_ (admitir) en las escuelas de la comunidad.

5. Los hijos de los Villar ya no son _considerados_ (considerar) extranjeros.

6. Cuando volvieron a visitar Argentina, los Villar fueron _recibidos_ (recibir) en el aeropuerto por todos sus familiares.

2 **Decirlo de otra manera** Este párrafo ha sido escrito en voz activa. Reescríbelo usando la voz pasiva.

> ## WEBlog
>
> | 13 de junio | JUEVES |
>
> ### La buena suerte de José
>
> Los familiares recibieron a José en el aeropuerto con los brazos abiertos. Al día siguiente, su tía Estela le prestó su auto y su tío le regaló algo de dinero. Un vecino venezolano le ofreció un puesto como vendedor de carros. Gracias a su personalidad abierta, José vendía muchísimos autos. Al año, sus compañeros de trabajo lo nombraron "el mejor empleado del año". Su jefe, como premio, le dio un aumento de sueldo. Sus compañeros organizaron una gran fiesta para celebrar su nominación.

3 **Concurso**

- **Primer paso:** Escribir oraciones en voz activa y pasiva.
  Formen grupos de tres o cuatro. Cada grupo escribe cinco oraciones en voz activa y cinco oraciones en voz pasiva en papelitos recortados (*cut-up*). Luego, mezclen los papelitos con las oraciones de todos los grupos.

- **Segundo paso:** Cambiar la oración.
  Dividan la clase en dos equipos. Primero, un miembro de un equipo toma un papelito con una oración y el equipo contrario debe cambiar la oración de activa a pasiva o de pasiva a activa en diez segundos y sin cometer errores. Luego, le toca hacer lo mismo al otro equipo.

- **Tercer paso:** ¿Cuál es el equipo ganador?
  Cuando hayan usado todos los papelitos que escribieron deben contar las oraciones que cada equipo ha formado correctamente. Gana el equipo que ha formado más oraciones correctas.

1 Have students change the sentences from passive to active voice.

2 Ask a volunteer to model the first sentence. Sample answer: **José fue recibido con los brazos abiertos en el aeropuerto por sus familiares. Al día siguiente, un carro le fue prestado por su tía Estela y algo de dinero le fue regalado por su tío. Un puesto como vendedor de carros le fue ofrecido por un vecino venezolano. Muchísimos autos fueron vendidos por José gracias a su personalidad abierta. Al año, fue nombrado "el mejor empleado del año" por sus compañeros. Como premio, un aumento de sueldo le fue dado por su jefe. Una gran fiesta para celebrar su nominación fue organizada por sus compañeros.**

TEACHING OPTION In groups, have students print a copy of an online newspaper article in Spanish and underline any examples they find of the passive voice. Ask a member from each group to read the sentences to the class.

TALLER DE CONSULTA

Pero and **sino** are also used to express contradictions. See **Manual de gramática, 10.4, p. 410.**

INSTRUCTIONAL RESOURCES WB, LM, SAM Answer Key, Lab MP3, IRCD-ROM (scripts)

Say several sentences aloud that use negative or indefinite words and have volunteers change each sentence into its opposite. Ex: **1. Siempre estudio para los exámenes./No estudio nunca para los exámenes. 2. No veo a nadie./Veo a alguien.**

10.2

Negative and indefinite expressions

—*No* puedo reconocer **ninguno** de *los lugares que veo en estas fotos.*

- Indefinite words (**palabras indefinidas**) refer to people and things that are not specific. Negative words (**palabras negativas**) deny something's existence or contradict statements.

Indefinite words	Negative words
algo *something; anything*	**nada** *nothing; not anything*
alguien *someone; somebody; anyone*	**nadie** *no one; nobody; not anyone*
alguno/a(s), algún *some; any*	**ninguno/a, ningún** *no; none; not any*
o... o *either... or*	**ni... ni** *neither... nor*
siempre *always*	**nunca, jamás** *never; not ever*
también *also; too*	**tampoco** *neither; not either*

¿Dejaste **algo** en la mesa?	**No, no** dejé **nada**.
Did you leave something on the table?	*No, I didn't leave anything.*
Siempre he tratado de mantener el diálogo con ustedes.	¡Mentira! Usted **no** ha hecho **ningún** esfuerzo.
I have always tried to maintain a dialogue with you.	*That's a lie! You have not made any effort.*

- In Spanish, double negatives are perfectly acceptable. Most negative statements use the pattern **no** + [*verb*] + [*negative word*]. When the negative word precedes the verb, **no** is omitted.

No lo extraño **nunca**.	**Nunca** lo extraño.
I don't miss him ever.	*I never miss him.*
Su opinión **no** le importa a **nadie**.	A **nadie** le importa su opinión.
His opinion doesn't matter to anyone.	*Nobody cares about his opinion.*

- Once one negative word appears in an English sentence, no other negative word may be used. In Spanish, however, once a negative word is used, all other indefinite ideas must be expressed in the negative.

No le digas **nada** a **nadie**.	**No** quiero **ni** pasta **ni** pizza.
Don't say anything to anyone.	*I don't want pasta or pizza.*

- The personal **a** is used before negative and indefinite words that refer to people when they are the direct object of the verb.

  Nadie me comprende. ¿Por qué será?
  No one understands me. Why is that?

  Porque tú no comprendes a **nadie**.
  Because you don't understand anybody.

  Algunos profesores de economía defienden la globalización.
  Some economics professors defend globalization.

  Pues, yo no conozco a **ninguno** que la defienda.
  Well, I don't know any who defends it.

- Before a masculine, singular noun, **alguno** and **ninguno** are shortened to **algún** and **ningún.**

  ¿Han sufrido **algún** daño?
  Have they suffered any harm?

  No hemos comprado **ningún** artículo de lujo últimamente.
  We haven't bought any luxury items lately.

- **Tampoco** means *neither* or *not either*. It is the opposite of **también.**

  Mi hermano es muy idealista, y yo **también**.
  My brother is very idealistic, and so am I.

  ¿No quieren hacer un esfuerzo para solucionar la crisis? Pues yo **tampoco**.
  They don't want to make an effort to resolve the crisis? Well, I don't either.

- The conjunction **o... o** (*either... or*) is used when there is a choice to be made between two options. **Ni... ni** (*neither... nor*) is used to negate both options.

  Debo hablar **o** con el gerente **o** con la dueña.
  I have to speak with either the manager or the owner.

  La inmigración **ni** ha subido **ni** ha bajado en los últimos meses.
  Immigration has neither risen nor fallen in recent months.

- The conjunction **ni siquiera** (*not even*) is used to add emphasis.

  Ni siquiera se despidieron antes de salir.
  They didn't even say goodbye before they left.

  Ni siquiera la visita del ministro pudo lograr que se solucionara el conflicto.
  Not even the visit from the Minister could lead them to settle the conflict.

—*Palos Verdes **ni siquiera** es territorio mexicano y su rancho ya no existe, desapareció.*

Point out the use of **ni yo tampoco** after a negative statement. Ex: **Gustavo no pudo ir al cine, ni yo tampoco.**

¡ATENCIÓN!

The indefinite word **cualquiera** can be used to mean *any, anyone, whoever, whatever,* or *whichever*. When used before a singular noun (masculine or feminine) the **–a** is dropped.

Cualquiera haría lo mismo.
Anyone would do the same.

Llegarán en cualquier momento.
They will arrive at any moment.

Práctica

1

Completar Completa la conversación entre Frank y Marlene usando expresiones negativas e indefinidas. Ten en cuenta que vas a usar dos veces una de ellas.

alguna	ni...ni	o...o
nadie	ningún	tampoco
	nunca	

MARLENE Frank, ¿(1) ___alguna___ vez has probado las tapas españolas?

FRANK No, (2) ___nunca___ he probado la comida española.

MARLENE ¿De veras? ¿No has probado (3) ___ni___ la tortilla de patata (4) ___ni___ la paella?

FRANK No, no he comido (5) ___ningún___ plato español. (6) ___Tampoco___ conozco los ingredientes típicos de la cocina española.

MARLENE Entonces tenemos que salir a comer juntos. ¿Conoces el restaurante llamado Carmela?

FRANK No, no conozco (7) ___ningún___ restaurante con ese nombre.

MARLENE (8) ___Nadie___ lo conoce. Es nuevo pero es muy bueno. A mí me viene bien que vayamos (9) ___o___ el lunes (10) ___o___ el jueves que viene.

FRANK El jueves también me viene bien.

2

Viajar Imagina que eres un(a) viajero/a un poco especial y estás hablando de lo que no te gusta hacer en los viajes. Cambia las oraciones de positivas a negativas usando las expresiones negativas correspondientes. Sigue el modelo.

> **Modelo** **Yo siempre como la comida del país.**
> *Nunca como la comida del país.*

1. Cuando voy de viaje, siempre compro algunos regalos típicos. Cuando voy de de viaje, nunca compro ningún regalo típico.
2. A mí también me gusta visitar todos los lugares turísticos. A mí tampoco me gusta visitar ningún lugar turístico.
3. Yo siempre hablo el idioma del país con todo el mundo. Yo nunca hablo el idioma del país con nadie.
4. Normalmente, o alquilo un carro o alquilo una motocicleta. Normalmente, ni alquilo un carro ni alquilo una motocicleta.
5. Siempre intento visitar a algún conocido de mi familia. Nunca intento visitar ningún conocido de mi familia.
6. Cada vez que visito un lugar nuevo, siempre hago algunos amigos. Cada vez que visito un lugar nuevo, nunca hago amigos.

3

Argumento En parejas, escriban los argumentos que provocarían estas respuestas.

¡Yo jamás haría eso!

¡Yo nunca iría!

Ninguno lo sabe.

Yo tampoco.

Ni puedo ni quiero verla.

Comunicación

4

Opiniones En grupos de cuatro, hablen sobre estas opiniones. Cada miembro del equipo da su opinión y el resto responde diciendo si está de acuerdo o no. Usen expresiones indefinidas y negativas.

- Cada persona debe quedarse a vivir en su propio país.

- Los inmigrantes benefician la economía del país.

- La sociedad es responsable de integrar a los nuevos inmigrantes.

- Los inmigrantes deben aprender el idioma del país y no deben hablar su propio idioma nunca.

- Es responsabilidad de los gobiernos proporcionar los recursos justos y necesarios para que sus ciudadanos no se vean obligados a emigrar.

- Todo el mundo debería ser libre de vivir y trabajar donde quisiera.

- Nada es más difícil que vivir en un país extranjero por obligación.

- El inmigrante siempre piensa en regresar algún día a su patria.

- Nunca se puede decir: "jamás viviría en otro país", porque nunca se sabe.

4 For each of the themes, call on one group to sum up the group's opinions. Then ask classmates to comment.

5

Escena

A. En grupos de tres, escriban una conversación entre un(a) hijo/a adolescente y sus padres usando expresiones indefinidas y negativas.

5 As a follow-up activity, have students describe an argument they had with their own parents.

B. Ahora, representen la conversación que escribieron ante la clase.

Modelo   **HIJA** ¿Por qué siempre desconfían de mí?
No me gusta que nunca crean lo que les digo.
No soy ninguna mentirosa y mis amigos tampoco lo son.
No tienen ninguna razón para preocuparse.

        MAMÁ Sí hija, muy bien, pero recuerda que...

        HIJA Por última vez, ¿puedo ir... ?

        PAPÁ ...

TALLER DE CONSULTA

To review indicative verb forms, see:

Present
1.1, pp. 18–19

Present perfect
7.1, pp. 248-249

Preterite
2.1, pp. 56–57

Past perfect
8.1, p. 284

Imperfect
2.2, p. 60–61

Future perfect
9.1, p. 318

Future
5.1, pp. 172–173

Conditional perfect
9.2, p. 320

Conditional
5.2, pp. 176–177

INSTRUCTIONAL RESOURCES WB, LM, SAM Answer Key, Lab MP3, IRCD-ROM (scripts)

10.3 Summary of the indicative and the subjunctive

The indicative

—Don Aurelio, Palos Verdes **cambió**. Ya no es territorio mexicano y su rancho ya no **existe**. Ya nada **es** igual.

- The following chart explains when each of the indicative verb tenses is appropriate.

PRESENT	timeless events: habitual events that still occur: events happening right now: future events expected to happen:	La gente **quiere** vivir en paz. Mi madre **sale** del trabajo a las cinco. Ellos **están** enojados. Te **llamo** este fin de semana.
PRETERITE	actions or states beginning/ending at a definite point in the past:	Ayer **firmamos** el contrato.
IMPERFECT	past events without focus on beginning, end, or completeness:	Yo **leía** mientras ella **estudiaba.**
	habitual past actions:	Ana siempre **iba** al mismo restaurante.
	mental, physical, and emotional states:	Mi abuelo **era** alto y fuerte.
FUTURE	future events: probability about the present:	**Iré** a Madrid en dos semanas. ¿**Estará** en su oficina ahora?
CONDITIONAL	what would happen: future events in past-tense narration: conjecture about the past:	Él **lucharía** por sus ideales. Me dijo que lo **haría** él mismo. ¿Qué hora **sería** cuando regresaron?
PRESENT PERFECT	what has occurred:	**Han cruzado** la frontera.
PAST PERFECT	what had occurred:	Lo **habían hablado** hace tiempo.
FUTURE PERFECT	what will have occurred:	Para la próxima semana, ya **se habrá estrenado** la película.
CONDITIONAL PERFECT	what would have occurred:	Juan **habría sido** un gran atleta.

The subjunctive

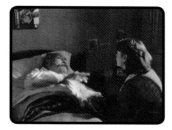

—*Quiero que **me entierren** en Palos Verdes.*

TALLER DE CONSULTA

To review subjunctive verb forms, see:

Present subjunctive 3.1, pp. 94–96

Past subjunctive 6.2, pp. 214–215

Present perfect subjunctive 7.2, p. 252

Past perfect subjunctive 8.2, p. 286

To review commands, see **3.2, p. 100-101.**

- The subjunctive is used mainly in multiple clause sentences. The following chart explains when each of the subjunctive verb tenses is appropriate.

PRESENT	*main clause is in the present:*	Quiero que **hagas** un esfuerzo.
	main clause is in the future:	Ganará las elecciones a menos que **cometa** algún error.
PAST	*main clause is in the past:*	Esperaba que **vinieras.**
	hypothetical statements about the present:	Si **tuviéramos** boletos, iríamos al concierto.
PRESENT PERFECT	*main clause is in the present while subordinate clause is in the past:*	¡Es imposible que te **hayan despedido**!
PAST PERFECT	*main clause is in the past and subordinate clause refers to earlier event:*	Me molestó que mi madre me **hubiera despertado** tan temprano.
	hypothetical statements about the past:	Si me **hubieras llamado,** habría salido contigo anoche.

PRESIDENTE EXIGE QUE AMBOS PARTIDOS TRABAJEN JUNTOS

En la conferencia de prensa de ayer, el presidente negó que hubiera inestabilidad dentro de su partido.

"Es una lástima que los conservadores se hayan dedicado a inventar escándalos en lugar de trabajar con nosotros para mejorar el futuro del país. Les pido a todos los miembros del congreso que centren su atención en los verdaderos problemas que tenemos en el país."

TEACHING OPTION Use the film from **Cortometraje, pp. 342–343,** to review verb tenses and their forms. Play the film or have students read the script from the end of the book and have them write down or underline as many different verb forms as they can. Go over the results as a class and ask volunteers to explain the uses of each verb tense.

The subjunctive vs. the indicative

TALLER DE CONSULTA

To review the uses of the subjunctive, see:

Subjunctive in noun clauses
3.1, pp. 94–96

Subjunctive in adjective clauses
4.1, pp. 134–135

Subjunctive in adverbial clauses
6.1, pp. 210–211

Subjunctive in *si* clauses
9.3, pp. 322–323

¡ATENCIÓN!

Ojalá (que) is always followed by the subjunctive.

Ojalá (que) se mejore pronto.

Impersonal expressions of will, emotion, or uncertainty are followed by the subjunctive unless there is no change of subject.

Es terrible que tú fumes.

Es terrible fumar.

TEACHING OPTION Use the reading from **Literatura, pp. 370–371**, to review subjunctive and indicative verb forms and their uses. Assign each paragraph of the reading to a different group and have students label and explain the tense and mood of each verb in the paragraph.

- The following chart contrasts the uses of the subjunctive with those of the indicative (or infinitive).

Subjunctive	**Indicative (or infinitive)**
after expressions of will and influence when there are two different subjects: Quieren que **vuelvas** temprano.	*after expressions of will and influence when there is only one subject (infinitive):* Quieren **volver** temprano.
after expressions of emotion when there are two different subjects: La profesora tenía miedo de que sus estudiantes no **aprobaran** el examen.	*after expressions of emotion when there is only one subject (infinitive):* Los estudiantes tenían miedo de no **aprobar** el examen.
after expressions of doubt, disbelief, or denial when there are two different subjects: Es imposible que Beto **haya salido** por esa puerta.	*after expressions of doubt, disbelief, or denial when there is only one subject (infinitive):* Es imposible **salir** por esa puerta.
when the person or thing in the main clause is uncertain or indefinite: Buscan un empleado que **haya estudiado** administración de empresas.	*when the person or thing in the main clause is certain or definite (indicative):* Contrataron a un empleado que **estudió** administración de empresas.
*after **a menos que, antes (de) que, con tal (de) que, en caso (de) que, para que,** and **sin que**:* El abogado hizo todo lo posible para que su cliente no **fuera** a la cárcel.	*after **a menos de, antes de, con tal de, en caso de, para,** and **sin** when there is no change in subject (infinitive):* El abogado hizo todo lo posible para **defender** a su cliente.
*after **cuando, después (de) que, en cuanto, hasta que,** and **tan pronto como** when they refer to future actions:* Compraré otro teléfono celular cuando me **ofrezcan** un plan adecuado a mis necesidades.	*after **cuando, después (de) que, en cuanto, hasta que,** and **tan pronto como** when they do not refer to future actions (indicative):* Compré otro teléfono celular cuando me **ofrecieron** un plan adecuado a mis necesidades.
*after **si** in hypothetical or contrary-to-fact statements about the present:* Si **tuviera** tiempo, iría al cine.	*after **si** in hypothetical statments about possible or probable future events (indicative):* Si **tengo** tiempo, iré al cine.
*after **si** in hypothetical or contrary-to-fact statements about the past:* Si **hubiera tenido** tiempo, habría ido al cine.	*after **si** in statements that express habitual past actions (indicative):* Si **tenía** tiempo, siempre iba al cine.

Práctica

1 **Completar** Completa las oraciones usando el verbo en subjuntivo o en indicativo.

1. Quiero que se __terminen__ (terminar) los problemas con los inmigrantes.

2. Me gustaría que mis hijos __tuvieran__ (tener) más tiempo para leer los diarios que escribió mi abuelo al emigrar.

3. El profesor me recomendó que yo __preservara__ (preservar) mi herencia cultural.

4. Me molestaba que ella __hablara__ (hablar) de esa manera sobre los inmigrantes.

5. Mi abuela hizo todo lo posible para que todos nosotros __visitáramos__ (visitar) su país de origen.

6. Cada día __llegan__ (llegar) al país muchos nuevos inmigrantes llenos de sueños.

7. La situación __ha cambiado__ (cambiar) en los últimos años porque los españoles ya no emigran tanto como en el pasado.

2 **Doña Letizia** Elige la forma correcta de cada verbo para completar el párrafo sobre la vida de Letizia Ortiz.

Doña Letizia Ortiz (1) (nacía/**nació**) en 1972, en Oviedo. (2) (**Estudió**/Estudiaba) periodismo en la Universidad Complutense de Madrid. Desde que (3) (terminaba/**terminó**), (4) (**ha tenido**/tiene) varios puestos importantes. Cuando Letizia y Felipe (5) (se conocían/**se conocieron**), ella (6) (trabajó/**trabajaba**) como periodista de TVE y por aquella época (7) (**era**/fue) una de las figuras del canal.

Desde hace unos días, Letizia y Felipe (8) (estarán/**están**) en México y (9) (anunciaban/**han anunciado**) que (10) (viajan/**viajarán**) a otros países de Latinoamérica en el futuro como representantes de la Corona española.

3 **Pensamientos** En parejas, escriban oraciones sobre lo que pensaban hace diez años y lo que piensan en la actualidad. Usen las diferentes formas del subjuntivo, del indicativo y del infinitivo de los verbos, y las palabras y expresiones de la lista. Sean creativos.

Modelo Era una lástima que a mis padres no les gustara mi música.

buscar	querer	¡Es/Era imposible . . .!	matrimonio
comprar	salir	es una lástima	ojalá
desear	tener miedo	humanidad	playa
dudar	viajar	matemáticas	televisión

1 Have students check their answers with a partner.

2 If time permits, have students research and write a paragraph about Spain's royal family.

Nota
CULTURAL

Letizia Ortiz Rocasolano, conocida hoy día como la futura **Reina de España**, nació en **Oviedo** el 15 de septiembre de 1972. Periodista de profesión, sólo empezó a formar parte de la aristocracia al contraer matrimonio con el **Príncipe Felipe de Borbón**. Debido a la incompatibilidad de los puestos, tras la boda tuvo que abandonar su carrera profesional para ocuparse de las tareas que le exige su nuevo rango en la realeza española.

3 Have students record their responses in two columns: **antes** and **ahora**. Then have them switch lists with another pair to compare each other's past and present thoughts.

4 Part A: Follow-up the activity by asking students about their own study-abroad plans. Use questions that prompt a variety of verb forms. Ex: **¿Quiénes han estudiado en el extranjero? ¿A dónde fueron, y qué cosas hicieron allá? ¿Algunos tienen planes de pasar un semestre en otro país? ¿A dónde irán? Si pudieran ir a cualquier país para estudiar, ¿a dónde irían?**

4

Estudios Juliana Burgos ha llegado a España con la intención de estudiar allí.

A. Escribe oraciones siguiendo el modelo para hablar de sus planes. Usa el subjuntivo cuando sea necesario.

> **Modelo** **tan pronto como / tener dinero**
> Va a estudiar en la universidad tan pronto como tenga dinero.

1. con tal (de) que / estudiar psicología
2. en cuanto / tomar los exámenes de ingreso
3. cuando / encontrar un apartamento cerca de la universidad
4. hasta / terminar sus estudios
5. para / encontrar un buen trabajo en el futuro

4 Part B: In pairs, have students write a dialogue of their own in which they discuss with their parents their plans or hopes to study abroad. Remind them to use both the subjunctive and the indicative.

B. Ahora, en parejas utilicen las oraciones que han formado para escribir un diálogo entre Juliana y su madre. Juliana le explica cuáles son sus planes.

5 For an outside writing project, have students invent a diary entry from one of their own ancestors. Ask them to exchange drafts with a partner to check their use of verb forms. Then ask volunteers to read their work aloud.

5

El bisabuelo En parejas, imaginen que su bisabuelo Agustín Natalio, de origen mexicano, emigró a España en 1890. Escriban una hoja de su diario contando cómo fue su llegada a ese país. Usen el indicativo o el subjuntivo y algunas de las palabras de la lista.

amigo	cartas	familiares	tormenta
anuncio	casa	hijo/a	trabajo
barco	esperanza	poeta	viento
carpintero	esposa	puerto (*harbour*)	

Comunicación

6 **¿Quién es?** En parejas, escojan una persona famosa. Escriban una lista de los acontecimientos de su vida (pasados, presentes y los que puedan ocurrir en el futuro). Cuando hayan terminado, lean en voz alta la lista de los acontecimientos y el resto de la clase tiene que adivinar de quién se trata.

7 **Tu vida** Primero, completa el cuadro con algunos acontecimientos de tu vida y con los planes que tienes para el futuro. Luego, cuéntale a un(a) compañero/a los eventos de tu vida y tus planes.

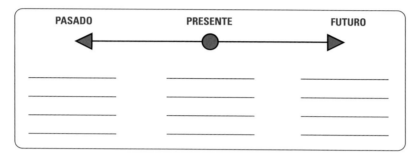

8 **Cincuenta** Mañana, Manuel va a cumplir 50 años. Por ello, Manuel ha estado pensando en todo lo que le hubiera gustado hacer pero que nunca hizo. En parejas, miren el dibujo y hablen sobre lo que habría hecho Manuel si hubiera podido.

9 **Buenos deseos** En el mundo hispano, al igual que en otras partes del mundo, familiares y amigos se reúnen para festejar el fin de un año y el comienzo del siguiente. En estas reuniones es muy común brindar (*to toast*) y decir cuáles son los deseos que uno tiene para el futuro. Ya que estamos llegando al final de este libro, pueden imaginar que esta etapa de sus vidas está finalizando y que una nueva etapa comenzará. En grupos de cuatro, hablen sobre deseos y esperanzas para el futuro. Usen el futuro y el subjuntivo, según sea necesario.

---

6 Model the activity by doing an example as a class.

7 Have partners exchange timelines and write a short narrative about the other person's life. Then ask students to describe which events were similar to or different from their own experiences.

8 Tell students they must try to console Manuel by reminding him of the things he has accomplished and the things he could still do if he wanted to. Have volunteers act out the conversation for the class.

8 Have students write a dialogue between two spouses, one of whom is having a mid-life crisis. Encourage them to be creative.

9 Before students complete the activity, write several topics on the board to encourage them to recycle vocabulary from all ten lessons. Ex: **estudios, trabajo, relaciones, viajes.** Ask volunteers to describe their own hopes and plans or their partner's for each of the topics listed. Use their responses to stimulate class discussion.

Síntesis

¡El español avanza a pasos de gigante!

A pesar de que se esperaba que las generaciones de hispanos nacidas en los Estados Unidos abandonaran la lengua materna, un estudio revela que el español sigue en crecimiento. El estudio *El uso futuro de la lengua española en los Estados Unidos – Proyecciones 2015 y 2025,* confirma la evidencia: el idioma español se expande rápidamente en los Estados Unidos. El estudio financiado por la Hispanic USA Inc. y elaborado por el *Roslow Research Group,* afirma que en unos 20 años, el 45% de los habitantes de los Estados Unidos hablará también el idioma español.

Hasta hace poco, los estudios indicaban que las lenguas maternas de los inmigrantes tendían a desaparecer o a reducirse a lo largo de las generaciones. De hecho, el español desapareció en varios países durante el siglo XX. Así ocurrió en Micronesia, en Guam y en otras islas del Pacífico, así como en las Filipinas, donde prácticamente ha desaparecido. Pero a pesar de la previsión de que el uso del español disminuiría° en estos años, el estudio revela que dentro de dos décadas habrá en los Estados Unidos 12,4 millones de personas más que hablen ese idioma.

"Sabemos que el número de hispanos que se adaptan a la cultura estadounidense seguirá creciendo, pero lo que este estudio muestra claramente es que el español llegó para quedarse", concluye el estudio. En la actualidad, 39 millones de habitantes de los Estados Unidos son hispanohablantes. En este país, el español es, después del inglés, la lengua más hablada, y es el idioma que más se enseña en las escuelas y universidades. ■

would decrea

Opiniones En grupos pequeños, escriban un párrafo en voz activa (al menos seis oraciones) sobre sus propias opiniones acerca del avance del español en los Estados Unidos. Usen distintos tiempos verbales (presente, pasado y futuro). Luego intercambien su párrafo con otro grupo. Cada grupo debe pasar el párrafo del otro grupo de la voz activa a la voz pasiva. Si el párrafo ha sido escrito correctamente, su versión en voz pasiva tendrá sentido.

Consecuencias En parejas, hablen sobre las consecuencias, positivas y/o negativas, de la inmigración hispanohablante en los Estados Unidos. Escriban una lista en la que describan los beneficios y los riesgos de este fenómeno, según sus opiniones. Usen distintos tiempos verbales del subjuntivo y expresiones negativas e indefinidas. Luego compartan con la clase sus ideas para tener un debate abierto.

Preparación

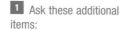

Vocabulario de la lectura		Vocabulario útil
el acento *accent*	**el hogar** *home*	**acomodarse** *to adapt*
convertirse (en algo) *to turn (into something)*	**la homogeneidad** *homogeneity*	**cómodo/a** *comfortable*
	la mejora *improvement*	**distinto/a** *different*
la convivencia *coexistence*	**por delante** *ahead (of)*	**forzado/a** *forced*
de hecho *in fact*	**proveniente** *(coming) from*	**heterogéneo/a** *heterogeneous*
el/la exiliado/a político/a *political exile*	**la razón** *reason*	**semejante** *similar*
la falta (de) *lack (of)*	**surgir** *to emerge, to arise*	**la variedad** *variety*

VARIACIÓN LÉXICA
acomodarse ↔ adaptarse
distinto/a ↔ diferente
semejante ↔ parecido/a, similar

1 **Vocabulario** Completa cada frase con la palabra o expresión adecuada. Luego, usa tres de estas palabras en oraciones.

1. Me fui de mi país por la censura. Ahora soy _____.
   (a.) un exiliado político   b. un astronauta   c. un abogado

2. Mi casa es más que una casa porque me siento cómodo y feliz allí. Mi casa es mi _____.
   (a.) hogar   b. mejora   c. democracia

3. Vivo con mis hermanos y mis hermanas. Me gusta _____ en familia.
   a. la bancarrota   (b.) la convivencia   c. la crisis

4. Somos todos iguales en esta ciudad. Las casas tienen el mismo estilo, la gente usa la misma ropa. Hay mucha _____.
   a. pobreza   (b.) homogeneidad   c. madurez

5. Llegué a este país y tuve que aprender el idioma. Ahora lo hablo pero con _____.
   a. vejez   b. Internet   (c.) acento

1 Ask these additional items:

6. Mis hijos no me escuchan. Hacen lo que les da la gana, ¡y hasta se burlan de mí! No aguanto más esta _____ de respeto. (c)
a. mejora
b. razón
c. falta

7. Voy de compras al Corte Inglés porque hay de todo. ¡Qué _____! (a)
a. variedad
b. pena
c. desastre

2 **A pensar** En grupos de cuatro, expresen sus opiniones sobre los siguientes temas.

1. Algunas personas deciden irse de sus países de origen voluntariamente. Otras personas, como los exiliados políticos, se ven forzados a irse de su país. ¿A cuál de estos dos grupos crees que le resulta más difícil adaptarse a la nueva cultura?

2. En caso de tener que dejar tu país, ¿qué crees que echarías de menos?

3. Con la llegada de inmigrantes, la diversidad cultural crece. Describe tus experiencias con la diversidad.

3 **Éxodos** En grupos de cuatro, escriban una lista de movimientos migratorios que conocen que se han producido a lo largo de la historia y otra lista con los movimientos migratorios actuales. ¿Qué circunstancias llevaron, y llevan, a estos grupos a emigrar? Después, compartan sus conocimientos con la clase y juntos intenten visualizar cuál será el panorama socio-cultural a finales del siglo XXI desde el punto de vista internacional.

2 To preview the reading, use the questions to stimulate a discussion about political exile. Have students list the reasons people flee their country and the freedoms they are seeking. Ask about recent political situations that have led to massive emigration. Then ask students to look back at their own family history for examples of political exile. Point out that even some of the earliest European settlers in America fled religious persecution.

ESPAÑA:

Nueva ola de inmigrantes

Desde finales del siglo XIX hasta bien entrado el siglo XX, muchos españoles tuvieron que abandonar su país. Unos lo hicieron por razones económicas, otros por razones políticas. 5 Primero, surgió la corriente de españoles que se iban a "hacer las Américas", siendo las islas caribeñas uno de sus destinos de preferencia. Éstos volvían a veces a sus pueblos con pequeñas fortunas acumuladas. 10 Pocos años después, el aura mítica que rodeaba a los que se iban en busca de aventura se desvaneció° para dar paso a   *faded* otra clase de emigrante: el exiliado político.

Escucha el artículo y abre una investigación en **www.imagina.vhlcentral.com**.

flow

El inicio de la Guerra Civil en 1936 obligó a muchos a abandonar sus familias y hogares para salvar la vida. Políticos, artistas e intelectuales huyeron, encontrando un nuevo hogar en Hispanoamérica. México, Argentina y Venezuela fueron algunos de los países que dieron refugio y esperanza a miles de españoles. Hoy en día, sin embargo, ese proceso se ha invertido y el flujo° migratorio cruza el océano Atlántico en sentido inverso, de Hispanoamérica a España.

Hace tan sólo veinte años, un paseo por cualquier ciudad española nos mostraba una ciudadanía inmersa en la homogeneidad. Bajo el régimen dictatorial de Francisco Franco, todos los que vivían en España parecían comer los mismos platos, vestir las mismas ropas y practicar la misma religión. La falta de libertad de expresión también llevaba a pensar que tenían la misma ideología. La España provinciana de entonces sólo atraía a los turistas.

opening; commencement

Tras la muerte de Franco en 1975, se inició en el país un proceso de modernización y de apertura° política y económica que ha tenido como resultado un cambio drástico, no sólo en la realidad de la sociedad española, sino también en su semblante°. En la actualidad, un paseo por las ciudades nos ofrece un panorama considerablemente diferente. Restaurantes argentinos, peruanos, cubanos y mexicanos forman parte del paisaje urbano. La gente por las calles habla con acentos extranjeros y, sin embargo, caminan con la seguridad del que sabe que está en casa. Y el palmito, la yuca, las frutas tropicales y el cilantro son sólo algunos de los productos que hasta hace poco eran desconocidos y que ahora se encuentran tanto en pequeñas tiendas como en supermercados.

appearance

En la última década, ha pasado de ser un país emigrante, cuyos ciudadanos tenían que ir a buscar trabajo al extranjero, a ser el nuevo hogar de muchos. La mejora económica ha tenido los efectos que en décadas o incluso siglos anteriores ya se habían vivido en otros países como Estados Unidos. Según los

De Franco a la democracia

Los cuarenta años de dictadura de Francisco Franco terminaron el día de su muerte en 1975. La pacífica transición española a la democracia causó gran admiración internacional. De hecho, España ha servido de modelo para muchos países que posteriormente se han visto en las mismas circunstancias. El mérito se debe al gran consenso social y político al que llegaron tanto la sociedad civil como los poderes políticos y militares.

datos del Instituto Nacional de Estadística del año 2005, el número de inmigrantes se ha triplicado en tan sólo cinco años. La mayoría llega de Marruecos, por la cercanía con África, pero la emigración proveniente de Ecuador, Colombia, la República Dominicana y Perú, entre otros países de habla hispana, es también muy numerosa. Este cambio, de momento, ya ha empezado a tener sus beneficios. Gracias a la emigración, España ha dejado de ser el país de menor crecimiento en población del mundo occidental, ya que la llegada de jóvenes de otros países está ayudando a cambiar esa tendencia. Los beneficios también se ven en los países de origen, ya que el dinero que envían los emigrantes a sus familias se ha convertido en una de las principales fuentes de riqueza.

En el siglo XXI, el país se halla° frente al reto de tener sus puertas abiertas a los emigrantes. El cambio ya se percibe y la diversidad cultural se respira por muchas zonas de la geografía española, pero todavía hay mucho trabajo por delante. También hay que, a partir de la tolerancia y el respeto, crear una sociedad mejor para todos. Hagamos que este siglo en el que vivimos sea el siglo de la pluralidad, el intercambio cultural y la convivencia. ■

finds itself

NATIONAL communication STANDARDS

1 Have students scan the comprehension questions before reading the text on **pp. 366–367**. While reading, have students pause after each paragraph to answer any related comprehension questions.

Análisis

1 **Comprensión** Contesta las preguntas con oraciones completas.

1. ¿Cuáles son las dos razones por las que muchos españoles dejaron su país entre finales del siglo XIX y bien entrado el siglo XX? Dejaron su país por razones económicas y políticas.

2. ¿Qué ocurrió en el año 1936 en España? Comenzó la Guerra Civil.

3. ¿Quiénes eran los exiliados políticos que salieron de España durante el gobierno de Franco? Los exiliados políticos eran políticos, artistas e intelectuales.

4. ¿Por qué se dice que había homogeneidad entre los españoles durante el gobierno de Franco? Porque tenían las mismas ropas y la misma religión y por la falta de libertad de expresión parecía que todos tenían la misma ideología.

5. ¿Cuáles han sido los cambios presentes en España desde la muerte de Franco en 1975? La modernización y la apertura política y económica.

6. ¿Cómo es España hoy en día? Hay restaurantes argentinos, cubanos, etc. Hay frutas importadas y hay gente de otros países.

7. ¿Cómo ha cambiado la situación migratoria de España en la última década? Se ha convertido en un país que recibe inmigrantes en vez de tener ciudadanos que emigren a otros países.

8. ¿De dónde son las personas que llegan a España como inmigrantes en la actualidad? Son de Marruecos, Ecuador, Colombia, la República Dominicana y Perú, entre otros países.

9. ¿Cuántos años duró la dictadura de Francisco Franco en España? La dictadura de Francisco Franco en España duró cuarenta años.

10. ¿Por qué ha servido España como modelo para otros países? Porque tuvo una transición pacífica entre la dictadura y la democracia.

2 **Diversidad** En grupos de cuatro, hablen sobre cómo la diversidad cultural se ve reflejada en los siguientes ámbitos de sus vidas.

- Compañeros de clase/trabajo
- Idiomas que se hablan
- Los productos que consumes
- Los restaurantes de tu ciudad
- Tus amigos y tu familia
- Tus vecinos

3 Part A: ask volunteers to explain the meaning of the quote. If necessary, write on the board: "When in Rome, do as the Romans do."

3 Part B: Write a list on the board of useful vocabulary words from **Lección 10**, such as **asimilación, diversidad, integración, asimilarse, integrarse, excluido/a** and **inconformista**.

TEACHING OPTION For an outside project, divide the class into groups of four to select and research a period of Spanish history that led to waves of emigration or immigration. Refer students to **Cultura, pp. 366–367**, and **Imagina, pp. 346–351** for ideas, then have them present their findings to the class.

3 **Dicho**

A. En grupos de cuatro, expliquen lo que este dicho quiere decir. ¿Conocen uno parecido en inglés?

> ## Adonde fueres, haz lo que vieres.

B. Ahora que ya comprenden lo que el dicho quiere decir, participen en un debate con toda la clase. La mitad de la clase estará a favor de hacer lo que el dicho dice; la otra mitad estará en contra.

Preparación

Sobre la autora

Sandra Cisneros nació en Chicago en 1954. Ha escrito poesía, cuentos, novelas y libros para niños. De madre chicana y padre mexicano, Cisneros ha estado muy involucrada (*involved*) con el movimiento chicano. Su escritura refleja muchas veces la mezcla de culturas y el proceso de adaptación que viven las familias hispanas radicadas en los Estados Unidos. Algunas de sus obras más conocidas son *The House on Mango Street* (1983), *Hairs/Pelitos* (1994) y *Caramelo* (2002).

Vocabulario de la lectura		Vocabulario útil
el arroz *rice*	**la mantequilla** *butter*	**comportarse** *to behave*
cortar *to cut*	**marearse** *to get dizzy*	**convencer(se)** *to convince (oneself)*
dar igual *to not matter*	**la monja** *nun*	
dar lata *to bother; to annoy*	**el montón** *bunch*	**pertenecer** *to belong*
dar pena *to become embarrassed*	**la mostaza** *mustard*	**presionado/a** *pressured*
	el pan *bread*	**la similitud** *similarity*
desmayarse *to faint*	**el pepinillo** *pickle*	**sobresalir** *to excel*
la hora del lonche/ almuerzo *lunch time*	**valorar** *to appreciate, to value*	

1 **Vocabulario** Relaciona cada palabra con la definición adecuada. Después, escribe un breve párrafo usando esas palabras.

1. arroz ___c___   a. ser muy bueno en algo
2. similitud ___g___   b. estimar a otra persona
3. valorar ___b___   c. cereal de color blanco
4. marearse ___e___   d. lugar donde se come
5. sobresalir ___a___   e. sentir que todo se mueve alrededor
                        f. pensar en el pasado
                        g. lo que hace que dos personas se parezcan

2 **Preparación** En parejas, contesten las preguntas y expliquen sus respuestas.

1. ¿Qué piensan de las personas que harían cualquier cosa por formar parte de un grupo social?
2. ¿En qué situaciones creen que es bueno integrarse a un grupo?
3. ¿Alguna vez han tenido muchas ganas de pertenecer a un grupo?

3 **La identidad** En grupos de cuatro, contesten las preguntas e intenten definir "identidad individual" e "identidad colectiva". Después, compartan sus opiniones con la clase.

1. ¿Qué define tu identidad como persona? ¿Y como parte de un grupo?
2. ¿Podrías vivir en una cultura diferente a la tuya y preservar tu identidad?
3. ¿Crees que es más difícil para un niño que para un adulto adaptarse a una cultura desconocida?

INSTRUCTIONAL RESOURCES LM, SAM Answer Key, Lab MP3, IRCD-ROM (scripts) Dramatic readings of the **Literatura** selections are recorded on the Lab MP3.

VARIACIÓN LÉXICA
lonche ↔ comida
dar lata ↔ molestar
dar pena ↔ dar vergüenza

2 Encourage students to provide examples. Call on volunteers to share their partners' responses with the class.

TEACHING OPTION To preview the reading, ask students to describe their first day at a new school. **¿Cómo se sentían? ¿Qué era nuevo o diferente? ¿Qué hicieron para adaptarse al nuevo ambiente?**

UN SÁNDWICH DE ARROZ

Sandra Cisneros

hanging

Los niños especiales, los que llevan llaves colgadas° al cuello, comen en el refectorio. ¡El refectorio! Hasta el nombre suena importante. Y esos niños van allí a la hora del lonche porque sus madres no están en casa o porque su casa está demasiado lejos.

Mi casa no está demasiado lejos pero tampoco cerca, y de algún modo se me metió un día en la cabeza pedirle a mi mamá que me hiciera un sándwich y le escribiera una nota a la directora° para que yo también pudiera comer en el refectorio.

Ay no, dice ella apuntando° hacia mí el cuchillo de la mantequilla como si yo fuera a empezar a dar lata, no señor. Lo siguiente es que todos aquí van a querer una bolsa de lonche. Voy a estar toda la noche cortando triangulitos de pan: éste con mayonesa, éste con mostaza, el mío sin pepinillos pero con mostaza por un lado por favor. Ustedes niños sólo quieren darme más trabajo.

principal

pointing

5

10

15

20

Pero Nenny dice que a ella no le gusta comer en la escuela –nunca– porque a ella le gusta ir a casa de su mejor amiga Gloria, que vive frente al patio de la escuela. La mamá de Gloria tiene una tele grande a color y lo único que hacen es ver caricaturas°. Por otra parte, Kiki y Carlos son agentes de tránsito° infantiles. Tampoco quieren comer en la escuela. A ellos les gusta pararse afuera en el frío, especialmente si está lloviendo. Desde que vieron esa película *300 espartanos* creen que sufrir es bueno.

Yo no soy espartana y levanto una anémica muñeca° para probarlo, ni siquiera puedo inflar un globo° sin marearme. Y además, sé hacer mi propio lonche. Si yo comiera en la escuela habría menos platos que lavar. Me verías menos y menos y me querrías más. Cada mediodía mi silla estaría vacía. Podrías llorar: ¿Dónde está mi hija favorita?, y cuando yo regresara por fin a las tres de la tarde, me valorarías. Bueno, bueno, dice mi madre después de tres días de lo mismo. Y a la siguiente mañana me toca ir a la escuela con la carta de Mamá y mi sándwich de arroz porque no tenemos carnes frías.

Los lunes y los viernes da igual, las mañanas siempre caminan muy despacio y hoy más. Pero finalmente llega la hora y me formo° en la fila de los niños que se quedan a lonchar. Todo va muy bien hasta que la monja que conoce de memoria a todos los niños del refectorio me ve y dice: Y a ti ¿quién te mandó aquí? Y como soy penosa° no digo nada, nomás levanto mi mano con la carta. Esto no sirve, dice, hasta

que la madre superiora dé su aprobación. Sube arriba y habla con ella. Así que fui. Espero a que les grite a dos niños antes que a mí, a uno porque hizo algo en clase y al otro porque no lo hizo. Cuando llega mi turno me paro frente al gran escritorio con estampitas de santos° bajo el cristal mientras la madre superiora lee mi carta, que dice así:

Querida madre superiora:
Por favor permítale a Esperanza entrar en el salón comedor porque vive demasiado lejos y se cansa. Como puede ver está muy flaquita°. Espero, en Dios no se desmaye. Con mis más cumplidas° gracias,
Sra. E. Cordero

Tú no vives lejos, dice ella. Tú vives cruzando el bulevar. Nada más son cuatro cuadras. Ni siquiera. Quizá tres. De aquí son tres largas cuadras. Apuesto a que alcanzo° a ver tu casa desde mi ventana. ¿Cuál es? Ven acá, ¿cuál es tu casa?

Y entonces hace que me trepe en° una caja de libros. ¿Es ésa? Dice, señalando una fila de edificios feos de tres pisos, a los que hasta a los pordioseros° les da pena entrar. Sí, muevo la cabeza aunque aquella no era mi casa y me echo a llorar. Yo siempre lloro cuando las monjas me gritan, aunque no me estén gritando. Entonces ella lo siente y dice que me puedo quedar —sólo por hoy, no mañana ni el día siguiente. Y yo digo sí y por favor, ¿podría darme un Kleenex? —tengo que sonarme°.

En el refectorio, que no era nada de otro mundo, un montón de niños y niñas miraban mientras yo lloraba y comía mi sándwich, el pan ya grasoso° y el arroz frío. ∎

> **En el refectorio, que no era nada de otro mundo, un montón de niños y niñas miraban mientras yo lloraba y comía mi sándwich, el pan ya grasoso y el arroz frío.**

Glosas (márgenes):
- cartoons
- agentes... *traffic/ crossing guards*
- wrist
- inflar... *to blow up a balloon*
- me... *I get into*
- introvertida
- estampitas... *cards with images of saints*
- delgada
- humble
- I am able
- trepe... *climb onto*
- beggars
- blow my nose
- greasy

Análisis

1 **Comprensión** Contesta las preguntas con oraciones completas.

1. ¿Por qué los niños especiales comen en el refectorio? Comen en el refectorio porque sus madres no están en casa o porque viven demasiado lejos.

2. ¿Cuántos hermanos/as tiene Esperanza? Esperanza tiene dos hermanas y un hermano.

3. ¿Quién tiene que dar el permiso para que Esperanza coma en el refectorio? La madre superiora tiene que dar el permiso.

4. En la nota, ¿cómo describe su mamá a Esperanza? Su mamá dice que Esperanza está muy flaquita.

5. ¿Qué pasa en la oficina? La madre superiora dice que Esperanza no vive lejos, pero le da el permiso sólo por ese día.

6. ¿Qué pasa cuando Esperanza llega al refectorio? Está llorando, todos los niños la están mirando y su sándwich está frío y grasoso.

2 **Interpretar** En parejas, contesten las preguntas y expliquen sus respuestas.

1. ¿Por qué quiere Esperanza comer en el refectorio?

2. ¿Cómo es Esperanza en su casa? ¿Y en la escuela?

3. ¿Por qué llora cuando está en la oficina de la madre superiora?

4. ¿Creen que Esperanza va a recordar este incidente durante mucho tiempo?

3 **Cuando era niño** Contesta las preguntas. Después, comparte tus respuestas con la clase.

1. ¿Cómo eras cuando eras niño/a?

2. ¿En qué características eres igual y en cuáles has cambiado?

3. Haz una lista de las cosas que eran más fáciles cuando eras niño/a y otra de las que eran más difíciles.

Más fáciles	Más difíciles

4 **Escribir** Sigue el **Plan de redacción** para escribir una entrada en tu diario. Describe cómo fue tu vida en cierto periodo de tiempo. Puede ser el mes pasado, una semana del año pasado o el verano de hace dos años, etc. Usa las expresiones indefinidas y negativas que aprendiste en esta lección y diferentes formas del subjuntivo.

Plan de redacción

Querido diario

1 **¿Qué pasó?** Menciona todas las cosas que hiciste y las cosas importantes que te pasaron durante ese periodo de tiempo.

2 **¿Qué faltó?** Recuerda lo que no pudiste o no quisiste hacer. Explica también qué cosas habrías cambiado y qué cosas habrías hecho de una forma diferente.

3 **Conclusión** Haz un balance general de lo positivo y lo negativo de ese tiempo.

---

2 For item 2, ask students to compare and contrast the conversations Esperanza has with her mother and with the nun.

3 For an expansion activity, have students write a brief paragraph about an incident from their childhoods, good or bad, that they will always remember. Have them describe what happened, how it made them feel, and the significance of the event.

4 Refer students to **Estructuras, Lección 10** to review negative and indefinite expressions and subjunctive verb forms. Point out that an entry looking back on childhood may require different verb tenses than one describing events that took place in the recent past.

TEACHING OPTION Have students reread the questions from the lesson opener on p. 336. Ask: **¿Qué conflictos surgieron de las diferentes formas de pensar de la narradora, la madre, la monja y los otros niños? ¿Cuáles son sus actitudes sobre la asimilación?**

Nuestro futuro

Las tendencias

la asimilación *assimilation*
la causa *cause*
la diversidad *diversity*
el/la emigrante *emigrant*
la frontera *border*
la herencia cultural *cultural heritage*
la humanidad *humankind*
los ideales *principles; ideals*
el idioma oficial *official language*
la inmigración *immigration*
la integración *integration*
la lengua materna *mother tongue*
el lujo *luxury*
la meta *goal*
la natalidad *birthrate*
la población *population*

adivinar *to guess*
anticipar *to anticipate; to expect*
asimilarse *to assimilate*
atraer *to attract*
aumentar *to grow*
disminuir *to decrease, to reduce, to diminish*
predecir (e:i) *to predict*
superarse *to better oneself*

bilingüe *bilingual*
excluido/a *excluded*
inconformista *nonconformist*
monolingüe *monolingual*
previsto/a *foreseen*
solo/a *alone*

Problemas y soluciones

la añoranza *homesickness*
el caos *chaos*
el coraje *courage*
el daño *harm*
el diálogo *dialogue*
el entendimiento *understanding*
la incertidumbre *uncertainty*
la inestabilidad *instability*
el maltrato *abuse, mistreatment*
el nivel de vida *standard of living*
la polémica *controversy*
la sobrepoblación *overpopulation*

hacer un esfuerzo *to make an effort*
luchar *to fight*
prescindir *to do without*
protestar *to protest*

debido a *due to*
masificado/a *overcrowded*

Los cambios

adaptarse *to adapt*
alcanzar (un sueño/una meta)
   to fulfill (a dream); to reach (a goal)
dejar *to leave behind*
despedirse (e:i) *to say goodbye*
enriquecerse *to become enriched*
establecerse *to establish oneself*
extrañar *to miss*
integrarse (a) *to become part (of); to fit in*
lograr *to attain, to achieve*
pertenecer *to belong*
rechazar *to reject*

Cortometraje

la actitud *attitude*
la aduana *customs*
el cura *priest*
la facha *look*
el jardín *garden*
el mantenimiento *maintenance*
la nostalgia *nostalgia*
la paciencia *patience*
el progreso *progress*
el rancho *ranch*
el territorio *territory*

arreglar *to fix*
crecer *to grow*
desconfiar *to be suspicious, to not trust*
estar embarazada *to be pregnant*
jurar *to promise*
mezclar *to mix*
reconocer (c:zc) *to recognize*
tomar el pelo *to pull someone's leg*

INSTRUCTIONAL RESOURCES
Testing Program on IRCD-ROM

Cultura

el acento *accent*
la convivencia *coexistence*
el/la exiliado/a político/a *political exile*
la falta (de) *lack (of)*
el hogar *home*
la homogeneidad *homogeneity*
la mejora *improvement*
la razón *reason*
la variedad *variety*

acomodarse *to adapt*
convertirse (e:ie) (en algo) *to turn
   (into something)*
surgir *to emerge, to arise*

cómodo/a *comfortable*
de hecho *in fact*
distinto/a *different*
forzado/a *forced*
heterogéneo/a *heterogeneous*
por delante *ahead (of)*
proveniente *(coming) from*
semejante *similar*

Literatura

el arroz *rice*
la hora del lonche/almuerzo *lunch time*
la mantequilla *butter*
la monja *nun*
el montón *bunch*
la mostaza *mustard*
el pan *bread*
el pepinillo *pickle*
la similitud *similarity*

comportarse *to behave*
convencer(se) *to convince (oneself)*
cortar *to cut*
dar igual *to not matter*
dar lata *to bother; to annoy*
dar pena *to become embarrassed*
desmayarse *to faint*
marearse *to get dizzy*
pertenecer *to belong*
sobresalir *to excel*
valorar *to appreciate, to value*

presionado/a *pressured*

MANUAL de GRAMÁTICA

**Supplementary Grammar Coverage
for IMAGINA**

The **Manual de Gramática** is an invaluable tool for both instructors and students of intermediate Spanish. It contains additional grammar concepts not covered within the core lessons of **IMAGINA**, as well as practice activities. For each lesson in **IMAGINA**, up to two additional grammar topics are offered with corresponding practice.

These concepts are correlated to the grammar points in **Estructuras** by means of the **Taller de consulta** sidebars, which provide the exact page numbers where new concepts are taught in the **Manual**.

This special supplement allows for great flexibility in planning and tailoring your course to suit the needs for whole classes and/or individual students. It also serves as a useful and convenient reference tool for students who wish to review previously-learned material.

Contenido

1.4 Nouns and articles

Nouns

- In Spanish, nouns (**sustantivos**) ending in **–o, –or, –l, –s,** and **–ma** are usually masculine, and nouns ending in **–a, –ora, –ión, –d,** and **–z** are usually feminine.

Masculine nouns	Feminine nouns
el amigo, el cuaderno	la amiga, la palabra
el escritor, el color	la escritora, la computadora
el control, el papel	la relación, la ilusión
el autobús, el paraguas	la amistad, la fidelidad
el problema, el tema	la luz, la paz

- Most nouns form the plural by adding **–s** to nouns ending in a vowel and **–es** to nouns ending in a consonant. Nouns that end in **–z** change to **–c** before adding **–es**.

  el hombre → los hombres   la mujer → las mujeres

  la novia → las novias   el lápiz → los lápices

- If a singular noun ends in a stressed vowel, the plural form ends in **–es**. If the last syllable of a singular noun ending in **–s** is unstressed, the plural form does not change.

  el tabú → los tabúes   el lunes → los lunes

  el israelí → los israelíes   la crisis → las crisis

Articles

- Spanish definite and indefinite articles (**artículos definidos e indefinidos**) agree in gender and number with the nouns they modify.

	Definite articles		Indefinite articles	
	singular	plural	singular	plural
MASCULINE	el compañero	los compañeros	un compañero	unos compañeros
FEMININE	la compañera	las compañeras	una compañera	unas compañeras

- In Spanish, a definite article is always used with an abstract noun.

  El amor es eterno.   **La** belleza es pasajera.
  Love is eternal.   *Beauty is fleeting.*

- An indefinite article is not used before nouns that indicate profession or place of origin unless they are followed by an adjective.

  Juan Volpe es profesor.   Juan Volpe es **un** profesor excelente.
  Ana María es neoyorquina.   Ana María es **una** neoyorquina orgullosa.

¡ATENCIÓN!

Some nouns may be either masculine or feminine, depending on whether they refer to a male or a female.

el/la artista *artist*
el/la estudiante *student*

Occasionally, the masculine and feminine forms have different meanings.

el capital *capital (money)*
la capital *capital (city)*

¡ATENCIÓN!

Accent marks are sometimes dropped or added to maintain the stress in the singular and plural forms.

canción/canciones
autobús/autobuses

margen/márgenes
imagen/imágenes

¡ATENCIÓN!

The prepositions **de** and **a** contract with the article **el**.

de + el = del

a + el = al

Práctica

1 **Cambiar** Escribe en plural las palabras que están en singular y viceversa.

1. la compañera ___las compañeras___
2. unos amigos ___un amigo___
3. el novio ___los novios___
4. una crisis ___unas crisis___
5. unas parejas ___una pareja___
6. un corazón ___unos corazones___
7. las amistades ___la amistad___
8. el tabú ___los tabúes___

2 **¿Qué opinas?** Completa los minidiálogos con los artículos apropiados.

1. —Para ti, ¿cuál es _la_ cualidad más importante en _las_ relaciones de pareja?

    —Para mí, es _la_ sinceridad; aunque también son importantes _el_ respeto y _la_ madurez.

2. —¿Quién es mejor en la amistad: _una_ persona pesimista o _una_ optimista?

    —Pues, _la_ verdad es que todos mis amigos son pesimistas.

3. —¿Tus amigos tienen _los_ mismos sueños que tú?

    —Sí, todos soñamos con _un_ mundo mejor. Deseamos _la_ paz internacional y encontrar _una_ solución para _el_ desempleo.

3 **Un chiste** Completa el chiste con los artículos apropiados. Recuerda que en algunos casos no debes poner ningún artículo.

Una pareja se va a casar. Él tiene 90 años. Ella tiene 85. Entran en _una_ farmacia y _el_ novio le pregunta al farmacéutico (*pharmacist*):

—¿Tiene _∅_ remedios para _el_ corazón?

—Sí —contesta _el_ farmacéutico.

—¿Tiene _∅_ remedios para _la_ presión?

—Sí —contesta nuevamente _el_ farmacéutico.

—¿Y _∅_ remedios para _la_ artritis?

—Sí, también.

—¿Y _∅_ remedios para _el_ reumatismo?

—También.

—¿Y _∅_ remedios para _el_ colesterol?

—Sí. Ésta es _una_ farmacia completa. Tenemos de todo.

Entonces _el_ novio mira a _la_ novia y le dice:

—Querida, ¿qué te parece si hacemos _la_ lista de regalos de bodas aquí?

4 **La cita** Completa el párrafo con la forma correcta de los artículos definidos e indefinidos.

Ayer tuve (1) _una_ cita con Leonardo. Fuimos a (2) _un_ restaurante muy romántico que está junto a (3) _un_ bonito lago. Desde nuestra mesa, podíamos ver (4) _el_ lago y (5) _los_ barcos que por allí navegaban. Comimos (6) _unos_ platos muy originales. (7) _El_ pescado que yo pedí estaba delicioso. Nos divertimos mucho, pero al salir tuvimos (8) _un_ problema. Una de (9) _las_ ruedas (*tires*) del coche estaba pinchada (*punctured*). (10) _La_ próxima semana tendremos nuestra segunda cita.

1.5

Adjectives

- Spanish adjectives (**adjetivos**) agree in gender and number with the nouns they modify. Most adjectives ending in **–e** or a consonant have the same masculine and feminine forms.

			Adjectives			
	singular	**plural**	**singular**	**plural**	**singular**	**plural**
MASCULINE	rojo	rojos	inteligente	inteligentes	difícil	difíciles
FEMININE	roja	rojas	inteligente	inteligentes	difícil	difíciles

- Descriptive adjectives generally follow the noun they modify. If a single adjective modifies more than one noun, the plural form is used. If at least one of the nouns is masculine, then the adjective is masculine.

un libro **apasionante**
a great book

las parejas **contentas**
the happy couples

un suegro y una suegra **maravillosos**
a wonderful father-in-law and mother-in-law

la literatura y la cultura **ecuatorianas**
Ecuadorean literature and culture

- A few adjectives have shortened forms when they precede a masculine singular noun.

bueno → buen	**alguno → algún**	**primero → primer**
malo → mal	**ninguno → ningún**	**tercero → tercer**

- Some adjectives change their meaning depending on their position. When the adjective follows the noun, the meaning is more literal. When it precedes the noun, the meaning is more figurative.

	after the noun	before the noun
antiguo/a	el edificio **antiguo** *the ancient building*	mi **antiguo** novio *my old/former boyfriend*
cierto/a	una respuesta **cierta** *a right answer*	una **cierta** actitud *a certain attitude*
grande	una ciudad **grande** *a big city*	un **gran** país *a great country*
mismo/a	el artículo **mismo** *the article itself*	el **mismo** problema *the same problem*
nuevo/a	un coche **nuevo** *a (brand) new car*	un **nuevo** profesor *a new/different professor*
pobre	los estudiantes **pobres** *the students who are poor*	los **pobres** estudiantes *the unfortunate students*
viejo/a	un libro **viejo** *an old book*	una **vieja** amiga *a long-time friend*

Práctica

1 **Descripciones** Completa cada oración con la forma correcta de los adjetivos.

1. Mi mejor amiga es ___guapa___ (guapo) y muy ___graciosa___ (gracioso).

2. Los novios de mis hermanas son ___altos___ (alto) y ___morenos___ (moreno).

3. Javier, mi vecino, es ___listo___ (listo), pero bastante ___antipático___ (antipático).

4. Mi prima Susana es ___sensible___ (sensible), pero mi primo Luis es ___falso___ (falso).

5. Nosotras somos ___cuidadosas___ (cuidadoso) y un poquito ___tacañas___ (tacaño).

6. No sé por qué Marcos y Ramón son tan ___inseguros___ (inseguro) y ___tímidos___ (tímido).

7. Sandra, mi vecina, es una amiga ___genial___ (genial), pero ayer tuvimos una ___tempestuosa___ (tempestuoso) discusión.

2 **La vida de Marina** Completa cada oración con los cuatro adjetivos.

1. Marina busca una compañera de cuarto ___tranquila, ordenada, honesta y puntual.___
(tranquilo, ordenado, honesto, puntual)

2. Se lleva bien con las personas ___sinceras, serias, alegres y trabajadoras.___ (sincero, serio, alegre, trabajador)

3. Marina tiene unos padres ___maduros, simpáticos, inteligentes y conservadores.___ (maduro, simpático, inteligente, conservador)

4. Quiere ver programas de televisión más ___emocionantes, divertidos, dramáticos y didácticos.___ (emocionante, divertido, dramático, didáctico)

5. Marina tiene un novio ___talentoso, nervioso, creativo e irlandés.___ (talentoso, nervioso, creativo, irlandés)

Marina

3 **Correo sentimental** La revista *Ellas y ellos* tiene una sección de anuncios personales. Este anuncio recibió unas cien respuestas. Complétalo con la forma corta o larga de los adjetivos de la lista.

buen	gran	mal	ningún	tercer
bueno/a	grande	malo/a	ninguno/a	tercero/a

Mi perrito y yo buscamos amor

Tengo 43 años y estoy viudo desde hace tres años. Soy un (1) ___buen___ hombre: tranquilo y trabajador. Me gustan las plantas y no tengo (2) ___ningún___ problema con mis vecinos. Cocino y plancho. Me gusta ir al cine y no me gusta el fútbol. Tengo (3) ___buen___ humor por las mañanas y mejor humor por las noches. Vivo en un apartamento (4) ___grande___, en el (5) ___tercer___ piso de un edificio de Montevideo. Sólo tengo un pequeño problema: mi perro. Algunos dicen que tiene (6) ___mal___ carácter. Otros dicen que es un (7) ___buen___ animal. Yo creo que es (8) ___bueno___. Pero se siente solo, como su dueño.

2.4

Progressive forms

- The present progressive (**el presente progresivo**) narrates an action in progress. It is formed with the present tense of **estar** and the present participle (**el gerundio**) of the main verb.

Estoy sacando una foto.	¿Qué **estás comiendo**?	**Están recorriendo** la ciudad.
I am taking a photo.	*What are you eating?*	*They are traveling around the city.*

- The present participle of regular **–ar, –er,** and **–ir** verbs is formed as follows:

INFINITIVE	STEM	ENDING	PRESENT PARTICIPLE
bailar	bail–	–ando	bailando
comer	com–	–iendo	comiendo
aplaudir	aplaud–	–iendo	aplaudiendo

- **–Ir** verbs that change **o** to **u** or **e** to **i** in the **Ud./él/ella** and **Uds./ellos/ellas** forms of the preterite have the same change in the present participle.

p**e**dir → p**i**diendo	m**e**ntir → m**i**ntiendo	d**o**rmir → d**u**rmiendo

- When the stem of an **–er** or **–ir** verb ends in a vowel, the **–i–** of the present participle ending changes to **–y–**. The present participle of **ir** is **yendo**.

leer → le**y**endo	construir → constru**y**endo	oír → o**y**endo

- Other tenses have progressive forms as well, though they are used less frequently than the present progressive. These tenses emphasize that an action was/will be in progress at a particular moment in time.

  Estaba contestando la última pregunta cuando el profesor nos pidió los exámenes.
  I was in the middle of answering the last question when the professor asked for our exams.

  No vengas a las cuatro, todavía **estaremos trabajando**.
  Don't come at four o'clock; we will still be working.

  Luis cerró la puerta, pero su mamá le **siguió gritando**.
  Luis shut his door, but his mother kept right on shouting.

- Progressive tenses often use other verbs, especially ones that convey motion or continuity like **andar, continuar, ir, seguir,** and **venir,** in place of **estar**.

  anda diciendo *she goes around saying*

  continuarás trabajando *you'll continue working*

  siguieron hablando *they kept talking*

  van acostumbrándose *they're getting more and more used to*

  venimos insistiendo *we've been insisting*

Práctica

1 **Una conversación telefónica** Daniel es nuevo en la ciudad y no sabe cómo llegar al estadio de fútbol. Decide llamar a su ex novia Alicia para que le explique cómo encontrarlo. Completa el diálogo con la forma correcta del gerundio.

ALICIA ¿Aló?

DANIEL Hola Alicia, soy Daniel; estoy buscando el estadio de fútbol y necesito que me ayudes... Llevo (1) __caminando__ (caminar) más de media hora por el centro y sigo perdido.

ALICIA ¿Dónde estás?

DANIEL No estoy muy seguro, no encuentro el nombre de la calle. Pero estoy (2) __viendo__ (ver) un centro comercial a mi izquierda y más allá parece que están (3) __construyendo__ (construir) un estadio de fútbol. (4) __Hablando__ (hablar) de fútbol, ¿dónde tengo mis boletos? ¡He perdido mis entradas!

ALICIA Madre mía, ¡sigues (5) __siendo__ (ser) un desastre...! Algún día te va a pasar algo serio.

DANIEL Siempre andas (6) __pensando__ (pensar) lo peor.

ALICIA Y tú siempre estás (7) __olvidándote__ (olvidarse) de todo.

DANIEL Ya estamos (8) __discutiendo__ (discutir) otra vez.

2 **¿Qué están haciendo?** Escribe frases completas para explicar lo que están haciendo ahora mismo estas personas. Usa los elementos que hay para cada una y el presente de **estar** con el gerundio del verbo.

1. La alcaldesa / recorrer / la ciudad

   La alcaldesa está recorriendo la ciudad.

2. Dos pasajeros / subir / a / el autobús

   Dos pasajeros están subiendo al autobús.

3. Sergio y yo / doblar / la esquina

   Sergio y yo estamos doblando la esquina.

4. El peatón / cruzar / la avenida

   El peatón está cruzando la avenida.

5. Tú / disfrutar / de la clase

   Tú estás disfrutando de la clase.

3 **En diferentes tiempos** Completa cada oración con el tiempo correcto del verbo entre paréntesis.

1. Anoche Carlos y Raúl __estaban__ (estar) mirando una película.

2. Mientras tú estudiabas, nosotros __andábamos__ (andar) paseando por el parque.

3. Mañana a las diez, ¿tú __estarás__ (estar) durmiendo?

4. Con un poco de tiempo, yo __iré__ (ir) acostumbrándome a la idea.

5. Esta tarde, Catalina __estará__ (estar) dando direcciones a los turistas.

6. Eduardo __venía__ (venir) saliendo del museo, cuando vio a Ana.

2.5

Telling time

- The verb **ser** is used to tell time in Spanish. The construction **es + la** is used with **una**, and **son + las** is used with all other hours.

> **¿Qué hora es?**
> *What time is it?*
>
> **Es la** una.
> *It is one o'clock.*
>
> **Son las** tres.
> *It is three o'clock.*

- The phrase **y +** [*minutes*] is used to tell time from the hour to the half-hour. The phrase **menos +** [*minutes*] is used to tell time from the half-hour to the hour, and is expressed by subtracting minutes from the *next* hour.

Son las once **y veinte**.   Es la una **menos quince**.   Son las doce **menos diez**.

- To ask at what time an event takes place, the phrase **¿A qué hora (...)?** is used. To state at what time something takes place, use the construction **a la(s) +** [*time*].

  ¿A qué hora es la fiesta?   La fiesta es **a las ocho**.
  (At) what time is the party?   *The party is at eight.*

- The following expressions are used frequently for telling time.

  Son las siete **en punto**.   Son las nueve **de la mañana**.
  It's seven o'clock on the dot/sharp.   *It's 9 A.M. (in the morning).*

  Es **el mediodía**.   Son las cuatro y cuarto **de la tarde**.
  It's noon.   *It's 4:15 P.M. (in the afternoon).*

  Es **la medianoche**.   Son las once y media **de la noche**.
  It's midnight.   *It's 11:30 P.M. (at night).*

- The imperfect is generally used to tell time in the past. However, the preterite may be used to describe an action that occurred at a particular time.

  ¿Qué hora **era**?   **Eran** las cuatro de la mañana.
  What time was it?   *It was four o'clock in the morning.*

  ¿A qué hora **fueron** al cine?   **Fuimos** a las nueve.
  At what time did you go to the movies?   *We went at nine o'clock.*

Práctica

1 **La hora** Escribe la hora que hay en cada reloj usando frases completas.

1. _Son las siete y cuarto/quince._   2. _Es la una y media._

3. _Son las dos menos dos._   4. _Son las cuatro y veinte._

2 **¿Qué hora es?** Da la hora usando frases completas.

1. 1:10 P.M. _Es la una y diez de la tarde._

2. 6:30 A.M. _Son las seis y media de la mañana._

3. 8:45 P.M. _Son las nueve menos cuarto/quince de la noche._

4. 11:00 A.M. _Son las once (en punto) de la mañana._

5. 2:55 P.M. _Son las tres menos cinco de la tarde._

6. 12:00 A.M. _Son las doce de la noche./Es la medianoche._

3 **En el cineclub** Josefa quiere ver una película en el cineclub de la universidad, pero necesita saber los horarios. Contesta las preguntas con frases completas usando las pistas (*clues*).

1. ¿A qué hora empieza *Temporada de patos*? (12:05 P.M.)

   Temporada de patos empieza a las doce y cinco de la tarde.

2. ¿A qué hora empieza *Los diarios de motocicleta*? (1:15 P.M.)

   Los diarios de motocicleta empieza a la una y cuarto/quince de la tarde.

3. ¿A qué hora empieza *María llena eres de gracia*? (3:30 P.M.)

   María llena eres de gracia empieza a las tres y media de la tarde.

4. ¿A qué hora empieza *Voces inocentes*? (4:45 P.M.)

   Voces inocentes empieza a las cinco menos cuarto de la tarde.

5. ¿A qué hora empieza *Mar adentro*? (8:20 P.M.)

   Mar adentro empieza a las ocho y veinte de la noche.

6. ¿A qué hora empieza *La mala educación*? (10:50 P.M.)

   La mala educación empieza a las once menos diez de la noche.

3.4 Possessive adjectives and pronouns

- Possessive adjectives (**adjetivos posesivos**) are used to express ownership or possession. Unlike English, Spanish has two types of possessive adjectives: the short, or unstressed, forms and the long, or stressed, forms. Both forms agree in gender and number with the object owned, and not with the owner.

Possessive adjectives			
short forms (unstressed)		**long forms (stressed)**	
mi(s)	*my*	**mío(s)/a(s)**	*my; (of) mine*
tu(s)	*your*	**tuyo(s)/a(s)**	*your; (of) yours*
su(s)	*your; his; hers; its*	**suyo(s)/a(s)**	*your; (of yours); his; (of) his; hers; (of) hers; its; (of) its*
nuestro(s)/a(s)	*our*	**nuestro(s)/a(s)**	*our; (of) ours*
vuestro(s)/a(s)	*your*	**vuestro(s)/a(s)**	*your; (of) yours*
su(s)	*your; their*	**suyo(s)/a(s)**	*your; (of) yours; their; (of) theirs*

- Short possessive adjectives precede the nouns they modify.

  En **mi** opinión, esa telenovela es pésima.
  In my opinion, that soap opera is awful.

  Nuestras revistas favoritas son *Vanidades* y *Latina*.
  Our favorite magazines are Vanidades *and* Latina.

- Stressed possessive adjectives follow the nouns they modify. They are used for emphasis or to express the phrases *of mine, of yours,* etc. The nouns are usually preceded by a definite or indefinite article.

  mi amigo → **el** amigo **mío**
  my friend   friend of mine

  tus amigas → **las** amigas **tuyas**
  your friends   friends of yours

- Because **su(s)** and **suyo(s)/a(s)** have multiple meanings (*your, his, her, its; their*), the construction [*article*] + [*noun*] + **de** + [*subject pronoun*] can be used to clarify meaning.

  su casa
  la casa suya

la casa de él/ella	*his/her house*
la casa de usted/ustedes	*your house*
la casa de ellos/ellas	*their house*

- Possessive pronouns (**pronombres posesivos**) have the same forms as stressed possessive adjectives and are preceded by a definite article. Possessive pronouns agree in gender and number with the nouns they replace.

  No encuentro mi **libro**.
  ¿Me prestas **el tuyo**?
  I can't find my book. Can I borrow yours?

  Si la **fotógrafa** suya no llega, **la nuestra** está disponible.
  If your photographer doesn't arrive, ours is available.

Práctica

1 **¿De quién hablan?** En un programa de entrevistas en la televisión, varias personas famosas hacen comentarios. Completa los espacios en blanco con los posesivos que faltan.

1. La actriz Fernanda Lora habla sobre su esposo: "____Mi____ esposo siempre me acompaña a los estrenos, aunque ____su____ trabajo sea estar en otro sitio."

2. El dúo Maite y Antonio comentan sobre su hijo: "____Nuestro____ hijo empezó a cantar a los dos años."

3. El actor Saúl Mar habla de su ex esposa, la modelo Serafina: "____Mi____ ex ya no es tan guapa como antes, aunque ____sus____ fans piensen lo contrario."

2 **¿Es tuyo...?** Escribe preguntas con **ser** y contéstalas usando el pronombre posesivo que corresponde a la(s) persona(s) indicada(s). Sigue el modelo.

> **Modelo** **tú / libro / yo**
> —¿Es tuyo este libro?
> —Sí, es mío.

1. ustedes / revistas / nosotros
   ____¿Son suyas estas revistas?____
   ____Sí, son nuestras.____

2. nosotros / periódicos / yo
   ____¿Son nuestros estos periódicos?____
   ____No, son míos.____

3. ella / videocasetera / ella
   ____¿Es suya esta videocasetera?____
   ____Sí, es suya.____

4. tú / control remoto / ellos
   ____¿Es tuyo este control remoto?____
   ____No, es suyo.____

3 **Durante el almuerzo** Durante la hora del almuerzo tres compañeros de trabajo tratan de conocerse mejor. Completa el diálogo con los posesivos adecuados. Cuando sea necesario, añade también el artículo definido correspondiente.

AGUSTÍN (1) ____Mi____ esposa es locutora de radio y tiene un programa para niños.

MANUEL (2) ____La mía____ es redactora en el periódico *El Financiero*.

JUAN Yo soy soltero y vivo con (3) ____mis____ padres y (4) ____mi____ hermano.

MANUEL (5) ____Mis____ películas favoritas son las de acción. ¿Y (6) ____las suyas____?

JUAN A mí no me gusta el cine.

AGUSTÍN A mí tampoco, pero a (7) ____mi____ esposa le gustan las películas antiguas. (8) ____Lo mío____ es el deporte.

JUAN Yo detesto el deporte. (9) ____Mi____ pasatiempo favorito es la música.

MANUEL ¡Ahh! ¿Es (10) ____tuya____ la guitarra que vi en la oficina?

JUAN Sí, es (11) ____mía____. Después del trabajo, nos reunimos en la casa de un amigo (12) ____mío____ y tocamos un poco. A (13) ____mis____ amigos y a mí nos gusta el rock. (14) ____Nuestros____ músicos preferidos son...

AGUSTÍN ¡No te molestes en nombrarlos! No sé nada de música.

MANUEL Parece que (15) ____nuestros____ gustos son muy distintos.

3.5

Demonstrative adjectives and pronouns

- Demonstrative adjectives (**adjetivos demostrativos**) specify to which noun a speaker is referring. They precede the nouns they modify and agree in gender and number.

este anuncio	**esa** tira cómica	**aquellos** periódicos
this advertisement	*that comic strip*	*those newspapers (over there)*

Demonstrative adjectives				
singular		**plural**		
masculine	feminine	masculine	feminine	
este	esta	estos	estas	*this; these*
ese	esa	esos	esas	*that; those*
aquel	aquella	aquellos	aquellas	*that; those (over there)*

- Spanish has three sets of demonstrative adjectives. Forms of **este** are used to point out nouns that are close to the speaker and the listener. Forms of **ese** modify nouns that are not close to the speaker, though they may be close to the listener. Forms of **aquel** refer to nouns that are far away from both the speaker and the listener.

No me gustan **estos** zapatos.	Prefiero **esos** zapatos.	**Aquel** coche es de Ana.

- Demonstrative pronouns (**pronombres demostrativos**) are identical to demonstrative adjectives, except that they carry an accent mark on the stressed vowel. They agree in gender and number with the nouns they replace.

¿Quieres comprar este **radio**?	No, no quiero **éste**. Quiero **ése**.
Do you want to buy this radio?	*No, I don't want this one. I want that one.*

¿Leíste estas **revistas**?	No leí **éstas**, pero sí leí **aquéllas**.
Did you read these magazines?	*I didn't read these, but I did read those (over there).*

- There are three neuter demonstrative pronouns: **esto, eso,** and **aquello**. These forms refer to unidentified or unspecified things, situations, or ideas. They do not vary in gender or number and they never carry an accent mark.

¿Qué es **esto**?	**Eso** es interesante.	**Aquello** es bonito.
What is this?	*That's interesting.*	*That's pretty.*

Práctica

1 **Cambiar** Escribe en plural las frases que están en singular y viceversa.

1. Este programa es muy aburrido.

   Estos programas son muy aburridos.

2. Aquellas revistas son del mes pasado.

   Aquella revista es del mes pasado.

3. ¿Ya leíste esta noticia?

   ¿Ya leíste estas noticias?

4. Esos canales de televisión son excelentes.

   Ese canal de televisión es excelente.

2 **En el centro comercial** Completa las frases con la forma correcta de los adjetivos entre paréntesis.

1. Quiero comprar ___ese___ (*that*) reproductor de MP3.
2. Nosotros nos vamos a llevar ___aquella___ (*that over there*) computadora.
3. Hay rebajas en ___estos___ (*these*) libros y revistas.
4. Compra alguna de ___esas___ (*those*) películas en DVD.
5. Yo voy a escoger ___esta___ (*this*) película que está a mitad de precio.
6. Antes de irnos vamos a comer algo en ___aquel___ (*that over there*) restaurante.

3 **La diva** La famosa actriz de cine Lucía Mirabal tiene gustos muy particulares. Responde negativamente a las preguntas. Usa las pistas entre paréntesis y las formas correctas de los adjetivos demostrativos.

> **Modelo** **¿Usó esta camisa? (vestido)**
> No, usó este vestido.

1. ¿Se va a sentar en esa silla? (sofá)

   No, se va a sentar en ese sofá.

2. ¿Quiere probar estos sándwiches? (langosta)

   No, quiere probar esta langosta.

3. ¿Decidió hablar con ese reportero? (locutora)

   No, decidió hablar con esa locutora.

4. ¿Llevará aquel suéter? (chaqueta negra)

   No, llevará aquella chaqueta negra.

4 **Pronombres** Completa las frases con la forma correcta de los pronombres entre paréntesis.

1. Esta crónica es interesante, ¿y ___aquélla___ (*that one over there*)?
2. Esos locutores son muy profesionales, no son como ___éstos___ (*these ones*).
3. Ya leí este periódico, pero ___ése___ (*that one*) no lo he tocado.
4. No quiero comprar esa televisión, prefiero ___ésta___ (*this one*).

4.4 To become: *hacerse, ponerse,* and *volverse*

- Spanish has several verbs and phrases that mean *to become*. Many of these constructions make use of reflexive verbs.

- The construction **ponerse** + [*adjective*] expresses a change in mental, emotional, or physical state that is generally not long-lasting.

  ¡No **te pongas histérico**!
  Don't get so worked up!

  La señora Urbina **se pone muy feliz** cuando su familia la visita.
  Mrs. Urbina gets so happy when her family comes to visit.

- **Volverse** + [*adjective*] expresses a radical mental or psychological change. It often conveys a gradual or irreversible change in character. In English this is often expressed as *to have become* + [*adjective*].

  ¿**Te has vuelto loca?**
  Have you gone mad?

  Durante los últimos años, mi primo **se ha vuelto insoportable**.
  In recent years, my cousin has become unbearable.

- **Hacerse** can be followed by a noun or an adjective. It often implies a change that results from the subject's own efforts, such as changes in profession or social and political status.

  El yerno de doña Lidia **se ha hecho** abogado.
  Doña Lidia's son-in-law has become a lawyer.

  Mi bisabuelo **se hizo** rico a pesar de haber dejado
  su patria sin un solo centavo.
  *My great-grandfather became wealthy despite having
  left his homeland without a penny in his pocket.*

- **Llegar a ser** may also be followed by a noun or an adjective. It indicates a change over time and does not imply the subject's voluntary effort.

  La novela que escribió el año pasado **ha llegado a ser** un superventas.
  The novel that he wrote last year has become a best seller.

- There are often reflexive verb equivalents for **ponerse** + [*adjective*]. Note that when used with object pronouns instead of reflexive pronouns, such verbs convey that another person or thing is inflicting a mental, emotional, or physical state on someone else.

ponerse alegre → **alegrarse**	**ponerse deprimido/a** → **deprimirse**
ponerse furioso/a → **enfurecerse**	**ponerse triste** → **entristecerse**

  La llegada de la primavera **me alegra**.
  The arrival of spring makes me happy.

  Cuando pienso en la muerte, **me deprimo**.
  When I think about death, I get depressed.

Práctica

1 **Seleccionar** Selecciona la opción correcta para cada frase.

1. Siempre (se pone – se vuelve) nervioso cuando está frente a sus suegros.

2. Antes mi hijo era sumiso. Con el tiempo (se puso – se volvió) muy rebelde.

3. Nunca (se pone – se vuelve) triste cuando está con su familia.

4. Después de quedarse viudo, (se puso – se volvió) un hombre solitario.

2 **Completar** Completa las oraciones con la opción correcta.

1. Con los años mi sobrino _____ más insoportable.
   a. se ha vuelto   b. ha hecho

2. Las pinturas de mi abuelo _____ muy caras.
   a. se han hecho   b. han llegado a ser

3. Mi cuñada antes era periodista, pero ahora _____ abogada.
   a. se ha puesto   b. se ha hecho

4. _____ muy furioso porque ayer nació su primer hijo y no llegó a tiempo al hospital.
   a. Se puso   b. Ha llegado a ser

3 **Historias de familia** Completa cada oración con una de las expresiones de la lista.

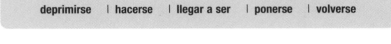

deprimirse | hacerse | llegar a ser | ponerse | volverse

1. Mi prima y su vecina _se han hecho_ muy amigas.

2. Mi cuñado _ha llegado a ser_ el hombre más famoso de la ciudad.

3. Mi primo _se volvió_ loco después de ese viaje en el ascensor.

4. Mis sobrinas _se pusieron_ muy tristes al despedirse.

5.4

Qué vs. *cuál*

- The interrogative words **¿qué?** and **¿cuál(es)?** can both mean *what/which*, but they are not interchangeable.

- **Qué** is used to ask for general information, explanations, or definitions.

<table>
<tr><td>**¿Qué** es la lluvia ácida?
What is acid rain?</td><td>**¿Qué** dijo?
What did she say?</td></tr>
<tr><td>**¿Qué** es esto?
What is this?</td><td>**¿Qué** podemos hacer?
What can we do?</td></tr>
</table>

- **Cuál(es)** is used to ask for specific information or to choose from a limited set of possibilities. When referring to more than one item, the plural form **cuáles** is used.

<table>
<tr><td>**¿Cuál** es el problema?
What is the problem?</td><td>**¿Cuáles** son tus animales favoritos?
What are your favorite animals?</td></tr>
<tr><td>**¿Cuál** de los dos prefieres,
el desierto o el bosque?
Which of these (two) do you
prefer, the desert or the forest?</td><td>**¿Cuáles** escogieron, los rojos o
los azules?
Which ones did they choose,
the red or the blue?</td></tr>
</table>

- Often, either **qué** or **cuál(es)** may be used in the same sentence, but the meaning is different.

<table>
<tr><td>**¿Qué** quieres comer?
What do you want to eat?</td><td>Hay pizza y pasta. **¿Cuál** quieres comer?
There's pizza and pasta. Which one do
you want to eat?</td></tr>
</table>

- **Cuál(es)** is not used before nouns. **Qué** is used instead, regardless of the type of information requested.

<table>
<tr><td>**¿Qué** ideas tienen ustedes?
What ideas do you have?</td><td>¿Peligro? **¿Qué** peligro?
Danger? What danger?</td></tr>
<tr><td>**¿Qué** regalo te gusta más?
Which gift do you like better?</td><td>**¿Qué** libros leyeron este verano?
Which books did you read this summer?</td></tr>
</table>

- **Qué** and **cuál(es)** are sometimes used in declarative sentences.

<table>
<tr><td>No sé **qué** hacer.
I don't know what to do.</td><td>No sé **cuál** de los dos escoger.
I don't know which of the two to choose.</td></tr>
</table>

- **Qué** is also used frequently in exclamations. In this case it means *What...!* or *How...!*

<table>
<tr><td>¡Señor Acosta, **qué** gusto verlo de nuevo!
Mr. Acosta, a pleasure to see you again!</td><td>Mira esa luna llena, **¡qué** bella!
Look at that full moon. How beautiful!</td></tr>
<tr><td>**¡Qué** niño más irresponsable!
What an irresponsible child!</td><td>**¡Qué** triste te ves!
How sad you look!</td></tr>
</table>

Práctica

1 **Completar** Completa las preguntas con **¿qué?** o **¿cuál(es)?**, según el contexto.

1. ¿__Cuál__ de los dos paisajes es tu favorito?
2. ¿__Qué__ piensas del calentamiento global?
3. ¿__Cuáles__ son tus animales favoritos?
4. ¿__Qué__ haces para proteger el medio ambiente?
5. ¿__Qué__ problema ecológico es el más importante?
6. ¿__Cuáles__ son tus ovejas, las blancas o las negras?
7. ¿__Cuál__ es tu opinión sobre la deforestación de nuestros bosques?
8. ¿__Qué__ fuentes alternativas de energía usas?
9. ¿__Cuáles__ son las especies que están en peligro de extinción?

2 **Preguntas** Usa **¿qué?** o **¿cuál(es)?** para escribir la pregunta correspondiente a cada respuesta.

1. ¿Cuál es el animal que más te gusta?

   El animal que más me gusta es el león.

2. ¿Qué quieres hacer este fin de semana?

   Este fin de semana quiero disfrutar del mar y el sol.

3. ¿Cuáles son tus pasatiempos favoritos?

   Mis pasatiempos favoritos son nadar y salir con mis amigos.

4. ¿Qué opinas de la contaminación de los mares?

   Opino que la contaminación de los mares debe detenerse.

5. ¿Cuáles son las botellas que vamos a reciclar?

   Éstas son las botellas que vamos a reciclar.

6. ¿Cuál es el plato favorito de Rosa?

   El plato favorito de Rosa es el pollo con papas.

3 **Elige** Lee las preguntas y elige la opción correcta para cada una.

¿Qué	¿Cuál	¿Cuáles	
1. ☐	☒	☐	... de los dos es tu conejo?
2. ☒	☐	☐	... tipo de ave te gusta más?
3. ☒	☐	☐	... es la deforestación?
4. ☐	☐	☒	... son los problemas que te preocupan más?
5. ☐	☒	☐	... es tu lugar favorito?
6. ☒	☐	☐	... parques están contaminados?
7. ☐	☐	☒	... usaron, las limpias o las contaminadas?

5.5

The neuter *lo*

- The definite articles **el, la, los,** and **las** modify masculine or feminine nouns. The neuter article **lo** is used to refer to concepts that have no gender.

*No importa **lo que** hayan dicho en la tele...*

- In Spanish, the construction **lo** + [*masculine singular adjective*] is used to express general characteristics and abstract ideas. The English equivalent of this construction is *the* + [*adjective*] + *thing.*

> En el Amazonas, **lo difícil** es promover el desarrollo económico sin contribuir a la deforestación.
> *In the Amazon, the difficult thing is to promote economic development without contributing to deforestation.*

> Este río está muy contaminado, **lo bueno** es que los vecinos se han organizado para limpiarlo bien y salvar los peces.
> *This river is very polluted, the good thing is that the neighbors have organized themselves to clean it well and save the fish.*

- To express the idea of *the most* or *the least*, **más** and **menos** can be added after **lo. Lo mejor** and **lo peor** mean *the best/worst* (*thing*).

> Para proteger el medio ambiente, **lo más importante** es conservar los recursos naturales.
> *To protect the environment, the most important thing is to conserve natural resources.*

> ¡Aún no te he contado **lo peor** del viaje!
> *I still haven't told you about the worst part of the trip!*

- The construction **lo** + [*adjective* or *adverb*] + **que** is used to express the English *how* + [*adjective*]. In these cases, the adjective agrees in number and gender with the noun it modifies.

lo + [*adjective*] + **que**	**lo** + [*adverb*] + **que**

¿No te das cuenta de **lo bella que** eres?   Recuerda **lo bien que** te fue en su clase.
Don't you see how beautiful you are?   *Remember how well you did in his class.*

- **Lo que** is equivalent to the English *what, that, which.* It is used to refer to an abstract idea, or to a previously mentioned situation or concept.

> ¿Qué fue **lo que** más te gustó de tu viaje a Ecuador?
> *What was the thing that you most enjoyed about your trip to Ecuador?*

> **Lo que** más me gustó fue el paisaje.
> *The thing I liked best was the scenery.*

¡ATENCIÓN!

The phrase **lo** + [*adjective or adverb*] + **que** may be replaced by **qué** + [*adjective or adverb*].

No sabes *qué difícil* es hablar **con él.** *You don't know how difficult it is to talk to him.*

Fíjense en *qué pronto* **agotaremos los recursos.** *Just think about how soon we'll use up our resources.*

Práctica

1 **Completar** Completa las oraciones con **lo** o **lo que**.

1. Las grandes empresas no quieren aceptar ___lo que___ les piden los ecologistas.

2. ___Lo___ más peligroso es la destrucción de la capa de ozono.

3. ¿Me cuentas ___lo que___ se decidió en la reunión del grupo de conservación de parques?

4. ___Lo___ malo es que no se puede ver el paisaje desde aquí.

5. ___Lo que___ piden sus hijos es que deje de cazar animales.

6. ___Lo___ positivo del proyecto es que vamos a tener muchos más árboles en la ciudad.

7. ___Lo que___ me gusta de este lugar es que se respira aire puro.

2 **Combinar** Combina las frases para formar oraciones que tengan **lo** + [*adjetivo/adverbio*] + **que**.

> **Modelo** **parecer mentira / qué poco te preocupas por el medio ambiente**
> Parece mentira lo poco que te preocupas por el medio ambiente.

1. asombrarme / qué lejos está el centro de reciclaje

   Me asombra lo lejos que está el centro de reciclaje.

2. sorprenderme / qué obediente es tu gato

   Me sorprende lo obediente que es tu gato.

3. no poder creer / qué contaminado está el lago

   No puedo creer lo contaminado que está el lago.

4. ser increíble / qué bien se vive en este pueblo

   Es increíble lo bien que se vive en este pueblo.

5. ser una sorpresa / qué limpio conservan este bosque

   Es una sorpresa lo limpio que conservan este bosque.

3 **La mascota** Julián se va de vacaciones y le ha pedido a su amigo Sergio que cuide de su mascota (*pet*). Usa frases de la lista para completar las recomendaciones que le da Julián a Sergio.

lo contaminado que	lo mejor	lo potable
lo interesante que	lo peor	lo que más
lo más		lo rápido que

1. ___Lo que más___ le gusta es tomar el sol.

2. ___Lo más___ difícil es darle su ducha diaria.

3. Es increíble ___lo interesante que___ es vivir con él.

4. ___Lo mejor___ es cuando te despierta por las mañanas.

5. Ya verás ___lo rápido que___ se hacen amigos.

6. ___Lo peor___ es que lo voy a extrañar mucho.

6.4

Adverbs

- Adverbs (**adverbios**) describe *how, when,* and *where* actions take place. They usually follow the verbs they modify and precede adjectives or other adverbs.

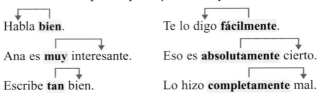

Habla **bien**.

Ana es **muy** interesante.

Escribe **tan** bien.

Te lo digo **fácilmente**.

Eso es **absolutamente** cierto.

Lo hizo **completamente** mal.

- Many Spanish adverbs are formed by adding the suffix **–mente** to the feminine singular form of an adjective. The **–mente** ending is equivalent to the English *-ly.*

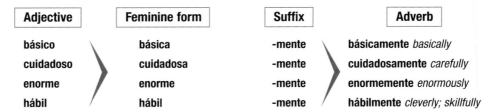

Adjective	Feminine form	Suffix	Adverb
básico	básica	-mente	básicamente *basically*
cuidadoso	cuidadosa	-mente	cuidadosamente *carefully*
enorme	enorme	-mente	enormemente *enormously*
hábil	hábil	-mente	hábilmente *cleverly; skillfully*

- If two or more adverbs modify the same verb, only the final adverb uses the suffix **–mente**.

  Se marchó **lenta** y **silenciosamente**.
  He left slowly and silently.

- The construction **con** + [*noun*] is often used instead of long adverbs that end in **–mente**.

  cuidadosamente = con cuidado   **frecuentemente = con frecuencia**

- Here are some common adverbs and adverbial phrases:

a menudo *frequently; often*	**así** *like this; so*	**mañana** *tomorrow*
a tiempo *on time*	**ayer** *yesterday*	**más** *more*
a veces *sometimes*	**casi** *almost*	**menos** *less*
adentro *inside*	**de costumbre** *usually*	**muy** *very*
afuera *outside*	**de repente** *suddenly*	**por fin** *finally*
apenas *hardly; scarcely*	**de vez en cuando** *now and then*	**pronto** *soon*
aquí *here*		**tan** *so*

A veces salimos a tomar un café.
Sometimes we go out for coffee.

Casi terminé el libro.
I almost finished the book.

- The adverbs **poco** and **bien** frequently modify adjectives. In these cases, **poco** is often the equivalent of the English prefix *un-*, while **bien** means *well, very, rather* or *quite.*

  La situación está **poco** clara.
  The situation is unclear.

  La cena estuvo **bien** rica.
  Dinner was very tasty.

Práctica

1 **Adverbios** Escribe el adverbio que se deriva de cada adjetivo.

1. básico ___básicamente___
2. feliz ___felizmente___
3. fácil ___fácilmente___
4. inteligente ___inteligentemente___
5. alegre ___alegremente___

6. común ___comúnmente___
7. injusto ___injustamente___
8. asombroso ___asombrosamente___
9. insistente ___insistentemente___
10. silencioso ___silenciosamente___

2 **Instrucciones para ser feliz** Elige el adjetivo apropiado para cada ocasión y después completa la oración convirtiendo ese adjetivo en el adverbio correspondiente. Hay tres adjetivos que no se usan.

cuidadoso	frecuente	malo	triste
enorme	inmediato	tranquilo	último

1. Tienes que amar a tu pareja ___enormemente___.
2. Tienes que salir por la noche ___frecuentemente___.
3. Debes gastar el dinero ___cuidadosamente___.
4. Si eres injusto/a con alguien, debes pedir perdón ___inmediatamente___.
5. Desayuna todas las mañanas ___tranquilamente___.

3 **Recomendaciones** Los padres de Mario y Paola salieron de viaje por dos semanas. Lee las recomendaciones que les dejaron a los chicos pegadas en el refrigerador. Completa los espacios en blanco con un adverbio o expresión adverbial de la lista.

a menudo	adentro	así	mañana
a tiempo	afuera	de vez en cuando	tan

Lunes, 19 de octubre
_____
_____
_____
_____
_____

1. Pasar la aspiradora ___a menudo___. Sí. Todos los días.
2. Poner las verduras ___adentro___ del refrigerador.
3. Llegar a la escuela ___a tiempo___.
4. ___Mañana___, llevar a Botitas al veterinario para su cita.
5. Poner la basura ___afuera___ de la casa.
6. Sólo ir ___de vez en cuando___ al centro comercial.

6.5

Diminutives and augmentatives

- Diminutives and augmentatives (**diminutivos y aumentativos**) are frequently used in conversational Spanish. They emphasize size or express shades of meaning like affection or ridicule. Diminutives and augmentatives are formed by adding a suffix to the root of nouns or adjectives (which agree in gender and number), and occasionally adverbs.

- The most common diminutive suffixes are forms of **–ito/a** and **–illo/a**.

  Huguillo, ¿me traes un **cafecito** con unos **panecillos**?
  Little Hugo, would you bring me a little cup of coffee with a few rolls?

  Ahorita, **abuelita**, se los preparo **rapidito**.
  Right away, Granny, I'll have them ready in a jiffy.

- Most words form the diminutive by adding **–ito/a** or **–illo/a**. For words ending in vowels (except **–e**), the last vowel is dropped before the suffix.

bajo → **baj**ito *very short; very quietly*	**libro** → **libr**illo *booklet*
ahora → **ahor**ita *right now; very soon*	**ventana** → **ventan**illa *little window*
Miguel → **Miguel**ito *Mikey*	**campana** → **campan**illa *handbell*

- Most words that end in **–e, –n,** or **–r** use the forms **–cito/a** or **cillo/a**. However, one-syllable words often use **–ecito/a** or **ecillo/a**.

hombre → **hombre**cillo *funny little man*	**pan** → **pan**ecillo *roll*
Carmen → **Carmen**cita *little Carmen*	**flor** → **flor**ecita *little flower*
amor → **amor**cito *sweetheart*	**pez** → **pec**ecito *little fish*

- The most common augmentative suffixes are forms of **–ón/–ona, –ote/–ota,** and **–azo/–aza**.

  Hijo, ¿por qué tienes ese **chichonazo** en la cabeza?
  Son, how'd you get that huge bump on your head?

  Le dije *panzón* al **gordote** de la otra cuadra, ¡y me dio un **golpetazo**!
  I said Fatty to the big fat guy from the next block, and he really socked me one!

- Most words form the augmentative by simply adding the suffix to the word. For words ending in vowels, the final vowel is usually dropped.

hombre → **hombr**ón *big man; tough guy*	**casa** → **cas**ona *big house; mansion*
grande → **grand**ote/a *really big*	**palabra** → **palabr**ota *swear word*
perro → **perr**azo *big, scary dog*	**manos** → **man**azas *big hands (clumsy)*

- Note that many feminine nouns become masculine in the augmentative when the suffix **–ón** is used, unless they refer specifically to someone's gender.

la silla → **el sill**ón *armchair*	**la mujer** → **la mujer**ona *big woman*
la mancha → **el manch**ón *large stain*	**la soltera** → **la solter**ona *old maid*

¡ATENCIÓN!

Diminutive and augmentative suffixes may vary from one region to another, and sometimes convey different meanings or connotations. For example, while **–ito/a** and **–illo/a** may both mean *small,* **–ito/a** may imply *cute, nice,* or *dear,* while **–illo** may be used lightly, depreciatively, or for things of little importance.

¡Ay, qué perrito más lindo!
Oh, what a cute little puppy!

¡Ay, qué perrillo más feo!
Oh, what an ugly little mutt!

Note the following spelling changes:

chico → **chiquillo**
amigo → **amiguito**
agua → **agüita**
luz → **lucecita**

¡ATENCIÓN!

The masculine suffix **–azo** can also mean *blow* or *shot.*

flecha → **flechazo** *arrow wound; love at first sight*
rodilla → **rodillazo** *a blow to the knee*

The letters **–t–** or **–et–** are occasionally added to the beginning of augmentative endings.

reggae → **reggaetón**
guapa → **guapetona**
golpe → **golpetazo**

Práctica

1

La carta Completa el párrafo con la forma indicada de cada palabra. Haz los cambios que creas necesarios.

Querido (1) ___nietecito___ (nieto, –ito):

Cuando yo era (2) ___pequeñito___ (pequeño, –ito), como tú, jugaba siempre en la calle. Mi (3) ___abuelita___ (abuela, –ita) me decía que no fuera con los (4) ___amigotes___ (amigos, –ote) de mi hermano porque ellos eran mayores que yo y eran (5) ___hombrones___ (hombres, –ón). Yo entonces, era muy (6) ___cabezón___ (cabeza, –ón) y nunca hacía lo que ella decía. Una tarde, estaba jugando al fútbol, y uno de ellos me dio un (7) ___rodillazo___ (rodilla, –azo) que me rompió la (8) ___narizota___ (nariz, –ota). Nunca más jugué con ellos, y desde entonces, sólo salí con mis (9) ___amiguitos___ (amigos, –ito). Espero que me vengas a visitar (10) ___prontito___ (pronto, –ito).

Tu abuelo César

2

Completar Completa las oraciones con el aumentativo o diminutivo que corresponde a la definición entre paréntesis.

1. ¿Por qué no les gusta a los profesores que los estudiantes digan ___palabrotas___ (palabras feas y desagradables)?

2. El ___perrito___ (perro pequeño) de mi novia es muy lindo y amistoso.

3. Ese abogado tiene una buena ___narizota___ (nariz grande) para adivinar los problemas de sus clientes.

4. Mis abuelos viven en una ___casona___ (mansión) muy vieja.

5. La cantante Samantha siempre lleva una ___florecita___ (flor pequeña) en el cabello.

6. El presidente del partido tiene una excelente ___cabezota___ (cabeza grande) para memorizar sus discursos.

7. A mi ___hermanita___ (hermana menor) le fascina ir a la playa y hacer excursiones en el campo.

3

¿Qué palabra es? Combina las palabras para formar diminutivos y aumentativos.

1. muy grande ___grandote/grandota___
2. lago pequeñísimo ___laguito___
3. cuarto grande y amplio ___cuartote___
4. sillas para niños ___sillitas___
5. libro grande y grueso ___librote___
6. gato bebé ___gatito___
7. hombre alto y fuerte ___hombrón___
8. muy cerca ___cerquita___
9. abuelo querido ___abuelito___
10. hombres que piensan que siempre tienen la razón ___cabezones___

7.4 Past participles used as adjectives

- Past participles are used with **haber** to form compound tenses, such as the present perfect and the past perfect, and with **ser** to express the passive voice. They are also frequently used as adjectives.

- When a past participle is used as an adjective, it agrees in number and gender with the noun it modifies.

  un proyecto **complicado**
  a complicated project

  una oficina bien **organizada**
  a well-organized office

  los trabajadores **destacados**
  the prominent workers

  las reuniones **aburridas**
  the boring meetings

- Past participles are often used with the verb **estar** to express a state or condition that results from the action of another verb. They frequently express physical or emotional states.

  ¿Felicia, **estás despierta**?
  Felicia, are you awake?

  No, **estoy dormida**.
  No, I'm asleep.

  Marco, **estoy enfadado**.
  ¿Por qué no depositaste los cheques?
  Marco, I'm furious.
  Why didn't you deposit the checks?

  Perdón, don Humberto.
  Es que el banco ya **estaba cerrado**.
  I'm sorry, Don Humberto.
  It's that the bank was already closed.

- Past participles may be used as adjectives with other verbs, as well.

  Empezó a llover y **llegué empapada** a la reunión.
  It started to rain and I arrived at the meeting soaking wet.

  Ese libro **es** tan **aburrido**.
  That book is so boring.

  Después de las vacaciones, **nos sentimos descansados**.
  After vacation, we felt rested.

  ¿Los documentos? Ya los **tengo corregidos**.
  The documents? I already have them corrected.

—Si no baja de ahí, **queda** prácticamente **despedido**.

- Note that past participles are often used as adjectives to describe physical or emotional states.

aburrido/a	confundido/a	enojado/a	muerto/a
(des)cansado/a	enamorado/a	estresado/a	vivo/a

Práctica

1 **Entrevista de trabajo** Julieta trabaja en Recursos Humanos y está preparando sus preguntas para los candidatos que va a entrevistar para un puesto en la empresa. Completa cada pregunta de Julieta con el participio del verbo entre paréntesis.

1. ¿Por qué crees que estás ___preparado___ (preparar) para este puesto?

2. ¿Estás ___informado___ (informar) sobre nuestros productos?

3. ¿Estás ___sorprendido___ (sorprender) de todos los beneficios que ofrecemos?

4. ¿Por qué estás ___interesado___ (interesar) en este puesto en particular?

5. ¿Trajiste tu currículum ___escrito___ (escribir) en computadora?

6. ¿Cómo manejarás el estrés cuando ya estés ___contratado___ (contratar)?

2 **¿Cómo están ellos?** Mira las imágenes y relaciónalas con los verbos de la lista. Después completa cada frase usando **estar** + [*participio*].

| aburrir | enamorar | esconder | preparar |
| cansar | enojar | lastimar | sorprender |

1. Ellos ___están enojados.___

2. Juanito ___está escondido.___

3. Eva ___está cansada.___

4. David y Lola ___están enamorados.___

5. Luis ___está lastimado.___

6. Marta ___está sorprendida.___

7.5 Time expressions with *hacer*

- In Spanish, the verb **hacer** is used in the following constructions to describe how long something has been happening or how long ago an event occurred.

Time expressions with **hacer**	
PRESENT	**Hace** + [*period of time*] + **que** + [*verb in present tense*]
	Hace tres semanas que busco trabajo.
	I've been looking for work for three weeks.
PRETERITE	**Hace** + [*period of time*] + **que** + [*verb in the preterite*]
	Hace seis meses que fueron a Bolivia.
	They went to Bolivia six months ago.
IMPERFECT	**Hacía** + [*period of time*] + **que** + [*verb in the imperfect*]
	Hacía treinta años que trabajaba con nosotros cuando por fin se jubiló.
	He had been working with us for thirty years when he finally retired.

- To express the duration of an event that continues into the present, Spanish uses the construction **hace** + [*period of time*] + [*present tense verb*]. Note that **hace** does not change form.

¿Cuánto tiempo **hace** que **vives** en Paraguay?
How long have you lived in Paraguay?

Hace siete años que **vivo** en Paraguay.
I've lived in Paraguay for seven years.

- To make a sentence negative, add **no** before the conjugated verb. Negative time expressions with **hacer** often translate as *since* in English.

¿**Hace** mucho tiempo que **no** le dan un aumento de sueldo?
Has it been a long time since they gave you a raise?

¡Uy, hace años que **no** me dan un aumento de sueldo!
It's been years since they gave me a raise!/ They haven't given me a raise in years!

- To tell how long ago an event occurred, use **hace** + [*period of time*] + **que** + [*preterite tense verb*].

¿Cuánto tiempo **hace** que te **despidieron**?
How long ago were you fired?

Hace cuatro días que me **despidieron**.
I was fired four days ago.

- **Hacer** is occasionally used in the imperfect to describe how long an event had been happening before another event occurred. Note that both **hacer** and the conjugated verb use the imperfect.

Hacía dos años que no estudiaba español cuando decidió tomar otra clase.
She hadn't studied Spanish for two years when she decided to take another class.

¡ATENCIÓN!

The construction [*present tense verb*] + **desde hace** + [*period of time*] may also be used.

Estudia español desde hace un año. *He's been studying Spanish for a year.*

No estudia español desde hace un año. *It's been a year since he studied Spanish.*

¡ATENCIÓN!

Expressions of time with **hacer** can also be used without **que**.

¿Hace cuánto (tiempo) te despidieron?

Me despidieron hace cuatro días.

Práctica

1 **Oraciones** Completa las oraciones utilizando expresiones de tiempo con **hacer**. Usa el tiempo presente en las oraciones 1 a 3 y el pretérito en las oraciones 4 a 6.

> **Modelo** **Ana / hablar por teléfono / veinte minutos**
> Hace veinte minutos que Ana habla por teléfono.

1. Roberto y Miguel / estudiar / tres horas

   Hace tres horas que Roberto y Miguel estudian.

2. Nosotros / estar enfermos / una semana

   Hace una semana que nosotros estamos enfermos.

3. Tú / trabajar en esta empresa / seis meses

   Hace seis meses que trabajas en esta empresa.

4. Sergio / visitar Bolivia / un mes

   Hace un mes que Sergio visitó Bolivia. / Sergio visitó Bolivia hace un mes.

5. Yo / ir a Paraguay / un año

   Hace un año que fui a Paraguay. / Fui a Paraguay hace un año.

6. Esteban y Lisa / casarse / dos años

   Hace dos años que Esteban y Lisa se casaron. / Esteban y Lisa se casaron hace dos años

2 **Minidiálogos** Completa los minidiálogos con las palabras adecuadas.

1. **GRACIELA** ¿__Cuánto__ tiempo hace que vives en esta ciudad?

   SUSANA Mmm... __Hace__ dos años que __vivo__ aquí.

2. **GUSTAVO** Hacía veinte años que __trabajaba__ con nosotros cuando Miguel decidió jubilarse, ¿verdad?

   ARMANDO No, __hacía__ quince años que trabajaba con nosotros cuando se jubiló.

3. **MARÍA** __Fuiste__ a visitar a tu novia hace dos meses, ¿no?

   PEDRO Sí, __hace__ dos meses que fui a visitar a mi novia. ¡La extraño mucho!

4. **PACO** ¿Cuánto tiempo __hace__ que __estudias__ español?

   ANA Estudio español __desde__ hace tres años.

3 **Preguntas** Responde a las preguntas con oraciones completas. Utiliza las palabras en paréntesis.

1. ¿Cuánto tiempo hace que fuiste de vacaciones a la playa? (cinco años)

   Hace cinco años que fui de vacaciones a la playa.

2. ¿Hace cuánto tiempo que estudias economía? (dos semanas)

   Hace dos semanas que estudio economía.

3. ¿Cuánto tiempo hace que despidieron a Nicolás? (un mes)

   Hace un mes que despidieron a Nicolás.

4. ¿Cuánto tiempo hace que Irene y Natalia llegaron? (una hora)

   Hace una hora que llegaron.

5. ¿Hace cuánto tiempo que ustedes trabajan aquí? (cuatro días)

   Hace cuatro días que trabajamos aquí.

8.4 Prepositions: *a, hacia,* and *con*

- The preposition **a** can mean *to, at, for, upon, within, of, from,* or *by,* depending on the context. Sometimes it has no direct translation in English.

Fueron **al** cine.
They went to the movies.

Terminó **a** las doce.
It ended at midnight.

Lucy estaba **a** mi derecha.
Lucy was on my right.

Al llegar **a** casa, me sentí feliz.
Upon returning home, I felt happy.

- The preposition **a** introduces indirect objects.

Le mandó un mensaje instantáneo **a** su novio.
She sent an instant message to her boyfriend.

Le prometió **a** María que saldrían el viernes.
He promised María they'd go out on Friday.

- When a direct object noun is a person (or a pet), it is preceded the *personal* **a**, which has no equivalent in English. If the person in question is not specific, the personal **a** is omitted, except before the words **alguien, nadie, alguno/a,** and **ninguno/a**.

¿Viste **a** tus amigos?
Did you see your friends?

No, no he visto **a** nadie.
No, I haven't seen anyone.

Necesitamos un buen ingeniero.
We need a good engineer.

Conozco **a** una ingeniera excelente.
I know an excellent engineer.

- With movement, either literal or figurative, **hacia** means *toward* or *to.*

Él se dirige **hacia** Chile para ver el eclipse.
He is going to Chile to see the eclipse.

La actitud de René **hacia** él fue negativa.
René's attitude toward him was negative.

- With time, **hacia** means *approximately, around, about,* or *toward.*

Hacia la una de la mañana, vi una luz extraña en el cielo.
Around one o'clock in the morning, I saw a strange light in the sky.

Sus teorías se hicieron populares **hacia** la segunda mitad del siglo XX.
His theories became popular toward the second half of the twentieth century.

- The preposition **con** means *with.*

Trabajó **con** los mejores investigadores.
She worked with the best researchers.

Quiero una computadora **con** reproductor de DVD.
I want a computer with a DVD player.

- **Con** can also mean *but, even though,* or *in spite of* when used to convey surprise at an apparent conflict between two known facts.

No han podido descubrir la cura.
They've been unable to discover a cure.

¡**Con** todo el dinero que reciben!
In spite of all the money they get!

¡ATENCIÓN!

Some verbs require **a** before an infinitive, such as **ayudar a, aprender a, comenzar a, enseñar a, ir a,** and **volver a**.

Aprendí a manejar.
I learned to drive.
Me ayudó a arreglar el coche.
He helped me fix the car.

A + [*infinitive*] can be used as a command.

¡A comer! *Let's eat!*
¡A dormir! *To bed!*

¡ATENCIÓN!

Spanish adverbs are often expressed with **con** + [*noun*].

con cuidado *carefully (with care)*
con cariño *affectionately (with affection)*

Note the following contractions:

con + mí = conmigo

con + ti = contigo

con + Ud./él/ella = consigo

con + Uds./ellos/ellas = consigo

Práctica

1 **Unir** Elige el elemento de la segunda columna que completa correctamente cada frase de la primera columna.

1. La clase de ciencias comenzará __g__   a. hacia la salida.

2. El químico se negó __f__   b. con las noticias.

3. Trata de estar al día __b__   c. con el café.

4. Cuando terminó el experimento, caminó __a__   d. a la astrónoma.

5. Manchó la computadora __c__   e. hacia mí fue muy positiva.

6. El reportero hizo reír __d__   f. a realizar ese experimento.

7. La actitud de Alberto __e__   g. hacia las nueve y media.

2 **Completar** Coloca la preposición **a** sólo en los casos que sea correcto.

1. Vio __∅__ la cámara digital que quiere comprar.

2. La astronauta salió __a__ la calle.

3. Le presentó __a__ la ingeniera el proyecto de construcción.

4. El periódico publicó __∅__ un artículo sobre el descubrimiento.

5. Vimos __∅__ un ovni anoche.

6. El matemático dio un informe __a__ los periodistas.

7. __A__ la investigadora no le gusta levantarse temprano.

8. ¿Conoces __∅__ un buen restaurante cerca de aquí?

3 **Oraciones** Escribe oraciones completas con los elementos dados. En cada una debes usar **a, con** o **hacia** por lo menos una vez. Haz los cambios que creas necesarios.

1. estrella fugaz / estarse moviendo / ese planeta

   La estrella fugaz se está moviendo hacia ese planeta.

2. biólogo / hablar / jefe / laboratorio

   El biólogo habla con el jefe del laboratorio.

3. hace dos días / químico / salir / comer / científica

   Hace dos días el químico salió a comer con la científica.

4. nosotros / enseñarle / teoría / grupo

   Nosotros le enseñamos la teoría al grupo.

5. yo / compartir / información / mis compañeros

   Yo comparto la información con mis compañeros.

6. ayer / María / darle / contraseña / Manuel

   Ayer María le dio la contraseña a Manuel.

7. anoche / ovni / volar / bosque

   Anoche el ovni voló hacia el bosque.

8. tú / quemar / CD / fotos de la fiesta

   Tú quemas el CD con las fotos de la fiesta.

8.5

Prepositions: *de, desde, en, entre, hasta,* and *sin*

- **De** often corresponds to *of* or the possessive endings *'s/s'* in English.

Uses of de

Possession	Description	Material	Position	Origin	Contents
la superficie del sol *the sun's surface*	**la fórmula de larga duración** *the long-lasting formula*	**el recipiente de vidrio** *the glass container*	**la pantalla de enfrente** *the facing screen*	**El científico es de Perú.** *The scientist is from Peru.*	**el vaso de agua destilada** *the glass of distilled water*

- **Desde** expresses *direction from* and *time since*.

El cohete viajó **desde** la Tierra a la Luna.
The rocket traveled from Earth to the Moon.

No hemos oído de ellos **desde** el martes.
We haven't heard from them since Tuesday.

- **En** corresponds to several English prepositions, such as *in, on, into, onto, by,* and *at*.

El microscopio está **en** la mesa.
The microscope is on the table.

El profesor entró **en** la clase.
The professor went into the classroom.

Los resultados se encuentran **en** el cuaderno.
The results can be found in the notebook.

Luisa y Marta se encontraron **en** el museo.
Luisa and Marta met at the museum.

- **Entre** generally corresponds to the English prepositions *between* and *among*.

entre 1976 y 1982
between 1976 and 1982

entre ellos
among themselves

- **Entre** is not followed by **ti** and **mí,** the usual pronouns that serve as objects of prepositions. Instead, the subject pronouns **tú** and **yo** are used.

Entre tú y yo... *Between you and me . . .*

- **Hasta** corresponds to English *as far as* in spatial relationships, *until* in time relationships, and *up to* for quantities. It can also be used as an adverb to mean *even* or *including*.

Avanzaron **hasta** las murallas del palacio.
They advanced as far as the palace walls.

Hasta 1898, Cuba fue colonia de España.
Until 1898, Cuba was a colony of Spain.

Haremos **hasta** veinte experimentos.
We'll do up to twenty experiments.

Hasta el presidente quedó sorprendido.
Even the president was surprised.

- **Sin** corresponds to *without* in English. It is often followed by a noun, but it can also be followed by the infinitive form of a verb.

No veo nada **sin** los lentes.
I can't see a thing without glasses.

Lo hice **sin** pensar.
I did it without thinking.

Práctica

1 **Completar** Completa cada oración con la opción correcta.

1. _____ la patente no podremos vender nuestro invento.
   a. En   b. Hasta   (c.) Sin

2. Una computadora como ésta puede costar _____ tres mil dólares.
   (a.) hasta   b. sin   c. en

3. ¿Estás segura de que el ovni va a aterrizar _____ nuestro jardín?
   a. de   (b.) en   c. sin

4. Nos vemos a las once en el laboratorio _____ biología.
   a. entre   (b.) de   c. desde

5. _____ mi ventana vi una estrella fugaz y pedí un deseo.
   (a.) Desde   b. En   c. Hasta

6. Este descubrimiento debe quedar sólo _____ tú y yo.
   (a.) entre   b. de   c. desde

2 **Un artículo** Completa el texto con las preposiciones **de, desde** o **en**.

(1) _Desde_ la Tierra puedes ver hasta 3.000 estrellas. (2) _En_ una noche clara también puedes ver una nube (3) _de_ estrellas llamada Vía Láctea. Podrás descubrir rayos (*rays*) (4) _de_ luz que se llaman estrellas fugaces. La estrella que está más cerca (5) _de_ la Tierra es el Sol. (6) _Desde_ el Sol hasta la Tierra hay 149 millones (7) _de_ kilómetros.

    ¿Sabías que (8) _desde_ los inicios de la humanidad los hombres creían que el Sol es una pelota (9) _de_ fuego? Los chinos, por ejemplo, pensaban que el Sol había salido (10) _de_ la boca (11) _de_ un dragón.

    (12) _Desde_ el Sol llegan a la Tierra diferentes tipos (13) _de_ rayos. La capa (14) _de_ ozono no deja pasar los rayos ultravioleta que son peligrosos para la salud (15) _de_ personas, animales y plantas. Por eso, los agujeros (*holes*) (16) _en_ la capa (17) _de_ ozono se estudian constantemente (18) _en_ los laboratorios científicos.

3 **La hipótesis** Completa las oraciones con las preposiciones **entre, hasta** o **sin**.

1. Hay varias hipótesis sobre el origen de los humanos en el continente americano. _Entre_ ellas, la del antropólogo argentino Florentino Ameghino.

2. Ameghino decía que la especie humana se había originado en América. Hoy sabemos que Ameghino formuló esa idea _sin_ demasiados fundamentos.

3. _Hasta_ mediados del siglo XX, aún no se había encontrado en América ningún rastro de humanos parecidos al Neandertal.

4. _Entre_ todos los esqueletos encontrados, no hay ninguno que se diferencie mucho de los humanos modernos.

5. _Sin_ embargo, sí se han encontrado restos (*remains*) de animales extintos desde hace cientos de miles de años.

6. _Entre_ ellos está el mastodonte del Ecuador, un bisonte (*bison*) fósil y un elefante antiguo.

9.4

Transitional expressions

- Transitional words and phrases express the connections between ideas and details.

—*Esto se los digo en un sentido figurado, **porque** nuestro querido hermano Efrén fue una alma llena de bondad y bonhomía.*

- Many transitional words and phrases function to narrate time and sequence.

al final *at the end*	**hoy** *today*
al mismo tiempo *at the same time*	**luego** *then, next*
al principio *in the beginning*	**mañana** *tomorrow*
anteayer *the day before yesterday*	**mientras** *while*
antes (de) *before*	**pasado mañana** *the day after tomorrow*
ayer *yesterday*	**por fin** *finally*
después (de) *after, afterward*	**primero** *first*
entonces *then, at that time*	**segundo** *second*
finalmente *finally*	**siempre** *always*

- Several other transitional expressions compare or contrast ideas and details.

además *furthermore*	**o... o...** *either. . . or. . .*
al contrario *on the contrary*	**por otra parte** *on the other hand*
al mismo tiempo *at the same time*	**por otro lado** *on the other hand*
con excepción de *with the exception of*	**por un lado... por el otro...** *on one hand. . . on the other. . .*
de la misma manera *similarly*	
del mismo modo *similarly*	**por una parte... por la otra...** *on one hand. . . on the other*
igualmente *likewise*	**sin embargo** *however, yet*
mientras que *meanwhile, whereas*	**también** *also*
ni... ni... *neither. . . nor. . .*	

- Transitional expressions are also used to express cause and effect relationships.

así que *so; therefore*	**porque** *because*
como *since*	**por lo tanto** *therefore*
como resultado (de) *as a result (of)*	**por consiguiente** *therefore*
dado que *since*	**por eso** *therefore*
debido a *due to*	**por esta razón** *for this reason*

Práctica

1 **Ordena los hechos** ¿Cómo sucedieron los hechos en realidad? Lee las oraciones. Luego reconstruye el orden de los hechos asignando un número para cada uno. Para hacerlo, ten en cuenta las expresiones de transición.

___1___ a. Primero envié mi currículum por correo.

___7___ b. Después de la entrevista, el gerente se despidió muy contento.

___3___ c. Antes de la entrevista, tuve que escribir una carta de presentación.

___5___ d. El gerente de la empresa me pidió la carta y la leyó.

___8___ e. Mañana empiezo a trabajar.

___4___ f. Luego me recibió.

___6___ g. Le gustaron mi experiencia y mi disposición.

___2___ h. Dos semanas después, me citaron para una entrevista con el gerente.

2 **Escoge** Completa las oraciones con una de las opciones entre paréntesis.

1. Me gustan las actividades al aire libre, ___por eso___ (sin embargo, por eso) voy a esquiar todos los inviernos.

2. Eres aficionado al boliche y ___por otra parte___ (por esta razón, por otra parte) te encanta leer.

3. Jugamos con todo el corazón y ___sin embargo___ (sin embargo, debido a eso) perdimos el partido.

4. Me lastimé el pie ___como resultado___ (como resultado, con excepción) de la carrera.

5. Después de dos meses de búsqueda ___por fin___ (como, por fin) conseguí entradas para el concierto.

6. Es un aguafiestas, ___por consiguiente___ (mientras que, por consiguiente) no fue a la feria con nosotros.

7. Julia fue al teatro anoche, pero ___ni___ (ni, además) se divirtió ___ni___ (también, ni) aplaudió.

3 **Completar** Marcos acaba de regresar de un viaje por Argentina. Completa su relato con las expresiones de la lista. Puedes usar algunas expresiones más de una vez.

además	del mismo modo	por eso
al contrario	mientras que	por un lado
debido a eso	por el otro	sin embargo

Hoy estoy muy contento, (1) _por eso/debido a eso_ ven en mi cara una sonrisa. ¡Hice un viaje maravilloso por Argentina! (2) ___Además___, no fue estresante, (3) ___al contrario___, descansé mucho. Mi paseo fue muy variado, (4) ___por un lado___, pasé varios días en Buenos Aires y (5) ___por el otro___, recorrí la pampa argentina, donde hice muchos amigos. Buenos Aires es una ciudad llena de historia, (6) ___mientras que___ su carácter contemporáneo la mantiene entre las capitales más activas de Suramérica.

(7) ___Sin embargo___, todo lo que empieza tiene que acabar y mi viaje terminó antes de lo que esperaba, (8) _por eso/debido a eso_, pienso volver el próximo año.

10.4

Pero vs. *sino*

—*Fue una linda ceremonia,*
pero *no tengo ninguna foto.*

El abuelo no quería ser enterrado
en Candela, ***sino*** *en Palos Verdes.*

- In Spanish, both **pero** and **sino** are used to introduce contradictions or qualifications, but the two words are not interchangeable.

- **Pero** means *but* (in the sense of *however*). It may be used after either affirmative or negative clauses.

  > Votaré por este partido, **pero** no me gusta su candidato.
  > *I will vote for this party, but I don't like its candidate.*

  > Él no decía que era religioso, **pero** siempre iba a misa.
  > *He didn't say he was religious, but he always went to mass.*

- **Sino** also means *but* (in the sense of *but rather* or *on the contrary*). It is used only after negative clauses. **Sino** introduces a contradicting idea that clarifies or qualifies the previous information.

  > **No** me gustan estos zapatos, **sino** los de la otra tienda.
  > *I don't like these shoes, but rather those from the other store.*

  > La casa **no** está en el centro de la ciudad, **sino** en las afueras.
  > *The house is not in the center of the city, but rather in the outskirts.*

- When **sino** is used before a conjugated verb, the conjunction **que** is added.

  > No quiero que vayas a la fiesta, **sino que** hagas tu tarea.
  > *I don't want you to go to the party, but to do your homework instead.*

  > No iba a casa, **sino que** se quedaba en la capital.
  > *She did not go home, but rather stayed in the capital.*

- *Not only… but also* is expressed with the phrase **no sólo… sino (que) también/además**.

  > Quiero **no sólo** el pastel, **sino también** el helado.
  > *I want not just the cake, but the ice cream, too.*

- The phrase **pero tampoco** means *but neither* or *but not either*.

  > No apoyan la globalización, **pero tampoco** son aislacionistas.
  > *They don't support globalization, but they're not isolationists either.*

¡ATENCIÓN!

Pero también (*but also*) is used after affirmative clauses.

Pedro es inteligente, pero también es cabezón.
Pedro is smart, but he is also stubborn.

Práctica

1 **Completar** Completa cada oración con **no sólo, pero, sino (que)** o **tampoco**.

1. Las cartas no llegaron el miércoles ___sino___ el jueves.

2. Mis amigos no quieren ir al cine esta noche y yo ___tampoco___.

3. No me gusta conducir por la noche, ___pero___ te llevaré a la fiesta en mi carro.

4. Carlos no me llamaba por teléfono, ___sino que___ me enviaba correos electrónicos con frecuencia.

5. Yo ___no sólo___ esperaba aprobar el examen, ___sino___ también sacar una A.

6. Mis amigos no pensaban votar en las próximas elecciones, ___pero___ yo los convencí de que lo hicieran.

7. Quiero aclarar que Juan no llegó temprano, ___sino___ muy tarde.

2 **Columnas** Completa cada oración con la opción correcta de la segunda columna.

1. Sofía no quiere viajar mañana y Marta ___d___.

2. Mi compañero de cuarto no es de Madrid ___c___ de Barcelona.

3. Mis padres querían que yo trabajara ___a___ yo me fui de viaje a Europa.

4. No fui al partido de fútbol ___b___ fui al concierto de rock.

a. pero
b. pero tampoco
c. sino
d. tampoco

3 **El mundo de hoy** Dos amigos están hablando sobre su visión del mundo contemporáneo. Uno es muy optimista y el otro es pesimista. Completa la conversación.

no sólo	sino
pero	sino que
pero tampoco	

TOMÁS El mundo de hoy es muy complejo (1) ___pero___ hay que reconocer que hemos avanzado mucho.

FELIPE Yo no estoy de acuerdo. Me da la sensación de que últimamente (2) ___no sólo___ hemos avanzado poco, (3) ___sino que___ vamos para atrás.

TOMÁS ¡Cómo puedes decir eso, Felipe!

FELIPE El mundo no es (4) ___sino___ consumismo en los países ricos y miseria en los países pobres.

TOMÁS Ése es un problema grave, (5) ___pero___ creo que esa miseria ya existía antes. Acepto que tienes razón, (6) ___pero tampoco___ vas a negar que hay inventos que han mejorado nuestra calidad de vida.

FELIPE La verdad es que yo no podría vivir sin el teléfono, el automóvil o la electricidad.

TOMÁS Pues a eso es a lo que yo me refería.

Diálogos de los cortometrajes

LECCIÓN 1

Cortometraje: *Momentos de estación*
Director: Gustavo Cabaña
País: Argentina

VIAJERO Estoy enamorado de usted.
CAJERA ¿Cómo?
VIAJERO ¡Que la amo!
CAJERA No, no puede ser.
VIAJERO Tenía que decírselo hoy. Es mi último viaje.
CAJERA Esto es una broma.
VIAJERO No, no es ninguna broma, Ana.
CAJERA ¿Cómo sabe mi nombre?
VIAJERO Lo averigüé; no fue difícil.
CAJERA Casi nunca me llaman por mi nombre.
VIAJERO Es un nombre hermoso.

SEÑORA ¡Chist! Juan, ¿qué pasa?
JUAN Él la ama; ella no le cree.

CAJERA ¿Quién sigue?
VIAJERO Escúcheme, Ana, por favor.

JUAN Él la ama; ella no le cree.

JUAN Perdón que me meta, pero, ¿qué le hace pensar que es una broma?
CAJERA No sé…
JUAN Créale. Parece un buen muchacho.
CAJERA Es que ni siquiera nos conocemos.
VIAJERO Hace más de un año que nos conocemos. Usted es la que me atiende siempre. Yo soy el que va a la capital.
CAJERA Todos van a la capital.
VIAJERO Exactamente 375 veces, sin contar la de hoy. Mira... aquí están todos: 375 boletos, uno por uno. Salvo los de esa semana que estuvo con gripe; los guardo como recuerdo.
CAJERA ¿Qué quiere de mí?
VIAJERO Bailar.
CAJERA ¿Bailar?
VIAJERO Bailar, abrazarte, besarte…
CAJERA Ahora no, no puedo, estoy trabajando.

SEÑORA A veces, se le va la vida a uno sin que suceda algo tan maravilloso. Once años hace que murió mi marido. ¿Sabes, hijo?, ¡cuánto hace que no me dan un beso!

LECCIÓN 2

Cortometraje: *Adiós mamá*

Director: Ariel Gordon
País: México

SEÑORA Se parece a mi hijo. Realmente es igual a él.
HOMBRE Ah, pues no, no sé que decir.
SEÑORA Sus facciones son idénticas.
HOMBRE ¿De veras?
SEÑORA Tiene los mismos ojos que él. ¿Lo puedo tocar?
HOMBRE No. No, no. Perdón.
SEÑORA Él también diría eso. Es tímido y de pocas palabras como usted. Sé que no me lo va a creer, pero tienen el mismo timbre de voz.
HOMBRE ¿Y a mí, qué?
SEÑORA Murió. En un choque. El otro conductor iba borracho. Si él viviera, tendría la misma edad que usted. Se habría titulado y probablemente tendría una familia. Y yo sería abuela.
HOMBRE Por favor, no llore.
SEÑORA ¿Sabe? Usted es su doble. Dios lo ha mandado. Bendito sea el Señor que me ha permitido ver de nuevo a
mi hijo.
HOMBRE No, no se aflija señora, la vida sigue. Usted tiene que seguir.
SEÑORA ¿Le puedo pedir un favor?
HOMBRE Bueno.
SEÑORA Nunca tuve oportunidad de despedirme de él. Su muerte fue tan repentina. ¿Al menos podría llamarme mamá y decirme adiós cuando me vaya? Sé que piensa que estoy loca, pero es que necesito sacarme esto de aquí dentro.
HOMBRE Bueno, yo…
SEÑORA ¡Por favor!
HOMBRE Está bien.
SEÑORA ¡Mamá!
HOMBRE Mamá.

SEÑORA ¡Adiós, hijo!
HOMBRE ¡Adiós, mamá!
SEÑORA ¡Adiós, querido!
HOMBRE ¡Adiós, mamá!

CAJERA No sé lo que pasa, la máquina desconoce el artículo. Espere un segundo a que llegue el gerente.
GERENTE Eso es todo.
CAJERA Gracias.
GERENTE De nada.
CAJERA Son tres mil cuatrocientos ochenta y ocho pesos con veinte centavos.
HOMBRE ¿Qué? No, no puede ser.
CAJERA No, sí está bien.
HOMBRE Pero señorita, ¡si sólo son tres cosas!
CAJERA ¡Y lo que se llevó su mamá!

LECCIÓN 3

Cortometraje: *Encrucijada*

Director: Rigo Mora
País: México

MEFISTO ¡Cómo que te vas si apenas voy llegando! Yo sólo vine porque tú me llamaste... Porque tú me llamaste, ¿no es cierto? Necesitas dinero, ¿no?
JUAN Sí, creo que sí.
MEFISTO Súbete. Voy a llevarte a un lugar donde hay mucho, pero mucho dinero.

MEFISTO Ya llegamos.
JUAN ¿Aquí?
MEFISTO ¿Dónde más? ¡Vamos! Toma, ponte esto. Toma.
JUAN ¿Qué vamos a hacer?
MEFISTO ¿No quieres dinero?
JUAN ¿Tú no te cubres?
MEFISTO ¿Por quién me tomas? Sígueme.
Ten, misión cumplida. El acuse de recibo.

COMENTARISTA DE TV En lo que respecta al robo bancario más cuantioso del año, gracias a las cámaras y a una llamada anónima, ha sido posible conocer la identidad de uno de los asaltantes. Se espera que pronto sea aprehendido por la policía. Aquí tenemos las imágenes.
La pregunta del día de hoy en este noticiero: ¿Deben pagar los bancos por su propia seguridad? Hasta el momento, ochenta y siete por ciento de sus amables llamadas dice que sí, trece por ciento cree que no. Si opina que sí, llame por favor al 01 800 000 80. Si opina que no, llame al 01 800 000 90.

LECCIÓN 4

Cortometraje: *Raíz*

Director: Gaizka Urresti
País: España

CLARA ¿Sí?
HIJO Mamá, que soy yo, Pedro.
CLARA Ay hijo mío, que alegría escucharte. ¿Dónde estás?
HIJO Ahora estoy en Madrid, pero mañana tengo que viajar temprano a Milán.
CLARA Tan liado como siempre. Oye y, ¿qué tal la salud?
HIJO Bien, bien, bien, bien. Oye, mamá, que te voy a dar una sorpresa, ¿eh? Este verano sí voy a poder ir a pasar unos días a casa.
CLARA Y, ¿cuándo te irás?
HIJO Mamá, por favor, si todavía ni siquiera he ido. No sé, yo creo que me podré quedar toda la semana.
CLARA Vale, vale. Pues aquí estaremos. Bueno, ¡qué tontería! Si no vamos nunca a ninguna parte.
HIJO Bueno, ¿y qué tal las cosas por ahí?
CLARA Uy, esto está lleno de veraneantes. Cada año vienen más.
HIJO Ya. ¿Y papá?
CLARA Mmh, ya sabes, hijo, tan rarito como siempre. Es que está muy mayor.
ARCADIO Está muy mayor. Está muy mayor.
HIJO Bueno. Te dejo, ¿eh? Cuídate y nos vemos. Un besote.
CLARA Pedro, hijo, y... ¿y tú, qué tal?
CLARA ¿Sabes quién ha llamado? Era Pedro.
ARCADIO ¿Sí? ¿Qué quería?
CLARA Ha dicho que viene el viernes para quedarse una semana.
ARCADIO Sí. Seguro que si viene es porque quiere algo.
CLARA Ay, pero, ¿qué va a querer nuestro hijo de unos viejos como nosotros?
ARCADIO Tu hijo siempre se ha movido por el interés. No le importa su familia, ni su pueblo, ni nada de nada.
CLARA Ya estamos como siempre. Él tiene que vivir su vida.
ARCADIO Su vida, su vida.

CLARA No, no hace falta que me ayudes; puedo sola.

ARCADIO Cada vez hay más problema para aparcar en este pueblo.

CLARA Como si a ti eso te importara mucho. Si no nos movemos de aquí. ¿Hace cuánto tiempo no vamos a la capital?

ARCADIO ¿Y qué se te ha perdido a ti en la capital?

CLARA ¿Y qué se te ha perdido a ti en el aparcamiento?

ARCADIO Nada, pero si tu hijo va a venir con el coche le va a resultar un poco difícil aparcarlo.

CLARA No, echa unas monedas en esas maquinitas que ha puesto el ayuntamiento y lo deja aquí al lado.

ARCADIO Pero eso de la ORA o de la OTA o de como se llame, eso sólo sirve para unas horas. Menudos son los del ayuntamiento; no saben qué inventar para sacar dinero.

CLARA Bueno, pues lo deja al lado del campo de fútbol, a la entrada del pueblo. Ahí no hay máquinas y hay mucho sitio.

ARCADIO Pero eso está muy lejos. ¡Que no, hombre, que no! Estaba pensando que si le hago un poco de sitio lo puede dejar aquí junto al mío.

CLARA Pero si ahí no cabe. Como no sea que lo ponga encima del tuyo.

ARCADIO Si lo pego un poco más y corto el árbol seguro que caben los dos juntos.

CLARA ¿Quitar el árbol? ¿Tú eres tonto?

ARCADIO ¡Pero cómo eres mujer! No se pueden tener ideas en esta casa.

CLARA No, si además da igual lo que yo diga. Al final vas a hacer lo que te venga en gana.

VECINO Mala fecha ha escogido usted para la poda, vecino.

ARCADIO ¿Eh?

VECINO Que la poda buena tiene que ser antes de San Andrés y, a poder ser, con luna menguante.

ARCADIO Es que yo de noche y con la luna, no veo nada.

VECINO Me refiero que la poda tiene que ser cuando la luna... Pero qué gracioso es usted.

ARCADIO Graciosísimo.

VECINO Bueno, pues como le iba diciendo, el tronco tiene que estar seco para que salga con más fuerza.

ARCADIO ¡Que no lo estoy podando, que lo estoy quitando! ¿No ve que le he dado un tajo por la mitad?

VECINO Pues para aprovechar la madera, mejor es... mejor es cuando esté más seca, y no ahora con toda la sabia.

ARCADIO Que no lo estoy talando, ni lo estoy podando, ni nada de nada. Que lo estoy quitando, ¿vale? Ya está.

VECINO Bueno, hombre, vecino, pero no es para ponerse así. Yo sólo quería ayudar. Pero siga, siga usted con el serrucho tratando de cortarlo por la mitad, que ya verá usted lo que hace cuando se le caiga el árbol al suelo, ocupe todo el camino y con todas las ramas sin quitar... Por aquí no va a poder pasar nadie, ni coches, ni personas. Pero tranquilo, que no seré yo quien vuelva a intentar pasar por aquí para que le interrumpan el camino. Adiós y buena faena.

VECINO ¡Pero bueno! ¿Qué horas son éstas de meter este ruido?

CAPATAZ DE OBRA ¿Qué hay Arcadio?, buenas tardes, ¿qué, hace un traguito de vino?

ARCADIO Hace, hace. Que me estoy quedando sin fuelle.

CAPATAZ DE OBRA No me extraña. ¿A quién se le ocurre con su edad ponerse a quitar el árbol solo? ¿Acaso estaba enfermo? ¿Se iba a caer?

ARCADIO No, nada de eso. Estaba viejo, eso sí, y apenas daba sombra.

CAPATAZ DE OBRA Pues entonces, con más motivo, no entiendo a qué tanta prisa.

ARCADIO El viernes viene mi hijo a pasar unos cuantos días con su madre y conmigo. Y le estaba haciendo un hueco para que pueda aparcar su coche sin problema.

CAPATAZ DE OBRA ¡Pero, pero hombre! Haberlo dicho antes. Si me pudiera haber avisado. Tenemos un montón de plazas libres en los aparcamientos de los edificios que estamos construyendo justo aquí al lado. No creo que haya ningún problema que por un par de días pues deje el coche ahí.

ARCADIO Bueno, voy a ver si consigo quitar esa raíz para mañana.

CAPATAZ DE OBRA No, un momento Arcadio, un momento, vamos. Mire, ¿sabe qué? Que vamos a hacer una cosa. Mañana le voy a mandar yo a un chaval aquí con una escavadora pequeña para que le excave toda esta tierra y se la deje al mayor nivel posible. Y usted, a descansar, amigo mío, a descansar.

ARCADIO Y de paso, la excavadora que me haga otro hoyo para mí y me entierro en él.

CAPATAZ DE OBRA ¡Pero qué cosas tiene Arcadio! Con eso no se bromea.

ARCADIO ¿Qué coche tiene ahora Pedro?

CLARA No lo sé.

ARCADIO Supongo que tendrá un coche alemán. Ésos sí que son buenos; para toda la vida... ¿Te dijo en qué coche vendría?

CLARA La verdad, no me acuerdo.

ARCADIO Un Volkswagen está muy bien para su edad. Son alemanes pero son deportivos y pequeños. ¿Te suena Golf o Polo? Aunque si fuera un Mercedes no cabría en el hueco. ¿Qué hacemos entonces?

CLARA ¡Ay, no! Ni se te ocurra tirar nada más, ¿eh?

ARCADIO Mi hijo con un Mercedes. Con lo que me gustaban a mí esos coches.

CLARA ¿Sí?

HIJO Mamá, soy yo, Pedro.

CLARA ¡Ay, hijo, qué alegría! Ya te estamos esperando. ¿Sabes a qué hora llegarás?

HIJO No, mamá. No voy a ir hoy.

CLARA Sí, sí. No, no, si tienes que salir ahora es mejor que lo dejes para mañana. ¡Siempre hay que buscar el día! Y además estarás cansado de ese viaje, ¿adónde era? ¿Al extranjero?

HIJO Sí, mama, a Milán. Bueno, de hecho todavía estoy aquí. Por eso te llamaba. Es que, verás, se ha complicado todo muchísimo y me tengo que quedar unos días más aquí.

CLARA Vaya faena. Entonces, ¿vienes la semana que viene?

HIJO No, mamá, no. No creo que pueda. Tengo una agenda muy apretada y me temo que voy a tener que dejarlo para más adelante.

CLARA Con la ilusión que teníamos; sobre todo tu padre.

HIJO Lo siento, pero es imposible... Mamá, mamá, por favor, no te pongas así, ¿eh? Ya sabes que no lo puedo soportar. Mira, te prometo que estas navidades me quedo hasta año nuevo. Mamá, por favor no vayas a llorar, ¿eh?

CLARA Bien, hijo. Cuídate, ¿eh?

HIJO Adiós. Oye, dile a papá que lo siento. Os quiero.

CLARA Era Pedro.

LECCIÓN 5

Cortometraje: *El día menos pensado*

Director: Rodrigo Ordóñez
País: México

INÉS Te preparé algo para que desayunes. Ándale, será de volada. No, Julián, no. Es mejor no saber.
JULIÁN ¡Buenos días, Ricardo!
RICARDO ¡Buenos días, don Julián!

JULIÁN No hay noticias ¿no?
INÉS Nada, desde que la prendí está la misma película en todos los canales. Ven a comer algo.
JULIÁN Inés, nos tenemos que ir.
INÉS Dicen que todo se va a arreglar. Que si no, es cuestión de esperar hasta que lleguen las lluvias.
JULIÁN Sí, pero no podemos confiar en eso. No a estas alturas.
INÉS ¿Y a dónde vamos a ir? ¿Cómo vamos a salir de la ciudad?
JULIÁN No lo sé.
INÉS Pero dicen que en todas las salidas hay vándalos. Y que están muy resentidos porque ellos fueron los primeros que se quedaron sin agua.
JULIÁN Si no digo que no sea peligroso. Pero cuando se nos acabe el agua nos tenemos que ir de todos modos.
INÉS ¿Qué haces?
JULIÁN Anda vieja, no seas vanidosa.

RICARDO Usted estése tranquilo, don Julián. Estamos igual de fregados.
JULIÁN Pues tú vas a estarlo más si no te largas de aquí ahora mismo... Igual de fregados.

INÉS ¿Pasa algo?
JULIÁN Ya no tenemos agua.
INÉS En la tele dijeron que...
JULIÁN Qué importa lo que hayan dicho. ¡Se acabó!
INÉS Esta mañana vi la cisterna, está casi llena.
JULIÁN Está contaminada y tú lo sabes.
INÉS Eso no es cierto. Saqué una cubeta y se la di a la perra. Se veía tan mal.
JULIÁN Inés, el agua está envenenada. Toda el agua de la ciudad está envenenada.
INÉS No es cierto, no es cierto, no puede ser cierto.
JULIÁN ¿Dónde la pusiste?
INÉS Déjame.

JULIÁN Mira por ti misma, Inés. Ya todo se acabó. Aunque lograran traer agua a la ciudad no pueden distribuirla. Las tuberías están contaminadas desde el accidente. Ninguna ayuda llegará a tiempo y menos aquí.
INÉS Pero no quiero dejar mi casa.

JULIÁN Te puedes llevar unas cuantas si quieres.
INÉS No, no quiero nada.
RICARDO Don Julián, venía a disculparme por lo de esta mañana.
JULIÁN Déjalo, vecino. Con un niño pequeño yo hubiera hecho lo mismo. Sobre todo tratándose de viejos como nosotros.
RICARDO No, qué pasó... no diga eso, don Julián.
JULIÁN Es la pura verdad, Ricardo. Y a ustedes, ¿cuándo se les acabó el agua?
RICARDO Antier, en la noche nos dimos cuenta.
JULIÁN Y te quedaste ahí, junto al tanque, esperando a que alguien se descuidara, ¿verdad? Ricardo, ¿quieren venir con nosotros?

INÉS Hay gente, Julián, hay gente. Nos van a matar, Julián, nos van a matar. Nomás porque venimos de la ciudad. Nosotros no tenemos la culpa de nada. ¿A dónde vas Esther?
JULIÁN ¡Esther!
INÉS ¡Esther, espérate!
RICARDO ¿Estás loca? ¿Estás loca?
ESTHER Él sí que no tiene la culpa de nada.
JULIÁN No nos va a pasar nada, Inés. ¿Qué nos pueden hacer? Todos estamos igual.

LECCIÓN 6

Cortometraje: *El ojo en la nuca*

Director: Rodrigo Plá
País: Uruguay-México

GENERAL DÍAZ ¡Dale! ¡Dale cachazo! ¡Dale! Vamos muchachos despacito, eso mismo, ahí está, ¡ahora!
TEXTO En Uruguay, la ley de Caducidad que otorgaba amnistía a los militares acusados de cometer violaciones a los derechos humanos durante la dictadura militar (1973–1984), fue sometida a referéndum el 16 de abril de 1989. Por un escaso margen de votos, los militares conservaron la impunidad.

TEXTO CIUDAD DE MÉXICO. Una semana después del referéndum.
LAURA Los desaparecidos están muertos, no vuelven...
PABLO Ya, bonita, por favor. Esto es algo que tengo que hacer. ¡Ándale! Ábreme... Déjame que te dé un beso...
LAURA Si te vas, ya no regreses...

TEXTO MONTEVIDEO, URUGUAY, 24 de abril de 1989.
PABLO ¡Estate quieto!
DIEGO Es que no es la manera primo, ¿a qué vas? Tenés que darte cuenta de que esto tampoco es justicia... ¡Sí, por más bronca que tengas! ¡Pará Pablo! Yo también quería mucho a tu viejo.
PABLO Ese desdichado es un asesino y merece la muerte.

DIRECTOR DE LANCE General Díaz. Sr. Pablo Urrutia. ¿Sr. Urrutia? ¡Fuego! ¡uno...! ¡dos...! A su posición por favor, General. ¡Fuego! ¡Uno...!
POLICÍAS ¡Alto, policía! ¡Soltá, pibe! ¡Soltá el arma!
GENERAL DÍAZ No, no, no.
POLICÍAS Dejá, no te equivoqués.
GENERAL DÍAZ Déjenme solo... No me toquen.
PABLO ¡Diego!, diles que me falta mi tiro, Diego. ¡Me falta mi tiro, Diego! ¡Diego!
POLICÍAS ¡Soltá el arma!

JUEZA ¿Se da cuenta? En plena democracia dos hombres haciéndose justicia por su propia mano. ¡Es una locura!
PABLO Tiene que dejarme acabar el duelo. Estoy en mi derecho...
JUEZA La ley de duelo existe, sí, pero es anacrónica. Está ahí porque con el tiempo fue olvidada por los legisladores.
POLICÍAS ¿Quería algo, Sra. Jueza?
JUEZA Sí, requíselas hasta nuevo aviso y mande de una vez al General. Bueno. ¿Entiende? Lo espero mañana a las nueve para darles una respuesta.
REPORTERA Por favor, ¿me puede decir qué pasó ahí adentro? ¿Qué pasó ahí adentro?

Treinta años después de efectuado el último duelo a muerte en el Uruguay, dos hombres le dan vigencia a la ley de duelo con un nuevo enfrentamiento llevado a cabo esta mañana.

DUEÑO ALMACÉN ¡Se fueron!
PABLO ¿Cómo?
DUEÑO ALMACÉN La familia que vivía en esta casa, hace más de diez años que se fueron... Se iban para México.
PABLO Gracias.
DIEGO ¡Pablo! Subí. Dale, subí.

CONDUCTORA TV Nos encontramos frente al Ministerio de Defensa Nacional aguardando las declaraciones del General Díaz, quien fuera señalado como uno de los responsables de delitos y abusos cometidos durante el gobierno de facto.
REPORTERA TV General Díaz, ¿qué va a pasar a partir del duelo, que habrá nuevos actos de violencia?
GENERAL DÍAZ TV No hay que seguir viviendo con un ojo en la nuca, hay que mirar hacia adelante y olvidar rencores.
PABLO ¿A qué viniste?
LAURA Tu padre ya está muerto Pablo, tienes que dejarlo ir. Ni siquiera estás seguro de que fue Díaz.
PABLO ¡Cállate! De esto tú nunca entendiste nada. Consígueme un tiro para mañana, primo. El que me deben, ¿eh? No vaya a ser la de malas.

LAURA ¿Pablo?
PABLO Sólo sé que odio, que tengo que odiar. ¡Ésa es mi pinche herencia!

PABLO Vámonos a México.
DIEGO ¿Dónde andabas? Vamos atrasados. Vení acá. Lo que me pediste, está adentro. ¿Qué haces?
LAURA ¿Qué pasa?
PABLO Nada.

JUEZA Acta 1531... Por la autoridad que el Estado y la constitución me confieren y ante los hechos acaecidos el pasado 24 de abril de 1989, declaro la ley de duelo suspendida hasta una próxima revisión y por lo tanto la continuación del enfrentamiento entre el General Gustavo Díaz y el Sr. Pablo Urrutia, queda terminantemente prohibida.

GENERAL DÍAZ Así que vos sos de los que aguantan, ¿eh?... Ya vas a saber lo que es bueno. ¡Llévenselo! ¡Llévenselo!
TEXTO Los militares todavía no han sido juzgados por sus crímenes. En 1991 la Ley de Duelo fue derogada.

LECCIÓN 7

Cortometraje: *El hombre que volaba un poquito*

Director: Sergio Catá
País: España

ANSELMO Me toca... Antes de nada, ¿ha cogido usted número, pipiolo?
JOVEN ¿Número? ¿Cuántas copias hay que entregar para la beca de investigación?
ANSELMO Lo siento joven, es usted simpatiquísimo, pero nosotros aquí solamente sellamos.
JOVEN Es que me he recorrido todos los pisos y nadie sabe nada. Me mandan de un lado a otro.
ANSELMO Ya me gustaría ayudarle, pero nosotros aquí solamente ponemos los sellos, y está muy bien porque la gente se va siempre muy contenta. ¿Quiere que le selle los papelitos?
JOVEN No.
ANSELMO ¡Recuéllanos!
SUSO ¿Qué le ocurre, Anselmo?
ANSELMO Por favor. Esto no puede estar pasando.
SUSO No se ponga nervioso, Anselmo, que me pone nervioso. Demetrio... Deme, no haga bromas. Deme.
ANSELMO ¿Está... eso?
SUSO Está eso, sí.

ANSELMO No somos nadie, Suso. Estoy por llorar un poquito más.
SUSO Deme para mí era como un padre. Como yo nunca he tenido padres ni nada, de esos que tiene todo el mundo. Pero hay que seguir adelante. Deme, el pobre, siempre decía que todo se supera con trabajo.
ANSELMO A ver a qué jovencito inepto nos ponen ahora en su lugar.
SUSANA Hola, buenos días. Soy la nueva... Me han dicho que empiezo hoy.
ANSELMO Mucho gusto, señorita nueva. Disculpe nuestra reacción, pero es que esperábamos a un hombre, que es lo normal.
SUSO Hola, mucho gusto, señorita, también.
SUSANA Soy Susana.
ANSELMO Nosotros no.

ANSELMO Hace en este botón: pumba, y luego hace en este otro: pumba. Y ya está, le deja que le pregunte la clave.
SUSANA Y, ¿cuál es la clave?
ANSELMO Buena pregunta... Suso, ¿cuál es la clave?
SUSO "Casa".
ANSELMO Eso es, "casa". Usted, cuando se encuentre con algo complicado le pregunta a Suso, que es el jefe del departamento.
SUSANA Voy a ver si sé... Pumba, y pumba.

SUSO El tintero. El tintero siempre tiene que estar húmedo. Luego, el matasellos. Hay que mojar el matasellos haciendo fuerza en círculo, así, para que empape bien. Así, muy bien. Luego, el folio. El folio o documento siempre en frente. Ligeramente a la izquierda. Levantamos treinta centím...
SUSANA ¿Qué te pasa, Suso?
SUSO Nada, nada. Hay que dar un golpe seco, seco y retirarlo enseguida.
SUSANA Qué difícil.

SUSANA ¿De dónde viene Suso, Suso?
SUSO Ah, pues, pues de Jesús, luego fue Jesusito, luego Susito y luego ya, pues Suso.
SUSANA Qué gracia.
ANSELMO Es que Suso parece muy serio pero cuando se pone, te partes de risa con él. Cuando fue niño de San Ildefonso, cantó el gordo de Navidad.
SUSANA ¿Sí?
SUSO Anselmo, no toque ese tema, por favor, que no tiene que ver ni nada.
ANSELMO Mira cómo es de modesto mi Suso.

SUSANA ¿Siempre hay tan poca gente que viene a que les sellen las cosas?
SUSO Pues no se crea, un día vinieron nueve personas o menos y no dábamos abasto.
SUSANA Me aburro un poco. Yo es que quiero ser actriz.
ANSELMO ¿Sí? Debe ser muy difícil decir eso de: "ser o no ser".

SUSANA ¡Qué va! Es ponerse, como todos los trabajos... Ser o no ser. ¿Veis? Bueno, yo en realidad quiero ser bailarina, pero como me pasó lo de la pierna, pues claro, no me cogen. No me cogen por coja. Qué importa. Lo importante es hacer cosas bonitas.

ANSELMO Susana, hijita... Que no puede hacer eso. Que si entra el jefe sería una fatalidad.

SUSANA Si esto no le molesta a nadie, es del bien.

ANSELMO A nuestro jefe sí, que es muy jefe.

SUSANA Sé bailar hasta rap.

ANSELMO No puede hacer esto, señorita Susana, no está permitido, es muy yeyé. Suso, di algo, hombre, que tú eres el jefe del departamento... ¿Estás bien, Susito?

SUSO Es que me he caído.

SUSANA Me pido yo... ¿Qué desea?

SEÑOR Quiero compulsar estos documentos.

SUSANA Oh, lamento señor que eso no pueda ser. Aquí no se compulsan los documentos, se sellan, y las personas se van siempre muy contentas.

SEÑOR Señorita, ¿qué se cree usted que es compulsar? No puedo estar perdiendo el tiempo.

SUSO No se preocupe señor, es que es el primer día de la chica y no sabe todavía todas las cosas, perdónela.

SEÑOR Tengo muchísima prisa. Aviso.

SUSO Tome, ayúdeme señorita Susana. Haga lo mismo que yo, ¿de acuerdo?... Susana, haga el favor, despierte a Anselmo para que termine de sellar, que el señor ése tiene prisa.

ANSELMO Pero Suso, Susito, ¿qué haces ahí arriba?

SUSO No sé.

ANSELMO No puedes estar ahí.

SUSO Tome el sello, Anselmo. Hay que terminar de sellar esos documentos.

SUSANA Suso, ¿qué sientes?

SUSO Es que no sé explicarlo.

SUSANA Qué divertido. ¿Y es la primera vez que te pasa?

CHAVAL Recontra, ¡qué fuerte!

ANSELMO Chavalín, vete a llamar al médico, dile que venga urgentemente. Sé discretito, que no se entere nadie.

ANSELMO Ya están listos, señor, le han quedado requetebién. A ver si te ha sentado mal algo que has comido.

SUSO Se va a enterar el jefe, Anselmo, por qué no intentan bajarme, por favor, antes de que venga.

ANSELMO No, no, Suso, es malo mover el cuerpo después de los accidentes. Además, el jefe no se va a enterar, ya lo verás.

SUSANA ¿Usted no se iba?

SEÑOR Me estoy yendo, señorita.

SUSANA Pues, venga, yéndose.

ANSELMO Recuéllanos. No pueden estar aquí, si no esto va a parecer la casa de Tócame Roque.

HOMBRE UNO Anselmo ande, cállese, para un día que pasa algo.

MÉDICO ¿Qué ha pasado?

ANSELMO Eso nos lo tiene que decir usted.

MÉDICO Dame la muñeca, Suso.

HOMBRE DOS ¿Qué te parece?, mira qué raro el Suso.

HOMBRE TRES Es que es muy huerfanito el pobre.

HOMBRE UNO Como se entere el jefe ya verás.

MÉDICO Tienes las pulsaciones muy altas, pero el resto de tus constantes están bien, muy constantes.

SUSO Entonces me pueden bajar ya, ¿no?

ANSELMO ¡Recuéllanos!

JEFE Esto es inaudito.

ANSELMO Jefe, Suso no lo ha hecho queriendo, no volverá a pasar.

JEFE Sigue siendo inaudito. Vituperable. ¿A que usted no hace esto en su casa?

SUSO Si es la primera vez, si yo no quiero hacerlo, ni nada.

JEFE No sea usted tonto, si alguien no quiere hacer algo, no lo hace, somos adultos. Si yo quiero despedirle, le despido. Es más, si no baja de ahí, queda prácticamente despedido.

SUSO No, por favor, que no sabría qué hacer.

JEFE No es normal. Esto, francamente, no es normal. Y las cosas que no son normales, no hay que hacerlas, y mucho menos permitirlas.

SUSANA Las cosas que no son normales, algunas son del bien.

JEFE ¿A usted le parece normal contestarle así a un superior?, máxime, habiendo entrado a trabajar hoy mismo.

SUSANA ¿Y qué es lo normal? Ser como usted que va por ahí insultando a la gente y diciendo: *máxime*. Vaya palabra, *máxime*. ¿Le parece normal?

SUSO Que se acabe, que se acabe, por favor.

SUSANA No ve que le ha dicho que no sabe lo que le pasa, ¿o es usted sordo? ¿Sabe usted por qué es tan así? ¡A que no!

SUSO Que se acabe, que se acabe, que se acabe.

SUSANA Pues yo se lo digo. Lo que le pasa es que es un tontolaba. Eso es lo que le pasa, que es usted un tontolaba.

JEFE Señorita, queda desde este preciso instante expulsada de su cargo. Recoja sus pertenencias, rápido, tiene diez minutos para marcharse.

SUSANA Pero, señor, esto...

JEFE ¡Y cállese! En cuanto a usted, Suso...

ANSELMO ¿Ve como todo va a volver a su sitio?

JEFE Eso espero. Tomaré nota de todos los que han participado en el motín, no se preocupen.

SUSANA Adiós, Anselmo. Habéis sido muy buenos conmigo.

ANSELMO Qué pena que se vaya, con lo alegre que es usted.

SUSANA Siempre me pasa lo mismo, como no sé callarme... Adiós, Suso, tiene mucho mérito lo que te ha pasado, es del bien. No hagas ningún caso a nada de lo que te digan.

SUSO Adiós.

ANSELMO No somos nadie. Menos mal que el jefe se ha portado bien, dentro de lo que cabe. Te podía haber echado a ti también. Y eso sería la repanocha, porque me quedaría solito del todo... Mañana tienes que ir al médico, Suso, eso que tienes no puede ser bueno.

SUSO Ya.

ANSELMO Vaya por Dios. También se nos ha lesionado Sebas; podrían hacer un equipo sólo con los lesionados... ¿Qué te pasa, Suso? No estarás pensando hacer alguna tontería... Suso, Susito. ¡No, Suso! ¿Qué haces?, ¿dónde vas?, ¿estás loco? ¡Te van a despedir!

SUSANA Suso. ¿Qué haces aquí? Vuelve al trabajo que es peligroso.

SUSO Tome, se lo ha dejado.

SUSANA Gracias.

SUSO Siento mucho que le hayan despedido por mi culpa, señorita Susana.

SUSANA No es tu culpa, Suso, si yo ya de por mí siempre me despiden. Estoy acostumbrada.

SUSO Bueno, si alguna vez quiere algo, o algo, ya sabe donde estamos Anselmo y yo.

SUSANA Claro, Suso, gracias. Eres del bien, menos mal que hay gente como tú.

SUSANA Qué bonitas se ven las cosas desde aquí.

SUSO Usted sí que es bonita. Más bonita que todas las cosas. Pues casi, que la voy a abrazar, señorita Susana.

SUSANA Vale.

LECCIÓN 8

Cortometraje: *Happy Cool*

Director: Gabriel Dodero
País: Argentina

TEXTO Buenos Aires - 1997
JULIO ¡Pablito, ¿por qué congelás hormigas?!
PABLITO ¿No consigue trabajo? Congélese. "Happy Cool", la empresa que te congela.
JULIO Escucháme. A mí no me faltás al respeto, ¿eh? ¿Escuchaste?
MABEL Déjalo Julio. Juega a congelar hormiguitas porque ve las propagandas de la tele.
JULIO Yo vengo de buscar trabajo y no consigo nada, y encima tengo que ver esto. El chico me pierde el respeto a mí, yo ya no sé qué decirle a tu papá que nos está bancando acá en su casa. Al final de cuentas parece qué yo no sirviera para nada.
MABEL Mi amor, no es culpa tuya, es de la situación. Te queremos, tonto.

JULIO ¿Que hacés, Daniel?
DANIEL ¿Que hacés, Julio? ¿Cómo andás?
JULIO Y ya vengo de cinco lugares y nada.
DANIEL ¿Y hace mucho que estás sin laboro?
JULIO Y hace dos años y medio.
DANIEL ¿Dos años y medio? Yo hace tres, Julio. ¡Tres! Como que esto siga así, yo me congelo y chau. En ese "Happy Cool". ¿Viste?
JULIO Sí, sí.
DANIEL Y chau...
JULIO Congelarse. Están locos.

CONDUCTOR DE TV No se vayan porque después de la tanda hay más sorteos.
LOCUTOR Usted que está cansado de buscar. ¿No pensó que quizás este no es su tiempo?
JULIO ¿No me pasa la sal...?
SUEGRO Shhh...
LOCUTOR No hay trabajo, pero hay una empresa que piensa en usted, "Happy Cool," la tecnología que lo ayuda a esperar los buenos tiempos. Tiempos de inversiones, de pleno empleo. El futuro que todos soñamos. Ahora usted puede esperar al 2015, al 2100 o al año que sea. ¡Congélese! Y viva el resto de su vida en el momento oportuno. "Happy Cool", hay un futuro mejor. Congélese y espérelo.
Jingle "Happy Cool", la empresa que te congela.

JULIO Qué locura.
MABEL Ya no saben que más inventar. Yo no sé por qué no le dan trabajo a la gente y listo.
SUEGRA Lo que pasa es que la gente está desesperada y hace cualquier cosa.
SUEGRO A mí no me parece nada mal. Si la tecnología se pusiera al servicio de los problemas sociales...
PABLITO Quiero chocolate.
MABEL No hay. No seas pedigüeño. Pobre abuelo, que tiene que cargar con nosotros.
SUEGRO Tomá, tomá.
MABEL No, papá, no. Ayúdame a levantar la mesa.
SUEGRA ¿No comés más, Julio?
JULIO No, no.
SUEGRO Mirá, Julio. A mí me parece que a vos te conviene esto del congelamiento. Yo conozco mucha gente que está con tu mismo problema y piensa en hacerlo.
JULIO Yo lo entiendo, don Gerardo. Yo nunca estuve en esta situación. Yo siempre trabajé, mantuve a mi familia. Y ahora si no fuera por usted. Ustedes son la única familia que tengo.
SUEGRO Congelate, dale. ¿O tenés miedo, vos?
JULIO No. No tengo miedo. Lo que pasa es que yo no quiero dejar sola a Mabel.
SUEGRO Vos no te preocupés que yo la voy a cuidar. Si total, ahora también la estoy cuidando yo.
JULIO Sí, yo ya sé. Una cosa es ayudar a su hija y a su nieto y otra es tenerme también a mí como un parásito. Pero escúcheme don Gerardo, déme un tiempito más, una semanita, diez días, yo creo que algo tengo que conseguir. La cosa está dura, ¿vio? Pero yo creo que algo tengo que conseguir.
SUEGRO Una semana. Ni un día más. Si en ese tiempo no conseguís algo, te doy la guita, te congelás y te dejás de jugar. Más por vos no puedo hacer. Yo también tengo mis problemas. No alimento más vagos, se acabó.

JULIO Mirá Mabel, yo quizá me tenga que congelar. Un tiempito nomás. Yo creo que esto en uno o dos años se soluciona.
MABEL Pero Julio, ¿qué decís? ¿Cómo podés pensar en una cosa así? Mirá, si esto no tiene solución hasta el 2080, ¿qué hago sin mi Julito?
JULIO Yo creo que esto es lo mejor para todos. En serio.
MABEL No.

JULIO Yo pensé que quedaba acá. Mi suegro me está apurando y me trata como a un vago.
DANIEL Es que vos te hacés mucho problema, Julio. Tenemos la solución al alcance de la mano. Congelémonos y chau.
JULIO Dejarte de jugar... Daniel.
DANIEL Pero sí. ¿Vos te acordás cuando éramos pibes que pensábamos que en el 2000 la tecnología iba a ser tan poderosa que no iba a hacer falta laborar? ¿Viste?, teníamos razón, Julio.
VENDEDOR ¿Buscando trabajo, muchachos? Digo, por el periódico.
JULIO Y sí....
VENDEDOR ¿Sabían ustedes que según la proyección de la economía, el estudio del mercado, para el año 2010 se prevé una demanda de treinta millones de trabajadores?
DANIEL ¡Treinta millones, Julio!
VENDEDOR Pero hasta ese momento va a seguir el desempleo.
JULIO Mucho estudio de mercado, mucho marketing y no pegan una. Que los capitales vienen, y no vienen nunca.
VENDEDOR Bueno, pero hasta ese momento tienen que esperar. Si ustedes esperan al 2010, 2020 a más tardar, ¡se soluciona el problema, muchachos! ¡Happy Cool, muchachos, Happy Cool!
DANIEL Pero esto es bárbaro, Julio, justo lo que necesito. Adiós a todo, yo me congelo. ¿Dónde hay que firmar?
VENDEDOR Ahí abajo.
JULIO ¿Qué hacés, Daniel?, no hagás boludeces.
DANIEL Julio, vos seguí caminando, levantándote a las cinco de la mañana, seguí haciendo fila. ¡Yo me congelo y chau!

SUEGRO Congelate, dale.
DANIEL Tenemos la solución al alcance de la mano. Congelémonos y chau.
PABLITO "Happy Cool".
DANIEL ¿Vos te acordás cuando éramos pibes que pensábamos que en el 2000 la tecnología iba a ser tan poderosa que no iba a hacer falta laborar?
VENDEDOR ¡Happy Cool, muchachos!
SUEGRO Una semana, ni un día más.

CIENTÍFICA Bienvenido, Sr. Julio.
JULIO ¿En qué año estamos?
CIENTÍFICA En el año 2080, Sr. Julio.
JULIO Yo quisiera ver a Mabel y a Pablito.
CIENTÍFICA No se preocupe, en estos tiempos la tecnología le permite hacer lo que desee. Pero mire qué maravilloso futuro, Julio, quédese.
JULIO Esto es fantástico. Tengo sed.
JULIO ¡Qué bárbaro! ¿Pero sabe qué? Yo quisiera ver a Mabel y a Pablito, ¿se puede hacer eso?
CIENTÍFICA Claro, ahora es común viajar en el tiempo. ¿A qué año le gustaría ir?
JULIO Y... al 2001, más o menos. Este... no, pero, espere, espere. ¿Sabe qué? Con eso... me gustaría llevar algo de plata. Porque yo le quiero comprar una camiseta de la selección nacional al nene.
CIENTÍFICA Haga click ahí.
JULIO ¿Yo? ¡Epa! ¿Y para ir al 2001 cómo hago?
CIENTÍFICA Dos mil uno, *enter.*

LOCUTOR TV Los astronautas congelados viajan al espacio lejano...
MABEL ¡Volviste del futuro!
JULIO Esperen, esperen... Acá está lo mejor... ¡La guita! ¡La guita!

MABEL Julio, Julio, dale Julio, Julio, ¿no ibas a buscar trabajo hoy?
JULIO No, Mabel, no. Tu papá tiene razón, la gente tiene razón, la publicidad tiene razón. ¿Sabés qué? Hay un futuro mejor. Acompañame.

MABEL Ay Julio, ¡qué tecnología!
JULIO Sí, sí. Se ve que es gente seria. Hay mucha plata invertida acá.

MABEL Ah, no sé qué voy a hacer. No sé si traerte flores como si estuvieras en un cementerio o qué.

JULIO Mabel, la ciencia nos plantea grandes interrogantes.

MABEL Volvé pronto.

JULIO Ojalá que la situación económica mejore.

MABEL Ojalá.

JULIO Sí, así me descongelan cuanto antes.

MABEL Cuidate. Te voy a extrañar. ¿Ya se congeló?

TEXTO El Futuro

JULIO Hola, yo soy Julio, testigo viviente del pasado.

ENCARGADO Encargado del presente. Ah, se está descongelando. Muy bien, bueno, cada uno a su casa, tengo que desalojar. Vamos, vamos.

JULIO Oiga don, ¿en qué año estamos?

ENCARGADO 2001.

JULIO ¿Pasaron cuatro años nada más? Pero, las chicas, el túnel del tiempo. ¿La tecnología lo logró? ¿Hay plena ocupación?

ENCARGADO Mire, la cosa está peor que cuando se metieron adentro de ese tubo. Nada avanzó, no hay empleo.

Todo es un desastre. Todo para atrás. Mire, derrítase lo antes posible porque tengo que dejar el local en una semana, ¡vamos, vamos!

JULIO ¡Me engañaron!

ENCARGADO Mmmh.

JULIO ¡Me engañaron!

ENCARGADO Mmmh. Por favor, la ropa ésta me la deja, que está en el inventario de acá de la quiebra. Ahí tiene una mudita, tal vez le suba.

JULIO ¡Pablito, mirá quién llegó!

ELMER ¿Quién es, Pablito?

PABLITO Mi antiguo papá, papá.

MABEL Julio, ¿cómo estás?

JULIO Bien.

MABEL Yo sabía que esto iba a pasar. Vení. Pasá que te explico. Andá a lo de Chochi, Pablito.

JULIO Eh...el nene... ¿Qué me tenés que explicar?

MABEL Vení, pasá, pasá...

JULIO ¿Qué me tenés que explicar? ¿Quién es este tipo?

MABEL Me volví a casar, Julio.

JULIO ¿Cómo que te volviste a casar?

MABEL Sí, Julio. ¿Y si vos no te descongelabas hasta el 2100? ¿Qué iba a hacer yo con mi vida esperando que la situación pasara y vos pudieras trabajar? Elmer, mi nuevo marido.

ELMER Qué problema éste de las empresas de congelamiento. Mirá los problemas que traen a la gente, che.

MABEL Ay, me siento la doña Flor y sus dos maridos.

JULIO Yo te mato, Mabel.

MABEL Ay, Julio, es una broma. Y si lo intentamos de nuevo.

JULIO Ah, bueno, está bien. Vos te separás y yo te perdono.

MABEL No Julio, lo del congelamiento.

JULIO Ah.

ELMER Menos mal que pudiste solucionar lo de Julio.

MABEL Yo le decía, esa "Happy Cool" es muy pirípipi pero no me gusta nada. Al final, lo casero es lo mejor.

ELMER Bichita, las verduras congeladas, ¿dónde la guardo?

MABEL Guárdalas en el *freezer*.

ELMER Hay poco lugar ahora.

MABEL A ver, dame que yo las guardo.

MABEL Ay, mi amor, qué te dije de las botellas en el *freezer* más de dos horas.

ELMER Bueno, a mí me gusta bien frío, che.

MABEL Bien frío, todo bien frío, escuchame, hoy tengo ganas de hacer la bañacauda...

Jingle Happy Cool, Happy Cool, Happy Cool, Happy Cool... La empresa que te congela.

LECCIÓN 9

Cortometraje: *Espíritu deportivo*

Director: Javier Bourges
País: México

CORSARIO Si creen que a los fantasmas nos es fácil regresar al mundo de los vivos... están muy equivocados. Hay que acumular invocaciones para que te den chance de regresar un ratito... y eso, sólo en espíritu. Pero esto yo no lo sabía la primera vez. Estaba yo en mi funeral cuando de repente...

ASISTENTE ¡Silencio!
CORSARIO Bueno, dejaré que los medios los pongan al tanto.
REPORTERA Gracias. Para informar que en la madrugada de hoy muere de un ataque al corazón Efrén "El Corsario" Moreno. Ídolo del fútbol mexicano de los años cincuenta, y en su tiempo, uno de los mejores delanteros del mundo. Familiares, amigos y ex compañeros de juego lamentan la llegada del silbatazo final de este *crack* del fútbol. Sin duda extrañaremos al autor de aquel gran gol de chilena con el que eliminamos a Brasil del mundial de Honduras de 1957.

REPORTERA Don Tacho, ¿es cierto que usted dio el pase para aquel famoso gol?
TACHO ¡Claro que sí! Yo le mandé como veinte pases al área penal, pero él nada más anotó esa sola vez...
JUANITA ¡Mentira! El Tacho Taboada es un hablador. Todo el mundo sabe que él siempre se quedaba en la banca.
TACHO ...pero El Corsario siempre estaba eh... muy verde. Con excepción de las mujeres... ¡ah no, era remujeriego desde entonces!... Tiro por viaje, les anotaba el gol.
JUANITA Mi viejo, él nunca quería ir a la cancha si no llevaba bajo el uniforme el calzón de seda que yo le bordé con nuestras iniciales. ¿Usted cree que si él fuera mujeriego hubiera hecho eso?, ¿usted cree señorita? Quiso ser enterrado con ellos, y con el balón de fútbol con las firmas de todos los que jugaron con él en aquel partido con Uru... con Brasil. Se irá a la tumba con sus trofeos y su uniforme; ¡como un gran héroe, señorita!

MARACA Pobre Juanita. Está desecha.
TOCAYO Es una tragedia.
MARACA Vamos por un café, ¿no?
TOCAYO Vamos.

TACHO ...porque yo le di el pase al Corsario, pero él ya había rebasado el área chica y cuando regresó, se resbaló, cayó al suelo y anotó el gol.
MARACA Pinche Tacho, eres un hablador. Estás mal. Tú ni siquiera fuiste a ese mundial. Es más, cien pesos a que te lo compruebo.
TACHO ¡Y cien pesos más que estuve en el juego!
MARACA ¡Órale!
TOCAYO Por qué no hacemos una cosa: vamos por el balón antes que termine la misa y cierren el ataúd.
TACHO ¿Pero cómo se te ocurren esas cosas?
TOCAYO Porque ahí están las firmas de todos nosotros. Y a ver quién tiene razón, tú o nosotros.
CURA Buenas noches.
TACHO Buenas noches.
MARACA Buenas noches, Padre.

CURA Señora.
JUANITA Buenas tardes, padre.
CURA Niña. Vengo a dar la misa, señora.
JUANITA ¿Misa?
CURA Viene con el paquete.
JUANITA Ah, está dentro del paquete... hija, ve por tu padr... eh, háblale al compadre, dile que lo necesito... Padre...

MARACA Sí, mano, es un mentiroso.
TOCAYO Te aseguro que ya se fue.
MARACA No, no, que se va a ir, tiene que esperarse.
TOCAYO Mira ahí está. Ahí está.
MARACA Ah, ahí está. A ver, a ver Tacho, a ver...
TOCAYO Ahora sí, ahora sí.

CHINO Mira, aquí está la prueba, Tacho.
MARACA A ver, ¿dónde está tu firma?
TACHO Aquí debe estar.
MARACA No. No. No está. No insistas. Caete con los cien pesos...
TACHO Ya la borraron...
MARACA No. No. Doscientos pesitos me debes.
TACHO ¡Ya la borraron!
MARACA Qué borraron ni qué nada. Trae acá.
CHINO ¡No, no! ¿Qué vas a hacer?
TODOS ¡Ay, Tacho! ¡Ya ves por hablador!
BALTI ¡Aguas!

CURA En el nombre del Padre, del Hijo, del Espíritu Santo. Amén. Preparémonos en silencio para recibir la Eucaristía, para que cada uno de nosotros reconozca sus pecados, y encuentre el perdón.
JUANITA ¡Mujeriego!

VÍCTOR HUGO ¿Corsario Moreno? ¡No manchen! Yo nunca he escuchado hablar de ese tipo.
MARACA Porque son unos niños.
LUIS ¿Y mi guitarra? Me la rompieron.
TOCAYO Pero eso fue un accidente, ya ves que pasó la pesera.
MARACA Sí. ¡Son unos cafres!
TACHO Entonces, ¿ustedes no han oído hablar de mí?
VÍCTOR HUGO No, pues no.
TACHO Yo soy "El Tacho" Taboada, y yo jugué tres campeonatos como delantero de la selección.
MARACA Y yo, iguanas ranas.
BALTI ¿De la selección? Pero, ¿de qué asilo?
TACHO ¡Del ASÍ LO ves güey!
VÍCTOR HUGO Si no le pagan la guitarra aquí a mi carnal, no les regresamos su balón. ¿Cómo ven?
CHINO Muchachos, por favor.
VÍCTOR HUGO ¿Lo quieren?, pues vamos a rifarlo en un partidito, ¿cómo ven?
BALTI A tres goles.
TOCAYO En nuestros tiempos, los hubiéramos barrido, pero ahorita estamos velando al Corsario Moreno, ¡comprendan muchachos!
JOSÉ LUIS Uy, le sacan.
TOCAYO ¿Le sacamos?
MARACA No le sacamos.
TOCAYO Pues van los tres goles. ¿Cómo ven? Órale.
TACHO ¡Cómo va! ¡Cómo va!
TOCAYO Escojan portería.

CURA Estamos aquí para pedir a nuestro Señor que reciba a su siervo, Efrén, quien siempre fue ejemplo para su familia, para su colonia, para su equipo.

TACHO Por aquí. Tírala. Pásala.
VÍCTOR HUGO ¡Gooool! ¡Ahí está! Qué me duraste, ruquito, 'ira... ¡Goool!
TACHO ¿Y qué te pasa?
CHINO Corsario Nuestro que estás en los cielos, inspíranos que es a tres.

CURA Vamos a orar por que su alma llegue plena al Señor. Oremos.

MARACA Concéntrense muchachos. No marquen personalmente; son muy veloces. Hay que marcar por zona, y los más rápidos arriba.
CHINO ¿Y quiénes son los más rápidos?
LUIS Órale, que no es americano. ¿Van a jugar o qué?
TACHO Espérense muchachos, ahí vamos. Triangulen, eso nos hubiera dicho el Corsario.
CHINO Claro, es cierto.
MARACA Bueno, pues a triangular.
TODOS Uh, uh, uh, uh, uh, uh...
MARACA Ya, ya, ya.

JUANITA No hubo otra, ¿verdad? Dame una señal.
CORSARIO ¡Por fin! Suficientes invocaciones. Me dieron chance de... espiritualizarme durante la misa.

TACHO ¡Tírala!
CORSARIO Quizás porque creyeron que me quedaría. La última cascarita no me la iba a perder. ¡Ay güey!
¿Y 'ora? Ah, ya sé. A ver Maraca, ¡ponte flojito; ahí te voy!
TACHO ¡Suéltala, para acá!
TOCAYO Pásala, pásala. Voy, voy, voy.
TACHO ¡Gol!
TOCAYO ¡Gol!
CHINO ¡Gol!

CURA Resignación. ¡Y perdón! Dos palabras muy difíciles. Pero quién mejor que nuestro hermano Efrén supo aplicarlas, con toda su comunidad. En la cancha, en su familia. Cómo no recordar cómo... conglomeraba a todo el equipo. Se lo echaba a las espaldas. Aquellas galopadas por la banda derecha. Corría, libraba a uno, libraba al otro. Corría, centraba, la paraba con el pecho y... ¡goool de volea!... Esto... se los digo en un sentido figurado, porque nuestro querido hermano Efrén fue un alma llena de bondad y bonhomía. Oremos.

TOCAYO Viene, viene.
CORSARIO A ver tú, Tocayo.
TACHO Es mía. Pásala, pásala.
TOCAYO Ya la tienes. Mía, mía, mía.
CORSARIO ¡Dale con todo! Y 'ora tú, pinche Tacho. Gira sobre el corazón, güey.
TODOS ¡Gol! ¡Gol!
CORSARIO Bueno, ya basta. Tengo que llegar a misa.
TODOS ¡Órale!, ¿por qué hicieron eso?... ¡No!

CORSARIO Juanita todavía esperaba una señal. No podía desaprovechar lo que había aprendido en el campo de juego.

TACHO Ni modo que lo regresemos así.
MARACA No, pues no.
VÍCTOR HUGO Y, ¿por qué no lo intercambiamos? La neta a mí sí me gustaría quedármelo. Ahí tienen todas sus firmas, ¿no?
MARACA Sí, la de los cinco.
TACHO La mía es aquí donde se rajó.
MARACA Sí, sí.
VÍCTOR HUGO Pues entonces, ¿qué?
TACHO Pues ya qué más da.
VÍCTOR HUGO Órale, dale la guitarra.
TACHO Juega.
JOSÉ LUIS Ahí luego se la firmamos.
BALTI Bien metido ese gol, ¿eh?
TACHO De campeón.
VÍCTOR HUGO Gracias, gracias. Suerte.
TODOS Hasta luego, ¿eh? Se cuidan. Que les vaya bien. Hasta luego.
TOCAYO Suerte, muchachos.

CORSARIO No se cuánto duró el intercambio... En el más acá, no existe el tiempo.
CURA La misa ha terminado.
TODOS Demos gracias a Dios.
JUANITA Adiós viejito. Ya qué más da. Gracias.
CORSARIO Y el empate, es eterno.

HIJA Papá, ¿dónde andabas? Te anda buscando mi mamá desde que empezó la misa.
TACHO Vamos, hija.

LECCIÓN 10

Cortometraje: *Un pedazo de tierra*

Director: Jorge Gaggero
País: Argentina

IRENE ¿Y?

DR. MENDOZA Creo que esta vez sí. Es cuestión de horas.

IRENE ¿Seguro doctor? Ya era hora. Pensé que nos iba a enterrar a todos. ¡Ramiro, Agustín, vengan a despedirse del abuelo que se nos va! ¡Vengan rápido, chamacos!

IRENE Ándele don Aurelio, déjese ir, ya déjese ir.

RAMIRO Ay, mamá. Nos está tomando el pelo. Hay que aceptarlo, el viejo es inmortal.

IRENE Inmortal es mi paciencia. Agustín, habla a la funeraria y que traigan otra vez el cajón y compra flores. Ramiro, tú háblale al cura Tomás y a la tía Cora, que tenga en alerta a sus amigas las lloronas.

DON AURELIO Palos Verdes...

IRENE Sí.

DON AURELIO ...quiero que me entierren en Palos Verdes.

IRENE Se lo juramos. Tranquilo, tranquilo, abuelo. Ya viene el cura. Todo lo que usted quiera... ¡Vamos, vayan! A ver si ya podemos salir de todo esto.

DON AURELIO Qué caramba. Me están baboseando.

IRENE ¿Qué le pasa?

DON AURELIO Tengo hambre. ¿Dónde está el desayuno?

IRENE Ay, abuelo.

IRENE Gracias por venir. Se lo agradezco mucho. Llórenle, por favor.

RAMIRO Don Aurelio Robles era una institución en el pueblo, pero había nacido y crecido en Palos Verdes, California, hoy territorio de los Estados Unidos. Fue ahí donde, según él, un día, el mismísimo Pancho Villa, golpeó la puerta de su rancho y se lo llevó a pelear pa' la revolución. Pinche viejo, con ciento un años de vida tenía razones de más para desconfiar hasta de la propia muerte... ¿Está bien, abuelo? Ok.

DR. MENDOZA Cuídese la presión y no tome mucho, ¿eh?

DON AURELIO Sí, doctor. Sí, sí, sí.

DON PACO Mira, muchacho, te traje algo para ti y... que Dios te bendiga.

DON AURELIO Gracias, Paco... No, llévate ya esas flores.

RAMIRO Bueno, nos vemos.

CURA Dios te acompañe, hijo mío. En el nombre del Padre, del Hijo y del Espíritu Santo.

IRENE Se cuidan. Adiós, abuelo.

MONAGUILLO Adiós, mi amigo.

RAMIRO Oye, ¿tú crees que llegue? Son como 400 kilómetros.

AGUSTÍN Sí, le cambié las bujías, los cables, tapa del distribuidor. Sí, quedó como nuevo.

RAMIRO ¿Y el abuelo?

AGUSTÍN Sólo Dios sabe.

RAMIRO O el diablo, ve tú a saber con quién hizo el pacto el viejo. Si se nos va antes, pues lo dejamos acá y con la platita que nos dieron pues disfrutamos de las playas de California, ¿qué tal? ¿Qué te parece? ¡Las chicas de *Baywatch*! ¿Quién se va a enterar?

AGUSTÍN ¿Está muerto?

RAMIRO No, está dormido.

RAMIRO Tenía buena facha este pinche viejo.

AGUSTÍN ¿Llegaste a ver el fusil?

RAMIRO No, ¿por qué?

AGUSTÍN Tenía como diez muescas en la culata.

DON AURELIO ¿Ya llegamos?

AGUSTÍN No abuelo, todavía falta, duérmase.

OFICIAL ¿Qué tiene en la caja?

AGUSTÍN Nada.

OFICIAL Está bien. Necesitan pagar impuestos.

AGUSTÍN ¿Cuánto?

OFICIAL Son como quinientos dólares.

AGUSTÍN ¿Vamos bien? Fíjate dónde a ver si es aquí.

RAMIRO Aquí, aquí. A la derecha.

AGUSTÍN ¿Seguro?

RAMIRO Sí, sí, sí, seguro. Ahora sí, ya sé dónde estamos. Vas a dar aquí derecho y luego le vas a dar a la...

DON AURELIO No. Esto no es Palos Verdes, no. Ustedes me quieren engañar.

RAMIRO Sí es Palos Verdes, abuelo.

DON AURELIO No hay ranchos. Aquí no hay ranchos.

RAMIRO Mire, le voy a enseñar que sí es Palos Verdes.

AGUSTÍN Pregúntale.

RAMIRO Hey, mister. Is this Palos Verdes?

HOMBRE Oh yeah, Palos Verdes.

RAMIRO Thank you... ¿Ya vio, abuelo? Sí es Palos Verdes. Ahora, ¿adónde quiere ir?

AGUSTÍN Mire, Don Aurelio, Palos Verdes cambió. Ya no es territorio mexicano y su rancho ya no existe. Mírese usted en las fotos, no es igual. Ya nada es igual.

RAMIRO El tiempo, abuelo, el progreso.

AGUSTÍN Vamos, síguelo... Mañana nos regresamos.

RAMIRO ¿Qué?

AGUSTÍN Míralo, está más fresco que nunca. Si se nos muere aquí, y nosotros sin lana, va a estar difícil.

RAMIRO Oye, pero, ¿no nos podemos quedar unos pocos días más? Oye...

AGUSTÍN No, no, no. Yo tengo que trabajar mañana y tú tienes algo pendiente con Julieta, ¿o ya se te olvidó?

RAMIRO No, pero es que quiero conocer la ciudad.

AGUSTÍN Mira, voy a hacer unas llamadas a ver dónde vamos a pasar la noche; tú cuidas al viejo.

RAMIRO Oye, oí que las mujeres aquí son más liberadas.

AGUSTÍN ¡Que cuides al viejo!

RAMIRO Pero...

AGUSTÍN ¡Cuida al viejo!... Bueno, ¿está Pedrito?

RAMIRO ¡Abuelo! ¿Qué pasó, abuelo? ¿Qué está haciendo?

DON AURELIO Aquí mismo me casé con tu tatarabuela. Fue una linda ceremonia. Merceditas bajó del carro con su largo vestido blanco. Dos meses tardaron con las puntillas y esas bobadas. Sí señor, de blanco... Qué curioso, se ve más joven. Está más bonita. Se parece mucho a tu abuela.

RAMIRO Abuelo, ¿se siente bien? ¿Está bien? ¡Agustín! ¡Ven! ¿Está bien?

RAMIRO Ya llegamos, abuelo. Aguante un poquito más.

PEDRO Pásenle, pásenle. Están en su casa. Ándele. ¿Está bien, abuelo?

RAMIRO Sí, está bien, Pedro. Nomás que a esta hora se acuerda que tiene 101 años.

AGUSTÍN Gracias, Pedro. Vámonos.

DON AURELIO Deja la luz prendida.

PEDRO ¿Tiene miedo?

DON AURELIO Qué miedo, ni qué miedo. Uno nunca sabe... que se aparecen en el desierto... Pancho Villa siempre dormía montado a caballo... Merceditas, la mujer más bella de la faz de la Tierra...

AGUSTÍN ¿Cuánto hace te viniste?

PEDRO No, pues yo me vine hace unos 18 o 20 años para Palos Verdes.

AGUSTÍN ¿Sí?

PEDRO Sí, no, empecé como jardinero y ahora pues, tengo mi propia empresa. Diseño y mantenimiento de jardines.

AGUSTÍN Está bien, está bien.

PEDRO No, si acá... acá se crece rápido, ¿eh?

AGUSTÍN Sí, ¿verdad?

PEDRO Palos Verdes. No reconozco ningún lugar.

AGUSTÍN ¿No?

PEDRO No, nada, mano. A ver, a ver, a ver, espérenme tantito... ¡este lugar yo lo conozco! Digo, conozco el pinche árbol. Sí, es de los más viejos de acá.

RAMIRO Ahí nació el abuelo y está sepultada la abuela Mercedes.

PEDRO Ah, dio.

RAMIRO Sí.

AGUSTÍN Está bien, está bien, mañana camino a Candela paramos y lo vemos. Ahorita ya es tarde, ya mejor vamos a dormirnos, ¿no?

PEDRO Sí.

AGUSTÍN Oye, ¿no le hace, Pedro? ¿Está bien?

PEDRO No, no, pasa, pasa, estás en tu casa. Tengo un par de catres, no te preocupes. Pásale.

AGUSTÍN Está muerto.
RAMIRO Está sonriendo.

PEDRO ¿Ves? Éste es el árbol, ¿eh?
RAMIRO ¿Puede ser?
PEDRO Te estoy diciendo... Good morning, Ms. Brinson. How are you today?
MS. BRINSON Late. I completely forgot about daylight saving time changes today. It's scary how time flies. Change of
the season!
PEDRO That's why I'm here! I'm going to put new plants in your garden. Ok?
MS. BRINSON Fine, great. Do what you have to do.
PEDRO Have a nice day.

AGUSTÍN Dale, dale, apúrate.

PEDRO Mexicanos al grito de guerra... al acero aprestad el bridón y retiemble en sus centros la Tierra... al sonoro rugir del cañón... y retiemble en su...
RAMIRO Oiga, pues aviéntese el del americano.
PEDRO Bueno... Oh, say can you see...a ra ri ri ri ri... hasta ahí me lo sé.
AGUSTÍN Ok, Pedro. Nos vamos, mano, gracias. Es tarde, nosotros manejamos de noche y se preocupa mi jefa.
PEDRO Si quieres venir, estás en tu casa, ¿eh?
AGUSTÍN Ok. Vámonos, Ramiro.
RAMIRO Agustín, yo me quedo. Pedro me ofreció trabajo en su empresa y... y además quiero conocer Palos Verdes.

RAMIRO Y así fue como don Aurelio finalmente descansó en paz junto a la abuela Mercedes.
JULIETA Vamos.
RAMIRO Y quién hubiera dicho que le arreglaría la tumba en cada cambio de estación.

Verb conjugation tables

Guide to the Verb Lists and Tables

Below you will find the infinitive of the verbs introduced as active vocabulary in **IMAGINA**. Each verb is followed by a model verb conjugated on the same pattern. The number in parentheses indicates where in the verb tables, pages **434–441**, you can find the conjugated forms of the model verb.

abandonar like hablar (1)

abrazarse (z:c) like cruzar (37)

abrirse like vivir (3) *except* past participle is abierto

aburrir(se) like vivir (3)

abusar like hablar (1)

acabarse like hablar (1)

acariciar like hablar (1)

acercarse (qu) like tocar (43)

acordar(se) (o:ue) like contar (24)

acostumbrar like hablar (1)

actuar like graduarse (40)

acudir like vivir (3)

adaptarse like hablar (1)

adivinar like hablar (1)

administrar like hablar (1)

afligirse (g:j) like proteger (42)

agotar like hablar (1)

agradecer (c:zc) like conocer (35)

aguantar like hablar (1)

ahogarse (gu) like llegar (41)

ahorrar like hablar (1)

alcanzar (z:c) like cruzar (37)

alejarse like hablar (1)

alimentar like hablar (1)

aliviar like hablar (1)

amanecer (c:zc) like conocer (35)

amar like hablar (1)

amenazar (z:c) like cruzar (37)

andar like hablar (1)

animar like hablar (1)

anotar like hablar (1)

anticipar like hablar (1)

añadir like vivir (3)

aparcar (qu) like tocar (43)

aplaudir like vivir (3)

apostar (o:ue) like contar (24)

apoyar like hablar (1)

aprobar (o:ue) like contar (24)

aprovechar like hablar (1)

apuntar like hablar (1)

arreglarse like hablar (1)

arrepentirse (e:ie) like sentir (33)

arruinar like hablar (1)

ascender (e:ie) like entender (27)

asimilarse like hablar (1)

aterrizar (z:c) like cruzar (37)

atraer like traer (21)

atreverse like comer (2)

aumentar like hablar (1)

averiguar like hablar (1)

ayudarse like hablar (1)

bajar like hablar (1)

batirse like vivir (3)

besar like hablar (1)

borrar like hablar (1)

brindar like hablar (1)

caber (4)

caer (5)

capacitar like hablar (1)

casarse like hablar (1)

castigar (gu) like llegar (41)

cazar (z:c) like cruzar (37)

celebrar like hablar (1)

chantajear like hablar (1)

charlar like hablar (1)

clonar like hablar (1)

cobrar like hablar (1)

coleccionar like hablar (1)

colocar (qu) like tocar (43)

comer(se) (2)

cometer like comer (2)

compartir like vivir (3)

comportarse like hablar (1)

comprobar (o:ue) like contar (24)

compulsar like hablar (1)

conducir (c:zc) (6)

congelar(se) like hablar (1)

conocer (c:zc) (35)

conquistar like hablar (1)

conseguir (e:i) like seguir (32)

conservar like hablar (1)

considerar like hablar (1)

construir (y) like destruir (38)

consultar like hablar (1)

consumir like vivir (3)

contagiar(se) like hablar (1)

contaminar like hablar (1)

contar (o:ue) (24)

contentarse like hablar (1)

contratar like hablar (1)

contribuir (y) like destruir (38)

convencer(se) (c:z) like vencer (44)

conversar like hablar (1)

convertirse (e:ie) like sentir (33)

convivir like vivir (3)

convocar (qu) like tocar (43)

cooperar like hablar (1)

coquetear like hablar (1)

correr like comer (2)

cortar like hablar (1)

crear like hablar (1)

crecer (c:zc) like conocer (35)

creer (y) (36)

criar (crío) like enviar (39)

cruzar (z:c) (37)

cuidar(se) like hablar (1)

cultivar like hablar (1)

curarse like hablar (1)

dar(se) (7)

deber like comer (2)

decir (e:i) (8)

dedicarse (qu) like tocar (43)

defender (e:ie) like entender (27)

dejar(se) like hablar (1)

depositar like hablar (1)

derogar (gu) like llegar (41)

derrocar (qu) like tocar (43)

derrotar like hablar (1)

desafiar (desafío) like enviar (39)

desaparecer (c:zc) like conocer (35)

desarrollar like hablar (1)

descargar (gu) like llegar (41)

desconfiar (desconfío) like enviar (39)

descongelar(se) like hablar (1)

descubrir like vivir (3) *except* past participle is descubierto

desmayarse like hablar (1)

despedir(se) (e:i) like pedir (29)

despreciar like hablar (1)

destacar (qu) like tocar (43)

destrozar (c) like cruzar (37)

destruir (y) (38)

detenerse (e:ie) like tener (20)

difundir like vivir (3)

dirigir (j) like proteger (42)

disculparse like hablar (1)

discutir like vivir (3)

diseñar like hablar (1)

disfrutar like hablar (1)

disimular like hablar (1)

disminuir (y) like destruir (38)

disparar like hablar (1)

disponer like poner (15)

divertirse (e:ie) like sentir (33)

divorciarse like hablar (1)

doblar like hablar (1)

dominar like hablar (1)

dormir(se) (o:ue) (25)

echar like hablar (1)

ejercer (z) like vencer (44)
elegir (e:i) like pedir (29) *except* (g:j)
emigrar like hablar (1)
empatar like hablar (1)
empeorar like hablar (1)
enamorarse like hablar (1)
encabezar (z:c) like cruzar (37)
encarcelar like hablar (1)
engañar like hablar (1)
enojarse like hablar (1)
enriquecerse (c:zc) like conocer (35)
enrojecer (c:zc) like conocer (35)
entender(se) (e:ie) (27)
enterarse like hablar (1)
enterrar (e:ie) like pensar (30)
entretener(se) (e:ie) like tener (20)
entrevistar like hablar (1)
enviar (envío) (39)
esconder like comer (2)
espiar (espío) like enviar (39)
establecerse (c:zc) like conocer (35)
estar (9)
estrenar like hablar (1)
exigir (g:j) like proteger (42)
experimentar like hablar (1)
explorar like hablar (1)
exportar like hablar (1)
expulsar like hablar (1)
extinguir like seguir (32)
extrañar(se) like hablar (1)
festejar like hablar (1)
filmar like hablar (1)
financiar like hablar (1)
firmar like hablar (1)
flotar like hablar (1)
fortalecer(se) (c:zc) like conocer (35)
ganar(se) like hablar (1)
garantizar (z:c) like cruzar (37)
gastar like hablar (1)
gobernar (e:ie) like pensar (30)
golpear like hablar (1)
grabar like hablar (1)
gritar like hablar (1)
guardar like hablar (1)
guiar (guío) like enviar (39)
haber (10)
hablar (1)
hacer(se) (11)

heredar like hablar (1)
homenajear like hablar (1)
huir (y) like destruir (38)
incorporarse like hablar (1)
independizarse (c) like cruzar (37)
influir (y) like destruir (38)
integrarse like hablar (1)
intentar like hablar (1)
intercambiar like hablar (1)
intoxicar (qu) like tocar (43)
inventar like hablar (1)
invertir (e:ie) like sentir (33)
investigar (gu) like llegar (41)
ir (12)
jubilarse like hablar (1)
jugar (u:ue) (gu) (28)
jurar like hablar (1)
juzgar (gu) like llegar (41)
lamentar like hablar (1)
lastimar(se) like hablar (1)
ligar (gu) like llegar (41)
llegar (gu) (41)
llevar(se) like hablar (1)
lograr like hablar (1)
luchar like hablar (1)
madrugar (gu) like llegar (41)
malgastar like hablar (1)
marcar (qu) like tocar (43)
marcharse like hablar (1)
marearse like hablar (1)
matar(se) like hablar (1)
mejorar like hablar (1)
merecer (c:zc) like conocer (35)
meterse like comer (2)
mezclar like hablar (1)
mimar like hablar (1)
morir(se) (o:ue) like dormir (25)
except past participle is muerto
mudarse like hablar (1)
navegar (gu) like llegar (41)
odiar like hablar (1)
oír (y) (13)
olvidarse like hablar (1)
opinar like hablar (1)
oprimir like vivir (3)
otorgar (gu) like llegar (41)
parar like hablar (1)
parecer(se) (c:zc) like conocer (35)
partirse like vivir (3)
pasar(se) like hablar (1)
patear like hablar (1)

pedir (e:i) (29)
pegar (gu) like llegar (41)
pelear like hablar (1)
pensar (e:ie) (30)
perder (e:ie) like entender (27)
perdonar like hablar (1)
pertenecer (c:zc) like conocer (35)
planificar (qu) like tocar (43)
plantar like hablar (1)
poblar (o:ue) like contar (24)
podar like hablar (1)
poder (o:ue) (14)
poner(se) (15)
portarse like hablar (1)
porvenir like vivir (3)
predecir (e:i) like decir (8)
preocupar(se) like hablar (1)
prescindir like vivir (3)
presenciar like hablar (1)
prestar like hablar (1)
prevenir (e:ie) like venir (22)
promover (o:ue) like volver (34)
except past participle is regular
promulgar (gu) like llegar (41)
proteger (j) (42)
protestar like hablar (1)
publicar (qu) like tocar (43)
quedar(se) like hablar (1)
quejarse like hablar (1)
quemar like hablar (1)
querer(se) (e:ie) (16)
quitar(se) like hablar (1)
realizarse (c) like cruzar (37)
rechazar (z:c) like cruzar (37)
reciclar like hablar (1)
reconocer (c:zc) like conocer (35)
recorrer like comer (2)
reemplazar (z:c) like cruzar (37)
regañar like hablar (1)
regresar like hablar (1)
reír(se) (e:i) (río) (31)
relajarse like hablar (1)
remodelar like hablar (1)
renunciar like hablar (1)
requisar like hablar (1)
residir like vivir (3)
resolver (o:ue) like volver (34)
respetar like hablar (1)
respirar like hablar (1)
reunirse like vivir (3)
robar like hablar (1)

rodar (o:ue) like contar (24)
rodear like hablar (1)
romper like comer (2) *except* past participle is roto
saber (17)
sacrificar (qu) like tocar (43)
salir (18)
saltar like hablar (1)
salvar like hablar (1)
secuestrar like hablar (1)
seguir (e:i) (gu) (32)
sellar like hablar (1)
sentir(se) (e:ie) (33)
señalar like hablar (1)
ser (19)
serrar (e:ie) like pensar (30)
significar (qu) like tocar (43)
silbar like hablar (1)
simbolizar (z:c) like cruzar (37)
sobresalir like salir (18)
sobrevivir like vivir (3)
solicitar like hablar (1)
soñar (o:ue) like contar (24)
soportar like hablar (1)
sospechar like hablar (1)
subir like vivir (3)
suceder like comer (2)
superar like hablar (1)
surgir (g:j) like proteger (42)
sustituir (y) like creer (36)
tener (20)
titularse like hablar (1)
tocar (qu) (43)
tomar like hablar (1)
traer (21)
transmitir like vivir (3)
trasladar like hablar (1)
tratar like hablar (1)
urbanizar (z:c) like cruzar (37)
valer like salir (18)
valorar like hablar (1)
vencer (z) (44)
vengarse (gu) like llegar (41)
venir (22)
ver(se) (23)
vigilar like hablar (1)
vivir (3)
volar (o:ue) like contar (24)
voltear like hablar (1)
volver (o:ue) (34)
votar like hablar (1)

Verb conjugation tables

Regular verbs: simple tenses

Infinitive	INDICATIVE					SUBJUNCTIVE		IMPERATIVE
	Present	Imperfect	Preterite	Future	Conditional	Present	Past	
1 hablar	hablo	hablaba	hablé	hablaré	hablaría	hable	hablara	
Participles:	hablas	hablabas	hablaste	hablarás	hablarías	hables	hablaras	habla tú (no hables)
hablando	habla	hablaba	habló	hablará	hablaría	hable	hablara	hable Ud.
hablado	hablamos	hablábamos	hablamos	hablaremos	hablaríamos	hablemos	habláramos	hablemos
	habláis	hablabais	hablasteis	hablaréis	hablaríais	habléis	hablarais	hablad (no habléis)
	hablan	hablaban	hablaron	hablarán	hablarían	hablen	hablaran	hablen Uds.
2 comer	como	comía	comí	comeré	comería	coma	comiera	
Participles:	comes	comías	comiste	comerás	comerías	comas	comieras	come tú (no comas)
comiendo	come	comía	comió	comerá	comería	coma	comiera	coma Ud.
comido	comemos	comíamos	comimos	comeremos	comeríamos	comamos	comiéramos	comamos
	coméis	comíais	comisteis	comeréis	comeríais	comáis	comierais	comed (no comáis)
	comen	comían	comieron	comerán	comerían	coman	comieran	coman Uds.
3 vivir	vivo	vivía	viví	viviré	viviría	viva	viviera	
Participles:	vives	vivías	viviste	vivirás	vivirías	vivas	vivieras	vive tú (no vivas)
viviendo	vive	vivía	vivió	vivirá	viviría	viva	viviera	viva Ud.
vivido	vivimos	vivíamos	vivimos	viviremos	viviríamos	vivamos	viviéramos	vivamos
	vivís	vivíais	vivisteis	viviréis	viviríais	viváis	vivierais	vivid (no viváis)
	viven	vivían	vivieron	vivirán	vivirían	vivan	vivieran	vivan Uds.

All verbs: compound tenses

PERFECT TENSES

INDICATIVE							SUBJUNCTIVE			
Present Perfect		Past Perfect		Future Perfect		Conditional Perfect		Present Perfect		Past Perfect
he		había		habré		habría		haya		hubiera
has	hablado	habías	hablado	habrás	hablado	habrías	hablado	hayas	hablado	hubieras	hablado
ha	comido	había	comido	habrá	comido	habría	comido	haya	comido	hubiera	comido
hemos	vivido	habíamos	vivido	habremos	vivido	habríamos	vivido	hayamos	vivido	hubiéramos	vivido
habéis		habíais		habréis		habríais		hayáis		hubierais
han		habían		habrán		habrían		hayan		hubieran

PROGRESSIVE TENSES

	INDICATIVE				SUBJUNCTIVE	
	Present Progressive	Past Progressive	Future Progressive	Conditional Progressive	Present Progressive	Past Progressive
	estoy	estaba	estaré	estaría	esté	estuviera
	estás	estabas	estarás	estarías	estés	estuvieras
	está hablando	estaba hablando	estará hablando	estaría hablando	esté hablando	estuviera hablando
	estamos comiendo	estábamos comiendo	estaremos comiendo	estaríamos comiendo	estemos comiendo	estuviéramos comiendo
	estáis viviendo	estabais viviendo	estaréis viviendo	estaríais viviendo	estéis viviendo	estuvierais viviendo
	estan	estaban	estarán	estarían	estén	estuvieran

Irregular verbs

Infinitive	INDICATIVE					SUBJUNCTIVE		IMPERATIVE
	Present	Imperfect	Preterite	Future	Conditional	Present	Past	
4 caber	**quepo**	cabía	**cupe**	**cabré**	**cabría**	**quepa**	**cupiera**	
	cabes	cabías	**cupiste**	**cabrás**	**cabrías**	**quepas**	**cupieras**	cabe tú (no **quepas**)
	cabe	cabía	**cupo**	**cabrá**	**cabría**	**quepa**	**cupiera**	**quepa** Ud.
Participles:	cabemos	cabíamos	**cupimos**	**cabremos**	**cabríamos**	**quepamos**	**cupiéramos**	**quepamos**
cabiendo	cabéis	cabíais	**cupisteis**	**cabréis**	**cabríais**	**quepáis**	**cupierais**	cabed (no **quepáis**)
cabido	caben	cabían	**cupieron**	**cabrán**	**cabrían**	**quepan**	**cupieran**	**quepan** Uds.
5 caer(se)	**caigo**	caía	**caí**	caeré	caería	**caiga**	**cayera**	
	caes	caías	**caíste**	caerás	caerías	**caigas**	**cayeras**	cae tú (no **caigas**)
	cae	caía	**cayó**	caerá	caería	**caiga**	**cayera**	**caiga** Ud. (no **caiga**)
Participles:	caemos	caíamos	**caímos**	caeremos	caeríamos	**caigamos**	**cayéramos**	**caigamos**
cayendo	caéis	caíais	**caísteis**	caeréis	caeríais	**caigáis**	**cayerais**	caed (no **caigáis**)
caído	caen	caían	**cayeron**	caerán	caerían	**caigan**	**cayeran**	**caigan** Uds.
6 conducir	**conduzco**	conducía	**conduje**	conduciré	conduciría	**conduzca**	**condujera**	
(c:zc)	conduces	conducías	**condujiste**	conducirás	conducirías	**conduzcas**	**condujeras**	conduce tú (no **conduzcas**)
	conduce	conducía	**condujo**	conducirá	conduciría	**conduzca**	**condujera**	**conduzca** Ud. (no **conduzca**)
Participles:	conducimos	conducíamos	**condujimos**	conduciremos	conduciríamos	**conduzcamos**	**condujéramos**	**conduzcamos**
conduciendo	conducís	conducíais	**condujisteis**	conduciréis	conduciríais	**conduzcáis**	**condujerais**	conducid (no **conduzcáis**)
conducido	conducen	conducían	**condujeron**	conducirán	conducirían	**conduzcan**	**condujeran**	**conduzcan** Uds.

	INDICATIVE					SUBJUNCTIVE		IMPERATIVE
Infinitive	Present	Imperfect	Preterite	Future	Conditional	Present	Past	
7 dar	**doy**	daba	**di**	daré	daría	**dé**	**diera**	
	das	dabas	**diste**	darás	darías	des	**dieras**	da tú (no des)
	da	daba	**dio**	dará	daría	**dé**	**diera**	**dé** Ud.
Participles:	damos	dábamos	**dimos**	daremos	daríamos	demos	**diéramos**	**demos**
dando	dais	dabais	**disteis**	daréis	daríais	deis	**dierais**	dad (no **deis**)
dado	dan	daban	**dieron**	darán	darían	den	**dieran**	**den** Uds.
8 decir (e:i)	**digo**	decía	**dije**	**diré**	**diría**	**diga**	**dijera**	
	dices	decías	**dijiste**	**dirás**	**dirías**	**digas**	**dijeras**	**di** tú (no **digas**)
	dice	decía	**dijo**	**dirá**	**diría**	**diga**	**dijera**	**diga** Ud.
Participles:	decimos	decíamos	**dijimos**	**diremos**	**diríamos**	**digamos**	**dijéramos**	**digamos**
diciendo	decís	decíais	**dijisteis**	**diréis**	**diríais**	**digáis**	**dijerais**	decid (no **digáis**)
dicho	**dicen**	decían	**dijeron**	**dirán**	**dirían**	**digan**	**dijeran**	**digan** Uds.
9 estar	**estoy**	estaba	**estuve**	estaré	estaría	esté	**estuviera**	
	estás	estabas	**estuviste**	estarás	estarías	estés	**estuvieras**	está tú (no **estés**)
	está	estaba	**estuvo**	estará	estaría	esté	**estuviera**	esté Ud.
Participles:	estamos	estábamos	**estuvimos**	estaremos	estaríamos	estemos	**estuviéramos**	estemos
estando	estáis	estabais	**estuvisteis**	estaréis	estaríais	estéis	**estuvierais**	estad (no estéis)
estado	están	estaban	**estuvieron**	estarán	estarían	estén	**estuvieran**	estén Uds.
10 haber	**he**	había	**hube**	**habré**	**habría**	**haya**	**hubiera**	
	has	habías	**hubiste**	**habrás**	**habrías**	**hayas**	**hubieras**	
	ha	había	**hubo**	**habrá**	**habría**	**haya**	**hubiera**	
Participles:	**hemos**	habíamos	**hubimos**	**habremos**	**habríamos**	**hayamos**	**hubiéramos**	
habiendo	**habéis**	habíais	**hubisteis**	**habréis**	**habríais**	**hayáis**	**hubierais**	
habido	**han**	habían	**hubieron**	**habrán**	**habrían**	**hayan**	**hubieran**	
11 hacer	**hago**	hacía	**hice**	**haré**	**haría**	**haga**	**hiciera**	
	haces	hacías	**hiciste**	**harás**	**harías**	**hagas**	**hicieras**	**haz** tú (no **hagas**)
	hace	hacía	**hizo**	**hará**	**haría**	**haga**	**hiciera**	**haga** Ud.
Participles:	hacemos	hacíamos	**hicimos**	**haremos**	**haríamos**	**hagamos**	**hiciéramos**	**hagamos**
haciendo	hacéis	hacíais	**hicisteis**	**haréis**	**haríais**	**hagáis**	**hicierais**	haced (no **hagáis**)
hecho	hacen	hacían	**hicieron**	**harán**	**harían**	**hagan**	**hicieran**	**hagan** Uds.
12 ir	**voy**	**iba**	**fui**	iré	iría	**vaya**	**fuera**	
	vas	**ibas**	**fuiste**	irás	irías	**vayas**	**fueras**	**ve** tú (no **vayas**)
	va	**iba**	**fue**	irá	iría	**vaya**	**fuera**	**vaya** Ud.
Participles:	**vamos**	**íbamos**	**fuimos**	iremos	iríamos	**vayamos**	**fuéramos**	**vamos** (no **vayamos**)
yendo	**vais**	**ibais**	**fuisteis**	iréis	iríais	**vayáis**	**fuerais**	id (no **vayáis**)
ido	**van**	**iban**	**fueron**	irán	irían	**vayan**	**fueran**	**vayan** Uds.
13 oír (y)	**oigo**	oía	**oí**	oiré	oiría	**oiga**	**oyera**	
	oyes	oías	**oíste**	oirás	oirías	**oigas**	**oyeras**	**oye** tú (no **oigas**)
	oye	oía	**oyó**	oirá	oiría	**oiga**	**oyera**	**oiga** Ud.
Participles:	**oímos**	oíamos	**oímos**	oiremos	oiríamos	**oigamos**	**oyéramos**	**oigamos**
oyendo	**oís**	oíais	**oísteis**	oiréis	oiríais	**oigáis**	**oyerais**	oíd (no **oigáis**)
oído	**oyen**	oían	**oyeron**	oirán	oirían	**oigan**	**oyeran**	**oigan** Uds.

Infinitive	INDICATIVE					SUBJUNCTIVE		IMPERATIVE
	Present	Imperfect	Preterite	Future	Conditional	Present	Past	

14 poder (o:ue) — Participles: **pudiendo**, podido

	Present	Imperfect	Preterite	Future	Conditional	Present	Past	Imperative
	puedo	podía	**pude**	**podré**	**podría**	**pueda**	**pudiera**	
	puedes	podías	**pudiste**	**podrás**	**podrías**	**puedas**	**pudieras**	**puede** tú (no **puedas**)
	puede	podía	**pudo**	**podrá**	**podría**	**pueda**	**pudiera**	**pueda** Ud.
	podemos	podíamos	**pudimos**	**podremos**	**podríamos**	podamos	**pudiéramos**	podamos
	podéis	podíais	**pudisteis**	**podréis**	**podríais**	podáis	**pudierais**	poded (no **podáis**)
	pueden	podían	**pudieron**	**podrán**	**podrían**	**puedan**	**pudieran**	**puedan** Uds.

15 poner — Participles: poniendo, **puesto**

	Present	Imperfect	Preterite	Future	Conditional	Present	Past	Imperative
	pongo	ponía	**puse**	**pondré**	**pondría**	**ponga**	**pusiera**	
	pones	ponías	**pusiste**	**pondrás**	**pondrías**	**pongas**	**pusieras**	**pon** tú (no **pongas**)
	pone	ponía	**puso**	**pondrá**	**pondría**	**ponga**	**pusiera**	**ponga** Ud.
	ponemos	poníamos	**pusimos**	**pondremos**	**pondríamos**	**pongamos**	**pusiéramos**	**pongamos**
	ponéis	poníais	**pusisteis**	**pondréis**	**pondríais**	**pongáis**	**pusierais**	poned (no **pongáis**)
	ponen	ponían	**pusieron**	**pondrán**	**pondrían**	**pongan**	**pusieran**	**pongan** Uds.

16 querer (e:ie) — Participles: queriendo, querido

	Present	Imperfect	Preterite	Future	Conditional	Present	Past	Imperative
	quiero	quería	**quise**	**querré**	**querría**	**quiera**	**quisiera**	
	quieres	querías	**quisiste**	**querrás**	**querrías**	**quieras**	**quisieras**	**quiere** tú (no **quieras**)
	quiere	quería	**quiso**	**querrá**	**querría**	**quiera**	**quisiera**	**quiera** Ud.
	queremos	queríamos	**quisimos**	**querremos**	**querríamos**	queramos	**quisiéramos**	queramos
	queréis	queríais	**quisisteis**	**querréis**	**querríais**	queráis	**quisierais**	quered (no **queráis**)
	quieren	querían	**quisieron**	**querrán**	**querrían**	**quieran**	**quisieran**	**quieran** Uds.

17 saber — Participles: sabiendo, sabido

	Present	Imperfect	Preterite	Future	Conditional	Present	Past	Imperative
	sé	sabía	**supe**	**sabré**	**sabría**	**sepa**	**supiera**	
	sabes	sabías	**supiste**	**sabrás**	**sabrías**	**sepas**	**supieras**	sabe tú (no **sepas**)
	sabe	sabía	**supo**	**sabrá**	**sabría**	**sepa**	**supiera**	**sepa** Ud.
	sabemos	sabíamos	**supimos**	**sabremos**	**sabríamos**	**sepamos**	**supiéramos**	**sepamos**
	sabéis	sabíais	**supisteis**	**sabréis**	**sabríais**	**sepáis**	**supierais**	sabed (no **sepáis**)
	saben	sabían	**supieron**	**sabrán**	**sabrían**	**sepan**	**supieran**	**sepan** Uds.

18 salir — Participles: saliendo, salido

	Present	Imperfect	Preterite	Future	Conditional	Present	Past	Imperative
	salgo	salía	salí	**saldré**	**saldría**	**salga**	saliera	
	sales	salías	saliste	**saldrás**	**saldrías**	**salgas**	salieras	**sal** tú (no **salgas**)
	sale	salía	salió	**saldrá**	**saldría**	**salga**	saliera	**salga** Ud.
	salimos	salíamos	salimos	**saldremos**	**saldríamos**	**salgamos**	saliéramos	**salgamos**
	salís	salíais	salisteis	**saldréis**	**saldríais**	**salgáis**	salierais	salid (no **salgáis**)
	salen	salían	salieron	**saldrán**	**saldrían**	**salgan**	salieran	**salgan** Uds.

19 ser — Participles: siendo, sido

	Present	Imperfect	Preterite	Future	Conditional	Present	Past	Imperative
	soy	**era**	**fui**	seré	sería	**sea**	**fuera**	
	eres	**eras**	**fuiste**	serás	serías	**seas**	**fueras**	**sé** tú (no **seas**)
	es	**era**	**fue**	será	sería	**sea**	**fuera**	**sea** Ud.
	somos	**éramos**	**fuimos**	seremos	seríamos	**seamos**	**fuéramos**	**seamos**
	sois	**erais**	**fuisteis**	seréis	seríais	**seáis**	**fuerais**	sed (no **seáis**)
	son	**eran**	**fueron**	serán	serían	**sean**	**fueran**	**sean** Uds.

20 tener (e:ie) — Participles: teniendo, tenido

	Present	Imperfect	Preterite	Future	Conditional	Present	Past	Imperative
	tengo	**tenía**	**tuve**	**tendré**	**tendría**	**tenga**	**tuviera**	
	tienes	**tenías**	**tuviste**	**tendrás**	**tendrías**	**tengas**	**tuvieras**	**ten** tú (no **tengas**)
	tiene	**tenía**	**tuvo**	**tendrá**	**tendría**	**tenga**	**tuviera**	**tenga** Ud.
	tenemos	**teníamos**	**tuvimos**	**tendremos**	**tendríamos**	**tengamos**	**tuviéramos**	**tengamos**
	tenéis	**teníais**	**tuvisteis**	**tendréis**	**tendríais**	**tengáis**	**tuvierais**	tened (no **tengáis**)
	tienen	**tenían**	**tuvieron**	**tendrán**	**tendrían**	**tengan**	**tuvieran**	**tengan** Uds.

Infinitive	INDICATIVE					SUBJUNCTIVE		IMPERATIVE
	Present	Imperfect	Preterite	Future	Conditional	Present	Past	
21 traer	**traigo**	traía	**traje**	traeré	traería	**traiga**	**trajera**	
	traes	traías	**trajiste**	traerás	traerías	**traigas**	**trajeras**	trae tú (no **traigas**)
	trae	traía	**trajo**	traerá	traería	**traiga**	**trajera**	**traiga** Ud.
Participles:	traemos	traíamos	**trajimos**	traeremos	traeríamos	**traigamos**	**trajéramos**	**traigamos**
trayendo	traéis	traíais	**trajisteis**	traeréis	traeríais	**traigáis**	**trajerais**	traed (no **traigáis**)
traído	traen	traían	**trajeron**	traerán	traerían	**traigan**	**trajeran**	**traigan** Uds.
22 venir (e:ie)	**vengo**	venía	**vine**	**vendré**	**vendría**	**venga**	**viniera**	
	vienes	venías	**viniste**	**vendrás**	**vendrías**	**vengas**	**vinieras**	**ven** tú (no **vengas**)
	viene	venía	**vino**	**vendrá**	**vendría**	**venga**	**viniera**	**venga** Ud.
Participles:	venimos	veníamos	**vinimos**	**vendremos**	**vendríamos**	**vengamos**	**viniéramos**	**vengamos**
viniendo	venís	veníais	**vinisteis**	**vendréis**	**vendríais**	**vengáis**	**vinierais**	venid (no **vengáis**)
venido	**vienen**	venían	**vinieron**	**vendrán**	**vendrían**	**vengan**	**vinieran**	**vengan** Uds.
23 ver	**veo**	**veía**	**vi**	veré	vería	**vea**	**viera**	
	ves	**veías**	**viste**	verás	verías	**veas**	**vieras**	**ve** tú (no **veas**)
	ve	**veía**	**vio**	verá	vería	**vea**	**viera**	**vea** Ud.
Participles:	vemos	**veíamos**	**vimos**	veremos	veríamos	**veamos**	**viéramos**	**veamos**
viendo	veis	**veíais**	**visteis**	veréis	veríais	**veáis**	**vierais**	ved (no **veáis**)
visto	ven	**veían**	**vieron**	verán	verían	**vean**	**vieran**	**vean** Uds.

Stem-changing verbs

Infinitive	INDICATIVE					SUBJUNCTIVE		IMPERATIVE
	Present	Imperfect	Preterite	Future	Conditional	Present	Past	
24 contar (o:ue)	**cuento**	contaba	conté	contaré	contaría	**cuente**	contara	
	cuentas	contabas	contaste	contarás	contarías	**cuentes**	contaras	**cuenta** tú (no **cuentes**)
	cuenta	contaba	contó	contará	contaría	**cuente**	contara	**cuente** Ud.
Participles:	contamos	contábamos	contamos	contaremos	contaríamos	contemos	contáramos	contemos
contando	contáis	contabais	contasteis	contaréis	contaríais	contéis	contarais	contad (no contéis)
contado	**cuentan**	contaban	contaron	contarán	contarían	**cuenten**	contaran	**cuenten** Uds.
25 dormir (o:ue)	**duermo**	dormía	dormí	dormiré	dormiría	**duerma**	**durmiera**	
	duermes	dormías	dormiste	dormirás	dormirías	**duermas**	**durmieras**	**duerme** tú (no **duermas**)
	duerme	dormía	**durmió**	dormirá	dormiría	**duerma**	**durmiera**	**duerma** Ud.
Participles:	dormimos	dormíamos	dormimos	dormiremos	dormiríamos	**durmamos**	**durmiéramos**	**durmamos**
durmiendo	dormís	dormíais	dormisteis	dormiréis	dormiríais	**durmáis**	**durmierais**	dormid (no **durmáis**)
dormido	**duermen**	dormían	**durmieron**	dormirán	dormirían	**duerman**	**durmieran**	**duerman** Uds.
26 empezar (e:ie) (c)	**empiezo**	empezaba	**empecé**	empezaré	empezaría	**empiece**	empezara	
	empiezas	empezabas	empezaste	empezarás	empezarías	**empieces**	empezaras	**empieza** tú (no **empieces**)
	empieza	empezaba	empezó	empezará	empezaría	**empiece**	empezara	**empiece** Ud.
Participles:	empezamos	empezábamos	empezamos	empezaremos	empezaríamos	**empecemos**	empezáramos	**empecemos**
empezando	empezáis	empezabais	empezasteis	empezaréis	empezaríais	**empecéis**	empezarais	empezad (no **empecéis**)
empezado	**empiezan**	empezaban	empezaron	empezarán	empezarían	**empiecen**	empezaran	**empiecen** Uds.

27 — entender (e:ie)
Participles: entendiendo, entendido

	INDICATIVE					SUBJUNCTIVE		IMPERATIVE
	Present	Imperfect	Preterite	Future	Conditional	Present	Past	
	entiendo	entendía	entendí	entenderé	entendería	entienda	entendiera	
	entiendes	entendías	entendiste	entenderás	entenderías	entiendas	entendieras	entiende tú (no entiendas)
	entiende	entendía	entendió	entenderá	entendería	entienda	entendiera	entienda Ud.
	entendemos	entendíamos	entendimos	entenderemos	entenderíamos	entendamos	entendiéramos	entendamos
	entendéis	entendíais	entendisteis	entenderéis	entenderíais	entendáis	entendierais	entended (no entendáis)
	entienden	entendían	entendieron	entenderán	entenderían	entiendan	entendieran	entiendan Uds.

28 — jugar (u:ue) (gu)
Participles: jugando, jugado

	INDICATIVE					SUBJUNCTIVE		IMPERATIVE
	Present	Imperfect	Preterite	Future	Conditional	Present	Past	
	juego	jugaba	jugué	jugaré	jugaría	juegue	jugara	
	juegas	jugabas	jugaste	jugarás	jugarías	juegues	jugaras	juega tú (no juegues)
	juega	jugaba	jugó	jugará	jugaría	juegue	jugara	juegue Ud.
	jugamos	jugábamos	jugamos	jugaremos	jugaríamos	juguemos	jugáramos	juguemos
	jugáis	jugabais	jugasteis	jugaréis	jugaríais	juguéis	jugarais	jugad (no juguéis)
	juegan	jugaban	jugaron	jugarán	jugarían	jueguen	jugaran	jueguen Uds.

29 — pedir (e:i)
Participles: pidiendo, pedido

	INDICATIVE					SUBJUNCTIVE		IMPERATIVE
	Present	Imperfect	Preterite	Future	Conditional	Present	Past	
	pido	pedía	pedí	pediré	pediría	pida	pidiera	
	pides	pedías	pediste	pedirás	pedirías	pidas	pidieras	pide tú (no pidas)
	pide	pedía	pidió	pedirá	pediría	pida	pidiera	pida Ud.
	pedimos	pedíamos	pedimos	pediremos	pediríamos	pidamos	pidiéramos	pidamos
	pedís	pedíais	pedisteis	pediréis	pediríais	pidáis	pidierais	pedid (no pidáis)
	piden	pedían	pidieron	pedirán	pedirían	pidan	pidieran	pidan Uds.

30 — pensar (e:ie)
Participles: pensando, pensado

	INDICATIVE					SUBJUNCTIVE		IMPERATIVE
	Present	Imperfect	Preterite	Future	Conditional	Present	Past	
	pienso	pensaba	pensé	pensaré	pensaría	piense	pensara	
	piensas	pensabas	pensaste	pensarás	pensarías	pienses	pensaras	piensa tú (no pienses)
	piensa	pensaba	pensó	pensará	pensaría	piense	pensara	piense Ud.
	pensamos	pensábamos	pensamos	pensaremos	pensaríamos	pensemos	pensáramos	pensemos
	pensáis	pensabais	pensasteis	pensaréis	pensaríais	penséis	pensarais	pensad (no penséis)
	piensan	pensaban	pensaron	pensarán	pensarían	piensen	pensaran	piensen Uds.

31 — reír(se) (e:i)
Participles: riendo, reído

	INDICATIVE					SUBJUNCTIVE		IMPERATIVE
	Present	Imperfect	Preterite	Future	Conditional	Present	Past	
	río	reía	reí	reiré	reiría	ría	riera	
	ríes	reías	reíste	reirás	reirías	rías	rieras	ríe tú (no rías)
	ríe	reía	rió	reirá	reiría	ría	riera	ría Ud.
	reímos	reíamos	reímos	reiremos	reiríamos	riamos	riéramos	riamos
	reís	reíais	reísteis	reiréis	reiríais	riáis	rierais	reíd (no riáis)
	ríen	reían	rieron	reirán	reirían	rían	rieran	rían Uds.

32 — seguir (e:i) (g)
Participles: siguiendo, seguido

	INDICATIVE					SUBJUNCTIVE		IMPERATIVE
	Present	Imperfect	Preterite	Future	Conditional	Present	Past	
	sigo	seguía	seguí	seguiré	seguiría	siga	siguiera	
	sigues	seguías	seguiste	seguirás	seguirías	sigas	siguieras	sigue tú (no sigas)
	sigue	seguía	siguió	seguirá	seguiría	siga	siguiera	siga Ud.
	seguimos	seguíamos	seguimos	seguiremos	seguiríamos	sigamos	siguiéramos	sigamos
	seguís	seguíais	seguisteis	seguiréis	seguiríais	sigáis	siguierais	seguid (no sigáis)
	siguen	seguían	siguieron	seguirán	seguirían	sigan	siguieran	sigan Uds.

33 — sentir (e:ie)
Participles: sintiendo, sentido

	INDICATIVE					SUBJUNCTIVE		IMPERATIVE
	Present	Imperfect	Preterite	Future	Conditional	Present	Past	
	siento	sentía	sentí	sentiré	sentiría	sienta	sintiera	
	sientes	sentías	sentiste	sentirás	sentirías	sientas	sintieras	siente tú (no sientas)
	siente	sentía	sintió	sentirá	sentiría	sienta	sintiera	sienta Ud.
	sentimos	sentíamos	sentimos	sentiremos	sentiríamos	sintamos	sintiéramos	sintamos
	sentís	sentíais	sentisteis	sentiréis	sentiríais	sintáis	sintierais	sentid (no sintáis)
	sienten	sentían	sintieron	sentirán	sentirían	sientan	sintieran	sientan Uds.

Infinitive	INDICATIVE					SUBJUNCTIVE		IMPERATIVE
	Present	Imperfect	Preterite	Future	Conditional	Present	Past	
34 volver (o:ue)	vuelvo	volvía	volví	volveré	volvería	vuelva	volviera	
	vuelves	volvías	volviste	volverás	volverías	vuelvas	volvieras	vuelve tú (no vuelvas)
	vuelve	volvía	volvió	volverá	volvería	vuelva	volviera	vuelva Ud.
Participles:	volvemos	volvíamos	volvimos	volveremos	volveríamos	volvamos	volviéramos	volvamos
volviendo	volvéis	volvíais	volvisteis	volveréis	volveríais	volváis	volvierais	volved (no volváis)
vuelto	vuelven	volvían	volvieron	volverán	volverían	vuelvan	volvieran	vuelvan Uds.

Verbs with spelling changes only

Infinitive	INDICATIVE					SUBJUNCTIVE		IMPERATIVE
	Present	Imperfect	Preterite	Future	Conditional	Present	Past	
35 conocer (c:zc)	conozco	conocía	conocí	conoceré	conocería	conozca	conociera	
	conoces	conocías	conociste	conocerás	conocerías	conozcas	conocieras	conoce tú (no conozcas)
	conoce	conocía	conoció	conocerá	conocería	conozca	conociera	conozca Ud.
Participles:	conocemos	conocíamos	conocimos	conoceremos	conoceríamos	conozcamos	conociéramos	conozcamos
conociendo	conocéis	conocíais	conocisteis	conoceréis	conoceríais	conozcáis	conocierais	conoced (no conozcáis)
conocido	conocen	conocían	conocieron	conocerán	conocerían	conozcan	conocieran	conozcan Uds.
36 creer (y)	creo	creía	creí	creeré	creería	crea	creyera	
	crees	creías	creíste	creerás	creerías	creas	creyeras	cree tú (no creas)
	cree	creía	creyó	creerá	creería	crea	creyera	crea Ud.
Participles:	creemos	creíamos	creímos	creeremos	creeríamos	creamos	creyéramos	creamos
creyendo	creéis	creíais	creísteis	creeréis	creeríais	creáis	creyerais	creed (no creáis)
creído	creen	creían	creyeron	creerán	creerían	crean	creyeran	crean Uds.
37 cruzar (z:c)	cruzo	cruzaba	crucé	cruzaré	cruzaría	cruce	cruzara	
	cruzas	cruzabas	cruzaste	cruzarás	cruzarías	cruces	cruzaras	cruza tú (no cruces)
	cruza	cruzaba	cruzó	cruzará	cruzaría	cruce	cruzara	cruce Ud.
Participles:	cruzamos	cruzábamos	cruzamos	cruzaremos	cruzaríamos	crucemos	cruzáramos	crucemos
cruzando	cruzáis	cruzabais	cruzasteis	cruzaréis	cruzaríais	crucéis	cruzarais	cruzad (no crucéis)
cruzado	cruzan	cruzaban	cruzaron	cruzarán	cruzarían	crucen	cruzaran	crucen Uds.
38 destruir (y)	destruyo	destruía	destruí	destruiré	destruiría	destruya	destruyera	
	destruyes	destruías	destruiste	destruirás	destruirías	destruyas	destruyeras	destruye tú (no destruyas)
	destruye	destruía	destruyó	destruirá	destruiría	destruya	destruyera	destruya Ud.
Participles:	destruimos	destruíamos	destruimos	destruiremos	destruiríamos	destruyamos	destruyéramos	destruyamos
destruyendo	destruís	destruíais	destruisteis	destruiréis	destruiríais	destruyáis	destruyerais	destruid (no destruyáis)
destruido	destruyen	destruían	destruyeron	destruirán	destruirían	destruyan	destruyeran	destruyan Uds.
39 enviar	envío	enviaba	envié	enviaré	enviaría	envíe	enviara	
	envías	enviabas	enviaste	enviarás	enviarías	envíes	enviaras	envía tú (no envíes)
	envía	enviaba	envió	enviará	enviaría	envíe	enviara	envíe Ud.
Participles:	enviamos	enviábamos	enviamos	enviaremos	enviaríamos	enviemos	enviáramos	enviemos
enviando	enviáis	enviabais	enviasteis	enviaréis	enviaríais	enviéis	enviarais	enviad (no enviéis)
enviado	envían	enviaban	enviaron	enviarán	enviarían	envíen	enviaran	envíen Uds.

Infinitive	INDICATIVE					SUBJUNCTIVE		IMPERATIVE
	Present	Imperfect	Preterite	Future	Conditional	Present	Past	
40 graduarse	gradúo	graduaba	gradué	graduaré	graduaría	gradúe	graduara	
	gradúas	graduabas	graduaste	graduarás	graduarías	gradúes	graduaras	gradúa tú (no gradúes)
	gradúa	graduaba	graduó	graduará	graduaría	gradúe	graduara	gradúe Ud.
Participles:	graduamos	graduábamos	graduamos	graduaremos	graduaríamos	graduemos	graduáramos	graduemos
graduando	graduáis	graduabais	graduasteis	graduaréis	graduaríais	graduéis	graduarais	graduad (no graduéis)
graduado	gradúan	graduaban	graduaron	graduarán	graduarían	gradúen	graduaran	gradúen Uds.
41 llegar (gu)	llego	llegaba	**llegué**	llegaré	llegaría	**llegue**	llegara	
	llegas	llegabas	llegaste	llegarás	llegarías	**llegues**	llegaras	llega tú (no **llegues**)
	llega	llegaba	llegó	llegará	llegaría	**llegue**	llegara	**llegue** Ud.
Participles:	llegamos	llegábamos	llegamos	llegaremos	llegaríamos	**lleguemos**	llegáramos	**lleguemos**
llegando	llegáis	llegabais	llegasteis	llegaréis	llegaríais	**lleguéis**	llegarais	llegad (no **lleguéis**)
llegado	llegan	llegaban	llegaron	llegarán	llegarían	**lleguen**	llegaran	**lleguen** Uds.
42 proteger (j)	**protejo**	protegía	protegí	protegeré	protegería	**proteja**	protegiera	
	proteges	protegías	protegiste	protegerás	protegerías	**protejas**	protegieras	protege tú (no **protejas**)
	protege	protegía	protegió	protegerá	protegería	**proteja**	protegiera	**proteja** Ud.
Participles:	protegemos	protegíamos	protegimos	protegeremos	protegeríamos	**protejamos**	protegiéramos	**protejamos**
protegiendo	protegéis	protegíais	protegisteis	protegeréis	protegeríais	**protejáis**	protegierais	proteged (no **protejáis**)
protegido	protegen	protegían	protegieron	protegerán	protegerían	**protejan**	protegieran	**protejan** Uds.
43 tocar (qu)	toco	tocaba	**toqué**	tocaré	tocaría	**toque**	tocara	
	tocas	tocabas	tocaste	tocarás	tocarías	**toques**	tocaras	toca tú (no **toques**)
	toca	tocaba	tocó	tocará	tocaría	**toque**	tocara	**toque** Ud.
Participles:	tocamos	tocábamos	tocamos	tocaremos	tocaríamos	**toquemos**	tocáramos	**toquemos**
tocando	tocáis	tocabais	tocasteis	tocaréis	tocaríais	**toquéis**	tocarais	tocad (no **toquéis**)
tocado	tocan	tocaban	tocaron	tocarán	tocarían	**toquen**	tocaran	**toquen** Uds.
44 vencer (z)	**venzo**	vencía	vencí	venceré	vencería	**venza**	venciera	
	vences	vencías	venciste	vencerás	vencerías	**venzas**	vencieras	vence tú (no **venzas**)
	vence	vencía	venció	vencerá	vencería	**venza**	venciera	**venza** Ud.
Participles:	vencemos	vencíamos	vencimos	venceremos	venceríamos	**venzamos**	venciéramos	**venzamos**
venciendo	vencéis	vencíais	vencisteis	venceréis	venceríais	**venzáis**	vencierais	venced (no **venzáis**)
vencido	vencen	vencían	vencieron	vencerán	vencerían	**venzan**	vencieran	**venzan** Uds.

Vocabulario

Guide to Vocabulary

Active vocabulary

This glossary contains the words and expressions presented as active vocabulary in **IMAGINA**. A numeral following the entry indicates the lesson of **IMAGINA** where the word or expression was introduced.

Note on alphabetization

In the Spanish alphabet, **ñ** is a separate letter following **n**. Therefore in this glossary you will find that **añadir** follows **anuncio**.

Abbreviations used in this glossary

adj.	adjective	*f.*	feminine	*prep.*	preposition
adv.	adverb	*m.*	masculine	*pron.*	pronoun
conj.	conjunction	*pl.*	plural	*v.*	verb

Español-Inglés

A

a *prep.* at; to
  a corto/largo plazo *adj.* short/long-term **7**
  a cucharadas *adv.* in spoonfuls **5**
  a lo lejos *adv.* at a distance
  a pesar de (que) *prep.* despite
abandonar *v.* to leave **1**
abogado/a *m., f.* lawyer **6**
abrazarse *v.* to hug **1**
abrir *v.* to open
aburrido/a *adj.* boring **9**
aburrir *v.* to bore
aburrirse *v.* to get bored
abusar *v.* to abuse **6**
abuso de poder *m.* abuse of power **6**
acabar de *v.* to have just (done something)
acabarse *v.* to run out (of something) **5**
acariciar *v.* to caress **9**
acento *m.* accent **10**
acera *f.* sidewalk **2**
acercamiento *m.* getting closer
acercarse (a) *v.* to approach **6**
acomodarse *v.* to adapt **10**
aconsejar *v.* to advise
acontecimiento *m.* event **3**
acordar *v.* to agree
acordarse (de) *v.* to remember
acosado/a *adj.* harrassed **7**
acostarse *v.* to go to bed
acostumbrar *v.* to be accustomed **2**
actitud *f.* attitude **10**
activista *m., f.* activist **6**
actor/actriz *m., f.* actor/actress **3**
actualidad *f.* current events **3**

actualizado/a *adj.* up-to-date **3**
actuar *v.* to act **9**
acudir *v.* to come **6**
acusado/a *adj.* accused **6**
adaptarse *v.* to adapt **10**
adivinar *v.* to guess **10**
administrar *v.* to manage, to run **7**
ADN *m.* DNA **8**
aduana *f.* customs **10**
afeitarse *v.* to shave
aficionado/a *adj.* a fan of **9**
afligirse *v.* to get upset **2**
agobiado/a *adj.* overwhelmed **1**
agotado/a *adj.* exhausted **7**; sold out **9**
agotar *v.* to use up **5**
agradecer (c:zc) *v.* to thank, to be grateful **4**
aguafiestas *m., f.* party pooper **9**
aguantar *v.* to put up with, to tolerate **5**
ahogarse *v.* to choke, to suffocate **5**
ahorrar *v.* to save **7**
ahorros *m.* savings **7**
aislado/a *adj.* isolated **4**
al aire libre *adv.* outdoors **5**
ala *f.* wing **9**
alcalde/alcaldesa *m., f.* mayor **2**
alcanzar (un sueño/una meta) *v.* to fulfill (a dream); to reach (a goal) **8, 10**
alegoría *f.* allegory **6**
alegrarse (de) *v.* to be happy (about)
alejarse *v.* to move away **9**
algo *pron.* something; anything
alguien *pron.* someone
alimentación *f.* diet
alimentar *v.* to feed **8**
alimento *m.* food **7**
aliviar *v.* to relieve, to soothe **5**

alma *f.* soul **1, 3**
  alma gemela *f.* soul mate, kindred spirit **1**
almacén *m.* department store; warehouse **7**
alpinismo *m.* mountain climbing **9**
alrededores *m., pl.* outskirts **2**
alto/a *adj.* high **7**
altura *f.* height
alzar *v.* to raise
amado/a *m., f.* the loved one, sweetheart **1**
amanecer *m.* dawn **9**
amar(se) *v.* to love (each other) **1**
amenaza *f.* threat **6**
amenazar *v.* to threaten **5**
amistad *f.* friendship **1**
analfabeto/a *adj.* illiterate **6**
anfitrión/anfitriona *m., f.* host/hostess **9**
ángel *m.* angel **3**
animado/a *adj.* lively **9**
ánimo *m.* spirit **1**
anotar un gol *v.* to score a goal **9**
ansioso/a *adj.* anxious **1**
antepasado *m.* ancestor **4**
anticipar *v.* to anticipate; to expect **10**
anuncio *m.* advertisement **3**
añadir *v.* to add
añoranza *f.* homesickness **10**
apagarse *v.* to turn off
aparcamiento *m.* parking space **4**
aparcar *v.* to park **4**
apenas *adv.* hardly **3**; just
aplaudir *v.* to applaud **9**
apodo *m.* nickname **4**
apostar (o:ue) *v.* to bet **9**
apoyar *v.* to support **4**
aprender a *v.* to learn (to)

aprobar (o:ue) una ley *v.* to pass a law **6**
aprovechar *v.* to take advantage of **7**
apuesta *f.* bet **9**
apuntar *v.* to aim **5**
árbol *m.* tree **5**
arma *f.* gun **3**
arreglar *v.* to fix **10**
arrepentirse (e:ie) (de) *v.* to be sorry **3**
arroz *m.* rice **10**
arruinar *v.* to ruin **8**
ascendencia *f.* heritage **4**
ascender *v.* to rise, to be promoted **7**
asesor(a) *m., f.* consultant, advisor **7**
asimilación *f.* assimilation **10**
asimilarse *v.* to assimilate **10**
astronauta *m., f.* astronaut **8**
astrónomo/a *m., f.* astronomer **8**
ataúd *m.* casket **9**
aterrizar *v.* to land **8**
atleta *m., f.* athlete **9**
atraer *v.* to attract **10**
atrasado/a *adj.* late **2**
atreverse (a) *v.* to dare (to) **2**
atrevido/a *adj.* daring **2**
aumentar *v.* to grow **10**
aumento de sueldo *m.* raise in salary **7**
aunque *conj.* although; even if **1**
autoestima *f.* self-esteem **4**
avance *m.* advance, breakthrough **8**
avanzado/a *adj.* advanced **8**
ave *m.* bird **5**
avenida *f.* avenue **2**
avergonzado/a *adj.* embarrassed
averiguar *v.* to find out **1**
ayudarse *v.* to help one another **1**
ayuntamiento *m.* city hall **2**
azotea *f.* flat roof **6**

B

bajar *v.* to go down; to get off (a bus) **2**
bajo *m.* bass **3**
bajo/a *adj.* low **7**
balcón *m.* balcony **9**
balón *m.* ball **9**
bancarrota *f.* bankrupt **7**
banda sonora *f.* soundtrack **3**
bandera *f.* flag **6**
bañarse *v.* to take a bath
barrio *m.* neighborhood **2**
barro *m.* mud; clay **8**
basura *f.* trash **5**
batalla *f.* battle **6**
batirse en duelo *v.* to fight a duel **6**
beber *v.* to drink
beca de investigación *f.* research grant **7**
bello/a *adj.* beautiful **5**
besar *v.* to kiss **1**
bien educado/a *adj.* well-mannered **4**
bienestar *m.* well-being **2**
bilingüe *adj.* bilingual **10**

billar *m.* pool **9**
biólogo/a *m., f.* biologist **8**
bioquímico/a *adj.* biochemical **8**
bisabuelo/a *m., f.* great-grandfather/grandmother **4**
boleto *m.* ticket **9**
boliche *m.* bowling **9**
bolsa de valores *f.* stock market **7**
bomba *f.* pump (oil) **7**
borracho/a *adj.* drunk **2**
borrar *v.* to erase **8**
bosque (lluvioso) *m.* (rain) forest **5**
botón *m.* button **7**
brecha generacional *f.* generation gap **4**
brindar *v.* to drink a toast **9**
broma *f.* joke **1**
buceo *m.* scuba-diving **9**
buscador *m.* search engine **8**
buscar *v.* to look for

C

caber *v.* to fit
cadena *f.* network **3**
    cadena comercial *f.* business chain **7**
caer *v.* to fall
    caer bien/mal to (not) get along well with
caja *f.* box **1**
cajero/a *m., f.* cashier **2**
    cajero automático *m.* ATM **7**
calentamiento *m.* warming **5**
calidad *f.* quality **8**
    calidad de vida *f.* standard of living, quality of life **1**
calle *f.* street **2**
cámara digital *f.* digital camera **8**
campeonato *m.* championship **9**
canal *m.* channel **3**
cancha *f.* field **9**
cantante *m., f.* singer **3**
caos *m.* chaos **10**
capa de ozono *f.* ozone layer **5**
capacitación *f.* training
capacitar *v.* prepare **8**
capaz *adj.* competent, capable **7**
capilla *f.* chapel **9**
carácter *m.* character, personality **4**
característica *f.* characteristic **2**
cargo *m.* position **7**
cariñoso/a *adj.* affectionate **1**
carrera *f.* race **9**
carro híbrido *m.* hybrid car **5**
cartas *f.* (playing) cards **9**
casado/a *adj.* married **1**
casarse con *v.* to marry **1**
castigar *v.* to punish **3**
castigo *m.* punishment **6**
causa *f.* cause **10**
cazar *v.* to hunt **5**
cederrón *m.* CD-ROM **8**

celebrar *v.* to celebrate **9**
celos *m., pl.* jealousy **1**
celoso/a *adj.* jealous **1**
célula *f.* cell **8**
censura *f.* censorship **3**
centro comercial *m.* mall **2**
cepillarse *v.* to brush (one's hair)
cerdo *m.* pig **5**
chamán *m.* shaman **5**
chantajear *v.* to blackmail **6**
charlar *v.* to chat **9**
chisme *m.* gossip **1**
choque *m.* crash **2**
ciber espacio *m.* cyber space **8**
cielo *m.* sky
científico/a *m., f.* scientist **8**
cine *m.* movie theater **2**
cita (a ciegas) *f.* (blind) date **1**
ciudad *f.* city **2**
ciudadano/a *m., f.* citizen **2**
civilización *f.* civilization **4**
clima *m.* climate **9**
clon *m.* clone **8**
clonar *v.* to clone **8**
club deportivo *m.* sports club **9**
cobrar *v.* to charge, to receive **7**
coche *m.* car **4**
coleccionar *v.* to collect **9**
colocar *v.* to place (an object) **3**
combatiente *m., f.* combatant **6**
combustible *m.* fuel **5**
comedia *f.* comedy **9**
comer(se) *v.* to eat (up)
comercio *m.* trade, commerce **7**
Comercio *m.* Business Administration **7**
cometer (un crimen) *v.* to commit (a crime) **3**
comisaría *f.* police station **2**
cómodo/a *adj.* comfortable **10**
compañero/a *m., f.* fellow **6**
compañía *m.* company **7**
compartir *v.* to share **1**
comportarse *v.* to behave **10**
comprar *v.* to buy
comprensión *f.* understanding **4**
comprensivo/a *adj.* understanding **7**
comprobar (o:ue) *v.* to prove **8**
compromiso *m.* commitment; responsibility **1**
compulsar *v.* to stamp; to certify
computadora portátil *f.* laptop **8**
computarizado/a *adj.* computerized **8**
concierto *m.* concert **9**
conducir (c:zc) *v.* to drive
conductor(a) *m., f.* driver **2**
conejo *m.* rabbit **5**
confiar en *v.* to trust in **1**
congelar(se) *v.* to freeze (oneself) **8**
conjunto *m.* musical group, band **9**
conocer *v.* to know
conocimiento *m.* knowledge **4**
conquista *f.* conquest **4**

conseguir (e:i) *v.* to obtain, to get
   conseguir entradas to get tickets **9**
conservador(a) *adj.* conservative **6**
conservar *v.* to preserve **2, 5**
construir *v.* to build **2**
consumir *v.* to consume **7**
consumo de energía *m.* energy
   consumption **5**
contador(a) *m., f.* accountant **7**
contagiar(se) *v.* to infect, to be
   contagious **5**
contaminación *f.* pollution **5**
contaminar *v.* to pollute **5**
contar (o:ue) con *v.* to rely on,
   to count on **1**
contentarse (con) *v.* to be contented,
   satisfied (with) **1**
contraseña *f.* password **8**
contratar *v.* to hire **7**
contribuir *v.* to contribute **8**
controvertido/a *adj.* controversial **3**
convencer(se) *v.* to convince
   (oneself) **10**
conversar *v.* to talk **2**
convertirse (e:ie) (en algo) *v.* to turn
   (into something) **10**
convivencia *f.* coexistence **10**
convivir *v.* to live together; to coexist **2**
convocar *v.* to call **3**
cooperar *v.* to cooperate **2**
coquetear *v.* to flirt **1**
coraje *v.* courage **10**
corazón *m.* heart **1**
cordillera *f.* mountain range **5**
corrector ortográfico *m.* spell
   checker **8**
correr la voz *v.* to spread the word **9**
cortar *v.* to cut **10**
corto *m.* short film
cortometraje *m.* short film **1**
costa *f.* coast **5**
costumbre *f.* custom; habit **2**
cotidiano/a *adj.* everyday **2**
crear *v.* to create **8**
crecer (c:zc) *v.* to grow **10**
crecimiento *m.* growth **3**
creencia *f.* belief **4, 6**
creer *v.* to think
criar *v.* to raise (children) **4**
crisis económica *f.* economic crisis **7**
crítico/a de cine *m., f.* film critic **3**
crónica deportiva *f.* sports page/
   section **3**
crónica de sociedad *f.* lifestyle
   section **3**
crucero *m.* cruise ship **9**
crueldad *f.* cruelty **6**
cruzar *v.* to cross **2**
cuadra *f.* city block **2**
cuando *conj.* when
cuándo *adv.* when
cuenta corriente *f.* checking account **7**
cuenta de ahorros *f.* savings account **7**

cuidado *m.* care **2**
cuidadoso/a *adj.* careful **1**
cuidar *v.* to take care **1**
culpa *f.* fault **7**
culpable *m., f.* culprit **6**
cultivar *v.* to cultivate, to farm **4**
cultivo *m.* farming; cultivation **4**
cuñado/a *m., f.* brother/sister-in-law **4**
cura *m.* priest **10**
curandero/a *m., f.* folk healer **5**
curar *v.* to cure **8**

<hr>

D

daño *m.* harm **10**
dañino/a *adj.* harmful **5**
dar *v.* to give
   dar direcciones to give directions **2**
   dar igual to not matter **10**
   dar lata to bother; to annoy **10**
   dar para vivir to yield enough to
     live on **7**
   dar pena to become embarrassed **10**
   dar un paseo to take a stroll/walk **2**
   dar una vuelta take a walk **2**
   dar una vuelta en bicicleta/carro/
     motocicleta take a bike/car/
     motorcycle ride **2**
dardos *v.* darts **9**
darse cuenta de *v.* to realize **7**
de *prep.* of; from
   de hecho *adv.* in fact **10**
   de repente *adv.* all of a sudden
   de volada *adv.* quickly (Méx.) **5**
deber (dinero) *v.* to owe (money) **9**
debido a *prep.* due to **10**
decepción *f.* disappointment **4**
decidido/a *adj.* determined **2**
decir (e:i) *v.* to say
declaración *f.* statement **6**
dedicarse a *v.* to dedicate oneself to **6**
defender (e:ie) *v.* to defend **6**
deforestación *f.* deforestation **5**
dejar *v.* to leave behind **10**
   dejar a alguien to leave someone **1**
   dejar plantado/a to stand
     (someone) up **1**
delantero/a *m., f.* forward (sport
   position) **9**
delito *m.* crime **6**
democracia *f.* democracy **6**
demostrar *v.* to show
deportes *m.* sports
   deportes extremos *m., pl.* extreme
     sports **9**
deportista *m., f.* athlete **9**
depositar *v.* to deposit **7**
deprimido/a *adj.* depressed **1**
derecho *m.* right **6**
derechos humanos *m.* human rights **6**
derogar (una ley) *v.* to abolish (a law) **6**
derrocar *v.* to overthrow **6**
derrotar *v.* to defeat **6**

desafiar *v.* to challenge **9**
desafío *m.* challenge **8**
desaparecer (c:zc) *v.* to disappear **5**
desaparecido/a *m., f.* missing person **6**
desaparición *f.* disappearance **4**
desarrollar *v.* to develop; to grow **3**
desarrollo *m.* development **5**
descargar *v.* to download **8**
desconfiar *v.* to be suspicious, to not
   trust **10**
descongelar(se) *v.* to defrost
   (oneself) **8**
desconocido/a *m., f.* stranger **2**
descubrimiento *m.* discovery **8**
descubrir *v.* to discover **8**
desdén *m.* disdain **4**
desear *v.* to desire
desechable *adj.* disposable **5**
desempleado/a *adj.* unemployed **7**
desempleo *m.* unemployment **7**
desenlace *m.* ending, outcome **2**
deseo *m.* desire **1**
desesperado/a *adj.* desperate **7**
desierto *m.* desert **5**
desigual *adj.* unequal **6**
desigualdad *f.* inequality **6**
desinterés *m.* lack of interest **4**
desmayarse *v.* to faint **10**
despedir (e:i) *v.* to fire **7**
despedirse (e:i) *v.* to say goodbye **10**
despertarse (e:ie) *v.* to wake up
despreciar *v.* to look down on **4**
después (de) que after
destacado/a *adj.* prominent **3**
destacar *v.* to stand out **7**
destino *m.* destination **9**
destrozar *v.* to destroy **6**
destruir *v.* to destroy **5**
detenerse (e:ie) *v.* to stop **9**
deuda *f.* debt **7**
Diablo *m.* devil **3**
diálogo *m.* dialogue **10**
diamante *m.* diamond **7**
diario *m.* newspaper **3**
dibujo *m.* drawing
dictadura *f.* dictatorship **6**
difundir (noticias) *v.* to spread
   (news) **2**
digno/a *adj.* worthy; dignified **4**
diminuto/a *adj.* tiny **9**
dirección *f.* address **2**
   dirección electrónica *f.* e-mail
     address **8**
director(a) *m., f.* director **3**
dirigir *v.* to direct, to manage
dirigirse a *v.* to speak/talk to **7**
discoteca *f.* dance club **2**
disculparse *v.* to apologize **5**
discutir *v.* to argue **1**
diseño *m.* design **9**
disfrutar de *v.* to enjoy **2**
disgustado/a *adj.* upset **1**
disgustar *v.* to upset

disimular *v.* to hide, to conceal **2**
disminuir *v.* to decrease, reduce, diminish **10**
disparar *v.* to shoot **5**
disparo *m.* shot **3**
dispuesto/a *adj.* willing (to) **7**
distinguir *v.* to distinguish
distinto/a *adj.* different **10**
diversidad *f.* diversity **10**
divertirse (e:ie) *v.* to have a good time **9**
divorciado/a *adj.* divorced **1**
divorciarse (de) *v.* to get a divorce (from) **1**
divorcio *m.* divorce **1**
doblar *v.* to turn **2**
documental *m.* documentary **3**
doler *v.* to hurt; to ache
dominar *v.* to dominate **9**
dormir (o:ue) *v.* to sleep
dormirse (o:ue) *v.* to fall asleep
ducharse *v.* to take a shower
dudar *v.* to doubt
duelo *m.* duel **6**
dueño/a *m., f.* owner **7**
duro/a *adj.* hard, difficult **8**

E

echar *v.* to throw away **5**
edad *f.* age
edificio *m.* building **2**
efecto *m.* effect
 efecto invernadero *m.* greenhouse effect **5**
 efectos especiales *m., pl.* special effects **3**
egoísta *adj.* selfish **4**
ejecución *f.* execution **6**
ejecutivo/a *m., f.* executive **7**
ejercer (el poder) *v.* to exercise/exert (power) **6**
ejército *m.* army **6**
elegir (e:i) *v.* to elect **6**
emigrante *m., f.* emigrant **10**
emigrar *v.* to emigrate **1**
emisión *f.* broadcast **3**
emocionado/a *adj.* excited **1**
empatar *v.* to tie (a game) **9**
empate *m.* tie **9**
empeorar *v.* to get worse **5**
empezar (e:ie) *v.* to begin
empleado/a *m., f.* employee **7**
empresa multinacional *f.* multinational company **7**
en *prep.* in; on
 en cuanto *adv.* as soon as
 en directo *adv.* live **3**
 en línea *adv.* online **8**
 en vivo *adv.* live **3**
enamorado/a *adj.* in love **1**
enamorarse (de) *v.* to fall in love (with) **1**

encabezar *v.* to lead **6**
encantar *v.* to like very much; to love (inanimate objects)
encarcelar *v.* to imprison **6**
encrucijada *f.* crossroads **3**
energía eólica *f.* wind power **5**
enfrentamiento *m.* confrontation **6**
engañar *v.* to deceive, to trick **3**
enojado/a *adj.* angry, mad **1**
enojarse *v.* to get angry **1**
enriquecerse *v.* to become enriched **10**
enrojecer (c:zc) *v.* to blush, to turn red **2**
ensayo *m.* essay
enseñar a *v.* to teach (to)
ensuciarse *v.* to get dirty
entendimiento *m.* understanding **10**
enterarse (de) *v.* to find out about **3**
enterrado/a *adj.* buried **9**
enterrar (e:ie) *adj.* to bury **9**
entrada *f.* ticket **9**
entretener (e:ie) *v.* to entertain **3**
entretenerse *v.* to amuse oneself **9**
entretenido/a *adj.* entertaining **9**
entrevistar *v.* to interview **3**
envidioso/a *adj.* envious, jealous **8**
equipo *m.* team **9**
erosión *f.* erosion **5**
escándalo *m.* scandal **6**
escaso/a *adj.* scant, scarce **5**
escena *f.* scene **1**
escoger *v.* to choose
esconder *v.* to hide **2**
escritor(a) *m., f.* writer
espacio *m.* space **8**
especializado/a *adj.* specialized **8**
especies en peligro de extinción *f.* endangered species **5**
espectáculo *m.* show, performance **9**
espectador(a) *m., f.* spectator **9**
esperanza *f.* hope **4**
esperar *v.* to hope; to wish
espiar *v.* to spy **6**
espíritu *m.* spirit **6**
esposo/a *m., f.* husband/wife **4**
esquí alpino *m.* downhill skiing **9**
esquí de fondo *m.* cross country skiing **9**
esquina *f.* corner **2**
establecerse (c:zc) *v.* to establish oneself **10**
estación *f.* station
 estación de bomberos *f.* fire station **2**
 estación de policía *f.* police station **2**
 estación (de trenes, de autobuses) *f.* train/bus station **2**
estacionamiento *m.* parking lot **2**
estadio *m.* stadium **2**
estar (*irreg.*) *v.* to be

estar a la venta to be on sale **7**
estar bajo presión to be under pressure **7**
estar de acuerdo to agree (to)
estar embarazada to be pregnant **10**
estar harto/a de to be fed up (with); sick of **1**
estar perdido/a to be lost **2**
estilo *m.* style **3**
estimulante *m.* stimulant **5**
estrella *f.* star
 estrella de cine *f.* movie star (male or female) **3**
 estrella fugaz *f.* shooting star **8**
estrenar (una película) *v.* to release (a movie) **9**
estreno *m.* premiere, new movie **3**
estricto/a *adj.* strict **4**
ético/a *adj.* ethical **8**
etnia *f.* ethnic group **4**
excluido/a *adj.* excluded **10**
exigente *adj.* demanding **4**
exigir *v.* to demand **7**
exiliado/a *adj.* exiled, in exile **6**
 exiliado/a político/a *m., f.* political exile **10**
exilio *m.* exile **6**
éxito *m.* success **3**
exitoso/a *adj.* successful **7**
experimento *m.* experiment **8**
explorar *v.* to explore **8**
exportar *v.* to export **7**
expulsar *v.* to expel, to dismiss **7**
extinguirse *v.* to become extinct **5**
extranjeros *m., pl.* foreigners
extrañar *v.* to miss **10**
extraterrestre *m.* alien **8**

F

fábrica *f.* factory **7**
facción *f.* feature **2**
facha *f.* look **10**
falso/a *adj.* insincere **1**
falta (de) *f.* lack (of) **10**
faltar *v.* to lack; to need
fama *f.* fame **3**
familiares *m., pl.* relatives **1**
fantasía *f.* fantasy **3**
fantasma *m.* ghost **9**
fantástico/a *adj.* imaginary **9**
fascinar *v.* to fascinate; to love (inanimate objects)
fe *f.* faith **4**
fenómeno *m.* phenomenon **3**
feria *f.* fair **9**
festejar *v.* to celebrate **9**
fijarse (en) *v.* to take notice (of)
fila *f.* line **2**
filmar *v.* to film **3**
financiero/a *adj.* financial **7**
firmar *v.* to sign **3**
flauta *f.* flute **3**

flotar *v.* to float **7**
fondo *m.* bottom, further end
fortalecer (c:zc) *v.* to strengthen **6**
fortalecerse *v.* to grow stronger **1**
forzado/a *adj.* forced **10**
fotógrafo/a *m., f.* photographer **3**
fracaso *m.* failure **6**
fraile (Fray) *m.* friar, monk **4**
frasquito *m.* little bottle **5**
frontera *f.* border **10**
fuego *m.* fire **9**
fuente de energía *f.* energy source **5**
fuerza *f.* force **6**

G

ganar *v.* to win
  ganar las elecciones to win
    elections **6**
  ganar un partido to win a game **9**
ganarse la vida *v.* to earn a living **7**
garantizar *v.* to guarantee
garra *f.* claw **9**
gasolinera *f.* gas station **7**
gastar *v.* to spend **7**
gemelo/a *m., f.* twin **4**
gen *m.* gene **8**
género *m.* genre **3**; *m.* gender **4**
genética *f.* genetics **8**
genial *adj.* wonderful **1**
gente *f.* people **2**
gerente *m., f.* manager **7**
globalización *f.* globalization **7**
gobernar (e:ie) *v.* to govern **6**
gobierno *m.* government **6**
golpe de estado *m.* coup d'état **6**
golpear *v.* to beat (a drum) **3**
grabar *v.* to record **3**
gracioso/a *adj.* funny, pleasant **1**
granja *f.* farm **7**
gravedad *f.* gravity **8**
gritar *v.* to shout **9**
grupo musical *m.* musical group,
  band **9**
guardar *v.* to save **8**
guerra (civil) *f.* (civil) war **6**
guiar *v.* to guide **8**
guión *m.* script **1**
guita *f.* cash, dough (*Arg.*) **8**
guitarra *f.* guitar **3**
gustar *v.* to like

H

haber *v. aux.* have
habitante *m., f.* inhabitant **2**
hablar *v.* to speak, to talk
hacer *v.* to make/do
  hacer cola to wait in line **9**
  hacer diligencias to run errands **2**
  hacer falta to need; to miss **4**
  hacer un esfuerzo to make an
    effort **10**

hambre *f.* hunger **7**
hasta (que) *conj.* until
hay there is/there are
heredar *v.* to inherit **4**
herencia *f.* legacy **6**
  herencia cultural *f.* cultural
    heritage **10**
herramienta *f.* tool **8**
heterogéneo/a *adj.* heterogeneous **10**
hijo/a único/a *m., f.* only child **4**
historia *f.* story **1**
historiador(a) *m., f.* historian **4**
hogar *m.* home **10**
hoja *f.* leaf **5**
hombre/mujer de negocios *m.*
  businessman/woman **7**
homenajear a los dioses *v.* to pay
  homage to the gods **4**
homogeneidad *f.* homogeneity **10**
hondo/a *adj.* deep **3**
honrado/a *v.* honest **4**
hora del lonche *f.* lunch time **10**
horario de trabajo *m.* work schedule **7**
horóscopo *m.* horoscope **3**
huelga *f.* strike **6**
huir *v.* to flee **6**
humanidad *f.* humankind **10**
huracán *m.* hurricane **5**

I

ideales *m.* ideals **10**
idioma oficial *m.* official language **10**
igual *adj.* equal
igualdad *f.* equality **6**
ilusión *f.* hope **4**
imagen *f.* image, picture **3**
imparcial *adj.* impartial, unbiased **3**
importar *v.* to be important to;
  to matter
impuesto *m.* tax **7**
impunidad *f.* impunity **6**
inaudito/a *adj.* beyond belief **7**
incapaz *adj.* incompetent, incapable **7**
incendio *m.* fire **5**
incertidumbre *f.* uncertainty **10**
inconformista *m., f.* nonconformist **10**
incorporarse *v.* to sit up **6**
independizarse *v.* to gain
  independence **4**
indiferencia *f.* indifference **7**
inesperado/a *adj.* unexpected **2**
inestabilidad *f.* instability **10**
infidelidad *f.* unfaithfulness **1**
inflación *f.* inflation **7**
influencia *f.* influence **2**
influir *v.* to influence **6**
influyente *adj.* influential **3**
informática *f.* computer science **8**
informe *m.* report **6**
ingeniero/a *m., f.* engineer **8**
ingenuo/a *adj.* naïve **2**
ingresos *m., pl.* income **7**

injusticia *f.* injustice **6**
injusto/a *adj.* unfair **6**
inmigración *f.* immigration **10**
inmigrante *m., f.* immigrant **1**
innovador(a) *adj.* innovative **8**
inocencia *f.* innocence **9**
inolvidable *adj.* unforgettable **1**
inquietud *f.* uneasiness, restlessness
inseguro/a *adj.* insecure **1**
insistir (en) *v.* to insist (on)
insoportable *adj.* unbearable **4**
integración *f.* integration **10**
integrarse (a) *v.* to become part (of),
  to fit in, to integrate **10**
intentar *v.* to try **7**
interactivo/a *adj.* interactive **8**
intercambiar *v.* to exchange **7**
interesar *v.* to be interesting to;
  to interest
Internet *m.* Internet **3**
intoxicar *v.* to poison **5**
intrigante *adj.* intriguing **8**
intruso/a *m., f.* intruder **8**
inundación *f.* flood **5**
inventar *v.* to invent **8**
invento *m.* invention **8**
invertir (e:ie) *v.* to invest **7**
investigador(a) *m., f.* researcher **8**
investigar *v.* to research; to investigate **3**
invisible *adj.* invisible **9**
ir *v.* to go
  ir de copas *v.* to go have a drink **9**
irse (de) *v.* to go away (from)

J

jamás *adv.* never; not ever
jardín *m.* garden **10**
jefe/a *m., f.* boss **7**
joven *adj.* young
jubilarse *v.* to retire **7**
juego *m.* game **7**
  juego de mesa *m.* board game **9**
juez(a) *m., f.* judge **8**
juguete *m.* toy **7**
juicio *m.* judgment **6**
jurar *v.* to promise **10**
justicia *f.* justice **6**
justo/a *adj.* just, fair **2**
juventud *f.* youth **4**
juzgado *m.* court house **6**
juzgado/a *adj.* tried (legally) **6**
juzgar *v.* to judge **6**

L

ladrillo *m.* brick **8**
ladrón/ladrona *m., f.* thief **6**
lamentar *v.* to regret **4**
lastimar(se) *v.* to injure (oneself) **9**
lavarse *v.* to wash (oneself)
lazo *m.* tie **1**
leer *v.* to read

lengua *f.* language 4
   lengua materna *f.* mother tongue 10
león *m.* lion 5
letra *f.* lyrics 3
letrero *m.* sign, billboard 2
levantarse *v.* to get up
ley *f.* law 6
liberal *adj.* liberal 6
libertad *f.* freedom 6
   libertad de prensa *f.* freedom of
     the press 3
ligar *v.* to flirt; try to "pick up" 1
lío *m.* mess 7
llamar *v.* to call
llegar *v.* to arrive
lleno/a *adj.* full 2
llevar *v.* to carry, to take
   llevar (meses viviendo aquí) to
     have been (living here months)
   llevar a cabo to carry out 6
llevarse *v.* to carry away
   llevarse bien/mal/fatal to get
     along well/badly/terribly 1
lluvia ácida *f.* acid rain 5
locura *f.* craziness 8
locutor(a) de radio *m., f.* radio
   announcer 3
lograr *v.* to achieve 10
lotería *f.* lottery 9
lucha *f.* fight, struggle 6
luchar *v.* to fight 10
luego que *adv.* as soon as
lujo *m.* luxury 10
luna *f.* moon 5

M

madrastra *f.* stepmother 4
madrugada *f.* early morning 9
madurez *f.* maturity 4
maduro/a *adj.* mature 1
mal educado/a *adj.* ill-mannered 4
malgastar *v.* to waste 5
maltrato *m.* abuse, mistreatment 10
mandar *v.* to order
mandón/mandona *adj.* bossy 4
manejar *v.* to handle, drive
manera *v.* way
mano de obra *f.* manual labor 7
mantener *v.* to support, to maintain
mantenimiento *m.* maintenance 10
mantequilla *f.* butter 10
maqueta *f.* model 8
maquillarse *v.* to put on makeup
máquina *f.* machine 8
mar *m.* sea 5
marcar (un gol/un punto) *v.* to score
   (a goal/ a point) 9
marcharse *v.* to leave 7
marearse *v.* to get dizzy 10
martillo *m.* hammer 8
masificado/a *adj.* overcrowded 10
matar(se) *v.* to kill (oneself) 7

matemático/a *m.,f.* mathematician 8
matrimonio *m.* marriage 1
mayor *adj.* bigger; older
medicamento *m.* medicine 5
medio ambiente *m.* environment 5
medios de comunicación *m.* mass
   media 3
medio hermano/a *m., f.* half brother/
   sister 4
mejor *adj.* better
mejora *f.* improvement 10
mejorar *v.* to get better 5
menor *adj.* smaller; younger
mente *f.* mind 9
mentiroso/a *adj.* lying 1
mercado *m.* market 7
mercados mundiales *m., pl.* world
   markets 7
merecer (c:zc) *v.* to deserve 1
mesero/a *m., f.* waiter/waitress 2
meta *f.* goal 10
meterse *v.* to break in (to a
   conversation) 1
   meterse (en un vagón) *v.*
     to get into
metro *m.* subway 2
mezclar *v.* to mix 10
mientras *conj.* while
milonga *f.* type of dance music
   from Argentina 9
mimar *v.* to spoil 4
mina *f.* mine 7
mirada *f.* gaze 2; look
misa *f.* mass 9
mito *m.* myth 2
modo *m.* means, manner 8
molestar *v.* to bother; to annoy
monja *f.* nun 10
mono *m.* monkey 5
monolingüe *adj.* monolingual 10
montón *m.* bunch 10
morir (o:ue) *v.* to die
morirse (de) *v.* to die (of)
mostaza *f.* mustard 10
mudar *v.* to change
mudarse *v.* to move 1
muerte *f.* death 4
mujeriego *m.* womanizer 9
multa *f.* fine 8
Mundial *m.* World Cup 9
mundo *m.* world
museo *m.* museum 2
músico/a *m., f.* musician 9

N

nacimiento *m.* birth 4
nadie *pron.* no one
naipes *f.* playing cards 9
natalidad *f.* birthrate 10
nave espacial *f.* spacecraft 8
navegar la red *v.* to search the web 3
necesitar *v.* to need

negar (e:ie) *v.* to deny
niñero/a *m., f.* babysitter 7
niñez *f.* childhood 4
nivel de vida *m.* standard of living 10
nostalgia *f.* nostalgia 10
noticias internacionales *f., pl.*
   international news 3
noticias locales *f., pl.* local news 3
noticias nacionales *f., pl.* national
   news 3
novedad *f.* new development 8
nuca *f.* nape of the neck 6
nuera *f.* daughter-in-law 4
nunca *adv.* never; not ever

O

obedecer *v.* to obey
obra de teatro *f.* theater play 9
ocio *m.* leisure 9
odiar *v.* to hate 1
oficinista *m., f.* office worker 7
oír *v.* to hear, to listen
ojalá *interj.* I hope so
olor *m.* smell 9
olvidar *v.* to forget 4
olvidarse (de) *v.* to forget (about)
olvido *m.* forgetfulness, oblivion 1
opinar *v.* to think 3
oponerse (a) *v.* to oppose
opresión *f.* oppression 4
oprimido/a *adj.* oppressed 6
oración *f.* sentence
orgullo *m.* pride 6
orgulloso/a *adj.* proud 1
otorgar *v.* to grant 6
oveja *f.* sheep 5
ovni *m.* U.F.O. 8
oyente *m., f.* listener 3

P

paciencia *f.* patience 10
pacífico/a *adj.* peaceful 6
padrastro *m.* stepfather 4
paisaje *m.* landscape, scenery 5
pájaro *m.* bird 5
pan *m.* bread 10
pantalla *f.* screen 3
parada (de metro, de autobús)
   f. (subway, bus) stop 2
parar *v.* to stop 2
parcial *adj.* biased 3
parcialidad *f.* bias 3
parecer *v.* to seem
parecerse (c:zc) *v.* to resemble,
   to look like 2, 4
pared *f.* wall 8
pareja *f.* couple 1
pariente *m.* relative 4
parque de atracciones *m.*
   amusement park 9
partido político *m.* political party 6

partirse de risa *v.* to split one's sides laughing 7
pasajero/a *adj.* fleeting 1; *m., f.* passenger 2
pasamontañas *m.* ski mask 3
pasar *v.* to pass 9
pasarlo bien/mal *v.* to have a good/ bad time 2
pata de conejo *f.* rabbit's foot 5
patear *v.* to kick 9
patente *f.* patent 8
patria *f.* home country 1, 4
paz *f.* peace 6
peatón/peatona *m., f.* pedestrian 2
pedazo *m.* piece 5
    pedazo de lata *m.* piece of junk 8
pedir (e:i) *v.* to ask for
    pedir prestado *v.* to borrow 7
pegar *v.* to hit 8
peinarse *v.* to comb (one's hair)
pelear(se) *v.* to fight 4, 6
película *f.* movie 3
peligro *m.* danger 5
peligroso/a *adj.* dangerous
peor *adj.* worse
pepinillo *m.* pickle 10
pequeño/a *adj.* small
perder (e:ie) *v.* to lose
    perder el tiempo to waste time 7
    perder las elecciones to lose elections 6
    perder un partido to lose a game 9
perdonar *v.* to forgive 6
perezoso/a *adj.* lazy 7
periódico *m.* newspaper 3
periodista *m., f.* journalist 3
permitir *v.* to allow 2
perspectiva *f.* perspective
pertenecer (c:zc) *v.* to belong 10
petróleo *m.* oil 5
pez *m.* fish 5
piedra (esculpida) *f.* sculpted stone 8
pista de baile *f.* dance floor 3
pistola *f.* gun; pistol 7
planeta *m.* planet 8
planificar *v.* to plan 8
plano *m.* blueprint, plan 8
plantar *v.* to plant 4
plata *f.* money (*Am. L.*) 8
plaza *f.* square 2
población *f.* population 10
poblar (o:ue) *v.* to settle; to populate 2
pobreza *f.* poverty 7
poco ético/a *adj.* unethical 8
podar *v.* to prune 4
poder *m.* power 6; **poder (o:ue)** *v.* to be able to, can
poderoso/a *adj.* powerful 4
polémica *f.* controversy 10
policía/mujer policía *m., f.* policeman/woman 2

política *f.* politics 6
político/a *m., f.* politician 6
poner *v.* to put
    poner en marcha to set in motion 7
    poner un disco compacto to play a CD 9
ponerse *v.* to make an effort (*Spain*); to put on (clothing)
    ponerse pesado/a to become annoying 1
por delante *adv.* ahead of 10
por primera/última vez. for the first/ last time 3
por su cuenta on his/her own 1
portada *f.* front page, cover 3
portarse *v.* to behave 7
porvenir *m.* future 5
potable *adj.* drinkable 5
práctico/a *adj.* useful; practical 8
precendir *v.* to do without 10
predecir (e:i) *v.* to predict 10
preferir (e:ie) *v.* to prefer
prejuicio social *m.* social prejudice 4
prensa (sensacionalista) *f.* (sensationalist) press 3
preocupado/a (por) *adj.* worried (about) 1
preocuparse (por) *v.* to worry (about) 5
presenciar *v.* to witness 6
presidente/a *m., f.* president 6
presionado/a *adj.* pressured 10
preso/a *m., f.* prisoner 5
prestar *v.* to lend 7
presupuesto *m.* budget 7
prevenir (e:ie) *v.* to prevent 5
previsto/a *adj.* foreseen 10
primo/a *m., f.* cousin 4
producir (c:zc) *v.* to produce
programa *m.* program 3
progreso *m.* progress 10
prohibir *v.* to prohibit
promover (o:ue) *v.* to promote 7
promulgar *v.* to enact (a law) 6
proponer *v.* to propose
protagonista *m., f.* main character 1
proteger(se) *v.* to protect (oneself) 5
protegido/a *adj.* protected 5
protestar *v.* to protest 10
proveniente *adj.* (coming) from 10
prueba *f.* proof 9
publicar *v.* to publish 3
publicidad *f.* advertising 3
público *m.* public 3
puente *m.* bridge 2
puesto *m.* position, job 7
pulmón *m.* lung 5
puro/a *adj.* pure, clean 5

Q

quedar *v.* to be located 2; to be left over
    quedar en *v.* to agree (to)
quedarse *v.* to stay 2; to fit (clothing)
quejarse (de) *v.* to complain (about) 4
quemar *v.* to burn (a CD) 8
querer (e:ie) *v.* to love; to want 1
querer(se) (e:ie) *v.* to love (each other) 1
químico/a *m.,f.* chemist 8
quitar *v.* remove 4
quitarse *v.* to take off (clothing)

R

rabia *f.* anger 6
radio *m.* radio 3
radioemisora *f.* radio station 3
raíz *f.* root 4
rancho *m.* ranch 10
raro/a *adj.* strange, odd 4
rascacielos *m.* skyscraper 2
rasgos *m., pl.* features 3
rata *f.* rat 5
ratos libres *m., pl.* free time 9
razón *f.* reason 10
realizar *v.* to carry out 8
realizarse *v.* to become true 4
rebelde *adj.* rebellious 4
receta *f.* recipe 4
rechazar *v.* to reject 10
reciclaje *m.* recycling 5
reciclar *v.* to recycle 5
recomendar *v.* to recommend
reconocer (c:zc) *v.* to recognize 10
recorrer *v.* to travel (around a city) 2
recorrido *m.* route, trip 9
recreo *m.* recreation 9
recuerdo *m.* memento/souvenir 1
recursos *m., pl.* resources
red *f.* the web 8
    red de apoyo *f.* support network 1
redactor(a) *m., f.* editor 3
redondo/a *adj.* round 3
reemplazar *v.* to replace 8
regañar *v.* to scold 4
regresar *v.* to return
regreso *m.* return 8
relajarse *v.* to relax 2
religión *f.* religion 4
remedio *m.* remedy 5
remodelar *v.* to remodel 8
rencor *m.* resentment 6
renovable *adj.* renewable 5
renunciar *v.* to quit 7
repentino/a *adj.* sudden 2
repetir *v.* to repeat
reportaje *m.* news report 3
reportero/a *m., f.* reporter 3
reproductor de DVD *m.* DVD player 8
requisar *v.* to confiscate 6
rescatado/a *adj.* rescued 6

resentido/a *adj.* upset **5**
residir *v.* to reside **2**
resolver (o:ue) *v.* to solve,
    to resolve **5**
respetar *v.* to respect **4**
respirar *v.* to breathe **5**
reto *m.* challenge **5**
reunión *f.* meeting **7**
reunirse (con) *v.* to get together (with) **9**
revista *f.* magazine **3**
revolucionario/a *adj.* revolutionary **8**
riesgo *m.* risk **1**
rifle *m.* rifle **5**
río *m.* river **5**
riqueza *f.* wealth **7**
ritmo *m.* rhythm **3**
rito sagrado *m.* sacred ritual **4**
rivalidad *f.* rivalry **9**
robar *v.* to rob **3**
robo *m.* robbery **3**
rodar (o:ue) *v.* to film **3**
rodeado/a *adj.* surrounded **9**
rodear *v.* to surround **4**
rogar (o:ue) *v.* to beg; to plead
romper (con) *v.* to break up (with) **1**
rueda *f.* wheel
ruido *m.* noise **9**
ruidoso/a *adj.* noisy **2**
rutina diaria *f.* daily routine **5**

S

saber *v.* to know
sacerdote *m.* priest **4**
sacrificar *v.* to sacrifice **4**
salida *f.* exit **5**
salir *v.* to leave
    salir a comer to go out to eat **9**
    salir a la venta to go on sale **3**
    salir (con) to go out (with) **1**
saltar *v.* to jump **9**
salvar *v.* to save **4**
sangre *f.* blood **3**
secarse *v.* to dry off
seco/a *adj.* dry **5**
secuestrar *v.* to kidnap **6**
secuestro *m.* kidnapping **6**
seguir *v.* to follow
seguridad *f.* security, safety **6**
seguro/a *adj.* secure; confident **1**
sellar *v.* to stamp **7**
sello *m.* stamp **7**
selva *f.* jungle **5**
semáforo *m.* traffic light **2**
semejante *adj.* similar **10**
semilla *f.* seed **5**
sensible *adj.* sensitive **1**
sentimiento *m.* feeling **1**
sentir (e:ie) *v.* to be sorry
sentirse (e:ie) *v.* to feel **1**
señal *f.* sign **9**
señalar *v.* to point to, to signal **3**
separado/a *adj.* separated **1**

sequía *f.* drought **5**
ser (*irreg.*) *v.* to be
    ser humano *m.* human being **3**
    ser parcial *v.* be biased **3**
serpiente *f.* snake **5**
serrar (e:ie) *v.* to saw **4**
sí mismo himself/herself **4**
siempre *adv.* always
    siempre que *conj.* as long as
siglo *m.* century
significar *v.* to mean **2**
silbar (a) *v.* to whistle (at) **9**
simbolizar *v.* to symbolize **5**
símbolo *m.* symbol **5**
similitud *f.* similarity **10**
sin embargo *conj.* but, nevertheless
sindicato *m.* labor union **7**
sintetizador *m.* synthesizer **3**
sitio web *m.* website **3**
smog *m.* smog **5**
sobre todo *adv.* above all **5**
sobrecalentamiento *m.* overheating **5**
sobrepoblación *f.* overpopulation **10**
sobresalir *v.* to excel **10**
sobrevivir *v.* to survive **4**
sobrino/a *m., f.* nephew/niece **4**
socio/a *m., f.* partner; member **7**
sol *m.* sun **5**
soledad *f.* loneliness **2**
soler (o:ue) *v.* to be in the habit of,
    to be accustomed to
solicitar *v.* to apply for **7**
solidaridad *f.* solidarity **6**
solo/a *adj.* alone **10**
soltero/a *adj.* single **1**
soñador(a) *m., f.* dreamer **7**
soñar (o:ue) *v.* to dream **8**
    soñar con *v.* to dream about **1**
soportar *v.* to withstand; to put up
    with **4**
sorprender *v.* to surprise
sorprenderse (de) *v.* to be surprised
    (about)
sospechar *v.* to suspect **7**
sospechoso/a *adj.* suspicious **8**
subir *v.* to go up; to get on (a bus) **2**;
    to raise **9**
subtítulos *m., pl.* subtitles **3**
suburbio *m.* suburb **2**
suceder *v.* to happen
suceso *m.* incident **3**
suegro/a *m., f.* father/mother-in-law **4**
sueldo (mínimo) *m.* (minimum) wage **7**
sueño *m.* sleep; dream
sugerir *v.* to suggest
sumiso *adj.* submissive **4**
superar *v.* to overcome **4**
superarse *v.* to better oneself **10**
superpoblación *f.* overpopulation
supervivencia *f.* survival **8**
suponer *v.* to suppose
surgir *v.* to emerge, to arise **10**
sustituir *v.* substitute **8**

T

tacaño/a *adj.* cheap/stingy **1**
tamaño *m.* size **8**
también *adv.* also; too
tambor *m.* drum **3**
tampoco *adv.* neither; not either
tan pronto como *adv.* as soon as
tanque *m.* tank **5**
tardar en *v.* to take time (to)
tarjeta *f.* card
    tarjeta de crédito *f.* credit card **7**
    tarjeta de débito *f.* debit card **7**
teatro *m.* theater **9**
techo *m.* roof **5**
teléfono celular *m.* cell phone **8**
telenovela *f.* soap opera **3**
telepatía *f.* telepathy **9**
telescopio *m.* telescope **8**
televidente *m., f.* television viewer **3**
televisión *f.* television **3**
televisor *m.* television set **3**
temer *v.* to fear
temor *m.* fear **6**
tempestuoso/a *adj.* stormy **1**
temporada *f.* season **3**
tendero/a *m., f.* storekeeper **7**
tener (*irreg.*) *v.* to have
    tener buena/mala fama to have a
        good/bad reputation **3**
    tener celos (de) to be jealous
        (of) **1**
    tener conexiones to have
        connections; to have influence **7**
    tener derecho a to have the right
        to **6**
    tener ganas de to feel like
    tener miedo (de) to be afraid of
    tener prisa to be in a hurry
    tener vergüenza (de) to be
        ashamed (of) **1**
teoría *f.* theory **8**
terremoto *m.* earthquake **5**
terreno *m.* terrain **8**
territorio *m.* territory **10**
terrorismo *m.* terrorism **6**
terrorista *m., f.* terrorist **6**
tiempo libre *m.* free time **9**
tienda *f.* store
tierra *f.* land **5**
Tierra *f.* Earth **5**
tigre *m.* tiger **5**
timidez *f.* shyness **2**
tímido/a *adj.* shy **1**
tío/a (abuelo/a) *m., f.* (great) uncle/
    aunt **4**
tira cómica *f.* comic strip **3**
titular *m.* headline **3**
tocar *v.* to play (an instrument) **3**
tomar *v.* to take
    tomar una copa to have a drink **9**
    tomar el pelo to pull someone's
        leg **10**

tóxico/a *adj.* toxic **5**
traducir *v.* to translate
traer *v.* to bring
tráfico *m.* traffic **2**
trampa *f.* trap **6**
tranquilo/a *adj.* calm **1**
transporte público *m.* public
    transportation **2**
trasladar *v.* to move **4**
trasmitir *v.* to broadcast **3**
tratar de *v.* to try (to)
tratarse de *v.* to be about **5**
tribunal *m.* court **6**
trompeta *f.* trumpet **3**
tronco *m.* trunk **4**
tubería *f.* piping **5**

U

ubicado/a *adj.* located **8**
último/a *adj.* last
único/a *adj.* only; extraordinary
unido/a *adj.* close-knit **4**
universo *m.* universe **8**
urbanizar *v.* to urbanize **5**

V

vaca *f.* cow **5**
vacío/a *adj.* empty **2**
vago/a *m.,f.* slacker **8**
valer la pena *v.* to be worth it **9**
valor *m.* courage **6**; value
valorar *v.* to appreciate, to value **10**
vanguardia *f.* vanguard **8**
variedad *f.* variety **10**
vejez *f.* old age **4**
vencer *v.* to defeat **9**
vendedor(a) *m., f.* salesman/woman **7**
vender *v.* to sell
venganza *f.* revenge **6**
vengarse *v.* to take revenge **6**
venir *(irreg.)* *v.* to come
ventanilla *f.* ticket window **1**
ver *v.* to see
vergüenza *f.* embarrassment **2**
vestirse (e:i) *v.* to get dressed
viajar *v.* to travel
víctima *f.* victim **6**
victoria *f.* victory **6**
victorioso/a *adj.* victorious **6**
vida nocturna *f.* nightlife **2**
video musical *m.* music video **3**
videojuego *m.* video game **9**
viejo/a *adj.* old
vigilar *v.* to watch **5**; to guard
violencia *f.* violence **6**
violonchelo *m.* cello **3**
virtual *adj.* virtual **8**
viudo/a *adj.* widowed **1**; *m.,f.*
    widower/widow **9**
vivienda *f.* housing **2**
vivir *v.* to live

volar (o:ue) *v.* to fly **7**
voltear *v.* turn back **7**
voluntad *f.* will **1**
votar *v.* to vote **6**

Y

yerno *m.* son-in-law **4**

Inglés-Español

A

abolish (a law) derogar (una ley) *v.* **6**
above all sobre todo *adv.* **5**
abuse abusar *v.* **6;** maltrato *m.* **10**
abuse of power abuso de poder *m.* **6**
accent acento *m.* **10**
accountant contador(a) *m., f.* **7**
accused acusado/a *adj.* **6**
accustomed to soler (o:ue) *v.*
ache doler (o:ue) *v.*
achieve lograr *v.* **10**
acid rain lluvia ácida *f.* **5**
act actuar *v.* **9**
activist activista *m., f.* **6**
actor/actress actor/actriz *m., f.* **3**
adapt acomodarse *v.* **10;** adaptarse *v.* **10**
add añadir *v.*
address dirección *f.* **2**
advance avance *m.* **8**
advanced avanzado/a *adj.* **8**
advertisement anuncio *m.* **3**
advertising publicidad *f.* **3**
advise aconsejar *v.*
advisor asesor(a) *m., f.* **7**
affectionate cariñoso/a *adj.* **1**
after después (de) que *conj.*
age edad *f.*
agree acordar (o:ue) *v.;* estar de acuerdo; quedar en
ahead of por delante *adv.* **10**
aim apuntar *v.* **5**
alien extraterrestre *m.* **8**
all of a sudden de repente *adv.*
allegory alegoría *f.* **6**
allow permitir *v.* **2**
alone solo/a *adj.* **10**
also también *adv.*
although aunque *conj.*
always siempre *adv.*
amuse oneself entretenerse (e:ie) *v.* **9**
amusement park parque de atracciones *m.* **9**
ancestor antepasado *m.* **4**
angel ángel *m.* **3**
anger rabia *f.* **6**
angry enojado/a *adj.* **1**
   get angry enojarse *v.* **1**
annoy molestar *v.;* dar lata *v.* **10**
annoying pesado/a *v.*
   become annoying ponerse pesado/a *v.* **1**
anticipate anticipar *v.* **10**
anxious ansioso/a *adj.* **1**
anything algo *pron.*
apologize disculparse *v.* **5**
appear aparecer *v.*
applaud aplaudir *v.* **9**
apply for solicitar *v.* **7**
appreciate valorar *v.* **10**
approach acercarse *v.* **6**

argue discutir *v.* **1**
arise surgir *v.* **10**
army ejército *m.* **6**
arrive llegar *v.*
as long as siempre que *conj.*
as soon as en cuanto *adv.;* luego que *adv.;* tan pronto como *adv.*
ashamed (of) tener vergüenza (de) *v.* **1**
ask for pedir (e:i) *v.*
assimilate asimilarse *v.* **10**
assimilation asimilación *f.* **10**
astronaut astronauta *m., f.* **8**
astronomer astrónomo/a *m., f.* **8**
athlete atleta *m., f.* **9;** deportista *m., f.* **9**
ATM cajero automático *m.* **7**
   ATM card tarjeta de débito *f.* **7**
attain alcanzar *v.* **8;** lograr *v.* **10**
attitude actitud *f.* **10**
attract atraer *v.* **10**
avenue avenida *f.* **2**

B

babysitter niñero/a *m., f.* **7**
balcony balcón *m.* **9**
ball balón *m.* **9**
band conjunto *m.* **9;** grupo musical *m.* **9**
bankrupt bancarrota *f.* **7**
bass bajo *m.* **3**
battle batalla *f.* **6**
be estar (*irreg.*) *v.;* ser (*irreg.*) *v.*
   be able to poder (o:ue)
   be about tratarse de **5**
   be accustomed acostumbrar **2**
   be afraid (of) tener (e:ie) miedo (de)
   be bored aburrirse
   be contagious contagiar **5**
   be fed up estar harto/a **1**
   be grateful agradecer (c:zc) **4**
   be happy (about) alegrarse (de)
   be in a hurry tener (e:ie) prisa
   be in the habit of soler (o:ue)
   be jealous (of) tener (e:ie) celos (de) **1**
   be left over quedar
   be located quedar **2**
   be lost estar perdido/a **2**
   be on sale estar a la venta **7**
   be pregnant estar embarazada **10**
   be promoted ascender **7**
   be satisfied (with) contentarse (con) **1**
   be sick of estar harto/a de **1**
   be sorry sentir (e:ie); arrepentirse (e:ie) **3**
   be surprised (about) sorprenderse (de)
   be suspicious desconfiar **10**
   be under pressure estar bajo presión **7**
   be worth it valer la pena **9**
beat (a drum) golpear *v.* **3**
beautiful bello/a *adj.* **5**

become convertirse (e:ie) (en) *v.*
   become annoying ponerse pesado/a **1**
   become embarrassed dar pena **10**
   become enriched enriquecerse (c:zc) **10**
   become extinct extinguirse **5**
   become informed about enterarse (de) **3**
   become part (of) integrarse (a) **10**
   become true realizarse **4**
beg rogar (o:ue) *v.*
begin empezar (e:ie) *v.*
behave portarse *v.* **7;** comportarse *v.* **10**
belief creencia *f.* **4, 6**
belong pertenecer (c:zc) *v.* **10**
bet apostar (o:ue) *v.* **9;** apuesta *f.* **9**
better mejor *adj.*
   better oneself superarse *v.* **10**
beyond belief inaudito/a *adj.* **7**
bias parcialidad *f.* **3**
   be biased ser parcial *v.* **3**
bigger mayor *adj.*
bilingual bilingüe *adj.* **10**
billboard letrero *m.* **2**
biochemical bioquímico/a *adj.* **8**
biologist biólogo/a *m., f.* **8**
bird ave, pájaro *m.* **5**
birth nacimiento *m.* **4**
birthrate natalidad *f.* **10**
blackmail chantajear *v.* **6**
blind date cita a ciegas *f.* **1**
blood sangre *f.* **3**
blueprint plano *m.* **8**
blush enrojecer (c:zc) *v.* **2**
board game juego de mesa *m.* **9**
border frontera *f.* **10**
bore aburrir *v.*
boring aburrido/a *adj.* **9**
borrow pedir prestado *v.* **7**
boss jefe/a *m., f.* **7**
bossy mandón/mandona *adj.* **4**
bother molestar *v.;* dar lata *v.* **10**
bottom fondo *m.*
bowling boliche *m.* **9**
box caja *f.* **1**
bread pan *m.* **10**
break in (to a conversation) meterse *v.* **1**
break up (with) romper (con) *v.* **1**
breakthrough avance *m.* **8**
breathe respirar *v.* **5**
brick ladrillo *m.* **8**
bridge puente *m.* **2**
bring traer *v.*
broadcast emisión *f.* **3;** trasmitir *v.* **3**
brother-in-law cuñado *m.* **4**
brush (one's hair) cepillarse (el pelo) *v.*
budget presupuesto *m.* **7**
build construir *v.*
building edificio *m.* **2**
bunch montón *m.* **10**
buried enterrado/a *adj.* **9**

burn (a CD) quemar *v.* **8**
bury enterrar (e:ie) *adj.* **9**
business negocio *m.*
   Business Administration
     Comercio *m.* **7**
   business chain cadena comercial
     f. **7**
   businessman/woman hombre/
     mujer de negocios *m., f.* **7**
butter mantequilla *f.* **10**
button botón *m.* **7**
buy comprar *v.*

C

call convocar *v.* **3**; llamar *v.*
calm tranquilo/a *adj.* **1**
can poder (o:ue) *v.*
capable capaz *adj.* **7**
car coche *m.* **4**
cards cartas *f.* **9**
care cuidar *v.* **1**; cuidado *m.* **2**
   take care of cuidar **1**
   take care of oneself cuidarse
careful cuidadoso/a *adj.* **1**
caress acariciar *v.* **9**
carry llevar *v.*
   carry away llevarse *v.*
   carry out llevar a cabo *v.* **6**;
     realizar *v.* **8**
cash guita (*Arg.*) *f.* **8**
cashier cajero/a *m., f.* **2**
casket ataúd *m.* **9**
cause causa *f.* **10**
CD-ROM cederrón *m.* **8**
celebrate celebrar *v.* **9**; festejar *v.* **9**
cell célula *f.* **8**
cell phone teléfono celular *m.* **8**
cello violonchelo *m.* **3**
censorship censura *f.* **3**
challenge reto *m.* **5**; desafío *m.* **8**;
   desafiar *v.* **9**
championship campeonato *m.* **9**
change mudar *v.*
channel canal *m.* **3**
chaos caos *m.* **10**
chapel capilla *f.* **9**
character carácter *m.* **4**
characteristic característica *f.* **2**
charge cobrar *v.* **7**
chat charlar *v.* **9**
cheap tacaño/a *adj.* **1**
checking account cuenta corriente *f.* **7**
chemist químico/a *m., f.* **8**
childhood niñez *f.* **4**
choke ahogarse *v.* **5**
choose escoger *v.;* elegir (e:i) *v.*
citizen ciudadano/a *m., f.* **2**
city ciudad *f.* **2**
   city block cuadra *f.* **2**
   city hall ayuntamiento *m.* **2**
civil war guerra civil *f.* **6**
civilization civilización *f.* **4**

claw garra *f.* **9**
clay barro *m.* **8**
clean puro/a *adj.* **5**
climate clima *m.* **9**
clone clon *m.* **8**; clonar *v.* **8**
close-knit unido/a *adj.* **4**
coast costa *f.* **5**
coexist convivir *v.* **2**
coexistence convivencia *f.* **10**
collect coleccionar *v.* **9**
comb (one's hair) peinarse (el pelo) *v.*
combatant combatiente *m., f.* **6**
come venir (e:ie) *v.;* acudir *v.* **6**
comedy comedia *f.* **9**
comfortable cómodo/a *adj.* **10**
comic strip tira cómica *f.* **3**
coming from proveniente *adj.* **10**
commerce comercio *m.* **7**
commit (a crime) cometer (un
   crimen) *v.* **3**
commitment compromiso *m.* **1**
company compañía *m.* **7**
complain (about) quejarse (de) *v.* **4**
comprehensive comprensivo/a *adj.* **7**
computer computadora *f.*
   computer science informática *f.* **8**
computerized computarizado/a *adj.* **8**
conceal disimular *v.* **2**
concert concierto *m.* **9**
confident seguro/a *adj.* **1**
confiscate requisar *v.* to **6**
confrontation enfrentamiento *m.* **6**
conquest conquista *f.* **4**
conservative conservador(a) *adj.* **6**
consultant asesor(a) *m., f.* **7**
consume consumir *v.* **7**
contented (with) contentarse (con) *v.* **1**
contribute contribuir *v.* **8**
controversial controvertido/a *adj.* **3**
controversy polémica *f.* **10**
convince (oneself) convencer(se) *v.* **10**
cooperate cooperar *v.* **2**
corner esquina *f.* **2**
count on contar (o:ue) con *v.* **1**
coup d'état golpe de estado *m.* **6**
couple pareja *f.* **1**
courage valor *m.* **6**; coraje *m.* **10**
court tribunal *m.* **6**
   court house juzgado *m.* **6**
cousin primo/a *m., f.* **4**
cover portada *f.* **3**
cow vaca *f.* **5**
crash choque *m.* **2**
craziness locura *f.* **8**
create crear *v.* **8**
credit card tarjeta de crédito *f.* **7**
crime delito *m.* **6**
cross cruzar *v.* **2**
   crossroads encrucijada *f.* **3**
   cross country skiing esquí de
     fondo *m.* **9**
cruelty crueldad *f.* **6**
cruise ship crucero *m.* **9**

culprit culpable *m., f.* **6**
cultural heritage herencia cultural *f.* **10**
cure curar *v.* **8**
current events actualidad *f.* **3**
custom costumbre *f.* **2**
customs aduana *f.* **10**
cut cortar *v.* **10**
cyber space ciber espacio *m.* **8**

D

daily cotidiano/a *adj.* **2**
   daily routine rutina diaria *f.* **5**
dance bailar *v.*
   dance club discoteca *f.* **2**
   dance floor pista de baile *f.* **3**
danger peligro *m.* **5**
dangerous peligroso/a *adj.*
dare (to) atreverse (a) *v.* **2**
daring atrevido/a *adj.* **2**
darts dardos *v.* **9**
date cita *f.* **1**
   blind date cita a ciegas *f.* **1**
daughter-in-law nuera *f.* **4**
dawn amanecer (c:zc) *m.* **9**
death muerte *f.* **4**
debit card tarjeta de débito **7**
debt deuda *f.* **7**
deceive engañar *v.* **3**
decrease disminuir *v.* **10**
dedicate onself to dedicarse a *v.* **6**
deep hondo/a *adj.* **3**
defeat derrotar *v.* **6**; vencer *v.* **9**
defend defender (e:ie) *v.* **6**
deforestation deforestación *f.* **5**
defrost (oneself) descongelar(se) *v.* **8**
demand exigir *v.* **7**
demanding exigente *adj.* **4**
democracy democracia *f.* **6**
deny negar (e:ie) *v.*
department store almacén *m.* **7**
deposit depositar *v.* **7**
depressed deprimido/a *adj.* **1**
desert desierto *m.* **5**
deserve merecer (c:zc) *v.* **1**;
   merecer(se) *v.* **6**
design diseño *m.* **9**
desire desear *v.;* deseo *m.* **1**
desperate desesperado/a *adj.* **7**
despite a pesar de (que) *prep.*
destination destino *m.* **9**
destroy destruir *v.* **5**; destrozar *v.* **6**
determined decidido/a *adj.* **2**
develop desarrollar *v.* **3**
development desarrollo *m.* **5**
   new development novedad *f.* **8**
Devil Diablo *m.* **3**
dialogue diálogo *m.* **10**
diamond diamante *m.* **7**
dictatorship dictadura *f.* **6**
die morir (o:ue) *v.*
   die (of) morirse (de) *v.*
diet alimentación *f.*

different distinto/a *adj.* 10
difficult duro/a *adj.* 8
digital camera cámara digital *f.* 8
dignified digno/a *adj.* 4
diminish disminuir *v.* 10
director director/a *m., f.* 3
disappear desaparecer (c:zc) *v.* 5
disappearance desaparición *f.* 4
disappointment decepción *f.* 4
discover descubrir *v.* 8
discovery descubrimiento *m.* 8
disdain desdén *m.* 4
dismiss expulsar *v.* 7
disposable desechable *adj.* 5
distinguish distinguir *v.*
diversity diversidad *f.* 10
divorce divorcio *m.* 1
  divorce (from) divorciarse (de) *v.* 1
divorced divorciado/a *adj.* 1
DNA ADN *m.* 8
do hacer *v.*
  do without precendir *v.* 10
documentary documental *m.* 3
dominate dominar *v.* 9
doubt dudar *v.*
dough guita (*Arg.*) *f.* 8
downhill skiing esquí alpino *m.* 9
download descargar *v.* 8
drawing dibujo *m.*
dream sueño *m.;* soñar (o:ue) *v.* 8
  dream about soñar con *v.* 1
dreamer soñador(a) *m., f.* 7
drink tomar, beber *v.*
  drink a toast brindar *v.* 9
drinkable potable *adj.* 5
drive conducir (c:zc) *v.;* manejar *v.*
driver conductor(a) *m., f.* 2
drought sequía *f.* 5
drum tambor *m.* 3
drunk borracho/a *adj.* 2
dry seco/a *adj.* 5
  dry off secarse *v.*
due to debido a *prep.* 10
duel duelo *m.* 6
DVD player reproductor de DVD *m.* 8

E

early morning madrugada *f.* 9
earn a living ganarse la vida *v.* 7
Earth Tierra *f.* 5
earthquake terremoto *m.* 5
eat comer *v.*
  eat up comerse *v.*
economic crisis crisis económica *f.* 7
editor redactor/a *m., f.* 3
elect elegir *v.* 6
e-mail address dirección electrónica
  f. 8
embarrassment vergüenza *f.* 2
  become embarrassed dar(se) pena
    10; avergonzado/a *adj.*
emerge surgir *v.* 10

emigrant emigrante *m., f.* 10
emigrate emigrar *v.* 1
employee empleado/a *m., f.* 7
empty vacío/a *adj.* 2
enact (a law) promulgar (una ley) *v.* 6
endangered species especies en
  peligro de extinción *f.* 5
ending desenlace *m.* 2
energy energía *f.*
  energy consumption consumo de
    energía *m.* 5
  energy source fuente de energía *f.* 5
engineer ingeniero/a *m., f.* 8
enjoy disfrutar de *v.* 2
enrich enriquecer (c:zc) *v.*
entertain entretener (e:ie) *v.* 3
entertaining entretenido/a *adj.* 9
envious envidioso/a *adj.* 8
environment medio ambiente *m.* 5
equal igual *adj.*
equality igualdad *f.* 6
erase borrar *v.* 8
erosion erosión *f.* 5
essay ensayo *m.*
establish oneself establecerse
  (c:zc) *v.* 10
ethical ético/a *adj.* 8
ethnic group etnia *f.* 4
event acontecimiento *m.* 3
everyday cotidiano/a *adj.* 2
excel sobresalir *v.* 10
exchange intercambiar *v.* 7
excited emocionado/a *adj.* 1
excluded excluido/a *adj.* 10
execution ejecución *f.* 6
executive ejecutivo/a *m., f.* 7
exercise ejercer *v.* 6
exert (power) ejercer (el poder) *v.* 6
exhausted agotado/a *adj.* 7
exile exilio *m.* 6
exiled exiliado/a *adj.* 6
exit salida *f.* 5
expect anticipar *v.* 10
expel expulsar *v.* 7
experiment experimento *m.* 8
explore explorar *v.* 8
export exportar *v.* 7
extraordinary único/a *adj.*
extreme sports deportes extremos
  m., pl. 9

F

factory fábrica *f.* 7
failure fracaso *m.* 6
faint desmayarse *v.* 10
fair justo/a *adj.* 2, 6; feria *f.* 9
faith fe *f.* 4
fall caer *v.*
  fall asleep dormirse *v.*
  fall in love (with) enamorarse (de)
    v. 1
fame fama *f.* 3

fan aficionado/a *adj.* 9
fantasy fantasía *f.* 3
farm granja *f.* 7; cultivar *v.* 4
farming cultivo *m.* 4
fascinate fascinar *v.*
father-in-law suegro *m.* 4
fault culpa *f.* 7
fear temer *v.;* temor *m.* 6
feature facción *f.* 2
features rasgos *m., pl.* 3
feed alimentar *v.* 8
feel sentirse (e:ie) *v.* 1
  feel like tener (e:ie) ganas de *v.*
feeling sentimiento *m.* 1
fellow compañero/a *m., f.* 6
field cancha *f.* 9
fight pelearse *v.* 4; lucha *f.* 10;
  fight a duel batirse en duelo *v.* 6
film filmar, rodar (o:ue) *v.* 3
  film critic crítico/a de cine *m., f.* 3
  short film cortometraje/corto *m.* 1
financial financiero/a *adj.* 7
find out averiguar *v.* 1
  find out (about) enterarse (de) *v.*
fine multa *f.* 8
fire incendio *m.* 5; fuego *m.* 9;
  despedir (e:i) *v.* 7
  fire station estación de bomberos *f.* 2
fish pez *m.* 5
fit caber *v.;* quedar *v.*
  fit in integrarse *v.* 10
fix arreglar *v.* 10
flag bandera *f.* 6
flat roof azotea *f.* 6
flee huir *v.* 6
fleeting pasajero/a *adj.* 1
flirt coquetear *v.* 1; ligar *v.* 1
float flotar *v.* 7
flood inundación *f.* 5
flute flauta *f.* 3
fly volar (o:ue) *v.* 7
folk healer curandero/a *m., f.* 5
follow seguir (e:i) *v.*
food alimento *m.* 7; comida
for the first/last time por primera/
  última vez 3
force fuerza *f.* 6
forced forzado/a *adj.* 10
foreigners extranjeros *m., pl.*
foreseen previsto/a *adj.* 10
forget olvidar *v.* 4
  forget (about) olvidarse (de) *v.*
forgetfulness olvido *m.* 1
forgive perdonar *v.* 6
forward (sport position) delantero/a
  m., f. 9
free time tiempo libre *m.* 2; ratos
  libres *m., pl.* 9
freedom libertad *f.* 6
  freedom of the press libertad de
    prensa *f.* 3
freeze (oneself) congelar(se) *v.* 8
friar (monk) fraile (Fray) *m.* 4

friendship amistad *f.* 1
front page portada *f.* 3
fuel combustible *m.* 5
fulfill (a dream) alcanzar (un sueño) *v.* 10
full lleno/a *adj.* 2
funny gracioso/a *adj.* 1
further end fondo *m.*
future porvenir *m.* 5

G

gain independence independizarse *v.* 4
game juego *m.* 7
garden jardín *m.* 10
gas station gasolinera *f.* 7
gaze mirada *f.* 2
gender género *m.* 4
gene gen *m.* 8
  genetics genética *f.* 8
generation gap brecha generacional *f.* 4
genre género *m.* 3
get conseguir (e:i) *v.*
  get along well/badly/terribly llevarse bien/mal/fatal *v.* 1; caer bien/mal *v.*
  get better mejorar *v.* 5
  get dirty ensuciarse *v.*
  get dizzy marearse *v.* 10
  get dressed vestirse (e:i) *v.*
  get into meterse *v.*
  get off (a bus) bajar *v.* 2
  get on (a bus) subir *v.* 2
  get tickets conseguir entradas *v.* 9
  get together (with) reunirse (con) *v.* 9
  get up levantarse *v.*
  get upset afligirse *v.* 2
  get worse empeorar *v.* 5
  getting closer acercamiento *m.*
ghost fantasma *m.* 9
give directions dar direcciones *v.* 2
globalization globalización *f.* 7
go ir *v.*
  go away irse (de) *v.*
  go down bajar *v.* 2
  go have a drink ir de copas *v.* 9
  go on sale salir a la venta *v.* 3
  go out to eat salir a comer *v.* 9
  go out with salir con *v.* 1
  go to bed acostarse *v.*
  go to sleep dormirse *v.*
  go up subir *v.* 2
goal meta *f.* 10
gossip chisme *m.* 1
govern gobernar *v.* 6
government gobierno *m.* 6
grant otorgar *v.* 6
gravity gravedad *f.* 8
great uncle/aunt tío/a abuelo/a *m., f.* 4
great-grandfather/grandmother bisabuelo/a *m., f.* 4

greenhouse effect efecto invernadero *m.* 5
grow desarrollar *v.* 3; crecer *v.* 10; aumentar *v.* 10
  grow stronger fortalecerse (c:zc) *v.* 1
growth crecimiento *m.* 3
guarantee garantizar *v.*
guess adivinar *v.* 3, 10
guide guiar *v.* 8
guitar guitarra *f.* 3
gun arma *f.* 3; pistola *f.* 7

H

habit costumbre *f.* 2
half brother/sister medio hermano/a *m., f.* 4
hammer martillo *m.* 8
handle manejar *v.*
happen suceder *v.* 1
hard duro/a *adj.* 8
hardly apenas *adv.* 3
harm daño *m.* 10
harmful dañino/a *adj.* 5
harrassed acosado/a *adj.* 7
hate odiar *v.* 1
have tener (*irreg.*) *v.*
  have a drink tomar una copa *v.* 9
  have a good time divertirse (e:ie) *v.* 9
  have a good/bad time pasarlo bien/mal *v.* 2
  have been (living here months) llevar (meses viviendo aquí) *v.*
  have connections tener conexiones *v.* 7
  have influence tener conexiones *v.* 7
  have just (done something) acabar de (+ *inf.*) *v.*
  have the right to tener derecho a *v.* 6
headline titular *m.* 3
hear oír *v.*
heart corazón *m.* 1
height altura *f.*
help (one another) ayudarse *v.* 1
heritage ascendencia *f.* 4
heterogeneous heterogéneo/a *adj.* 10
hide disimular *v.* 2; esconder *v.* 2
high alto/a *adj.* 7
himself/herself sí mismo 4
hire contratar *v.* 7
historian historiador(a) *m., f.* 4
hit pegar *v.* 8
home hogar *m.* 10
home country patria *f.* 1; 4
homesickness añoranza *f.* 10
homogeneity homogeneidad *f.* 10
honest honrado/a *v.* 4
hope esperanza *f.* 4; ilusión *f.* 4; esperar *v.*
horoscope horóscopo *m.* 3
host/hostess anfitrión/anfitriona *m., f.* 9

housing vivienda *f.* 2
hug abrazarse *v.* 1
human being ser humano *m.* 3
human rights derechos humanos *m., pl.* 6
humankind humanidad *f.* 10
hunger hambre *f.* (*but:* el hambre) 7
hunt cazar *v.* 5
hurricane huracán *m.* 5
hurt doler *v.*
husband/wife esposo/a *m., f.* 4
hybrid car carro híbrido *m.* 5

I

ideals ideales *m.* 10
illiterate analfabeto/a *adj.* 6
ill-mannered mal educado/a *adj.* 4
image imagen *f.* 3
imaginary fantástico/a *adj.* 9
immigrant inmigrante *m., f.* 1
immigration inmigración *f.* 10
impartial imparcial *adj.* 3
imprison encarcelar *v.* 6
improvement mejora *f.* 10
impunity impunidad *f.* 6
in exile exiliado/a *adj.* 6
in fact de hecho *adv.* 10
in love enamorado/a *adj.* 1
in spoonfuls a cucharadas *adv.* 5
incident suceso *m.* 3
income ingresos *m., pl.* 7
indifference indiferencia *f.* 7
inequality desigualdad *f.* 6
infect contagiar *v.* 5
inflation inflación *f.* 7
influence influencia *f.* 2; influir *v.* 6
influential influyente *adj.* 3
information información *f.*
inhabitant habitante *m., f.* 2
inherit heredar *v.* 4
injure (oneself) lastimar(se) *v.* 9
injustice injusticia *f.* 6
innocence inocencia *f.* 9
innovative innovador(a) *adj.* 8
insecure inseguro/a *adj.* 1
insincere falso/a *adj.* 1
insist (on) insistir (en) *v.*
instability inestabilidad *f.* 10
integrate integrarse *v.* 10
integration integración *f.* 10
interactive interactivo/a *adj.* 8
interest interesar *v.*
Internet Internet *m.* 3
interview entrevistar *v.* 3
intriguing intrigante *adj.* 8
intruder intruso/a *m., f.* 8
invent inventar *v.* 8
invention invento *m.* 8
invest invertir (e:ie) *v.* 7
investigate investigar *v.* 3
invisible invisible *adj.* 9
isolated aislado/a *adj.* 4

J

jealous celoso/a *adj.* **1;** envidioso/a *adj.* **8**
jealousy celos *m., pl.* **1**
job puesto *m.* **7**
joke broma *f.* **1**
journalist periodista *m., f.* **3**
judge juez(a) *m., f.* **8;** juzgar *v.* **6**
judgment juicio *m.* **6**
jump saltar *v.* **9**
jungle selva *f.* **5**
just justo/a *adj.* **2;** apenas *conj.* **3**
justice justicia *f.* **6**

K

kick patear *v.* **9**
kidnap secuestrar *v.* **6**
kidnapping secuestro *m.* **6**
kill (oneself) matar(se) *v.* **7**
kindred spirit alma gemela *f.* **1**
kiss besar *v.* **1**
know conocer (c:zc) *v.;* saber *v.*
knowledge conocimiento *m.* **4**

L

labor mano de obra *f.* **7**
   labor union sindicato *m.* **7**
lack faltar *v.*
   lack (of) falta (de) *f.* **10**
   lack of interest desinterés *m.* **4**
land tierra *f.* **5;** aterrizar *v.* **8**
landscape paisaje *m.* **5**
language idioma *m.,* lengua *f.* **4**
laptop computadora portátil *f.* **8**
last último/a *adj.*
late atrasado/a *adj.* **2**
law ley *f.* **6**
lawyer abogado/a *m., f.* **6**
lazy perezoso/a *adj.* **7**
lead encabezar *v.* **6**
leaf hoja *f.* **5**
learn (to) aprender (a) *v.*
leave salir *v.;* abandonar *v.* **1;** marcharse *v.* **7**
   leave someone dejar a alguien *v.* **1**
   leave behind dejar *v.* **10**
legacy herencia *f.* **6**
leisure ocio *m.* **9**
lend prestar *v.* **7**
liberal liberal *adj.* **6**
lifestyle section crónica de sociedad *f.* **3**
like encantar *v.;* gustar *v.*
line fila *f.* **2**
lion león *m.* **5**
listener oyente *m., f.* **3**
little bottle frasquito *m.* **5**
live vivir *v.;* en directo *adv.* **3;** en vivo *adv.* **3**
   live together convivir *v.* **2**

lively animado/a *adj.* **9**
located ubicado/a *adj.* **8**
loneliness soledad *f.* **2**
look facha *f.* **10;**
   look down on despreciar *v.* **4**
   look for buscar *v.*
   look like parecerse *v.* **2, 4**
lose a game perder (e:ie) un partido *v.* **9**
lottery lotería *f.* **9**
love querer (e: ie) *v.* **1;** encantar *v.;* fascinar *v.*
   love each other querer(se) (e:ie) *v.,* amar(se) *v.* **1**
loved one amado/a *m., f.* **1**
low bajo/a *adj.* **7**
lunch almuerzo *m.;* comida *f.*
   lunch time hora del lonche *f.;* hora de almuerzo *f.* **10**
lung pulmón *m.* **5**
luxury lujo *m.* **10**
lying mentiroso/a *adj.* **1**
lyrics letra *f.* **3**

M

machine máquina *f.* **8**
mad enojado/a *adj.* **1**
magazine revista *f.* **3**
main character protagonista *m., f.* **1**
maintain mantener *v.*
maintenance mantenimiento *m.* **10**
make hacer *(irreg.) v.*
   make an effort hacer un esfuerzo *v.* **10;** ponerse *(Spain) v.*
mall centro comercial *m.* **2**
manage administrar *v.* **7**
manager gerente *m., f.* **7**
manner modo *m.* **8**
manual labor mano de obra *f.* **10**
market mercado *m.* **7**
marriage matrimonio *m.* **1**
married casado/a *adj.* **1**
marry casarse con *v.* **1**
mass misa *f.* **9**
mass media medios de comunicación *m., pl.* **3**
mathematician matemático/a *m., f.* **8**
matter importar *v.*
mature maduro/a *adj.* **1**
maturity madurez *f.* **4**
mayor alcalde/alcaldesa *m., f.* **2**
mean significar *v.* **2**
means modo *m.* **8**
media medios de comunicación *m., pl.* **3**
medicine medicamento *m.* **5**
meeting reunión *f.* **7**
member socio/a *m., f.* **7**
memento recuerdo *m.* **1**
mess lío *m.* **7**
mind mente *f.* **9**
mine mina *f.* **7**

minimum wage sueldo mínimo *m.* **7**
miss hacer falta *v.;* extrañar *v.* **10**
missing person desaparecido/a *m., f.* **6**
mistreatment maltrato *m.* **10**
mix mezclar *v.* **10**
model maqueta *f.* **8**
money plata *(Am. L.) f.* **8**
monkey mono *m.* **5**
monolingual monolingüe *adj.* **10**
moon luna *f.* **5**
morning *f.* mañana
   early morning madrugada *f.* **9**
mother madre *f.,* mamá *f.*
   mother tongue lengua materna *f.* **10**
   mother-in-law suegra *f.* **4**
mountain montaña *f.*
   mountain climbing alpinismo *m.* **9**
   mountain range cordillera *f.* **5**
move mudarse *v.* **1;** trasladar *v.* **4**
   move away to *v.* alejarse **9**
movie película *f.* **3**
   movie star estrella de cine *f.* **3**
   movie theater cine *m.* **2**
   new movie estreno *m.* **3**
mud barro *m.* **8**
multinational company empresa multinacional *f.* **7**
museum museo *m.* **2**
music música *f.*
   music video video musical *m.* **3**
musical group conjunto *m.* **9;** grupo musical *m.* **9**
musician músico/a *m., f.* **9**
mustard mostaza *f.* **10**
myth mito *m.* **2**

N

naïve ingenuo/a *adj.* **2**
nape of the neck nuca *f.* **6**
need faltar *v.;* hacer falta *v.* **4;** necesitar *v.*
neighborhood barrio *m.* **2**
neither tampoco *adv.*
nephew/niece sobrino/a *m., f.* **4**
network cadena *f.* **3**
never jamás *adv.;* nunca *adv.*
new nuevo/a *adj.*
   new development novedad *f.* **8**
   new movie estreno *m.* **3**
news noticias *f.*
   international news noticias internacionales *f., pl.* **3**
   local news noticias locales *f., pl.* **3**
   national news noticias nacionales *f., pl.* **3**
   newspaper periódico *m.* **3;** diario *m.* **3**
   news report reportaje *m.* **3**
nickname apodo *m.* **4**
nightlife vida nocturna *f.* **2**
no one nadie *pron.*
noise ruido *m.* **9**

noisy ruidoso/a *adj.* 2
nonconformist inconformista *m., f.* 10
nostalgia nostalgia *f.* 10
not either tampoco *adv.*
not ever jamás *adv.*
not matter dar igual *v.* 10
not trust desconfiar *v.* 10
nun monja *f.* 10

O

obey obedecer (c:zc) *v.*
oblivion olvido *m.* 1
obtain conseguir *v.*
odd raro/a *adj.* 4
office worker oficinista *m., f.* 7
official language idioma oficial *m.* 10
oil petróleo *m.* 5
old viejo/a *adj.*
    old age vejez *f.* 4
on his/her own por su cuenta *adv.* 1
online en línea *adv.* 8
only único/a *adj.;* sólo, solamente *adv.*
    only child hijo/a único/a *m., f.* 4
open abrir *v.*
oppose oponer *v.;* oponerse (a) *v.*
oppressed oprimido/a *adj.* 6
oppression opresión *f.* 4
order mandar *v.*
outcome desenlace *m.* 2
outdoors al aire libre *adv.* 5
outskirts alrededores *m., pl.* 2
over sobre
    overcome superar *v.* 4
    overcrowded masificado/a *adj.* 10
    overheating sobrecalentamiento *m.* 5
    overpopulation sobrepoblación *f.* 10; superpoblación *f.*
    overthrow derrocar *v.* 6
    overwhelmed agobiado/a *adj.* 1
owe (money) deber (dinero) *v.* 9
owner dueño/a *m., f.* 7
ozone layer capa de ozono *f.* 5

P

park aparcar *v.* 4
    parking lot estacionamiento *m.* 2
    parking space aparcamiento (*Spain*) *m.* 4
partner socio/a *m., f.* 7
party pooper aguafiestas *m., f.* 9
pass pasar *v.* 9
    pass a law aprobar (o:ue) una ley *v.* 6
passenger pasajero/a *m., f.* 2
password contraseña *f.* 8
patent patente *f.* 8
patience paciencia *f.* 10
peace paz *f.* 6
peaceful pacífico/a *adj.* 6
pedestrian peatón/peatona *m., f.* 2

people gente *f.* 2
performance espectáculo *m.* 9
personality carácter *m.* 4
perspective perspectiva *f.*
phenomenon fenómeno *m.* 3
photographer fotógrafo/a *m., f.* 3
pickle pepinillo *m.* 10
"pick up" ligar *v.* 1
picture imagen *f.* 3
piece pedazo *m.* 5
    piece of junk pedazo de lata *m.* 8
pig cerdo *m.* 5
piping tubería *f.* 5
pistol pistola *f.* 7
place (an object) colocar *v.* 3
plan planificar *v.* 8; plano *m.* 8
planet planeta *m.* 8
plant plantar *v.* 4
play (an instrument) tocar *v.* 3
    play a CD poner un disco compacto *v.* 9
    playing cards cartas *f.* 9; naipes *f.* 9
plead rogar (o:ue) *v.*
pleasant gracioso/a *adj.* 1
point to señalar *v.* 3
poison intoxicar *v.* 5
police station comisaría/estación de policía *f.* 2
policeman/woman policía/mujer policía *m., f.* 2
political exile exiliado/a político/a *m., f.* 10
political party partido político *m.* 6
politician político/a *m., f.* 6
politics política *f.* 6
pollute contaminar *v.* 5
pollution contaminación *f.* 5
pool billar *m.* 9
populate poblar (o:ue) *v.* 2
population población *f.* 10
position cargo *m.* 7; puesto *m.* 7
poverty pobreza *f.* 7
power poder *m.* 6
powerful poderoso/a *adj.* 4
practical práctico/a *adj.* 8
predict predecir (e:i) *v.* 10
prefer preferir (e:ie) *v.*
premiere estreno *m.* 3
prepare capacitar *v.* 8
preserve conservar *v.* 2, 5
president presidente/a *m., f.* 6
press prensa *f.*
pressured presionado/a *adj.* 10
prevent prevenir (e:ie) *v.* 5
pride orgullo *m.* 6
priest cura *m.* 10; sacerdote *m.* 4
prisoner preso/a *m., f.* 5
produce producir (c:zc) *v.*
program programa *m.* 3
progress progreso *m.* 10
prohibit prohibir *v.*
prominent destacado/a *adj.* 3

promise jurar *v.* 10
promote promover (o:ue) *v.* 7
proof prueba *f.* 9
propose proponer *v.*
protect (oneself) proteger(se) *v.* 5
protected protegido/a *adj.* 5
protest protestar *v.* 10
proud orgulloso/a *adj.* 1
prove comprobar (o:ue) *v.* 8
prune podar *v.* 4
public público *m.* 3
    public transportation transporte público *m.* 2
publish publicar *v.* 3
pull someone's leg tomar el pelo *v.* 10
pump (oil) bomba *f.* 7
punish castigar *v.* 3
punishment castigo *m.* 6
pure puro/a *adj.* 5
put poner *v.*
    put on (clothing) ponerse *v.*
    put on makeup maquillarse *v.*
    put up with soportar *v.* 4; aguantar *v.* 5

Q

quality calidad *f.* 8
    quality of life calidad de vida *f.* 1
quickly de volada (*Méx.*) *adv.* 5
quit renunciar *v.* 7

R

rabbit conejo *m.* 5
    rabbit's foot pata de conejo *f.* 5
race carrera *f.* 9
radio radio *m.* 3
    radio announcer locutor/a de radio *m., f.* 3
    radio station radioemisora *f.* 3
rain forest bosque lluvioso *m.* 5
raise alzar *v.;* subir *v.* 9
    raise (children) criar *v.* 4
    raise in salary aumento de sueldo *m.* 7
ranch rancho *m.* 10
rat rata *f.* 5
reach alcanzar *v.* 8
    reach (a goal) alcanzar (una meta) *v.* 10
read leer *v.*
realize darse cuenta de *v.* 7
reason razón *f.* 10
rebellious rebelde *adj.* 4
receive cobrar *v.* 7
recognize reconocer (c:zc) *v.* 10
recommend recomendar *v.*
record grabar *v.* 3
recreation recreo *m.* 9
recycle reciclar *v.* 5

recycling reciclaje *m.* **5**
reduce disminuir *v.* **10**
regret lamentar *v.* **4**
reject rechazar *v.* **10**
relative pariente *m.* **4**
relatives familiares *m., pl.* **1**
relax relajarse *v.* **2**
release (a movie) estrenar (una película) *v.* **9**
relieve aliviar *v.* **5**
religion religión *f.* **4**
rely on contar (o:ue) con *v.* **1**
remedy remedio *m.* **5**
remember acordarse (de) *v.*
remodel remodelar *v.* **8**
remove quitar *v.* **4**
renewable renovable *adj.* **5**
repeat repetir (e:i) *v.*
repent (of) arrepentirse (de) *v.*
replace reemplazar *v.* **8**
report informe *m.* **6**
reporter reportero/a *m., f.* **3**
reputation fama *f.*
   have a good/bad reputation tener buena/mala fama *v.* **3**
rescued rescatado/a *adj.* **6**
research investigar *v.* **3**
   research grant beca de investigación *f.* **7**
researcher investigador(a) *m., f.* **8**
resemble parecerse (c:zc) *v.* **4**
resentment rencor *m.* **6**
reside residir *v.* **2**
resolve resolver (o:ue) *v.* **5**
resources recursos *m., pl.* **5**
respect respetar *v.* **4**
responsibility compromiso *m.* **1**
restlessness inquietud *f.*
retire jubilarse *v.* **7**
return regreso *m.* **8**
revenge venganza *f.* **6**
revolutionary revolucionario/a *adj.* **8**
rhythm ritmo *m.* **3**
rice arroz *m.* **10**
rifle rifle *m.* **5**
right derecho *m.* **6**
rise ascender *v.* **7**
risk riesgo *m.* **1**
rivalry rivalidad *f.* **9**
river río *m.* **5**
rob robar *v.* **3**
robbery robo *m.* **3**
roof techo *m.* **5**
root raíz *f.* **4**
round redondo/a *adj.* **3**
route recorrido *m.* **9**
ruin arruinar *v.* **8**
run administrar *v.* **7**
   run errands hacer diligencias *v.* **2**
   run out (of something) acabarse *v.* **5**

S

sacrifice sacrificar *v.* **4**
safety seguridad *f.* **6**
salesman/woman vendedor(a) *m., f.* **7**
save salvar *v.* **4;** ahorrar *v.* **7;** guardar *v.* **8**
savings ahorros *m.* **7**
   savings account cuenta de ahorros *f.* **7**
saw serrar (e:ie) *v.* **4**
say decir (e:i) *v.*
   say goodbye despedirse (e:i) *v.* **10**
scandal escándalo *m.* **6**
scant escaso/a *adj.* **5**
scarce escaso/a *adj.* **5**
scene escena *f.* **1**
scenery paisaje *m.* **5**
scientist científico/a *m., f.* **8**
scold regañar *v.* **4**
score (a goal/ a point) marcar (un gol/ un punto) *v.* **9;** anotar un gol *v.* **9**
screen pantalla *f.* **3**
script guión *m.* **1**
scuba-diving buceo *m.* **9**
sculpted stone piedra esculpida *f.* **8**
sea mar *m.* **5**
search engine buscador *m.* **8**
search the web navegar la red *v.* **3**
season temporada *f.* **3**
secure seguro/a *adj.* **1**
security seguridad *f.* **6**
see ver *v.*
seed semilla *f.* **5**
seem parecer (c:zc) *v.*
self-esteem autoestima *f.* **4**
selfish egoísta *adj.* **4**
sell vender *v.*
sensationalist press prensa sensacionalista *f.* **3**
sensitive sensible *adj.* **1**
sentence oración *f.*
separated separado/a *adj.* **1**
set in motion poner en marcha *v.* **7**
settle poblar *v.* **2**
shaman chamán *m.* **5**
share compartir *v.* **1**
shave afeitarse *v.*
sheep oveja *f.* **5**
shoot disparar *v.* **5**
shooting star estrella fugaz *f.* **8**
shop tienda *f.*
short/long-term a corto/largo plazo *adj.* **7**
shot disparo *m.* **3**
shout gritar *v.* **9**
show demostrar (o:ue) *v.;* espectáculo *m.* **9**
shy tímido/a *adj.* **1**
shyness timidez *f.* **2**
sidewalk acera *f.* **2**
sign letrero *m.* **2;** firmar *v.* **3;** señal *f.* **9**

signal señalar *v.* **3**
similar semejante *adj.* **10**
similarity similitud *f.* **10**
singer cantante *m., f.* **3**
single soltero/a *adj.* **1**
sister-in-law cuñada *f.* **4**
sit up incorporarse *v.* **6**
size tamaño *m.* **8**
ski mask pasamontañas *m.* **3**
sky cielo *m.*
skyscraper rascacielos *m.* **2**
slacker vago/a *m., f.* **8**
sleep dormir (o:ue) *v.*
small pequeño/a *adj.*
smaller menor *adj.*
smell olor *m.* **9**
smog smog *m.* **5**
snake serpiente *f.* **5**
soap opera telenovela *f.* **3**
social prejudice prejuicio social *m.* **4**
sold out agotado/a *adj.* **9**
solidarity solidaridad *f.* **6**
solve resolver (o:ue) *v.* **5**
someone alguien *pron.*
something algo *pron.*
son-in-law yerno *m.* **4**
soothe aliviar *v.* **5**
soul alma *f.* **1, 3**
   soul mate alma gemela *f.* **1**
soundtrack banda sonora *f.* **3**
souvenir recuerdo *m.* **1**
space espacio *m.* **8**
spacecraft nave espacial *f.* **8**
speak hablar *v.*
   speak/talk to dirigirse a *v.* **7**
special effects efectos especiales *m., pl.* **3**
specialized especializado/a *adj.* **8**
spectator espectador(a) *m., f.* **9**
spell checker corrector ortográfico *m.* **8**
spend gastar *v.* **7**
spirit ánimo *m.* **1;** espíritu *m.* **6**
split one's sides laughing partirse de risa *v.* **7**
spoil mimar *v.* **4**
sports deportes *m.*
   sports club club deportivo *m.* **9**
   sports page/section crónica deportiva *f.* **3**
sportsman/sportswoman deportista *m., f.* **9**
spread (news) difundir (noticias) *v.* **2**
spread the word correr la voz *v.* **9**
spy espiar *v.* **6**
square plaza *f.* **2**
stadium estadio *m.* **2**
stamp sellar *v.* **7;** sello *m.* **7;** compulsar *v.*
stand pararse *v.*
   stand (someone) up dejar plantado/a *v.* **1**
   stand out destacar *v.* **7**

website sitio web *m.* **3**
well-being bienestar *m.* **2**
well-mannered bien educado/a *adj.* **4**
wheel rueda *f.*
when cuando *conj.;* cuándo *adv.*
while mientras *conj.*
whistle (at) silbar (a) *v.* **9**
widowed viudo/a *adj.* **1**
widower/widow viudo/a *m., f.* **9**
will voluntad *f.* **1**
willing (to) dispuesto/a *adj.* **7**
win vencer *v.* **9**
  win a game ganar un partido *v.* **9**
  win/lose elections ganar/ perder
    (e:ie) las elecciones *v.* **6**
wind power energía eólica *f.* **5**
wing ala *f.* **9**
wish esperar *v.*
withstand soportar *v.*
witness presenciar *v.* **6**
womanizer mujeriego *m.* **9**
wonderful genial *adj.* **1**
work schedule horario de trabajo
    m. **7**
world mundo *m.*
  World Cup Mundial *m.* **9**
  world markets mercados
    mundiales *m., pl.* **7**
worry preocupar *v.*
  worry about preocuparse por *v.* **5;**
    preocupado/a (por) *adj.* **1**
worse peor *adj.*
worthy digno/a *adj.* **4**
writer escritor(a) *m., f.*

Y

yield enough to live on dar para
    vivir *v.* **7**
young joven *adj.*
younger menor *adj.*
youth juventud *f.* **4**

Índice

Créditos

Text Credits

36–37 © Pablo Neruda, "Poema 20," from *Veinte poemas de amor y una canción desesperada,* 1924, © Fundación Pablo Neruda.

74–75 © José Emilio Pacheco, "Aqueronte," from *El Viento distante,* 1963, reprinted by permission of Ediciones Era, S.A. de C.V. de México.

114–115 © Mario Benedetti, "Idilio," c/o Guillermo Schavelzon & Asociados, Agencia Literaria info@schavelzon.com.

152–153 © Augusto Monterroso, "El eclipse," from *Obras completas y otros cuentos,* 1959, reprinted by permission of International Editors' Co. Barcelona.

190–191 © Jaime Sabines, "La luna," reprinted by permission of the Sabines family.

228–229 © César Vallejo, "Masa," from *Antología Poética,* reprinted by permission of Espasa Calpe, S.A.

264–265 © Juan Madrid, "La mirada," from *Cuentos de asfalto,* 1988, reprinted by permission of Editorial Popular.

298–299 © Pedro Orgambide, "La intrusa," reprinted by permission of the Orgambide family.

332–333 © Wilfredo Machado, "El beso de los dragones," reprinted by permission of author.

370–371 From *La casa en Mango Street.* Copyright © 1984 by Sandra Cisneros. Published by Vintage Español, a division of Random House Inc. Translation copyright © 1994 by Elena Poniatowska. Reprinted by permission of Susan Bergholz Literary Services, New York. All rights reserved.

Documentary Credits

52 Material used by permission of Conexión México, Dirección de Noticias del Canal 22, México, 2005.

Song Credits

14 "Dame tu amor," performed by Mario German (guitar), Julissa Gomez (lead vocals), Albert Maldonado (guitar), Ray "Chino" Diaz (percussions), Carlos Fuentes (bass), Pavel Dejesus (recording engineer/producer).

244 "Me gusta tu mirar," performed by Los Ojheda; Written by Mateo Ojheda Lopez.

280 "La noche y el día," performed by Susana Baca; Written by Javier Lazo; Licensed courtesy of Luaka Bop; Lyrics reprinted with the permission of Shake Boom.

348 "La vida te da," Words and music by Amparo Mercedes Sánchez Pérez; Published by Confidence S. C. d/b/a Strictly Cofidential (BMI); Performed by Amparanoïa

Photography Credits

Corbis Images: Cover © Tomek Sikora/zefa **2** © Lawrence Manning **4** (br) © Coneyl Jay, (tm) © Martin Meyer/zefa, (mr) © Roy McMahon, (tr) © M. Möllenberg/zefa **12** (t) © Gabe Palmer **13** (col. br) © Kim Kulish/Corbis **14** (t) © T. Krüsselmann/zefa **15** © Philip Gould **17** (m) © Dimension films/ZUMA, (bl) © Jean-Pierre Arnett/Bel Ombra **25** (br) © Toru Hanai/Reuters, (tr) © Reuters **29** (tm) © Nancy Kaszerman/ZUMA, (bl) © Jason Moore/ZUMA, (tr) © Steve Azzara, (bm) © Frank Trapper **32** © Bettmann **37** (foreground) © Josh Wiestrich/SEFA **40** © Randy Faris **51** (col.tl) © Danny Lehman **52** (br) © Images.com **55** (box, tr) © Keith Dannemiller, (box, br) © Bettmann **58** © David Butow/Corbis SABA **59** © Danny Lehman **61** © James W. Porter **70** © Shaul Schwarz **71** © La Moneda/Handout/Reuters **74/75** © Tomek Sikora/zefa **78** © Louie Psihoyos **89** (col. tl) © Peter Guttman, (col. tr) © Richard Bickel, (col. br) © Bob Krist **90** (t) © Bob Krist, (col. br) © Bob Krist **91** © Patrick Eden **93** (bl) © Graham Tim/Corbis Sygma **110** (br) © Lawrence Manning, (t) © Patrik Giardino **113** © Eduardo Longoni **115** © Jason Horowitz/zefa **118** © Franco Vogt **121** © Randy Faris **124** © Herbert Kehrer/zefa **128/129** (t) © Danny Lehman **129** (col. bl) © Alberto Lowe/Reuters **131** © Joson/zefa **133** (tr) © Richard Bickel **144** © Danny Lehman **147** © Danny Lehman **148** (b) © Randy Faris, (t) © Sergio Pitamitz **149** © Danny Lehman **158** (bm) © Firefly Productions, (br) © Matthias Kulka/zefa **165** © B. Neumann/zefa **167** (m) © Ron Watts, (t) © Buddy Mays **170** (tr) © Oscar White **177** © Richard Bickel **182** © Reuters **186** © Yann Arthus-

Odyssey Productions, inc **247** (box, bl) Permission requested. Best efforts made. (box, tl) Permission requested. Best efforts made. (bl) Permission requested. Best efforts made. **263** Permission requested. Best efforts made. **280** Permission requested. Best efforts made. **282** (b) © Maritza Lopez **283** (box, bl) © Gazett.de, (tr) © Discos Hispanos. Permission requested. Best efforts made. **297** Permission requested. Best efforts made. **313** (T) *ISS006-E-38952.JPG* Image courtesy of the Image Science & Analysis Laboratory, NASA Johnson Space Center. www. Earthobservatory.nasa.gov **317** (L) © Maitena **331** photo courtesy of the author.

Fine Arts Credits

17 (box, tl) Judy Baca. *Hijas de Juarez.* 2002. Hand painted ceramic 21.5'H χ 18.5"W χ 13"D. Image courtesy of Patricia Correia Gallery, Santa Monica, CA © Judy Baca, (t) Carment Lomas Garza. *Earache Treatment.* 1989. Alkyd and oil on canvas. © Hirshhorn Museum and Sculpture Garden, Smithsonian Institution, Museum Purchase, 1995. Photographer Lee Stalsworth. **54** (#1) Frida Kahlo. *Autorretrato con mono.* 1938. Photo © Albright-Knox Art Gallery/Corbis **55** (#1) Diego Rivera, detail of mural *Batalla de los Aztecas y Españoles*, fresco. Palace of Cortés, Cuernavaca, Mexico. Photograph © Russell Gordon/ Danita Delimont **71** Frida Kahlo. *Diego en mi pensamiento.* 1943. Oleo sobre masonite. Coleccion J. y N. Gelman © 2005 Banco de México Diego Rivera & Frida Kahlo Museums Trust, Av. Cinco de Mayo No. 2 Col. Centro. Del Cuauhtémoc 06059, México, D.F. **92** (Lam) Wifredo Lam. from *For Jorn, [no title].* 1975–6 ©2005 Artists Rights Society (ARS), New York/ADAGP, Paris **93** (box, bl) Tomas Sanchez. *Triptych of the Rains Part 1, Drought.* 1987. © Christie's Images/Corbis **132** (br) *Dos peras en un paisaje.* 1973. Armando Morales © 2005 Artists Rights Society (ARS), New York/ADAGP, Paris, (tl) © Arlette Pedraglio/IDB **133** (bl) *Caserio.* Mauricio Puente, El Salvador. Photograph © Gloria Carrigg, (box, br) *La Villa.* Hector Perlera, El Salvador. Photograph © Gloria Carrigg, (box, bl) Francisco Zuñiga. *Muchacha con guitarra.* Collection of the Museum of Aguascalientes, México. INBA. Photo © Javier Hinojasa/Phototk.com **171** (Col. tl) Carlos Cruz-Diez. *Induction du Jaune 1974.* (bl) Fernando Botero. *La Visita.* Oil on canvas. 1968. © Christie's Images Limited, (tl) Marisol Escobar. *President Charles DeGaulle.* 1967. Photo © Smithsonian American Art Museum, Washington, DC/Art Rescource, NY **209** (tl) Roberto Matta. *L'Etang de No.* 1958. Photo © Giraudon/Art Resource, NY, (box, bl) Maria Angélica Baeza. *Fidelidad a toda prueba.* 2003. Image courtesy of Latin American Art Gallery and the artist **228** Pablo Picasso. *Guernica.* 1937. © Succession Picasso/Pablo Picasso. Photo © Archivo Iconografico, S.A./Corbis **246** (tl) Arturo Reque Meruvia. *Familia Quechua.* 1939. Image courtesy of Arturo Reque Cereijo, españa. **247** (box, br) Maria Luisa Pacheco. *Composition.* 1960. Image © Collection of the Art Museum of the Americas, Organization of American States. **282** (l) Fernando de Szyszlo. *Cajamarca.* 1959. Collection of the Art Museum of the Americas, Organization of American States. **317** (l) © Maitena Burundarena. *Teléfono, Una Enfermedad Celular.* Reprinted with permission of the artist **347** (box, br) Diego Velazquez. *Las Meninas.* 1656. © The Art Archive/Museo del Prado Madrid/Joseph Martin **351** (box, br) Juan Miro. *Mujet y pajaro a luz de la luna.*/ARS, NY. Photo © Erich Lessing/Art Resource, NY **133** (box, bl) Francisco Zuñiga *Muchacha con Guitarra.* Stone/Xaltocan. Museum of Aguascalientes, Mexico, INBA. Photo © Javier Hinojosa/PhotoTK.com

Book Cover designs: **16** (br) Image from *In the Time of Butterflies* © 1994 by Julia Alvarez. Used by permission of Algonquin Books of Chapel Hill. All rights reserved. **17** (box, tr) Diseño de cubierta @ 1997 por Honi Werner/Harper Libros (Harper Collins Publishing) **92** (r) © 1996 de Rosario Ferré. Book jacket image used by permission of Vintage Books, a division of Random House, Inc. **93** (tr) © 1981, Ediciones Huracán, Inc, cover art © J. A. Peláez, **171** (box, tr) © Hercederos de Jorge Icaza, Ediciones Cátedra, (box, br) D.R. © CIDCLI, SC D.R. © Laura Antillano (Venezuuela) **208** (tl) © Matteo Bologna/Mucca Design/Harper Collins Publisher **247** (box, tr) Illustration de cubierta © Alejandro Salazar, book © Editorial del Hambrecito Sentado **283** (box, br) © White Pine Press **317** (box, bl) *Los Cálices Vacíos: Vida y Poesia de Delmira Agustini* by Judy Veramendi © Judy Veramendi 2003

Illustration Credits

Franklin Hammond: 007, 021, 048, 068, 074, 080, 087, 088, 107, 120 (bl & mm), 127, 137 (bl & br), 141, 158, 179 (tl, tr, ml, mr), 196, 213, 226, 234, 251, 253, 259, 262, 277, 285, 291, 314, 330, 362, 363
Pere Virgili: 42, 61, 98, 102, 103, 120 (tr), 137 (tl & tr), 140, 174, 179 (bl & br), 217, 220, 270, 304, 321, 325, 391, 401